U0928827

中国农村研究报告

2015

农业部农村经济研究中心

中国财经出版传媒集团
中国财政经济出版社

图书在版编目（CIP）数据

中国农村研究报告．2015/农业部农村经济研究中心编．—北京：中国财政经济出版社，2016.8

ISBN 978－7－5095－6890－3

Ⅰ．①中…　Ⅱ．①农…　Ⅲ．①农村经济－研究报告－中国－2015

Ⅳ．①F32

中国版本图书馆 CIP 数据核字（2016）第 180737 号

责任编辑：刘五书　林治滨　　　　责任校对：杨瑞琦

封面设计：郁　佳　　　　　　　　版式设计：董生平

中国财政经济出版社 出版

URL：http：//www.cfeph.cn

E－mail：cfeph@cfeph.cn

社址：北京市海淀区阜成路甲 28 号　邮政编码：100142

营销中心电话：88190406　北京财经书店电话：64033436　84041336

北京京华虎彩印刷有限公司印刷　各地新华书店经销

787×960 毫米　16 开　60.5 印张　887 000 字

2016 年 8 月第 1 版　2016 年 8 月北京第 1 次印刷

定价：98.00 元

ISBN 978－7－5095－6890－3/F·5531

（图书出现印装问题，本社负责调换）

本社质量投诉电话：010－88190744

打击盗版举报热线：010－88190492，QQ：634579818

前言

农业部农村经济研究中心自1990年7月成立以来，秉承其前身国务院农村发展研究中心的优良传统，站在我国农村经济发展和政策咨询研究的前沿，围绕着我国农村改革与发展中的一系列重大问题，孜孜以求、大胆探索，不断取得新的研究成果。1998年，中心出版了《中国农村研究报告》（共三册），收录了中心研究人员在1990年至1998年期间的重要研究成果。同时决定，自1999年起，中心每年出版一本研究报告选集。摆在读者面前的这本书，是中心2015年的研究报告选集，收录了这一年取得的可以公开发表的主要研究成果。

2015年，农研中心围绕贯彻落实党中央、国务院和农业部的重大决策部署，按照农业部党组的要求，立足自身职能，谋划选题，大力开展重大“三农”问题和政策研究咨询工作，取得了一些重要研究成果。本书收录了各类研究报告和论文58篇，共计50余万字。内容涉及综合、粮食安全、产业与技术经济、农产品市场与贸易、可持续发展、农村改革、农业保险与其他、比较与借鉴等八个领域。有些文章已经公开发表过，有些文章则是第一次公开发表。

我们出版本书的目的，不只是在于对过去一年的研究工作进行自我记录和总结，更重要的是要将这些研究成果拿出来和大家进行交流和讨论。由于我们自身知识结构和学术水平的限制，本书的一些研究成果还存在着不足之处，欢迎各位同仁批评指正。我们衷心希望这本书中一些有价值的观点和结论，会对推动我国农业和农村的改革与发展起到积极的作用，我们愿以这一目标与同仁共勉。

最后，值此本书出版之际，我们要特别感谢对我们的研究工作给予资金支持的有关机构，为我们开展调研活动提供过帮助的地方有关部门的同志和农民朋友们，农业部有关司局的领导和同志们以及长期关心和支持我们的经济学界同仁！

宋洪远

2016 年 3 月

目 录

综　合

粮食安全

产业与技术经济

目　录

农产品市场与贸易

可持续发展

农村改革

农业保险与其他

目　录

比较与借鉴

Content

Comprehensive Study

Food Security

Industry and Technology

Market and Trade of Agri-product

Agricultural Sustainable Development

Rural Reform

Agriculture Insurance & Others

International Comparative Study

综　合

关于“十三五”农村改革发展的几点建议

——“2015 中国农村发展高层论坛”专家观点综述

农业部农村经济研究中心综合分析小组

2015 年 7 月 30 日至 31 日，农业部农村经济研究中心在京举办“2015 中国农村发展高层论坛”。中央农村工作领导小组办公室、全国人民代表大会农业与农村委员会、国务院有关部委、中国科学院、中国社会科学院、清华大学、中国农业大学、华中师范大学、中国农业经济学会等单位的领导、专家和学者以及部分省市农业农村工作综合部门的负责同志，大家齐聚一堂，认真学习贯彻习近平总书记系列重要讲话精神，深入分析“十二五”收官之年农业农村形势，积极为“十三五”农村改革发展出谋划策、建言献策。现归纳大家的意见建议，主要体现在以下五个方面：

一、坚持走“集约、高效、安全、持续”的现代农业发展道路，加快推进农业现代化

大家认为，“十三五”期间推动“四化”同步发展，应首先补齐农业现代化这块“短板”。围绕加快转变农业发展方式、推动农业发展转型升级，大家提出四点建议：

（一）稳定粮食和主要农产品产量，确保中国人的饭碗牢牢端在自己手上

“十三五”农业农村发展的首要目标，应当是保证粮食和主要农产品产量不出现大起大落。近年来，我国粮食产量、进口量、库存量“三量齐增”的局面，是多方面原因造成的，不能简单地以为“减产”就能解决问题。我们吃饱肚子还没有几年，对粮食安全多打点富余、多付点代价是必要的。我们不能只算经济账，也要算政治账、社会账。大家建议应重点做好四项工作：一要坚决守住耕地红线，尽快划定永久基本农田，严格控制非农建设占地规模，确保粮食和主要农作物播种面积基本稳定。二要切实加强农业基本建设，特别是要搞好农田水利建设和高标准农田配套建设，加快农业科技创新，推动农业综合生产能力更上一层楼，做到藏粮于地、藏粮于技。三要落实和完善农业支持保护政策，特别是主产区利益补偿政策，真正让搞农业有奔头、当农民很体面，调动和保护好农民务农种粮、地方重农抓粮的积极性。四要继续优化农业发展的空间布局，推动农产品生产向最适宜的地区、最有效率的优势产区集中，发挥出农业资源的最大效用。

（二）加快创新农业经营体系，努力构建家庭经营为基础、社会化服务为支撑、多种经营主体共同发展的新格局

“十三五”推进农业现代化，应当把推进农业经营主体现代化、农业服务现代化、农业政策现代化摆在重要位置。一要坚持家庭经营的基础地位不动摇。普通农户占大多数，在当前和今后相当长一个时期，仍然是我国农业发展的基本面。政策创设也好，科技创新也好，或者是选择什么样的生产经营模式，都不能脱离这个基本面。应尊重和保护好农户土地承包经营权，在不违背农民意愿、不改变土地用途、不破坏农业生产能力的前提下，鼓励有条件的农户流转承包地。二要积极培育新型农业经营主体。

通过政策向新型主体倾斜，支持种植大户、家庭农场、农民专业合作社、工商企业等各类农业经营主体发展，形成多元化、复合型、立体式的农业经营主体新格局，充分发挥合作社、企业等新型主体在进入市场、应用农业科技、创新农业经营模式等方面的优势。各类新型农业经营主体在不同产品、不同地区、不同时期，都有自己的适应性和发展空间，并不存在谁优谁劣、谁高谁低、谁先进谁落后的问题。在工作指导和政策支持上，不应有所偏爱、有所打压。三要努力构建农业社会化服务新机制。通过政府订购、定向委托、招投标等多种方式，吸引各种社会力量广泛参与农业产前产中产后服务，提高农业生产的集约化、组织化、专业化、便利化程度和智能化水平。四要加紧建立完善符合市场经济要求和国际规则的农业支持保护政策体系。重点是在保供给、保增收、保生态的目标下，继续强化农业综合服务，同时推动农业补贴从“黄”向“绿”转变，把现行直接跟生产挂钩的“黄箱”措施，适当合并打包变成农业收入补贴等“绿箱”措施。

（三）加快转变农业发展方式，集约、节约使用农业资源，增强农业可持续发展能力

为了应对土地资源开发利用接近极限、水资源利用强度接近极限、环境承载力接近极限的严峻挑战，“十三五”期间，应围绕“稳产、提质、减损、降耗、增效”目标，坚持走“产出高效、产品安全、资源节约、环境友好”的现代农业发展道路。大家建议，重点应做好三个方面的工作：一要在保障数量安全的同时，更加重视质量安全。继续强化质量安全监管，深化农产品质量监管示范县创建，注重品质提升和品牌打造，注重生产源头治理和产销全程质量监控，用质量安全战略引领农业标准化、品牌化发展，倒逼农业发展方式转变和农业结构调整，实现转方式和保安全充分融合、调结构与提质量相互促进，整体提升农产品质量安全水平。二要在提高生产效率的同时，更加重视经营效益。适应“互联网＋”的潮流，积极创新种养模式和农产品商流模式，进一步拉近生产与消费的距离，真正做到快捷高效、优质优价。三要在全方位开发利用水土资源的同时，更加重视资源节约和环境保护。控制农业用水总量，减少化肥和农药施用量。加大有机肥补贴、秸秆和畜禽粪便综合利用补贴力度。确定一批国家科研攻关项目，解决农业面源污染治理关键技术难题。定期开展农民环境教育培训，让实施农村环保项目获得广泛的群众基础。

（四）加快完善农业风险防范机制，保持农业生产和农民收入基本稳定

农业发展要受到水土光热条件和生物生长规律的制约，存在自然和市场两个风险。“十三五”期间，应强化农业保险，尽可能降低农民因自然灾害和市场波动而遭受的损失。继续加大对农业保险的保费补贴力度，尽快建立农业巨灾风险分担体系，创新农业保险产品，对粮食主产区的粮食生产、生猪调出大县的生猪养殖保险，可以考虑由中央财政补贴全部保费，尽可能地降低农业的自然风险。在认真总结棉花、大豆目标价格补贴试点经验的同时，积极探索重要农产品目标价格保险等平抑市场波动的有效办法，尽可能降低农业的市场风险。针对现在一些政策相互掣肘、相互抵消的问题，加强财政政策、产业政策、金融政策和货币政策的协调，推动农业保险与金融等相关政策的联合，打出支持农业发展的政策“组合拳”。

二、努力促进农民增收，深入推进新农村建设，确保广大农民群众与全国人民一道迈进全面小康社会

大家认为，农民不富起来，小康就不可能全面。为确保“十三五”末如期实现我们党确定的第一个“百年奋斗目标”，大家提出四点建议：

（一）切实把促进农民增收放在首位，让务农成为体面的职业

农民的日子越过越好，粮食生产才能更有保障，才能真正全面建成小康社会。要让广大农民的钱袋更鼓，积极性更高，必须做好以下几个方面的工作：一要努力挖掘农业增产提质增效的潜力。大力推广先进适用种养技术，发展特色高效经济作物和规模养殖，优化农业生产结构、品质结

构，提高土地产出率和农业劳动生产率，增加农业经营收入。二要扶持农民就业创业。加大就业培训支持力度，鼓励农民从土地上走出来，实现自身更大的发展。三要以农产品加工业为引领，推进农村第一、第二、第三产业融合发展。采取种养结合、“种养加销”结合、产加销加文化旅游结合等多种模式，变一成六，充分发挥农业多种功能，让农业农民共享各产业、各环节利益。四要加强农民财产权的保护，增加农民的财产性收入。加快农村集体资产股份合作制改革，增加农民分红等资产性收益。因地制宜推进以土地承包经营权、林权、宅基地使用权入股设立农民专业合作社，在条件成熟的地区可开展农村土地折资入股试点。五要继续完善强化农业补贴政策。强化对农业补贴资金的监督检查，防止截留、挤占挪用补贴资金，保证补贴资金能够真正落实到农民手中。

（二）持续推进美丽乡村建设，让农村真正成为生态宜居的美好家园

乡村是工业化城市化的根基，是人类文化的命脉和精神家园。推进美丽乡村建设，应突出两个重点。一是要加强农村人居环境综合整治，把青山绿水、田园风光留下来、保护好，把农耕文化、乡村情韵保护好、传下去。“十三五”期间，要抓好规划落实和资金筹措，加大力度推进农村垃圾、污水处理和村庄绿化美化。二是要加强农村公共设施建设，推进基础设施和公共服务向农村延伸，全面改善农村地区的衣食住行条件。对如何深入推进美丽乡村建设，专家提出要做到“五个坚持”：一是坚持规划引领、城乡一体。坚持全域全程规划，把新农村建设完全融入新型城镇化进程之中，统筹规划和建设城乡学校、幼儿园、敬老院、卫生室、便民服务中心等服务设施，形成布局合理的农村田网、水网、路网、电网。二是坚持产业先行、产村相融。将高科技应用到特色种植业、养殖业和农产品加工业之中，积极培育无公害、有机农产品，大力发展乡村旅游，通过发展产业促进就地就近就业。三是坚持因地制宜、分类指导。从方便群众生产生活出发，不刻意追求建筑外观风貌，对具有历史文化价值的传统院落实行保护性修复，体现地域特点和民俗特色，避免“千村一面”。四是坚持尊重自然，生态环保。从农村实际出发，以绿化、净化、美化、文化为追求，走“小规模、组团式、微田园、生态化”的路子。五是坚持群众主体、创新机制。充分尊重群众意愿，不搞大包大揽，不搞强迫命令，调动农民积极性，让农民自己动手建设幸福美丽新家园。

（三）坚定实施城乡一体化发展战略，让农民共享“四化”同步的成果

“十三五”期间，必须充分发挥工业化、信息化、城镇化对农业农村的带动作用，让农民主动参与“四化”进程，成为“四化”的重要推动力量。一方面，应继续推进公共服务均等化，一些基本公共服务领域，包括基础教育、医疗卫生、就业培训等方面，应在坚持政府主导的原则下，探索建立基本公共服务供给的市场机制，充分发挥社会力量在提供多元化、多样化公共服务方面的积极作用，提高公共服务效率和质量。另一方面，应加快构建城乡要素平等交换和公共资源均衡配置的体制机制。继续完善城乡平等的就业和劳动报酬制度，让农民工与城镇职工享有同等的劳动报酬权益。加快推进户籍制度改革，推动城镇基本公共服务尽快覆盖到全部常住人口，健全农业转移人口市民化推进机制，力争到“十三五”末，实现1亿左右农业转移人口在城镇落户的目标。加快推进城镇居民社会养老保险和新型农村社会养老保险合并进程，健全运行机制、改善管理服务，进一步完善新型农村社会养老保险与其他养老保险制度转移接续的办法。

（四）强化扶贫攻坚工作，让贫困地区的农民尽快富裕起来

“十三五”时期，实现全面建成小康社会的目标，最艰巨最繁重的任务在农村，特别是在贫困地区。大家认为，一要在落实领导责任上狠下功夫。通过“硬”指标，形成“硬”约束，把中央统筹、省负总责、市（地）县抓落实的管理体制，片为重点、工作到村、扶贫到户的工作机制真正落到实处。二要在精准扶贫上狠下功夫。在选定扶贫对象、安排扶贫项目、使用扶贫资金等方面，摸清底数、找准“穷根”、因地制宜、对症下药。三要在强化扶贫合力上狠下功夫。科学划分事权，明确职责分工，

整合各类资源，着力构建财政扶贫、行业扶贫、社会扶贫等多方力量有机结合和互为支撑的大扶贫格局，形成扶贫“大合唱”的局面。贫困地区也可以探索把扶贫资金和补贴集聚起来，不再像过去那样分到每家每户，而是按照“渠道不变、管理不乱、各负其责、各记其功”的原则集中使用，寻找产业发展突破口，发展壮大集体经济。

三、全面深化农村改革，力争在体制机制创新上取得新突破，为保持经济社会持续健康发展提供有力支撑

改革是推动农业农村发展的最大法宝。全面深化改革，农村改革还要充当排头兵。对“十三五”农村改革的重点方向和领域，大家提出以下建议：

（一）稳妥推进农村土地制度改革

加快承包地确权登记颁证工作，坚决落实“现有承包关系要保持稳定并长久不变”政策。鼓励和引导承包经营权在公开市场上向专业大户、家庭农场、农民合作社、农业企业流转，发展多种形式的农业适度规模经营。赋予农民对承包地占有、使用、收益、流转及承包经营权抵押、担保权能，允许农民以承包经营权入股发展农业产业化经营。坚持以试点试验为带动力，稳妥推进农村集体建设用地管理制度改革，允许集体经营性建设用地出让、租赁、入股，实行与国有土地同等入市、同权同价。推进土地征收征用制度改革，进一步缩小征地范围，规范征地程序，建立兼顾国家、集体、个人的土地增值收益分配机制，提高农民在土地增值收益中的分配比例。

（二）加快推进农村金融体制改革

应重点从五个方面着手完善农村金融体制和政策：一是明确各类金融机构服务“三农”的责任，建立量化考核的机制，规定只要在农村吸收存款的，都应保证一定比例的贷款用于支持“三农”发展。二是确立农村金融服务的支持政策，由于服务“三农”成本高，完全硬性要求商业银行，特别是股份制银行、上市银行等为“三农”提供贷款并不现实，可以多给一些优惠政策，谁支持“三农”多谁享受的优惠政策就多。三是完善农村金融机构运作机制和风险分散转移机制，把保险政策与金融政策融合起来。通过财政注资入股等方式，引导社会资本建立完善农业担保体系，切实解决龙头企业、农民专业合作社、种植大户、家庭农场、农业服务公司等经营主体的资金需求问题。四是建立农村金融服务的差别化监管政策，实行差别化绩效考核，鼓励对“三农”金融业务给予最高的绩效权重。五是加强农村诚信体系建设，通过发放明白纸、典型宣传等来培养农民的诚实守信意识，并适当拓展信用贷款业务。

（三）积极推进集体产权制度改革

农村集体产权制度改革应聚焦于两个关键领域：资源性资产的确权和经营性资产的股份制改造。对于土地等资源性资产，应抓紧抓实土地承包经营权确权登记颁证工作，稳定农村土地承包关系，在充分尊重承包农户意愿的前提下，探索发展土地股份合作等多种形式。对于经营性资产，重点是将资产折股量化到集体经济组织成员，赋予农民对集体资产股份占有、收益、有偿退出及抵押、担保、继承权。而对于非经营性资产，重点则是探索集体统一运营管理的有效机制，更好地为集体经济组织成员及社区居民提供公益性服务。

应把没有分到户的山林、林地、池塘，包括其他经营形资产，作为股份吸收外来资本和技术，吸收农户土地承包经营权，发展混合经济，由集体成员共享收益。

（四）继续推进农业补贴制度改革

“十三五”期间，应在保持政策连续性、稳定性的基础上，进一步完善补贴办法、强化补贴措施、提高补贴效用。为推动我国农业政策与国际接轨，同时也尽可能避免对农业补贴政策的误读，专家建议，应尽快合并有关生产性补贴，设立“农户收入补贴”或者“耕地补贴”科目，按二轮承包面积发给农户。具体操作上，可考虑“三个改变”：一是由目前的补特定农产品，改为补非特定产品。不管生产者在耕地上种什么，单位面积都给予相同的补贴。二是由价格水平作为启动补贴机制的“遥控器”，改为直接针对耕地面积进行补贴。单位面积的补贴水平，以平均物化成本的一定比例为测算基准。三是由补贴种植面积，改为只针对法定承包地进行补贴，以保护耕地为最终目标，并与现有的直接补贴相衔接。专家建议，应进一步健全主产区利益补偿机制和生态补偿制度，不断增加对农业生产大省大县、生态保护重点县的奖励。

四、加强农村法治建设，健全支持农业发展和资源环境保护、规范农村市场秩序、保护农村产权和农民权益的法律体系

当前我国共有涉农法律 25 部，国务院涉农行政法规 76 部，还有地方人民代表大会制定的地方性涉农法规 1300 部，此外还有 73 部法律涵盖到了农村农民，应该说农村改革发展的主要领域都是有法可依的。但总体上看，现在农村法治建设，特别是立法工作，仍面临不少难题。一是一些重要领域的法律还相对薄弱。二是现行法律宣誓性、原则的规定较多，操作性和检验性条款较少，而且还存在涉农法律、行政法规、地方性法规不统一的问题，个别地方性法规甚至突破了上位法。三是执法力量不足。专家建议，“十三五”时期农村法治建设应突出三个方面：

（一）加快有关法律的修订工作

现行的大多数涉农法律，差不多都是 20 世纪 90 年代和 21 世纪初制定的。比如《中华人民共和国农业法》、《中华人民共和国种子法》、《中华人民共和国农村土地承包法》、《中华人民共和国农民专业合作社法》、《中华人民共和国土地管理法》、《中华人民共和国渔业法》、《中华人民共和国森林法》、《中华人民共和国草原法》等，对计划体制向市场机制转变的过程考虑得比较多，而对市场经济运行本身考虑较少，已不大适应当前农村改革发展的现实，需要尽快修订。专家建议，可以考虑抓紧修订《中华人民共和国农村土地承包法》、《中华人民共和国农民专业合作社法》、《中华人民共和国种子法》等。修订《中华人民共和国农村土地承包法》，应重点抓住和解决好以下三个问题：一是土地经营权的定义、定性，到底是耕种权还是收益权、是债权还是物权，必须尽快明确。二是长久不变的期限，土地承包权是用益物权，当然是一种期限物权，所以，期限多长可以研究，但不设期限肯定不行。问题是起点怎么算，期限定多长，必须尽快明确。三是要不要开调整的口子，现行法律列举了几种情况。今后不管开不开，承包地都绝不能打乱重分，这是坚持的底线。修订《中华人民共和国农民专业合作社法》，主要是要把生产性、服务性、综合性合作社都纳入进来，成为《中华人民共和国农民合作社法》，还有就是对合作社开展信用合作做必要的规范。

（二）加快有关法律的立法工作

加强立法调研，尽快制定《中华人民共和国粮食法》、《中华人民共和国扶贫法》、《中华人民共和国农业投入法》、《中华人民共和国土地污染防治法》、《中华人民共和国农村金融法》等，把农业农村法律体系中的短板尽快补上来。专家建议，在农村金融立法中尤其应当重视对农村合作金融的立法，应在坚持“自愿设立、民主管理、自担风险、互助共济”四项原则，坚守“封闭运营、不吸收公众存款、不对外放贷、不支付固定回报”四根红线的前提下，明确农村合作金融组织法律地位，建立合作互助和可持续发展的内部运行机制，营造农村合作金融组织发展的外部制度环境。

（三）处理好政策和法律的关系

政策具有灵活性、通俗易懂的优点，但同时也具有抽象性、缺乏程序保证等缺点。在当前日益纷繁的经济关系面前，政策已很难规范人们之间的权利与义务关系，特别是财产关系。因此，应通过立法程序，将党中央一系列强农惠农重大政策及时上升为法律，使党和人民的意志转化为国家意志，以法律手段巩固农业农村经济发展的好形势，从而促进农业和农村经济各项发展目标的顺利实现。

（四）加强农业普法教育和农业执法

加强农业执法队伍，增强农业执法能力。持续深入开展农村法治宣传教育，增强农村基层干部和农民法治观念。建立健全农村公共安全体系和社区矛盾纠纷化解机制，维护农村社会稳定。

五、创新农村社会管理，发挥乡规民约等传统治理组织和方式的积极作用，推动乡村治理体系和治理能力现代化

在工业化、城镇化的快速推动下，人口的大规模流动，城乡交融的深入发展，农民思想观念的转变升华，都对传统的乡村治理模式提出了挑战，迫切要求我们构建起符合国情农情、顺应时代潮流的乡村治理体系。为此专家建议：

（一）推进乡村治理组织结构现代化

总的原则是坚持合法性、开放性和综合性，形成以农村基层党组织为核心，村民自治组织、农村集体经济组织和各类社会组织定位明确、各负其责、良性互动的乡村治理组织体系，实现多元参与的治理局面。一是选好配强村级党组织班子，发挥领导核心作用。二是村委会要真正体现自治组织的本质，切实承担起自我管理、自我教育、自我服务的职能。三是充分发挥传统治理组织的积极功能。家族宗族、血缘亲缘关系，比起法律和行政的关系，在道德教化上要更直接一些、更温暖一些，感人的东西要更多一些。所以，应当把法律的刚性和乡规民约的柔性有机结合起来，支持各类农村社会组织的发展，引导它们为和谐稳定繁荣的新农村服好务。

（二）推进乡村治理体系和机制现代化

突出维护农村社会稳定、培育和提高农民民主管理意识、完善农村公共服务等重点。一是要重视完善乡村公共安全体系。可考虑以村警务室为核心，形成联防联控、群防群控的格局，调动全体村民参与到村公共安全管理中来。应在每个村民小组设立纠纷矛盾调解员和信息员，负责村民矛

盾纠纷调解和公共安全隐患的上报，争取做到“大事不出村，小事不出组”。二是要完善村民监督机制，充实民主监督内容，扩大村民监督范围。制定村干部权力清单，将土地调整、宅基地审批、惠农项目实施流程等事项，通过村务公开栏，以漫画、动画等通俗易懂的形式告知村民，引导全体村民主动全程参与村务监督。三是要为村民全方位提供公共服务。推行“一站式”社区服务平台，运用信息化手段或者由乡镇派驻干部，使农民在村里就可以完成诸如计划生育、社会保障等事项，让服务到基层，农民少跑腿。

（三）推进乡村治理方式和手段现代化

综合经济、法律、行政、心理疏导等多种手段，创新乡村治理方式。一是根据当前农民经济分化的情况，适当进行分散决策，牵涉不同群体的事情应由不同群体来决定。二是建立起对村干部的考核评价机制，对村干部决策的事项和实施情况，由村民代表、村干部代表和乡镇联村干部共同做出评价，对重大决策失误、损害村民权益进行追责。三是注重对特殊人群的心理关怀。当前，农村留守儿童、留守妇女、留守老人较多，对此，可考虑在村里建立心理关怀室，招聘有专业背景的志愿者，倾听他们的诉求，疏导他们的情绪，帮助他们树立积极向上的信念。

我国涉农财税、金融、贸易政策“十二五”执行情况及“十三五”对策的建议

农业部农村经济研究中心综合分析小组

按照韩长赋部长的批示要求，最近农业部农村经济研究中心对“十二五”涉及农业农村的有关政策要点作了较为系统的梳理，重点对涉农财政、税收、保险、信贷和农产品贸易政策执行情况和存在问题进行了初步评估分析，并对“十三五”调整完善相关政策措施的方向和思路提出了一些意见建议。

一、关于财政“三农”投入政策

“十二五”时期，中央坚持“多予、少取、放活”的方针，不断调整国民收入分配格局，大幅增加对农业农村的财政投入，不断优化财政支农资金支出结构。一是确保“总量持续增加、比例稳步提高”。2011—2014年，中央财政“三农”年均支出规模为12671.5亿元，是“十一五”时期年均支出的2.2倍，年均增长率为10.1%，高于中央财政支出的增长速度，“三农”支出占财政支出的比重稳步上升。二是重点支持农业发

展、农林生态建设与保护、农村民生改善、农村重大改革等领域。2012年，中央财政“三农”支出中，支持农业生产支出占38.6%，“四补贴”支出占13.3%，农村社会事业发展支出占43.1%，其他支出约占5%。三是推进涉农财政资金整合和统筹。建立健全财政部门内部、财政部门与涉农部门之间的资金统筹协商机制，强化以县为单位整合涉农资金，推进试点探索，提高涉农资金的科学使用水平。当前，黑龙江、山东、江西、湖北、湖南、河南、贵州、四川、陕西等多地已在部分县市开展涉农资金整合试点，取得积极成效。例如黑龙江省松嫩、三江“两大平原”现代农业综合配套改革试验区启动涉农资金整合试点，将中央和省级财政安排的农业生产发展、农村社会发展、扶贫开发等3大类77项资金纳入整合范围，可以在3大类资金内部适当调剂、统筹使用。2014年黑龙江整合涉农资金规模达到297.1亿元，增强了财政投入的针对性和实效性。

财政“三农”投入的大幅增长，“三农”支出结构的不断优化，显著改善了农村基础设施和公共服务，提高了农民的参与感和获得感。粮食等主要农产品生产能力快速提升，农业物质技术装备水平稳步提高。农村水、路、电、气、房等建设快速推进，农村医疗、教育等公共事业持续发展，农民生活、养老等社会保障体系不断健全。农村减贫成果举世瞩目，2010—2014年，贫困人口从1.66亿人减少到7000多万人。应该说，没有财政资金对“三农”的持续大规模投入，就不会有农村经济持续发展、农村社会和谐稳定的大好局面。

但是，由于历史欠账较多，加上城乡二元体制惯性的障碍，目前农业综合生产能力仍然较低，农村基础设施建设仍然滞后，城乡基本公共服务不均等的问题仍很突出，农业现代化还是“四化同步”的最大短板。“十三五”期间，要针对农业可持续发展和农村公共服务等薄弱环节，继续增加财政农业农村投入，进一步完善保障“四化同步”的体制机制。

（一）进一步完善公共财政“三农”支出稳定增长的机制

当前，我国经济发展进入“新常态”，财政收入增速已出现下滑趋势。面对财政收支平衡比较紧张的局面，忽视农业、牺牲农民的传统思维难免回潮，容易出现减少财政农业农村投入的倾向。为此，我们建议加强以下两个方面的工作：一要进一步明确规定中央和地方各级政府促进农业发展的事权和支出责任，确保财政农业农村投入“总量持续增加，比例稳步提高”；二要进一步拓宽财政支农资金来源渠道，包括提高土地出让净收益用于农业基础设施建设的比重、从中央和省级国有资本经营预算收入中安排固定比例用于“三农”支出、将预算超收部分安排固定比例用于“三农”支出等多种途径。

（二）进一步提高中央财政转移支付投入农村的比例

中央财政转移支付制度，主要是按照功能区规划布局，对农业生产责任大省、生态建设责任大省的支持和补偿。因此，一定要明确规定中央财政转移支付用于农业农村建设的比例，并逐年提高。同时，也要重视和完善财政转移支付项目的绩效评价，结合农业项目面广、量大、分散和项目周期较长的特点，建立科学合理、操作性强的评价指标体系，完善评价信息库和评价方法，加强绩效评价结果的管理和应用，彻底改变“重争取投资、轻建设实施，重前期建设，轻后期管护”的状况。

（三）进一步优化财政支农资金投入结构

要立足于转变农业发展方式、优化调整农业结构，推进城乡发展一体化，进一步优化财政农业农村投入结构，提升财政资金使用效率效益。要把耕地质量建设作为支持农业生产支出的重中之重，借鉴日本发展土壤改良事业的经验，尽快建立系统的全国耕地质量数据库，研究确定不同地区土壤改良的方向和标准，将现有的土壤有机质提升项目、耕地深耕项目、测土配方项目等纳入到土壤改良的总体框架中，充实完善土壤改良事业的项目种类和内容。要进一步创新财政投入方式，发挥财政资金的杠杆功能。通过贴息、以奖代补、风险补偿、税费减免等措施，带动信贷资金、工商资本等更多投入农业农村。

二、关于农业补贴政策

党的十六大以来，中央高度重视加强对农业的支持保护，出台了一系列强农惠农富农政策措施，逐步形成了以种粮直补、良种补贴、农机补贴、农资综合补贴为主要内容的农业补贴政策体系。目前，种粮直接补贴资金规模已稳定在每年 151 亿元；良种补贴已涵盖主要的粮食作物、经济作物和畜牧业，补贴资金 2014 年已达到 261.8 亿元；农机购置补贴资金已由 2004 年的 7000 万元增加到 2014 年的 228.7 亿元，补贴范围已扩大到全国所有农牧县和农场，补贴农机具种类主要包括大中型拖拉机、耕地机械、种植机械、植保机械、收获机械、粮食干燥机械等；农资综合补贴资金 2014 年已达到 1077.2 亿元。2014 年，按照“中央 1 号文件”的部署，又在新疆启动了棉花目标价格改革试点，东北和内蒙古启动了大豆目标价格改革试点。

现行农业补贴政策特别是“四补贴”，顺应了经济社会发展的阶段性变化，不仅充分调动了农民种粮务农的积极性，保障了粮食等主要农产品连年丰收，而且大幅提高了农业效益，促进了农民较快增收。据测算，2014 年，“四补贴”规模超过 1718.7 亿元，按二轮承包耕地面积计算亩均达到 130 元，相当于当年亩收益的 31%；按农业户籍人口计算人均 177 元，按乡村常住人口计算人均 256 元，占农民人均纯收入的比重分别为 2.13% 和 3.12%。目标价格改革试点情况表明，这项政策可以有效完善农产品价格形成机制，促进下游产业发展，保护农民利益，稳定棉花、大豆生产。新疆棉区补贴 240.59 亿元，农民因此每亩增收 444.4 元，占亩均现金收益的 45.5%。调查表明，广大农民群众从农业补贴中得到了极大实惠，普遍对政策感到满意并衷心拥护。

但也要看到，跟发达国家、许多中等发达国家、一些同等发展水平国家比起来，跟现代农业发展的要求比起来，我国农业补贴的规模还不够、补贴的水平还不高；在政策实施中，也出现了一些问题，比如补贴效用下降、精准度不高、方法不够合理，目标价格补贴还出现了行政成本高、财政负担大等突出问题。针对上述问题，建议借鉴世界其他国家的经验教训，按照世贸组织（WTO）规则的要求，顺应农村改革发展形势和任务的变化，进一步调整农业补贴政策，最大限度发挥出政策的效用。

（一）坚持增加补贴总量，建立农业补贴稳定增长机制

建议适时修订农业法，或直接制订农业补贴条例，明确农业补贴的政策目标、资金规模、资金用途、分配依据，确保农业补贴增幅不低于财政收入增幅、不低于农业生产物质费用增幅。

（二）坚持“黄”转“绿”的改革方向，尽快扩大“三补合一”试点范围

中央已明确将种粮直补、良种补贴和农资综合补贴合并为“农业支持保护补贴”。考虑到农业支持保护补贴事实上已演化成农民收入补贴，为避免引起不必要的误读，有效应对农产品价格上涨“双刃剑”的危害、落实入世限制“黄箱”措施的承诺、推动我国农业政策与国际接轨，建议将“农业支持保护补贴”直接更名为“农户收入补贴”或“耕地保护补贴”，按二轮承包面积（计税面积）直接发到农户，进一步明确其“绿箱”政策属性。

（三）坚持补贴向新型农业经营主体倾斜，加快推动农业经营体系现代化

建议扩大种粮大户补贴试点，对经营耕地面积达到一定数量且主要从事粮食生产的农户，按粮食实际种植面积给予专门补贴；进一步落实对专业大户、家庭农场、农民合作社等兴建农田水利、产品处理和贮藏等基础设施给予投资补助和贷款贴息等政策；继续加大对农民的培训和补助力度，借鉴日本“新增务农人员综合支援项目”的做法，设立40岁以下青年创业贷款贴息专项，开展“青年农民补贴”试点，努力造就一支愿意留在农村、乐意从事农业的高素质的新型职业农民队伍。借鉴欧盟一些国家的做法，研究确定对家庭农场、农民合作社等的最高补贴限额，防止大农户和合作社获得过多财政补贴而造成享有公共资源的不平等。

（四）坚持生产补贴与价格补贴相结合，不断提高补贴政策效能

首先，补贴的领域要突出重点。农机补贴主要向水稻栽插、油菜和甘蔗收割、棉花采摘、粮食烘干存储等薄弱环节倾斜。其次，补贴的目标要服务于农业可持续发展和生态文明建设大战略。按照“产出高效、产品安全、资源节约、环节友好”的要求，对使用生物农药、高效低毒低残留农药、有机肥料和秸秆还田给予专门补贴；对地下水超采和重金属污染严重的耕地，通过财政补贴方式，采取调整种植结构、轮作换种等措施进行综合治理；对 25 度以上的坡耕地，继续扩大退耕还林还草实施范围。同时，总结借鉴各地实践经验，建立完善耕地保护补偿制度，对耕地保护给予专门补贴，尽快把粮食等主要农产品生产能力落实到田块地头。再次，进一步完善目标价格补贴和目标价格保险政策。我们认为，目标价格政策的目标应以抵御市场风险为主，以促进农民增收为辅，所以不宜采取“生产成本 + 基本收益”的原则来确定目标价格。因此，我们建议：一是以农业生产的现金支出成本为主要依据确定农产品的目标价格；二是以过去固定年份的种植面积为基数来确定补贴额，可以 3—5 年（大致为一个生产波动周期）核查调整一次；三是尽快设立目标价格补贴专项基金，以解决价格年际间波动而引发的年度补贴预算平衡问题。

三、关于涉农税收政策

以全面取消农业税为标志，我国城乡居民税负进入了基本平等的格局。当然，考虑到农业农村的特殊性，中央对涉农主体和生产经营业务也规定有不少税收减免等优惠措施。按照税法规定，优惠措施主要包括以下三个方面：一是对农民专业合作社实行税收优惠。包括对合作社销售本社成员生产的农产品免征增值税；对合作社向本社成员销售农膜、种子、种苗、化肥、农药、农机免征增值税；对合作社与本社成员签订的农产品和农业生产资料购销合同免征印花税。二是对农产品加工企业实行税收优惠。包括减免重点龙头企业所得税；对大部分农产品初加工免征企业所得税；企业通过外购农产品进行加工和销售可按 13% 计征增值税；购进农

业生产者和合作社销售的免税农产品可按 13% 的扣除率计算进项税额；对部分进口农产品加工设备免征关税和增值税，同时提高农产品出口退税率。三是对农产品流通实行税收优惠。包括对蔬菜流通环节减免增值税；对农产品批发市场暂免征收城镇土地使用税和房产税。

从执行情况看，这些税收优惠政策贯彻落实较好，给合作社和农产品加工企业带来了较大实惠，有效地提高了其经济效益和产品竞争力，也为农民增收和现代农业发展提供了更大动力。据农业部农村经济研究中心对 222 家合作社和 1102 家农业产业化龙头企业的调查结果，86.7% 的合作社享受了减免增值税政策，80.4% 的合作社享受了减免印花税政策；73.13% 的企业享受了税收减免政策。

但总的来看，当前的涉农税收政策，优惠力度还不够大，而且在政策设计上也还有一些不合理的地方。最突出的是农产品加工企业缴纳土地使用税和房产税的压力较大，同时也存在农产品加工增值税的高征低扣、白酒消费税的复合征收等问题。当前，由于经济下行的压力较大，涉农经营主体和业务的经济效益普遍出现了下滑的趋势，必须尽快完善税收计征办法，进一步加大涉农税收优惠力度。

（一）要进一步落实好农民合作社的税收优惠政策

中央已明确提出，把合作社纳入国民经济统计并作为单独纳税主体列入税务登记（合作社发票），这是明确农民合作社市场主体法律属性的重要政策，一定要推动有关部门抓紧贯彻落到实处。同时，落实好相应的税收优惠政策，特别是免征合作社兴办农产品加工、流通业务的所得税、建设用地使用税，减免合作社销售本社成员生产的农产品和向本社成员销售农业生产资料的营业税，对投入合作社的财政资金免征营业税和所得税等有关规定。

（二）要进一步落实好对农产品加工企业的税收优惠政策

扩大享受农产品初加工所得税优惠政策的范围，免征饲料和食品生产加工的企业所得税。尽快统一农产品加工增值税进销项税率，彻底解决增值税的高征低扣问题。适当减免企业土地使用税和房产税，并在计算企业房产税应纳税额时扣减房产折旧。建议免征白酒销售的从量税，或将从量税并入从价税，解决白酒消费税的复合征收问题，在白酒行业效益下滑时切实减轻企业的税收负担。

（三）要以税收优惠进一步拓展和丰富农产品流通渠道

对农超对接、产消对接、社区直送、订单生产、网上直销、周末市场、产销联盟等多种方式的流通业态，减免流通环节税收。落实社区批发市场、直营店、电子商务平台税费优惠减免政策，打通农产品流通“最后一公里”，降低流通成本，缩小运销价差。建议延长免征农产品批发市场土地使用税和房产税的政策至 2020 年。

四、关于农业保险政策

近十年来，特别是在“十二五”时期，中央高度重视发展农业保险，建立了覆盖全国所有省份、覆盖农林牧渔的农业生产风险保障体系。制订颁布了《中华人民共和国农业保险条例》，出台了一系列支持农业保险发展的政策，逐步形成了“政府扶持引导、部门协同推进、保险机构市场运作、农民自愿参加”的农业保险发展模式，构建了“中央支持保基本，地方支持保特色”的农业保险保费补贴政策框架。一是稳步扩大农业保险覆盖面。目前，保险品种已包括农作物保险、主要畜产品保险、重要“菜篮子”品种保险和森林保险以及农房、农机具、设施农业、渔业、制种保险等。2014 年，全国承保的主要农作物面积已突破 15 亿亩，占作物播种面积的比例已高达 61.6%，其中水稻、小麦和玉米的保险覆盖率分别为 69.5%、49.3% 和 68.7%；提供风险保障 1.66 万亿元，参保农户 2.47 亿户次。二是建立农业保险保费财政补贴体系。目前，中央、省、市县分别补贴了 30%—50%、25%—30%、10%—15% 的保费，各级财政合计保费补贴比例已达到 75% 左右。地方特色优势农产品保险，主要由地方财政给予保费补贴。三是不断创新农业保险产品。在农业生产保险基础上，拓展了包括粮食目标价格保险、大豆目标价格保险、生猪价格保险、蔬菜价格保险、气象指数保险、水文指数保险、设施农业保险、农机保险、农房保险等农险新品种。四是探索建立农业保险大灾风险分散机制。按农业保险保费收入和超额承保利润的一定比例，计提大灾准备金，逐年滚存。

在上述政策的推动下，我国农业保险实现了跨越式发展，对防范化解农业生产风险、稳定农民收入、落实国家粮食安全战略和完善农村社会支持保护体系等发挥了无可替代的重要作用。2007—2014 年，农业保险提供风险保障从 1126 亿元增长到 1.66 万亿元，年均增速 57.09%，累计提供风险保障 5.72 万亿元，向 1.68 亿户次的受灾农户支付赔款 958.62 亿元。

但必须看到，我国农业保险体系发育仍不完善，投保农民理赔难、赔得少，基层补贴负担重、压力大，以及参与主体利益失衡、协调难，保险产品开发不够、创新慢等问题还很突出。结合农业发展新情况和新形势，围绕满足农户、尤其是新型农业经营主体多元化的农业风险分散需求，“十三五”期间完善农业保险政策，应加强以下几个方面的工作：

（一）要尽快建立农业保险联席会议制度

建议由国务院分管领导牵头，农业、保监、财政等有关部门参加，建立共商制度，对我国农业保险重大政策措施的制定、决策进行讨论，构建利益平衡机制，充分反映各相关主体的利益诉求，协调推进关系农业保险发展全局的重要工作。

（二）要尽快建立主要粮食等品种基本保险普惠补贴制度

认真落实“中央 1 号文件”提出的降低和取消产粮大县保费补贴配套比例的政策要求。在此基础上，建议对主产区主要粮食作物和大宗经济作物，实行基本保障水平保险全覆盖，保额以全部直接物化成本为标准，保费由中央和省级财政全额分担，县级财政和农民不再支付保费。对非主产区，根据农民实际承保面积，中央财政依据保额给予一定比例（50%以下）的保费补贴。

（三）要尽快建立中央财政对地方优势特色农业保险的“以奖代补”制度

对现已纳入中央财政补贴的其他农产品、地方特色农产品保险，保险经营企业按照核定的费率和保额，以商业化方式经营，中央和省级财政根据投保人的认可程度，确定费用奖励标准和金额给予奖励，以鼓励保险机构主动提高农业保险服务水平。

（四）要尽快建立主要农产品市场保险制度

在粮食等主要农产品主产区，整合现行最低收购价、临时收储、自然灾害保险等相关支持政策，研究开发农民收益保险品种，加快试点探索，从保自然风险逐步向保市场风险和自然风险并重转变。在生猪养殖大县，对规模养殖场全面开展生猪目标价格保险试点，将生猪保险理赔与病死猪无害化处理有机结合起来。针对新型农业经营主体的避险需求，建议采取“基本险＋附加险”的模式，开发覆盖直接物化成本、完全成本、基本收益等不同保障水平的保险产品，财政对基本险的保费给予全额补贴，对高保障附加险的保费给予一定比例的补贴。

五、关于涉农信贷政策

针对农村贷款难、贷款贵等问题，党中央、国务院高度重视推进农村金融改革，改善农村金融服务，制定了一系列推动金融支持“三农”发展的政策措施。一是增加为农服务的金融组织和机构。包括引导大金融在县以下增设相应机构，培育村镇银行、小贷公司、农村合作金融组织等新型农村金融机构，建立健全省级政策性农业信贷担保体系，推动乡镇基础金融服务全覆盖。二是引导和鼓励各类金融组织增加对“三农”的信贷投放。包括对农村金融机构实行差别化的货币政策，制定和落实农村金融机构涉农贷款增量奖励、定向费用补贴和税收优惠等政策。三是不断拓宽涉农贷款抵押担保物范围。针对农村缺少有效抵押担保物的现实，探索开展承包土地经营权、宅基地使用权、住房财产权抵押担保试点，推广农业机械设备、运输工具、水域滩涂养殖权、林地使用权和林木所有权等抵押融资。四是明确信贷支持“三农”的重点领域。重点支持转变农业发展方式、创新农业经营方式、提升农业综合生产能力、发展农业社会化服务以及农业基本建设等。

农村金融体制改革创新的不断深化以及正向激励扶持政策的不断完善，对信贷资金更多地投向“三农”发挥了重要引导作用。2014 年年末，全口径涉农贷款余额 23.6 万亿元，比 2010 年年末增加 11.8 万亿元，年均增加 19%，高于各项贷款总额年均增速 4.8 个百分点。其中，农户贷款余额 5.36 万亿元，比 2010 年年末增加 2.75 万亿元，年均增加 19.8%，高于各项贷款总额年均增速 5.5 个百分点；农林牧渔业贷款余额 3.34 万亿元，比 2010 年年末增加 1.03 万亿元，年均增加 9.7%。

但也要看到，农村融资难、融资贵问题仍然是当前各方面反映比较强烈的问题。2014 年，涉农贷款的增量低于上年，增速低于各项贷款平均增速，这是一个很不好的苗头。主要原因是农村金融的政策扶持体系还不完善，制约农村金融创新发展的深层次体制机制障碍仍然存在，农村金融供给还不能有效满足农业农村的现实需求。针对上述问题，“十三五”要继续推进农村金融改革创新，继续加强政策支持，确保“涉农贷款增量不低于上年、增速不低于各项贷款平均增速”要求不折不扣落到实处。

（一）进一步强化农村金融支持政策

继续综合运用财税、货币、监管等政策，加强窗口指导，推动信贷资金更多投向“三农”。建议各级财政对各类涉农贷款担保基金提供一定比例的资金配套，尽可能提高这些基金对涉农贷款的担保能力；对各类农村资金互助组织按互助股金等比例配股，股金交由合作社管护，尽可能扩大互助合作的受益面；对各类新型农村金融组织，比照农村信用社给予货币政策、税收政策等优惠，对其发放涉农贷款给予相应的奖励和补助，并提供相应的业务指导和帮助。

（二）进一步健全农村金融监管政策

对农民合作社开展信用合作，建议抓紧出台监督管理办法，明确登记监管责任，建立财政支持的风险保障基金，防范信用合作金融风险；对农业发展银行等政策性银行，建议明确并强化其对支持现代农业发展重点领域的责任。

（三）进一步创新农村金融产品和服务

加快农村“两权”的确认、登记、颁证工作，稳妥开展农村承包土地经营权和农民住房财产权抵押贷款试点，尽快修订有关法律法规，推动开展“两权”流转交易，解决“两权”抵押物的处置流通和变现问题。积极推进大型农业机械设备融资租赁和农产品营销贷款试点，加大财政支持力度，扩大试点范围。

（四）进一步加强农村信用体系建设

完善农户、家庭农场等农业经营主体的信用信息采集与应用机制，推进农业经营主体的信用评价和信用村、信用乡镇创建，出台以信用为基础的相关政策措施，增进农业经营主体的信用价值，提高其融资可获得性和便利性。

六、关于农产品进出口政策

加入世贸组织以来，我国政府积极履行入世承诺，主动取消所有非关税措施，不断提高农产品市场开放程度。同时，统筹利用国内外两个市场两种资源，适度进口国内短缺农产品，大力促进国内优势农产品出口。一是削减农产品进口关税。大豆执行3%的单一关税，豆油、棕榈油、菜籽油执行9%的单一关税，乳品、酒类及部分水果等产品的税率已降到10%以下，农产品平均关税已由入世前的21.3%降到15.2%。二是实行进口配额管理。按照产业安全的要求，分别确定粮、棉、糖及羊毛等大宗农产品进口配额。其中，玉米720万吨，小麦963.6万吨，大米532万吨，棉花 89.4 万吨，食糖 194.5 万吨。同时明确规定，配额内关税最低降至 1%，配额外关税最高至 65%。三是强化动植物检疫措施和转基因农产品安全管理措施，充分保障进出口农产品质量安全。四是通过海外推介、出口示范、农业展会、贸易培训等多种途径，积极开拓国际农产品市场，大力促进优势农产品出口。

农产品进出口政策的调整，促进了我国农产品贸易的快速发展。2001—2014 年，我国农产品贸易总额由 279.2 亿美元增长到 1945 亿美元，年均增幅高达 16.1%。其中，进口总额从 118.5 亿美元增至 1225.4 亿美元，年均增长 19.7%；出口总额从 160.7 亿美元增至 719.6 亿美元，年均增长 12.2%。食糖、食用油、大豆、棉花等产品进口量增长迅猛，分别增长了 1.9 倍、3.7 倍、4.1 倍和 12.5 倍；水产品、蔬菜、水果等优势农产品净出口增长较快，分别由 23 亿、22.4 亿、4.5 亿美元增加到 125.1 亿、119.8 亿、10.6 亿美元。

但这种调整带来的弊端也已逐渐凸显。对于实施单一关税的进口农产品，我国缺乏足够的管控手段，当国内价格比国际价格加上最高约束关税水平更高的时候，农产品进口就面临失控的风险。而且，由于缺少关税等保护手段，国内农产品市场的不稳定性显著增加。主要是因为国内农产品市场与国际市场联动性较强，不可能独立于全球气候变化、国际能源市场波动、国际投机资本流动的影响之外。随着新一轮农业多双边谈判的推进，我国农产品市场进一步开放的趋势难以逆转。必须尽快完善农产品进出口政策，加强对进口的有效调控，有力促进优势农产品出口，切实提高统筹国内外两个市场两种资源的能力，推进农产品贸易、农产品供给保障能力和农业产业安全的协调发展。

（一）坚守关税和支持保护的政策空间

在新一轮多双边贸易谈判中，应立足于保障粮食安全、产业安全和农民利益，坚持现行农产品关税税率不降低、关税配额不扩大、“黄箱”支持“微量允许”不减少。

（二）充分发挥边境措施的“门槛”作用

利用关税、关税配额管理以及非关税措施，尤其是强化检验检疫措施，避免大量低价农产品进口对国内农业产业发展形成严重冲击。

（三）加强贸易救济、贸易补偿和外资监管

加强对农产品进口的跟踪预警，加强产业损害调查和国外贸易壁垒调查，充分利用反倾销、反补贴和保障措施等手段，有效实施贸易救济。探索建立产业损害补偿机制，加强对国内产业的贸易补偿。尽快建立和实施外资进入农业产业的安全审定制度，加强对外资进入农业产业的监管。

（四）不断加大对优势农产品出口的支持力度

采取多种途径有效降低农产品出口的非关税壁垒，推动进出口市场多元化。把贸易促进作为多双边农业国际合作的重要内容，综合运用财政、税收、信贷、保险等手段，健全国内商会、信息等支持服务体系，提高优势农产品国际市场竞争力，支持优势农产品出口。

关于“十三五”促进农民增收的几点看法和建议

农业部农村经济研究中心综合分析小组

党的十八届五中全会，审议通过了《中共中央关于制定国民经济和社会发展第十三个五年规划的建议》（以下简称《建议》）。《建议》提出，“十三五”时期农民增收，要实现两个目标：一是到2020年农民人均收入比2010年翻一番；二是城乡收入差距缩小。从“十三五”时期我国发展环境来分析，应该说实现“翻番”的把握较大，但实现“缩差”的难度不小。如期实现全面建成小康社会奋斗目标，必须出台更加有力的政策措施，确保农民收入持续较快增长。

一、农民收入翻一番把握较大

按照2010年不变价格计算，2014年农民人均纯收入为8716.3元。到2020年农民收入要比2010年翻一番，农民人均纯收入应超过11838元。按照这个目标要求，2015—2020年6年间，农民人均纯收入年均实际增速必须超过5.2%。从农民增收与经济增长的关系看，要达到这个增速应该说把握较大。2010年以来，农民收入增速连续5年超过GDP增速。按照这个趋势推算，今后6年GDP增速只需超过5.2%，农民收入就能实现翻番的目标。从更长的时间周期看，2004—2014 年，农民收入增速与 GDP 增速的比值为 0.92 : 1。按照这个趋势推算，今后 6 年 GDP 年均增速也只要达到 5.7%，农民收入增速就能达到翻番所需要的增速。“十三五”时期，我国经济发展步入新常态，经济发展方式加快转变，新的增长动力正在孕育形成，经济长期向好的基本面没有改变，GDP 年均增速能够保持在 6.5% 以上。这个增速，比农民收入翻番所需的增速要高出 1 个多百分点。所以，到 2020 年农民收入比 2010 年翻一番，应该是有保障的。

二、缩小城乡收入差距难度不小

从“缩差”的目标要求来看，“十三五”期间，农民收入年均增长 5.2% 则是远远不够的。《建议》明确提出，到 2020 年城镇居民收入也要比 2010 年翻一番。按照这个目标要求，2015—2020 年，城镇居民收入年均实际增速将会超过 6.7%。因此，要实现“缩差”的目标要求，今后 6 年农民收入年均增速至少应该在 6.7% 以上，比自我翻番的增速要求，至少要高出 1.5 个百分点。但问题是，一些在“十二五”时期推动农民持续较快增收的因素正在发生逆向变化，“十三五”期间要保持农民收入年均增长 6.7% 以上，面临的困难较多。更大的挑战还在于，“十三五”时期，城镇居民收入增长将会迎来一些新的机遇，增速很可能会超过 6.7%。这种情况下，农民收入必须以更快的速度增长，才能实现城乡收入差距缩小的目标要求。

从农民增收方面来看，保持年均 6.7% 以上的增速困难较多。

一是主要农产品产量普遍增加、农产品价格普遍上升的局面可能会发生逆转。“十二五”时期，全国粮食、油料、糖料、蔬菜、水果、肉蛋奶、水产品全面增产，农产品价格较快上涨，并且涨幅明显高于农业生产资料价格的涨幅。数量增多，价格上涨，成本提升又慢于收入增加的步伐，农民纯收入中的农业收入出现了一个快速增长的“黄金期”。“十三五”时期，这种有利于农民增收的形势，可能会发生“两小一升”的新变化。第一个“小”，就是农产品产量持续增产的可能性小。主要是土地和水资源约束及环境污染问题日益突出，而破解这些约束的农业科技创新还正在累积，尤其是品种更新、化肥农药提效降残等还有待突破。关键是粮食等不少农产品库存处于历史高位，对继续增产有着明显的牵制。第二个“小”，就是农产品价格持续上涨的可能性小。一方面，目前我国主要大宗农产品价格已普遍高于国际市场，只有下行压力，没有上涨动力。另一方面，农产品价格受国内 CPI 下行压力影响较大，也是下降的趋势。2015 年上半年，我国 CPI 同比上涨 1.3%，低于过去 10 年平均 3.1% 的水平。所谓“一升”，就是农业生产成本持续提升的趋势已不可逆转。主要是地租、人工成本、农机作业费用等上涨较快。没有增产，没有涨价，只有支出的增加，在这种局面下，农民收入中来自农业生产的收入很可能不增反降。

二是农民工人数快速增加、工资水平快速上涨的局面可能难以为继。近几年来，农民收入快速增长、城乡收入连年“缩差”的一个重要原因，就是农民的工资性收入增长较快。“十三五”时期，要保持农民收入中的工资性收入持续较快增长，难度很大。一方面，新增农民工人数在逐年缩小。2010 年新增外出的农民工人数为 802 万人，2014 年已下降到 211 万人。另一方面，外出农民工工资快速增长的势头也难以保持。2014 年，农民工月工资水平比上年提高了 9.8%，但这个增幅，比 2010 年低了 9.5 个百分点，比 2011 年低了 11.4 个百分点，比 2013 年低了 4.2 个百分点。随着经济从高速增长转为中高速增长，农民工工资很难再保持两位数的高增长。

三是国家财政对农业农村投入的增速减缓，同时农业补贴扩大的空间也受到限制。近 10 年来，农民的转移性收入增长较快，与农业生产补贴以及农村社会事业等公共服务支出增加较多直接相关，是农民收入增速最快的来源之一。但在“十三五”时期，农业补贴和农业农村投入要继续保持快速增长，应该说难度较大。从财政收支情况看，我国经济发展已进入新常态，财政收入已从过去 20% 以上的超高速增长降为 5%—8% 的常规增长，很难继续大幅度增加农业补贴资金和农业农村建设资金。从农业补贴规模看，目前一些特定农产品的补贴水平，已经接近甚至越过了 8.5% “微量允许”补贴的上限，继续增加“黄箱补贴”已没什么空间。

从城镇居民收入方面看，很可能会迎来新一轮的快速增长。

一是行政机关和事业单位的政策性调资，将带动城镇居民的工资性收入出现新一轮快速增长。2015 年 1 月份，国务院办公厅下发了《关于调整机关工作人员基本工资标准的实施方案》、《关于调整事业单位工作人员基本工资标准的实施方案》、《关于增加机关事业单位离退休人员离退休费的实施方案》等三个调资文件。按照文件要求，2015 年在职职工工资月人均实际增加约 300 元，今后对基本工资标准原则上每年或每两年做一次调整；退休人员普遍增加退休费，从科员及办事员至省部级及以上职务，分别增加 260—1100 元，助教以下职务至教授及相当职务，分别增加 260—700 元。

二是推进大众创业万众创新，将带动城镇居民的经营性收入出现新一轮快速增长。今年 6 月份，国务院下发了《关于大力推进大众创业万众创新若干政策措施的意见》，制定了许多鼓励创业创新的办法。就业创业环境得到显著改善，极大地调动了科研人员、大学生、境外人才等各类人员自主创业的积极性和主动性，个体经济和民营经济将得到迅速发展，城镇居民的家庭经营收入，很可能会出现一轮快速的增长。

三是推进新型城镇化和金融服务创新，将带动城镇居民的财产性收入出现新一轮快速增长。一方面，随着新型城镇化的深入推进，农业转移人口市民化步伐加快，既可增加对住房的需求，提高城镇居民的房屋租金收入，也会增加对服务业的需求，提高城镇居民的商铺租金收入。另一方面，随着金融创新的不断深化，股市、债市、汇市、互联网金融等资本市场较快发展，城镇居民的投资渠道越来越宽，有利于增加城镇居民的财产性收入。

三、促进农民较快增收的几点建议

针对农民增收目标要求高、困难挑战多的突出矛盾，“十三五”时期促进农民较快增收、补齐全面小康社会的短板，必须寻求新动力、拓展新空间、采取新举措。

（一）推动产业发展转型，提高农业质量效益

加快转变农业发展方式，构建现代农业生产体系、经营体系、产业体系，延伸农业产业链、价值链，促进第一、第二、第三产业交叉融合，向规模经营要效率、向融合发展要效益、向品牌经营要利润。

1. 推进多种形式的农业适度规模经营，不断提高农业生产效率

农业适度规模经营是现代农业发展的根本方向，也是提高农业劳动生产率、增加农民收入的重要途径。"十三五"时期，推进农业适度规模经营，需要做好三个方面的工作：一要完善农户承包地"三权分置"制度，充分保障农户的土地承包经营权，充分保护流转土地的经营权，稳定农业经营预期，提高农业投资积极性。开展农民以土地经营权入股农民合作社、农业产业化龙头企业试点。扩大土地经营权抵押担保贷款试点。二要采取财政奖补、税收减免、贷款优惠等措施，扶持多种形式的农业规模经营主体。落实农业设施用地政策，将农业生产设施、附属设施和配套设施用地界定为农用地，按农用地管理，不需办理农用地转用审批手续。三要采取财政扶持、信贷支持、政府购买农业公益性服务等措施，加快培育农业生产性服务组织，积极推广合作式、托管式、订单式等服务形式，加快形成综合性、规模化、可持续的农业服务体系。

2. 推动第一、第二、第三产业融合发展，让农民分享产业链增值收益

推进原料生产、加工物流、市场营销等第一、第二、第三产业融合发展，促进产业链增值收益更多留在产地、留给农民。一要鼓励和引导农民通过合作与联合的方式发展农产品加工业和依托农业的农村服务业。对农户、家庭农场、农民合作社融合发展第一、第二、第三产业的，可以将其认定为小规模纳税人，并明确给予减免所得税的政策优惠，三年内免征所得税，接下来的两年减半征收所得税。二要鼓励和引导龙头企业创建农业产业化示范基地，完善与农户的利益链接机制，大力发展村企互动的产销对接模式。对社会资本参与农村第一、第二、第三产业融合发展，为农户提供技术培训、贷款担保、农业保险等服务的，给予税收减免及贷款贴息

的政策优惠。三要鼓励和引导高校、科研院所等为农村产业融合发展提供技术和智力支持。

3. 提升农业品牌经营水平，增加农业经营利润

走农业品牌经营的路子，有利于开拓市场、提高价格、规避风险，有效增加农业经营利润。“十三五”时期，推进农业品牌化建设，应突出三个方面：一要结合“三品一标”（无公害农产品、绿色食品、有机农产品和农产品地理标志）评定等工作，开展农业品牌塑造培育、推介营销和社会宣传，着力打造一批有影响力、有文化内涵的农业品牌。二要通过职业教育和培训项目以及人才引进等多种方式，提高新型农业经营主体的农业品牌经营管理能力。鼓励企业在国际市场注册商标，加大商标海外保护和品牌培育力度。三要扶持农业品牌策划、设计等服务组织发展，推动行业协会等社团组织更多更好地发挥品牌化建设的职能，建立健全农业品牌建设服务组织体系。

（二）推动农民创新创业，拓展就业增收空间

有就业，才有收入。农民增收实现“十一连快”，工资性收入较快增长做出了极其重要的贡献。“十三五”时期，这一块增长得越快，实现农民增收目标要求的把握就越大。

1. 继续引导农村劳动力外出就业，持续较快增加农民务工收入

一要顺应加快户籍人口城镇化的新要求，继续加强农民工权益保护，落实农民工医疗保险、养老保险、子女上学、住房保障政策，让农民工在流入地平等享有公共服务。二要把握工业转型升级、服务业加快发展的新趋势，及时调整农民工职业教育和技能培训的主攻方向，加强现代工业职业技术教育和电子商务、仓储物流、家政服务等行业的技能培训。三要建立覆盖输出地和流入地的跨区域劳动力就业供需信息交流平台，加强就业信息的收集和发布，有效促进外出农民工返乡就业供给与本地企业就业需求的匹配。

2. 支持农民创业创新，培育农民增收新动力

创新创业既可以直接增收，又可以带动就业增收，具有双重增收效

应。要顺应农民工和高等学校毕业生返乡就业的新潮流，加大政策支持力度，鼓励和引导农民创新创业，繁荣县域经济，促使农民就近就地转移。一要认真落实促进农民创新创业的各类扶持政策。深入实施农村青年创业富民行动，支持返乡创业人员因地制宜，围绕休闲农业、农产品深加工、乡村旅游、农村服务业等开展创业。支持和鼓励各类企业和社会机构利用现有场地搭建农民创新创业示范基地。二要鼓励和引导农民发展新业态、新技术、新产品，创新商业模式，大力发展“互联网 +”和电子商务，引导农村各类创新创业主体与电商企业对接。三要进一步强化创新创业培训，充分发挥高校、科研院所、行业协会和社会中介组织的作用，鼓励专家学者、企业家为农民创新创业提供全方位的指导服务。

（三）强化农业支持保护，确保农业收入稳定

加强对农业的支持保护，是促进农民较快增收的重要保障。“十三五”时期，建议重点强化以下四个方面：

1. 进一步加大财政对农业农村的投入力度，继续改善农村生产生活条件

增加财政对农业农村的投入，加强农村基础设施建设，既能增加农民就业，又是农业发展和农民增收的重要保障。一要进一步明确中央和地方各级政府促进农业发展的事权和支出责任，规定中央财政转移支付用于农业农村建设的比例，确保财政农业农村投入“总量持续增加，比例稳步提高”。二要进一步拓宽财政支农资金来源渠道，提高土地出让净收益用于农业基础设施建设的比重，在中央和省级国有资本经营预算收入中安排固定比例用于“三农”支出，对预算超收部分安排固定比例用于“三农”支出。

2. 进一步加大农业补贴力度，确保转移性收入稳定增长

在农产品产量不能大幅增产、农产品价格不能大幅提高、农业生产成本可能加快上升的背景下，只有适当增加农业补贴，才能保证农民收入基本稳定。一要坚持增加补贴总量，建立农业补贴稳定增长的机制。建议适时修订《中华人民共和国农业法》，或直接制订农业补贴条例，明确农业

补贴的政策目标、资金规模、资金用途、分配依据，确保农业补贴政策的连续性和稳定性。二要尽快扩大“三补合一”试点范围，同时提高补贴标准。建议把“农业支持保护补贴”更名为“农户收入补贴”或“永久基本农田补贴”，按二轮承包耕地中的“永久基本农田”面积直接发到农户，进一步明确其“收入补贴”性质。同时，逐步提高补贴标准，建议“十三五”时期每亩补贴额每年递增 10 元。三要加大对生态脆弱地区的生态补偿力度，弥补农民因生态保护产生的收入损失，提高生态脆弱地区农民的收入水平。建议继续扩大地下水超采区和重金属污染严重耕地综合治理试点，采取财政补贴、转种轮作等措施确保农民不减收。同时，总结借鉴各地实践经验，建立完善耕地保护补偿制度。

3. 进一步改进农业宏观调控，完善农产品价格形成机制

农产品价格直接关系到农民收入，必须保持在合理水平。一要继续完善稻谷、小麦最低收购价政策，合理确定最低收购价格，给农产品价格树立起一根“定海神针”。继续完善重要农产品临时收储政策，按贴近市场和保障农民合理收益的原则确定收储价格，提早公布年度临时收储方案，尽快明确临储去库存的途径和时间表，稳定市场预期。二要继续完善东北和内蒙古大豆、新疆棉花目标价格补贴试点办法。建议以农业生产的现金支出成本为依据确定农产品目标价格，以过去固定年份的种植面积为基数确定补贴额，可以 3—5 年（大致为一个生产波动周期）核查调整一次。同时，要尽快设立目标价格补贴专项基金，以解决价格年际间波动而引发的年度补贴预算平衡问题。三要健全农产品进口调控机制，合理有效利用国际市场。完善重要农产品国营贸易和关税配额管理，把握好进口规模、节奏，维护国内农产品市场供求平衡和价格稳定。

4. 进一步健全主要农产品市场保险制度，降低农业“两个风险”

农业保险能有效规避自然灾害和价格下降所带来的风险和损失，是稳定农民收入与促进农业发展的“减震器”和“保护伞”。一要继续扩大农业灾害保险覆盖面、提高保费补助标准和保额标准。建议在主产区实行大宗作物品种全覆盖、保费全补助、保险额提高到直接物化成本的 150% 左右。二要探索试点“基本险 + 附加险”的模式，对非主产区重要农场和

新型农业经营主体，研究开发覆盖直接物化成本、完全成本、基本收益等不同保障水平的保险产品，财政对保障直接物化成本的基本险，给予全额的保费补贴；对保障直接物化成本以上的附加险，给予适当比例的保费补贴。三要试点探索农民收入保险办法，逐步从自然保险转向自然保险与市场保险并重。在畜禽水产养殖大县，对规模养殖场全面开展养殖产品目标价格保险试点。支持大中城市和有条件的地方扩大蔬菜目标价格试点。

（四）全面深化农村改革，夯实农民增收基础

增强农业农村发展活力，保障农民的财产权利，是农民增收的不竭之源。“十三五”时期，农村改革必须在以下方面取得实质性的进展。

1. 深化农村土地制度改革，充分保障农民的土地财产权益

一要加快农村土地承包经营权确权、登记、颁证工作。妥善解决承包期限、承包面积与实测面积、确权确股与确地等问题。稳妥开展农村承包土地经营权抵押贷款试点，在有条件的地方开展农民土地承包经营权有偿退出试点。尽快修订相关法律法规，推动开展土地经营权流转交易，解决土地经营权的处置、流通和变现问题。二要赋予农民住房更加充分的权能。稳妥开展农民住房财产权抵押贷款试点。推进放宽农民住房转让许可范围试点，在试点范围内，对于满足一定条件的农民，允许其农村房屋的转让范围从本村集体成员扩大到本乡镇常住人口。三要引导社会资本开发存量集体建设用地。采取政府主导、原权利人自行改造、村集体自行改造、村企合作改造、社会资本独立改造等多种方式，加强对乡村废旧教育设施、厂房、宅基地、农民住房的改造利用，建议政府在土地价款和税费上加大让利力度。四要完善和拓展城乡建设用地指标增减挂钩、“地票”等试点。进一步扩大城乡建设用地指标增减挂钩试点范围，在确保复垦耕地质量的前提下，允许乡村宅基地复垦、废弃建设用地复垦等途径产生的建设用地指标在省域范围内挂牌交易。

2. 推进农村集体产权股份合作制改革，充分保障农民的集体股份收益权

一要加快集体产权制度改革，将经营性资产折股量化到人并长期固

化，明确不得通过股东大会或社员大会等形式进行调整，为赋予农民对集体资产股份更多权能奠定坚实基础。二要尽快研究出台《新型集体经济组织收入分配管理办法》，规范改制后集体经济组织的收入支出范围和利润分配，逐步缩小集体福利支出范围和福利分配性质，提高按股分配的权重，鼓励有条件的地方实行“政经分离”。三要建立符合实际需要的集体资产股权交易机制和市场，尽快探索建立依法自愿有偿的集体资产股权退出机制。

3. 深化农村金融改革，切实改善农村金融服务

一要进一步强化农村金融支持政策。各级财政对各类涉农贷款担保基金提供一定比例的资金配套，尽可能提高对涉农贷款的担保能力；对各类农村资金互助组织按互助股金等比例配股，股金交由合作社管护，尽可能扩大互助合作的受益面；对各类新型农村金融组织，比照农村信用社给予货币政策、税收政策等优惠，对其发放涉农贷款给予相应奖励和补助，并提供相应的业务指导和帮助。二要进一步健全农村金融监管政策。对农民合作社开展信用合作，建议抓紧出台监督管理办法，明确监管责任，建立财政支持的风险保障基金，防范信用合作金融风险。三要进一步创新农村金融产品和服务。完善农村信贷损失补偿机制，探索建立地方财政出资的涉农信贷风险补偿基金。积极推进大型农业机械设备融资租赁和农产品营销贷款试点，加大财政支持力度，扩大试点范围。四要进一步加强农村信用体系建设。完善农户、家庭农场等农业经营主体的信用信息采集与应用机制，推进农业经营主体的信用评价和信用村、信用乡镇创建，出台以信用为基础的相关政策措施，增进农业经营主体的信用价值，提高其融资可获得性和便利性。

（五）持续改善农村民生，让农民共享发展成果

我国城乡发展不平衡、不协调的矛盾依然突出，加快推进城乡发展一体化的意义更加凸显、要求更加紧迫。必须努力在破解城乡二元结构、推进城乡要素平等交换和公共资源均衡配置上取得重大突破，让广大农民平等参与改革发展进程、共享改革发展成果。

1. 继续推动城乡公共服务均等化

坚持把基础设施建设的重点转向农村，把社会事业发展的重点放在农村，持续改善农村生产生活条件，降低农民生产生活成本。一要统筹城乡基础设施建设，推进城乡基础设施互联互通、共建共享。创新农村基础设施和公共服务设施决策、投入、建设、运行管护机制，继续加大乡村道路、危房改造、人居环境整治等农村基础设施的投入力度，积极引导社会资本参与农村公益性基础设施建设。二要推动城乡义务教育均衡发展，进一步完善农村义务教育经费保障机制，大幅调高农村教师工资水平，有条件的地方应该与城市教师工资水平持平。继续加大助学力度，尽快实现农村家庭经济困难学生资助全覆盖。三要提高农村医疗卫生服务水平，为农民提供安全有效方便廉价的公共卫生和基本医疗服务，对因病致贫的提供医疗救助保障。

2. 继续推动城乡社会保障均等化

一要推动城乡居民医疗保险制度并轨。2012 年新型农村合作医疗每次报销的平均补偿金额为 138.0 元，是城镇居民基本医疗保险补偿水平的 36.2%。建议统一城乡居民医疗保险制度的门诊和住院支出的报销范围和报销比例。二要大幅提高农村居民养老保障水平。当前，城乡居民的养老保障水平差距较大。建议允许农民参照城镇居民养老保险缴费标准补交养老金，60 岁以后享受城镇居民养老保险保障水平。三要统一城乡低保标准。2012 年城镇居民最低生活保障平均标准是农村居民的 1.9 倍，城镇最低生活保障平均支出水平是农村居民的 2.3 倍。建议逐年提高农村低保标准，力争到 2020 年达到城市的 70% 以上，并且要高于农村扶贫标准。

（六）做好扶贫开发工作，提升贫困地区发展能力和贫困人口收入水平

消除贫困、改善民生、逐步实现共同富裕，是社会主义的本质要求，是我们党的重要使命。必须动员全党全国全社会力量，坚决打赢脱贫攻坚战，确保到 2020 年我国现行标准下农村贫困人口实现脱贫，贫困县全部摘帽，解决区域性整体贫困。

1. 坚持把脱贫攻坚作为“十三五”期间的第一民生工程来抓

大幅增加扶贫资金投入，加大对贫困地区的一般性转移支付，提高贫困地区公共财力，着力改善贫困地区公共服务。重视发挥广大基层干部群众的首创精神，引导他们靠自己的辛勤劳动改变贫困落后面貌。动员全社会力量广泛参与扶贫事业。

2. 坚持把精准扶贫、精准脱贫作为打赢扶贫攻坚战的总目标

坚持因户施策、因人施策、因地施策。对有劳动能力的支持发展特色产业和转移就业，立足当地资源，实现就地脱贫。对“一方水土养不起一方人”的实施扶贫搬迁，对生态特别重要和脆弱的实行生态保护扶贫。统筹协调农村扶贫标准和农村低保标准，加大其他形式的社会救助力度。对丧失劳动能力的实施兜底性保障政策，对因病致贫的提供医疗救助保障。加大到户扶贫资金和项目的投入力度，引进创新更多直接到户的扶贫政策和项目，取消对贫困家庭的配套资金限制。

3. 进一步完善扶贫开发激励机制

强化减贫绩效考核导向，在一定时间内实行摘帽不摘政策。建立年度脱贫攻坚报告和督察制度，加强督察问责。加强扶贫资金监管，专项扶贫资金拨付与减贫绩效密切挂钩。同时，对于扶贫绩效突出的地区提供奖励性的配套发展项目。扶持贫困脆弱人群，减少因病、因教、因灾返贫的可能性。

新常态下促进农民增收的动力机制与政策选择

谭智心　孔祥智

内容提要：农民收入与国民经济发展息息相关。随着我国经济发展步入新常态，农民增收的动力机制也将实现从依靠要素驱动向效率驱动和创新驱动转变。农民增收的短板是农村贫困人口，要按照是否具有劳动能力分开设计脱贫路线。新常态下促进农民增收要从加快发展现代农业、积极稳妥推进新型城镇化战略、完善农业支持保护体系、全面深化农村改革等方面加强政策支持和引导。

党的十八大提出了全面建成小康社会的奋斗目标，在收入指标上要求到 2020 年城乡居民人均收入比 2010 年翻一番。从目前城乡居民的收入现状看，实现此目标的重点和难点均在农村。虽然党的十六大以来，在国民经济快速增长的拉动下，我国农民收入实现“十一连增”，但城乡收入差距较大、农民增收长效机制尚未建立、贫困落后地区农民增收困难等问题仍然成为我国全面建成小康社会过程中的短板。与此同时，2010 年我国步入工业化后期[①]，产能过剩、产业结构转型升级和以现代信息技术与制造业融合为特征的第三次工业革命对我国经济快速增长形成了新的挑战。从 2012 年开始，我国经济增速出现明显回落[②]，经济发展步入新常态[③]，增长速度换挡、发展方式转变、经济结构调整、增长动力转换等新常态新特征，又为农民收入实现快速增长提供了重要机遇。在此背景下，研究我国农民增收的动力机制及政策选择，既是实现收入倍增计划的重要举措，也是我国全面建成小康社会的必然要求。

一、新常态下农民收入增长的主要特征

新常态是中国经济发展到一定阶段后出现的新变化，不仅意味着经济增速的放缓，更意味着经济增长动力的转换和经济发展方式的转变。农业和农民收入作为国民经济的基础产业和国民收入分配的重要组成部分，如何适应经济发展新常态带来的机遇和挑战，首先需要从国民经济发展宏观背景的角度了解农民收入增长的趋势性和结构性特征。

（一）农民收入增长与国民经济发展密切相关

农民收入增长与国民经济发展息息相关。相关性分析表明，1991—2014 年我国农民收入增长率和 GDP 增长率之间呈显著的正相关关系[④]。值得一提的是，在党的十六大、十七大期间（2003—2011 年），国民经济

---

① 2014 年 12 月 15 日，中国社会科学院对外发布了《中国工业发展报告 2014》，该报告指出：2010 年中国的工业化水平综合指数已经达到 66，这意味着 2010 年以后中国进入了工业化后期。

② 2012 年我国 GDP 增长率为 7.65%，之前的 10 年（2002—2011 年）每年的 GDP 增长率均高于 9%。

③ 2014 年 5 月，习近平总书记在河南考察时首次提及"新常态"。当年 9 月的亚太经合组织（APEC）工商领导人峰会上，习近平总书记首次系统地阐述了"新常态"。他表示："新常态将给中国带来新的发展机遇。"他指出中国经济进入新常态有如下几个特点：速度从高速增长转为中高速增长；经济结构不断优化升级；动力从要素驱动、投资驱动转向创新驱动。2014 年 10 月，经济发展新常态写入中共十八届四中全会公报。

④ SPSS 19.0 统计软件分析表明，农民收入增长率和 GDP 增长率之间的 Pearson 相关系数为 0.487，并在 0.05 水平（双侧）上显著相关。

实现了年均 10.76% 的增长率高速增长，为农民增收提供了良好的经济基础、制度环境和政策空间。自 2004 年开始，每年的“中央 1 号文件”都聚焦“三农”，强农、惠农、富农政策不断出台，农业转移支付金额不断增加，农村改革不断深化，农民收入也持续向上攀升，2011 年农民人均纯收入达到 6977 元，是 2003 年（2622 元）的 2.66 倍，年均增长 13%，7 年内就实现了收入翻番。

2012 年以后，经济发展进入新常态，基本特征之一就是经济增速从高速增长转为中高速增长。中国经济在经历了进入 21 世纪以来（2000—2011 年）年均 10.2% 的高速增长后，2012 年增速开始显著回落[①]，2014 年降至自 1991 年以来的最低水平 7.4%。与经济增长速度放缓相适应，农民人均纯收入（可支配收入）[②] 增速也出现放缓迹象，2012 年开始明显回落（2011 年、2012 年、2013 年、2014 年增速分别为 18%、13%、12%、11%，依次降低）。可见，新常态下农民收入的提高也将会进入一个新的增长阶段，呈现出新的特点。

（二）农民收入是国民收入分配的重要组成部分

农业是国民经济的基础产业，农民收入与国民收入分配密切相关。按照来源渠道划分，农民收入可分为经营性收入、工资性收入、转移性收入和财产性收入四个部分。其中，农民通过生产经营获得的经营性收入，外出打工获得的工资性收入以及房屋土地租金、获得的股息和红利等财产性收入都是依靠劳动、技术、资本等生产要素投入社会生产和生活活动后产生的要素报酬，属于国民收入初次分配范畴，而通过财政直接投入、补贴、奖励等转移支付方式获得的转移性收入则属于国民收入再分配的范畴。

初次分配讲究效率，体现生产要素价值。由于我国现阶段实行的是按

---

① 2011 年至 2014 年，中国 GDP 增长率分别为 9.3%、7.65%、7.7%、7.4%。

② 2014 年国家统计局正式启用城乡口径统一的统计指标“农村常住居民人均可支配收入”，之前指标名称为“农民人均纯收入”。

劳分配为主体、多种分配方式并存的分配制度，与之相适应，以劳动力生产要素为核心的农民经营性收入和工资性收入成为农民收入的两大主要来源，并随着国民经济的发展和国民收入分配制度的改革而不断调整。近年来，城镇化进程的加快使得农民的工资性收入在比重和增长速率上都呈现加快上涨势头，2013 年，农民工资性收入占总收入的比重达到 45.3%，增速达到 13.6%，成为农民收入结构中增长最快的部分（2014 年占比略有回落）。此外，国民经济和现代农业的快速发展，使得农民家庭经营性收入也实现了大幅增长，2014 年农民家庭经营性收入达到 4237.6 元，占总收入比重为 40.4%，是 2000 年的 2.66 倍，与工资性收入并列成为农民增收的“两轮驱动”格局。农民财产性收入作为国民收入初次分配的组成部分，由于受体制制约①，占总收入比重一直较低（历年财产性收入占比没有超过 4%）。随着 2007 年党的十七大报告首次提出“创造条件让更多群众拥有财产性收入”，农村财产性收入改革大幕开启，2014 年农民财产性收入增速是家庭经营性收入增速的 3 倍。

再次分配讲究公平，体现国家经济实力和收入分配制度走向。农民转移性收入来自国家财政资金。近年来，受益于国家经济快速发展和对农业的大力支持，从 2003 年至 2013 年，中央财政用于“三农”的转移资金数量稳定增长，累计支出达到 7.2 万亿元，年均增速均超过 20%。同时，农民转移性收入也实现快速增长，占农民总收入的比重从 2003 年的 3.7% 上升到 2013 年的 8.8%。

（三）新常态下农民收入的结构特征

从农民收入结构看，2014 年农村常住居民人均可支配收入为 10489 元，其中工资性收入、经营性收入、转移性收入、财产性收入分别为 4153.4 元、4237.6 元、1877.5 元、220.3 元，占农村常住居民人均可支配收入的比重分别为 39.6%、40.4%、17.9%、2.1%。

---

① 在传统城乡二元体制下，农民的土地、房屋等财产均不能进入市场交易，从而限制了农民获得财产性收入的权利。

1. 工资性收入成为农民增收重要引擎

随着我国城镇化的快速推进，越来越多的农民进入城市，农民工资性收入快速增长。2013 年，农民工资性收入首次超过经营性收入，成为农民收入占比最大的组成部分。2014 年由于统计口径的变化，工资性收入占比仅次于经营性收入，但仍然比 2013 年提高了 0.9 个百分点。新常态下，虽然经济增速放缓，但劳动力仍然是农民创造收入的主要生产要素，工资性收入将继续成为农民增收的重要来源，并随国民经济发展和城镇化战略的推进而持续成为农民增收的重要引擎。

2. 家庭经营性收入仍然是农民收入的主要来源

自 20 世纪 80 年代初，农村实行家庭承包责任制以来，农民生产积极性得到极大释放，经营性收入占农民人均纯收入比重大幅增加，从 1978 年的 26.8% 增加到 1990 年的 75.6%。之后，随着市场经济改革的深入推进和农民工资性收入的显著提升，农民家庭经营性收入占比持续下降。2014 年调整统计口径后，农民经营性收入达到 4237.6 元，占人均纯收入的 40.4%。新常态下经济增速放缓虽会对农产品需求造成一定影响，但从中长期看，农民家庭经营性收入仍将是农民收入的主要来源。

3. 转移性收入比重不断增加

进入 21 世纪以来，随着国家经济实力的增强和农村税费改革的深入推进，中央从 2004 年开始对种粮农民实行直接补贴，而且补贴科目和补贴资金数额逐年增加。从 2004 年至今，转移性收入对农民每年增收的贡献率基本都稳定在 10% 以上。2014 年农民转移性收入达到 1877.5 元，占农民人均纯收入的比重为 17.9%，比 1993 年分别增长 44 倍、2.98 倍。经济发展进入新常态以后，国家财政收支压力加大（2014 年全国一般公共财政收入增长 8.6%，比 2012 年、2013 年分别回落 4.3% 和 1.6%，增速创 23 年以来的新低），虽然中央支农资金不会减少，但农业补贴资金的增速将受到影响。

4. 财产性收入增长潜力有待释放

受城乡二元体制制约，农民财产性收入与其他类型收入相比，不论是从数额还是占比看，都处于较为薄弱的水平。2014 年农民财产性收入

220.3 元，占农民人均可支配收入的比重为 2.1%。虽然比重较小，但从农村改革的发展趋势看，未来农民财产性收入增长潜力巨大，农民获得土地、房屋的市场收益和股息、红利等收入来源的增长潜力都将陆续释放，当然这部分收入的增长也是建立在国民经济发展之上的。

二、新常态下农民增收的动力机制

经济发展进入新常态，除了经济增长速度从高速增长转为中高速增长外，还有一个典型特征，就是经济发展动力从传统增长转向新的增长点。世界经济发展规律表明，各国的经济增长可按照发展程度分为要素驱动、效率驱动和创新驱动三个特定的阶段：要素驱动，指在要素市场本身发育不完全的情况下，通过非市场行为扭曲要素价格而产生的阶段性有效的竞争优势，随着中国人口红利、资源红利、环境红利等要素红利的逐步减弱，这一模式将无法继续成为中国发展的主要驱动力量；效率驱动，指市场在资源配置中起到决定性作用阶段，充分的市场竞争产生效率；创新驱动，指通过市场经济中企业的创新活动，获得持续的竞争优势，从而推动经济快速发展①。国际经验表明，新常态下的中国经济将向着效率驱动和创新驱动的方向转变，产业结构、发展方式、资源配置将进行相应的调整。为适应上述调整，农民增收的动力机制也将随之发生相应的转变。

（一）工资性收入的驱动将转为依靠技术能力和创新思维实现

新常态下，国内宏观经济形势复杂严峻，稳增长调结构促转型任务艰巨，经济增长下行压力加大，加上 2008 年世界金融危机对中国的负面影响还未消除，经济平均增速下降，农民工资性收入增幅趋缓。2012 年至 2014 年，我国农民工外出数量分别增长 983 万人、633 万人、501 万人，农民工工资收入名义增长率分别为 16.3%、16.8%、9.8%，均呈下降趋势。今后，随着农村剩余劳动力转移速度的放缓以及国内国际经济环境的

① 田国强、陈旭东：《中国改革历史、逻辑和未来》，中信出版社 2014 年版。

影响，农民工转移就业和工资收入要保持持续增长，将经受严峻考验。

从就业结构看，2008 年金融危机以后，政府为刺激宏观经济，将公共投资的着力点放在高铁、水利等基础设施和房地产等领域，从而导致农民工就业结构发生相应变化，2009 年至 2013 年，从事建筑业的农民工比例从 15.2% 上升到 22.2%，而从事制造业、居民服务业的农民工比例分别从 36.1%、12.7% 降至 31.4%、10.6%①。新常态下中国推进经济结构调整，以节能环保、新一代信息技术、高端装备制造、新能源新材料等为代表的战略性新兴产业，将呈现良好的发展势头，或将成为未来中国经济增长的主要驱动力。这些新兴产业雇佣的产业工人，不再像建筑业、低端制造业等行业，以劳动力密集型为主，而是更加倾向于雇佣技术型和创新型的产业工人。因此，适应新常态下经济转型的变化，农民工未来的转移方向除了建筑业外，将重点向高端制造业、批发零售业和居民服务业转移，这些领域对用工的需求也将从简单劳动型向技术型乃至创新型转变：高端制造业更多的实行机器替代人力，需要技术型工人；批发零售和居民服务业则需要不断创新商业模式和提升服务质量。适应这种转变，农民工资性收入增长的驱动力将来自农民务工技能水平的提升和创新性思维的发挥。

（二）经营性收入的驱动将依赖于农业转方式和调结构实现

经营性收入在经济发展新常态下仍将是农民增收的主要来源。随着土地流转适度规模经营和新型农业经营主体的发育，家庭经营性收入的增加将得益于规模化产生的规模经济；农业产业结构调整和节本降耗技术的应用，也将为经营性收入带来生产效率改进的效益。但是，新常态下，经济增速放缓，农产品价格受成本“地板”和价格“天花板”双重挤压的影响，农民经营性收入增长的空间越来越窄。所以，促进农民经营性收入快速增长的关键是破除农业生产经营的重重障碍，降低“成本”地板，提升农产品价格“天花板”，拓宽农业经营收入的空间。

---

① 国家统计局：《全国农民工监测调查报告》，2009—2013 年。

新常态下，提高农民经营性收入仍然要靠效率驱动和创新驱动。一是要转变农业发展方式，依靠农业科学技术，降低成本，激发要素活力，提高农业劳动生产率和土地生产率。创新农产品营销模式，广泛应用“互联网+”、农业物联网、移动营销平台、农产品电子商务等手段，强化信息技术在农业生产、流通领域的应用。二是要加快构建新型农业经营体系，积极培育农民合作社、家庭农场、新型职业农民等生产经营主体，大力发展农业社会化服务组织，促进产业链条上各主体的形成稳固的利益联结机制，通过组织创新，节约农业生产经营交易成本，提高经营效率。三是调整农业产业结构，在确保粮食安全的前提下，通过补贴、税收、金融等手段，发展优质高效和生态环保的品牌农业，提升农产品附加价值。

（三）转移性收入的驱动要依靠创新农业补贴方式实现

农民转移性收入的数额和占比虽然增长较快，但从拉动农民收入增长的角度来看（转移性收入对农民增收的贡献率约为10%左右），力量仍然较为薄弱。此外，中国在加入 WTO 时承诺“黄箱”补贴上限不超过农业总产值的8.5%，现在补贴的空间已非常有限，有些农产品如棉花的特定补贴已经逼近黄线。而且，农民的转移性收入全部依靠国家政策支持，当经济发展进入新常态以后，国民经济增速特别是财政收入增速有所放缓①。在此背景下，依靠农民转移性收入推动农民增收将面临较大压力。

基于上述分析，新常态下必须要创新农业补贴方式，充分发挥农业补贴在促进农业生产主体积极性方面的激励作用，从而间接的促进农民收入增长。一是农业补贴的目标要围绕提高农业生产能力来设计，比如提高农业生产机械装备、农田基础设施建设、信息化平台的搭建等等；二是要通过补贴优化农业生产结构，比如通过补贴政策，促进油、糖、盐向优势产区集中，这也是今后农业产业结构调整的一个突破口；三是补贴向新型农业经营主体倾斜，通过补贴引导农业生产经营方式转型，同时将补贴存量

---

① 2015年上半年全国一般公共预算收入79600亿元，比2014年同期增长6.6%，增幅回落4.1个百分点。

中的一部分用于支持规模化粮食生产；四是补贴资金向农业可持续发展方向倾斜，特别是资源的养护、环境污染的治理；五是创新农业补贴方式，国家给予农业的补贴要从现在的偏重“黄箱”向“绿箱”转化，这样才能进一步加大国家对农业的支持保护力度，有利于农业的健康发展和农民的持续稳定增收。

（四）财产性收入的驱动依赖于土地价值的充分挖掘

国民财产性收入的比率是衡量一个国家市场化和国民富裕程度的重要标志。市场经济发达国家的经验表明，财产性收入是家庭收入的重要组成部分，所占比重仅次于薪资收入。但从中国目前情况看，不论数额还是占比，财产性收入都是农民收入结构中最为薄弱的部分。经济发展新常态下，中国经济进入效率驱动和创新驱动阶段，市场经济发挥决定性作用，改革将全面深化。这要求健全法制、明晰产权、维护市场公平正义，让市场经济的效率得到充分发挥。从这个意义上讲，农民财产性收入增长的潜力一旦释放，将成为农民增收的强大引擎。

当前，我国农民的财产性收入主要来自土地、集体经济、自有资金等方面，具体来说，主要集中在土地承包经营权转让收入、征地补偿款、房屋租金、集体经济分配的股息红利、自有资金的银行存款利息等。据全国农村固定观察点调查数据，2014 年农民财产性收入中来自征地补偿的占 28.9%，土地流转收益占 25.1%，两者占农户财产性收入的 54.0%；此外，租赁收入占 15.6%，股息、利息等占 12.3%，集体组织分红占 10.7%，其他占 15.4%[①]。可见，来自土地或与土地相关的收益（征用土地、农用地、宅基地）是农民财产性收入的主要来源。所以，深入推进农村土地制度改革和农村集体产权制度改革，完善农用地征用制度、赋予土地承包经营权完整的权能、探索农村集体经营性建设用地入市、改革完善农村宅基地制度，将成为未来农民财产性收入获得大幅提升并成为农民

---

① 张红奎：《促进农民财产性收入快速增长对策研究》，农业部“十三五”规划编制前期重大研究课题《农民收入增长趋势与构建农民增收长效机制研究》结题报告。

增收稳定来源的重要驱动力量。

三、新常态下农民增收的短板：农村贫困人口

全面建成小康社会的本质和精髓是实现共同富裕，也就是农村人口不仅得到全面覆盖，也应该得到全面发展。2014 年农民人均纯收入为 9892 元，要实现 2020 年农民人均纯收入比 2010 年翻一番的目标（11838 元）①，则 2015 年至 2020 年，这 6 年农民人均纯收入的平均名义增速需达到 6%（通货膨胀因素按 3% 计算）。虽然 6% 的增速目标与近几年农民人均纯收入的平均增速相比，实现的压力不大，但平均水平并不能代表全面水平，要实现全面建成小康社会的目标，短板在农村，最艰巨最繁重的任务在农村，特别是在农村贫困地区②。

（一）农村贫困人口增收前景堪忧

按照 2010 年中央确定的国家贫困线标准 2300 元（2010 年不变价），截至 2014 年年底，全国有 14 个集中连片特殊困难地区、592 个国家扶贫开发工作重点县、12.8 万个贫困村、2948.5 万个贫困户、7017 万贫困人口。其中河南、湖南、广西、四川、贵州、云南 6 个省份的贫困人口都超过 500 万人。

1. 低收入农户收入水平与其他农户差距悬殊

2013 年，贫困地区农民人均纯收入为 5519 元，仅为全国农民平均水平的 62%，且农民内部收入差距较大。按农村居民人均纯收入五等份分组情况看③，20% 低收入农户人均纯收入为 2583.2 元，仅比国家贫困线高出 12.3%，可见农村贫困人口全部位于此区间内。从收入的绝对差距看，高收入户与低收入户的差距由 2000 年的 4388 元扩大到 2013 年的

---

① 2010 年农民人均纯收入为 5919 元，到 2020 年翻一番则为 11838 元。

② 习近平总书记 2015 年 6 月在贵州考察时指出：“‘十三五’时期是我们确定的全面建成小康社会的时间节点，全面建成小康社会最艰巨最繁重的任务在农村，特别是在贫困地区。”

③《中国统计年鉴 2014》中五等份分组将农民分为低收入户、中等偏下户、中等收入户、中等偏上户、高收入户。

18689.5 元，差距扩大了 4.26 倍；从收入的相对差距看，2013 年低收入农户收入水平分别相当于中等偏下户、中等收入户、中等偏上户、高收入户的 46.8%、32.5%、22.7%、12.1%，差距较为悬殊。

2. 低收入农户收入增速较慢

2013 年，低收入农户人均纯收入增长率为 11.5%，低于中等偏下户（14.7%）、中等收入户（12.8%）、中等偏上户（12.1%）、高收入户（11.9%）的平均水平。从 2000 年到 2013 年，全国农民人均纯收入增长了 3.95 倍，中等偏下户、中等收入户、中等偏上户、高收入户分别增长了 3.83 倍、3.96 倍、4.11 倍、4.10 倍，而低收入户仅增长 3.22 倍，低于全国和其他各组平均水平。增长速率的差距将导致低收入农户平均收入水平与其他农户的差距越来越大。

（二）农村贫困人口增收的动力机制

2013 年农村贫困地区农民人均家庭经营性收入、工资性收入、转移性收入、财产性收入分别为 2636 元、2269 元、535 元、79 元，与上年相比分别增长 11.3%、22.7%、21%、9.4%[①]。从收入的绝对数量看，家庭经营性收入和工资性收入是农村贫困人口收入的主要来源，两项加起来占到农民人均纯收入的 88.9%；从各项收入的增长率看，工资性收入增长最快，对农民增收的贡献率达到 53.3%，成为农村贫困人口增收的主要来源。其次是转移性收入，这与国家财政对农村贫困地区的倾斜有关。

我国农村贫困人口绝大部分分布在革命老区、少数民族地区、边疆地区和欠发达地区，这些地区或者自然环境恶劣、不利于发展生产，或者远离城市、交通不便，加之农村贫困人口大部分为丧失劳动能力或残疾人群，要实现这些地区农村贫困人口的小康目标，在增收动力机制方面要分类考虑。

1. 具有劳动能力的贫困人口

一是对于生活在自然生态环境不利于从事农业生产经营活动地区的农

① 国家统计局：《中国统计年鉴 2014》，中国统计出版社 2015 年版。

村贫困人口，政府要通过有序引导和培训，使其进入劳动力密集型行业，成为产业工人，或是出台优惠政策鼓励其创业，通过工资性收入或经营性收入的提升来实现收入增长。这部分人群增收的动力机制就来自于劳动力要素价值的充分挖掘。二是对于居住地适合发展种养等农作活动的地区，政府要通过引入合适的产业，促进该地区贫困人口通过农业生产经营活动，实现经营性收入的提升。此部分人群增收的动力机制在于生产效率驱动。

2. 丧失劳动力能力的农村贫困人口

此部分人群增收的主要来源在于转移性收入和财产性收入。具体来说，要创新扶贫手段，提高扶贫的准确性。新常态下，尽管经济增速放缓，但对此部分人群的转移支付不能减少。要逐步提高农村最低生活保障和五保供养水平，切实保障没有劳动能力和生活常年困难农村人口的基本生活。加快新型农村社会养老保险制度覆盖进度，支持贫困地区加强社会保障服务体系建设。发挥专项扶贫、行业扶贫和社会扶贫的综合效益。实现开发扶贫与社会保障的有机结合。

四、新常态下促进农民增收的政策选择

经济发展新常态给农民增收带来了新的机遇。结合当前农民收入结构的变动趋势和各类型收入增长的动力机制，要实现 2020 年农民收入倍增计划和全面建成小康社会的宏伟目标，“十三五”期间，必须紧紧依靠稳步增加农民经营性收入和快速提升农民工资性收入两大主线，同时补齐农村贫困人口收入偏低的短板。从中长期看，在完善上述增收路径的基础上，还要通过转变方式提高农民转移性收入、改革创新激活农民财产性收入，变“双轮驱动”为“多轮驱动”。政策选择上，要从加快发展现代农业、稳妥推进新型城镇化战略、完善农业支持保护体系、全面深化农村改革等方面加强政策设计。

（一）转变农业发展方式，加快发展现代农业

转变农业发展方式是发展现代农业的内在要求，也是实现农民家庭经

营性收入稳步增长的有效途径。面对农产品价格“天花板”和农产品成本“地板”的双重挤压，只有转变农业发展方式、加快发展现代农业，注重农业发展的质量和效益，才能提高农业的国际竞争力，拓宽农民经营性收入的增收空间。

第一，进行农业产业结构的深度调整，延长农业产业链条，大力推进农业标准化品牌化建设，提升农产品质量和效益，促进第一、第二、第三产融合发展。第二，要加快构建新型农业经营体系，培育新型农业经营主体，提升经营者素质和职业化水平。发展适度规模经营，构建适应现代农业发展要求的农业社会化服务体系。第三，要完善农产品价格形成机制。深入探讨农产品目标价格改革试点，发展适应现代农业要求的农产品流通体系，让市场在农产品价格形成机制中起决定性作用。第四，依靠科技创新，提高农业资源利用效率。提高农业生产的物资技术装备水平，加强农业公益性科研投入，加快推进以企业为主导的农业科技研发体制。第五，促进农业发展由主要依靠资源消耗向资源节约型、环境友好型转变。加强无公害、绿色、有机食品基地建设，积极推广生态生产、健康养殖等先进实用技术。积极推进农业废弃物循环利用，改善农业生态环境，促进资源永续利用。

（二）以人为本，积极稳妥推进新型城镇化战略

新型城镇化战略是扩大内需拉动经济的重要手段，也是实现农民工资性收入快速增长的重要引擎。新型城镇化的关键是以人为核心，遵循发展规律，稳妥推进，提升质量，着重解决好以农民为主体的“三个1亿人”问题①。

有序推进农业转移人口市民化，要为农民工创造公正公平的就业环境，建立健全社会保障制度。就业方面，通过劳动力市场和搭建供需对接平台，合理引导农民工与用人单位衔接。实施农民工职业技能提升计

① “三个1亿人”问题指促进约1亿农业转移人口落户城镇，改造约1亿人居住的城镇棚户区和城中村，引导约1亿人在中西部地区就近城镇化。

划，根据市场需求，培养适应工作要求的产业技术工人；户籍制度改革方面，实施差别化落户政策，把有能力、有意愿并长期在城镇务工经商的农民工及其家属逐步转为城镇居民；子女教育方面，完善义务教育管理体制，使更多进城务工人员随迁子女纳入城镇教育、实现异地升学；农民工权益保护方面，完善法律法规，出台相关政策，切实保护农民工合法权益。稳步推进城镇基本公共服务常住人口全覆盖，使农业转移人口和城镇居民共建共享城市现代文明。此外，要提高大城市周边的小城镇产业发展和集聚人口能力，通过发展合适的产业政策，促进农业转移人口就近转移从业。

（三）完善农业支持保护体系，加强农村社会保障力度

农业的基础地位和产业特性决定了现代农业建设离不开政府的支持和保护。我国农民转移性收入来源于国家财政，其增长速度与经济发展水平密切相关。进入 21 世纪以来，随着国民经济的高速发展和国家对农业的高度重视，农民的转移性收入出现了较大幅度的提升。然而，随着时间的推移，农业补贴对提高农民生产积极性的政策效应出现了递减趋势，加之转移性支付的数量不多，对农民增收作用有限。所以，新常态下要通过改革农业补贴方式，完善农业支持保护体系，加强农村社会保障力度，促进农民转移性收入的数量和效能同步增长。

在完善农业支持保护体系方面：第一，完善种粮直补、农机补贴、农业生产资料综合补贴办法，逐步建立与农业生产资料价格上涨挂钩的农资综合补贴动态调整机制。扩大农作物良种补贴的实施范围，对主要农作物实行良种补贴全覆盖。扩大农业补贴范围，重点是农业保险保费补贴，如牲畜家禽、森林保险等。第二，扩大农业支持保护对象范围，加大对农业龙头企业、农民合作社、家庭农场、新型职业农民等新型农业经营主体的补贴力度。第三，完善主产区利益补偿机制，增加粮油大县、生猪大县奖励资金，建立完善生态补偿和耕地保护补偿机制，使主产区达到地区或全国平均水平。第四，创新体制机制，提高财政支农资金使用效率。改变以往单一的政府投入机制，采用民办公助、以奖代补、贷款贴息、政府购买

服务等方式，吸引信贷和其他社会资金投入农业。

在加强农村社会保障方面：首先，加大对农村低保和贫困人群的转移支付标准，创新农村扶贫方式，加大开发式扶贫力度，继续实施扶贫开发攻坚工程，在产业合作、转移就业、基层建设等方面实现新突破。力争在2020年将中国绝对贫困人口发生率降到1%以下，绝对贫困人口降到1000万人以下。其次，努力实现新型农村合作医疗和新型农村社会保险的全面覆盖，提高新农合门诊报销比例，适当提高农村低保和基础养老金补助标准，力争早日将新农合和城镇居民基本医疗保险制度整合为城乡居民社会保险制度。

（四）创新体制机制，全面深化农村改革

财产性收入是未来农民收入的重要增长点。党的十七大报告首次提出“创造条件让更多群众拥有财产性收入”，说明增加居民财产性收入已经进入了中央层面的战略部署。经济发展新常态下，农民财产性收入快速增长的动力要依靠创新体制机制，全面深化农村改革来实现，关键是要在农村土地制度和金融制度方面加大改革力度。

土地制度改革方面，核心是要盘活农民的土地财产权。第一，稳定和完善农村土地承包制度。按照2014年“中央1号文件”的要求，稳定农村土地承包关系并保持长久不变，赋予农民对承包地占有、使用、收益、流转及承包经营权抵押、担保权能。第二，改革农村宅基地制度。在保障农民宅基地用益物权前提下，慎重稳妥推进农民住房财产权抵押、担保、转让试点，实现城乡土地、房屋等资产同权同价。第三，引导和规范农村集体经营性建设用地入市。在符合规划和用途管制的前提下，允许农村集体经营性建设用地出让、租赁、入股，实行与国有土地同等入市、同权同价，加快建立城乡统一的建设用地市场。第四，加快推进征地制度改革。改革的核心是保障农民公平分享土地增值收益，保障被征地农民的知情权、参与权、申诉权、监督权。第五，推进农村集体产权制度改革。盘活集体资产，赋予农民对集体资产占有、收益、担保、继承等权利。建立农村集体产权交易市场，创新农村集体经济管理体制。第六，全面深化农村金融改革。强化金融机构服务“三农”职责，发展新型农村合作金融组织，鼓励农村金融产品创新。

参考文献

[1] 田国强、陈旭东：《中国改革历史、逻辑和未来》，中信出版社 2014 年版。

[2] 国家统计局：《全国农民工监测调查报告》，2009—2013 年。

[3] 张红奎：《促进农民财产性收入快速增长对策研究》，农业部“十三五”规划编制前期重大研究课题《农民收入增长趋势与构建农民增收长效机制研究》结题报告。

[4] 国家统计局：《中国统计年鉴 2014》，中国统计出版社 2015 年版。

[5] 习银生等：《新形势下农民收入倍增目标实现途径研究》，《中国农村研究》，2014 年第 59 期。

农村社会结构变迁对“三农”政策的影响

刘　洋

内容提要： 改革开放以来，我国农村社会结构发生深刻变动，出现了一些新的特点，这对新时期农业农村发展和“三农”政策转型带来了新的影响和挑战。本文从彼特·布劳的社会结构理论出发，梳理我国农村社会结构的变迁，分析这种变迁对“三农”政策及其执行带来的影响，并从社会学视角提出了应对思路。

一、引　言

公共政策学认为，社会环境是影响政策执行的重要因素，在三农政策的执行中，农村社会结构无疑是社会环境的核心部分。改革开放以来，我国农村社会结构发生了巨大变迁和深刻转型。这种变化一向为党和政府的政策制定者所重视，成为三农政策制定的重要依据①。研究表明，随着我

---

① 历年“中央 1 号文件”都将农村社会结构的变动作为政策制定的前提，2014 年“中央 1 号文件”《关于全面深化农村改革加快推进农业现代化的若干意见》指出，“经济社会结构深刻变化对创新农村社会管理提出了亟待破解的课题”，要求“改善乡村治理机制”“创新基层管理服务”。

国农业农村发展形势的变化，三农政策也相应发生了转型："农业"从改造传统农业向现代农业建设转型；"农村"从促进经济发展向促进社会建设转型；"农民"从实现经济利益向保障民主权利转型（宋洪远，2013）。理清农村社会结构变迁中的新特点、新趋向，分析其对三农政策转型的新挑战、新影响，从社会结构角度提出促进三农政策执行的新思路，有着重大的理论和政策意义。三农政策包含范围较广，根据上述转型特点，本文主要聚焦于建设现代农业、村庄建设和村民自治等三个方面。

社会结构历来是社会学研究的核心主题，关于社会结构的定义就有"社会系统"、"社会关系"、"社会制度"、"社会整合"、"社会网络"等多种说法（周怡，2000）。值得注意的是社会学家彼得·布劳的定义，他认为社会结构"是指人们在不同方面的社会位置上的分布——反过来，位置也会反映和影响人们的角色关系和社会交往"（彼特·布劳，1991）。根据这个定义，结合国内相关研究，本文将社会结构分为两个方面的内容：一是由个人组成的社会群体或组织的分化和分层。彼特·布劳是用水平分化的"类别"参数和垂直分层的"等级"参数两个概念来描述其基本类型；国内学者一般用职业分化的概念，例如陆学艺提出的我国农村农民的十大分层（陆学艺，1991）。二是分化出的个体、群体或阶层之间的关系。杨善华认为，在讨论农村社会结构时，不能忽视构成社会结构的基本要素之间的关系（杨善华，2004）。在关系层面，很有影响力的是孙立平根据20世纪90年代以来中国社会的结构关系变化作出的"断裂社会"的推断，即一个社会中几个时代（主要指传统、现代、后现代——笔者加）的成分同时并存，互相之间缺乏有机联系（孙立平，2003）。根据上述定义，农村社会结构的变迁既包括农民的分化分层，也包括农村社会关系的变化。

二、改革开放以来我国农村社会结构的变迁

整体来看，与发达国家的经历相似，我国社会结构正在从封闭的传统农业社会结构向开放的现代工业社会结构转变。然而，由于我国经济发展路径、政策制度设置、历史文化传统等的不同，当前的农村社会结构变迁

又呈现出特殊的阶段性特点。

（一）分化分层的“碎片化”

改革开放以来，我国农村社会发生了翻天覆地的变化，农民由原来单纯从事农业劳动、收入水平相对平均的群体，分化成为经营多种职业、收入差距不断加剧的不同阶层。对于当前我国农村的分化和分层状况，已有的研究很少能达成一致，不但研究结果差异很大，而且在分层标准方面也产生了争论。陆学艺等一些学者从职业分化角度对农村进行社会分层，并得出若干职业类型（陆学艺，1991；林后春，1991）；毛丹等人则认为，职业分层在当前中国农村社会不适用，主张采用社会资源①的分类标准（毛丹、任强，2003）；还有学者主张从农户土地耕种和占有关系（贺雪峰，2011）、农民消费角度对农民进行分层（陈文超，2006）。这种不一致不仅是研究视角的缘故，更是反映了当前我国农村社会分化分层实践过程和机制的复杂，以及不同区域分化分层结果的差异和多元，对此，本文用“碎片化”加以概括，“碎片化”主要体现在以下三个方面。

1. 分化分层机制的多元化

碎片化的根源在于我国农村分化分层机制的特殊性。在发达国家和其他发展中国家，农民最初的分化分层源于工业化和城市化，农民一元化地化为产业工人，例如英国的“圈地运动”。而我国农村的分化分层不是始于工业化，而是源于1978年之后限制农民流动和自主经营规则的逐渐松弛。传统的制度结构和现代市场机制的共同作用，形成了多元分化的格局（万能、原新，2009）。具体而言，家庭联产承包责任制的推行促成了农民在农业部门内的最初分化；鼓励非农产业发展、促进农村劳动力转移的政策加速了农民的职业分化；城乡户籍制度的松动开启了农民的身份转变；对外经济开放和市场经济的发展加速了农民的市场分化；近来又有研究表明土地的市场化流转推动了农民阶层分化与重塑。制度变革和市场推动等多元机制的并存在避免造成大的社会震荡的同时，也产生了我国农村

① 社会资源包括经济资源和知识、权力、社会关系、身份地位等象征性资源。

分化分层的碎片化特征。

2. 分化分层的不完整和不稳定

由于市场经济的多变性和制度变革的滞后性，农民尽管离开了农村农业，但仍与村庄、土地保持着不同程度的联系，典型的如农民工，他们职业是工人，但身份仍是农民；工作在城镇，户籍仍在农村，再如很多已经举家迁居城市的农民仍保留着农村土地的承包权和农村的成员权①。除了农民分化的不完整，农民分化后的职业状况和生活方式也并不稳定，在政策的影响和市场的变动下，随时会向其他社会群体转化，比如当政府推动资本下乡大规模土地流转的情境下，一大批传统的农业经营者阶层或者外出打工成为农民工阶层，或者成为农场雇工。

3. 分化分层结果的差异性

由于经济发展有快慢，制度变迁有先后，市场辐射有远近，我国农村的分化分层有着极大的地区和区位上的差异性。一是地区上的差异性。渐进式的改革开放和制度变迁首先发生在东部沿海地区，这些地区与中西部地区经济发展的区域差异也比较明显。区域经济发展的不平衡使我国农村分层呈现出极大的地区差异，农民分化的程度也呈现出从东部沿海到中西部内陆逐渐递减的趋势。在大部分中西部农业型地区，中青年农民大规模外出务工经商，农村留下来的主要是缺少进城务工经商机会但仍然具备农业生产经验与能力的老年人，这就形成了年轻子女外出务工、年龄比较大的父母在家务农的生计结构，有学者称为“以代际分工为基础的半工半耕”（贺雪峰，2013）。在中西部农业地区，社会分化和分层结构相对比较简单，而在东部沿海经济发达地区，非农产业发展较快，外来劳动力大量涌入，村庄分层也相对复杂。有研究表明，在内生工业发达的长江三角洲地区，经济分化剧烈，富人阶层不但在经济上与普通村民差距极大，而且通过人情交往、村庄竞选向社会分层和政治分层转化（袁松，2012）。二是区位上的差异性。在同一地区，农民分化分层程度还随距离市场中心

① 这种不完整分化并不仅仅是户籍制度限制的结果，还有农民的主动为之。实际上很多人是因为农业户口的优惠条件，例如计划生育、集体分红、实惠的新型农村合作医疗政策等。

的远近而呈现出区位差异。一般而言，距离城区越近，受市场影响越大，农民分化越明显。而一些边远地带，区位条件较差，信息流通不畅，农民分化相对不明显。有研究表明，即使在以农业为主的中西部地区，一些交通便利、市场条件较好的村庄经济结构调整较快，分化和分层更为明显（张红，2005）。

（二）社会关系的“半熟人化”

费孝通曾用“熟人社会”的概念来概括乡土中国人与人之间的关系，“乡土社会在地方性的限制下成了生于斯、死于斯的社会。常态的生活是终老是乡。假如在一个村子里的人都是这样的话，在人和人的关系上也就发生了一种特色，每个孩子都是在人家眼中长大的，在孩子眼里周围的人也是从小就看惯的。这是一个熟悉的社会，没有陌生的社会”（费孝通，1998）。研究表明，随着市场化带来的人口流动和分化分层，当前的农村社会正在从“熟人社会”向“半熟人社会”转变（贺雪峰，2000）。这里的“半熟人化”并不仅仅指人与人熟悉度的下降，作为一种关系模式还包含有更深刻的变化，当前我国农村社会结构关系的“半熟人化”主要有三个特点。

1. 社会关系熟悉度的下降

由于当前农村社会流动的加快，很多人的生产生活不再局限于“生于斯死于斯”的村庄。那些流动在外打工经商的村民，常常发展出超出村庄的社会关系，这些社会关系并不为其他人所熟悉。即使同在村庄居住，由于村庄分化的加剧，村庄社会多元性和异质性大大增加，村民的就业、收入、交往、兴趣、品味、秉性、需求也都出现了差异。这些都造成了农村社会人与人之间熟悉程度的降低。

2. 社会关系公共性的弱化

一是村庄“地方性共识”的逐步丧失。熟人社会的构成不仅靠的是信息熟悉，还在于社会互动的公共性，即成员相互交往有着公认一致的规矩，以至于连“语言沟通都变得不必要了”。这种信息全对称以外的公认一致的规矩，就是“地方性共识”，地方性共识是熟人社会成员在互动时下意识遵循的价值规范，在交往中被一次次地重申和强化，例如遵纪守法、维护道德伦理、村庄公共利益等。随着农民大规模流动，经济分层和社会分化加剧，村民相互之间的了解程度越来越低，支持地方性规范的村庄公共性力量开始被个体私密的互动关系所替代，村庄传统规范越来越难以约束村民行为，地方性共识逐步丧失。2014 年 1 月广西玉林某“文明示范村”里发生的 11 岁女童遭同村长辈十几位老人侵犯，村民反而指责幼女的事件正说明了村庄公共价值规范的丧失①。二是血缘地缘等传统社会要素整合作用的削弱。在熟人社会，“差序格局”是人们发生互动关系时的基本格局，“每个人都是他社会影响所推出去的圈子的中心。圈子的波纹所推及的就发生联系”，“一圈圈推出去，愈推愈远，也愈推愈薄。”维持“差序格局”的主要是血缘和地缘，包括家庭、兄弟、门氏、宗族；邻居、同村民组、同村等。在村庄共同价值规范逐步丧失的同时，基于传统血缘、地缘的整合力度逐步削弱，基于经济利益的整合力度越来越强，有研究者总结为农村社会的“原子化”倾向（贺雪峰，2003）。在有的地方，传统要素甚至被改造为特定利益的外在表象，例如广东某地制毒村的宗族黑帮化。

3. 村民与村庄关系的疏远

一是身体距离的疏远。随着城市化进程的加快，农村中青年大量外出务工经商，有的举家外出，仅在春节时返乡，这首先在身体距离上出现了疏远。二是利益关联的疏远。当前大部分农民的经济收入已经不再靠从村庄中获得，村庄成员和村庄的利益关联越来越弱。据农业部预计，2013 年农民工资性收入占比将超过家庭经营收入，农民收入结构发生重要变化，超出村庄之外的务工收入成为农民收入的主要来源。三是社会文化的疏远。社会文化是最深层次也是最基础的关系层面，反映的是人们对村庄的责任和关切，与农民在不在村没有多大关系。熟人社会里村庄是农民的安身立命之地，落叶总要归根，即使身在他乡对村庄仍有着情感的眷恋和

① 参见中华女性网的调查，http：//www. china - woman. com/rp/main？ fid = open&fun = show _news&from = view&nid = 102569&ctype = 3

浓浓的乡愁。随着村庄交往的私人化，地方性价值规范的解体，特别是农村文化的衰败，村庄越来越变成外在于村民的存在，村民与村庄的社会文化距离越来越远，即使回乡也只是为了家庭，不是为了村庄，村庄成了千方百计也要逃离的地方。对于这种变化，有学者称为“无主体感”（吴重庆，2002）。

三、社会结构变迁对三农政策转型的挑战

农村社会结构的变迁在我国整体社会转型过程中不可避免，一定程度的分化分层有利于社会的发展进步，但过度分化、阶层差距过大和社会关系的巨大变动也会带来一些问题，由此给我国三农政策的转型带来了影响和挑战，应当引起政策制定者和执行者的关注。

（一）对建设现代农业的影响和挑战

建设现代农业关系到保障国家粮食安全、增加农民收入、促进经济社会可持续发展等战略目标的实现。当前农村社会结构变动对建设现代农业的挑战主要集中在现代农业的经营主体方面。

1. 社会分化带来的农村青壮年劳动力外流

不同于传统农业，建设现代农业更需要优质的人力资本，例如文化素质较高的青壮年农民。而在农业型地区，当前农村经济分化和分层的结果是务工经商群体一般要优于在乡务农群体，这就使青壮年劳动力大都外出从事非农业。经过长时间、大规模的劳动力转移，我国农业劳动力结构性短缺问题日益凸显，青壮年劳动力紧缺成为突出矛盾。“谁来种田”、“谁来务农”的问题也越来越严峻地摆在我们面前。另外，因为青壮年外出务工可以获得的机会性收入的增加，也拉高了在乡受雇农业生产的人工成本价格，农业劳动力价格快速提高，增加了投身现代农业建设事业的成本。如何采取措施留住或培养现代农业的优质人力资源，成为一个挑战。

2. 老人农业如何与现代农业对接

在农业型地区“代际分工为基础的半工半耕”的生计结构下，青壮

年与农业村庄的距离越来越远，从事农业、留守农村的大都是老人、妇女和儿童。老人从事农业存在着如何与现代农业对接的问题：一是生产经营规模的对接。老人从事农业因为体力和精力的缘故，一般不会将其作为一个主要的收入来源，而仅仅是作为一种家庭打工收入的补充，因此一般不倾向于扩大规模，这在一定程度上是维持了土地的零碎化。现代农业建设需要的是有一定的规模，起码土地不能过于零碎，这样才能发挥现代物质装备的威力，这就产生了耕作规模上的对接问题。二是生产经营方式的对接。老人从事农业一般按照习惯方式精耕细作，存在着对先进技术的保守心理。即使想采用先进设备和技术也常常因为文化素质原因心有余而力不足，因此老人对现代农业建设并没有多大的主动性和热情，在科技创新和推广应用方面接受能力不强。而现代农业需要的是现代农业装备、现代农业技术、特别是现代的农业经营方式和经营理念，在生产方式上也存在一个对接的问题。

（二）对村庄建设的影响和挑战

近年来，国家不断出台政策加大农业农村基础设施建设力度，创新农村社会管理，加强农村社会建设，从硬件和软件两个方面建设农村。农村社会结构变动对村庄建设的影响和挑战也主要体现在这两个方面。

1. “半熟人化”的社会关系中如何达成公共物品的供给

随着农村社会交往中公共性的逐步丧失和相互熟悉度的降低，私家利益最大化逐渐成为人们行动时的最大考量，在需要集体行动的村庄公共物品供给中就出现了一种“搭便车”的行为逻辑，即不付成本而坐享他人之利。例如在湖南衡阳调研中发现，在天气大旱、浇不上水颗粒无收大家都会“饿死”的情况下，就需要集体行动进行农田灌溉，但有农户声称自己“不怕饿死”，拒不出钱出力。那些比他更需要灌溉或更怕被饿死的人便出钱出力提供了灌溉，这样不怕饿死的人就“搭便车”免费获得了灌溉，怕饿死的人每次都出钱出力，最后利益受损或受益减少。当地农民形象地总结为“怕饿死的人会饿死，不怕饿死的人不会饿死”。问题是这样一来，反复博弈的结果是越来越多的人看到利益都想搭便车，所有人都可能会“饿死”，村庄生产生活所必须的基本公共品供给便无法达成。

2. 在村民和村庄关系疏远的情况下如何提高村民对基础设施建设的参与度

农民是农村基础设施的需求者和最终使用者，在日常管护中又具有信息优势和便利条件，他们在建设和管护中的参与无疑能使村庄建设政策的执行更有效率、更节省成本。当前农业农村基础设施建设中农民的整体参与状况不佳，这有执行者忽视农民参与的原因，但不可忽视的是农村社会结构巨大变化的影响。如前文所述，由于村民与村庄在距离、利益和社会文化心理上的多重疏远化，农民参与村庄建设的积极性和主动性也大幅下降，不仅使“搭便车”行为无法得到制止，而且也使村民组织起来参与监督管理基础设施建设变得十分困难，甚至出现了农村基础设施“平时没人管、坏了没人修、更新没人理”的局面。

3. 在“碎片化”的分化分层中如何协调多元利益冲突、维持社会秩序

当前我国农村分化分层日益加剧，呈现出“碎片化”的特点，不同群体的利益诉求日益多样化，不同阶层之间利益冲突也越来越频繁，再加上农村分化分层的不完全、不稳定和不平衡，如何协调农村的多元利益冲突、维护农村秩序稳定成为农村社会建设的重要主题和重大挑战。一是如何在制定和实施三农政策时协调利益，减少矛盾冲突。比如在大规模土地流转中，不同利益群体对土地的诉求就非常复杂。大规模土地承包者为了效率和收益希望长期流转、集中连片，最好让小农全部退出，消灭小块插花田；一般外出打工者担心年老或失业返乡、农村贫弱阶层担心外出打工无技能而更倾向于将土地作为最后的生存保障，更愿意短期流转或者保持小块耕种；以农业适度规模为生的传统种粮大户则是最不愿意出现大规模流转的阶层，因为那样价格必然抬高导致租不到土地；还有些留守老人为寻求生产生活的意义和价值倾向于传统耕作一亩三分田，也不愿意流转；而最希望长时间流转的是富人阶层和举家外出经商阶层，他们无需土地上的利益，对于他们来说土地能够自由买卖最好。一个村庄内就可能存在上

述所有的利益诉求，协调不当就难免出现矛盾冲突，影响社会稳定。笔者在安徽调研时就遇到在土地整理后，流转过程中出现的不同群体冲突，甚至出现了承包者强行圈地耕种的现象，导致村民集体围堵村委会（刘洋，2013）。二是如何在当前“碎片化”的村庄中维持公共道德秩序。“碎片化”的社会分化和分层也会对村庄文化道德秩序的维持带来挑战，这是更内在的也是更关键的村庄秩序，是任何硬件设施都代替不了的。比如前述发生了 11 岁留守女童被 10 多名同村老人性侵犯后村民麻木不仁反而指责女童事件的村庄就是广西的“文明示范村”，硬件设施非常好，“灯光球场、健身器材等文体设施一应俱全”。然而，其背后是村民分化非常严重，富裕的农户盖起“外墙贴着白面瓷砖的楼房”，而受害人家庭居住的是“低矮的红砖平房”，父母靠外出打小工养活家人。受害人不但家庭贫穷，而且在村庄中是小姓，在分层中属于村庄的底层。在如此剧烈的经济分化中，受害人亲属也认为“因为家庭贫穷受歧视、受欺负”。如何在当前“碎片化”的分化分层中维护村庄的公共文化道德秩序可能是更为严峻的挑战。

（三）对村民自治的影响和挑战

保障农民民主权利政策设置的集中体现是村民自治。以《中华人民共和国村民委员会组织法》为制度基础，以群众自治、直接民主、普遍平等为主要特征，村民自治使农民群众直接参与到农村基层公共事务的决策和管理，保障了农民的民主权利，有力地推动了中国农村基层的民主进程。然而，20 世纪 90 年代在全国推动村民自治实践时农民大规模进城才刚刚发生，农村社会成员尚未分化，而当前农村社会分层分化剧烈且地区差异极大，社会成员的交往关系也发生了重大变化，这对村民自治制度的实施带来了巨大影响，主要体现在以下两个方面：

1. 如何应对村民自治主体“空心化”

这突出表现在资源较少的中西部农业型村庄，这些地区经济分化的结果是农村精英大量外流，老人、妇女和儿童留守，村委会、村小组等自治组织所需要的人才数量和质量都严重不足，有些地方“四议两公开”、村级民主监督、村务公开民主管理等制度设置也都无法落地而成为墙上的摆设。由于这些村庄的资源仅限于农业承包地，取消农业税后也不可能再搭车收费，当村干部无利可图，村庄选举激不起村民参与的热情。但问题是在这种“自治主体空心化”的状况下，村庄建设也因缺乏了内生的接应力量而效率降低。惠民政策如何贯彻落实，村庄基础设施如何管理，村庄公共秩序如何维护，文化道德规范如何维持，如何保障贫困阶层的权益都成为了问题。

2. 如何防止少数人控制实现村治民主

少数人控制的现象出现在资源丰富的村庄比较多，例如东部沿海发达地区农村、中西部大中城市郊区。这些地方因为外来投资、乡村工业化或者是城市化的直接辐射，经济发展较快，经济分化分层比较剧烈，由此出现了少数经济精英阶层和人数众多的普通村民阶层。与资源缺乏型村庄不同，这些地区的精英阶层一般不会轻易放弃自己在家乡的住房和户籍①，而是积极参与村庄选举，以谋求相对模糊的村社集体资源控制权，或者是通过当村干部增加政治和社会资本②。由于经济分化分层的固化，精英阶层一般缺少与社会底层的交往，他们介入村治主要通过派系竞争或者富人治村的机制，在一定程度上存在对底层民主参与的排斥问题。派系竞争的结果是非本派系成员特别是村庄底层可能丧失对村庄事务的发言和管理权；“富人治村”能借助富人的资源和关系改变村庄面貌，但也由于其不可逆的机制运作③，排斥了普通阶层的参政，造成基层民主的萎缩，引发

① 在这些地区，因为外来人口和资金的大量涌入，村庄内形成了众多的务工经商和办企业机会，同时土地等集体资源大幅度升值，正如调研中常看到的，在这些地方将户口由农村转到城市很容易，但由城市转到农村几乎是不可能的。

② 这也存在有区域差异，珠江三角洲地区和城市郊区一般是以谋求升值的土地租金利益或者征地拆迁的灰色利益为目标，而以内生工业为代表的富人企业家则带有谋求政治和社会声望资本的性质，而且这样做也有利于自有企业的发展。

③ 不可逆是指富人治村后抬高了当选村干部的标准，消除了非富人治理村庄的可能性。据笔者在浙东某镇的调研，富人当选村干部后不但可以不取报酬、不报销开支，而且积极运用私人资源治理农村，村民们已经认可了这种潜规则，他们认为“没有钱就别想当村干部”。富人用自己的钱来办村庄的事，这在增加富人村干部道德形象、声望和权威的同时，也造成了村庄政治的私人化和一般农民对村务管理的无力感。

中下阶层对富人表现的不满和仇恨，容易因“气”而发生针对村干部的集体上访（袁松、陈锋，2011）。另外，随着精英之间的竞争越来越激烈，为了获得足够的选票，在有些地方还出现了普遍的贿选现象，严重破坏了民主选举的规范。

四、应对挑战的思路

农村社会结构是我国三农政策社会环境的重要组成部分，在“三农”政策的调整、转型过程中，应充分考虑到农村社会结构变动给政策制定和执行带来的挑战和影响。如何应对这些挑战是一个比较大的课题，需要的是系统性、整体性、协同性的政策设计和制度安排。这里立足于社会学视角，提几点想法。

（一）创新农村公共治理体系

在我国农村社会结构发生巨大变迁，且不同地区差异很大的环境下，三农政策的执行应当因地制宜，注重创造性，这就要求建立一个既有刚性又有弹性的农村公共治理体系。

1. 转变乡镇政府职能，提高其政策执行能力

在农村公共治理体系中，乡镇是极重要的环节，是政策执行的直接操作者。因此应首先科学界定乡镇政府职能，针对当地社会经济发展实际，结合居民、企业和各类组织的多元化需求，将其职能集中于发展镇域经济、农村公共服务和社会管理等方面。其次是提高乡镇政府制度执行能力。通过加大一般性财政转移支付或工商税收返还力度，增强乡镇政府的财政能力。通过在农村社区建立乡镇便民服务中心等“窗口”，实行“一站式”管理服务，增强乡镇政府对基层民众需求的反应能力。

2. 建立多元主体良性互动的农村治理体系

治理不同于管理，其实质强调的是多元治理主体的互动。在当前农村社会分层加剧的背景下，倡导多元主体的治理也顺应了农村社会各阶层对农村治理日益增强的政治参与需求。首先应依法规范农村社区自治

组织行使自治权力，实现农村的依法自治。其次是积极培育各类现代社会组织，促使农村各类社会组织、经济组织参与社区管理与服务。与此同时，还应加强乡镇政府与农村各类组织的良性互动，乡镇政府依法对各类组织进行必要的干预和调节，促使其更好发挥自治作用，农村各类组织也要对乡镇政府的行为进行必要的制衡和监督，以切实保障农民权利。

3. 在法治的前提下注重发挥村规民约在治理中的协同作用

党的十八届四中全会提出了全面推进依法治国的总目标和重大任务，在农村，法治既包括乡镇政府的依法行政，也包括社区组织的依法自治和社区成员的依法行事。同时还应特别注重发挥村规民约在农村公共治理体系中的协同作用。社会学的制度研究认为，不同于法律法规等外在设计强加的制度，村规民约属于内在制度，是群体生产生活经验演化而来的规则，是农村习惯、伦理规范、道德和礼仪的凝练和综合。只有充分发挥村规民约在基层治理中的协同作用，才能使农村公共治理体系既有法治刚性，又能充满弹性。

（二）培育壮大农村中间阶层力量

在变动的农村社会结构中执行“三农”政策，应当抓住社会结构变迁的核心所在。社会学认为，社会阶层结构是社会结构的内核，直接影响到资源和机会在社会成员中的配置。现代社会阶层结构的主体是中产阶层，这一中间群体具有缓冲贫富分化与社会利益冲突，彰显社会地位获得和现代社会价值观的示范功能（陆学艺等，2010）。而且中间阶层还具有“预留社会政策调整空间”的中间价值（张宛丽，2002）。由此，培育壮大农村中间阶层对三农政策的调整和转型有着重大的意义和作用。

研究发现，在我国农村出现了一个以传统种养大户为核心的中间阶层（又称为“新中农”），他们流转本村土地进行农业适度规模经营（一般30—50亩），兼营其他副业，收入中等或偏上，经济利益和社会关系都在村庄，是农村政治社会和国家现代化建设的稳定器（杨华，2011）。通过在安徽、湖南和浙江三地的调研，笔者发现在“三农”政策领域，生活、生产面向村庄的中间农民所能发挥的作用同样不可小觑。他们通过科技应用努力提高亩产，弥补了老人农业的不足，保证了粮食安全，推进了现代农业建设；通过直接充任村干部缓解了村庄自治主体的空心问题；通过间接充当“大社员”缓解了村庄建设中的“搭便车”困境；通过农业经营中与村庄各阶层的广泛互动，沟通了底层社会和富人阶层的联系，有利于村庄底层民主权利的保障；还通过积极参与村庄红白喜事等公共活动成为了文化和传统道德规范的承继者（刘洋，2013）。

培育和壮大农村中间阶层力量，应从“三农”整体出发，以营造有利“三农”政策执行的社会环境为目的，而不能仅从农业经济效率角度来认识。具体来讲，一是鼓励村庄内部自发的土地流转，在村庄内部产生中间农民，使中间阶层的利益关联扎根于村庄之中而不是像外来资本那样悬浮于村庄之上①。同时鼓励中间农民进行适度规模经营而不是推动大规模土地流转，以保证中间阶层有精力参与到村庄“三农”政策执行的公共事务中。二是进行政策扶持。将中间农民作为新型农业经营体系的重要主体力量，使其与其他主体一样享受流转补贴、贷款支持等惠民政策，例如，可有意识地主动引导这些中间农民登记注册为家庭农场或者积极组织培训使其成为新型职业农民②。同时加大水利设施、机耕道、农田平整等农业基础设施建设力度，加强农业社会化服务，为种田提供便利。三是扩大中间阶层规模。培养并鼓励热心村务的在村农业经营者当选村干部，鼓励回乡创业的务工人员参与村庄公共事务管理，培养新型职业农民和家庭农场主成为农村的中产阶级，引导他们在农村社会治理和“三农”政策执行中发挥作用。

① 除了利益悬浮之外，外来资本下乡流转土地的地租往往大大高于亲戚朋友之间自由流转的租金，导致中农阶层的退出农业经营而外出打工，这会削弱农村中间阶层的力量，高地租必然要求高收益，又导致了非粮化等其他问题。

② 这里有两个问题需要解决，一是这些自发流转形成的大户数量较多，而且常常没有流转合同，地方部门因不好管理而有意忽视的问题。二是在有些地方，家庭农场和新型职业农民都需要严格的门槛和条件，造成这些中间农民被排除在外。

（三）加强农村的“公共性”建设

公共性是与私人性、个人性、私密性等概念相对而言的，强调的是某种事物与公众、共同体（集体）相关联的一些性质（谭安奎，2008）。社会学认为，公共性是社区—社会存在、发展的基础，是社会结构内部社会关系的重要特性，是个体参与公共活动，维护公共利益和价值取向的精神（李友梅，2011）。正如前文分析，当村庄成员的社会关系失去公共性，“三农”政策在村庄中的执行会受到极大影响。要加强农村公共性建设，可从以下方面着手：

1. 培育农村公共空间

公共空间是公共性建设的基础和载体，不仅指社区中的公共场所，还包括社区内普遍存在的一些制度化组织和制度化活动形式（曹海林，2005）。培育公共空间，一是可以通过挖掘或输入资源来实现，例如建立村庄自然资源的管理委员会、成立村庄发展基金、输入资金项目等，借此调动村民对公共资源管理的共同参与，营造公共空间。二是可以通过发育社会组织、新建公共场所来实现，比如培育农民合作组织、老年人协会、红白喜事协会等，同时配套建立村庄文化站、老年人活动中心、小广场等活动场所。三是可以通过创造性转化传统空间来实现，比如赋予宗族、祠堂、寺庙等传统场所以新的公共活动内涵。

2. 大力开展农村公共文化活动

依据文化活动参与领域和参与群体的不同，可以将农村文化分为“公共文化活动”和“私性文化活动”（吴理财、夏国锋，2007），其中公共文化活动是培育“公共性”的重要手段。而当前农民的私性文化活动有了较快发展，公共文化活动总体趋向衰落。我国以重点工程形式实施的农村文化建设政策，改善了村庄文化活动硬件设施，但也缺乏对农民

“公共性”培育的重视①（宋洪远等，2010）。加强农村文化建设中的“公共性”培育，一是可以调整现有政策，突出扶持重点。支持开展农民集体合作的文化活动，例如文艺汇演、运动会、日常广场舞、节庆舞龙狮等；支持开展体现公序良俗、群众喜闻乐见、贴近农民日常生活的文化活动。例如彰显伦理道德规范的戏剧曲艺巡演、弘扬集体道德风尚的“文明农民”、“好婆婆”、“好媳妇”评选评比活动等。二是加大保障力度。加大资金投入，保证文化场所、基础设施到位；加大人才培养，培养一批农村文化活动骨干，通过剧本写作比武、村庄互相展演等方式交流提高水平；加大组织保障，通过成立妇女老人文化活动协会等方式发育文化合作组织，确保公共文化活动的可持续。

参考文献

［1］宋洪远：“我国‘三农’政策演变和制度建设”，“三农”新政高层研讨会会议论文，南京，2013 年。

［2］宋洪远等：《“十一五”时期农业和农村政策回顾与评价》，中国农业出版社 2010 年版。

［3］周怡：“社会结构：由‘形构’到‘解构’——结构功能主义、结构主义和后结构主义理论之走向”，《社会学研究》2000 年第 3 期。

［4］彼特·布劳著，王春光、谢圣赞译：《不平等和异质性》，中国社会科学出版社 1991 年版。

［5］李强：《社会分层十讲》，社会科学文献出版社 2011 年版。

［6］孙立平：《断裂——20 世纪 90 年代以来的中国社会》，社会科学文献出版社 2003 年版。

［7］陆学艺：《当代中国农村与当代中国农民》，知识出版社 1991 年版。

① 主要有广播电视“村村通”工程、农村电影放映工程、乡镇综合文化站建设、文化信息资源共享工程和农村书屋等。

[8] 林后春："当代中国农民阶层分化浅析"，《社会主义研究》1991 年第 1 期。

[9] 陈文超："消费视野下农民阶层结构的分析——基于一个村庄的研究"，中国社会学学术年会论文，2006 年。

[10] 毛丹、任强："中国农村社会分层研究的几个问题"，《浙江社会科学》2003 年第 3 期。

[11] 万能、原新："1978 年以来中国农民的阶层分化：回顾与反思"，《中国农村观察》2009 年第 4 期。

[12] 张红："转型时期'城中村'农民分化研究——以陕西六个村为典型案例分析"，《生态经济》2005 年第 10 期。

[13] 刘洋："新中农在农村社会管理中的作用机制研究"，农业部农村经济研究中心课题报告，2013 年。

[14] 费孝通：《乡土中国生育制度》，北京大学出版社 1998 年版。

[15] 杨善华："农村社会结构研究述评——一个方法论的视角"，《中国社会学年鉴 1999—2002》，社会科学文献出版社 2004 年版。

[16] 贺雪峰：《小农立场》，中国政法大学出版社 2013 年版。

[17] 袁松："富人治村——浙中吴镇的权力实践（1996—2011）"，华中科技大学博士论文，2012 年。

[18] 贺雪峰："论半熟人社会——理解村委会选举的一个视角"，《政治学研究》2000 年第 3 期。

[19] 吴重庆："从熟人社会到'无主体熟人社会'"，《开放时代》2002 年第 1 期。

[20] 贺雪峰：《新乡土中国》，广西师范大学出版社 2003 年版。

[21] 袁松、陈锋："'气'与社会分化背景下的'富人治村'——浙东峨村调查"，《中国研究》，社会科学文献出版社 2011 年版。

[22] 张艳国、尤琳："农村基层治理能力现代化的构成要件及其实现路径"，《当代世界社会主义问题》2014 年第 2 期。

[23] 张宛丽："对现阶段中国中间阶层的初步研究"，《江苏社会科学》2002 年第 4 期。

[24] 杨华："当前我国农村社会各阶层分析——探寻党和国家政权在农村社会的阶层基础"，《战略与管理》2010 年第 6 期。

[25] 谭安奎：《公共性二十讲》，天津人民出版社 2008 年版。

[26] 李友梅等："当代中国社会建设的公共性困境及其超越"，《中国社会科学》2012 年第 4 期。

[27] 曹海林："村落公共空间演变及其对村庄秩序生成的意义——兼论社会变迁中村庄秩序生成的逻辑"，《天津社会科学》2005 年第 6 期。

[28] 吴理财、夏国锋："农民的文化生活：兴衰与重建——以安徽省为例"，《中国农村观察》2007 年第 2 期。

行政管理视角下的我国“三农”政策执行阻滞因素分析

——基于山东省G县调研

刘景景

内容提要：“三农”政策执行是将顶层设计的政策方案内容逐步转化为现实，并不断动态调整的过程。政策执行过程关系到最终的政策实施效果，由于各种主观、客观因素的影响，“三农”政策在执行过程中往往出现阻滞现象。结合山东省G县在“三农”政策执行中遇到的突出问题，从行政管理的视角来看，纵向行政组织层级过多、横向行政组织机构职能交叉以及行政组织机构间沟通协调不畅等都对“三农”政策执行造成了不利影响。因此，应降低“三农”政策行政执行成本，扎实做好政策宣传与服务指导工作，优化行政组织结构和涉农政策考核体系，完善政策沟通协调机制等。

一、引　言

党的十六大以来，中央出台了一系列支农惠农政策，形成了新时期农业农村发展的支持政策体系。这些政策一经合法化过程并公布之后，便进入执行阶段。政策执行过程关系到最终的政策实施效果，并关乎我国农业农村经济发展和农民切身利益。农业本身属于高风险产业，在“三农”政策执行过程中，难免会出现一些新情况和新问题，当初的政策方案无论设计得多么科学合理，都不可能与复杂的现实情况完全一致。排除政策方案设计的因素，政策的执行者便成为政策落地的关键。政策执行者包括执行机构和执行人员，他们具体负责政策的解释、宣传、实施、协调和监督等工作，其最终目标是使“三农”政策由观念形态的内容转化为实际效果，政策执行机构的组合状况以及执行人员的素质水平直接关系到政策执行的成效。我国“三农”政策执行是典型的“自上而下”模式、执行机构的层级与幅度以及执行机构间的沟通协调都决定了政策执行的效率，因此，从行政管理的角度来剖析导致“三农”政策执行阻滞的因素具有重要的实践意义。

为了深入了解这一问题，笔者于 2014 年 1 月赴山东省 G 县调查了“三农”政策执行情况。G 县地处黄河三角洲高效生态经济区，属于典型的平原农业大县。2012 年 G 县地区生产总值实现 149.3 亿元，财政一般预算收入 8.9 亿元，城镇居民人均可支配收入 19786 元，农民人均纯收入 8807 元。由于地理区位优势，G 县获得上级各类农业项目扶持的条件相对便利，与不发达省份的县市相比，其政策资源更加丰富，不过该县属于山东省经济发展水平相对落后的地区，政府财力有限，“三农”政策落实难免遇到很多障碍。作为发达地区不发达区县的典型代表，G 县的政策落实情况对分析我国发达地区和不发达地区的“三农”政策执行都有一定的借鉴意义。

二、我国农业行政组织结构现状

行政组织结构，是指由行政组织机构各种要素按照特定的关系和方式组合而成的体系，这种体系主要体现在纵向和横向上设置的各行政组织机构间的分工与合作、分权与制约的关系，以及相应的组织规模。

所谓纵向结构，即管理层次，是指行政组织的纵向等级和层级数目。行政组织的层级是以权力的隶属关系和职能的垂直分工为基础的，上下级之间有着明确和严格的指挥隶属关系，在人员和部门的分布上，自上而下形成金字塔式的结构形态[①]。世界上大多数国家的行政组织层级分为三到四级，我国现行的政权层次为四级、五级并存，四级为：中央—省级—县级—乡镇级，在市管县的地方为五级：中央—省级—市级—县级—乡镇级。在微观方面，每级行政组织又分为若干层次。《2013 年社会服务发展统计公报》显示，截至 2013 年年底，我国省级、地级、县级和乡级行政区划单位数分别为 34、333、2853 和 40497。

所谓横向结构即管理幅度，是指行政组织或行政领导者直接领导、管理的下级部门或下级人员的数量或范围。横向结构通常指一级政府内部的部门分工，如中央、省、市县政府根据职能划分为若干政府工作部门，从微观层面来看，每个工作部门内部又有不同机构和职位的划分，形成组织的机构系列和职位系列。改革开放以来，为适应新形势的需要，我国对农业行政管理体制进行了多次调整和改革，总体上保证了“三农”政策的贯彻落实。我国现行的农业行政管理体制是以农业部门为主，在国务院 25 个组成部委中，除农业部外，其他很多部门也承担了一定的农业行政管理职能或与农业管理有关的具体任务，国务院直属机构、办事机构、直属事业单位和各部委管理的国家局中也有很多在承担着农业行政管理职能。由于农业农村发展涉及方方面面，农业农村行政管理已形成一个多元主体参与、合作的机制。

三、行政组织结构对“三农”政策执行阻滞的影响

从 G 县的调研情况来看，纵向行政组织层级过多、横向行政组织机构职能交叉，以及行政组织机构间沟通协调不畅等是造成“三农”政策执行阻滞的主要因素。

---

① 石佑启、杨治坤：“论我国行政组织结构的优化”，《湖北民族学院学报（哲学社会科学版）》2010 年第 1 期。

（一）纵向行政组织层级过多导致政策执行成本过高，某种程度上惠农政策的意义已大于政策本身

纵向结构体现了决策层与执行层的距离，层次越少，信息沟通就越顺畅和准确，执行效率也就越高。我国现在的行政管理层次是秦代以来最多的，这种层次过多一方面体现在农业管理机构的设置上，即纵向分为四级或五级；在每级政府内部，又划分为综合管理部门和专业管理部门；在农业管理部门内部，有的还设有二级管理机构以及相当数量的具有行政管理职能的事业单位。另一方面，由于农业部门内部管理环节多、链条长，一件事情经常被分散到若干个部门。这种过多的层级设置导致机构臃肿，并且带来巨大的行政成本。以 G 县的种粮补贴发放工作为例，农业生产经营分散的现状导致基层统计、核实的工作成本非常高，县、乡、村组织除了要召开会议、印发文件、制作宣传资料、编制账册外，村干部还要上门宣传、丈量土地、核实面积、张榜公布，有时甚至还需要调处纠纷，这些工作耗费了大量的人力、物力。很多时候基层干部碍于乡里情面，虚报数据的情况也会发生。而对农民而言，由于经营规模分散，一家一户得到的补贴并不多，加之补贴与产量不挂钩，从而难以调动农民种粮的积极性。特别是在当前农资价格上升过快的情况下，政策效应并不明显，农民种粮效益也没有达到预期效果。从某种程度来看，这类政策已变成普惠性质，政策实施的意义远大于政策本身的效果。

（二）横向行政组织机构职能交叉导致农业产业被人为分割，涉农项目普遍存在交叠重复和管理缺位

受人多地少的矛盾约束，我国农业的首要任务是解决吃饭问题，农业采取的是分段式管理。农业主管部门的工作主要围绕农业生产环节进行，与农业生产密切相关的农业资源保护、农业生产投入和扶持以及农产品储运加工和市场营销等环节却由其他行政部门负责。这种政出多门的机构设置，导致各部门之间互相扯皮、推诿，既增加了管理成本，又影响了调控和服务质量，降低了行政效能，造成产业被人为分割。各执行机构出于自身利益考虑，往往争相出台各自的政策，不过由于具体执行机关不明确，一旦有利可图，就会出现部门、行业争相管理的状况，如果无利可图，又会出现执行缺位①。与其他地方类似，G县的涉农部门很多，包括农工办、农业局、农开办、林业局、农机局、粮食局、水产局、畜牧局等20多家单位。由于涉及部门利益，各类涉农项目交叉重复问题十分突出。以该县农田基础设施建设为例，与此相关的类似项目就有四个，如农业部门有千亿斤粮食产能大县建设项目，土地部门有高标准基本农田建设项目，农业开发部门有稳产高产基本农田建设项目，水利部门有小农水重点县项目。这些项目分属于不同部门，虽然项目有些差异，但实际上类型很相似，如此雷同的项目安排不仅给国家资源造成浪费，也给地方执行增加了困难。项目资金来源的多渠道，还导致项目管理部门多、层次多，出现了多部门对涉农项目都管又都管不到位的局面。再以土地确权为例，G县国土部门负责农村集体土地确权登记颁证工作，农业部门负责农地承包经营权确权登记颁证工作，虽然这两类确权分属不同性质、不同部门管理，但对农民及村干部而言，每次确权都同样耗费人力、物力，无形中给农民增添了负担，而这恰是部门各自为政的结果。

（三）行政组织机构间缺乏有效的沟通协调机制，导致信息沟通不畅和决策滞后

我国行政管理实行的是“条块结合”的双重隶属机制，地方政府部门受到本级人民政府的直接领导，即为“块”，又间接受到上级政府和业务对口主管部门的业务领导，即为“条”②。这种“条块结合”的矩阵式组织结构形态，虽然有助于迅速推行“三农”政策，但同时也会出现“条块分割”、“条条专政”和“块块分割”等问题。对“三农”政策执行来说，一件事情往往需要分散到若干部门管理，行政组织间的沟通和协

---

① 张红宇：“中国农业管理体制：问题与前景——相关的国际经验与启示”，《管理世界》2003年第7期。

② 高焕清：“互动中的行动者与系统力：我国县级政府政策执行研究——基于ASD模型的分析框架”，华中师范大学，2012年。

调就变得非常重要。目前我国“三农”工作沟通和协调大多通过“一事一议”的方式进行，由此导致的信息沟通不畅和决策滞后已成为惯常现象。在G县，农工办是该县“三农”工作的综合协调部门，“三定”方案中明确规定了其职责之一是“组织协调全县农业和农村工作方面的重要活动，对全县农业农村建设的重点工程项目进展情况进行调度、督导。”但在实际工作中，该机构的协调能力明显不足。这显然不是个例，在中央“三农”工作中，中央农村工作办公室是中央领导农村工作、农业经济的议事协调机构，但即便存在这种综合协调机构，实际操作中也难以协调各部门之间的利益。这种政策协调困难的现象归根结底还是由部门间职能分工不明确造成的。

（四）行政组织的科层化和压力型考核机制，加重了信息反馈的失真度和信息不对称

我国行政组织是按照金字塔式的科层制构建，“三农”政策信息按照科层制构建等级链逐级向下传递，下级行政组织的反馈意见和信息则逐级往上传递，下级组织不可越级请示汇报，上级组织一般也不跨级布置工作。由于组织层次太多，信息通道被拉长，信息发送者会过滤信息，留下对自己有利的信息，剔除不利于自己的信息，甚至是歪曲信息，使信息很难完整地通过每一层级传递到接受者手中①。这使得农民对政策内容的了解以及对政策的理解度、满意度等反馈信息不能及时上传到决策层，决策层也就无法对政策执行过程中出现的问题和矛盾迅速作出反应。因此，“三农”政策的贯彻往往变成了简单的上级决策、下级执行、层层传达，结果就是会议多、文件多、检查评比多。由于下级官员的升迁、工资福利同完成上级下达指标的情况挂钩，有时为了完成上级任务，下级组织甚至不惜弄虚作假，蒙混过关。长期以来，各级政府都在压力型行政生态环境中行使着自己的职能。

以G县玉米政策性农业保险为例，保费收取、核灾、定损以及赔付

① 田瑞华：“政府内部行政沟通存在的障碍及有效性分析”，《公共管理》2008年第2期。

等大量工作都要依托于村干部。2013 年政策性玉米保险的保费为每亩 10 元，保险金额为 320 元/亩，各级财政每亩给予保费补贴 8 元，农民每亩实际只需掏 2 元钱。由于时间紧、收取保费的任务重，一些经济实力较强的镇、村直接为村民代缴了每亩 2 元钱的保费，有些镇村为了尽快完成指标任务，由村组干部垫支参保，垫支金额多者达上万元，但后来却遭遇个别农民拒缴的情况，最后只能由村组干部个人承担代缴的费用。真正的困难则发生在保险赔付时。2013 年 G 县玉米种植遭遇洪涝灾害，由于受灾面广、核灾点多，保险公司理赔时难以做到逐户核实。保险赔付的规定也十分复杂，如苗期绝产的受灾户和成熟期绝产的受灾户以及部分损失农户所得到的赔付金额不同，农民最高只能拿到 320 元/亩的保额。但当初收取保费时，很多村组干部出于尽快完成指标任务的心理，并没有向农民解释清楚保险的意义及不同时期的赔付标准。结果灾害发生后，农民对保险规定有异议，对赔付金额不认同，有的甚至选择放弃赔付。截至调研结束时，该县 1500 万元的理赔款尚不能成功发放到农民手中。当地农业干部尴尬地表示，群众如果不接受赔付款，将会直接影响到他们的考核成绩。政策性保险本来是一项惠农的好政策，结果却因执行者政策宣传和解释不到位，造成了农民的误解甚至埋怨，这种例子在我国“三农”政策执行中并不鲜见。

（五）行政体制改革与财政体制改革不同步造成的权、财不匹配，影响“强市弱县”格局下的涉农项目执行效果

省直管县改革是我国政府为了减少层级、实行扁平化管理以及解决县级财政困难而开展的一项财政管理体制改革。2009 年山东省开始实行省直接管理县（市）财政体制改革试点，纳入省直管县试点范围的县（市）有 20 个，G 县就是其中之一。虽然从性质上看，省直管县属于财政体制改革的范畴，但不可忽略的是，行政体制是财政体制发挥作用的强制性保障。在行政关系上，县级仍然要接受市级的指导，这样就出现了双头领导现象。当市级政府遇到困难时，往往会运用自身所拥有的行政权力减压，从而影响县级经济的发展。行政体制改革与财政体制改革不同步，必然造

成行政权力分配与财政资源分配的不对称，这将直接影响到“三农”政策的成效。2009 年 G 县成为省直管县后，省级支农资金直接结算到县，由于资金调度及时，项目执行进度明显加快，与此同时，上级对 G 县的农田水利设施建设、现代农业生产发展等方面的投入也不断加大。图 1 数据显示，2009 年以后 G 县专项收入增长迅速，与 2012 年相比，山东省对 G 县的专项资金总量增长了 38.6%。虽然专项资金投入明显增加，但由此带来的支农政策效果是否有显著提升却难下结论。

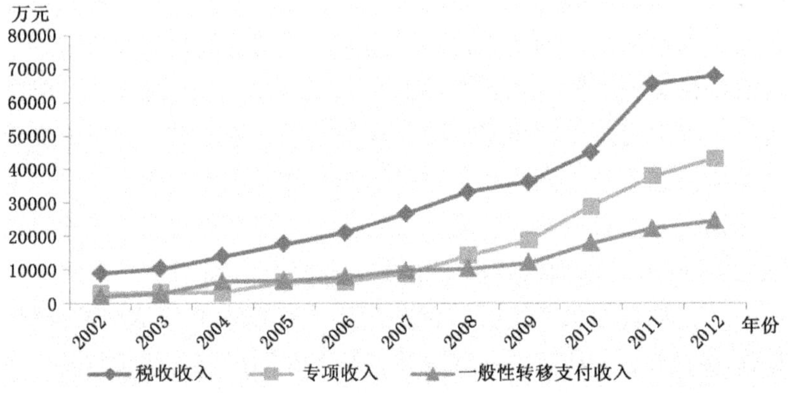

图 1　2002—2012 年 G 县财政收入情况

G 县隶属的 Z 市在山东省经济排名中处于中上游水平，Z 市与 G 县属于典型的“强市弱县”，省直管县以后，市县之间财政级次趋于平行，市对县的经济管理权遭到削弱，Z 市也就不愿再承担原有的财政支出责任，对 G 县的扶持力度也明显弱化，这间接影响到惠农政策的执行效果。表 1 给出了近几年 G 县涉农项目的资金配套情况，要求配套的项目多达 13 项。省直管县前，Z 市对 G 县省级以上立项的涉农项目，地方配套比例为市级 60%，县级 40%，而省直管县后，Z 市不再配套，G 县财政配套压力陡然增大。虽然省直管县后，G 县的专项项目明显增多，但要求配套的项目也相应增加了。由于县级财力较弱，强行配套使其财力匮乏，支农能力分散，严重影响了财政支农资金的政策支持效果。随着配套项目的增多，地方政府通过调整工程概算、项目重复申报或虚假资金配套等方式套取上级项目资金等违规行为的风险也进一步增加。

表 1　　近几年 G 县涉农项目资金配套情况

1	小农水重点县项目	2010—2012 年总投资 9176.79 万元，其中：省级及以上财政配套 5500 万元，占 62.7%；县级配套 1600 万元，占 17.4%；镇级配套 390 万元，占 4.2%；农民投劳折资 1442 万元，占 15.7%。自 2013 年开始，县级配套约 10% 左右，2013 年小农水总投资 2616 万元，其中省级及以上财政配套 2300 万元，占 88%；县级配套 250 万元，占 9.6%；农民投劳折资 66 万元，占 2.4%。
2	中小河流治理项目	北支新河综合治理工程总投资 2887 万元，其中省级以上补助 1299 万元，占 45%，县级配套 1588 万元，占 55%；2014 年支脉河治理工程总投资 1.2 亿元，县级配套预计 40%，计 4800 万元。
3	基层动物防疫员补助项目	每年需 92.04 万元，其中省级负担 38%，计 35 万元，市级配套 25%，计 23.01 万元，县级配套 37%，计 34.03 万元。
4	能繁母猪补贴	2011—2012 年补贴总额 267.58 万元，其中省级配套 40%，计 107 万元；市级 28%，计 75.44 万元；县级配套 32%，计 85.62 万元。
5	农村劳动力培训项目	要求县级按培训人数 30 元/人标准配套。
6	中央财政支持农民专业合作组织融资增信试点项目	项目县 500 万元，其中县级配套 100 万元。
7	重大动物疫病强制免疫防控项目	口蹄疫疫苗经费中央负担 30%，省负担 25%，余市县负担 45%（市县 6∶4）；禽流感疫苗中央负担 20%，余省市县各 1/3；猪蓝耳疫苗中央 20%，省 30%，市县 50%（市县 6∶4）。2014 年防控经费 206.8 万元，其中县级负担 40.684 万元，占 19.67%。
8	村级公益事业一事一议财政奖补资金	要求省、市、县财政分别按照 4∶2∶4 配套，但因实行财政省直管县，市财政锁定对该县转移支付基数不再变化，县财政配套比例达到了 60%。如 2013 年度，该县的普惠制一事一议财政奖补项目，共拨付财政奖补资金 3301 万元，其中：省级以上财政拨付奖补资金 1200 万元，县级财政配套 2101 万元。

续表

9	乡村连片治理项目专项补助资金	2013 年省拨补助资金 800 万元，要求县镇配套 400 万元。
10	X 灌区续建配套项目	总投资 2450 万元，其中，中央配套 1050 万元，县级配套 1400 万元。
11	防护林工程项目	总投资 187.5 万元，其中，中央配套 150 万元，县级配套 37.5 万元。
12	2012 年农村饮水安全工程项目	一期总投资 1463 万元，其中，中央配套 488 万元，省级配套 293 万元，县级配套 682 万元；二期总投资 936 万元，其中，中央 312 万元，省级 185 万元，县级配套 439 万元。
13	千亿斤粮食产能大县建设项目	总投资 1490 万元，其中，中央投资 1192 万元，省级配套 149 万元，县级配套 149 万元。

四、几点判断和启示

围绕 G 县“三农”政策执行情况，结合我国农业行政管理体制存在的问题，本文提出以下几点判断和启示：

（一）调整完善农业补贴政策、方式并简化流程

目前我国对农业的补贴刚刚起步，补贴力度还较弱，但农业补贴从无到有、从少到多传达出国家高度重视农业的强烈政策信号，农业补贴已成为国家引导和扶持农业生产的一个重要手段。考虑到农业补贴政策的执行成本，建议国家调整补贴方式，在“稳定存量，调整增量”的基础上，简化补贴流程，将新增的部分补贴向新型农业经营主体、种粮大户以及规模经营倾斜。与此同时，适时探索各类补贴、新农保、新农合、政策性保险等一账式管理，满足农民既能领取补贴，又能扣缴保费的需求。

（二）优化行政组织结构和涉农政策考核体系

首先，应优化纵向和横向行政组织结构。在宏观上，应减少地方政府的行政层级。建议总结省直管县的经验，有步骤地将市、县纳入一个行政层级，逐步实行四级制管理。与此同时，积极推进农业大部制改革，合并现有的农业、水利、林业等部门，实行“大农业”管理。为了避免改革可能造就新的专权，在“大农业”改革的同时，可借鉴英、美、日、澳等发达国家经验，按照行政决策、执行和监督三分原则设置农业行政组织机构。其次，要科学设置考核评估体系。“三农”政策执行的实际效果如何，农民最有发言权，应加大农民政策满意度在评估指标中的权重，并将评估指标由单纯重视结果向考核工作内容和工作方式转变。同时，要合理选择评价途径与方式。建议在健全体制内考核与群众评议的同时，引进社会中介调查机构和新闻媒体等社会评价系统，从第三者的角度对“三农”政策执行进行评价和监督。

（三）完善行政组织机构间政策沟通协调机制，尽可能实现信息资源共享

政策执行中的沟通与协调是行政管理的重要手段，沟通中信息交流的及时性、准确性和真实性是实现沟通效果的基本要求，也是政策执行的前提条件①。政府应明确专门的行政沟通协调部门，并强化其职责权限，赋予其权威性。以农村产权制度改革为例，该工作既涉及国土部门，又涉及农业部门，建议成立农村产权制度改革确权工作联合工作组，对涉及农村或农民的各项确权工作，统一安排确权事宜。一方面，这将节约政府投入、提高工作效率，另一方面，还可避免走村入户只开展单项工作造成重复扰民。在确权同时，还要考虑后期数据库的建设工作，凡涉及农村或农民的各项确权，应通过统一标准和口径完成资料采集，以为日后的不动产数据整合打下基础。

---

① 刘英茹：“论政策执行中的沟通与协调”，《行政论坛》2002年第3期。

（四）扎实做好惠农政策宣传与服务指导工作

“三农”政策的目标群体是农民，政策执行就是为了实现农民的目标要求，农民能否认可并接受是“三农”政策执行成败的关键因素。由于农民的知识水平普遍较低，他们大多对涉农政策出台的背景、意义、内容及具体措施等并不了解，需要执行者给予正确的宣传和引导。以新农合政策为例，绝大部分农民已从生活中的医疗报销实例认识到新农合政策的好处，并逐渐接受了这一政策，农民由最初的不了解甚至抵触转化为主动参合。因此，基于目前农民中普遍存在的知识水平不高、“搭便车”思想严重和组织化程度低下的现状，我们应充分利用电视、网络等媒介方式加强对“三农”政策的宣传及法规教育，提高农民对惠农政策的了解和参与。在具体操作上，则要让工作人员吃透政策精神，走村进户把道理跟农民讲清，将集中宣传和经常性教育结合起来。

中国城镇化进程中的地价“剪刀差”成因及测算（2002—2012年）

何安华　孔祥智

内容提要： 中国城镇化进程中的地价“剪刀差”从本质上是土地制度对被征地农民的剥夺。本文从体制和制度层面阐述了地价“剪刀差”的成因，估算了2002年以来地价“剪刀差”的数量。结果表明，地价“剪刀差”从2002年的671.82亿元上升到2012年的5024.13亿元，11年累计达到28543.24亿元，比同时期被征地农民获得的征地补偿款还要多16787.67亿元，是被征地农民获得的征地补偿款的2.43倍，被征地农民只获得其土地财产权益的29.17%。

工业化和城镇化的发展都需要土地空间的支撑。随着中国工业化和新型城镇化的进一步推进，越来越多的农民将会失去土地，因征地问题引发的社会矛盾也将不断加剧。进入21世纪后，中国的城镇化进程已然加速，但人口城镇化滞后于土地城镇化的问题也日益突出，地方政府逐渐走向了“以地谋发展”的城市发展和经济增长模式。当前，土地出让已成为地方财政的一项主要收入来源，土地出让金也成为地方政府支持城市建设的重要资金。长期以来，基于土地原用途的产值倍数法执行的征地补偿制度受到各界诟病，即使近些年的征地补偿标准有所提高，但仍难有重大突破。以政府低价征地、高价出让为表现形式的地价“剪刀差”，其真实存在性是毋庸置疑的。那么，地价“剪刀差”为何会出现呢？地价“剪刀差”究竟有多大？回答上述两个问题，都需要我们对目前的中国征地制度缺陷进行分析以及土地增值收益分配进行科学测算。在统筹城乡发展和深化农村改革的大背景下，测算地价“剪刀差”就有着重要的理论意义和现实意义。基于此，本文利用 2002—2012 年的中国国土资源统计资料，尝试估算全国的地价“剪刀差”数量。

一、什么是地价“剪刀差”

（一）“剪刀差”概念及泛化使用

传统“剪刀差”概念是学界对工农业产品比价关系的形象概括。“剪刀差”概念产生于 20 世纪 20 年代的苏联，20 世纪 30 年代被介绍到中国，并针对中国的国情被发展和广义化。国内学者普遍认为，工农业产品价格“剪刀差”是指在工农产品交换过程中，工业品价格高于其价值，农产品价格低于其价值，由这种不等价交换形成的剪刀状差距。随着我国从计划经济走向市场经济，工农业产品价格“剪刀差”逐渐缩小，到 1997 年已降到 2.3%，绝对额为 331 亿元。一般认为，20 世纪末期到 21 世纪初期，工农产品价格“剪刀差”逐渐变得微不足道了①。进入新世纪以后，“剪刀差”因剪刀口之贴切形象而广泛被用于城乡发展差距的各种表现，例如城乡居民收入剪刀差、城乡居民消费水平剪刀差、社会消费品零售剪刀差等②。

（二）地价“剪刀差”的形成

近年来，随着我国工业化和城镇化进程的加速，建设用地总量大幅增

---

① 孔祥智、何安华：《新中国成立 60 年来农民对国家建设的贡献分析》，《教学与研究》2009 年第 9 期。

② 朱胜、从日玉、成美纯：《新时期城乡差距“剪刀差”的新表现》，《统计观察》2007 年第 9 期。

长，2001—2012年，城市建成区面积从24027平方公里增加到45566平方公里，增加了21539平方公里，相当于11年增加了90%。而大约90%的城市建设用地需求满足是通过征收农村土地去实现的，剩下的10%才是城市未开发的建设用地①。据《中国统计年鉴》数据，2001—2012年，共有20280平方公里的农村土地被征收并转变为国有土地，用于城市建设用途。由于农村集体土地必须经由政府征收转变为国有土地之后才能用于城市建设，而在农村集体土地的有偿征收过程中，政府以低价从农民和村集体手中征得土地（购买农村集体土地的所有权），经过必要的前期投入，如“七通一平”之后，再以较高的价格出让给土地使用者（出让国有土地使用权）。农村集体土地经过政府的征收和必要投入，形成低价征用和高价出让两种价格，且价格走势形成鲜明对比，有如剪刀状，地价“剪刀差”也因此得名。仅从征地总费用和国有土地出让收入数据看，2003年，二者差距为3752.94亿元，到2011年扩大到27128.15亿元，2012年有所下降，为23902.59亿元。即使扣除政府征得农村集体土地后，将生地转变为熟地的前期开发投入，以及土地出让业务费等，政府征地并出让仍有较大的利润空间。

表1　　　个别年份的国有土地出让收入与征地总费用

年份	国有土地出让收入（亿元）	征地总费用（亿元）	差额（亿元）
2003	5421.31	1668.37	3752.94
2011	32126.08	4997.93	27128.15
2012	28042.28	4139.69	23902.59

资料来源：《中国国土资源年鉴》（历年），剩余年份数据缺失。

① 国务院发展研究中心、世界银行：《中国：推进高效、包容、可持续的城镇化》，中国发展出版社2014年版，第291页。

二、地价“剪刀差”的原因

我国出现地价“剪刀差”的原因是多方面的，但从本质上仍是制度不完善所致。

（一）土地用途管制使得政府成为征地和国有土地出让的垄断者，土地发展权市场机制缺失，这是形成地价“剪刀差”的本质原因

我国城乡土地采取的是不同的法律治理，农村土地受《农村土地承包法》规制，而土地转用和城市国有土地受《中华人民共和国土地管理法》规制。《中华人民共和国土地管理法》规定，“农民集体所有的土地的使用权不得出让、转让或者出租用于非农业建设”，农民对土地非农使用的权利仅限于“兴办乡镇企业和村民建设住宅经依法批准使用本集体经济组织农民集体所有的土地的，或者乡（镇）村公共设施和公益事业建设经依法批准使用农民集体所有的土地”。换言之，农村集体土地一旦被征收，农民随即失去土地非农利用的使用权、收益权、转让权和发展权；农村也失去土地所有权和发展权。同时，我国法律规定，城市土地属于国有，地方政府是农用地转为建设用地的唯一合法主体。因此，农村土地一旦纳入城市建设规划而转为建设用地，其所有权就必须从农民集体所有转为国家所有。从本质而言，政府通过征地这一手段将农民集体所有的土地变成了国家所有。如果将征地视为一种市场交易，地方政府则是征地市场的唯一买方，而且是强势和有利己色彩的垄断者，这就为强制征地和压低征地补偿标准提供了空间。

从国有土地使用来看，《中华人民共和国土地管理法》规定，“任何单位和个人进行建设，需要使用土地的，必须依法申请使用国有土地”，即国有土地成为非农建设的唯一合法用地。使用国有土地又大多遵从有偿使用原则，法律规定了以出让等有偿使用方式取得国有土地使用权的建设单位要按规定缴纳土地使用权出让金和土地有偿使用费和其他费用。由于地方建设用地实行指标控制，稀缺的建设用地成为众多建设单位竞价争夺的商品。在国有土地使用权出让环节，地方政府又成为了唯一合法的供给

者。因此，不管是征地市场还是国有土地使用权出让市场，地方政府都扮演着市场垄断者的角色，制度赋予的垄断权利必然导致有利益需求的地方政府走向低价征地、高价出让的道路。

（二）中央和地方存在土地出让收益分配关系，滞后的政绩考核促使地方政府大肆征地支持招商引资，这是形成地价“剪刀差”的重要诱因

中央和地方按比例分配土地出让收益导致地方政府有低价征收土地的动机。土地出让金于1987年在深圳特区率先收取，当年深圳市通过招拍挂获得的土地出让金占土地出让总收入的3%。1987—1991年，全国土地出让收入一直处于较低水平，到1992年才增至525亿元。在20世纪90年代初，用于地方基础设施建设的土地出让收入大约占20%，剩余的80%由中央和地方政府分享。到1992年，中央所得比例从最初的40%下降到5%。1994年分税制改革之后，土地出让收入被划入地方财政收入，地方政府从此取得了土地出让收入的完全控制权。正是由于政府是农用地转为建设用地的垄断者，1994年实行分税制及2003年地方政府纷纷建立土地储备制度以便垄断土地一级市场和经营城市土地资产，土地出让逐渐成为地方政府财政收入的主要来源①。1999—2012年，国有土地出让收入成交价款与地方财政收入之比从0.092：1上升到0.459：1，地方发展对土地出让收入的依赖性不断增强。从财政收入的角度看，只要地方政府争取到建设用地指标，征地并有偿出让，地方政府和中央政府都能从土地出让收入中获益。

当前的官员升迁考核机制仍主要以地区经济发展彰显政绩，地方政府以城镇化和经济增长为最终目的，“招商引资”自然就成了其直接目标，形成了地方基于土地出让的工业化和城镇化发展战略②。地方政府之间的

① 孙辉：《财政分权、政绩考核与地方政府土地出让》，社会科学文献出版社2014年版，第46—48页。

② 雷潇雨、龚六堂：《基于土地出让的工业化和城镇化》，《管理世界》2014年第9期。

竞争式发展必须征收大量农村集体土地用于城镇基础设施建设、工业用地、住宅用地和商业用地。这一地方增长模式和当前的征地制度也决定了征地权行使服从地区增长的需要，进而形成征地范围无限制①。“以地谋发展”的经济发展模式使得地方政府迫切需要土地出让金作为其缩小地方财政收支缺口的主要依靠。因此，地方政府通过低价征地、高价出让方式获取的垄断收益恰好成了其推动工业化和城镇化及其他政绩工程的主要资金来源。

（三）基于土地农业用途的产值倍数法去制定征地补偿标准，剥夺了村集体和农民的土地发展权收益，这是形成地价“剪刀差”的直接原因

从我国的征地补偿标准看，农民获得的补偿水平是比较低的。在自主、自愿的前提下，如果农民获得的征地补偿是足够和公平的，农民普遍能够接受，但从政府征地遇到的障碍及群众的反抗情绪可以知道，当前失地农民获得的补偿非常有限。现行法律规定，国家为了公共利益的需要可以依照法定程序征收或征用土地并给予补偿。表 2 反映了我国不同时期的土地征收补偿规定和标准。1982 年以前，国家征收土地的补偿是极低的，当时国有土地还实行行政划拨和无偿使用，并通过企业税收回收土地租金。自 1982 年开始，土地补偿标准跟被征收土地原用途的年产值挂钩，尽管补偿范围在扩大，补偿的年产值倍数在提高，但补偿的额度基本上被限制死了。2004 年 10 月 21 日，虽然国务院在《关于深化改革沿革土地管理的决定》中规定：土地补偿费和安置补助费的总和达到法定上限，尚不足以使被征地农民保持原有生活水平的，当地人民政府可以用国有土地有偿使用收入予以补贴。然而，这一规定仍然没有实质性的突破。

① 汪晖：《中国征地制度改革：理论、事实与政策组合》，浙江大学出版社 2013 年版，第 13 页。

表 2　　不同时期，国家征收农村（集体）耕地的土地补偿及安置补助标准

时期	征收土地类型	土地补偿标准	安置补助标准	两项之和
1950—1953 年	私人农用地	给予适当补偿或用相等国有土地调换	给耕种该土地的农民适当安置	
1954—1981 年	私有土地	以国有、公有土地调换或者给予 3—5 年的产量总值	安排就业	
	农业合作社土地	可以不给予该类补偿	给耕种该土地的农民以适当补助	
1982—1998 年	集体土地	原年产值的 3—6 倍	原年产值的 2—3 倍，最高不超过 10 倍	不能超过原年产值的 20 倍
1999—2004 年	集体土地	原年产值的 6—10 倍	原年产值的 4—6 倍，最高不超过 15 倍	不能超过原年产值的 30 倍
2005 年至今	集体土地	原年产值的 6—10 倍	原年产值的 4—6 倍，最高不超过 15 倍	可超过原年产值的 30 倍，超过部分用国有土地有偿收入补贴

资料来源：根据《城市郊区土地改革条例》（1950 年）、《国家建设征用土地办法》（1953 年、1982 年）、《中华人民共和国土地管理法》（1986 年、1988 年、1998 年和2004 年）和国务院 28 号文件（2008 年）整理。

根据目前的征地补偿标准，农民得到的补偿很低。按理说，从农民手里拿走土地，给予他们对等的补偿是天经地义的事。可是，农民实际拿到

的只是土地在农业用途上的价格，土地改变用途而发生的增值并没有流进农民的口袋。廖洪乐根据 2005 年《全国农产品成本收益资料汇编》计算出南方早稻和晚稻每公顷耕地的平均年产值为 1.23 万元，北方小麦和玉米每公顷耕地的平均年产值为 1.04 万元，大中城市郊区蔬菜每公顷平均年产值为 3.89 万元。按年均产值 30 倍的补偿标准，南方每公顷耕地的征地补偿总额为 36.9 万元，北方每公顷耕地的征地补偿总额为 31.2 万元，大中城市郊区每公顷耕地的征地补偿总额为 116.7 万元①。如果按 2004 年全国人均耕地 0.1 公顷，征地补偿取年均产值的 30 倍，农村居民人均生活消费支出 2185 元计算，南方地区农民足额获得征地补偿额仅够其生活 16.9 年，北方地区农民仅够生活 14.3 年。这只是从农业用途的土地价格计算，还没有考虑 70 年后土地仍可用于农业生产、土地用途改变发生增值等因素，即没有对农民的土地发展权收益进行测算和补偿。然而，在征地过程中，农民实际拿到手的征地补偿款还远远低于按最低补偿标准计算的补偿额。

三、地价“剪刀差”的数量

政府通过低价征地、高价出让形成的地价“剪刀差”究竟有多少，归根结底是一个经验问题而非理论问题。直接估算地价“剪刀差”的数量往往比较困难，不少学者以国有土地出让价格与对农民的征地补偿之差额代替地价“剪刀差”的做法，本文认为值得商榷。为了更科学估算政府低补偿征地形成的地价“剪刀差”数量，在借鉴已有研究成果的基础上，本文通过土地要素贡献份额去估算土地出让纯收益中应当归属于农民的土地要素报酬，估算出的土地要素报酬可视作地价“剪刀差”。

（一）已有研究关于地价“剪刀差”的估算

已有研究估算过农民的征地损失，或者说是农民为了国家建设而通过

① 廖洪乐：《中国农村土地制度六十年——回顾与展望》，中国财政经济出版社 2008 年版，第 40 页。

让出土地的方式做出贡献，笔者认为农民的征地损失或土地贡献是地价“剪刀差”的另类表述，本质上都是农民的部分土地权益得不到对价补偿。考虑土地从农民手里流到政府手里，再从政府流到开发商的整个过程，土地收益增长了几十倍甚至上百倍，而农民却将这部分增值收益几乎全部留给了城市，留给了国家，那么，农民出让土地的贡献就更大了，即地价“剪刀差”更大。

在一些经济发达地区，土地征用、土地出让和市场交易的价格比已经达到1：10：50①。由于国家垄断了土地一级市场，高价出让国有土地使用权，而农民获得的征地补偿费不及土地出让金的1/10，甚至仅有1/30左右②。据有关调查资料显示，在土地用途转变而发生的增值收益中，地方政府大约获得60%—70%，村级集体组织获得25%—30%，真正到农民手里的已经不足10%③。据王朝林（2003）引用的数据，1979—2001年，全国通过征地从农民手中剥夺的利益超过2万亿元④。党国英（2005）则认为由于土地制度的缺陷，1952—2002年，土地征用中农民向社会无偿贡献的土地收益为51535亿元，以2002年无偿贡献的土地收益7858亿元计算，相当于无偿放弃了价值26万亿元的土地财产权⑤。周天勇（2007）认为改革开放以来，国家从农村征用了1亿多亩耕地，若按每亩10万元计算，高达10多万亿元，但征地补偿标准较低，地方各级层层扣留，真正到农民手中的不足7000亿元⑥。孔祥智等（2007）对东中西部共9个城市的农户进行调研，发现失地农民愿意接受的土地补偿额是土地征用价格的5倍左右，并根据地方政府在1992—1995年给予失地农

① 葛丰：《农民利益严重受损，土地价格剪刀差理应消除》，http：//business. sohu. com/20060321/n242385627. shtml. 2006-3-21。

② 夏永祥：《工业化和城市化：成本分摊与收益分配》，《江海学刊》2006年第5期。

③ 刘永湘、杨继瑞、杨明洪：《农村土地所有权价格与征地制度改革》，《中国软科学》2004年第4期。陈锡文：《资源配置与中国农村发展》，《中国农村经济》2004年第1期。

④ 万朝林：《失地农民权益流失与保障》，《经济体制改革》2003年第6期。

⑤ 党国英：《土地制度对农民的剥夺》，《中国改革》2005年第7期。

⑥ 周天勇：《现代化要对得起为发展做出巨大贡献的农民》，《中国经济时报》，2007年7月12日。

民 91.7 亿元补偿费，推算出农民在此期间仅被征土地一项就为国家工业化作出了 366.8 亿元的贡献[①]。孔祥智和何安华（2009）从各年的地方财政收入粗略估算过农民失地为工业化作出的贡献，其估算方法如下：根据 1987—2007 年各年的地方财政收入总额按 35% 的比例算出各年的土地出让金，然后取征地补偿费占土地出让金的比重为 10%，则土地出让金的 90% 就是农民失地的资本贡献，最终的估算结果为 4.4 万亿元左右。从上述研究结果发现，由于数据搜寻难度大及估算方法差异，各学者估算的地价“剪刀差”的数值差异比较大，而且详细介绍了估算方法的文献非常少。因此，重现估算我国农民失地过程存在的地价“剪刀差”是非常有必要的。

（二）地价“剪刀差”的重新估算

1. 估算思路

土地征用采取产值倍数法制定的补偿标准是导致失地农民补偿不足的制度性根源[②]，产值倍数补偿只是对农民土地农业使用权收益进行了补偿，而对土地发展权（土地用途变更或利用强度改变）收益未进行补偿。农用地经政府征收后，土地就由农地转变为生地（国有土地），再经过政府的前期开发投入，生地就转变为熟地，而熟地经政府出让就变为市地供土地开发商使用（见图 1）。这一土地开发过程必然也是一个增值过程。地价“剪刀差”正是源于被征地农民未能参与分享土地由农地转为市地的巨大增值收益。

假设政府是经济理性的，即政府在征地后将生地转变为熟地并出让的各个环节，其付出资本投入必然要求获得对价的甚至超额的资本要素报酬。土地由农用地转变为市地，其增值部分以出让价格与征地补偿费之差来表示。土地增值来源有自然增值和人工增殖，其中自然增值包括用途变

① 孔祥智、顾洪明、韩纪江：《我国失地农民状况及受偿意愿调查报告》，《经济理论与经济管理》2006 年第 7 期。

② 张良悦：《土地发展权框架下失地农民的补偿》，《东南学术》2007 年第 6 期。

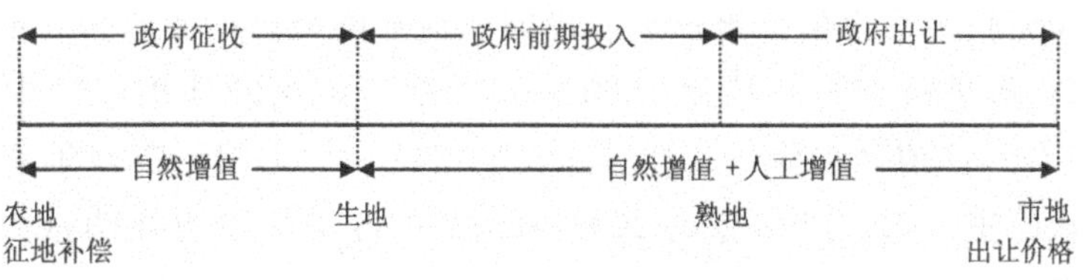

图 1　土地开发过程和土地增值形成

更、社会经济发展等引发的增值，人工增殖主要是政府在出让土地前的投入引起的，如“七通一平”使地价上升等。从要素报酬分配来看，土地的增值部分就可分为土地和资本两类要素的要素报酬。土地在征用前归农村集体所有，即土地要素由被征地农民提供，而资本要素则是由政府提供。从理论上讲，被征地农民和政府应按各自提供要素的贡献份额分享土地增值收益。因此，估算地价“剪刀差”的思路如下：

土地增值来源 = 自然增值 + 人工增值 = 土地要素增值 + 资本要素增值

土地增值收益 = 出让收入 - 征地补偿费 - 政府资本投入

地价剪刀差 =（出让收入 - 征地补偿费 - 政府资本投入） × 土地要素贡献份额

由于现有统计数据中，缺失全国范围内历年的征地补偿费和政府资本投入总额①，本文在具体估算时尚须对这两项数据做粗略匡算，土地要素贡献份额则可应用学界已有的研究成果。

2. 估算过程

（1）农民征地补偿费估算。对被征地农民的土地使用权收益的补偿主要包括土地补偿费和安置补助费。《土地管理法》规定，征收耕地的土地补偿费，为该耕地被征收前三年平均年产值的 6—10 倍。征收耕地的安置补助费，按照需要安置的农业人口数计算，每一个需要安置的农业人口的安置补助费标准，为该耕地被征收前三年平均年产值的 4—6 倍，最高不超过 15 倍。同时，土地补偿费和安置补助费的总和不得超过土地被征收前三年平均年产值的 30 倍。后来尽管允许可超过平均年产值的 30 倍，但

① 征地总费用数据在《中国国土资源年鉴》中仅提供了 2003 年、2011 年和 2012 年数据。

也无重大突破。本文估算被征地农民的征地补偿费仍以征地前三年平均年产值的 30 倍进行测算。使用 2000—2013 年《中国统计年鉴》中的农业（种植业）总产值和农作物总播种面积数据及《中国国土资源年鉴》中的土地出让面积数据，可估算出 2002—2012 年各年的征地补偿总额。估算过程如表 3 所示。

表 3　征地补偿费的估算（2002—2012 年）

年份	农业总产值（亿元）①	农作物播种面积（万公顷）②	前三年平均产值（元/公顷）③	征地补偿费（元/公顷）④ = ③ × 30	土地出让面积（公顷）⑤	征地补偿总额（亿元）⑥ = ④ × ⑤
2002	14931. 54	15463. 55	9061. 86	271855. 84	124229. 84	337. 73
2003	14870. 10	15241. 50	9273. 55	278206. 51	193603. 96	538. 62
2004	18138. 36	15355. 25	9566. 90	287006. 99	181510. 36	520. 95
2005	19613. 37	15548. 77	10408. 25	312247. 59	165586. 08	517. 04
2006	21522. 28	15214. 90	11394. 30	341829. 00	233017. 88	796. 52
2007	24658. 10	15346. 39	12857. 37	385721. 03	234960. 59	906. 29
2008	28044. 15	15626. 57	14275. 77	428273. 12	165859. 67	710. 33
2009	30777. 50	15861. 35	16053. 22	481596. 67	220813. 90	1063. 43
2010	36941. 11	16067. 48	17806. 08	534182. 28	293717. 81	1568. 99
2011	41988. 64	16228. 32	20113. 92	603417. 69	335085. 17	2021. 96
2012	46940. 46	16341. 57	22756. 33	682689. 96	332432. 34	2269. 48

资料来源：《中国统计年鉴》和《中国国土资源年鉴》（历年）；年产值按当年价格计算。

（2）政府资本投入估算。鉴于《中国国土资源年鉴》只提供了 2003—2008 年的国有土地出让纯收益数据，2002 年的国有土地出让纯收益数据引自孙辉（2014）的资料，笔者根据“政府资本投入 = 土地出让收入 - 征地补偿总额 - 出让纯收益”估算出 2002—2008 年各年政府将生地开发为熟地并出让的资本投入额（如表 4）。

表 4　　**政府资本投入估算**（2002—2008 年）

年份	土地出让面积（公顷）⑤	土地出让收入（亿元）⑦	征地补偿总额（亿元）⑥	出让纯收益（亿元）⑧1	政府资本投入（亿元）⑨1 = ⑦ - ⑥ - ⑧1
2002	124229.84	2416.79	337.73	1342.56	736.50
2003	193603.96	5421.31	538.62	1799.12	3083.57
2004	181510.36	6412.18	520.95	2339.79	3551.44
2005	165586.08	5883.82	517.04	2183.97	3182.81
2006	233017.88	8077.64	796.52	2978.29	4302.83
2007	234960.59	12216.72	906.29	4541.42	6769.01
2008	165859.67	10259.80	710.33	3611.95	5937.52

资料来源：⑤、⑦、⑧1 来自《中国国土资源年鉴》（历年），⑥见表 3；2002 年的土地出让纯收益数据来自孙辉：《财政分权、政绩考核与地方政府土地出让》，社会科学文献出版社 2014 年版，第 50 页。

政府将生地开发为熟地并出让的资本投入额与土地出让面积有很强的相关关系，同时政府对于土地开发的资本投入也可能与时间变量有联系，这是因为随着时间推移，资本对地区经济增长的作用日益突出，政府可能在土地的前期开发中投入更多资本。对此，为估算 2009—2012 年各年的政府资本投入，使用 2002—2008 年的土地出让面积构建模型：

$$ginves_t = -1591.846 + 0.01447 larea_t + 679.549(t - 2001) \quad (1)$$

$$(0.0089) \qquad (162.6812)$$

$$R^2 = 0.9007 \qquad P = 0.0099$$

式（1）中，$ginves$ 为政府资本投入，$larea$ 为土地出让面积。t 为时间变量。根据模型拟合结果，2009—2012 年政府将生地开发为熟地并出让的资本投入额分别为 7039.72 亿元、8774.19 亿元、10052.33 亿元和 10693.49 亿元。由此可计算得出 2009—2012 年政府出让国有土地的出让纯收益（见表 5）。表 5 显示，2012 年政府出让国有土地获得的纯收益为 15079.31 亿元。

表 5　　政府资本投入和土地出让纯收益估算（2009—2012 年）

年份	土地出让收入（亿元）⑦	征地补偿总额（亿元）⑥	出让纯收益（亿元）⑧2 = ⑦ - ⑥ - ⑨2	政府资本投入（亿元）⑨2 = 模型估算值
2009	17179.53	1063.43	9076.37	7039.72
2010	27464.48	1568.99	17121.30	8774.19
2011	32126.08	2021.96	20051.79	10052.33
2012	28042.28	2269.48	15079.31	10693.49

资料来源：⑦来自《中国国土资源年鉴》（历年），⑥见表 3。

（3）地价“剪刀差”估算。表 4 和表 5 给出了 2002—2012 年各年的国有土地出让纯收益，假设国有土地出让纯收益（土地增值部分）由土地要素和资本要素的报酬贡献构成。只要知道土地要素的贡献份额便可估算出土地出让纯收益中的地价“剪刀差”。文献中已有关于土地要素对经济增长贡献的研究，如李名峰（2010）的研究表明，1997—2008 年间，土地要素对我国经济增长的贡献率达到了 20%—30%，资本要素贡献率在 30% 至 60% 之间，认为随着我国城市化和工业化的逐步实现，土地要素对于经济增长的贡献率将不断降低①。叶剑平等（2011）利用生产函数和空间面板数据，发现 1992—2000 年、2001—2009 年全国土地要素贡献率分别是 13.93% 和 26.07%，同时期资本要素贡献率分别为 76.00% 和 62.94%②。张友祥和金兆怀（2012）运用随机前沿函数模型，使用中国 2001—2008 年 266 个地级及以上城市的面板数据，发现土地投入对我国经济增长的贡献度仅为 11.42%，较大程度上低于资本要素贡献度。张乐勤等（2014）运用 C - D 生产函数，测算出 1997—2002 年安徽省建设用地投入对该省经济增长的贡献率为 49.94%，同期的资本投入贡献率为

① 李名峰：《土地要素对中国经济增长贡献研究》，《中国地质大学学报（社会科学版）》2010 年第 1 期。

② 叶剑平、马长发、张庆红：《土地要素对中国经济增长贡献分析——基于空间面板模型》，《财贸研究》2011 年第 4 期。

28.98%，而2002—2011年，建设用地投入对经济增长的贡献趋于下降，贡献率为11.40%，同期的资本投入贡献率上升到60.82%[①]。大体而言，进入21世纪后，无论是在全国还是局部地区，土地要素对经济增长的贡献已低于资本要素，而且二者的贡献率差距呈扩大趋势。

比较已有研究成果，本文估算地价“剪刀差”时，2002—2008年的土地要素贡献率和资本要素贡献率采用李名峰（2010）的计算结果，由此可得出2002—2008年各年土地要素对土地出让纯收益的贡献份额。2009—2012年各年土地要素对土地出让纯收益的贡献份额则以2008年数值为基数，按式（2）计算：

$$Garea_{t+1} = Garea_t \times \frac{larea_{t+1}/larea_t}{ginves_{t+1}/ginves_t}(t = 2008,2009,2010,2011) \quad (2)$$

式（2）中，$Garea$ 为土地要素贡献份额，$ginves$ 为政府资本投入，$larea$ 为土地出让面积。

表6　　地价剪刀差估算（2002—2012年）

年份	出让纯收益（亿元）⑧	资本贡献率（%）⑩	土地贡献率（%）(11)	土地贡献份额（%）(12)=(11)/((11)+⑩)	地价剪刀差（亿元）(13)=⑧×(12)
2002	1342.56	31.24	31.29	50.04	671.82
2003	1799.12	30.73	24.15	44.01	791.70
2004	2339.79	38.57	33.52	46.50	1087.94
2005	2183.97	41.69	25.69	38.13	832.68
2006	2978.29	40.99	26.98	39.69	1182.20
2007	4541.42	40.28	20.14	33.33	1513.81
2008	3611.95	62.74	26.81	29.94	1081.37

① 张乐勤、陈素平、陈保平：《安徽省近15年土地要素对经济贡献及Logistic曲线拐点探析》，《地理科学》2014年第1期。

续表

年份	出让纯收益（亿元）⑧	资本贡献率（%）⑩	土地贡献率（%）(11)	土地贡献份额（%）(12)＝(11)/((11)＋⑩)	地价剪刀差（亿元）(13)＝⑧×(12)
2009	9076.37			33.62	3051.26
2010	17121.30			35.88	6142.64
2011	20051.79			35.73	7163.70
2012	15079.31			33.32	5024.13
合计	80125.87				28543.24

资料来源：⑩和（11）来自李名峰：《土地要素对中国经济增长贡献研究》，《中国地质大学学报（社会科学版）》2010 年第 1 期。

由表 6 可知，地价“剪刀差”绝对数量由 2002 年的 671.82 亿元上升到 2012 年的 5024.13 亿元，2002—2012 年的地价“剪刀差”累计达到 28543.24 亿元，而同期的征地补偿费总额只有 11755.57 亿元，地价“剪刀差”数量超出农民获得的征地补偿 16787.67 亿元，即 2002—2012 年的 11 年来，政府通过低补偿征地造成的地价“剪刀差”是被征地农民获得的征地补偿费的 2.43 倍，被征地农民只获得其土地财产权益的 29.17%。

四、结　语

中国的城镇化进程中，由于土地制度的缺陷，政府垄断了城市建设用地一级市场，通过向农民低价征地和向城市建设用地需求方高价出让国有土地使用权，造成了地价“剪刀差”。地价“剪刀差”的本质原因是土地用途变更受到法律和制度层面的管制，土地发展权市场机制严重缺失，导致农民对土地发展权的收益几乎是被剥夺的。据测算，地价“剪刀差”从 2002 年的 671.82 亿元上升到 2012 年的 5024 亿元，11 年累计达到 28543.24 亿元，远高于同期被征地农民获得的征地补偿费。解决地价“剪刀差”问题，须理顺土地价格，尤其是对农民的征地补偿，需要从体制和制度方面进行。十八届三中全会提出，要赋予农民更多的土地财产权，对被征地农民而言，就是要重构合理的征地程序和征地补偿机制，建立以市场价值为补偿基础的土地发展权补偿制度，让被征地农民按土地要素贡献分享土地发展权增值带来的收益。地价“剪刀差”能否真正消除，很大程度上取决于政府，尤其是中央政府，是否有魄力和决心进行更深层次的体制改革，改变中国当前不可持续的地方“以地谋发展”的城镇发展和经济增长模式。

参考文献

［1］孔祥智、何安华：《新中国成立60年来农民对国家建设的贡献分析》，《教学与研究》2009年第9期。

［2］朱胜、从日玉、成美纯：《新时期城乡差距“剪刀差”的新表现》，《统计观察》2007年第9期。

［3］国务院发展研究中心、世界银行：《中国：推进高效、包容、可持续的城镇化》，中国发展出版社2014年版。

［4］孙辉：《财政分权、政绩考核与地方政府土地出让》，社会科学文献出版社2014年版。

［5］雷潇雨、龚六堂：《基于土地出让的工业化和城镇化》，《管理世界》2014年第9期。

［6］汪晖：《中国征地制度改革：理论、事实与政策组合》，浙江大学出版社2013年版。

［7］廖洪乐：《中国农村土地制度六十年——回顾与展望》，中国财政经济出版社2008年版。

［8］葛丰：《农民利益严重受损，土地价格剪刀差理应消除》，http：//business. sohu. com/20060321/n242385627. shtml. 2006－3－21。

［9］夏永祥：《工业化和城市化：成本分摊与收益分配》，《江海学刊》2006年第5期。

［10］刘永湘、杨继瑞、杨明洪：《农村土地所有权价格与征地制度改革》，《中国软科学》2004年第4期。

［11］陈锡文：《资源配置与中国农村发展》，《中国农村经济》2004年第1期。

［12］万朝林：《失地农民权益流失与保障》，《经济体制改革》2003年第6期。

［13］党国英：《土地制度对农民的剥夺》，《中国改革》2005年第7期。

［14］周天勇：《现代化要对得起为发展做出巨大贡献的农民》，《中国经济时报》，2007年7月12日。

［15］孔祥智、顾洪明、韩纪江：《我国失地农民状况及受偿意愿调查报告》，《经济理论与经济管理》2006年第7期。

［16］张良悦：《土地发展权框架下失地农民的补偿》，《东南学术》2007年第6期。

［17］李名峰：《土地要素对中国经济增长贡献研究》，《中国地质大学学报（社会科学版）》2010年第1期。

［18］叶剑平、马长发、张庆红：《土地要素对中国经济增长贡献分析——基于空间面板模型》，《财贸研究》2011年第4期。

［19］张友祥、金兆怀：《城市土地要素的产出弹性及其对经济增长贡献》，《经济理论与经济管理》2012年第9期。

［20］张乐勤、陈素平、陈保平：《安徽省近15年土地要素对经济贡献及Logistic曲线拐点探析》，《地理科学》2014年第1期。

粮 食 安 全

我国粮食储备制度的现状、问题与改革思路

宋洪远　张雯丽

内容提要： 近年来我国粮食市场呈现产量、进口和库存“三量齐增”的格局，从表面来看源于国内外市场存在的粮食价差，但实质是由于我国粮食储备制度和政策的现存弊端。在我国人口继续增长、资源环境约束日益增强，经济由高速增长转向中高速增长的新常态下，确保我国13亿人口粮食安全的重任尤为突出，完善我国粮食储备制度是重要的着力点。本文梳理了我国粮食储备制度现状，分析了现行制度存在的问题，并从明确职能定位、优化区域布局、强化监督管理、加强设施建设管护和完善临时储备制度等方面提出了加快粮食储备制度改革的政策建议。

改革开放以来，我国以有限的耕地和自然资源实现了谷物基本自给、口粮绝对安全的目标。2014年粮食产量达到6.07亿吨，实现了“十一连增”。然而，在粮食产量节节攀升的同时，进口量同样增速迅猛。2014年我国粮食进口首次突破1亿吨。2015年上半年，我国累计进口包括小麦、玉米、大麦在内的谷物及谷物粉达到1629万吨，同比增长超过60%。与此同时，我国粮食库存总量近年来亦达到历史高位。过去10年，国内粮

食产量年均增长率不到 3%，但库存增长率则超过 8%。一些粮食主产区面临巨大的收储压力，部分品种出现了阶段性过剩的情况。粮食产量、进口和库存“三量齐增”的表层原因是国内外市场存在的粮食价差，但实质是由于我国粮食储备制度和政策的现存弊端。在我国人口继续增长、资源环境约束日益增强，经济由高速增长转向中高速增长的新常态下，确保我国 13 亿人口粮食安全的重任尤为突出。粮食储备是确保国家粮食安全的重要制度安排，完善储备制度对于构建和实施新的粮食安全战略具有重要意义。

一、我国粮食储备制度发展的状况和特点

自新中国成立以来，我国粮食储备制度变迁经历了 1949—1952 年自由购销时期的粮食储备制度到统购统销时期国家垄断的粮食储备制度，再到 1990 年建立的粮食专项储备制度，粮食储备体系和管理制度日益完善。目前，我国粮食储备实行中央储备粮垂直管理，地方储备粮“省级—市级—县级”分级管理的制度。

（一）中央储备粮垂直管理制度

1990 年为解决粮食增产丰收引起的卖粮难问题，我国建立了粮食专项储备制度，成立了国家粮食储备局，专司负责粮食储备管理工作。国家粮食专项储备的职能主要是，调节全国粮食供求总量、稳定粮食市场以及应对重大自然灾害或者其他突发事件等情况，粮食储备包括常规性储备和战略性储备。1998 年，《国务院关于进一步深化粮食流通体制改革的决定》（国发〔1998〕15 号）明确提出：“中央储备粮实行垂直管理体制”。2000 年，我国组建了中国储备粮管理总公司（以下简称“中储粮”），承担原由国家粮食储备局承担的中央储备粮调运、轮换、仓储管理和进出口等职能。中储粮总公司在国家宏观调控和监督管理下，实行自主经营、自负盈亏。总公司在粮食主产区和主销区组建分公司，对分公司进行垂直管理，分公司下设直属库以及委托地方粮食企业代储中央储备粮。自此，我国中央储备粮垂直管理体系初步形成。此后，为进一步加强和改善国家粮

食宏观调控，我国通过扩大中央储备粮规模（国发〔2001〕28 号），按照中央和省级政府粮食事权划分，健全和完善中央和省级粮食储备制度和调控机制（国发〔2004〕17 号），逐步完善了中央储备粮管理体系。自 2004 年开始，中储粮受国务院委托对粮食主产区稻谷实行保护价收购政策，2006 年和 2008 年开始分别执行小麦保护价收购和玉米临时收储政策，中央储备粮的功能拓展到保护粮农利益、解决卖粮难问题上，粮食储备扩展至政策性储备。到 2013 年年底，中储粮在全国设立 24 个分公司，人员、机构和业务覆盖全国 31 个省、自治区、直辖市，总公司所属的直属库达 338 个。中储粮总公司利用直属库存储中央储备粮，还委托部分地方粮库和社会仓库代储中央储备粮（图 1）。

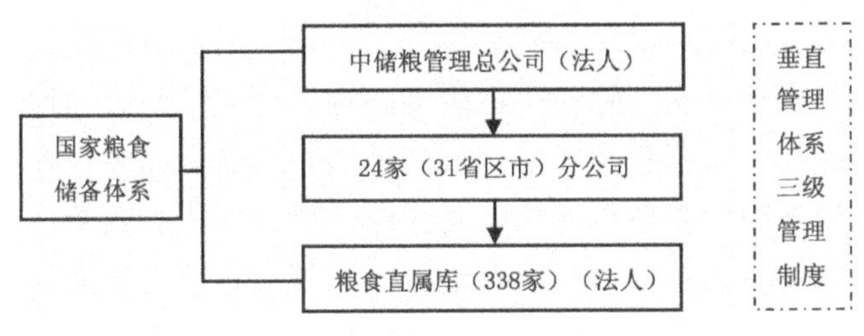

图 1　国家粮食专项储备体系

（二）地方粮食储备分级管理制度

地方储备是地方政府用于调节本地区粮食供求，稳定市场以及应对区域性重大自然灾害或突发事件的粮食和食用油储备，粮权归各级地方政府。我国地方粮食储备包含省、市、县三级储备。1994 年《国务院关于深化粮食购销体制改革的通知》首次提出“省长负责制”，1998 年国家实行以“四分开一完善”为重点的粮食流通体制改革后，为进一步落实粮食省长负责制，切实加强国家粮食宏观调控，各省建立了省级粮食储备，并制定了《省级储备粮管理条例》。市县政府根据《省级储备粮管理条例》，制定了相应的管理办法。从 1999 年开始，中央财政对各省（自治区、直辖市）实行了粮食风险基金包干。粮食风险基金由中央和地方政府共同筹资建立，用于支付省级储备粮油的利息、费用补贴（国办发

〔1998〕17 号）、陈化粮的挂账利息开支以及国有粮食购销企业分流人员的补助等（财政部财建〔2004〕75 号）。

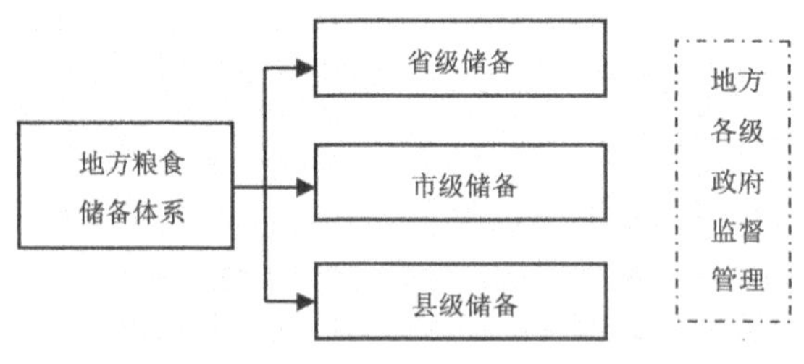

图 2　地方粮食储备体系

二、我国粮食储备制度存在的主要问题

当前，我国粮食储备管理存在诸多问题，首先是中央和地方粮食两种储备制度的衔接和协调管理问题；其次是两种储备制度各自存在的特有问题，如中央储备粮政策性职能和商业性经营行为交织、政策性收储效率递减，地方储备粮布局不合理、国有粮食收购部门竞争力下降等；再次是共性问题，如储备粮品质和结构、基础设施建设以及监管等问题。下面针对两种制度分别说明。

（一）中央粮食储备制度存在的问题

1. 政策性储备职能和商业性经营行为交织

作为中央储备粮收储执行主体，中储粮总公司及直属库承担国家常规性粮食收储、政策性粮食收储等职能，政策性职能十分突出。但在实际经营中，中储粮公司还从事粮食流通、进出口贸易等经营性业务，并接受国务院国有资产监督管理委员会的统一监督管理和利润考核，其中针对中储粮的绩效考核指标不仅包括储备粮宜存率、轮换完成情况等政策性职能考核，还包括与其他大型中央企业相同的利润增值等经营性业务指标的考核。在政策性职能和商业性经营行为相互交织的管理机制下，企业经营陷入两难境地。侧重政策性职能，则绩效考核处于劣势，影响企业经营积极性；侧重经营性职能，会影响政策性职能的履行，同时企业面临较大的经营风险，也极易滋生腐败等问题。

2. 储备粮品质与结构亟待优化

目前，我国的粮食储备数量大大高于国际公认的库存消费比 17%—18% 的粮食安全线，粮食供应保障程度高。但储备粮品质与结构尚待进一步优化。一是储备粮品质不高。为了满足庞大的粮食收储需求，中储粮基层单位对粮食入口环节的掌控较松。近几年来数次出现储备粮质量问题。2012 年 6 月份根据中储粮河南分公司质检中心的第一报告期品质检测，中央储备粮不合格率高达 22.24%。二是收储粮食品种品质结构不合理。国内平衡有余、轮换经营困难的稻谷比例偏大，小麦特别是专用优质小麦的比例不高，不能够满足市场需求。

3. 储备粮监管机制尚不完善

我国目前中央直属储备库管理的储备粮只有 30% 左右，70% 左右的储备粮都由地方储备管理。由于中央储备粮实行垂直管理制度，既不受工商、税务、卫生等部门的监管，也不受地方粮食局监管，因此，直属库的监管主要以内部监管为主。当监管不力的时候，就容易出现截留、挪用政策性储备粮的财政补贴、“转圈粮”、以旧顶新、擅自更改入库成本等违规、违法事件。2012 年至 2013 年，中储粮河南分公司、漯河直属库等单位因监管不到位，存储在承储库点的粮食发生短库、质价不符等问题，造成高达 7.85 亿元的巨额损失，同时也形成了粮食安全隐患。

4. 储备经营成本不断上升

随着我国粮食储备规模不断扩大，储备经营的成本持续上升。一是储备粮保管、轮换成本不断上升。储备粮经营成本持续上升主要源于：随着我国人均收入水平提升、消费结构升级，百姓更多选择购买优质新粮，陈粮消费市场日渐萎缩，轮换周期大大缩短；另外，随着我国工业化、城镇化进程加快，劳动力、水电、铁路运输等成本逐年上涨，粮食轮换出库成本不断增加。二是企业管护、扩容资金成本较高。1998 年以来，中央财政共投入国债资金 343 亿元，先后分三批在全国建设了 1130 个中央储备粮库，形成了 5565 万吨的仓容，极大地充实了我国粮食储备基础设施。但后期管护维修等需要不断投入，直属库扩容所需的土地征用资金、员工工资等支出也在不断增加。

5. 托市收储效率逐年下降

在全球经济下滑、粮食价格下行以及国内生产成本刚性上涨背景下，我国政策性收购规模连续增大，但收储效率日益下降。主要表现为三个方面：一是政策性储备粮规模不断增加，库容压力和财政负担均显著增加。二是托市收购的粮食价格连年提高，影响了市场机制的正常发挥，导致粮价扭曲、缺乏弹性，陷入国内粮食连年增产、收储大量增加、同时进口数量激增的“怪圈”。三是粮食顺价销售困难，国有粮食企业库存承受巨大压力。以玉米为例，近三年来，国家实际收购的临时存储玉米累计超过1.8亿吨，结余量超过1.5亿吨。由于拍卖底价较高，在消费低迷、企业经营困难的情况下，加工企业难以接受，大量库存积压使得各地库存爆满、仓容紧张。东北产区许多地方出现了收不进、掉不动、销不出、储不下的局面。

（二）地方粮食储备制度存在的问题

1. 中央与地方储备协调机制不健全

根据《国务院关于进一步深化粮食流通体制改革的意见》（国发〔2004〕17号）文件，我国地方储备量要保持3个月销量、销区保持6个月销量，目的是确保区域内粮食供给安全、市场稳定。但在实际执行中，地方储备粮调节机制往往与既定目标不相一致。市场粮食供不应求、价格上涨时，地方政府优先增加地方储备，而供过于求、价格下跌时，优先增加中央储备粮。这种机制形成的根源，既与“米袋子”省长负责制有关，也与中央和地方在粮食储备上的职能分割与相互独立直接相关。

2. 地方粮食储备布局不合理

一方面，从产销区分布来看，目前我国的政府储备粮主要分布在粮食主产区，约占全国粮食储备的72%左右。受地理位置和交通制约，省际间粮食调剂运输压力较大，特别是在粮食短缺时，强化了卖方市场。另一方面，从省内储备库及委托代储点来看，存在储备库点区域间分布不合理，区域内过于集中的问题。例如，我国个别省地方储备规模只有15亿公斤左右，承储库点却超过1000家，直接影响调控效果。2012年四川省承储的中央储备粮规模和地方储备规模相当，但地方储备企业数量是中央储备（含代储企业）的4.4倍。全省32个县的县级储备粮承储企业超过（含）2家，其中又有8个县的县级储备承储企业超过（含）3家。基层储备点布局密度大，不仅导致储备成本增加，还引发了集中收购时期的收粮难、收购价格盲目上涨等现象。

3. 国有粮食收购企业竞争力不强

现阶段，我国国有粮食购销企业改革仍不彻底。国有粮食购销企业改革的分流人员相当一部分进入了地方粮食储备体系，企业人员负担重。由于规模有限，加之经营能力、抗风险能力不足，缺乏市场竞争力，多数企业只有地方储备业务，自营业务量很小，企业负担极重，需要依靠补贴来维持正常运营。另一方面，随着流通体制改革的不断深化，粮食经纪人、加工企业等流通主体，在收购市场的活跃程度远高于国有粮食购销企业，加剧了收购市场的竞争程度。国有粮油公司粮食收购量逐年下降，使得地方储备规模难以达标。2013年小麦、稻谷、玉米等国家政策性粮食托市收购7409万吨，占全社会粮食商品粮总量的15.8%，国有企业通过轮库等方式收购中央储备粮9453万吨，占全社会粮食商品粮总量的20.2%。两项加总，国有粮食部门收储的粮食仅占全部粮食商品量的36.0%。据四川省中江县凯江粮油公司反映，2007年以前，国营粮油企业收购的粮食约占当地的60%—70%，近几年国营粮油企业收购的粮食占比下降至不足30%。

4. 地方储备基础设施建设不足

地方粮食储备通常集中在产粮大省、产粮大县，这些县通常又都是财政穷县。由于储备库点较多，省地市级财政资金有限，粮库基础设施建设投入不足问题异常突出，仓库老化较为严重。据统计，2012年全国“危仓老库”仓容达897亿公斤，占总仓容的1/3①。据2012年四川

① 引自国家粮食局局长任正晓2013年1月22日在全国粮食流通工作会议上的报告。http：//www.chinagrain.gov.cn/n16/n1077/n1737/4886135.html。

省“危仓老库”专项调查资料，调查的555户粮食仓储企业，需大修仓容450.79万吨，占总仓容的29.9%；待报废仓容163.5万吨，占总仓容的10.9%；1998年以前建设的仓库仓容为839.3万吨，占全省的2/3。

另外，与中央粮食储备管理体系相似，地方粮食储备也存在监管不力、粮食储备数量与品种结构不合理、储备成本上升等问题。

三、加快粮食储备制度改革的政策建议

（一）明确中央和地方储备职能定位，进行分类指导与管理

国家粮食储备的主要目标，首要是保证粮食在紧急情况下的安全供给，平抑市场价格、稳定生产者收入及经济效益是衍生目标。因此，中央储备应以常规储备为主。首要职能是在做好“备战备荒”的常规性安全储备的基础上，重点加强对后备储备的管理，使常规性后备储备成为国内粮食供需平衡的重要蓄水池和有效调节器。经营性职能应适当弱化，商业储备规模适度缩小。在现有储备规模基础上，不断提高政策性储备的吞吐效率。

地方储备的主要职能是确保地方粮食供需平衡，粮食储备可以常规储备和商业储备为主。常规储备应参照中央储备粮定位，发挥调节区域粮食市场供需的作用；商业储备以商品粮为主，在平抑地方粮食市场波动的同时，弥补地方财政补贴不足的缺口。减少县级粮食储备规模，适度增加省级粮食储备规模，充分发挥地方政府的粮食市场统筹调控作用。

（二）统筹中央和地方储备粮食区域布局，优化储备粮食品质和结构

一是结合农业种植业结构调整的规划，根据粮食生产区域、加工基地分布、产销地的生产与需求规模、交通运输状况以及贸易格局，制定兼顾产区与销区、生产与消费的国家粮食储备的区域性布局规划。合理分级测算中央和地方粮食储备规模。

二是深化地方粮食储备体系改革。通过合并重组等方式，减少县级储备点，解决县级储备企业布局密度较大的问题，提高地方粮食储备企业的综合竞争力，加强粮食主销区储备体系建设。

三是根据各地区口粮消费习惯和工业用粮品种需求以及不同粮食品种的储藏特性，分别确定中央和地方储备粮食品种结构。增加财政投入，提高优质粮食的收购价格，与普通粮形成一定价差。加强中央和地方入库粮食品质的监管。增加优质粮食的储备比例。

（三）强化粮食储备监督和管理，确保储备职能有效发挥

一是进一步完善中储粮系统职能和管理体制，建立政策性职能与经营性职能彻底分开的体制机制。在绩效考核中适度提高储备粮宜存率、轮换完成情况等政策性职能指标的权重，适度调低利润增值等经营性指标的权重。完善中储粮公司管理不同业务的政策性补贴核算办法，建立激励约束机制。

二是加强地方粮食储备监督和管理。按照省长负责制的要求，严格落实产区3个月储备，销区6个月储备的任务。完善地方政府与收储企业的委托代理关系，特别是要建立健全监督机制和问责制度，通过及时有效的吞吐调节，引导企业建立商业性储备，稳定农产品市场供应。

三是针对储备成本持续上升，基于地区差异，适当提高粮食储备保管费用补贴水平，合理调整补贴标准；适当提高粮食主销区粮食轮换费用补贴标准，实现企业可持续经营。

（四）加大基础设施建设管护力度，消除粮食储备安全隐患

一是增加对中储粮直属库基础设施建设投资补贴力度。在合理扩容和新建的基础上，适度增加中央财政预算对中储粮基础设施建设的投资力度，重点改造一批严重老化的仓储设施。

二是在地方储备企业减员增效的基础上，增加对地方粮食仓储等基础设施建设的投资和补贴力度，集中用于重点储备企业的仓储设施维修和管

护，提高资金使用效率，确保地区粮食储备安全。

（五）完善重要农产品临时储备制度，适时试点实施目标价格政策

从连续数年的政策性托市收储经验来看，进一步完善我国托市收储制度迫在眉睫。

一是完善现有临时收储制度。减少政策对市场的干预程度，允许托市收购价格在不影响安全目标的前提下合理波动，发挥市场机制在资源配置中的决定性作用。科学设定收储规模，不再实施敞开性收购。

二是待时机成熟时可试点实施目标价格。目前我国已试点棉花、大豆目标价格政策，可在综合评估基础上，针对当前两个品种试点中暴露的矛盾和问题，研究制定和完善应对措施，总结经验，考虑针对玉米实施目标价格试点。

中国粮食流通制度演进历程及其绩效*

彭 超

自20世纪70年代末开始，家庭承包经营开始在全国范围内推行，同时国家提高了农产品收购价格。这些带动了劳动者积极性的提高，从而使得粮食生产率得到了提高，农户的生产有了剩余。此时，微观经营机制开始与粮食的统购统销模式产生了矛盾，这样内生化地要求农产品流通制度得到相应的改革。在这一背景下，传统的统购统销政策开始分步骤地得到放宽。终于到1985年，国家取消了粮食的统派购任务，实施合同定购和市场收购。几年后，“统销”制度也被取消。之后，市场化改革与“双轨制”反复拉锯。20世纪的最后几年中，粮食供给由长期紧张变为总量基本平衡，丰年有余。2004年中国放开粮食市场，进入供求决定价格新阶段。此后，中共中央相继发出了11个“中央1号文件”。最低收购价、粮食临时收储计划以及政策性粮食竞价交易构成了中国调控粮食市场的三

* 本文是国家社会科学基金重大项目“我国农产品价格波动、形成机制与调控政策研究”（课题编号：12&ZD055）子课题“我国农产品价格形成机制研究”和清华大学中国农村研究院青年项目“理顺粮食价格形成机制问题研究”（课题编号：CIRS2013Y－4）的研究成果，课题主持人：彭超。

大政策，同时对流通环节的补贴开始全面转向对农业生产者——农民的直接补贴。

本部分将改革开放以来中国的粮食市场流通政策大体分为如下四个阶段：1978—1984 年，高度集中的粮食统购统销阶段；1985—1997 年，粮食流通和价格计划与市场并存的时期；1998—2003 年，粮食流通市场化攻坚阶段；2004 年至今市场在粮食流通中起基础性作用阶段。实际上，2014 年之后，即最新的阶段也开始进入了一个新的时期。本部分将分阶段对中国粮食流通政策变迁进行整理，重要阶段的政策变迁梳理将分产品进行描述。

一、1978 年至 1984 年：粮食统购制度的松动阶段

新中国成立时，为了快速实现工业化、建立比较完整的工业化体系，国家维持了包括粮食在内的农产品低价格。为了维持这种农产品的低价格，国家垄断农产品流通，并实施高度集中的统购统销制度，这种情况一直延续到了 1978 年之后[①]。自从 20 世纪 70 年代末开始，家庭承包经营开始在全国范围内推行，同时国家提高了农产品收购价格。这些改革带动了劳动者积极性的提高，从而使得农业生产率得到了提高。粮食产量从 1978 年的 3.05 亿吨增加到了 1984 年的 4.07 亿吨。在这种情况下，农户开始有了剩余农产品，就需要农产品流通商品化。也就是说，此时，微观经营机制开始与农产品统购统销制度产生了矛盾，这样内生化地要求农产品流通制度得到相应的改革。因此，可以说，农产品流通制度改革是在农业和农村微观经营主体得到确立之后，才全面展开的。农业生产开始由国家计划生产向商品生产转变，而农产品流通则是实现商品到货币的“惊险一跃”[②]。根据现代制度经济学理论，某个制度安排的变迁，可能引起对其

① 林毅夫、蔡昉、李周：《中国的奇迹：发展战略与经济改革（增订版）》，上海三联书店、上海人民出版社 1999 年版，第 28—66 页。

② 郭大力、王亚南等译作《致命的飞跃》（德语 der salto mortale der Ware）。详见马克思著，郭大力、王亚南译：《资本论（第一卷）》，上海三联书店，第 55 页。

他制度安排的服务需求[①]。农业生产经营制度的变迁内生出了对农产品流通制度变迁的需求。于是，在这一阶段，农产品流通制度在传统计划经济背景下逐步市场化。粮食流通也正是在农村土地承包经营权制度确立、粮食商品化生产的背景下逐步搞活，实现了对统购统销制度的松动[②]。

（一）统购统销政策松动

1. 提高主要粮食价格

1979 年，国家制定的粮食统购价格平均提高了 20%，超购部分在这个基础上再加价 50%[③]。中央掌握的六种粮食（小麦、稻谷、谷子、玉米、高粱、大豆）加权平均统购价格提高 20.86%。国家规定，对于其他粮食品种的统购价格可参照主要粮食品种的提价幅度进行调整。短缺粮食品种的统购价可以适当多提些，但是，粮食销售价格维持不变。然而，农村周转粮、借销粮、除优质品种外的种用粮、奖售粮、兑换粮、代队储备粮和过头粮退库等都实行购销同价[④]。提高粮食统购价格之后，在数量方面，国家决定从 1979 年起国家减少统购 250 万吨，实际调减了 275 万吨[⑤]。

2. 增加粮食进口数量

为了缓解减少统购可能带来的粮食短缺，在国营外贸体制下，国家增加了粮食进口，1979 年粮食进口量达到 1235.5 万吨，直到 1984 年粮食进口量一直维持在 1000 万吨以上（表 1）。

---

① 林毅夫：《诱致性变迁与强制性变迁》，见盛洪主编：《现代制度经济学（下卷）》，北京大学出版社 2003 年版，第 263 页。

② 姚金冠等：《中国农产品流通体制与价格制度》，中国物价出版社 1995 年版，第 71 页。

③ 1979 年 9 月 28 日党的十一届四中全会通过的《中共中央关于加快农业发展若干问题的决定》。

④ 1979 年 4 月 1 日，商业部、国家物价总局发布的《关于调整粮食和油脂油料统购价格的通知》。

⑤ 董辅礽主编：《中华人民共和国经济史》下卷，经济科学出版社 1999 年版，第 40—41 页。

表 1　　1978—1985 年粮食进口情况　　单位：万吨

年份	进口总量	小麦	大米	玉米	大豆
1978	883.2	766.7	17.1	80.4	19.0
1979	1235.5	871.0	12.4	294.2	57.9
1980	1286.2	1097.2	14.8	120.8	53.4
1981	1440.3	1307.0	8.9	67.6	56.8
1982	1568.5	1353.5	21.9	156.9	36.2
1983	1329.2	1110.6	7.9	210.7	0.0
1984	1005.1	987.1	12.5	5.5	0.0
1985	571.2	540.9	21.1	9.1	0.1

数据来源：UNComtrade 数据库。

3. 减少粮食统购

进口粮食增加，使国家有条件减少粮食统购数量。于是，从 1979 年开始，国家对口粮在 200 公斤以下的水稻产区和口粮在 150 公斤以下的杂粮产区一律免除征购任务，同时对在全国范围内禁止购过头粮。在一个生产队内，过头粮退库，先按议价退议价粮，次按超购价退超购粮，再按统购价退统购粮。以粮食退粮票，农村人口转移时迁出卖粮、迁入买粮，均按统购价作价①。1979 年 4 月，国家放宽了对集市贸易的限制，规定社队集体的农副产品，属于国家统购的粮食在完成征购（包括加价收购）任务后，可以在农村集市出售②。1980 年 4 月，国家工商行政管理总局发文，允许转手贩卖农产品。为了防止议购议销可能出现的乱象，1980 年 12 月，国务院发文对议购议销进行了整顿，明确规定在完成国家收购任务以前不允许粮食议价成交、集市出售，也不许把集体产品分给个人出

① 1979 年 9 月 28 日党的十一届四中全会通过的《中共中央关于加快农业发展若干问题的决定》。

② 1979 年 4 月 14 日，国务院批转国家工商行政管理总局《关于全国工商行政管理局长会议的报告》。

售，并且由省、市、自治区人民政府规定议价收购粮食的最高限价[①]。也是在1980年，国家小麦统购价格降低了4.6%。1981年，大豆价格又提高了50%，并取消大豆超购加价。与此同时，分田到户极大地解放了生产力，提高了粮食产量。在减少统购任务后，农民手中余粮增加，这就内生地需要进一步放开粮食市场。1981年3月，国务院采纳了国家农委意见，决定在粮食征购任务方面逐步推广经济合同制，为取消粮食统购做了经济基础方面的准备[②]。1981年，国家在西藏地区取消了统购统销任务，成为取消粮食统购统销制度的一次尝试。

（二）粮食流通体制改革的反复

1. 再度强化粮食统购政策

然而，随着部分农产品允许议购，市场上随意提价、变相涨价、哄抬议价的情况开始严重。1982年，新中国成立以来第一个针对农业农村的“中央1号文件”强调，“粮棉油等产品仍需坚持统购统销的政策”。1982年，国务院提出从1982年粮食年度起，除了新疆、西藏外，中央同各省、自治区、直辖市协商确定粮食征购、销售、调拨、包干数字确定后，从1982—1984年度一定三年不变。包干以后，粮食流通实行中央和省、市、自治区两级管理办法：第一级为国家储备，由中央统一管理，包括中央直接掌握的周转库存，省际调拨、军粮、棉糖奖售粮、进口和出口，归中央支配的议价转平价粮；第二级由省统一管理，包括粮食征购、销售、定额周转库存、议价粮库存、代队储备[③]。这实际上收紧了中央和省级政府在粮食征购方面的权力，延缓了粮食集市贸易发展的步伐。1983年，国家征购的粮食占到了全部粮食流通量的94.4%，比1981年提高了2.0个百分点。尽管如此，国家还是确认了农户自行处理多余粮食的权利。

---

① 1980年12月7日《国务院关于严格控制物价、整顿议价的通知》。

② 1981年3月30日中共中央、国务院转发国家农村经济工作委员会《关于积极发展农村多种经营的报告》的通知（中发〔1981〕13号）。

③ 1982年1月13日国务院《关于实行粮食征购、销售、调拨包干一定三年的通知》（国发〔1982〕8号）。

2. 扩大粮食议购议销和自由购销的范围

由于农业生产连年丰收，而农产品市场流通的范围缩小，许多农村出现了农产品“卖难”问题。直到 1983 年 1 月，国家对于农民完成征收、超购任务以后的余粮，国家允许国家、集体、个人多家经营，议购议销和有限度自由购销的农副产品均可到集市上自由购销，并且允许农民个人或合伙长途贩运①。这样一来，粮食议购议销和自由购销的范围再度扩大。为了进一步搞活流通，国家又提出发育市场机制、疏通流通渠道，坚持国家、集体、个人一起上的方针，继续进行农村商业体制的改革，计划经济为主，市场调节为辅，进一步搞活农村经济②。疏通流通渠道，成为粮食和其他农产品市场改革的重要环节。1984 年，深圳特区甚至率先取消了粮食凭票证供应的制度。

（三）1978 年至 1984 年粮食流通体制改革的评价

1. 粮食流通市场化的重要探索

1984 年之前的粮食流通制度基本上是统购统销制度的延续，但也是国家不断探索市场流通的重要阶段。第一个成果是，粮食流通政策改革在反复中前进，统派购的比例开始缩小。1978 年全国粮食收购量为 507.25 亿公斤，全部都是由国营和供销合作社收购的。到了 1984 年，全国粮食收购量达到 1172.45 亿公斤，但其中国营和供销合作社收购比例降低到了 91.7%。与此同时，国有粮食部门进行了一系列改革，开始硬化预算约束，具备了现代企业特征的迹象。第二个重要成果是，粮食的多渠道经营开始放松，打破了粮食由主管部门及所属企业独家经营的格局，尤其是农村集市贸易作为“资本主义尾巴”的时代一去不复返了。1983 年，包括粮食在内，农产品商品化率提高到 59.9%，产值达到了 2753 亿元，比

① 1983 年 1 月 2 日中共中央《关于当前农村经济政策的若干问题的通知》（中发〔1983〕1 号）。

② 1984 年 1 月 1 日中共中央《关于一九八四年农村工作的通知》（中发〔1984〕1 号）。

1978 年增加了 1299 亿元，增幅近 90%[①]。农产品批发市场迅速发展，1983 年全国农产品批发市场数量为 200 个，1984 年一年就跃升为 1000 个[②]。1984 年，全国粮油类批发市场交易额为 45.6 亿元，比 1978 年增长 127.1%（表 2）。第三个重要成果是，农产品价格提高，极大地鼓舞了农民生产积极性，促进了农业生产发展。图 1 表明，收购价提高对农业产值增长的贡献为 15%，是仅次于家庭承包制度改革的第二农业增长源泉。

表 2　　1979—1984 年粮食流通制度改革

年度	价　格	数　量
1979	统购价加权平均提高 20.86%，超购部分在这个基础上再加价 50%	减少统购 250 万吨，实际调减了 275 万吨
1980	小麦统购价格降低 4.6%，其他品种未变	统购量再减少 67 万吨
1981	大豆统购价格提高 50%，取消大豆超购加价	统购量 395 万吨
1984	大豆统购价格降低 13.3%	

资料来源：Sicular，1988。

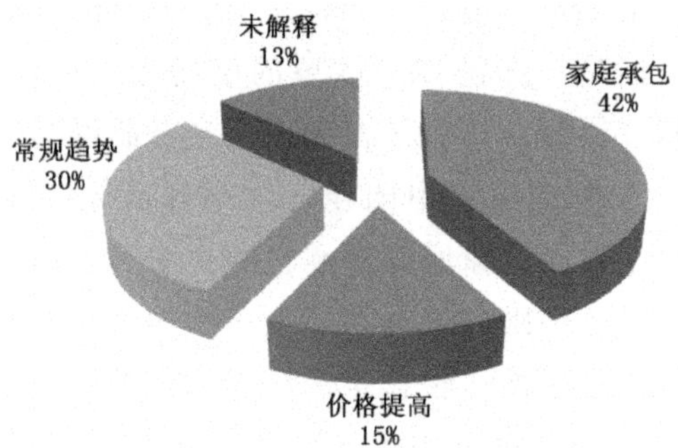

图 1　1979—1984 年农业产值提高的源泉

资料来源：林毅夫：《中国农村改革与农业增长》，上海三联书店、上海人民出版社 1994 年版。

---

① 杜润生：《杜润生自述：中国农村体制变革重大决策纪实》，人民出版社 2005 年版，第 140 页。

② 根据姚金冠等：《中国农产品流通体制与价格制度》，中国物价出版社 1995 年版，第 78 页整理计算。

2. 仍未触动粮食统购统销制度

然而，尽管统购统销政策有所松动、粮食集市贸易零星放开，但是该阶段仍强调以计划经济为主、市场调节为辅的方针，总体上相关改革仍未触动统购统销制度。1984 年粮食价格走低，坚持统购统销所引发的一系列矛盾集中爆发。首先，农民自留和存储基本饱和，各地“卖粮难”现象进一步严重。其次，农村统购、超购价格的上升，城市统销价格固定，引起购销价差扩大，流通环节需要高额财政补贴，这给国家财政带来了很大的负担。再次，在粮食丰收的背景下，地方政府甚至采取购粮“打白条”和拒购的现象，农民负担加重。农业生产效率提高，农产品增产，产生了对农产品流通制度的需求，进一步深化改革的动力由此产生。

二、1985 年至 1997 年：“双轨制”与市场化反复拉锯阶段

20 世纪 80 年代中期开始，中国市场经济改革“摸着石头过河”，经济改革在各个领域都经历了“一放就活、一活就乱、一乱就收、一收就死”的“治—乱”循环[①]。很长一段时间内，价格“双轨制”在资源配置中占主体地位。但是，经济体制改革的市场化方向没有改变。1992 年邓小平同志发表南方谈话，打破了社会主义经济制度与市场经济体制的绝对对立。1994 年，国家提出了中国经济改革的目标，即建立社会主义市场经济体制。在农业方面，家庭联产承包制在中国农村广泛推行，加之粮食流通政策的调整，让中国农民拥有了直接从粮食生产中获益的权利，极大地激发了农民生产积极性，粮食生产形势和购销形势发生了前所未有的变化。1984 年中国粮食产量突破了 4 亿吨大关，社会粮食商品率达 30%以上，超过了历史上的任何一年。作为中国经济制度的组成部分，粮食流通制度变迁也经历了曲折，但一直在沿着市场化的方向前进。幸运的是，粮食流通的市场导向、循序渐进的改革方向都没有发生改变。

① 林毅夫、蔡昉、李周：《中国的奇迹：发展战略与经济改革（增订版）》，上海三联出版社、上海人民出版社 1999 年版，第 202—209 页。

（一）1985 年粮改：粮食统购制度和合同定购的反复

1. 取消粮食统派购制度

1985 年 1 月 1 日，国家宣布："从今年起，除个别品种外，国家不再向农民下达农产品统购派购任务，按照不同情况，分别实行合同定购和市场收购。"① 以合同定购制度代替统购制度，意味着长达 30 余年的粮食统购派购制度在名义上被取消了。但是，粮食统销制度得以保留，其中，农村统销的粮食实行购销同价，城镇居民口粮按原统销价不变。为了让农民享受种粮收益，放开了部分流通渠道，允许订购以外的粮食自由上市。这一系列对粮食流通体制的放松，可以视为粮食流通由计划经济体制向市场化转型的开端。

2. 农民没有获得市场地位

然而，农民并没有获得应有的市场地位，其他市场主体也没有获得充分的发育。在名义上取消统购之后，粮食流通制度的顶层设计强调合同定购任务从中央自上而下分配到农户。其过程是，首先由国家确定粮食订购总量，根据各地近年的产量、人均占有量、收购量、平价销售量和调拨量等因素逐级分配，到村或村民小组后，一般则会根据承包土地的数量平均分配给每个农户。在基层，一般是由商业部门或粮食部门与农户形成合同双方，农户按照合同价交售粮食。但是，价格并不是双方按照市场规则商定的，而是按"倒三七"比例计算，即三成按统购价，七成按原超购价。

3. 粮食减产导致粮食流通"双轨制"

由于粮食统派购制度取消，农民普遍认为不必在承担国家粮食征收的任务，加之种粮比较效益本就偏低，各地农业生产结构迅速调整。1985 年全国果园面积增加 785.8 万亩，增速 23.6%。各地方政府还提倡陡坡耕地退耕，1985 年还林退耕还林面积达到 1403 万亩。国家建设、乡镇企业、农民建房三项合计，建设占用耕地 485.4 万亩。1985 年粮食大幅减产，降幅达 6.9%。造成粮价回升，由于粮食统销制度得以保留，不能通

---

① 1985 年 1 月 1 日中共中央、国务院《关于进一步活跃农村经济的十项政策》。

过提高成品粮销售价格的方式来弥补原粮收购成本，这导致国家财政无力根据市场形势提高订购价。于是，多数农民不愿意与商业部门签订收购合同。为此，许多地方政府使用强制性的行政手段来落实粮食定购合同，甚至用封锁市场等办法来保证合同实现，直接导致了在合同执行过程中政府与农民权利义务的不对等。这样，名义上的商业合同订购几乎演变为行政命令，所以国家不得不重新赋予合同定购以“国家任务”的性质，实际上就是对粮食流通过程中的国家订购部分恢复指令性计划的性质①。尽管如此，在部分政策制定者的努力下，国家还是在 1986 年“中央 1 号文件”中提出了“适当减少合同定购数量，扩大市场议价收购比重”②。到了 1987 年，国家以中央文件的形式正式确认了粮食市场流通的“双轨制”③。此后，粮食流通分为两个截然不同的类型：一是由通过指令性计划由国家在形式上以合同价格收购一部分；二是合同定购以外的粮食流通按市场价格自由购销。为了促使农民自愿签订订购合同，国家实行了粮食订购合同与供应平价化肥、柴油、发放预购定金挂钩。“三挂钩”中，预购定金发放相对容易，而与实物挂钩需要相应的体制保障。为了化肥和柴油与粮食订购的挂钩，国家将两者的生产按照计划指标组织，优先安排运输，最终由供销部门及时兑现给农民④。由于这一阶段中化肥、柴油等农业生产资料的流通完全由国有部门控制，粮食合同订购的计划经济属性进一步强化。

4. 进一步收紧粮食流通

尽管国家于 1988 年明确中央分配给各省、自治区、直辖市的粮食合同定购任务不变⑤，但是部分地区却开始探索减少合同定购数量、压缩统销的平价粮销售数量、提高合同定购价和统销价、放开购销价的粮食购销

① 1985 年 11 月 5 日《国务院关于切实抓紧抓好粮食工作的通知》（国发〔1985〕131 号）明确规定，粮食是计划商品。

② 中共中央、国务院关于 1986 年农村工作的部署。

③ 1987 年 1 月 22 日《把农村改革引向深入》（中发〔1987〕5 号）。

④ 1987 年 6 月 25 日《国务院关于坚决落实粮食合同定购“三挂钩”政策的紧急通知》（国发〔1987〕60 号）。

⑤ 1988 年 1 月 3 日《国务院关于完善粮食合同定购“三挂钩”政策的通知》。

体制改革。这些地方的尝试，是改变“双轨制”中计划经济地位的一种尝试。1988 年，主产区灾害频繁，粮食出现减产。为了稳定粮食市场，国家再度收紧了粮食流通，直接把稻米流通的权利收归粮食部门，禁止其他主体经营。而且，不允许改变粮食合同定购价格，禁止擅自提价和增加价外补贴①。同时，国家继续强化粮食的票证供应②。尽管粮食流通收紧，但是国家开始筹建粮食批发市场，粮食市场化流通的基础设施开始逐步完善。国家允许，在完成粮食合同定购任务后，议价大米和东北三省及内蒙古的大豆在地区之间放开搞活③。但是，对合同订购的部分制度继续收紧，1990 年，在中央的文件中，国家直接把“合同定购”更名为“国家定购”④，规定必须保证完成，又进一步强化了粮食流通的“双轨制”。对超过国家定购的议购部分，国家实施保护价敞开收购⑤。不久之后，出于财政负担的考虑，“敞开收购”改为“定额收购”⑥。

（二）1993 年粮改：粮食定价权和政府定购的反复

1. 放松粮食定价权

尽管粮食价格基本上仍然受到国家的干预，在收购数量方面国家实施了放权，国家一度把本地区议购粮食的最低保护价和最高限价制定权利下放给了地方，规定省、市、自治区参照中央议购指导价格制定最低保护价和最高限价⑦。国家订购导致了过高的财政负担，随着粮食恢复性增产，财政负担进一步加剧，这又促使部分地区、部分部门在“减购、压销、

---

① 1988 年 9 月 27 日《国务院关于加强粮食管理稳定粮食市场的决定》（国发〔1988〕67 号）。

② 例如，1988 年 12 月 20 日商业部发布了《关于凭全国通用粮票购粮问题的通知》。

③ 1989 年 3 月 31 日《国务院办公厅关于议价粮食收购和地区之间粮食调剂有关问题的通知》。

④ 例如，1990 年 9 月 16 日《国务院关于建立国家专项粮食储备制度的决定》（国发〔1990〕55 号）。

⑤ 1990 年 12 月 1 日《中共中央、国务院关于一九九一年农业和农村工作的通知》。

⑥ 1991 年 10 月 28 日《国务院关于进一步搞活农产品流通的通知》（国发〔1991〕60 号）。

⑦ 1990 年 7 月 24 日《国务院关于加强粮食购销工作的决定》（国发〔1990〕44 号）。

提价、放开”方面积极探索。尤其是针对粮食统销政策，中央和地方都在积极探索压缩平价粮销售数量，并且中央把“压销”的决策权也下放给了省一级政府①。1991 年 4 月，国家提高粮食统销价格②。1991 年中共中央十三届八中全会提出，“八五”期间粮食流通要稳妥地实现购销同价③。实际上，改革进度快于中央部署。1991 年 5 月，广东、海南率先实行粮食购销同价改革。仅一年之后，国家再度提高粮食统销价格④，并决定从 1992 年 4 月 1 日起，在全国范围内基本实现购销同价。

2. 探索放开粮食购销价格

购销同价为全面放开粮食价格创造了前提，1993 年 2 月，国家为粮食价格形成机制改革定下了基调，按“统一政策、分散决策、分类指导、逐步推进”的原则，争取在两三年内全部放开粮食价格，对国家订购仅保留数量⑤。实际上，仅仅不到一年粮食购销价格就几乎全面放开，1993 年底放开粮食购销价格的县（市）就占到了 98%。相应地，城镇居民口粮定量办法也被取消，城市居民凭“粮票”购粮的生活结束。1993 年全国范围内取消“粮票”，标志着粮食统销制度基本终结。中国在 1985 年取消包括粮食在内的农产品统派购制度后，在制度方面有所反复，甚至曾经把部分口粮收归国有粮食部门经营，但是 1991 年国家取消了稻米的粮食部门专营制度⑥，1993 年又在事实上放开了粮食购销价格。以至于国家正式宣告：“粮食统购统销体制已经结束，适应市场经济要求的购销体制正在形成”。因此，国家决定从 1994 年起，国家定购的粮食全部实行“保量放价”，建立国家对粮食的保护价制度，并相应建立粮食风险基金

① 例如，1990 年 7 月 24 日《国务院关于加强粮食购销工作的决定》（国发〔1990〕44 号），进一步压缩平价粮食销售。

② 1991 年 4 月 4 日《国务院关于调整粮油统销价格的决定》（国发〔1991〕18 号）。

③ 1991 年 11 月 29 日中共中央十三届八中全会通过《中共中央关于进一步加强农业和农村工作的决定》。

④ 1992 年 3 月 6 日《国务院关于提高粮食统销价格的决定》（国发〔1992〕15 号）。

⑤ 1993 年 2 月 15 日国务院《关于加快粮食流通体制改革的通知》（国发〔1993〕9 号）。

⑥ 1991 年 10 月 28 日《国务院关于进一步搞活农产品流通的通知》（国发〔1991〕60 号）。

和储备体系[①]。从政策表达上看，中国粮食流通市场化似乎迈出了实质性步伐。

3. 粮价上涨导致粮食购销再度收紧

但放开购销价格后，粮食市场的实际导致改革进度未能实现国家的预期。国家刚刚宣布实施“保量放价”，粮食就开始上涨。从 1993 年 11 月起到 1995 年 7 月，中国陷入了长达 20 个月之久的粮价上涨局面（见图 2）。

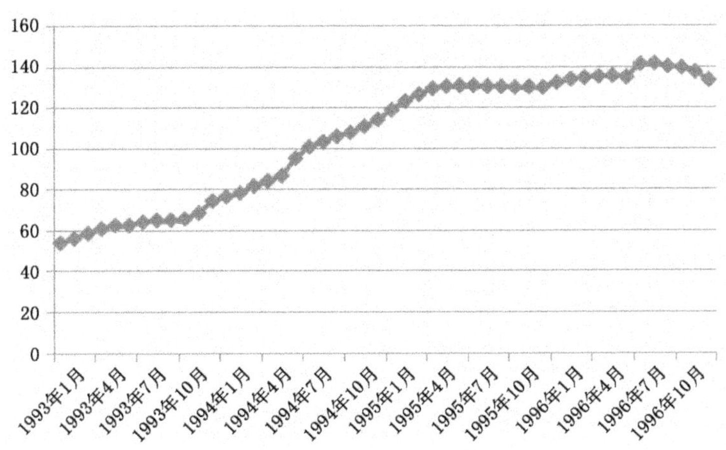

图 2　1993 年 1 月—1996 年 12 月的粮食收购价格指数

数据来源：历年《中国农业统计年鉴》。

在这种压力之下，国家只得收紧粮食购销，继续坚持政府定购，适当增加收购数量。更为严格的规定是，销区粮食批发企业必须到产区县以上粮食批发市场采购，不得直接到产区农村向农民收购粮食[②]。这意味着，粮食从收购到批发恢复到由国有粮食部门统一经营。在粮食行政管理部门统一领导下，粮食经营实行政策性业务与商业性经营两条线运行机制，业务、机构、人员彻底分开，这实际上又恢复了粮食市场“双轨制”的运

① 1993 年 11 月 5 日《中共中央、国务院关于当前农业和农村经济发展的若干政策措施》（中发〔1993〕11 号）。

② 1994 年 5 月 9 日《国务院关于深化粮食购销体制改革的通知》（国发〔1994〕32 号）。

行机制。20 世纪 90 年代初的“开发区热”也显现出了恶果，部分地区耕地被占。也正是在 90 年代开始，中国出现了农民工在城乡间大规模流动的态势，从事粮食生产的机会成本大幅度增加，加剧了粮食播种面积减少的趋势。1994 年全国旱涝灾害频发，终于没能够脱离“两丰一歉”的历史循环（见图 3）。

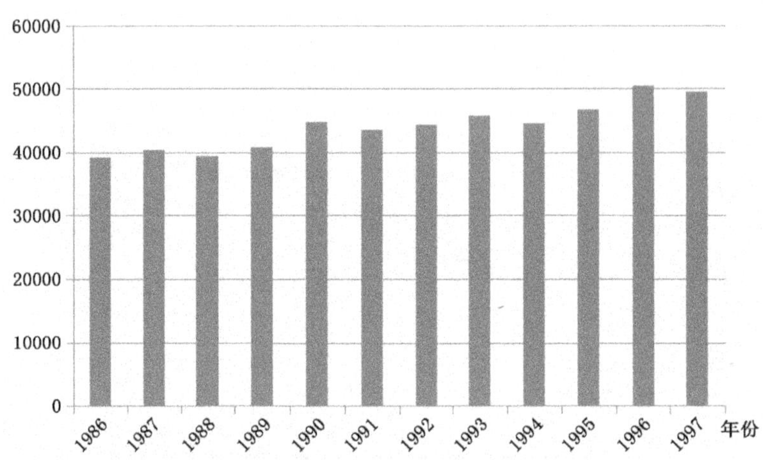

图 3　1986—1997 年粮食产量

数据来源：历年《中国统计年鉴》。

实际上，粮食价格上涨有其内生动力。新中国成立以来，为了支持工业化建设，国家低估包括粮食在内的农产品价格，导致工农业产品剪刀差，而粮食价格放开后，必然要向市场均衡点回归。政策层面，国家取消汇率双轨制，直接导致化肥、柴油等农业生产资料价格上涨，加之国家取消了“三挂钩”政策，导致农民种粮成本进一步上涨。此时，一方面，粮食经纪人等主体还没有取得合法的商业主体地位，仍被冠以“私商粮贩”的帽子成为受打击的对象，这导致其从事的市场活动在名义非法，也就是说，粮食经纪人所贩卖的粮食，其产权不受法律保护，在实质上粮食经纪人也只能采取短期行为，囤积居奇，哄抬物价，“捞一把走人”；另一方面，国有粮食购销系统不仅没有起到平抑粮价的作用，反而为部门利益而选择“惜售”，对粮食价格上涨起到了推波助澜的作用。粮食价格形成机制市场化改革方向本身不是问题，真正的问题在于，取消统购统销之后，粮食市场调控体系缺位。更重要的是，粮食市场上缺乏成熟的交易主体，统购统销取消后，在需求端口没有“接盘”者。

4. 建立“米袋子”省长负责制

为鼓励粮食增产、保证粮食地区间平衡，在重回双轨制的同时，国家实行了粮食地区平衡和“米袋子”省长负责制。经过几个文件①，“米袋子”省长负责制基本成型。具体而言，“米袋子”省长负责制的主要内容是：（1）抓好粮食生产，保证稳定粮田播种面积；（2）抓好收购工作，掌握商品粮源；（3）抓好粮食市场，确保地区供应和粮价稳定；（4）抓好储备制度，建立和管理地方储备粮；（5）抓好风险管理，建立和管理粮食风险基金；（6）抓好局部调控，适时进行吞吐调节；（7）抓好粮食贸易，负责完成地方进口粮任务；（8）抓好跨省调运，组织省际间粮食调剂。而中央政府事权则聚焦于粮食宏观调控、保障总量平衡。一是管好国家储备粮；二是控制和管理粮食进出口；三是协调组织和帮助各省进行余缺调剂。

表 3　　国家统购价格或合同收购价　　单位：元/百斤

年份	1977	1985	1996
籼稻	9.81	15.60	72.10
粳稻		20.05	80.50
小麦	13.43	21.22	72.00
玉米	9.09	14.47	56.00
大豆	16.30	30.00	105.00

数据来源：Sicular（1988）；1996 年 9 月 9 日《关于提高国家定购粮食收购价格和粮食政策性销售价格后有关财政财务处理问题的通知》（财商字〔1996〕245 号）。

① 宋洪远：“‘米袋子’省长负责制及其对粮食生产、流通和宏观调控的影响”，《中国农村观察》1997 年第 2 期。

5. 保护价收购农民余粮

1994 年起，国家多次提高粮食收购价格[①]，并对粮食价格开展了检查工作[②]。1985—1997 年，国家粮食合同收购价格大幅提高，提高幅度普遍在 230%—370% 之间（见表 3）。1996 年秋粮上市时，不少地区特别是粮食主产区，很多粮食品种的国家定购价已经接近或超过了粮食的议购价和市场价，1997 年籼稻、粳稻以及玉米的全国合同定购价已超过了国家议购价和集贸市场价（见图 4）。在一些主产区，如东北和内蒙古、山西等地，玉米的国家定购价甚至超过了市场价的 120%（郭玮，1997）。在这种情况下，粮食企业高进低处，亏损严重，国家合同定购已经难以为继。

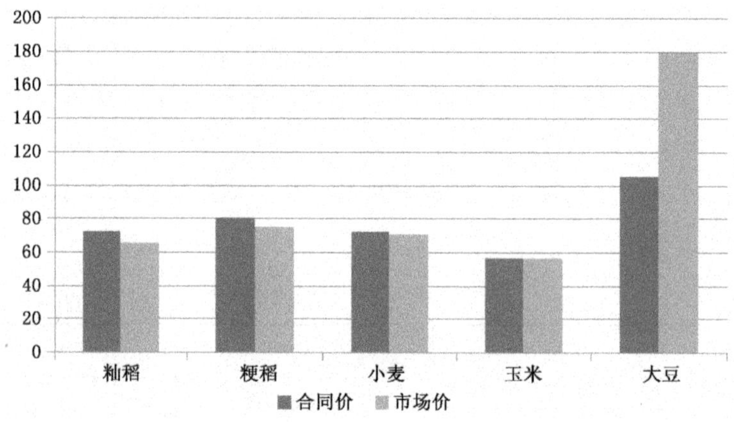

图 4　1997 年主要粮食合同价与市场价

资料来源：1998 年《中国农业统计年鉴》。

1996 年起，国家开始实施保护价收购，对议购粮按市场价收购，当市场粮价低于定购粮价时，由地方政府会同有关部门制定保护价格收购，购销差价由中央和地方财政共同建立的粮食风险基金中补贴[③]。1997 年，

① 例如《国家计委关于安排 1994 年粮食收购价格的通知》（计价格〔1994〕534 号）。

② 1996 年 1 月 20 日，《国务院办公厅转发国家计委关于粮价检查情况报告的通知》（国办发〔1996〕21 号）。

③ 1996 年 11 月 10 日，《国务院关于做好当前粮食收购和储存工作的通知》（国发〔1996〕44 号）。

国家进一步采取了按保护价敞开收购农民余粮的措施，同时要求不拒收不限收，不压级不压价①。

（三）粮食期货市场经历“治—乱”循环

1. 粮食期货市场大发展

1990 年 10 月，郑州粮食批发市场建立，成为新中国第一家以期货交易为目标的批发市场。初期，该市场就按照期货市场模式制定会员制、保证金等交易规则，为期货交易做准备。1993 年 5 月，郑州粮食批发市场在前期建设的基础上建立了郑州商品交易所（CZCE），正式推出小麦（白麦）、大豆、绿豆、玉米、芝麻等 5 个期货交易品种。1993 年 6 月，上海粮油商品交易所也开始小麦（混合麦）、粳米、大豆、大米、豆油、菜籽和菜籽油等农产品期货交易。此外，海南中商交易所、华南商品交易所推出了天然橡胶、原糖期货交易，苏州商品交易所推出了生丝、胚绸等期货交易，北京商品交易所、大连商品交易所推出了谷物期货交易，成都肉类商品交易所推出了肉类期货交易。其他一些交易所，如天津联合交易所等，也陆续推出了其他农产品期货交易。各地还相继成立了一批引入期货机制的农产品批发市场，如芜湖大米批发市场、吉林玉米批发市场等。粮食期货市场建立初期，发展十分迅速。到 1995 年共有 9 家专做或兼作粮食期货交易，共有玉米、白小麦、红小麦、籼米、大豆、豆粕、高粱等 7 个主要品种。1996 年，主要粮食品种期货成交额达到 1.01 万亿元，其中，仅大豆一项成交额就达到 7419.87 亿元（见图 5）。

2. 粮食期货市场上出现多次交易乱局

然而，期货市场也具有一定的盲目性，尤其是 1993 年开始的“股票热”、“房地产热”等，也扩展到期货市场，导致投机出现失控局面。1994 年粳米期货上市开始，市场预期当年度南涝北旱会导致水稻减产，上海粮油商品交易所粳米期货价格大幅上扬，到了 7 月初，粳米期货交易

① 1997 年 8 月 6 日，《国务院关于按保护价敞开收购议购粮的通知》（国发〔1997〕27 号）。

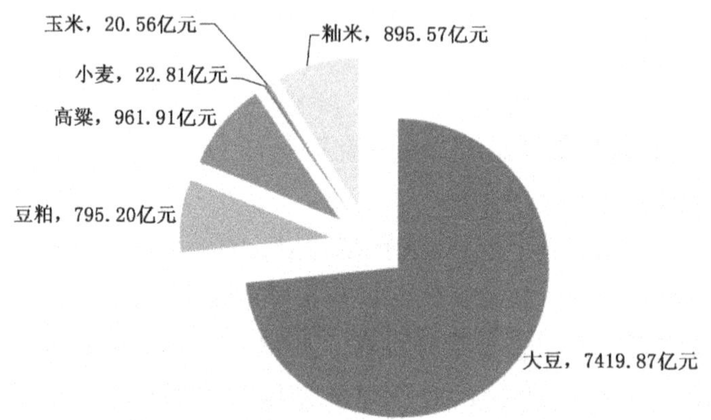

图 5　1996 年主要农产品期货成交额

数据来源：根据历年期货交易统计资料整理。

出现多空对峙局面，加剧了价格上涨，9 月初粳米期货主力合约成交价从 1400 元/吨涨到 2300 元/吨，涨幅高达 71.4%。粳米期货酝酿着极高的风险，而且期货市场价格对现货市场产生了一定的传导作用，当时上海粳米现货价已达 2000 元/吨，已经对居民日常生活产生了一定影响。1994 年 5 月，国务院授权中国证监会清理整顿期货市场，10 月，国家直接叫停了粳米期货交易①。1994 年底到 1995 年初，大连商品交易所（简称“大商所”）玉米主力合约价格逐步上扬。到 1995 年 5 月大商所玉米期货价格掀起一波暴涨，5 月 15 日创下了玉米期货交易史上的天价 2114 元/吨，与当时的现货价差达 600 元/吨。在 1994 年玉米减产的背景下，国家从东北调运玉米，并进口大量玉米，平抑玉米价格波动。与此同时，国家开始整顿期货市场，玉米期货价格暴涨趋势得到了遏制。然而，进入 8 月，市场预期 1995 年东北玉米将再度减产，大商所玉米多头卷土重来，8 月 2 日，玉米主力合约单日成交 58 万余手，创下玉米期货交易史上的天量。大连商品交易所的期货市场波动很快传导至周边现货市场，在玉米期货交

① 1994 年 9 月 23 日，国务院办公厅转发《国务院证券委员会关于暂停粳米、菜籽油期货交易和进一步加强期货市场管理请示的通知》（国办发〔1994〕92 号）。

易中多次发生严重交割违约事件。最终，中国证监会出面打压期货市场，大连玉米期货价格出现暴跌，交易量急剧萎缩，1996 年以后相当长一段时间内，玉米期货交投基本处于停顿状态。玉米期货沉寂后，籼米又“接棒”成为期货市场焦点。1995 年 10 月中旬，广东金创期货经纪有限公司（简称“金创期货”）为主的多头联合部分期货大户进驻广东联合期货交易所（简称“广联所”）籼米期货市场，利用利多消息，强行拉抬籼米气候价格，其中大户垄断、操纵市场、联手交易无所不用其极，导致籼米期货价格暴涨暴跌。至 11 月 3 日，中国证监会最终因扰乱期货市场秩序吊销了金创期货期货经纪业务许可证。随之，广联所籼米交易基本归于沉寂。1995 年 8 月推出的豆粕期货又成为投机者关注的焦点，至 1997 年 8 月，三次上演多空拉锯，导致豆粕期货暴涨暴跌，严重扰乱了粮食市场和金融市场秩序。面对交易风险，广联所采取强制措施，将豆粕主力合约强行平仓 90%。包括广联所在内，多家期货交易所陷于被证监会改组的边缘。

（四）1985—1997 年粮食流通体制的评价

1. 粮食流通方式得到部分转变

1985—1997 年是中国粮食流通制度市场化艰难的成长期，尽管出现了“双轨制”与市场化反复拉锯，但是粮食流通体制开始向市场化迈进。粮食作为一种商品，其流通方式在部分环节上得到根本转变。从资源配置方式上看，粮食从农户到中间商的流通，价格形成机制基本是供求双方决定价格，但是国营粮食企业在参与流通的同时，还承担着保障粮食供给的任务。这增加了企业和国家及地方财政负担，于是国有粮食部门改革亟待破题。从粮食经营主体发育上看，粮食流通主体呈现出多元化的趋势，农民及个体商业组织得到发展，贸工农一体化组织后来居上，国合商业市场占有率下降。从流通渠道拓展上看，由单一的国营流通渠道转变为多渠道流通，除了国营商业外，出现了个体商贩、专业运输户及其联合体、同行业的专业合作社、专业协会和农民研究会、乡镇兴办的农工商公司等新的流通渠道，粮食批发市场也迅速发展[①]。

2. 粮食宏观调控逐步建立

1985 年，包括粮食在内的统派购制度全面取消，成为市场化的里程碑事件。但是，粮食市场宏观调控中又经历了“双轨制”、“统销体制的解体”、“保量放价”、“保护价敞开收购”等阶段，最后通过实行“米袋子”的省长负责制和提高粮食定购价格等政策，国家初步建立起了粮食宏观调控体系，极大地保护了种粮农民的积极性，避免了粮食生产的大起大落。对粮食流通的监管方面，国务院及相关部委反复发文强调，禁止收购工作中的“打白条”以及代扣各种费用的行为，切实保障农民权益。粮食一度连年丰收，1996 年粮食产量超过 5 亿吨。

3. 粮食流通体制改革不可避免地陷入了“活—乱”循环

同其他改革一样，中国粮食流通体制改革也陷入了“活—乱”循环：“一放就活”——放开粮食流通管制时，资源配置效率提高，经济主体资源配置自主权增大；“一活就乱”——粮食生产的不稳定性和生产者的无序生产相互呼应，导致粮食上升，市场秩序混乱，产品质量下降，市场严重失序；“一乱就收”——当粮食价格飞涨、质量下降，各种供应主体鱼龙混杂时，人民群众生活受到影响，坑农害农事件层出不穷，政府只能收紧政策，加强管制、严控价格、整顿市场秩序；“一收就死”——严控价格又造成粮食供应偏紧，资源配置效率下降，政府财政负担增加；“一死就放”——当低下的资源配置效率造成粮食短缺，政府无力承担财政负担时，政府不得不放开市场流通管制。这一过程往复循环，成为这一阶段的特征[②]。这一阶段中，作为打通资本市场和农产品市场的重要桥梁，粮食期货市场从无到有，但是也没能够跳出“活—乱”循环，在这一阶段后期，粮食期货市场陷于混乱，并且与金融市场的混乱相呼应，亟待全面

① 姚今观等：《中国农产品流通体制与价格制度》，中国物价出版社 1995 年版，第 74—77 页。

② 关于“活—乱”循环的描述，应用了林毅夫等（1999）的分析框架。见林毅夫、蔡昉、李周：《中国的奇迹：发展战略与经济改革》（增订版），上海三联出版社、上海人民出版社 1999 年版，第 202—209 页。

整理整顿。

三、1998 年至 2003 年：市场化攻坚阶段

20 世纪末，中国经济实现了“软着陆”，但是随即出现的长时间的“通货紧缩”局面，极大地损害了农民利益。1995 年起，中国变“复关”为“入世”，融入世界的步伐加快，市场配置资源的方式不断完善。尤其是，2002 年加入世界贸易组织之后，对世贸组织的承诺“倒逼”了很多领域的市场化改革。国有企业改革进入攻坚阶段，国家试图完善国有企业法人治理结构，建立现代企业制度。在农业经营制度方面，土地制度改革经历反复，农村税费改革、农村剩余劳动力流动等问题纠结繁复。具体到粮食方面，从 1990 年至 1998 年间，粮食总产量增加 23.1%，年均增幅 2.6%。1996 年和 1998 年粮食总产量均超过 5 亿吨，1998 年达到当时的历史最高水平。粮食供给开始出现基本平衡，丰年有余的局面。与之伴随的问题是粮价下跌、“谷贱伤农”、国有粮食企业亏损经营和国家财政不堪重负等。1998 年开始的新一轮农产品流通体制改革，是在社会主义市场经济体制下对粮食流通体制的市场化改革。

（一）粮食流通体制改革略显理想化

1. 粮食流通体制效率低下

粮食系统销售量下降，省际间调销不畅，有的粮食企业停止议价粮收购，粮食流通不畅。1996 年，全国产粮大县共调销粮食 4583.39 万吨，比 1995 年减少 18.3%，1997 年，全国产粮大县粮食调销量略有恢复，也仅仅增加了 88.13 万吨[①]。国营粮食部门经营性亏损猛增，粮食财务挂账日趋增多，给各级财政、银行造成很大负担。由于粮食购销体制问题和国有粮食部门的效率低下、资金运营混乱情况，1992—1999 年农业发展银行为粮食系统新增财务挂账贷款高达 1867.19 亿元，令财政背上了沉重的

---

① 数据来自《中国农业发展银行统计年鉴 1997》和《中国农业发展银行统计年鉴 1998》。

负担①。粮食收购资金被挤占挪用的现象相当严重，调销资金回笼缓慢，影响收购资金周转。至 1998 年，财政为粮棉油收购支付的价格补贴已达 565.04 亿元，比 1996 年增加 1.47 倍（见图 6）。

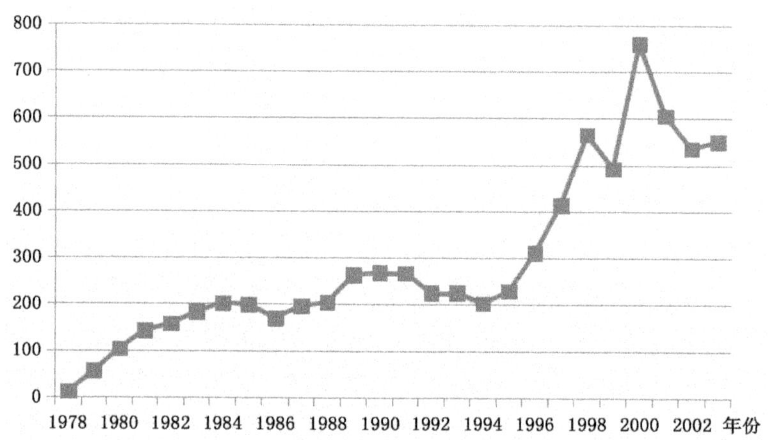

图 6　1978—2003 年财政为粮棉油收购支付的价格补贴

数据来源：历年《中国财政年鉴》。

2. 1998 年粮改："四分开、一完善"

1998 年国务院提出"四分开、一完善"的原则，粮食企业经营机制政企分开、中央与地方粮食责权分开、粮食储备与经营分开、粮食企业新老账务挂账分开，完善粮食价格机制形成机制。实施"三项政策、一项改革"为主要内容的政策措施，即坚决贯彻按保护价敞开收购农民余粮、国有粮食收储企业实行顺价销售、农业发展银行收购资金实行封闭运行三项政策，加快国有粮食企业自身改革②。为此，1998 年国家密集出台了一系列政策，包括：（1）把 100 亿公斤左右仓容的原已储备中央专储粮的粮油仓库和粮食转运站通过资产整体无偿划转方式上收，作为中央直属粮

① 数据来自《中国农业发展银行统计年鉴 2000》。

② 1998 年 5 月 10 日，《国务院关于进一步深化粮食流通体制改革的决定》（国发〔1998〕15 号）。

食储备库（站）[①]；花大力气建设中央直属粮食储备库仓容[②]；（2）完善粮食风险金管理，用于支付省级储备粮油和不能顺价销售粮食的利息、费用补贴[③]；（3）把粮食企业附营业务与收储业务从资产、人员、机构上彻底分离，附营业务和城镇粮店贷款、存款等资金从农业发展银行划转到有关商业银行[④]；（4）国家和地方配合实施粮食收购保护价，促使粮食在宏观调控下市场化流通[⑤]；（5）国有粮食企业要大力实施员工下岗分流、减员增效，并妥善安置下岗职工和促进再就业[⑥]；（6）清理消化国有粮食企业新增财务挂账和其他不合理占用贷款，按粮食企业隶属关系分别由中央财政和省级人民政府统一筹措资金归还银行贷款本金和利息[⑦]。与此同时，有关部门对粮食部门和农业发展银行系统开展了审计清查[⑧]。在此基础上，国家颁布了粮食收购条例，以法规的形式加强粮食收购管理，维护粮食市场秩序[⑨]，并且公布了粮食购销违法行为处罚办法，以惩处粮食购销活动中的违法行为[⑩]。粮食定购事权交给了省级政府，执行的主体也是委托地方粮食企业与农民签订定购合同并组织收购，定购价格参照市场粮

① 1998年5月19日，国务院办公厅转发《国家发展计划委员会等部门关于划转中央直属粮食储备库（站）有关规定的通知》（国办发〔1998〕22号）。

② 1998年7月9日，《国务院办公厅关于搞好中央直属储备粮库建设的通知》（国办发明电〔1998〕9号）。

③ 1998年5月19日，国务院办公厅转发《财政部、中国农业发展银行关于完善粮食风险基金管理办法的通知》（国办发〔1998〕17号）。

④ 1998年5月19日，国务院办公厅转发《国家发展计划委员会等部门关于实施粮食企业附营业务与收储业务分离方案的通知》（国办发〔1998〕19号）。

⑤ 1998年5月19日，国务院办公厅转发《国家发展计划委员会关于完善粮食价格形成机制意见的通知》（国办发〔1998〕18号）。

⑥ 1998年5月19日，国务院办公厅转发《国家发展计划委员会关于做好国有粮食企业减员分流工作意见的通知》（国办发〔1998〕20号）。

⑦ 1998年5月19日，国务院办公厅转发《财政部等部门关于清理消化国有粮食企业新增财务挂账和其他不合理占用贷款办法的通知》（国办发〔1998〕21号）。

⑧ 1998年5月20日，《审计署、财政部、监察部、中国人民银行等关于清查审计农业发展银行和粮食系统有关问题的通知》（审发〔1998〕119号）。

⑨ 1998年6月6日，《粮食收购条例》（国务院令第244号），2004年5月26日失效。

⑩ 1998年8月5日，《粮食购销违法行为处罚办法》（国务院令第249号），2004年5月26日失效。

价确定，并且不低于保护价。至此，国家合同已经开始在实质上逐步退出粮食流通。1998 年中共十五届三中全会通过《中共中央关于农业和农村工作若干重大问题的决定》，指出“确立农户自主经营的市场主体地位”，同时“改革农产品流通体制，主要由市场形成价格，在国家宏观调控下发挥市场对资源配置的基础性作用。”这实际上重申了粮食流通的市场化方向。

3. 市场主体受到诸多限制

然而，国家仍然强制规定，粮食加工企业加工的小麦、玉米和稻谷只能从国有粮食收储企业购进，不得直接向农民收购或到集贸市场购买，同时，在政策表达上，对粮食经纪人仍然冠以“私商粮贩”的名头，限制其经营粮食收购①。在这种情况下，国家粮食流通的合法主体仍然是国有粮食企业，多元化的市场主体仍然没有形成。随着粮食增产和库存增加，依靠收储制度调控粮食市场的一个内在缺陷浮现出来：粮食收储之后，必须销售出去。如果市场价格保持上涨，企业能够实现所谓的顺价销售，那么不存在企业亏损和财政负担加重问题；如果市场价格下跌，甚至上涨幅度带来的利润无法弥补企业经营成本，那么企业无法做到顺价销售，或者顺价销售无法弥补亏损，这就只能依靠财政兜底。于是，在保护价敞开收购政策作用下，粮食库存高企，库容压力和财政负担加大；由于保护价格的存在，优质粮食和普通粮食价差无法拉开，影响了粮食生产结构的调整和效益的提高。根据美国农业部的估计，1999/2000 市场年度，中国稻谷、玉米、小麦以及大豆等主要粮食的库存到达历史最高点（见图 7）。优质粮食和普通粮食的价格差也出现了缩小的趋势。以籼稻为例，2002 年 9 月，优质籼稻和普通籼稻价差缩小至 0.55 元，比 2000 年 6 月的价差缩小了 50%（见图 8）。在国有粮食企业改革的过程中，下岗职工、财务挂账、陈化粮形成了“老人、老账、老粮”为特征的“三老”问题，给国有粮食企业体制改革造成了相当大的障碍。

① 1998 年 11 月 7 日，《国务院关于印发当前推进粮食流通体制改革意见的通知》（国发〔1998〕35 号）。

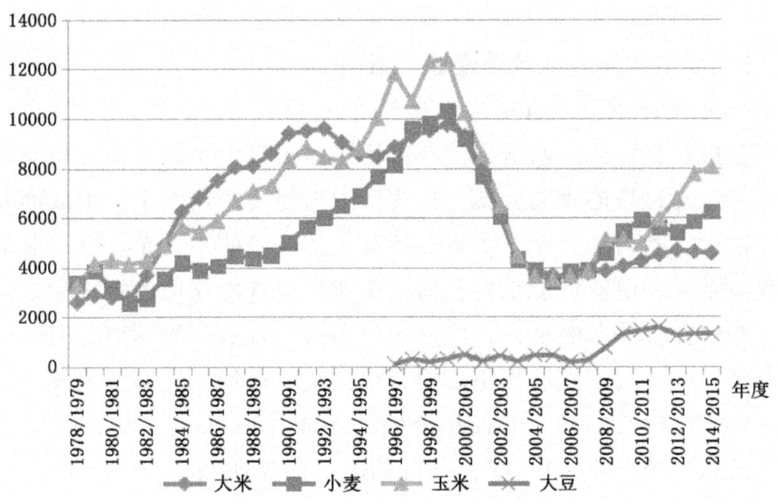

图 7　估计粮食库存数量

数据来源：美国农业部。

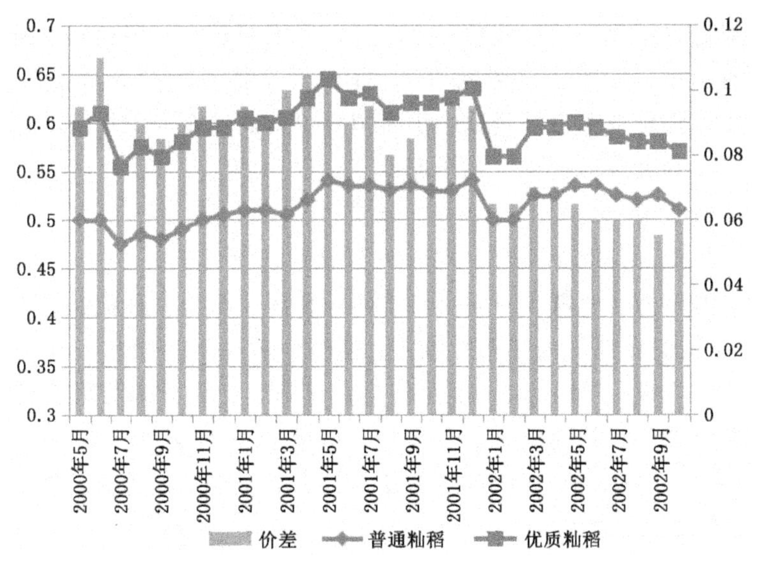

图 8　优质籼稻和普通籼稻价差

数据来源：历年《中国农产品价格调查年鉴》。

（二）国有粮食企业改革遭遇“瓶颈”

1. 市场主体挑战国有粮食企业垄断地位

国有粮食企业的垄断地位受到市场主体的极大挑战。国有粮食购销企业没有直接到村户的收购分支，粮食经纪人作为市场的主要组成部分，成为连接粮食收购与粮食企业的重要环节，其连接的粮食企业有可能是国有粮食购销企业，也有可能是粮食加工企业。尽管国家通过行政命令的方式赋予国有粮食企业垄断地位，但是在市场活动日益频繁的情况下，这种行政命令已经难以起到强制作用。国有粮食企业仍然无法扭亏为盈，国家在政策文件中，将其归咎于私商粮贩屡禁不止。1999 年 5 月，国家再度重申，严禁私商粮贩收购粮食①。与此同时，国家明确了中央和地方对陈化粮的责权。比较大一个进步是，对粮食保护价收购品种进行了调整，其中，南方早籼稻退出保护价收购，使得中国三分之一的稻谷退出了保护收购价范围，但是，文件中却没有交代这部分粮食的流通渠道。仅仅不到半年，面对迟迟不见成效的粮食企业改革，国家要求采取多种有效措施促进粮食顺价销售，针对“三老问题”，提出了“抓好粮食企业减员增效工作，对于原附营业务占用贷款中仍由国有粮食购销企业承担的部分继续停息挂账，妥善处理陈化粮”的思路②。

2. 法定垄断逐步让位于市场主体竞争

国有粮食部门政企不分、权责不明导致三重后果：（1）各地方粮食部门没有激励敞开收购，对农民交售的粮食压级压价，种粮农民收入没有保障；（2）粮食部门内部恶性竞争，阻碍了粮食顺价销售，粮食市场调控目标难以实现；（3）地方粮食部门监督困难，部分国有粮企低价亏本售粮，粮食部门亏损继续扩大。为此，国家于 2000 年成立了中国储备粮管理总公司，其职能是受国务院委托，负责中央储备粮的调运、轮换、仓

---

① 1999 年 5 月 30 日《国务院关于进一步完善粮食流通体制改革政策措施的通知》（国发〔1999〕11 号）。

② 1999 年 10 月 11 日《国务院关于进一步完善粮食流通体制改革政策措施的补充通知》（国发〔1999〕20 号）。

储管理，同时执行粮油购销调存等调控任务。

2000 年 2 月，国家终于不得不鼓励粮食生产者通过批发市场和集贸市场出售，拓宽粮食收购渠道。但是，国家仍然限制粮食经纪人进入部分品种粮食市场，尤其是明确声明不允许私商粮贩进入晚籼稻市场①。仅 4 个月之后，国家就允许经县级以上工商行政管理部门批准的粮食经营企业和粮商到农村集贸市场和粮食批发市场购买和销售粮食，实际上就已经给了粮食经济人合法地位，此时，在政策文本表达中，已经不再使用“私商粮贩”的称呼，而是用“私营、个体粮食经营者”代替②。同时，晋冀鲁豫等地区的玉米、稻谷退出保护价实施的范围，至此，保护价敞开收购的粮食品种只剩下南方的中晚稻、东北地区的玉米和稻谷、黄淮海和西北地区的小麦。这一年，为了应对粮食相对过剩，国家甚至提出了退耕还林、还草、还湖、还湿地的政策，随之而来的是又一轮农业结构调整。

2001 年，国家终于把调控的思路由单纯依赖控制供给转向供给和需求兼顾，在国务院文件中提出了“发展订单农业，促进粮食转化”。2001 年，国家的粮食流通体制改革原则开始松动，确定了“放开销区、保护产区、省长负责、加强调控”的粮改思路，把“三项政策，一项改革”的实施范围缩小到了主产区。文件中已经不再强调粮食国家合同定购的性质，将定购任务交给各种类型的粮食购销企业，实际上已经承认了粮食购销是一种市场行为，并且对多元化的市场收购主体加大培育力度。也正是在 2001 年的文件中，国家提出试点将流通环节的补贴转变为直接补贴发放给农民，但是真正的试点是 2002 年开始的③。在这种背景下，粮食主销区纷纷放开粮食流通，取消粮食国家合同定购④。2001 年，浙江等 8 个

① 2000 年 2 月 2 日《国务院办公厅关于部分粮食品种退出保护价收购范围有关问题的通知》（国办发〔2000〕7 号）。

② 2000 年 6 月 10 日《国务院关于进一步完善粮食生产和流通有关政策措施的通知》（国发〔2000〕12 号）。

③ 2001 年 7 月 31 日《国务院关于进一步深化粮食流通体制改革的意见》（国发〔2001〕28 号）。

④ 例如，2001 年 12 月 3 日《广东省人民政府关于全面实行粮食购销市场化改革的通知》（粤府〔2001〕83 号）。

经济比较发达的粮食主销区彻底放开了粮食购销。2002 年，广西等 4 个产销平衡省区也完全放开了粮食收购市场。很快，部分粮食主产区也开始了取消粮食定购的指令性计划。例如湖南省从 2002 年度起，省政府部门只对粮食定购进行宏观调控，不下达指令任务①。再如，黑龙江把粮食定购转化成为一种农业产业化行为②。实际上，2003 年，已经有很多粮食主产省区的县市放开了粮食购销。

3. 粮食企业制度改革继续遭遇“三老”问题

在粮食企业改革方面，并没有很多有效的措施。针对“老人”问题，与当时其他行业类似，减员增效的粮食系统下岗职工只能自谋再就业门路。到目前为止，尚没有研究对全国范围内粮食系统下岗职工数量进行测算。据黑龙江省政府统计，仅 1998—2000 年，该省粮食系统下岗职工就需分流 15.75 万人③。另外，根据部分新闻报道，截至 2003 年年底，安徽省粮食系统裁员 9 万人④。由此估算，全国粮食系统下岗职工可能超过 200 万人。但是，由于粮食行业的特殊性，老员工再就业困难，一直没有找到较好的解决办法。在针对“老账”和持续亏损问题，国家仍然坚持顺价销售来消化。实际上，在粮食价格上涨的情况下，顺价销售比较容易实现，但是一旦粮食价格下跌，甚至上涨速度不够快，粮食购销企业就难以实现顺价销售。由于顺价销售困难，国家采取了一定的积极措施，促进产销衔接，降低粮食流通费用，自 2002 年 4 月 1 日对铁路运输的稻谷、小米、大米、小麦粉、玉米、大豆等实行铁路建设基金全额免征⑤。同时，为了履行加入世贸组织的承诺，批准对大米、

① 2002 年 2 月 26 日《湖南省人民政府关于进一步深化粮食购销体制改革的通知》（湘政发〔2002〕5 号）。

② 2001 年 9 月 26 日《黑龙江省人民政府印发关于贯彻国务院关于进一步深化粮食流通体制改革意见的实施意见的通知》（黑政发〔2001〕91 号）。

③ 1998 年 7 月 6 日，黑龙江省人民政府关于贯彻落实《国务院关于进一步深化粮食流通体制改革的决定》的实施意见（黑政发〔1998〕54 号）。

④ 据 2004 年 2 月 5 日《经济参考报》报道。

⑤ 2002 年 3 月 26 日，国家计划和改革委员会《关于免征粮食、棉花等大宗农产品铁路建设基金的通知》（计价格〔2001〕463 号）。

小麦和玉米实行零增值税税率政策，并且出口免征销项税[①]。为了避免“老账未平，又添新账”，农业发展银行同时出台了保护价和非保护价粮食收购贷款管理办法[②]。针对“老粮”问题，国家出台了一系列政策解决陈化粮问题。2002 年，国家又出台了类似条例的规范，对陈化粮销售、加工实行封闭锁定运行的机制[③]。但是，真正解决陈化粮问题的不是封闭运行，而是粮食深加工发展，尤其是玉米乙醇项目，很好地解决了陈化粮的销路。这给了一种粮食市场调控的思路，扩大粮食需求比控制粮食供给更为有力。

4. 对流通环节的补贴开始转向对种粮农民的直接补贴

自 2002 年起，国家在吉林和安徽试行对粮食主产区种粮农民的直接补贴政策，资金来源是粮食风险基金，这标志着国家开始探索将粮食流通环节的补贴转向生产环节。此后的 12 年间，中国直接补贴农民的农业补贴制度从无到有，逐步建立。补贴种类已经由单一的种粮直接补贴，扩展为直接补贴、农资综合直补、农机购置补贴、良种补贴为基础的“四补贴”，同时又纳入了农业保险保费补贴、农业重点生产环节补贴、防灾减灾稳产增产重大关键技术补助等新的农业补贴，符合中国现阶段国情的农业补贴制度框架已基本成型。这已经不是本文的研究范围。

（三）大力整理整顿粮食企业期货市场

1. 期货市场萎缩

1998 年，国家对期货市场进行了集中清理整顿，仅保留上海期货交易所、郑州商品交易所、大连商品交易所三家交易所，其他期货交易

① 2002 年 3 月 18 日，《财政部、国家税务总局关于出口大米、小麦、玉米增值税实行零税率的通知》（财税〔2002〕46 号）。

② 2003 年 4 月 22 日，《中国农业发展银行保护价粮食收购贷款管理办法和中国农业发展银行非保护价粮食收购贷款管理办法》。

③ 2002 年 8 月 8 日，《国家计划和改革委员会、国家粮食局关于印发〈陈化粮处理若干规定〉的通知》（计综合〔2002〕1345 号）。

所均改组为公司制地方交易厅或地方报价厅，与上述 3 家期货交易所进行联网交易①。在延续数年的规范整顿过程中，期货市场规模逐年缩小。2000 年达到最低的 1.63 万亿元，商品期货交易规模比 1995 年下降 83.1%。粮食期货仅保留大豆、豆粕、硬麦、强麦等 4 各品种；交易保证金除大豆维持在 5% 不变外，其他品种的最低保证金比例提高到 10%；期货经纪公司注册资本金要求提高，期货公司数量由最初地上、地下合计 1000 多家先减少到 1994 年的 330 家，再减少到后来的 200 家左右（图 9）。

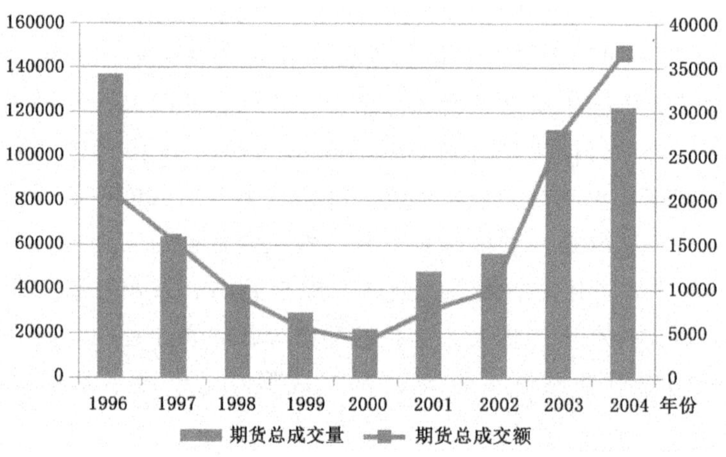

图 9　1996—2004 年期货市场情况

数据来源：《中国统计年鉴》。

2. 期货市场整理整顿后恢复性增长

2000 年成立了中国期货业协会，建立“三级监管模式”。1999 年 6 月 2 日国务院发布《期货交易管理暂行条例》。2001 年起，期货市场在规范运作条件下，实现了恢复性增长。至 2003 年，4 个品种共成交 19976.48 万手（表 4）。

① 1998 年 8 月 1 日国务院《关于进一步整顿和规范期货市场的通知》（国发〔1998〕27 号）。

表 4　　2003 年粮食期货交易数量

交易所	实际上市品种	交易量（万手）
大连商品交易所	大豆	12000.16
	豆粕	2994.54
郑州商品交易所	硬麦	3050.89
	强麦	1930.89

数据来源：根据大商所、郑商所历年期货交易统计整理。

（四）1998—2003 年粮食流通体制改革的评价

1. 粮食价格机制仍未理顺

这一阶段，为了保护农民利益，国家按保护价敞开收购农民余粮，同时要求粮食顺价销售。在中国这样一个粮食消费量巨大、粮食消费习惯多样化的国家，依靠单一的国有粮食流通体系来运作，其调控能否精准，是一个很大问题。实际上，中央权力机构难以替代商品市场去对各种物品合理定价（哈耶克，2003：175－302）①。在粮食市场流通的过程中，保护价敞开收购和顺价销售，都涉及中央权力机构制定价格的问题。结果是，要么保护价高于市场价格，在国有企业垄断粮源的情况下，顺价销售的时候推高粮食价格，给粮食加工企业和消费者造成了负担；要么是保护价低于市场价格，在国有企业垄断收购的情况下，反而拉低了市场价格，损害了农民利益。

2. 国有粮食系统难以构建现代企业制度

国有部门企业治理本身固有一个缺陷，企业经营者没有激励去增加企业生产能力或盈利能力（Noughton，2007：308－310）。而且，在市场社会主义条件下，国有企业面临着四种预算软约束——补贴、税收、信贷以及管理价格（科尔奈，2008：456－463）。如上所述，粮食风险金的一个

① 哈耶克著、邓正来译：《个人主义与经济秩序》，生活·读书·新知三联书店 2003 年版，第 175—302 页。

很大的用途就是用于国有粮食企业价格补贴①，国家对承担粮食收储任务的国有粮食购销企业销售的粮食免征增值税和补贴收入营业税②，农业发展银行必须及时、足额供应粮食收购的信贷资金③，在国有粮食企业垄断粮源的情况下，国家规定，国有粮食购销企业在考虑当期合理费用和最低利润确定销售价格，坚持顺价销售④。于是，价格补贴、税收优惠、农发行信贷以及国有粮食企业垄断价格构成了国有粮食系统的四大软约束。

3. 国有粮食企业被赋予法定垄断地位

国家一度硬性规定，粮食加工企业加工的小麦、玉米和稻谷只能从国有粮食收储企业购进，不得从农民和集贸市场购买。在赋予企业法定垄断地位的同时，国家还试图通过粮食敞开收购和顺价销售，促使粮食收储企业止损盈利，消化历史亏损挂账。为了维护国有粮食企业的垄断地位，国家一直限制市场多元化发展。直到 2000 年年初，国家仍然限制粮食经纪人参与粮食市场，甚至称呼上都是带有歧视性的“私商粮贩”。然而，在农民获得粮食生产经营权的前提下，其粮食的交易权不是政府能够控制的。粮食经纪人、民营粮食加工企业等市场主体还是在国有粮食企业的垄断下成长起来。市场主体追求利润最大化，经营者和所有者利益基本一致，而且在乡村熟人社会拥有社会资本（Peng，2007），在粮食收购市场上，能够与国有粮食企业的竞争且处于优势地位。

四、2004 年至今，宏观调控起基础性作用阶段

党的十六大以来，我国“三农”政策框架结构和主要内容发生了重大变化。自 2004 年开始，我国粮食连年增产，至 2014 年已经实现“十一

---

① 1999 年 5 月 7 日《财政部关于加快拨付粮食风险基金的紧急通知》（财经明电〔1999〕1 号）。

② 1999 年 6 月 29 日《财政部、国家税务总局关于粮食企业增值税征免问题的通知》（财税字〔1999〕198 号）；1996 年 8 月 2 日《财政部、国家税务总局关于对国有粮食企业取得的储备粮油财政性补贴收入免征营业税问题的通知》（财税字〔1996〕68 号）。

③ 1998 年 6 月 6 日《粮食收购条例》（国务院令第 244 号）第八条。

④ 1998 年 11 月 7 日国务院《关于印发当前推进粮食流通体制改革意见的通知》（国发〔1998〕35 号）。

连增”。粮食仍然是农民增收的主要来源，农民卖粮收入则占农民总收入的比重超过11%，且属于农民家庭收入中比较稳定的一种来源。总体而言，这一阶段中国进入了供求决定粮价、市场配置粮源的新时期。粮食保护价收购制度逐步过渡到最低收购价制度，粮食临时收储计划也逐步常态化，政策性粮食竞价交易成为调节粮食市场供给的重要手段，农业支持补贴制度由流通环节转至生产环节。

（一）粮食流通市场化

1. 国家放开粮食购销

2004年“中央1号文件”提出，从2004年开始，国家将全面放开粮食收购和销售市场，实行购销多渠道经营[①]。随即，各地开始修改阻碍粮食自由流通的政策法规。5月，国务院又颁布了《粮食流通管理条例》。在销售方面，各级政府纷纷制定应急预案。实际上早在2003年，针对“非典”造成的局部地区粮食供应紧张，部分大城市出台了粮食应急预案[②]。国家宏观调控部门也强调了“6个月销量”的要求，加强粮食宏观调控、稳定粮食市场[③]。针对2003年的粮食生产大滑坡，国务院发布紧急通知，在扶持粮食生产的同时，提出充分发挥价格的导向作用。也正是在2004年，国家开始对重点粮食品种实行最低收购价格制度。早稻最早被纳入最低收购价的范围[④]。各地也都纷纷试点直接补贴种粮农民，把粮

① 2003年12月31日《中共中央国务院关于促进农民增加收入若干政策的意见》（中发〔2004〕1号）。

② 例如2004年2月26日，浙江试行了粮食安全预案，发布了浙江省人民政府办公厅《关于印发浙江省粮食安全预案（试行）的通知》（浙政办发〔2004〕17号）。部分大城市也发布了粮食安全预警或保障方案。例如2004年1月19日，武汉市人民政府办公厅转发了《武汉市粮食安全预警方案和武汉市粮食应急保障预案》（武政办〔2004〕11号）。

③ 2003年9月30日《国家发展改革委、国家粮食局、财政部、中国农业发展银行关于进一步充实地方粮食储备做好粮食市场供应工作的通知》（发改经贸〔2003〕1353号）。

④ 2004年5月23日《国务院关于进一步深化粮食流通体制改革的意见》（国发〔2004〕17号）。

食流通环节的间接补贴改为对种粮农民的直接补贴①。

2. 国有粮食企业改革步伐加快

同时，国家加快国有粮食购销企业改革步伐，转变企业经营机制，加快国有粮食购销企业产权制度改革，调整企业内部人事、劳动以及分配方法。针对“老人”，将国有粮食企业职工和分流人员统一纳入当地社会保障和在就业规划，由省级人民政府统筹考虑，采取多渠道解决解决分流安置和所需资金。截至 2005 年年底，全国国有粮食企业职工总数已经减少到 113.45 万人，累计安排国有企业下岗职工再就业 27.48 万人。针对“老粮”，首先用于充实地方粮食储备和政策性供应，其余部分用三年分批销售，期间的利息、保管费用以及购销差价亏损原则上用粮食风险金弥补，不得已时实行挂账。2005 年末全国老粮库存 2135 万吨（其中陈化粮 1135 万吨），主要集中在河南、吉林、黑龙江等省，其他省份已基本按计划销售完毕。针对“老账”，分三类清理，1992 年 3 月 31 日之前的按有关规定继续消化；1992 年 4 月 1 日到 1998 年 5 月 31 日期间所发生的、经清理认定的粮食财务挂账，财力较好的地区由地方消化本金，中央财政负担利息；对 1998 年 6 月 1 日到放开收购价格和市场期间的财务挂账，由各省级人民政府组织清理、审计，利息由粮食风险金列支，本金由地方统筹资金限期消化。企业经营性亏损，由企业自行偿还。截至 2006 年 2 月底，除上海市明确不清理财务挂账外，全国其他省（区、市）都已完成了财务挂账清理审计。江苏、四川等 22 个省（区、市）对政策性挂账进行了认定，其中吉林、安徽等 13 个省（区、市）已将政策性挂账从企业剥离上划到县以上（含县级）粮食行政管理部门集中管理；其他几个省份也正在抓紧认定工作②。

① 例如，2004 年 3 月 19 日，山东省发布了《山东省人民政府关于对种粮农民实行直接补贴的通知》（鲁政发〔2004〕21 号）。再如 2004 年 4 月 8 日，吉林省发布了《吉林省人民政府关于印发吉林省 2004 年对种粮农民直接补贴工作实施方案的通知》（吉政发〔2004〕15 号）。

② 本段数字引自 2006 年 3 月 19 日时任国家粮食局局长聂振邦在全国粮食局长会议暨全国粮食系统先进集体和先进工作者（劳动模范）表彰大会上的工作报告。

（二）粮食市场调控体系不断健全

1. 最低收购价逐步建立

2004 年 3 月下旬，国务院召开全国农业和粮食工作会议，确定了早籼稻的最低收购价格，并对相关工作做了部署。2004 年 5 月，《国务院关于进一步深化粮食流通体制改革的意见》（国发〔2004〕17 号）明确提出，“必要时可由国务院决定对短缺的重点粮食品种，在粮食主产区实行最低收购价格”。同年 7 月下旬，国家发展和改革委员会、财政部、农业部、国家粮食局、中国农业发展银行联合发布了 2004 年早籼稻最低收购价执行预案，明确最低收购价政策执行主体为中储粮总公司和地方储备粮公司。9 月中旬，上述五部门又联合发布了 2004 年中晚稻最低收购价执行预案，确定了中晚籼稻最低收购价。由于 2004 年市场粮价在最低收购价以上运行，最低收购价执行预案没有执行的基础。2005 年“中央 1 号文件”提出，“继续对短缺的重点粮食品种在主产区实行最低收购价政策”。2005 年 3 月初、4 月中旬和 7 月初，国家发展和改革委员会、财政部、国家粮食局、中国农业发展银行分别联合发出通知，制定了 2005 年早籼稻、中籼稻和粳稻、晚籼稻的最低收购价。7 月中旬和 9 月初，上述四部门和农业部又联合发布了 2005 年早籼稻和中晚稻最低收购价执行预案。2005 年国内粮食连续第二年丰收，粮食价格面临较大的下行压力。在这一市场背景下，2005 年 7 月，国家在江西、湖南、安徽、湖北 4 个粮食主产省启动了早籼稻最低收购价，揭开了最低收购价政策执行的序幕。同年 9 月，中晚稻最低收购价启动。2004 年和 2005 年国家层面的粮食最低收购价预案都没有明确最低收购价执行的时间。2006 年“中央 1 号文件”明确要求“坚持和完善重点粮食品种最低收购价政策”。2006 年 2 月底，国家发展和改革委员会、财政部、国家粮食局、中国农业发展银行联合发出通知，制定了 2006 年的稻谷最低收购价，将小麦也纳入最低收购价政策执行范围。同年 5 月，上述四部门和农业部、中储粮总公司联合发布小麦最低收购价执行预案。在这一执行预案中，执行时间成为最低收购价执行预案的要素之一。7 月和 9 月，上述六部门联合发布早籼稻和中晚稻的最低收购价执行预案。2007 年“中央 1 号文件”明确提出，继续对重点地区、重点粮食品种实行最低收购价政策。5 月底、7 月中旬、9 月中旬，六部门分别印发小麦、早籼稻以及中晚稻的最低收购价执行预案。

2008 年粮食价格出现了暴涨暴跌，最低收购价连续调整。2008 年 2 月 8 日，国家发展和改革委员会、财政部、农业部、国家粮食局、中国农业发展银行五部门发布了当年度最低收购价，各品种价格均有所提高。3 月底，考虑到 2008 年粮食生产成本上升较多，上述五部门再度联合发文，再次提高 2008 年生产的稻谷和小麦最低收购价水平。5 月中旬、7 月上旬、9 月上旬，上述五部门和中储粮总公司联合印发了小麦、早籼稻、中晚稻的最低收购价执行预案。2008 年 10 月中共中央十七届三中全会决议中提出，“稳步提高粮食最低收购价”。2008 年 10 月中下旬，五部门联合发文，提高 2009 年的小麦最低收购价。自此，每年的小麦最低收购价公布时间提前至上一年度，也就是冬小麦播种之前。2008 年，国家对粮食最低收购价政策进行了大幅度调整。

2009 年“中央 1 号文件”明确要求“2009 年继续提高粮食最低收购价”。小麦最低收购价已于 2008 年 10 月 19 日提前公布，五部门与 2009 年 1 月 24 日联合发布并提高了当年度稻谷的最低收购价。5 月上中旬、7 月上旬、9 月下中旬，六部门分别印发了小麦、早籼稻、中晚稻的最低收购价政策执行预案。此后，国家每年都在上一年度 9 月底至 10 月中公布小麦最低收购价，每年“中央 1 号文件”都会要求继续提高粮食最低收购价格，在 1 月底到 2 月中公布稻谷最低收购价，在 5 月中印发小麦最低收购价执行预案，7 月初印发早籼稻最低收购价执行预案，8 月底到 9 月中印发中晚稻最低收购价执行预案。而且，最低收购价基本保持了逐年上调的态势。经过 2008 年粮食市场大起大落的考验，2009 年之后，最低收购价政策基本成型。此后，每年，国家都在春播之前公布小麦和稻谷的最低收购价，粮食集中上市前公布执行预案。

2. 临时存储粮食收购计划持续发挥作用

国家各级粮食储备由来已久，以往的农业税征实也曾经形成国家粮食储备的一部分。20 世纪的粮食流通改革中，为了应对重大自然灾害和平抑全国性的市场粮价波动，国家建立了粮食储备。但是，在粮食流通尚未实现市场化的条件下，以往的国家储备粮食收购无法发挥其市场调控作用。粮食流通市场化之后，中央和地方各级储备粮食轮换开始对市场调控产生了一定的影响。

2007 年，国家曾经下达过部分临时存储玉米的收购计划，调控玉米市场价格。临时存储粮食收购计划（简称临时收储）全面上升为一种市场调控手段始于 2008 年。这一年，受国际粮食价格暴涨暴跌的影响，粮食市场价格出现了“过山车”式的走势。下半年，黑龙江等粮食主产区的玉米、大豆等粮食价格持续下跌，局部出现了农民“卖粮难”问题。为了稳定粮食市场、保护种粮农民利益，从 2008 年 10 月到 2009 年 4 月，国家在部分粮食主产区先后启动了六批国家临时存储粮食收购计划，品种涵盖了玉米、大豆以及稻谷，执行范围主要针对东北地区和南方水稻主产区。2009 年 11 月下旬，国家发展改革委、国家粮食局、财政部、中国农业发展银行联合发布关于做好 2009 年东北地区秋粮收购工作的通知，继续在东北地区实行玉米、大豆临时收储政策，规定了玉米和大豆的临时收储价格和收购期限。2010 年 10 月底，四部门发文，继续实施大豆临时收储政策，规定敞开收购。然而，玉米临时收储计划一直没有出台。国家几经推迟相关政策，于 2011 年 1 月才下达了中央储备玉米轮换收购工作，主要针对东北的影响，粮食市场价格出现了“过山车”式的走势。下半年，黑龙江等粮食主产区的玉米、大豆等粮食价格持续下跌，局部出现了农民“卖粮难”问题。2011 年 11 月中下旬，国家再度下达大豆临时收储计划和玉米临时收储计划，规定敞开收购。2012 年和 2013 年国家都是在 11 月中下旬下达的大豆、玉米临时收储计划。临时收储政策主要针对玉米和大豆，独立于中央储备粮食轮换收购工作①。

① 适当地时候也为局部地区承受价格下跌压力的稻谷、小麦等粮食提供价格支持，此外还为油菜籽、棉花等非粮食作物提供托市。

3. 政策性粮食竞价交易上升为调控手段

省级粮食储备早就开展了公开竞价销售，当时的主要目的是解决“陈化粮”的问题。最低收购价、临时收储计划以及国有粮食部门参与收购了大量粮食，必须通过市场投放，防止粮食陈化。更为重要的是，政策性收购粮食的竞价交易（简称国储拍卖）通过向市场投放粮食，满足市场需求，又可以成为调控粮食市场的一种公开市场操作手段。

2006 年 11 月 25 日，国家有关部门组织了首次最低收购价早籼稻竞价销售交易会，将国家储备粮食拍卖上升为一种粮食市场调控的手段。2006 年 12 月底，国家确定安徽粮食批发交易市场（合肥国家粮食交易中心）为国家临时存储粮食销售中心市场，并要求其利用国家粮油信息中心交易软件，在河北、山东、江西、江苏、湖南、湖北等开设分会场，并统一按照国家有关要求，积极组织销售，保证市场供应和社会稳定。之后，临时存储进口小麦、最低收购价收购的小麦、国家临时收储的玉米和大豆、跨省移库的储备粮等，相继成为政策性粮食竞价销售的标的，相关交易细则不断得到修订和完善。一段时间里，国家粮食储备部门几乎每周都会组织一次政策性储备粮竞价交易。

（三）期货市场继续发挥作用

1. 期货市场发展迅速

粮食流通市场化改革之后，粮食期货市场呈现出稳定健康发展的良好势头。期货品种不断拓展。2004 年，大连商品交易所恢复了玉米期货交易，同年转基因大豆（黄大豆 2）上市交易。2008 年，郑州商品交易所开发了普通小麦期货。2009 年郑州商品交易所又开发了早籼稻期货。2006—2013 年主要粮食期货品种交易量增长 17.7%，其中，2008 年创下 5.65 亿手的历史记录（表 5、表 6）。

表 5　　主要期货品种年成交量　　单位：万手

年份	黄大豆 1	黄大豆 2	玉米	豆粕	早籼稻	强麦
2006	1779.41	385.05	13529.01	6309.93		2935.25
2007	9486.54	4.01	11887.35	12943.89		7796.56
2008	22736.31	8.56	11983.69	16253.09		5501.86
2009	8501.42	6.41	3348.82	31080.81	390.02	1366.94
2010	7478.72	2.94	7199.91	25116.38	5370.82	1160.93
2011	2523.95	1.07	2684.97	5017.03	592.74	791.17
2012	4547.54	1.04	3782.44	32587.67	383.99	2580.67
2013	1099.35	0.72	1331.36	26535.76	87.37	290.77
2014 年截至 7 月	1117.66	0.32	473.70	11350.70	29.83	83.39

数据来源：期货市场。

表 6　　2004 年后粮食期货上市交易时间

品种	上市时间	上市地点
玉米	2004 年 9 月 22 日	大连商品交易所
转基因大豆	2004 年 12 月 22 日	大连商品交易所
普通小麦	2008 年 3 月 24 日	郑州商品交易所
早籼稻	2009 年 4 月 20 日	郑州商品交易所
粳稻	2013 年 11 月 18 日	郑州商品交易所
晚籼稻	2014 年 7 月 8 日	郑州商品交易所

2. 主要期货品种已经齐全

2013 年 11 月 18 日，粳稻期货挂牌郑州商品交易所上市。2014 年 7 月 8 日晚籼稻期货也在郑州商品交易所挂牌上市。与 2009 年上市的早籼稻期货以及此前上市的强筋小麦、普通小麦、玉米、大豆等，共同组成了主要的期货品种体系，为农户和粮食加工企业提供了更为便利的避险工具，也为国家粮食宏观调控提供了参考。

（四）2004 年以来粮食流通体制改革的评价

1. 粮食价格保持稳中有涨态势

粮食市场调控政策以粮食最低收购价、粮食临时收储计划以及政策性粮食竞价交易为主体，实现了对粮食价格最低限度的干预。从全国原粮收购价格数据来看，2010 年以来，粮食入库价格基本保持了稳中有涨的态势（图 10 所示）。

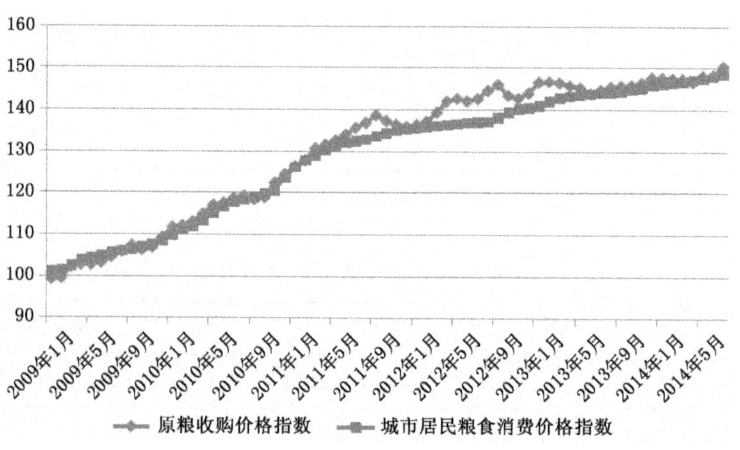

图 10　全国原粮收购价格指数和城市居民粮食消费价格指数

2. 调动了农民种粮积极性

2004 年以来，国家实施直接补贴、最低收购价政策，之后又相继出台了农资综合直补、临时收储等政策。2004 年开始，粮食播种面积不断扩大。在调研过程中，基层农业部门、合作社、农民等一致反映，粮食价格是选择种粮的首要因素。

3. 保障了居民粮食消费

近年来，中国城市居民粮食消费价格指数同比增长率基本维持稳定，基本保障了粮食的有效供给。2010 年，受国内流通性过剩、通货膨胀预期抬头、国际粮食价格波动、国内市场竞争失序等因素影响，粮食消费价格指数同比增长率曾经一度高于 10%。由图 11 也可以发现，2010 年，中国城市居民粮食消费价格指数上涨速度较快。但是，由于国有粮食部门掌握了大量粮源，有条件实施政策性粮食储备市场投放，使得粮食价格较快上涨的局面得到有效控制，市场预期趋于稳定。

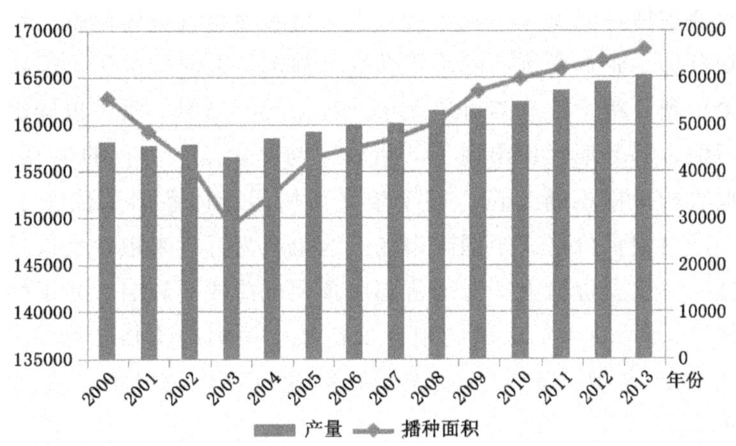

图 11　全国粮食播种面积和产量

4. 确保了紧急状态下的区域粮食安全

国家粮食部门形成粮食储备，抵御住了自然灾害的影响。在历次大灾害中，粮食储备系统保障了积极状态下的区域粮食安全。例如在汶川大地震中，国家粮食应急体系保障了 800 多万灾区困难群众和救援人员的粮食供应。目前，泛珠江三角洲区域已经建立了粮食应急跨省协作和援助机制，泛长江三角洲地区的粮食应急跨省协作也已经提上议程，东北地区与华东、华南地区也建立了粮食购销合作平台，紧急状态下的区域粮食安全保障能力进一步提升。

5. 抑制了市场配置资源作用的发挥

自 2008 年起，国家连续 6 年 7 次提高粮食最低收购价。中储粮系统在粮食价格较低时收购，价格较高时顺价销售。在 6 年的经营中，中储粮作为一个经营主体，没有发生大额亏损，最终实现了体系的顺利运行，造成的财政负担也比较小。然而，如果粮食价格停止上涨，或者中储粮的地方分公司决策失误，就会造成某一年或者某个省的分公司发生亏损。作为一家国有企业，亏损最终会由国家财政“买单”。新世纪以来，粮食流通市场化改革的重要成果之一就是，通过粮食部门政企分开减轻了国家财政负担。然而，这一成果的取得却高度依赖于粮食价格上涨。进一步考察其他粮食流通主体可以发现，粮食价格上涨已经使得各主体调整了粮食买卖策略。粮食加工企业在价高时囤积粮食、局部价低时压级压价收购，部分地区甚至出现了粮食抢购与有价无市交替出现的局面。农民也调整了多年的售粮习惯，部分地区也出现了“惜售”与“卖难”并存的现象。

最低收购价格不断上调，整个粮食市场运行体系严重依赖于粮价上涨，使得国内粮食价格高于国际市场。这也成为近年来粮食进口增加的驱动因素之一。粮食价格上涨对通货膨胀预期也造成了影响。基于面板向量自回归模型，对 2003 年以来的粮食价格和居民消费价格指数（CPI）之间的关系进行定量分析，可以发现，粮食价格上涨 1%，引发 CPI 上涨 0.078%。

（五）进一步的改革动力

1. 托市价格给粮食加工企业造成了负担

最低收购价和临时收储计划为粮食价格提供了托市支持，使得粮食价格不断上涨，从而导致粮食加工企业原粮收购成本不断增加。统计数据显示，近年来粮食加工企业成本不断攀升。2013 年全国谷物磨制企业主营业务成本同比上涨 17.7%，饲料加工企业主营业务成本同比上涨 16.5%。根据实地调研的结果反映，粮食加工企业成本压力主要来自原粮价格上涨。

2. 新陈价差过大给国有粮食企业带来经营风险

在粮食价格上涨背景下，陈粮与新粮之间价差也迅速拉开。以中晚稻为例，在收购和存储过程中可以获得 0.04 元/斤的存储补贴，在出库时又可以获得 0.02 元/斤的出库补贴，然而目前的新季稻谷与陈稻价差为 0.4 元/公斤。这一情况导致部分地区直属库几乎每一个年度账面上都是亏损的。一方面，中储粮是国资委管理的国有企业，这种亏损最终由财政“兜底”，从而引发了财政负担加重的隐忧；另一方面，国资委以盈利考核国有企业经理人，这种账面亏损无法体现中储粮的经理人劳动价值和经营能力，从而导致企业激励机制信息不对称。

3. 粮食调控体系给财政造成极大负担

一方面，粮食增产预期较强；另一方面，企业入市收购积极性不足，双重因素导致支撑粮食价格上涨的市场动力较为缺乏。为了保持农民种粮积极性，国家不得不连年提高最低收购价或启动临时收储政策，对粮食价格进行适度干预。在粮食市场价格不断上涨的条件下，国有粮食部门可以通过顺价销售政策性储备粮食，维持调控体系正常运转。然而，在粮食市场价格上涨乏力的情况下，国家只能继续敞开收购，由此造成的亏损，将给国家财政带来巨大压力。根据国家粮食收储部门发布的收储量估计，为了实现 2013 年早籼稻收购托市，国家支出的财政资金和农业发展银行贷款超过 200 亿元。

4. 粮食库存压力巨大

长期托市收购给国家粮食仓储和国有粮食收购企业顺价销售带来相当困难，从而导致粮食库存压力增大。根据 2013 年 8 月农业部调研组赴江西、湖南两省调研的情况看，当年度早稻收购量较大，库容已基本收满。例如，江西省地方国有粮食企业稻谷总仓容约为 75 亿公斤，截至 9 月初已经收购早稻 35.5 亿公斤，而前期地方国有粮食企业已有库存粮食 37 亿公斤。如果不采取有力措施，粮食托市收购将面临“有政策，没库容”的困境。从国际上看，实施托市政策的国家普遍遭遇了库容不足问题。印度政府因库存高企而大米降价出售方面反复犹豫、政策朝令夕改，泰国政府有关部门甚至针对稻米收储政策涉及的巨大财政损失启动了腐败和管理不善的调查。

5. 探索建立目标价格政策

一系列问题表明，粮食托市政策已经不适应于新的形势发展。党的十八届三中全会决定明确提出，让市场在资源配置中起决定性作用。2014 年“中央 1 号文件”又提出：“逐步建立农产品目标价格制度，在市场价格过高时补贴低收入消费者，在市场价格低于目标价格时按差价补贴生产者，切实保证农民收益。”由于大豆在收储环节积累的矛盾较为突出，而且中国大豆产地集中在东北地区，试点风险比较容易控制。因此，国家决定把大豆作为粮食目标价格制度的试点。2014 年 5 月，国家发展和改革委员会、财政部、农业部联合发布 2014 年大豆目标价格为 4800 元/吨①。但是，目标价格和市场价格的水平确定、补贴标准、操作方式等，仍然有待探索。然而，新一轮的粮食流通体制的改革的大幕已经拉开。

参考文献

[1] Noughton, J. Barry. *The Chinese Economy: Transitions and Growth* [M]. Massachusettes Institute of Technology Press, 2007.

[2] Peng, Yusheng. 2004. Kinship Networks and Entrepreneurship in China's Transitional Economy [J]. *American Journal of Sociology* 109 (5): 1045 – 74.

[3] 董辅礽：《中华人民共和国经济史下卷》，经济科学出版社 1999 年版。

[4] 杜润生：《杜润生自述：中国农村体制变革重大决策纪实》，人民出版社 2005 年版。

[5] 郭玮：“农业保护的形势与对策”，《经济学家》1997 年第 2 期。

[6] 哈耶克著、邓正来译：《个人主义与经济秩序》，生活·读书·新知三联书店 2003 年版。

[7] 科尔奈著、张安译：《社会主义体制——共产主义政治经济学》，中央编译出版社 2008 年版。

[8] 林毅夫、蔡昉、李周：《中国的奇迹：发展战略与经济改革（增订版）》，上海三联书店、上海人民出版社 1999 年版。

① 此前已经公布了棉花的目标价格。

[9] 林毅夫：《再论制度、技术与中国农业发展》，北京大学出版社2003年版。

[10] 宋洪远：“‘米袋子’省长负责制及其对粮食生产、流通和宏观调控的影响”，《中国农村观察》1997年第2期。

[11] 姚今观等：《中国农产品流通体制与价格制度》，中国物价出版社1995年版。

耕地经营权流转对粮食生产的影响

陈 洁 高韵哲 罗 丹 王 宾

内容提要：在工业化、城镇化、国际化的大背景下，比较效益和绝对收益对粮食生产具有决定性的作用，农业劳动力和农村人口的大量转移对粮食生产具有关键影响，市场价格对粮食生产具有“刚性”制约。实现粮食生产稳定发展，必须引导耕地经营权健康流转，为促进粮食生产方式转变提供条件。调研表明，我国耕地流转总体处于健康发展状态，粮食生产的规模化、商品化、专业化、社会化、效益化水平明显提高。

一、规模化效应显现，种粮主体所获收益明显提高

2884 个未转入耕地经营权的典型粮农平均承包耕地 7.50 亩，其中东部 7 省农户户均承包地为 5.36 亩，中部 6 省农户为 5.67 亩，西南 6 省区农户为 4.93 亩，西北 5 省区市农户为 11.86 亩，东北 3 省为 28.69 亩（表 1）。

表 1　　2884 个未转入耕地经营权的种粮户承包耕地情况　　单位：亩

	承包耕地	水田	旱地
总体样本	7.50	1.90	5.60
东部 7 省	5.36	1.35	4.01
中部 6 省	5.67	2.22	3.45
西南 6 省区市	4.93	1.60	3.33
西北 5 省区	11.86	1.65	10.21
东北 4 省	28.69	3.23	25.46

未转入耕地经营权种粮户的户均播种面积为 8.02 亩，其中东部 7 省 6.59 亩，中部 6 省 7.27 亩、西南 6 省区市 4.66 亩、西北 5 省区 9.63 亩、东北 4 省区 27.03 亩。户均粮食产量为 2717.175 公斤，其中东部 7 省 2256.535 公斤、中部 6 省 2674.96 公斤、西南 6 省区市 1402.765 公斤、西北 5 省区 2459.035 公斤、东北 4 省区 9581.96 公斤（表 2）。

表 2　　2884 个未转入耕地户粮食播种面积和产量　　单位：亩、斤

	户均播种面积	户均产量
总体样本	8.02	5434.35
东部 7 省	6.59	4513.07
中部 6 省	7.27	5349.92
西南 6 省区市	4.66	2805.53
西北 5 省区	9.63	4918.07
东北 4 省区	27.03	19163.92

所调查的 551 个样本户从集体经济组织承包土地面积的总体平均数为 58.12 亩、中位数为 36 亩，而通过各种形式的流转，使得样本户平均经营面积达到 100.07 亩、中位数达到 141 亩，分别增加 72.18% 和 2.92 倍。

其中，有 196 户的经营面积比承包面积扩大了 1 倍以上，占样本户的 35.57%；50 户的经营面积达到 100 亩以上，占样本户的 9.07%。样本户播种面积为 21 亩以下、21—55 亩、55—124 亩、124 亩以上的分别为 140 户、137 户、137 户、137 户、137 户。全部样本户户均农作物播种面积为 163.18 亩，其中 21 亩以下、21—55 亩、55—124 亩、124 亩以上的分别为 10.53 亩、39.13 亩、94.47 亩、511.94 亩；户均粮食作物播种面积为 154.22 亩，其中 21 亩以下、21—55 亩、55—124 亩、124 亩以上的分别为 8.18 亩、33.91 亩、91.48 亩、486.50 亩。全部样本户户均粮食产量为 67.48 吨，21 亩以下、21—55 亩、55—124 亩、124 亩以上样本户分别为 3.95 吨、21.38 吨、47.66 吨、197.22 吨（表 3）。

表 3　　551 个耕地转入户户均粮食播种面积和产量　　单位：亩、吨

	户均农作物播种面积	户均粮食作物播种面积	户均粮食产量
全部样本	163.18	154.22	67.48
21 亩以下	10.53	8.18	3.95
21—55 亩	39.13	33.91	21.38
55—124 亩	94.47	91.48	47.66
124 亩以上	511.94	486.50	197.22

二、商品化水平大为提高，为销售而生产成为基本行为取向

未转入耕地经营权种粮户粮食呈现七成销售、三成自给消费的大致格局，并且呈现区域性差异非常明显的特征。全部样本户均粮食销售量为 1882.32 公斤，粮食商品率平均为 69.27%。东部 7 省户均粮食销售量为 1664.5 公斤，粮食商品率平均为 73.76%；中部 6 省户均粮食销售量为 1696 公斤，粮食商品率为 63.40%；西南 6 省区市户均粮食销售量为 354.46 公斤，粮食商品率为 25.27%；西北 5 省区户均粮食销售量为 1989.96 公斤，粮食商品率平均为 80.92%；东北 4 省区户均粮食销售量

为9019.56公斤，粮食商品率平均为94.13%（表4）。

表4　　2884个未转入耕地户粮食自给消费和销售情况　　单位：斤、%

	自给消费		销售量	
	数量	比率	数量	比率
总体样本	1669.71	30.73	3764.64	69.27
东部7省	1184.07	26.24	3329	73.76
中部6省	1957.92	36.60	3392	63.40
西南6省区市	2096.61	74.73	708.92	25.27
西北5省区	938.15	19.08	3979.92	80.92
东北4省区	1124.8	5.87	18039.12	94.13

注：1公斤（千克）=2斤

土地转入户的商品率明显要高得多。对551个耕地转入户的调查表明，全部样本户均销售量为61.40吨，商品率为90.99%。其中21亩以下、21—55亩、55—124亩、124亩以上样本户产量分别为3.95吨、21.38吨、47.66吨、197.22吨，商品率分别为80.25%、89.99%、92.74%、91.72%，经营规模与商品率呈现出正向的关系（表5）。

表5　　551个耕地转入户户均自给消费和商品销售情况　　单位：斤、吨

	自给消费		销售量	
	数量	比率	数量	比率
全部样本	4.71	6.98	61.40	90.99
21亩以下	0.79	20.00	3.17	80.25
21—55亩	1.36	6.36	19.24	89.99
55—124亩	2.55	5.35	44.2	92.74
124亩以上	14.86	7.53	180.9	91.72

注：1公斤（千克）=2斤

三、专业化程度明显加深，种粮的产业性特征得到体现

在户均承包地面积较小的情况下，随着非农就业机会的增加，越来越多的农民开始将劳动力资源季节性地或者全部配置到粮食生产以外的经济活动中，农民兼业的现象是非常普遍的。2884 个未转入耕地经营权种粮户户均劳动力 2.73 人，户均外出务工经商人数为 0.95 人，占 34.80%。总体来看，中部 6 省种粮户外出务工经商的比重最高，而东北地区最低。其中，东部 7 省样本户户均外出务工经商人数为 0.91 人，占劳动力总数的 32.62%；中部 6 省样本户均外出务工经商人数为 1.13 人，占劳动力总数的 39.51%；西南 6 省区市样本户均出务工经商人数为 0.83 人，占劳动力总数的 31.20%；西北 5 省区样本户均外出务工经商人数为 0.83 人，占劳动力总数的 34.87%；东北 4 省区样本户均外出务工经商人数为 0.47 人，占劳动力总数的 18.73%（表 6）。

表 6　不同地区外出务工经商人数及占劳动力比重　单位：人、%

	劳动力数量	外出务工经商人数	占劳动力比重
总体样本	2.73	0.95	34.80
东部 7 省	2.79	0.91	32.62
中部 6 省	2.86	1.13	39.51
西南 6 省区市	2.66	0.83	31.20
西北 5 省区	2.38	0.83	34.87
东北 4 省区	2.51	0.47	18.73

虽然巨大数量的农户不会离开粮食生产也离不开粮食生产，但他们越来越多地持续或间歇性地从事非粮生产经济活动，增收来源越来越宽。从面上来看，种粮户不同形式、不同程度的兼业已经非常普遍，对绝大多数种粮户而言，种粮实际上已经不再是他们的主要收入来源，只有东北地区种粮户种粮利润占纯收入的比重超过了 1/4。2884 个种粮户的粮食生产利

润为3231.49元，仅占纯收入的15.44%，其中东部7省、中部6省、西南6省区市、西北5省区、东北4省区样本户分别为2887.94元、2714.98元、1911.44元、3719.23元、11588.41元，占家庭纯收入的比重分别为13.31%、9.02%、11.12%、14.66%、27.28%（表7）。

表7　　2884个未转入耕地户种粮纯收入占纯收入比重　　单位：元、%

	户均纯收入	户均粮食生产利润	粮食生产利润比重
总体样本	20931.36	3231.49	15.44
东部7省	21705.33	2887.94	13.31
中部6省	30103.35	2714.98	9.02
西南6省区市	17196.68	1911.44	11.12
西北5省区	25375.08	3719.23	14.66
东北4省区	42472.92	11588.41	27.28

土地流转起来以后，转入户的规模经营效益得到明显体现，使得种粮有利可图。规模化种粮户在经营规模达到一定水平后，只要在粮食生产方面投入足够的人力和财力，劳均所获利润就会相应增长到一定水平，专心致志从事粮食生产也能获得较满意的收入，规模化种粮户在粮食生产方面投入的劳动就会较多，劳动力和劳动时间配置到非粮经济活动的比重就会明显减少，从而形成专业化经营的格局。2014年，祁东县30亩以上种粮大户达到4695户，规模种粮面积达51.62万亩。

所调查230个种粮户共有145人外出务工经商，仅占劳动力数量的21.01%。就纯收入来源结构来看，全部样本的户均纯收入为9.29万元，占纯收入的91.40%。其中50亩以下、50—100亩、100—200亩、200亩以上样本户的这一比重分别为71.68%、67.43%、97.75%、98.92%（表8）。

表 8　**230 个规模化种粮户种粮纯收入占纯收入比重**　单位：万元、%

	全部样本	50 亩以下	50—100 亩	100—200 亩	200 亩以上
户均种粮纯收入	9.29	2.47	2.36	7.17	62.56
户均纯收入	10.16	3.45	3.50	7.33	63.24
比重	91.40	71.68	67.43	97.75	98.92

随着流转方式的多样化发展，近年来不仅主要通过转包扩大经营规模的种粮大户数量快速增加，通过入股、租赁等方式扩大经营规模的农民种粮合作社及种粮企业等专业化粮食生产主体也迅速增加。截至 2013 年 6 月底，滕州市注册登记的农民专业合作社总数达到 1060 家，成员总数为 6126 个。截至 2013 年年底，该市的规模经营面积达到 52 万亩。2014 年，祁东县共有粮食生产专业合作社 140 家，合作化生产面积达到 11.32 万亩。目前，崇州市已经初步建立了“土地股份合作社为核心 + 新型农业科技服务、农业社会化服务、农业品牌服务和农村金融服务”的新型农业经营体系。截至 2014 年 9 月，全市土地股份合作社达 361 个，入社农户 9.46 万户，入社面积 21.33 万亩，分别占全市农户、耕地总数的 52%、44%。

四、开放度显著提高，社会化服务的发展成为关键

在人民公社体制下，生产小队是基本的生产单元，几乎所有的生产环节都在生产队内部通过社员分工与合作来实现，大型生产工具和价值较高的生产资料也由生产队统一管理支配。实行家庭承包经营以后，这种方式发生了根本性的变化，家庭成为统一生产工具、生产资料的基本配置单元。为降低成本，承包户一般采取能够家庭独立完成的作业一般自己独立完成的方式。当然，一个家庭购置全部的生产工具和生产资料，投入量明显较大，利用率也不高。因此，在实行家庭承包经营以后，农户相互换工、共同购置生产资料和购买生产服务是普遍现象。由于生产性服务的发展、外出务工经商人数的增加、种粮户劳动力的老龄化等原因，普通种粮

户也越来越多地将一些生产环节分离出来，特别是灌溉和机械作业，目前已经多数由专业化服务主体完成，并支付一定的服务费用。通常来说，机械作业、灌排、雇工等费用的支出情况可以大致看出种粮户生产的社会化程度。2884 个未转入耕地经营权种粮户户均三大谷物的物质与服务费用为 2101.59 元，其中机械作业费、灌排费、雇工费分别为 551.8 元、162.54 元、79.9 元，分别占 7.73%、24.35%、3.80%。东部 7 省、中部 6 省、西南 6 省区市、西北 5 省区、东北 4 省区机械作业费分别为 407.71 元、573.72 元、223.58 元、452.51 元、1573.75 元，分别占物质与服务费的 23.78%、25.66%、21.84%、26.37%、22.64%；灌排费分别为 179.06 元、146.32 元、70.44 元、133.22 元、580.99 元，分别占物质与服务费的 10.44%、6.54%、6.88%、7.76%、8.36%；雇工费分别为 40.39 元、88.59 元、33.29 元、16.72 元、422.21 元，分别占物质与服务费的 2.36%、3.96%、3.25%、0.97%、6.07%。从费用结构来看，普通种粮户将三至四成的农业收入支付给社会化服务主体（表 9）。

表 9　2884 个未转入耕地户户均三大谷物物质与服务费用　单位：元

	合计	种子费用	肥料费	农药费	机械作业费	灌排费用	雇工费用	其他费用
总体样本	2101.59	270.95	713.39	132.80	511.80	162.54	79.90	161.19
东部 7 省	1714.80	218.78	603.00	105.97	407.71	179.06	40.39	125.77
中部 6 省	2235.80	271.86	735.81	162.75	573.72	146.32	88.59	175.80
西南 6 省区市	1023.57	133.41	350.98	75.25	223.58	70.44	33.29	85.22
西北 5 省区	1716.21	287.40	661.62	62.60	452.51	133.22	16.72	102.14
东北 4 省区	6951.09	899.59	2299.66	344.78	1573.75	580.99	422.21	548.04

与规模化相应发展起来的，是生产性服务的社会化程度明显提高。2012 年，230 个转入耕地经营权规模种粮户户均生产性服务总支出为 43995.01 元。最大的支出为雇工费，全部样本户户均雇工费 20532.89 元，占生产性服务费用的 46.67%，其次是农机租赁和服务费，为

10958.35 元，占 24.91%，再次为燃油费，为 6800.74 元，占 15.46%，水电费、人情打点费、购买收获后服务费、技术和市场信息服务及培训费、农业保险、生产资料配送服务费、其他费用等分别为 3243.52 元、954.13 元、811.57 元、350.13 元、231.72 元、74.35 元、37.61 元，分别占 7.37%、2.17%、1.84%、0.80%、0.53%、0.17% 和 0.09%。可见，雇工、农机租赁与服务、燃油费为主要支出项目（表 10）。

表 10　　230 个转入耕地户户均获得生产性服务情况　　单位：元、%

	费用	比重
雇工费	20532.89	46.67
水电费	3243.52	7.37
燃油费	6800.74	15.46
农机服务费	10958.35	24.91
技术和市场服务、培训	350.13	0.80
购买农业保险	231.72	0.53
购买收获后服务	811.57	1.84
购买生产资料配送服务	74.35	0.17
各种人情打点	954.13	2.17
购买其他服务	37.61	0.09
合计	43995.01	100.00

分规模来看，50 亩以下样本户户均生产性服务总支出为 11709.99 元。其中，雇工费 4395.24 元，占 37.53%；其次是农机租赁和服务费 1150 元，占 26.10%；再次为燃油费、水电费，分别为 1827.86 元和 1192.62 元，分别占 15.61% 和 10.18%。50—100 亩样本户户均生产性服务总支出为 41358.16 元。其中，雇工费为 18722.89 元，占 45.27%；农机租赁和服务费次之，为 10378.37 元，占 25.09%；再次为燃油费、水

电费，分别为6378.46元和3288.15元，分别占15.42%和7.95%。100—200亩样本户户均生产性服务总支出为39749.57元。其中，农机服务费为14217.37元，占35.77%；雇工总费用11677.38元，占29.38%；燃油费为8692.86元，占21.87%。200亩以上样本户户均生产性服务总支出为124804.06元。其中，雇工费为75852.17元，占60.78%；农机服务费为22537.4元，占18.06%；燃油费为14684.78元，占11.77%；水电费为7003.26元，占5.61%（表11）。

表11　　230个规模户户均获得生产性服务情况　　单位：元、%

	50亩以下		50—100亩		100—200亩		200亩以上	
	费用	比重	费用	比重	费用	比重	费用	比重
雇工费	4395.24	37.53	18722.89	45.27	11677.38	29.38	75852.17	60.78
水电费	1192.62	10.18	3288.15	7.95	3104.76	7.81	7003.26	5.61
燃油费	1827.86	15.61	6378.46	15.42	8692.86	21.87	14684.78	11.77
农机服务费	3056.89	26.10	10378.37	25.09	14217.37	35.77	22537.40	18.06
技术、信息服务和培训费	95.47	0.82	440.82	1.07	311.90	0.78	400.00	0.32
购买农业保险	33.57	0.29	222.97	0.54	168.62	0.42	755.57	0.61
各种人情打点	742.86	6.34	1065.45	2.58	909.52	2.29	826.09	0.66
收获后服务	317.86	2.71	760.81	1.84	619.06	1.56	2336.09	1.87
购买生产资料配送服务	47.62	0.41	65.69	0.16	0.48	0.00	304.35	0.24
购买其他服务	0.00	0.00	34.55	0.08	47.62	0.12	104.35	0.08
合　计	11709.99	100.00	41358.16	100.00	39749.57	100.00	124804.06	100.00

五、效益得到提高，种粮成为较高收入行业

对粮食生产是否有积极性始终是影响粮食生产的基本因素。在人民公社体制下，粮食生产发展受到制约，根本的问题在于劳动者与劳动成果相

分离，积极性受到严重制约，往往以怠工的方式减少对粮食生产的投入。因此，实行家庭联产承包责任制解决了这一问题以后，粮食生产发展困难的问题很快得到解决。但粮食生产发展是多种因素促成的，在不同的发展阶段，突出的制约因素是不同的。随着市场化发展的深入，农民可以在越来越自由地配置劳动力资源，获得收入和改善生活的渠道越来越宽，这样比较效益的问题就出来了。由于每个家庭的承包地数量不多，农户种粮获得的收益总量就具有了“刚性”制约。加上粮价的波动和生产资料成本上升，有的时期农民种粮亏本的现象就会增加。在普通家庭承包经营方式下，种粮的收益要比非农就业和种植非粮食作物要低。

对 2884 个未转入耕地种粮户的调查表明，户均种粮利润仅为 3231.49 元。从户均种粮利润层次来看，38.42% 在 1000 元以下，67.44% 在 3000 元以下，81.21% 在 5000 元以下，92.72% 在 10000 元以下，超过 10000 元的仅为 7.28%（表 12）。

表 12　　典型粮农户均种粮利润情况　　单位：户、%

	户数	比重
1000 元以下	1108	38.42
1000—3000 元	837	29.02
3000—5000 元	397	13.77
5000—10000 元	332	11.51
10000 元以上	210	7.28
合计	2884	100.00

而对 551 个土地转入户的调查表明，全部样本户均种粮利润为 5.75 万元，其中 21 亩以下、21—55 亩、55—124 亩、124 亩以上组别样本户，户均利润分别为 0.18 万元、2.01 万元、3.76 万元、17.06 万元（表 13）。

表 13　　551 个转入耕地经营权样本户户均种粮利润　　单位：万元

	户均种粮利润
全部样本	5.75
21 亩以下	0.18
21—55 亩	2.01
55—124 亩	3.76
124 亩以上	17.06

现阶段粮食适度规模经营问题研究

陈　洁　罗　丹　李文明

内容提要： 基于 Translog 和 C－D 生产函数构建农户投入产出模型和农户生产利润模型，从产出和利润两个维度对分布在 28 个省（区、市）的 3063 个种粮户粮食生产经营的规模效应进行了实证分析。为分析不同区域的情况，对长江中下游地区水稻、黄淮海地区小麦、东北平原地区玉米的生产经营规模效应进行了分析。综合考虑产出水平、利润水平及自然、经济、社会等方面，现阶段农户粮食种植的适度规模大致应在 100 亩至 200 亩之间，长江中下游地区水稻、黄淮海地区小麦、东北平原地区玉米的适度生产经营规模分别为 100 亩左右、100 亩左右、150 亩左右。

2011—2013 年，课题组通过与中国人民大学、中国农业大学、华中师范大学合作，针对种粮农户在全国范围内开展了较大规模的实地调查研究，获得了关于粮食生产经营情况的有效问卷 3063 份，涉及 28 个省（区、市），具有较为广泛的地域代表性。为反映不同的气候、资源禀赋和地形地貌等自然条件等，将调查区域主要划分为Ⅰ类、Ⅱ类和Ⅲ类 3 个地区，其中Ⅰ类地区包括黑龙江、内蒙古、吉林、新疆、辽宁、宁夏 6 省

(区)，Ⅱ类地区包括甘肃、山西、河北、安徽、西藏、青海、湖北、山东、河南、江西、陕西、江苏、湖南13省（区），Ⅲ类地区包括云南、广西、贵州、重庆、四川、广东、海南、福建、浙江9省（区、市）。Ⅰ类、Ⅱ类和Ⅲ类地区样本数量分别为320户、2005户和738户，占样本总数的10.4%、65.5%和24.1%。

一、研究方法

（一）产出最大化下的适度经营规模

为了分析经营规模与产出水平的关系，比较不同规模组别粮食（水稻、小麦、玉米）种植户产出水平的差异，本文分别基于Translog和C－D生产函数，构建以下两个农户投入产出模型：

$$\begin{aligned} LnY_i = {} & \lambda + \alpha_1 LnLand_i + \alpha_2 LnLabor_i + \alpha_3 LnPcap_i + \alpha_4 LnETcap_i \\ & + \frac{1}{2}\beta_1 LnLand_i LnLand_i + \frac{1}{2}\beta_2 LnLabor_i LnLabor_i \\ & + \frac{1}{2}\beta_3 LnPcap_i LnPcap_i + \frac{1}{2}\beta_4 LnETcap_i LnETcap_i \\ & + \gamma_1 LnLand_i LnLabor_i + \gamma_2 LnLand_i LnPcap_i \\ & + \gamma_3 LnLand_i LnETcap_i + \gamma_4 LnLabor_i LnPcap_i \\ & + \gamma_5 LnLabor_i LnETcap_i + \gamma_6 LnPcap_i LnETcap_i + \delta_1 Exp_i \\ & + \delta_2 Exp_i^2 + \delta_3 Idt_i + \sum_1^m \varepsilon_m Regionaldummy_{im} \\ & + \sum_1^n \eta_n Scalabledummy_{in} + V_i \end{aligned} \tag{1}$$

$$\begin{aligned} LnY_i = {} & \lambda + \alpha_1 LnLand_i + \alpha_2 LnLabor_i + \alpha_3 LnPcap_i + \alpha_4 LnETcap_i \\ & + \delta_1 Exp_i + \delta_2 Exp_i^2 + \delta_3 Idt_i + \sum_1^m \varepsilon_m Regionaldummy_{im} \\ & + \sum_1^n \eta_n Scalabledummy_{in} + V_i \end{aligned} \tag{2}$$

（1）式和（2）式中，各变量的定义和具体内容如下：总产出（Y_i）表示第i个农户种植粮食（水稻、小麦、玉米）的产量（斤）；土地

（$Land_i$）表示第 i 个农户的种植面积（亩）；劳动（$Labor_i$）表示第 i 个农户种植中的有效劳动投入；物质资本投入（$Pcap_i$）主要包括机械作业费用、灌排费用、化肥费用、农药费用、种子费用等；其他流动资本投入（$ETcap_i$）主要包括转入土地的流转费用和雇工费用等；Exp_i 代表户主种植经验，用年龄和受教育年限的差值近似计量，反映农业生产经验和技能等；Idt_i 是代表户主身份的虚拟变量，用“1”代表村组干部，用“0”表示普通农民；$Regionaldummy_i$ 是代表区域性因素的一组虚拟变量，以Ⅲ类地区为参照项，用“1”代表农户所属地区，用“0”表示其他地区；$Scalabledummy_i$ 是代表规模性因素的一组虚拟变量，反映农户不同的经营规模对生产结果的影响，划分为 0—5 亩、5—10 亩、10—20 亩、20—50 亩、50—100 亩、100—150 亩、150—200 亩、200 亩以上 8 个组别，其中以 0—5 亩为参照项，用“1”代表农户所属规模组别，用“0”表示其他组别。其中，鉴于农户种植不同品种面积的差异化，水稻、小麦、玉米的规模组别分别以 0—20 亩、0—10 亩、0—50 亩为参照项，其余组别划分不变。

由于种植部门的劳动力数据无法直接得到，依据现行国家农村统计调查口径对农村劳动力的界定，只能相对粗线条地勾勒农业生产中的劳动投入状况。本文采用家庭人口数 × [粮食（水稻、小麦、玉米）种植利润/家庭纯收入] 权重系数处理方法反映粮食（水稻、小麦、玉米）生产中的劳动投入状况。

（二）利润最大化下的适度经营规模

为进一步分析经营规模和规模效益的关系，比较不同规模组别种植户利润水平的差异，本文修正了（1）式 Translog 生产函数和（2）式 C－D 生产函数，以粮食（水稻、小麦、玉米）生产净利润（R_i）为因变量，自变量同上，分别得到农户生产利润模型：

$$LnR_i = \lambda + \alpha_1 LnLand_i + \alpha_2 LnLabor_i + \alpha_3 LnPcap_i + \alpha_4 LnETcap_i + \frac{1}{2}\beta_1 LnLand_i LnLand_i + \frac{1}{2}\beta_2 LnLabor_i LnLabor_i$$

$$
\begin{aligned}
&+\frac{1}{2}\beta_3 LnPcap_i LnPcap_i+\frac{1}{2}\beta_4 LnETcap_i LnETcap_i\\
&+\gamma_1 LnLand_i LnLabor_i+\gamma_2 LnLand_i LnPcap_i\\
&+\gamma_3 LnLand_i LnETcap_i+\gamma_4 LnLabor_i LnPcap_i\\
&+\gamma_5 LnLabor_i LnETcap_i+\gamma_6 LnPcap_i LnETcap_i+\delta_1 Exp_i\\
&+\delta_2 Exp_i^2+\delta_3 Idt_i+\sum_1^m \varepsilon_m Regionaldummy_{im}\\
&+\sum_1^n \eta_n Scalabledummy_{in}+V_i \qquad (3)
\end{aligned}
$$

$$
\begin{aligned}
LnR_i=&\lambda+\alpha_1 LnLand_i+\alpha_2 LnLabor_i+\alpha_3 LnPcap_i+\alpha_4 LnETcap_i\\
&+\delta_1 Exp_i+\delta_2 Exp_i^2+\delta_3 Idt_i+\sum_1^m \varepsilon_m Regionaldummy_{im}\\
&+\sum_1^n \eta_n Scalabledummy_{in}+V_i \qquad (4)
\end{aligned}
$$

二、粮食生产经营的适度规模

样本户总体户均经营耕地面积为23.7亩，Ⅰ类、Ⅱ类和Ⅲ类地区户均经营耕地面积分别为59.5亩、24.2亩和6.9亩。户均粮食种植面积平均为24.8亩，其中Ⅰ类、Ⅱ类和Ⅲ类地区分别为38.0亩、29.2亩和7.1亩。家庭人均纯收入为7865元，其中Ⅰ类、Ⅱ类和Ⅲ类地区家庭人均纯收入分别为9464元、8645元和5244元。耕地面积流转比例为27.2%，其中Ⅰ类、Ⅱ类和Ⅲ类地区耕地流转率分别为34.1%、25.5%和17.4%。农户粮食生产的成本利润率并不低，在未扣除家庭用工折价的情况下，粮食生产的总体成本利润率为69.3%，其中Ⅰ类、Ⅱ类和Ⅲ类地区分别为90.3%、60.0%和115.3%。样本农户粮食播种面积约占农作物播种面积的86.7%，粮食生产纯收入约占整个种植业纯收入的65%（表1）。

表 1　　样本种粮农户区域分布情况

变　　量	Ⅰ类地区（N＝320）	Ⅱ类地区（N＝2005）	Ⅲ类地区（N＝738）	总体样本（N＝3063）
家庭人均纯收入（元）	9464.1	8645.3	5244.4	7864.6
户均经营耕地面积（亩）	59.5	24.2	6.9	23.7
耕地面积转入比重（%）	34.1	25.5	17.4	27.2
户均农作物种植面积（亩）	48.8	32.4	9.5	28.6
户均粮食种植面积（亩）	38.0	29.2	7.1	24.8
粮食种植面积占农作物比重（%）	77.8	89.9	74.6	86.7
粮食生产成本利润率（%）	90.3	60.0	115.3	69.3

样本农户土地经营规模也存在较大程度的差异，粮食种植面积平均为24.8亩，其中，最低的为0.5亩，最高的为7000亩。样本农户平均粮食单产为782.3斤/亩，亩均利润515.7元，亩均物质费用为422.8元，亩均雇工和土地转入费用为174.0元。从农户特征变量来看，样本农户户主平均年龄为50.7岁，户主年龄在50岁以上的农户占51.8%；样本农户户主受教育年限平均为6.5年，户主为初中及以下文化程度的农户占87.6%，平均从事农业生产的时间为38.6年（表2）。

表 2　　粮食经营模型中变量的描述性统计特征

变　　量	平均值	标准差	最小值	最大值
粮食产量（斤）	2281.5	193993.3	0	7800000.0
户均粮食利润（元）	10236.3	48131.0	23.0	1648716.0
粮食亩均利润（元）	515.7	228.0	5.8	1523.9
粮食单产（斤/亩）	782.3	246.2	0	2125.0
粮食面积（亩）	24.8	192.9	0.5	7000.0

续表

变　　量	平均值	标准差	最小值	最大值
有效劳动（人）	1.1	1.1	0.1	8.0
物质费用（元）	10485.7	118243.0	0.1	3654000.0
雇工和土地转入费用（元）	4314.7	87333.6	0.1	4574307.5
户主生产经验（年）	38.6	12.3	0	87

种植户粮食单产水平随着经营规模的扩大，大致呈现“先升后降”的“倒 U”型变化趋向，当农户经营规模在 100—150 亩、150—200 亩时，亩产分别达到 519.5 公斤、527 公斤。而当规模超过 200 亩以上后，亩产开始出现下降。从亩均利润来看，农户经营规模在 100—150 亩时亩均利润为 526 元，之后出现直线下降。农户小规模经营利润高，与没有计入家庭用工折价和自营地折租有关，而随着经营规模扩大，这部分成本有摊薄的趋势。成本利润率也出现类似的趋势，在实现规模经济开始上升后，成本利润率在超过 200 亩后明显下降。从户均粮食种植利润来看，当农户经营规模达到 100—150 亩、150—200 亩、200 亩以上时，户均粮食种植利润分别达到 61956 元、81875 元、207987 元。按照粮食产区受访农户户均 4.2 人，其中户均外出务工人员 0.9 人，户均在家人员 3.3 人计算，在家人员人均粮食种植利润分别为 18774 元、24811 元、63026 元，不低于外出务工（表 3）。

表 3　　　　粮食适度规模经营的产出和利润比较

规模组别	亩均产量(公斤)	户均利润(元)	亩均利润(元)	成本利润率(%)
0—5 亩	367	1340	516	205.7
5—10 亩	375	3582	532	227.3
10—20 亩	388	6108	477	165.4
20—50 亩	460	13808	506	122.1

续表

规模组别	亩均产量(公斤)	户均利润(元)	亩均利润(元)	成本利润率(%)
50—100 亩	478	33100	492	96.9
100—150 亩	519.5	61956	526	82.5
150—200 亩	527	81875	505	86.4
200 亩以上	473.5	207987	308	39.5
总体样本	462	10236	413	69.2

从农户粮食投入产出模型的估计结果看，大部分变量显著；模型（Ⅰ）调整后的 R_2 为 0.9788，模型（Ⅱ）调整后的 R_2 为 0.9760，模型拟合效果较好。

基于粮食产区受访农户投入产出模型（Ⅰ）和模型（Ⅱ）的估计结果显示，以农户经营面积 0—5 亩为参照项，经营规模在 20—50 亩、50—100 亩、100—150 亩、150—200 亩种植户的产出水平出现显著提升，其中 50—100 亩样本户经营规模变量分别在 0.1283 和 0.1379 水平上显著。

从农户经营规模虚拟变量的系数值看，经营规模在 20—200 亩之间的 4 组农户的产出水平的排序依次为 η_6（150—200 亩）$>\eta_5$（100—150 亩）$>\eta_3$（20—50 亩）$>\eta_4$（50—100 亩），经营规模为 η_6（150—200 亩）的农户显著高于 η_3（20—50 亩）和 η_4（50—100 亩）。

从生产要素的作用来看，耕地对粮食产出的弹性最大，劳动投入和包括机械、灌排、种子、化肥农药等在内的资本投入对粮食生产的重要性也日益凸显。大批劳动力转出后，劳动投入对粮食产出影响显著且弹性为正。

回归结果表明，农户生产经验（Exp_i）作用显著且系数（δ_1）为正值，而户主年龄平方（Exp_i^2）显著且系数（δ_2）为负值。也就是说，户主生产经验越丰富的农户，粮食产出水平越高，但产出增加的幅度趋于下降。户主身份虚拟变量（Idt_i）在统计上不显著，说明村组干部和普通农民的粮食产出并无显著性差异。区域虚拟变量（*Regionaldummy*）对粮食单产和单位面积效益产生了显著的影响。由于Ⅰ类地区和Ⅱ类地区粮食经营规模化程度较高，单位面积的机械投入、雇工和土地流转费用明显增加，相对于Ⅲ类地区而言，单产水平较高，但亩均利润水平均较低。

表 4　　农户粮食投入产出模型回归结果

	农户投入产出模型（Ⅰ）		农户投入产出模型（Ⅱ）	
	系数	标准误差	系数	标准误差
λ	6.0548***	0.4055	5.2342***	0.1408
α_1	0.4783***	0.1822	0.7101***	0.0334
α_2	0.7908***	0.0952	0.0998***	0.0105
α_3	-0.0329	0.0995	0.1520***	0.0156
α_4	0.1449	0.0926	0.0729***	0.0106
β_1	0.1484***	0.0218	—	—
β_2	0.0454*	0.0274	—	—
β_3	0.0304	0.0216	—	—
β_4	-0.1119***	0.0177	—	—
γ_1	-0.0238**	0.0103	—	—
γ_2	-0.0421***	0.0160	—	—
γ_3	-0.1497***	0.0551	—	—
γ_4	-0.0381***	0.0128	—	—
γ_5	0.0480***	0.0177	—	—
γ_6	0.0273**	0.0129	—	—
δ_1	0.0097**	0.0048	0.0152***	0.0050
δ_2	-0.0001*	0.0001	-0.0002***	0.0001

续表

	农户投入产出模型（Ⅰ）		农户投入产出模型（Ⅱ）	
	系数	标准误差	系数	标准误差
δ_3	0.0435	0.0303	0.0718**	0.0319
ε_1	0.1310***	0.0348	0.1167***	0.0365
ε_2	0.0481*	0.0276	0.0467*	0.0291
η_1	0.0321	0.0446	0.0077	0.0409
η_2	0.0488	0.0613	0.0361	0.0548
η_3	0.1642**	0.0799	0.1547**	0.0721
η_4	0.1552	0.1019	0.1435	0.0966
η_5	0.2287**	0.1156	0.2228**	0.1115
η_6	0.3123***	0.1265	0.3050**	0.1266
η_7	0.1880	0.1395	0.2017	0.1430

注：*、**、*** 分别表示在10%、5%、1%的显著性水平上拒绝原假设；ε_1、ε_2 分别表示Ⅰ类、Ⅱ类地区虚拟变量回归系数；规模虚拟变量划分为 η_0（0—5亩）、η_1（0—5亩）、η_2（10—20亩）、η_3（20—50亩）、η_4（50—100亩）、η_5（100—150亩）、η_6（150—200亩）、η_7（200亩以上）8个组别，其中以 η_0（0—5亩）为参照项。Translog生产函数需要考虑各生产要素交叉弹性的影响，粮食投入产出模型中 α_1、α_2、α_3、α_4 部分为负值，并非代表土地、劳动、物质资本和其他流动资本的产出弹性为负值。

如果不考虑经营规模虚拟变量的影响，利用投入产出模型（Ⅱ）测算表明，土地、劳动、物质资本、其他流动资本产出弹性分别为0.7101、0.0998、0.1520、0.0729，规模报酬系数为1.0348。Wald检验表明，F统计量为905.084，在1%的显著性水平上拒绝规模报酬不变的假设。当土地、劳动、物质资本和其他流动资本各项生产要素的投入都增加1倍时，产出的增幅大于1倍（表5）。

表5　　农户投入产出模型中各要素产出弹性及规模报酬系数

	各要素产出弹性				规模报酬系数 (5) = (1) + (2) + (3) + (4)	H_0：规模报酬不变	
	土地 (1)	劳动 (2)	物质资本 (3)	其他资本 (4)		F值	P值
粮食模型（Ⅱ）	0.7101	0.0998	0.1520	0.0729	1.0348	905.084	0.0000
水稻模型（Ⅰ）	0.6126	0.1515	0.1521	0.0975	1.0137	105.636	0.0000
小麦模型（Ⅰ）	0.9360	0.0400	0.0414	0.0653	1.0828	656.814	0.0000
玉米模型（Ⅰ）	0.4648	0.1793	0.2876	0.1086	1.0402	29.527	0.0000

注：在农户粮食投入产出模型（Ⅰ）中，由于部分自变量（或其交叉项）不显著，各要素产出弹性估计的可靠性可能会受到一定影响。

与规模报酬递增形成鲜明对比的是，随着农户粮食生产规模的扩大，成本利润率却出现大幅下降的趋势。当农户经营规模在5—10亩时，粮食生产成本利润率最高为227.3%，而当经营规模扩大到100—150亩时，成本利润率下降到82.5%，继续扩大到200亩以上时，成本利润率更是下降到39.5%。

表6　　农户粮食生产利润模型回归结果

	农户生产利润模型（Ⅰ）		农户生产利润模型（Ⅱ）	
	系数	标准误差	系数	标准误差
λ	5.5212***	0.8654	6.5746***	0.2901
α_1	0.1326	0.3887	0.8048***	0.0687
α_2	0.2866	0.2032	0.3831***	0.0217
α_3	0.1106	0.2122	-0.0855***	0.0322
α_4	0.3673*	0.1977	0.0244	0.0217
β_1	0.1221***	0.0465	—	—
β_2	0.1139**	0.0584	—	—

续表

	农户生产利润模型（Ⅰ）		农户生产利润模型（Ⅱ）	
	系数	标准误差	系数	标准误差
β_3	0.0410	0.0461	—	—
β_4	-0.0499	0.0378	—	—
γ_1	0.0129	0.0220	—	—
γ_2	-0.0463	0.0342	—	—
γ_3	-0.1972*	0.1176	—	—
γ_4	-0.1822***	0.0274	—	—
γ_5	-0.0245	0.0378	—	—
γ_6	-0.0094	0.0276	—	—
δ_1	0.0233**	0.0102	0.0229**	0.0103
δ_2	-0.0002*	0.0001	-0.0002*	0.0001
δ_3	0.1820***	0.0647	0.1900***	0.0657
ε_1	-0.2874***	0.0742	-0.3060***	0.0753
ε_2	-0.1327**	0.0590	-0.1270**	0.0599
η_1	0.1158	0.0952	0.0650	0.0842
η_2	0.1154	0.1308	0.0494	0.1130
η_3	0.3367**	0.1706	0.2554*	0.1485
η_4	0.2960	0.2175	0.2370	0.1990
η_5	0.4399*	0.2467	0.3690*	0.2296
η_6	0.7226***	0.2700	0.6551***	0.2608
η_7	0.3032	0.2977	0.3000	0.2947

注：*、**、*** 分别表示在10%、5%、1%的显著性水平上拒绝原假设；ε_1、ε_2 分别表示Ⅰ类、Ⅱ类地区虚拟变量回归系数；规模虚拟变量划分为 η_0（0—5亩）、η_1（0—5亩）、η_2（10—20亩）、η_3（20—50亩）、η_4（50—100亩）、η_5（100—150亩）、η_6（150—200亩）、η_7（200亩以上）8个组别，其中以 η_0（0—5亩）为参照项。

从农户粮食生产利润模型的估计结果看，大部分变量显著；模型（Ⅰ）调整后的 R^2 为 0.9023，模型（Ⅱ）调整后的 R^2 为 0.8967，模型拟合效果较好。

基于粮食产区农户生产利润模型（Ⅰ）和模型（Ⅱ）的估计结果显示，以农户经营面积 0—5 亩为参照项，经营规模在 20—50 亩、100—150 亩、150—200 亩的粮食种植户，其利润水平明显提升，其中粮食种植户 50—100 亩经营规模变量分别在 10% 的显著性水平上拒绝原假设。随着土地面积的不断扩大，超大规模经营户的相对利润水平下降。在当前的经济社会和技术条件下，如果以利润水平最大化为取向，粮食产区农户经营的适度规模大致应在 20—50 亩至 100—200 亩的区间内。这也说明，不同要素组合的效率，具有出明显的层次性。

从农户经营规模虚拟变量的系数值看，经营规模在 20—200 亩之间的 4 组农户的产出水平的排序依次为 η_6（150—200 亩）$>\eta_5$（100—150 亩）$>\eta_3$（20—50 亩）$>\eta_4$（50—100 亩），可见粮食产区农户经营的最优规模应在 150—200 亩之间。

权衡粮食种植产出最大化和利润最大化双重目标，同时统筹考量务农和务工收入关系，受访农户粮食种植的适度规模大致应在 100 亩—200 亩之间。

三、长江中下游区粮食生产经营的适度规模：以水稻为例

长江中下游区水稻种植户有效问卷为 723 份，其中湖南、湖北、江西、安徽、江苏样本数量分别为 194 户、292 户、78 户、99 户、60 户。人均纯收入为 6883 元，水稻生产纯收入约占粮食纯收入的 87%。样本农户耕地面积流转比例为 31.6%，户均经营耕地面积为 11.6 亩，水稻种植面积平均为 11.3 亩。水稻种植在样本农户粮食生产中占据主体地位，水稻播种面积约占粮食播种面积的 82%。从成本利润率看，样本农户水稻生产的总体成本利润率为 104.7%（表 7）。

表 7　　长江中下游区水稻种植户区域分布情况

变　量	湖南（N＝194）	湖北（N＝292）	江西（N＝78）	安徽（N＝99）	江苏（N＝60）	总体样本（N＝723）
家庭人均纯收入（元）	5660.2	5722.6	5852.2	8335.7	14475.2	6882.8
户均经营耕地面积（亩）	8.0	8.8	11.0	22.5	20.2	11.6
耕地面积转入比重（%）	10.1	26.5	42.8	49.5	29.2	31.6
户均水稻种植面积（亩）	11.2	9.2	11.7	16.1	13.5	11.3
水稻面积占粮食面积比重（%）	92.1	82.6	100.0	88.2	50.3	82.2
水稻成本利润率（%）	110.2	126.5	90.3	75.3	125.5	104.7
水稻利润占粮食利润比重（%）	91.3	84.2	99.9	93.5	69.8	86.5

样本农户土地经营规模也存在较大程度的差异，水稻种植面积平均为11.3 亩，其中，最低的为 0.5 亩，最高的为 500 亩。样本农户平均水稻单产为 839.7 斤/亩，亩均利润 478.7 元，亩均物质费用为 390.3 元，亩均雇工和土地转入费用为 120.5 元。从农户特征变量来看，样本农户户主平均年龄为 51.7 岁，受教育年限平均为 6.7 年，平均从事粮食生产的年限为 38.3 年（表 8）。

表 8　　水稻经营模型中变量的描述性统计特征①

变　量	平均值	标准差	最小值	最大值
水稻产量（斤）	9792.3	28434.4	300.0	430000.0
户均水稻利润（元）	6045.4	17760.2	6.0	213781.0
水稻亩均利润（元）	478.7	234.9	3.0	1254.7

① 1 公斤（千克）＝2 斤，下同。

续表

变 量	平均值	标准差	最小值	最大值
水稻单产（斤/亩）	839.7	217.2	120.0	1666.7
水稻面积（亩）	11.3	32.1	0.5	500.0
有效劳动（人）	0.7	0.9	0.0	7.1
物质费用（元）	4410.4	13104.1	0.0	200000.0
雇工和土地转入费用（元）	1361.9	10613.2	0.0	200400.0
户主生产经验（年）	38.3	11.9	0	76

随着经营规模的扩大，单产水平大致呈现“先升—后降”的“倒 U”形变化趋向，当农户经营规模在 100—150 亩、150—200 亩时，亩产分别达到 1105 斤、1127 斤。水稻种植户亩均利润随着经营规模的扩大，也大致呈现“先升—后降”的“倒 U”形变化趋向，当农户经营规模在 50—100 亩、100—150 亩时，亩均利润分别为 732 元、660 元。与经营规模在 20—50 亩的农户相比，200 亩以上的水稻种植户亩产和亩均利润分别低 67 斤和 71 元。

从户均水稻种植利润来看，当农户经营规模达到 50—100 亩、100—150 亩、150—200 亩、200 亩以上时，户均水稻种植利润分别达到 49856 元、73793 元、93361 元、157616 元。按照长江中下游区受访农户户均 4.4 人，其中户均外出务工人员 1.2 人，在家务农人员 3.2 人计算，在家人均水稻种植利润分别为 15580 元、23060 元、29175 元、49255 元（表 9）。

表 9　长江中下游区水稻适度规模经营的产出和利润比较

规模组别	亩均产量(斤)	户均利润(元)	亩均利润(元)	成本利润率(%)
0—20 亩	815	2294	455	107.7
20—50 亩	892	14753	551	113.7
50—100 亩	839	49856	732	182.3
100—150 亩	1105	73793	660	77.3

续表

规模组别	亩均产量(斤)	户均利润(元)	亩均利润(元)	成本利润率(%)
150—200 亩	1127	93361	567	61.5
200 亩以上	825	157616	480	83.3
总体样本	865	6045	534	104.7

从长江中下游区农户水稻投入产出和生产利润模型的估计结果看，大部分变量显著；模型（Ⅰ）调整后的 R^2 为 0.9608，模型（Ⅱ）调整后的 R^2 为 0.8664，模型拟合效果较好。

从生产要素的作用来看，耕地的作用显著且对水稻产出的弹性最大，劳动投入对水稻产出影响显著且弹性为正。农户特征变量户主生产经验（Exp_i）在统计上并不显著（表 10）。

表 10　长江中下游区农户水稻投入产出和生产利润模型回归结果

	农户投入产出模型（Ⅰ）		农户生产利润模型（Ⅱ）	
	系数	标准误差	系数	标准误差
λ	5.3720***	0.3517	4.6509***	0.8190
α_1	0.6126***	0.0618	0.4931***	0.1439
α_2	0.1515***	0.0234	0.5703***	0.0545
α_3	0.1521***	0.0424	0.0411	0.0988
α_4	0.0975***	0.0249	0.1116**	0.0579
δ_1	0.0125	0.0118	0.0657**	0.0274
δ_2	-0.0001	0.0001	-0.0007**	0.0003
δ_3	0.0781	0.0614	0.2391*	0.1429
η_1	0.1118	0.0805	0.1588	0.1875
η_2	0.1231	0.1125	0.5786**	0.2620

续表

	农户投入产出模型（Ⅰ）		农户生产利润模型（Ⅱ）	
	系数	标准误差	系数	标准误差
η_3	0.2622 *	0.1462	0.3406	0.3405
η_4	0.3049	0.2231	0.5602	0.5196
η_5	0.3101	0.1919	0.3772	0.4470

注：*、**、*** 分别表示在 10%、5%、1% 的显著性水平上拒绝原假设；规模虚拟变量划分为 η_0（0—20 亩）、η_1（20—50 亩）、η_2（50—100 亩）、η_3（100—150 亩）、η_4（150—200 亩）、η_5（200 亩以上）6 个组别，其中以 η_0（0—20 亩）为参照项。

从规模报酬来看，如果不考虑经营规模虚拟变量的影响，投入产出模型（Ⅰ）测算的土地、劳动、物质资本、其他流动资本的产出弹性分别为 0.6126、0.1515、0.1521、0.0975，规模报酬系数为 1.0137。通过联合假设检验对规模报酬不变的原假设进行了 Wald 检验，其 F 统计量为 105.636，在 1% 的显著性水平上拒绝原假设，存在显著的规模报酬递增现象。

与规模报酬递增形成鲜明对比的是，随着农户水稻生产规模的扩大，成本利润率却出现大幅下降的趋势。当农户经营规模在 50—100 亩时，水稻生产成本利润率最高为 182.3%，而当经营规模扩大到 100 亩以上时，成本利润率大致下降到 60%—80%。

基于投入产出模型（Ⅰ）的估计结果显示，以农户经营面积 0—20 亩为参照项，经营规模在 100—150 亩的水稻种植户，其产出水平出现显著上升，其他经营规模在统计上不显著。在当前的经济社会和技术条件下，如果以产出水平最大化为取向，长江中下游区水稻生产的最优规模应在 100 亩至 150 亩之间。

基于生产利润模型（Ⅱ）的估计结果显示，以农户经营面积 0—20 亩为参照项，经营规模在 50—100 亩的水稻种植户，其利润水平出现显著上升，其他经营规模在统计上不显著。在当前的经济社会和技术条件下，如果以利润水平最大化为取向，长江中下游区水稻生产的最优规模应在50亩至100亩之间。

在当前的经济社会和技术条件下，长江中下游区水稻种植的适度规模大致应在100亩左右。

四、黄淮海区粮食生产经营的适度规模：以小麦为例

黄淮海区小麦种植户有效问卷为604份，其中河南、山东、安徽、江苏样本数量分别为286户、182户、63户、73户。从农民收入看，样本农户总体人均纯收入为12649.1元，小麦生产纯收入约占粮食纯收入的48.8%。耕地面积流转比例为36.3%，户均经营耕地面积为39.0亩。小麦种植面积平均为23.9亩，约占粮食播种面积的52.8%。家庭用工不计入成本的情况下，小麦生产成本利润率为70.1%（表11）。

表11　　黄淮海区小麦种植户区域分布情况

变　量	河南（N=286）	山东（N=182）	安徽（N=63）	江苏（N=73）	总体样本（N=604）
家庭人均纯收入（元）	13671.5	12212.8	8060.2	13902.3	12649.1
户均经营耕地面积（亩）	56.1	25.1	13.3	28.7	39.0
耕地面积转入比重（%）	40.1	27.3	32.4	28.5	36.3
户均小麦种植面积（亩）	34.8	14.5	7.7	18.7	23.9
小麦面积占粮食面积比重（%）	53.7	51.3	53.4	49.4	52.8
小麦成本利润率（%）	64.7	88.9	117.1	61.8	70.1
小麦利润占粮食利润比重（%）	52.3	47.3	48.5	32.9	48.8

样本农户平均小麦亩产为819.7斤，亩均利润418.0元，亩均物质费用为476.0元，亩均雇工和土地转入费用为102.2元。从农户特征变量来看，样本农户户主平均年龄为51.0岁，户主年龄在50岁以上的农

户占50.8%；样本农户户主受教育年限平均为6.0年，户主初中及以下文化程度的农户占88.1%，平均从事粮食生产的年限为39.0年（表12）。

表12　小麦经营模型中变量的描述性统计特征

变　量	平均值	标准差	最小值	最大值
小麦产量（斤）	21304.6	84707.0	0.0	1900000.0
户均小麦利润（元）	9693.7	21934.4	6.8	219482.2
小麦亩均利润（元）	418.0	206.0	4.5	1051.9
小麦单产（斤/亩）	819.7	202.4	0.0	1417.5
小麦面积（亩）	23.9	91.0	0.5	2000.0
有效劳动（人）	0.8	0.8	0.0	5.2
物质费用（元）	11377.7	86063.1	0.0	2085751.6
雇工和土地转入费用（元）	2443.6	10272.3	0.0	194766.2
户主生产经验（年）	39.0	11.0	6.0	80

随着经营规模的扩大，小麦单产和亩均利润水平大致呈现“先升—后降”的“倒U”形变化趋向。当农户经营规模在20—50亩、50—100亩时，亩产分别达到952斤、962斤，亩均利润分别达到522元、509元。与经营规模在0—10亩的农户相比，200亩以上的小麦种植户尽管单产高76斤，但亩均利润低132元。

从户均小麦种植利润来看，当农户经营规模达到100—150亩、150—200亩、200亩以上时，户均小麦种植利润分别达到45141元、62894元、138026元。按照黄淮海区受访农户户均4.2人，其中户均外出务工人员0.8人，户均务农人员3.4人计算，在家务农人员人均小麦种植利润分别为13277元、18498元、40595元。

表 13　　黄淮海区适度规模经营的产出和利润比较

规模组别	亩均产量(斤)	户均利润(元)	亩均利润(元)	成本利润率(%)
0—10 亩	803	1667	411	117.3
10—20 亩	877	5521	441	107.9
20—50 亩	952	13780	522	98.9
50—100 亩	962	32584	509	84.7
100—150 亩	871	45141	416	79.1
150—200 亩	848	62894	395	85.2
200 亩以上	879	138026	279	36.4
总体样本	890	9694	405	70.1

从黄淮海区农户小麦投入产出和生产利润模型的估计结果看，大部分变量显著；模型（Ⅰ）调整后的 R_2 为 0.9903，模型（Ⅱ）调整后的 R_2 为 0.9019，模型拟合效果较好。

耕地的作用显著且对小麦产出的弹性最大，劳动投入对小麦产出影响显著且弹性为正，农户特征变量户主生产经验（Exp_i）在统计上并不显著（表 14）。

表 14　　黄淮海区农户小麦投入产出和生产利润模型回归结果

	农户投入产出模型（Ⅰ）		农户生产利润模型（Ⅱ）	
	系数	标准误差	系数	标准误差
λ	6.2768 ***	0.2413	9.0442 ***	0.9469
α_1	0.9356 ***	0.0459	1.5003 ***	0.1801
α_2	0.0401 ***	0.0101	0.3852 ***	0.0396
α_3	0.0414 *	0.0242	-0.3787 ***	0.0951
α_4	0.0652 ***	0.0136	-0.1196 **	0.0532

续表

	农户投入产出模型（Ⅰ）		农户生产利润模型（Ⅱ）	
	系数	标准误差	系数	标准误差
δ_1	-0.0009	0.0087	-0.0109	0.0341
δ_2	0.0000	0.0001	0.0001	0.0004
δ_3	0.0472	0.0516	0.3286*	0.2027
η_1	0.0144	0.0486	0.0644	0.1906
η_2	-0.0096	0.0653	0.2516	0.2564
η_3	-0.1125	0.0820	-0.0508	0.3219
η_4	-0.1914*	0.1011	-0.1800	0.3967
η_5	-0.2142*	0.1248	-0.3655	0.4897
η_6	-0.2934*	0.1552	-0.5500	0.6091

注：*、**、*** 分别表示在10%、5%、1%的显著性水平上拒绝原假设；规模虚拟变量划分为 η_0（0—10亩）、η_1（10—20亩）、η_2（20—50亩）、η_3（50—100亩）、η_4（100—150亩）、η_5（150—200亩）、η_6（200亩以上）7个组别，其中以 η_0（0—10亩）为参照项。

利用投入产出模型（Ⅰ）测算表明，土地、劳动、物质资本、其他流动资本的产出弹性分别为0.9360、0.0400、0.0414、0.0653，规模报酬系数为1.0828。通过联合假设检验对规模报酬不变的原假设进行了Wald检验，其F统计量为656.814，在1%的显著性水平上拒绝原假设。可见，黄淮海区小麦生产存在显著的规模报酬递增现象。

随着农户小麦生产规模的扩大，成本利润率却出现大幅下降的趋势。当农户经营规模在0—10亩时，小麦生产成本利润率最高为117.3%，而当经营规模扩大到100—150亩时，成本利润率下降到80%左右，当继续扩大到200亩以上时，成本利润率已经下降到不足40%。

以农户经营面积0—10亩为参照项，经营规模在100—150亩、150—200亩、200亩以上的小麦种植户，其产出水平开始出现显著下降。由此，可以初步判断，在当前的经济社会和技术条件下，如果以产出水平最大化为取向，黄淮海区小麦生产的适度规模不宜超过 100 亩。

基于生产利润模型（Ⅱ）的估计结果显示，以 20—50 亩为参照项，经营规模在 150—200 亩、200 亩以上的小麦种植户，其利润水平也开始出现显著下降（两组经营规模变量分别在 0.0954、0.0883 水平上显著）。如果以利润水平最大化为取向，黄淮海区小麦生产的适度规模以不超过 150 亩为宜。

在当前的经济社会和技术条件下，黄淮海区小麦种植的适度规模大致应在 100 亩左右。

五、东北平原区粮食生产经营的适度规模：以玉米为例

东北平原区玉米种植户有效问卷为 217 份，具有一定的地域代表性，其中黑龙江、吉林、辽宁、内蒙古样本数量分别为 67 户、41 户、11 户、98 户。样本户人均纯收入为 9553.3 元。样本农户玉米种植面积平均为 72.5 亩，耕地面积流转比例为 34.2%，户均经营耕地 72.5 亩，户均玉米种植面积 41.3 亩。玉米播种面积约占粮食播种面积的 90.9%，生产纯收入约占粮食纯收入的 85.7%。样本农户玉米生产的总体成本利润率为 91.0%（表 15）。

表 15　　东北平原区玉米种植户区域分布情况

变　量	黑龙江（N = 98）	吉林（N = 11）	辽宁（N = 41）	内蒙古（N = 67）	总体样本（N = 217）
家庭人均纯收入（元）	49681.4	28369.7	4709.6	8070.7	9553.3
户均经营耕地面积（亩）	132.8	44.1	6.8	50.6	72.5
耕地面积转入比重（%）	41.6	29.3	9.4	23.0	34.2
户均玉米种植面积（亩）	71.1	29.7	3.5	30.1	41.3
玉米面积占粮食面积比重（%）	88.1	84.1	63.7	100.0	90.9
玉米成本利润率（%）	75.7	112.6	456.7	123.0	91.0
玉米利润占粮食利润比重（%）	80.3	84.5	54.9	100.0	85.7

从农户特征变量来看，样本农户户主平均年龄为 47.5 岁，受教育年限平均为 6.0 年，平均从事粮食生产的年限为 36.5 年。样本农户平均玉米单产为 963.7 斤/亩，亩均利润 468.4 元，亩均物质费用为 297.4 元，亩均雇工和土地转入费用为 129.3 元（表 16）。

表 16　　玉米经营模型中变量的描述性统计特征

变　　量	平均值	标准差	最小值	最大值
玉米产量（斤）	43697.5	58131.0	400.0	420000.0
户均玉米利润（元）	16031.1	18585.2	250.0	111510.0
玉米亩均利润（元）	468.4	248.3	17.2	1142.9
玉米单产（斤/亩）	963.7	325.3	85.7	2142.9
玉米面积（亩）	41.3	45.3	0.5	315.0
有效劳动（人）	1.8	1.2	0.0	6.0
物质费用（元）	12281.5	16665.9	0.0	127575.0
雇工和土地转入费用（元）	5340.3	12232.0	0.0	77952.3
户主生产经验（年）	36.5	11.8	5.0	68.0

随着经营规模的扩大，玉米单产水平大致呈现“先升—后降”的“倒 U”形变化趋向，当农户经营规模在 100—150 亩、150—200 亩时，亩产分别为 1184 斤、1289 斤。亩均利润随着经营规模的扩大，呈现波动中趋降的态势，当农户经营规模在 0—50 亩时亩均利润为 478 元，在 100—150 亩时为 398 元/亩，之后下降。与经营规模在 0—50 亩的农户相比，200 亩以上的玉米种植户尽管亩产高 177 斤/亩，但是亩均利润低 248 元。

当玉米经营规模分别为 100—150 亩、150—200 亩、200 亩以上时，户均玉米种植利润分别达到 47586 元、57695 元、54213 元。按照东北平原区受访农户户均 3.7 人，其中户均外出务工人员 0.4 人，户均在家人员 3.3 人计算，在家人员人均玉米种植利润分别为 14420 元、17483 元、

16428 元（表 17）。

表 17　东北平原区玉米适度规模经营的产出和利润比较

规模组别	亩均产量(斤)	户均利润(元)	亩均利润(元)	成本利润率(%)
0—50 亩	962	9164	478	156.8
50—100 亩	1010	23713	360	75.0
100—150 亩	1184	47586	398	81.8
150—200 亩	1289	57695	326	65.9
200 亩以上	1139	54213	230	46.6
总体样本	1058	16031	388	91.0

从东北平原区农户玉米投入产出和生产利润模型的估计结果看，大部分变量显著；模型（Ⅰ）调整后的 R^2 为 0.9527，模型（Ⅱ）调整后的 R^2 为 0.7714，模型拟合效果较好。

从生产要素的作用来看，耕地的作用显著且对玉米产出的弹性最大，劳动投入对玉米产出影响显著且弹性为正，农户特征变量户主生产经验（Exp_i）在统计上并不显著（表 18）。

表 18　东北平原区农户玉米投入产出和生产利润模型回归结果

	农户投入产出模型（Ⅰ）		农户生产利润模型（Ⅱ）	
	系数	标准误差	系数	标准误差
λ	5.3328***	0.3470	6.5828***	0.7201
α_1	0.4648***	0.0886	0.6015***	0.1839
α_2	0.1793***	0.0400	0.5390***	0.0829
α_3	0.2876***	0.0474	0.0327	0.0984
α_4	0.1086***	0.0291	-0.0311	0.0605
δ_1	-0.0062	0.0121	0.0143	0.0251

续表

	农户投入产出模型（Ⅰ）		农户生产利润模型（Ⅱ）	
	系数	标准误差	系数	标准误差
δ_2	0.0001	0.0001	-0.0001	0.0003
δ_3	0.1917**	0.0993	0.5138**	0.2061
η_1	-0.0096	0.0774	-0.0399	0.1605
η_2	0.2186*	0.1221	0.0775	0.2533
η_3	0.2660	0.1685	0.1112	0.3498
η_4	0.3349*	0.1861	-0.1650	0.3863

注：*、**、*** 分别表示在10%、5%、1%的显著性水平上拒绝原假设；规模虚拟变量划分为 η_0（0—50亩）、η_1（50—100亩）、η_2（100—150亩）、η_3（150—200亩）、η_4（200亩以上）5个组别，其中以 η_0（0—50亩）为参照项。

利用投入产出模型（Ⅰ）进行测算表明，土地、劳动、物质资本、其他流动资本的产出弹性分别为0.4648、0.1793、0.2876、0.1086，规模报酬系数为1.0402。通过联合假设检验对规模报酬不变的原假设进行了Wald检验，其F统计量为29.527，在1%的显著性水平上拒绝原假设。可见，东北平原区玉米生产存在显著的规模报酬递增现象。

随着农户玉米生产规模的扩大，成本利润率却出现大幅下降的趋势。当农户经营规模在0—10亩时，玉米生产成本利润率最高为156.8%，而当经营规模扩大到100—150亩时，成本利润率下降到80%左右，当继续扩大到200亩以上时，成本利润率已经下降到不足50%。

以农户经营面积0—50亩为参照项，经营规模在100—150亩、200亩以上的玉米种植户，其产出水平出现显著提升，其中玉米种植户150—200亩经营规模变量在0.1180水平上显著。如果以产出水平最大化为取向，东北平原区农户玉米经营的适度规模应在100亩以上。

利用生产利润模型（Ⅱ）进行测算表明，以农户经营面积0—50亩为参照项，其他4组不同经营规模种植户的利润水平并无显著差异。如果以利润水平最大化为取向，东北平原区农户玉米生产的最优规模还有待于进一步验证。

在当前的经济社会和技术条件下，东北平原区玉米种植的适度规模大致应在 150 亩左右。

六、基本结论

一是过度分散的农业超小规模经营现阶段已经表现出显著的不适应性。粮食（水稻、小麦、玉米）生产在统计上均存在显著的规模报酬递增现象。单纯从规模报酬系数看，不同区域和品种规模报酬水平的排序依次为黄淮海区（小麦，1.0828）>东北平原区（玉米，1.0402）>总体粮食产区（粮食，1.0348）>长江中下游区（水稻，1.0137）。其中，从土地的产出弹性来看，排序依次为黄淮海区（小麦，0.9360）>长江中下游区（水稻，0.6126）>总体粮食产区（粮食，0.7101）>东北平原区（玉米，0.4648）；从劳动的产出弹性来看，排序依次为东北平原区（玉米，0.1793）>长江中下游区（水稻，0.1515）>总体粮食产区（粮食，0.0998）>黄淮海区（小麦，0.0400）；从物质资本的产出弹性来看，排序依次为东北平原区（玉米，0.2876）>长江中下游区（水稻，0.1521）>总体粮食产区（粮食，0.1520）>黄淮海区（小麦，0.0414）；从其他流动资本的产出弹性来看，排序依次为东北平原区（玉米，0.1086）>长江中下游区（水稻，0.0975）>总体粮食产区（粮食，0.0729）>黄淮海区（小麦，0.0653）。

二是规模经营“适度”标准，需要从多个角度进行平衡。在推进中国耕地规模经营的过程中要特别注意把握好规模的度，在实践中应当落在“适度”的合理区间。从总体粮食种植户以及长江中下游区（水稻）、黄淮海区（小麦）的情况看，随着农户经营面积的扩大，当规模达到一定程度之后，农户粮食（水稻、小麦）单产水平会出现较为明显的下降趋势。我国不同地域的自然条件和经济社会发展水平存在较大的差异性，农业生产经营规模的“适度”范围也不尽相同。确定经营规模的适度标准，应当考量土地资源禀赋及地形地貌、自然生产条件、当地工业化城镇化水平、机械化和社会化服务发展水平、农业生产者的经营管理能力、社会公平的关系等多个方面。如果权衡上述不同的政策取向，农户粮食（水稻、小麦、玉米）种植的适度规模大致以 100—200 亩为宜。不同地域和品种存在不同程度的差异性，其中长江中下游区水稻在 100 亩左右，黄淮海区小麦在 100 亩左右，东北平原区玉米在 150 亩左右。从土地资源禀赋看，按照推进规模化经营的适宜程度排序依次为东北平原区 > 黄淮海区 > 长江中下游区。推进适度规模经营绝不是一朝一夕所能完成的，即使作为条件较为成熟的东北平原区，依然需要转出半数以上的农业劳动力。因此，发展农业适度规模经营，不能一个模式“齐步走”，更不能搞“一刀切”的行政命令。

三是粮食生产劳动力不足的问题开始显现。现阶段粮食生产劳动力经验丰富，能够维持粮食生产正常进行。但分析表明劳动投入的弹性为正，能否增加劳动力投入已经成为影响粮食生产发展的重要因素。粮食生产劳动力年龄已经偏高，要积极培养新型职业农民，不断强化政策扶持和技术培训，不断优化要素配置，发挥人力资本在现代农业发展中的重要作用。

收入非农化对不同收入水平农户家庭粮食亩产的影响

——以河北省农户玉米生产为例

吴天龙

内容提要：改革开放为农户从事非农工作和非农经营带来了契机，农户收入非农化明显。本文基于 2014 年在河北省调研得到的 323 份农户数据，以农户玉米生产为例，分析了收入非农化对不同收入水平农户粮食产量的影响。研究发现收入非农化并没有对玉米亩产构成明显的负面影响，且对不同收入水平农户的影响具有一定差异：收入非农化对整体样本和收入水平较高农户的玉米亩产影响不显著，但与收入水平较低农户玉米亩产具有显著的正相关。另外，农业培训对农户增产也起到了显著的积极作用。

一、引　言

随着城镇化的稳步推进，农民在比较利益的驱动下不断涌入非农产业，非农收入逐渐成为农户收入的主要部分，且已成为“新常态”。以农户的工资性收入为例，工资性收入在 1983 年仅占农户总收入的 18.6%，到了 2013 年已经达到 45.3%①，提升了近 27 个百分点。

农户的非农趋势引发了社会各界对农村生活和农业生产的关注与担忧②，美国学者莱斯特·布朗在 1994 年就发表了《谁来养活中国》的文章，认为中国将面临粮食生产总量下降，但需求总量增加的危机③。同时，“空心村”、“386199 部队”等词也应运而生。但是从我国粮食生产的宏观数据上看，总产量并未受到影响，2004 年以来，我国粮食连续 12 年实现稳产、增产（见图 1），并且在许多省份都实现了粮食种植面积和亩产水平的双增长。

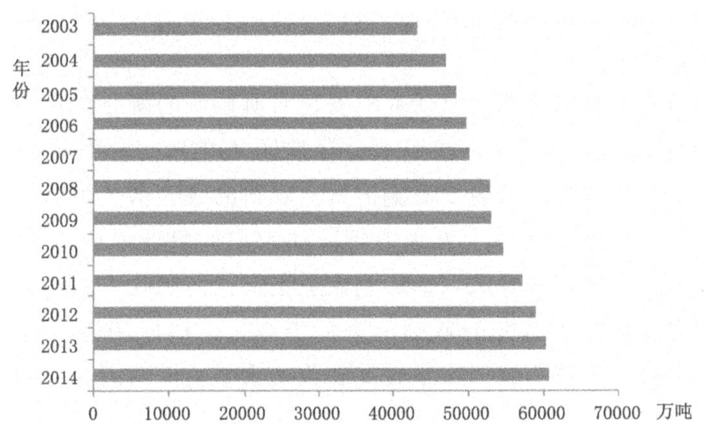

图 1 2003—2014 年我国粮食产量对比图

注：数据来源于国家统计局统计数据。

在已有的研究中，学者们围绕非农化和粮食安全问题取得了一定成果，并得出相应结论。有些研究发现非农化对农业生产具有负面影响，例

---

① 中华人民共和国国家统计局：《中国统计年鉴 2014》，中国统计出版社 2014 年版。

② 刘荣茂、马林靖：《农户农业生产性投资行为的影响因素分析——以南京市五县区为例的实证研究》，《农业经济问题》2006 年第 12 期。金榜：《农村职业分化状况及其社会影响》，《社会学研究》1986 年第 5 期。何建章：《我国所有制结构的调整和社会阶级结构的变化》，《社会学研究》1986 年第 1 期。

③ Brown Lester. *Who Will Feed China? Wake - Up Call for a Small Planet* [J]. Norton for the World Watch Institute, New York, 1994 (8): 48 - 50.

如钱文荣等（2010）通过实证研究发现收入非农化程度较高的农户田间管理松懈，导致水稻亩产下降①；Rozelle et al.（1999）也认为，非农产业给家庭带来的收入增加无法补偿劳动力流失所造成的损失②。也有学者认为收入非农化可以有效提高农户收入水平并缓解农户的家庭的信贷约束③，因此非农化对粮食生产具有正向影响④。还有一些学者认为收入非农化对粮食生产的影响并不显著⑤。不同学者观察问题的角度不同，再加上研究方法、数据来源和数据质量的差异，对非农化和粮食生产关系的研究结论存在很大差异。因此，有必要对收入非农化、土地规模化和农户农业生产的关系进一步深入研究，用更深入的研究和更新的实证数据进行验证和讨论。

总体来说，现有研究多是研究非农化对所调研的所有农户的农业生产的整体影响，而较少将农户按照某个标准区分开来，对不同群体分别研究，这无形中会忽略一些重要影响因素。农户的收入水平可以影响到其对待农业收入的态度，例如收入水平较高的农户如果非农收入占有很大比重，则可能因为忽视农业收入而影响农业生产，但是收入水平较低的农户则不会。本文在前人研究的基础上进一步细化，根据调研所得的农户数据，将样本农户区分为收入水平较高和收入水平较低两组，分别对其进行分析。

① 钱文荣、郑黎义：《劳动力外出务工对农户水稻生产的影响》，《中国人口科学》2010 年第 5 期。

② Rozelle, S., Thylor, J. E., &de Brauw, A. Migration, remittances and agricultural productivity in China. *American Economic Review*, 1999, 89 (2): 287 – 291.

③ 冯振东、惠宁：《农户家庭收入的着力点与方式选择：陕西证据》，《改革》2010 年第 8 期。

④ 黄祖辉、王建英、陈志钢：《非农就业、土地流转与土地细碎化对稻农技术效率的影响》，《中国农村经济》2014 年第 11 期。A. S. Oberal and H. K. ManmohanSingh. Migration, Production and Technology in Agriculture: a Case Study in the Indian Punjab [J]. *International Labor Review*, 1982 (3): 327 – 335.

⑤ Feng S, Heerink N. Are farm households' land renting andmigration decisions inter – related in rural China? [J]. *NJAS – Wageningen Journal of Life Sciences*, 2008, 55 (4): 345 – 362.

二、理论分析

根据二元结构理论，经济发展的早期，工业部门的经济扩张是国民经济发展的主要动力①。随着工业部门的发展，城市经济快速发展，城乡收入差距扩大。城市对劳动力需求不断增加，农村劳动力的机会成本也不断提高，如果农村劳动力从事农业所获得的收入低于机会成本，那么他们就有从事非农产业的动力。根据新劳动力流动经济学理论，农户家庭成员的机会成本并不相同，一般来说，年轻、受教育程度较高的劳动力机会成本较高，而年老、受教育程度较低的劳动力机会成本较低，因此只要从事农业生产的收入在家庭劳动力机会成本最高和最低两个人之间的时候，农户家庭就有可能让机会成本高的劳动力从事非农行业，而劳动力成本地的劳动力从事农业生产，这也符合农户家庭利润最大化理论。

农户非农化一方面降低了农业劳动力供给，但是另一方面也增加了农户收入，让农户有机会利用资本替代劳动力保证粮食生产。但是非农收入的增加是否真正用于改善农户农业生产，改善的效果如何，取决于农户对农业收入的重视程度。根据收入的边际效用递减原理，收入水平越低的农户收入的边际效用越高，收入水平越高的农户收入的边际效用越低，因此，可能是收入水平较低的农户更有可能因为收入非农化而改善生产。

三、数据、变量与模型

（一）数据来源

本文数据来源于河北省小麦、玉米主产区，为2013年河北农户玉米生产数据，调研时间为2014年9月—2014年11月，采用的是随机取样法。共发放问卷356份，获得有效问卷323份。

河北省是我国的产量大省，玉米产量是该省最重要的粮食作物。2013

---

① Lewis, W. A. Economic development with unlimited supplies of labor. The Manchester School, 1954, 22 (2), 139 – 191.

年河北省共生产粮食 3365 万吨，占比达到全国粮食产量的 5.6%，其中玉米产量为 1704 万吨，占河北省粮食总产量的 50.6%。因此，以河北省农户的玉米生产为例分析收入非农化对农户粮食生产的影响具有一定的代表性。

数据来源于河北省的 7 个地级市（石家庄市、廊坊市、唐山市、衡水市、邢台市、邯郸市、沧州市）中的 29 个村庄，样本农户所在村庄人均年收入最低的为 4500 元，最高的为 13168 元，对比河北省农村家庭人均收入 9101 的水平，分布比较均匀，高、中、低层次均涵盖在内。

（二）变量选择与模型设定

文章以柯布—道格拉斯生产函数为基础构建估计模型，柯布—道格拉斯生产函数可以表示为：

$$Y = L^{\alpha} K^{\beta} \mu \tag{1}$$

式中 L 是投入的劳动力数量，K 是投入的资本量，α 和 β 则分别是劳动力和资本的产出弹性系数，μ 是随机干扰项。同时，本文还考虑到了其他一些因素对玉米产量的影响：

第一，为了考察收入非农化对玉米产量的影响需在模型中加入代表收入非农化和土地规模化的解释变量。收入非农化用非农收入占农户总收入的百分比表示，取值区间为 0—1，越即接近 1，其非农收入占比越高，也就是收入非农化程度越高。

第二，农户经营的土地规模。农户经营的土地规模的大小代表了农户的土地资源禀赋，对农户粮食生产具有一定影响，因此选为控制变量之一，用农户实际耕种的土地面积表示。

第二，农户的家庭行为决策很大一部分来自于户主，因此户主的个人情况对农业生产构成一定影响。其中：户主的年龄可以在一定程度上代表农户的生命周期，并反映出农户农业生产的经验水平；同样可以反映农户经验水平的还有是否参加过农业培训，一般认为参加过农业培训的农户经验更加丰富，对玉米亩产增加有利，本文用虚拟变量表示，如果没有参加过农业培训则变量取值为 0，如果参加过农业培训，则取值为 1。

第三，地区变量中，所在村庄收入水平和村庄距离县城距离都有可能对农户的玉米生产构成影响：越是经济发达的地区，其非农产业的发展可能越发达，农户从事非农产业所获得的收益越大，即农户从事农业生产的机会成本就越高，农户对农业生产的重视度可能会下降，村庄收入水平用农户所在村庄人均收入为代表；村庄与县城的距离可以对农户购买农业生产资料和兼顾务工、务农构成一定影响。

在考虑到上诉因素影响的基础上，本文建立多元回归的计量模型分析收入非农化、土地规模化对农户玉米产量的影响。建立模型如下：

$$LnY = \alpha_0 + \alpha_1 N + \alpha_2 Acr + \alpha_3 Age + \alpha_4 T + \alpha_5 LnS + \alpha_6 LnC + \alpha_7 LnP + \alpha_8 LnL + \alpha_9 M + \alpha_{10} F + \alpha_{11} O + \alpha_{12} Loc + \alpha 1_3 D + \varepsilon \quad (2)$$

其中，Y 为因变量，是玉米亩产（公斤/亩），N 是农户非农收入占比，Acr 是农户实际耕种的耕地面积（亩），Age 是户主年龄，T 是户主是否接受过农业培训，S 是亩均种子投入（元/亩），C 是亩均化肥投入（元/亩），P 是亩均农药投入（元/亩），M 是亩均机械投入（元/亩），O 是亩均其他投入（元/亩），L 是亩均投入劳动力天数（天/亩），F 是亩均固定资产原值折旧（元/亩）Loc 是农户所在村人均收入水平（元/户），D 是农户所在村距离县城距离（公里）。α_1、α_2、α_3、α_4、α_5、α_6、α_7、α_8、α_9、α_{10}、α_{11}、α_{12}、α_{13}、分别是各个自变量的相关系数（见表 1、表 2、表 3）。

从表 1、表 2、表 3 中可以看出非农收入已经农户收入的最重要组成部分，农户家庭 66% 的收入都来自农业之外；农户平均玉米生产规模较低，户均实际经营土地面积为 6.16 亩，其中贫穷农户户均面积 5.08 亩，收入水平较高农户户均面积 7.65 亩。玉米生产中最主要的两块投入是化肥和机械，分别是 127.83 元/亩和 124.80 元/亩，收入水平较低农户为 124.83 元/亩和 127.36 元/亩，收入水平较高农户为 108.21 元/亩和 121.29 元/亩。机械主要是替代人力，单从产出上来说机械投入的增加不一定会增加玉米产量，而化肥的使用则可能对增产起作用。户主的平均年龄是 52.15 岁，其中收入水平较低农户户主平均年龄 50 岁，收入水平较高农户户主平均年龄 55.12 岁。多数户主都没有参加过农业培训。村庄离最近的县城最近距离平均为 18. 17 公里，其中收入水平较低农户距离县城距离平均为 19. 37 公里，收入水平较高农户距离县城距离平均为 16. 51 公里，这表示：距离县城较远的农户相对收入水平比较低，而距离县城较近的农户相对收入水平较高。

表 1　　相关变量的含义及描述性统计分析（全体样本）

类　别	变量名称	变量的含义和单位	均值	标准差
被解释变量	玉米亩产	玉米的亩均产出（公斤/亩）	560. 07	61. 31
解释变量	非农收入占比	农户当年非农收入占农户总收入的百分比	0. 66	0. 26
控制变量	耕种面积	农户当年实际耕种的玉米亩数	6. 16	6. 51
	户主年龄	数户主当年的实际年龄	52. 15	11. 17
	是否参与过农业培训	1 = 参加过；0 = 没参加过	0. 20	0. 40
	种子	亩均投入种子花费（元/亩）	47. 70	16. 49
	化肥	户主家庭亩均化肥投入（元/亩）	117. 83	40. 48
	农药	户主家庭亩均农药投入（元/亩）	20. 59	10. 97
	劳动力	户主家庭亩均劳动力投入天数（天/亩）	8. 78	5. 23
	机械	数户主家庭亩均机械投入（元/亩）	124. 80	48. 76
	固定资产	户主家庭年末生产性固定资产原值折旧以后除以实际种植面积（元/亩）	39. 77	70. 36
	其他投入	户主家庭亩均其他投入（元/亩）	58. 25	52. 57
	村庄收入	农户所在村庄人均纯收入	7494. 10	1957. 20
	离县城距离	农户所在村距离县城公里数	18. 17	12. 96

表 2　相关变量的含义及描述性统计分析（收入水平较低农户）

类　别	变量名称	变量的含义和单位	均值	标准差
被解释变量	玉米亩产	玉米的亩均产出（公斤/亩）	561.18	62.98
解释变量	非农收入占比	农户当年非农收入占农户总收入的百分比	0.61	0.27
控制变量	耕种面积	农户当年实际耕种的玉米亩数	5.08	3.42
	户主年龄	数户主当年的实际年龄	50.00	12.26
	是否参与过农业培训	1 = 参加过；0 = 没参加过	0.193	0.40
	种子	亩均投入种子花费（元/亩）	50.41	17.32
	化肥	户主家庭亩均化肥投入（元/亩）	124.83	42.06575
	农药	户主家庭亩均农药投入（元/亩）	20.87	10.10
	劳动力	户主家庭亩均劳动力投入天数（天/亩）	9.56	5.68
	机械	数户主家庭亩均机械投入（元/亩）	127.36	48.53
	固定资产	户主家庭年末生产性固定资产原值折旧以后除以实际种植面积（元/亩）	34.97	75.38
	其他投入	户主家庭亩均其他投入（元/亩）	61.61	57.15
	村庄收入	农户所在村庄人均纯收入	7536.29	2094.26
	离县城距离	农户所在村距离县城公里数	19.37	13.00

表 3　　相关变量的含义及描述性统计分析（收入水平较高农户）

类　别	变量名称	变量的含义和单位	均值	标准差
被解释变量	玉米亩产	玉米的亩均产出（公斤/亩）	558.54	59.13
解释变量	非农收入占比	农户当年非农收入占农户总收入的百分比	0.74	0.24
控制变量	耕种面积	农户当年实际耕种的玉米亩数	7.65	9.02
	户主年龄	数户主当年的实际年龄	55.12	8.65
	是否参与过农业培训	1 = 参加过；0 = 没参加过	0.21	0.41
	种子	亩均投入种子花费（元/亩）	43.98	14.54
	化肥	户主家庭亩均化肥投入（元/亩）	108.21	36.18
	农药	户主家庭亩均农药投入（元/亩）	20.21	12.10
	劳动力	户主家庭亩均劳动力投入天数（天/亩）	7.71	4.33
	机械	数户主家庭亩均机械投入（元/亩）	121.29	49.03
	固定资产	户主家庭年末生产性固定资产原值折旧以后除以实际种植面积（元/亩）	40.84	56.07
	其他投入	户主家庭亩均其他投入（元/亩）	53.63	45.32
	村庄收入	农户所在村庄人均纯收入	7436.10	1757.31
	离县城距离	农户所在村距离县城公里数	16.51	12.75

（三）模型估计结果与解释

首先，使用 stata 软件对全体农户玉米生产的数据进行估计，并修正异方差，结果见表 4.8 中的模型一。为了进一步明确农户收入水平对模型估计产生的影响，又将所有农户按照纯收入水平分为收入水平较低农户和收入水平较高农户两部分，收入低于样本平均值的农户定义为收入水平较低农户，收入高于样本平均值的农户定义为收入水平较高农户。共有收入水平较低农户 187 户，收入水平较高农户 136 户。

以公式 2 为模型分别对收入水平较低农户和收入水平较高农户样本进行回归分析，得到模型二和模型三（结果见表 4）。

表 4　　收入非农化农户玉米产量的影响的估计结果

	Ln（农户亩均玉米产出）		
	模型一（整体农户）	模型二（收入水平较低农户）	模型三（收入水平较高农户）
常数项	5.811(0.101)	5.924(0.152)	5.801(0.151)
非农收入比(%)	0.036(0.027)	0.078(0.037)**	-0.044(0.043)
耕种面积(亩)	0.003(0.001)***	0.0007(0.004)	0.002(0.001)
户主年龄(年)	-0.0001(0.0005)	0.0006(0.0007)	-0.0008(0.0008)
是否参与过农业培(0,1)	0.049(0.017)***	0.044(0.022)**	0.0556(0.0268)***
Ln 种子(元/亩)	0.020(0.020)	-0.0008(0.0305)	0.0366(0.028)
Ln 化肥(元/亩)	0.072(0.019)***	0.055(0.029)*	0.088(0.026)***
Ln 农药(元/亩)	-0.0004(0.0008)	-0.0003(0.001)	-0.0004(0.0007)
Ln 劳动力(天/亩)	0.007(0.013)	-0.007(0.021)	0.006(0.017)
机械(元/亩)	-0.00002(0.0001)	-0.00002(0.0002)	-0.0001(0.0002)
固定资产(元/亩)	0.00005(0.00006)	0.0001(0.00008)	-0.00008(0.0001)
其他投入(元/亩)	-0.0001(0.0001)	-0.0002(0.0002)	2.55e-06(0.000216)
村庄人均收入(元)	8.14e-06(2.73e-06)***	0.00001(3.94e-06)***	7.27e-06(5.11e-06)
离县城距离(公里)	-0.0003(0.0006)	-0.0005(0.0008)	-0.001(0.001)

数据来源：stata 软件分析结果（其中 *** 表示在 1% 的置信水平显著，** 表示在 5% 的置信水平显著，* 表示在 10% 的置信水平显著）。

通过表 4，我们可以得到如下估计结果：

第一，非农收入占比在模型二中回归系数为正数，且通过 5% 水平的显著性检验，说明收入非农化对整体样本和收入水平较高农户的玉米亩产影响不显著，但与收入水平较低农户玉米亩产具有显著的正相关。在模型一中，非农收入比的符号为正，在模型三中非农收入比的符号为负，虽然都没有通过显著性检验，但是也大体上看出一定的趋势，也就是说，收入水平较低农户中收入非农化程度较高的和收入水平较高农户中专业化程度较高的农户的玉米亩产较高。可能的原因是：收入水平较低农户和收入水平较高农户在收入非农化以后对待农业生产的态度差异较大。收入非农化对农业生产不利的方面是可能造成劳动力的流失和因收入增加而对农业生产的不重视，有利的方面是可以让农户增收和通过多领域的交流获得更广博的经验技能。对于收入水平较低农户来说，因为收入的增加对其具有更大的边际效应，因此收入水平较低农户无论收入非农化程度如何都会重视农业生产，非农化程度较高的收入水平较低农户更有可能通过获得更多的流动资金和管理经验改善农业生产，进而提高玉米产量，因此出现收入非农化程度高的农户玉米产量更高的现象。对于收入水平较高农户来说，收入非农化程度较低的农户一般经营较大面积的土地，进行专业化生产，这类农户拥有丰富的经验和专业的技能，其农业投入和管理水平都较为合理，有力与提高亩产；收入水平较高农户中收入非农化程度高的农户则由于收入的增加而降低了他们对农业产出的期望，因此投入和管理上都可能会比较松懈，进而影响玉米产量。

第二，控制变量中农户实际耕种面积在模型一中回归系数为正数，且通过 1% 水平的显著性检验，在模型二和模型三中都没有通过显著性检验，但是回归系数均为正数。所以从整体上来看，农户土地及经营面积的增加有利于玉米单产的提高。可能的原因是：土地面积较大的农户，其农业总产出相对较大，因此会对农业生产更加重视；农户经营规模普遍较小，在这种规模范围内存在规模效益。

第三，户主是否参加过农业培训在模型一、模型二、模型三中的回归系数均为正数，且通过显著性检验，其中在模型一和模型三中通过1%水平的显著性检验，在模型二中通过5%水平的显著性检验。这说明农业培训对于提高玉米亩产具有显著正相关。可能的原因有两个：首先，农业培训可以增加农民的农业生产知识，提高农户的农业技能，而农户生产知识的增加和农业技能的提升有利于改善农业生产。其次，能够去参加农业培训的农户，其本身对农业的关注度就高于没有参加过农业培训的农户，他们对农业生产更加关心，对增加玉米亩产的期望更高。

第四，化肥投入变量在模型一、模型二、模型三中的回归系数均为正数，且通过显著性检测，其中在模型一和模型三中通过1%水平的显著性检验，在模型二中通过10%水平的显著性检验。这说明化肥投入对于提高玉米亩产具有显著正相关，在当前化肥使用量下增加化肥投入可以提高玉米产量。在模型二中，化肥使用量对玉米产量影响的显著度低于模型一和模型三，也就是说，在收入水平较低农户中化肥使用量和玉米亩产的相关性低于全体样本和收入水平较高农户。这可能是因为收入水平较低农户对玉米的化肥投入水平较高，增加化肥投入的增产效果不如其他两组农户。从统计数据中可以看到，收入水平较低农户在玉米生产中投入化肥金额为124.83元/亩，高于全体农户的117.83元/亩，高于收入水平较高农户的108.21元/亩。

第五，村庄人均纯收入在模型一和模型二中回归系数为正数，且通过1%水平的显著性检验，这说明对于整体样本和收入水平较低农户来说村庄的人均收入水平与玉米亩产正相关。可能的原因：一是经济发达的地区有更充足的物质资本和更丰富的农业技术信息来源，更有利于农户改善生产过程较为简单、对劳动力需求较为集中的玉米的农业生产，且收入水平较低农户对提高农业生产的愿望比较强烈，环境条件的改善有利于他们改善玉米生产。二是在走访中发现，在经济比较发达的地区，有些农户会放弃种植小麦，改“小麦—玉米”两熟为单季的玉米种植，种植单季作物可以让土地在冬季休耕，有利于提高地力，进而增加玉米亩产。而村庄人均收入在模型三，也就是收入水平较高农户群体中没有通过显著性检验的原因有可能是：收入水平较高农户组成呈现两极分化，要么是非农收入很高的殷实户，要么是农业收入很高的专业户，他们对农业生产的态度已经比较固定，受到资金面和技术面的影响相对较小。

四、结论和建议

（一）研究结论

综合上述研究，可以得到以下结论：

1. 非农收入已经成为农户的主要收入

非农收入的增加是大多数农户收入增长的主要动力，样本农户中农户收入的 66% 都来自于非农收入。由于劳动力转移还存在一定空间①，因此预期短期内多数农户无法完全脱离农业，小农户在未来的较长一段时间里还是我国农业生产的最大主体，并且小农户的非农收入比可能会进一步提高。

2. 收入非农化没有降低农户粮食产量，对不同收入水平农户的影响具有显著差异

总体上说是与收入水平较低农户作物产量提高具有正相关，与收入水平较高农户作物产量提高具有负相关。即收入水平较高的农户中专业化程度较高的农户玉米亩产较高，收入水平较低农户中非农化程度较高的农户亩产较高。

3. 控制变量中户主的表现不同

户主是否参加过农业培训、化肥使用量以及农户所在村庄人均收入水平均与粮食产出具有显著的正相关。

（二）政策建议

1. 鉴于收入非农化并没有对粮食产量构成明显的负面影响，暂时还不需要限制农业劳动力的非农化转变

从世界角度来看，我国农业从业人口所占比例仍然较大，暂时没有必

① 童玉芬、朱延红、郑冬冬：《未来 20 年中国农村劳动力非农化转移的潜力和趋势分析》，《人口研究》2011 年第 4 期。

要限制农户的非农化。

2. 适度引导，帮助农民自我定位

在信息不对等的情况下，农户的非农化倾向往往存在一定的盲目性，所以应该适度引导，帮助农民找到自己的位置，适合放弃农业的则放弃农业，适合从事农业的就做职业农民，适合兼业的就继续兼业。

3. 加大农业培训力度，增加农业培训覆盖面

研究表明农业培训对农户增产起到了积极的证明作用，但是参加过农业培训的农户比例并不高，因此有必要加大农业培训力度，而且要保证培训的有效覆盖。

4. 加大金融支农力度

研究中发现，收入水平较低的农户获得非农收入后，其增产效果明显，这说明，一部分农户的农业生产收到了资金流动性的限制，因此应该加大金融支持力度缓解特定农户的资金压力，以保证农业生产的顺利进行。

参考文献

[1] 中华人民共和国国家统计局：《中国统计年鉴 2014》，中国统计出版社 2014 年版。

[2] 刘荣茂、马林靖：《农户农业生产性投资行为的影响因素分析——以南京市五县区为例的实证研究》，《农业经济问题》2006 年第 12 期。

[3] 金榜：《农村职业分化状况及其社会影响》，《社会学研究》1986 年第 5 期。

[4] 何建章：《我国所有制结构的调整和社会阶级结构的变化》，《社会学研究》1986 年第 1 期。

[5] Brown Lester. *Who Will Feed China? Wake - Up Call for a Small Planet* [J]. Norton for the World Watch Institute, New York, 1994 (8): 48 - 50.

[6] 钱文荣、郑黎义：《劳动力外出务工对农户水稻生产的影响》，《中国人口科学》2010 年第 5 期。

[7] Rozelle, S. , Thylor, J. E. , &de Brauw, A. Migration, remittances and agriCultural Productivity in China. *American Economic Review*, 1999, 89 (2): 287 -291.

[8] 冯振东、惠宁：《农户家庭收入的着力点与方式选择：陕西证据》，《改革》2010 年第 8 期。

[9] 黄祖辉、王建英、陈志钢：《非农就业、土地流转与土地细碎化对稻农技术效率的影响》，《中国农村经济》2014 年第 11 期。

[10] A. S. Oberal and H. K. ManmohanSingh. Migration, Production and Technology inAgriculture: a Case Study in the Indian Punjab [J]. *International Labor Review*, 1982 (3): 327 -335.

[11] Feng S, Heerink N. Are farm households' land renting andmigration decisions inter - related in rural China? [J]. *NJAS - Wageningen Journal of Life Sciences*, 2008, 55 (4): 345 -362.

[12] Lewis, W. A. Economic development with unlimited supplies of labor. The Manchester School, 1954, 22 (2), 139 -191.

[13] 童玉芬、朱延红、郑冬冬：《未来 20 年中国农村劳动力非农化转移的潜力和趋势分析》，《人口研究》2011 年第 4 期。

中国大豆加工业真的存在危机吗?

——基于产能过剩与产能扩张“悖论”的思考

朱满德　徐雪高　李　宾

内容提要：通过对我国大豆加工业的分析，发现当前我国大豆加工业呈现加工产能快速扩张、加工布局向沿海港口转移、加工企业向规模化集团化发展、加工水平向食品和精深加工转变等特征，并形成跨国企业、国有企业和民营企业三足鼎立的格局，表明我国大豆加工业正朝着健康的方向发展。但现阶段我国大豆加工行业既有整体产能过剩、原料过于依赖进口等全局性问题，也有主产区加工企业开工率低、内资企业抗风险能力不足等局部性问题。从未来发展看，今后要严格控制新增产能，加快淘汰低效产能，培育壮大国内加工企业，支持向大豆精深加工转型升级。

1996年，我国开始由大豆净出口国转变为净进口国。自此以后，我国大豆进口量持续迅猛增长，由1996年111万吨、2000年1042万吨快速增长到2010年5480万吨，2014年已达到7140万吨，创下历史最高纪录。此间，大豆产业“危机”一直喧嚣尘上，大量进口大豆严重危害我国大豆种植业，造成国产大豆生产萎靡不振（刘登高，2010）；跨国企业凭借对进口大豆货源的垄断频繁冲击中国大豆加工业，造成国内大豆加工企业生存举步维艰乃至大量倒闭，国外资本乘机控制中国大豆加工产业链，垄断市场和操纵价格（邓家琼，2009；孙红、郝治军，2009；郭清保，2013），中国大豆全产业链已经陷入全面危机（徐宏源，刘武兵，2012；潘文华、徐世卫，2014）。我国大豆加工业真的存在危机吗？大豆加工业的本质问题是什么？本文以大豆加工业发展的历史演变轨迹为证据，来回答上述问题，并结合今后的机遇与挑战，提出促进我国大豆加工业持续健康发展的政策建议。

一、中国大豆加工业发展变化轨迹——真的存在“危机”吗

最近 10 多年，我国大豆加工业取得显著发展，大豆加工产能、加工布局、企业结构等均发生重要变化，具体表现为：

（一）大豆加工产能快速扩张

伴随经济发展和居民收入增长，我国食品消费结构升级加快，对食用植物油、肉蛋奶等消费快速增长，带动我国大豆加工业的迅速发展。特别是 1999 年，外国资本开始进入中国大豆加工领域，我国大豆加工行业由此迈入快速发展阶段。2000 年，我国大豆日加工能力①仅 6.4 万吨，年加工能力约 2000 万吨；2004 年，日加工能力增加到 20.2 万吨，年加工能力达 5900 万吨。2010 年，我国大豆加工行业的设计产能已突破 1 亿吨/年；2012 年为 1.39 亿吨/年；2014 年达到 1.47 亿吨/年（图 1）。2000—2014 年，我国大豆年加工能力增加近 1.3 亿吨，年均增长近千万吨；尽管 2005 年国家发展和改革委员会就发出大豆加工产能过剩的预警，并于 2008 年开始严格控制加工产能扩张，但 2009 年以来，每年新增产能仍超过 1000 万吨，其中 2012 年达到 1500 万吨。

① 中国大豆加工业主要以大豆压榨为主。如不作特别说明，均指大豆压榨行业。

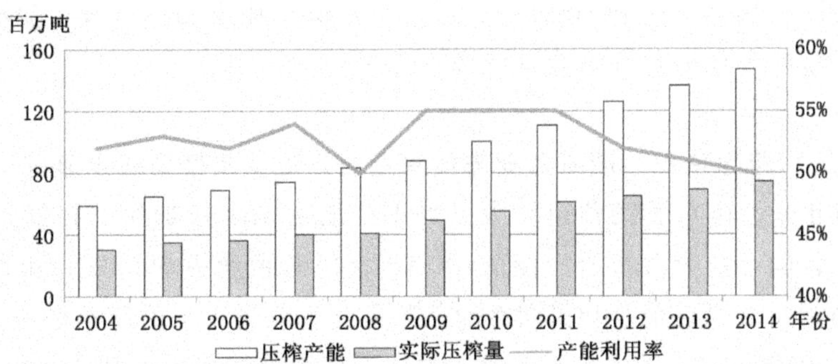

图 1　中国大豆压榨产能及产能利用率

数据来源：周学军：《中国压榨行业展望》，2014 年第九届国际油脂油料大会（CIOC2014），中国大连，2014－11－06，http：//www. dce. com. cn/portal/cate? cid ＝1258078152100。

（二）加工布局向沿海港口转移

2004 年以前，我国大豆加工业主要布局在大豆主产区，相对集中在黑龙江；但现阶段已经逐步转移到沿海港口地区。2009 年，东北大豆主产区黑龙江日加工能力 200 吨以上的油脂企业达到 88 家，加工产能 5. 4 万吨/日；吉林日加工能力 1000 吨以上的油脂企业 7 家，加工产能 0. 78 万吨/日。沿海港口的山东日加工能力 500 吨以上的油脂企业 19 家，加工产能达 5. 53 万吨/日，已经超过黑龙江；江苏日加工能力 1000 吨以上的 8 家、加工产能 3. 6 万吨/日，广东 11 家、加工产能 3. 4 万吨/日，京津冀 5 家、加工产能 2. 45 万吨/日，辽宁 13 家、加工产能 1. 93 万吨/日[①]。近年大豆加工产能扩张仍在继续，2014 年山东占到全国大豆加工产能的 19. 6%，位居第 1；广东、江苏、辽宁的大豆加工产能也都超过黑龙江。与 2009 年相比，2014 年山东（19. 6%）、华南地区（30. 6%）、华北地区（14. 8%）占全国大豆加工产能的比重有所上升，而长江流域（22. 1%）、

① 高春来：《大豆压榨业“三足鼎立”产能过剩仍是行业特征》，《粮油市场报》，2010 年 4 月 12 日。

东北地区（10.5%）和内陆地区（2.5%）所占比重明显下降，显示出大豆加工布局进一步向沿海港口转移的特征。

（三）跨国企业、国有企业与民营企业三足鼎立格局逐步形成

近年来，国有和民营企业大豆加工产能扩张步伐加快。特别是2009年以来，国有企业占新增产能的45.3%，民营企业占39.3%，由此形成了跨国企业、国有企业和民营企业三足鼎立、三分天下的基本格局。数据显示，2000—2007年，跨国企业在中国大豆加工产能中的比重不断增加，2000年为9%，2007年增加到48%。但2008年以来，跨国企业的比重逐步下降，内资企业特别是国有企业的比重快速增加。2009年跨国企业占全国大豆加工产能的比重为40.3%，内资企业占59.7%，其中国有企业占27.2%①；2010年跨国企业的比重下降到37.2%，内资企业提高到62.8%，其中国有企业占30.3%；2014年跨国企业比重进一步下降到31.6%，内资企业达到68.4%，其中国有企业占33.6%，民营企业占34.9%，均超过跨国企业的产能比重（31.5%）。这意味着跨国企业在我国大豆加工产能上并不具有垄断地位。

（四）大豆加工企业规模化和集团化趋势明显

20世纪90年代，我国大豆加工企业规模普遍较小，日加工能力集中在30—100吨；随着跨国企业进入中国大规模收购兼并、国有粮油集团快速扩张，行业资源进一步整合，企业规模快速扩大。如2000年日加工大豆2000吨的油脂企业仅6家，2007年已增加到91家。2008年，全世界11家日加工6000吨以上的油脂企业，其中5家在中国，即江苏张家港东海粮油（12500吨/日），广西防城港大海油脂（7500吨/日），河北秦皇岛金海油脂（7000吨/日），连云港益海油脂（6000吨/日）和河北三河汇福粮油（6000吨/日）。我国单体油脂加工企业的规模也从2000年日加

① 朱晶、李天祥、李琳：《外资进入对我国大豆油脂加工业形成垄断了吗？——基于市场力量与市场绩效的考察》，《农业经济》2014年第1期。

工 300 吨增长到 2012 年日加工 3000 吨。2012 年底，国内排位前 15 位的油脂加工企业年加工能力达 8800 万吨，占全国大豆加工产能的 69%，其中内资企业 9 家，年加工能力 4830 万吨，占到全国大豆加工产能的 37.7%，呈现明显的规模化发展和集团化发展趋势。如，益海嘉里集团年加工能力 1781 万吨（占全国加工产能的 13.9%，下同）、中粮集团 1157 万吨（9.04%）、九三粮油工业集团 978 万吨（7.65%）、邦吉集团 898 万吨（7.02%）、山东渤海油脂工业有限公司 726 万吨（5.68%）。其中排位前 10 位大豆加工企业加工能力占全行业的比重，2000 年为 35.4%，2007 年为 57.5%，2012 年提高到 60.6%，产业集中度显著提升。

（五）大豆食品加工和精深加工快速发展

近年国产大豆加工逐步向食品加工、精深加工转变，国产非转基因大豆加工的大豆蛋白、豆制食品、保健食品、磷脂产品等不断研发并快速推向市场。特别是大豆食品蛋白加工在我国已成为一个新兴产业，2011 年我国专门从事大豆食品蛋白加工的企业近 60 家，规模以上的有影响力的企业约 20 家，加工产能为 60 万吨，出口国家或地区 60 多个，出口量已占世界市场份额的 50%。据国家粮油信息中心数据显示，国产大豆食用及工业消费由 2001 年约 700 万吨稳定增加到 2014 年 1080 万吨，2014 年已占到国产大豆产量的 90% 以上。

以上分析显示，10 多年来，我国大豆加工产能快速扩张，加工布局由大豆产区向沿海港口转移，加工企业向规模化和集团化发展，逐步形成跨国企业、国有企业和民营企业三足鼎立的格局，国产大豆加工加快向食品加工和精深加工转变，意味着我国大豆加工业正朝着健康的方向发展。

二、中国大豆加工业发展面临的问题及其原因——产业过剩与产能扩张的“悖论”

相当一部分媒体、机构和研究者认为，我国大豆加工业面临“加工产能严重过剩、跨国企业垄断国际大豆贸易、加工企业开工率低、行业全面亏损”等突出问题①。但进一步分析发现，却存在一个“悖论”：一面是媒体反复提及的大豆加工产能严重过剩、企业开工率低、行业亏损严重；一面却是大豆加工企业还在快速扩张产能。究竟孰是孰非？作为“经济人”的企业，追求利润最大化是其核心目标，如果大豆压榨产能严重过剩、行业亏损严重，为什么还不断扩充产能？

（一）大豆加工产能确实过剩，但并不是十分严重

国家粮油信息中心数据显示，2000 年我国国内大豆消费量②尚不足 3000 万吨，2004 年为 4150 万吨，2014 年已达到 8425 万吨，其中榨油消费由 2000 年 2000 万吨、2004 年 3000 万吨增长到 2014 年 7100 万吨。但我国大豆加工产能增长更加迅速，2000 年只有 2000 万吨左右、2004 年为 5900 万吨，2014 年达到 1.47 亿吨。以此估计，2000 年我国大豆加工产能利用率在 95% 以上，2004 年为 51%，2014 年只有 48.3%，自 2009 年以来已连续 5 年下降。这与周学军（2014）估计的“2004 年以来中国大豆加工产能利用率在 50%—55% 波动”（图 1）基本相符，已低于合理产能利用率的经验值有 20 多个百分点。表明大豆加工行业整体产能过剩已是不容置否的事实。

但是，目前我国大豆加工产能计算也有虚高的成分。一是大豆主产区企业开工率低，黑龙江省仅为 10% 左右，产能闲置严重。二是山东地区部分压榨厂已放弃主业，转向大豆贸易融资，产能闲置突出。如果把这一部分低效产能刨除，大豆加工产能过剩的状况会略有好转——就是说，目前活跃的有效产能过剩问题尽管存在，但并非同媒体宣传的那么严重。如果再追溯到前 5 年，产能过剩问题应该比现在更小，所以这也能解释为什么在产能过剩的背景下，大豆压榨企业还在扩张。需要注意的是，当前我国大豆加工产能已处于过剩阶段，如果今后还保持过去的产能扩张速度，

① 关于中国大豆加工业（主要是大豆压榨行业）存在的这类问题，可以见诸于各报刊、互联网、杂志等对大豆产业危机的报道以及部分学术论文，其数量是数不胜数。

② 包括种用及损耗、食品及工业消费、榨油消费、饲料消费，未包括出口。

必将给国内大豆加工业带来更大压力和更严峻挑战。

（二）加工企业开工率低是局部性问题而不是全局性问题

2013 年以来，进口大豆进厂价格远低于国产大豆，使用进口大豆作原料具有成本优势，因此江苏、广东、广西、山东、辽宁的大豆加工企业开工率较高。其中，江苏和广东的大豆加工企业布局在沿海港口，以进口大豆加工为主，开工率最高，2014 年大豆压榨量分别为 920 万吨、865 万吨；广西随着一批大型加工企业的建成投产，开工率较高；山东大豆加工产能最大，但部分贸易融资企业产能闲置，且中小企业较多，开工与否取决于利润水平[①]，开工率因此受到了影响，但 2014 年压榨量仍达 1100 万吨；辽宁拥有大连港，大连、营口、锦州等地加工企业使用进口大豆，开工率显著高于黑龙江，是东北产区最高的；黑龙江因远离港口，受国产大豆产量和价格等影响，开工率最低，2014 年不足 15%。即，“中国大豆加工企业开工率低”本质是局部的、区域的问题。进一步分析，目前关于大豆加工企业开工率低、陷入全面危机的讨论，基本是以黑龙江地区加工企业为素材。根据黑龙江大豆协会统计，2013 年黑龙江日加工能力 200 吨以上的大豆加工企业产能达 1450 万吨/年，但实际压榨量却不到 200 万吨[②]，近 9 成产能被闲置。

（三）加工行业亏损是阶段性而不是连续性的亏损，是局部性而不是全面性的亏损

不同时间段，大豆加工的利润水平是不同的（图 3）。从月度来看，大豆压榨利润波动较大。其中，2012 年 3—9 月、2013 年 7—12 月以盈利为主，2012 年 10 月至 2013 年 6 月则以亏损为主，2014 年 1 月以来已连续亏损。高峰时利润接近 400 元/吨，但低谷时亏损达 600 元/吨。从年度

① 吕爱丽：《2012 年我国大豆压榨产业格局概述》，《粮油市场报》，2013 年 1 月 17 日。

② 2011 年和 2012 年黑龙江大豆压榨量为 250 万吨，2013 年为 150 万吨、2014 年也只有 160 万吨。

图 2　国产大豆进厂价格与进口大豆进厂价格的比较

数据来源：国家粮油信息中心。

来看，2012 年和 2013 年行业整体处于盈利状态，但 2014 年出现了全面亏损。

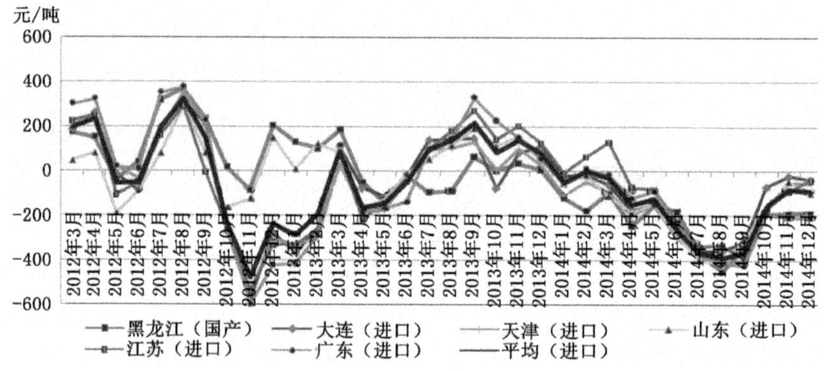

图 3　各地区大豆压榨利润及其变动

注：2014 年黑龙江大豆压榨利润只作为参考，该地区加工企业普遍停机；每月压榨利润采用每日压榨利润平均数。

数据来源：中国饲料行业信息网。

不同区域，大豆加工的利润水平也是不同的。2012 年，黑龙江国产大豆压榨利润平均为 140 元/吨，沿海地区进口大豆压榨利润平均为 25 元

/吨；2013 年黑龙江略有亏损（仅 2.5 元/吨），沿海地区利润平均为 28 元/吨。但 2014 年形势逆转，天津、广东、山东地区进口大豆压榨亏损约 200 元/吨，大连地区亏损 160 元/吨、江苏地区亏损 135 元/吨，如果黑龙江地区开工压榨，亏损可能超过 220 元/吨。从沿海地区来看，不同省份之间也是有差异的。如 2012 年 12 月至 2013 年 3 月，大连、广东等地区进口大豆加工都是亏损，但山东地区进口大豆加工则是盈利的；2013 年 7 月至 2014 年 4 月，江苏地区加工利润（或亏损）都好于其他地区。因此，2014 年我国大豆加工行业全面亏损，可能只是一个暂时性的阶段性亏损（2012 年和 2013 年都是盈利）；像 2013 年及以前黑龙江大豆加工企业的亏损，并不是中国大豆加工行业的全局性亏损，只是一种区域性的亏损。

通过以上问题的辨析，有助于进一步理解当前大豆产能过剩的背景下加工企业仍在沿海港口新建或扩建加工产能的原因。现阶段，我国大豆加工原料主要依靠进口大豆，消费市场以沿海省份为主，出于运输成本、市场占有率、经营收益等因素考虑，原本布局在大豆产区或内陆地区的加工产能已不具有优势，在沿海港口新建或扩建是一种优化大豆加工产能布局的可选途径，但潜在风险就是会进一步激化行业总体产能过剩的危机。

三、中国大豆加工业发展：机遇与挑战并存

（一）居民消费结构升级将给大豆加工业带来机遇

我国进口国外大豆最主要的目的是获得豆粕[①]，为畜牧业发展提供充足的饲料，以满足城乡居民目前增长的肉蛋奶消费需求。以猪肉和禽肉为例，2000—2012 年城镇居民家庭人均消费量分别从 16.7 千克、5.4 千克增加到 21.2 千克、10.8 千克，分别增长 26.1% 和 100%；农村居民人均消费量从 13.3 千克、2.8 千克增加到 14.4 千克、4.5 千克，分别增长

① 如 2013 年我国进口大豆 6338 万吨，按 80% 出粕率算，折豆粕 5070 万吨，但当年我国豆粕出口仅 107 万吨。此外，进口大豆如果为了豆油，则完全可以进口出油率是其两倍的油菜籽。

8.3%和60.7%（表1）。从未来发展看，据经济合作与发展组织和联合国粮食及农业组织的估计，2022年中国猪肉和禽肉的人均消费量将达34.1千克和13.6千克，而2013年我国居民人均消费量分别只有19.8千克和6.4千克，增长的空间还非常大。而豆粕在生猪和家禽饲养中的使用量分别占饲料的15%—20%和30%—40%，居民肉蛋奶消费需求的增长必然带动豆粕需求增长，为大豆加工业带来机遇。

表1　　城乡居民家庭人均猪肉和禽肉消费量

		2000年	2005年	2010年	2012年
城镇居民	猪肉（千克）	16.7	20.2	20.7	21.2
	禽类（千克）	5.4	9.0	10.2	10.8
农村居民	猪肉（千克）	13.3	15.6	14.4	14.4
	禽类（千克）	2.8	3.7	4.2	4.5

注：2013年统计为全国居民人均食品消费量，其中猪肉为19.8千克，禽肉为6.4千克。

资料来源：《中国统计年鉴》各年。

随着养殖业发展方式的转变，畜禽标准化、规模化、集约化快速推广，进一步增加对配合饲料及豆粕的需求。2012年，全国年出栏500头以上的生猪规模养殖比重达38.5%，比2008年提高10.2个百分点；年出栏1000头以上的生猪规模养殖户为8.8万户，比2008年增长55.7%；年存栏2000只以上蛋鸡的规模养殖比重达65.5%，比2008年提高8.6个百分点；年存栏1万只以上蛋鸡的规模养殖户为3.9万户，比2008年增长45.1%；年出栏5万只以上肉鸡的规模养殖户为2.7万户，比2008年增长76.3%。比较而言，规模化和专业化养殖方式将消化更多的配合饲料，而配合饲料中蛋白粕占比为20%，远高于散养中蛋白粕的需求量。因此，畜牧业发展方式的转变将会大幅增加豆粕消费量。

此外，食品加工对国产大豆的需求将会进一步增长。2013年，我国大豆食用及工业消费1050万吨，人均消费约7.7千克，但比发达国家或地区仍显偏低。如，日本年人均食用大豆消费10千克以上；江苏、上海也是如此，我国台湾省保持在20千克以上。随着人们对饮食健康的关注，今后会增加植物蛋白的消费，国产大豆食用消费将有显著增长。

（二）未来发展面临严峻挑战

今后我国大豆加工业将面临更加严峻的挑战。首先，加工原料大豆仍要依靠大量进口，而且尚未掌握进口主动权和议价话语权。自2008年以来，进口大豆压榨量占总压榨量的比重一直维持在90%以上，2013年进口大豆压榨量6700万吨，2014年预计达到7100万吨，即加工原料对外依存度过高。按照我国加入世界贸易组织的承诺，大豆取消配额限制，实行3%的单一关税，因此对大豆进口缺乏调控措施。跨国企业则通过布局全球农业资源、建立大豆全球供应链，从种植、仓储、物流、港口、加工、贸易等全产业链来组织资源，发挥对国际大豆市场的影响。而中国尚未建立或融入全球大豆供应链，缺乏影响力和话语权，更多是被动地承担国际市场波动风险。

其次，国内加工企业应对风险能力不足。特别是民营企业，加工原料完全依赖进口，产业链条短、生产效率低，在资金运作、经营管理、风险控制等方面存在明显短板。2014年大豆加工行业整体亏损，跨国企业和国有企业可以通过全产业链经营、多元化经营等抵冲或缓解这种暂时性的亏损，但对业务相对单一的民营企业，亏损问题显得异常突出。需要引起注意的是，农产品期货原本是套期保值、风险对冲的重要工具，应利用好期货市场进行风险管理，但当前相当一部分民营企业却在利用期货市场进行投机交易①。对此须予以警示——2004年“大豆风波”中，诸多中小加工企业的亏损倒闭或被兼并，直接诱因就是投机期货导致巨额亏损。

再次，农产品进口政策调整的可能影响。目前我国从国外进口大豆在国内压榨，不仅是对油脂的需求，也是基于对饲用豆粕的需要，否则可以从国外直接进口食用植物油。但是，2014年11月《关于加强进口的若干

① 近年以大豆为载体的贸易融资兴起，也增加了贸易环节的不确定性。

意见》提出合理增加一般消费品进口，其中包括牛羊肉进口。我国一旦大幅增加肉类及其制品的进口，对国内饲养业将产生重要影响，进而对大豆加工行业造成更大的压力。

此外，目前仍处于困境中的黑龙江地区大豆加工企业，今后还会是一个问题。开展目标价格补贴将更好地发挥市场在价格形成方面的作用，有助于缓解国产大豆价格与国际大豆价格价差过大的问题，但也只能在一定程度上缓解这种矛盾，不会从根本上改变该地区加工企业产能过剩、无豆可压榨、开工率低、竞争力弱等问题。如果使用国产大豆，企业还是陷入无豆可用的困境。2013 年黑龙江大豆产量只有 387 万吨，整个东北产区产量也只有 580 吨，且该地区一半大豆已转向高价的食品豆，完全不足以支撑黑龙江年加工 1450 万吨的产能，企业开工率无法提高。如果企业使用临储拍卖大豆，2013 年大豆临储价为 4800 元/吨，通过国储竞拍、出库等环节，进厂成本将进一步提高。而沿海地区进口大豆进港完税价格平均为 3713 元/吨，进入沿海大豆加工企业厂区的成本不足 4000 元/吨，两者竞争优势已一目了然。如果使用进口大豆，黑龙江的区位条件仍决定了不会有竞争优势。如 2014 年 8 月，大连港至哈尔滨的纯运费为 112 元/吨，加上散粮租车费（30—40 元/吨）、保险费等，大豆进厂成本较沿海地区至少增加 150—200 元/吨。黑龙江本地养殖业①也消化不了如此规模的豆粕，如果豆粕也需外运销售，将使采购进口大豆加工更没有竞争优势。

四、促进我国大豆加工业健康发展的若干建议

今后，我国大豆加工业必须加快转变发展方式，严格控制新增产能、逐步淘汰低效产能，加快产业结构调整，大力发展精深加工和食品加工，全面提升我国大豆加工业发展水平和竞争能力。

① 黑龙江养殖业的基本情况：牛存栏数占全国的 4.8%，猪的出栏数占全国的 2.5%，猪牛羊肉产量占全国的 2.8%，奶类产量占全国的 14.3%，水产养殖极少。

（一）优化大豆加工产能，大力发展精深加工

目前我国大豆加工产能已经处于过剩状态，新增产能过快可能进一步激化大豆加工行业竞争，造成开工率继续下降、产能大量闲置等突出问题。因此，首先必须严格控制新增产能，停止盲目新建或扩建产能项目。其次，要充分发挥市场配置大豆加工资源、优化大豆加工布局的决定性作用，尽可能减少政府对大豆市场和大豆产业的直接干预，实行优胜劣汰，逐步淘汰落后产能、低效产能，构建开放、竞争、富有活力的中国大豆产业。再次，应引导加工企业实施差异化竞争，逐步向食品加工和精深加工转型升级。特别是对东北产区有一定实力和基础的加工企业，应引导和支持其转型，发挥区位优势，围绕产区非转基因大豆发展食品加工、蛋白加工、生物制药等精深加工，对开发新产品、开拓新市场给予帮助和扶持。

（二）做大做强龙头企业，引导企业集群集聚

支持国内大豆加工企业择优做大做强，重点培育一批既具有竞争力、又富有活力的现代集团化企业。一是，对当前具有比较优势的企业，可以资本运营、品牌建设、产业链经营为纽带，通过收购、兼并、控股、租赁或承包等方式，开展跨区域的联合与合作，取得规模效应和合作盈余。二是，继续加大对加工企业引进国外先进技术与设备的补贴力度，支持企业自主研发或与高校、科研院所等机构联合开展技术创新，强化先进技术和装备的支撑；通过内部培养业务骨干、外部引进高层次复合型人才，强化企业发展的人才支持；建立健全现代企业管理制度，提升经营管理能力，加强风险管理，在剧烈的市场波动中实施稳健经营策略，防范投机交易可能带来的风险。三是，积极引导大豆加工企业向优势地区集群集聚，如大豆油脂加工企业向沿海港口集聚、大豆食品加工向国产大豆产区集聚，推动加工企业集群发展，加快形成一批相互关联紧密、产业链条完整、规模效应显著、富有竞争力的大豆加工集聚区。

（三）支持企业“走出去”，融入全球大豆产业链

支持国内大豆加工企业建立并融入全球农产品供应体系，提高统筹利用全球农业资源、国际农产品市场的能力和水平。积极支持国内加工企业特别是大型企业集团主动“走出去”，与大豆主要供应国的机构或企业、跨国企业建立稳定的战略性贸易伙伴关系；通过“贸易—合作—投资”[①]模式开发境外农业资源，构建国际农产品产销加工储运体系，建立持续、稳定、安全的大豆进口供应链，确保我国进口大豆供应的稳定性和可预见性，进一步控制进口成本、防范经营风险。对“走出去”的国内加工企业，可在财政、金融、保险、税收等方面给予政策支持和服务配套。

参考文献

[1] 刘登高：《国产大豆陷入空前危机》，《中国经济周刊》2010 年第 9 期。

[2] 邓家琼：《转基因大豆冲击中国大豆产业：过程与应对策略》，《南方农村》2009 年第 3 期。

[3] 孙红、郝治军：《大豆危机：国际粮商设局中国大豆产业》，《新财富》2009 年第 9 期。

[4] 郭清保：《中国大豆产业危机陷入谜局》，《农经》2009 年第 12 期。

[5] 徐宏源、刘武兵：《中国大豆产业发展危机及警示》，《中国党政干部论坛》2012 年第 10 期。

[6] 潘文华、徐世卫：《黑龙江省大豆产业困局与差异化发展战略》，《农业经济问题》2014 年第 2 期。

[7] 周学军：《中国压榨行业展望》，2014 年第九届国际油脂油料大会（CIOC2014），中国大连，2014 年 11 月 6 日，http：//www. dce. com.

① 即贸易是先导，通过贸易建立合作关系，在此基础上实施境外农业投资。

cn/portal/cate? cid = 1258078152100。

[8] 高春来:《大豆压榨业“三足鼎立”产能过剩仍是行业特征》,《粮油市场报》,2010 年 4 月 12 日。

[9] 朱晶、李天祥、李琳:《外资进入对我国大豆油脂加工业形成垄断了吗? ——基于市场力量与市场绩效的考察》,《农业经济》2014 年第 1 期。

[10] 佚名:《2012 年中国大豆压榨产能集团企业排名》,中国食用油网,2013 - 03 - 07/ [2014 - 12 - 03],http://www.oilcn.com/article/2013/0307/article_48476.html。

[11] 吕爱丽:《2012 年我国大豆压榨产业格局概述》,《粮油市场报》,2013 年 1 月 17 日。

[12] 黑龙江省大豆协会:《黑龙省国产大豆油加工严重亏损,企业开工率低》,《农业工程技术(农产品加工)》2014 年第 11 期。

[13] 高淑华、管建涛、王春雨:《加工一吨亏一吨,九成豆企被“逼停”——透视黑龙江省非转基因大豆产业危机 [EB/OL]》,新华网,2013 - 10 - 31/ [2014 - 12 - 03],http://news.xinhuanet.com/local/2013 - 10/31/c_117956438.htm。

[14] 徐雪高:《大豆进口连创新高和我国的粮食安全》,《现代经济探讨》2013 年第 10 期。

[15] 经济合作与发展组织、联合国粮食及农业组织:《经合组织—粮农组织 2013—2022 年农业展望》,中国农业科学技术出版社 2013 年版。

[16] 朱满德、江东坡:《市场开放下的中国大豆产业发展:基本定位与取向》,《农业现代化研究》2014 年第 5 期。

[17] 程国强:《全球农业战略:基于全球视野的中国粮食安全框架》,中国发展出版社 2013 年版。

产业与技术经济

论农村第一、第二、第三产业融合发展

赵 海

内容提要：本文集中探讨了农村第一、第二、第三产业融合发展的理论和实践问题。从当前我国农业链建设面临的挑战出发，本文分析了中央所提出的第一、第二、第三产业融合的时代背景，探讨其理论渊源和概念内涵，并结合笔者的调研归纳出几种典型的经验模式，提出了促进第一、第二、第三产业融合发展的思路建议。报告认为，促进第一、第二、第三产业融合发展，要把握好农业要与农产品加工流通业共振、加工流通增值收益要让农民共享这一准则，建立起消费导向和利益共享两大机制，培育发展专业大户和家庭农场、农民合作社、龙头企业三类主体，重点抓好农产品就地加工转化、一村一品和一乡一业、产业集群和企业集聚、拓展农业多功能性四大任务。

2014 年 12 月底召开的中央农村工作会议提出，大力发展农业产业化，把产业链、价值链等现代产业组织方式引入农业，促进第一、第二、第三产业融合互动。2015 年“中央 1 号文件”明确提出，推进农村第一、第二、第三产业融合发展。从政策层面看，这是在国家层面首次提出第一、第二、第三产业融合发展这个概念，可以说是一个全新的政策词汇。从理论层面看，目前理论界关于第一、第二、第三产业融合发展的研究还很少，讨论也多限于对策分析，缺乏对这一政策创新的系统探讨。本文从当前我国农业链建设面临的挑战出发，分析中央提出第一、第二、第三产业融合的时代背景，探讨其理论渊源和概念内涵，并结合笔者的调研提出几种典型的经验模式，试图勾勒出第一、第二、第三产业融合的大致图景。

一、政策背景

众所周知，进入 21 世纪以来，我国农业发展态势良好，粮食生产“十一连增”，农民收入“十一连快”，官方称之为农业发展的又一个黄金期。然而，在靓丽数据的背后，也隐藏着一些不容忽视的问题，农业竞争力连年下降，粮食库存压力巨大，资源环境不堪重负，农民增收略现疲态，粮食和油脂加工业以及部分畜牧行业在生死线上挣扎，从这个视角来看，也可以认为农业困难重重、危机四伏。在这个时间节点，中央提出促进农村第一、第二、第三产业融合发展，笔者以为，正是基于当前无序的生产发展和滞后的产业链建设之间的矛盾。解构这一矛盾，可以将其归纳为“两个脱节”。

（一）从产业链上看，农产品生产、加工和销售相互脱节

在农产品主产区，主要表现为当地农产品加工企业规模较小、实力较弱、竞争力不强，没有形成聚集效应和规模经济，加工转化能力不强，无法有效提高农产品附加值，主产区成为“原”字号农产品的调出地。在加工区和主销区，主要表现为上游基地建设滞后，原料多通过市场收购。受市场信号传导滞后效应和蛛网效应的影响，农民生产的农产品与加工和市场的需要不相匹配，价格波动大，原料供应不稳定。特别是由于信息不对称及其引致的逆向选择，造成了“大路货”充斥市场，而加工企业买不到优质专用的农产品，产业链各环节处于脱节状态。如笔者调研的黑龙江大米加工业，由于圆粒粳稻产量高且有国家托市价收购，农民非常愿意

种植这个品种；而加工企业和市场更需要的是长粒香稻，由于其产量较低且市场价格不能体现其价值，即使企业想收也收不到，导致了整个黑龙江水稻品质下降。

（二）从价值链上看，产中环节的收益与产后环节的收益脱节

在农业价值链的构成中，农产品生产端的价值链处于基础地位。然而，由于农民谈判地位低下，在价值链中只能处于末端的位置，不仅无法分享加工和流通环节的增值收益，就连生产环节的收益也不能完全得到保证。简言之，农民还不能公平分享产业发展的成果。从市场角度看这个问题，农民由于其较低的物质资本、人力资本和劳动生产率，决定农民在分配中只能获得最少的部分，因此，出现这种局面具有一定的合理性；然而，从政府的视角去看待，因其具有维护社会公平正义和帮助弱势群体摆脱贫困的职责，因而有义务去矫正这种状态，把蛋糕分好，让农民分享价值增值。

二、理论探讨

农村第一、第二、第三产业融合起源于日本的六次产业化理论。1994年，日本 JA 综合研究所今村奈良臣首次提出农业的六次产业化概念，认为农业的六次产业是指农村地区各产业之和，即 1 + 2 + 3 = 6。其意为，农业不仅指农畜产品生产，而且还应包括与农业相关联的第二产业（农畜产品加工和食品制造）和第三产业（流通、销售、信息服务和农业旅游）。后来他对这一提法进行了修改，认为农业的六次产业应是农村地区各产业之乘积，即 1 × 2 × 3 = 6。其意为，农村产业链中若其中一个产业的产值为零，则六次产业所带来的总体效益变为零。农业六次产业的界定从农村的各产业相加之和向各产业相乘转变，意在向人们警示，只有依靠农业为基础的各产业间的合作、联合与整合，才能取得农村地区经济效益的提高。

在中国，也有类似于第一、第二、第三次产业融合的概念，即农业产业化经营。农业产业化起源于20世纪80年代末，主要是为了解决小农户

与大市场的对接问题，其是在家庭承包经营的基础上，以市场为导向，依靠龙头企业的带动，并与农户建立“风险共担、利益共享”的利益联结机制，把农业产前、产中、产后各个环节联结起来，实现产加销一体化的一种农业经营方式。经过 20 多年的发展，农业产业化理论日臻完善，然而在实践中，由于利益机制不完善、公司和农户交易双方都可能存在的机会主义行为，且强制履约机制缺失，从而导致合约极不稳定。特别是一些企业不能有效连农带农甚至坑农害农的案例，经媒体报道后引起了广泛关注，产业化发展模式乃至工商资本下乡也受到了一些诟病[①]。

六次产业化、农业产业化和第一、第二、第三产业融合三个概念，都强调三次产业的有机联系，但也有区别。其中，六次产业化强调以当地农户和当地资源为基础，通过发展第一产业并向第二、第三产业延伸，重视农村的内生发展和农业的多功能性；而农业产业化则强调龙头企业的辐射带动作用，依托龙头企业向上游建立原料基地进而延伸产业链条，其本质是依靠龙头企业的嵌入实现农村外生性发展。与前两个概念相比，第一、第二、第三产业融合的内涵更为宽泛，其既可以以当地农民或农民合作组织为基础向产业链下游延伸，也可以依托外部的龙头企业向上游生产环节挺进，其精髓在于不管以何种方式实现各主体和各产业的联结，都必须让农业得到稳定发展、让农民得到真正实惠。从这个视角来看，可以认为，第一、第二、第三产业融合是六次产业化的拓展版，是农业产业化的升级版。

基于以上分析，本文尝试对农村第一、第二、第三产业融合的概念进行界定。所谓农村第一、第二、第三产业融合，是各类农业产业组织通过延伸产业链条、完善利益机制，打破农产品生产、加工、销售相互割裂的状态，形成各环节融会贯通、各主体和谐共生的良好产业生态。从融合主体划分，可分为内源性融合和外源性融合，前者如以农户、专业大户、家庭农场或农民合作社为基础的融合发展，后者如以农产品加工或流通企业

① 据笔者观察，在产业化模式中，农民不履约的情况占绝对多数。但由于农民为弱势群体，媒体报道公司损害农民利益的案例，更容易引发关注。

为基础的融合发展；从融合路径划分，可分为组织内融合和组织间融合，前者如家庭农场、农民合作社办加工和销售，或农业企业自建基地一体化经营，在产业组织内部实现了融合，后者如龙头企业与农户、合作社签订产品收购协议，在产业组织间实现了融合。

三、典型模式

结合笔者以往的调研情况，本文梳理了第一、第二、第三产业融合的几种类型。

（一）农户主导型

所谓农户主导型是指在产业链建设中，依托当地农户开发当地优势资源，并逐步由农业生产向农产品加工、营销以及乡村旅游等方面拓展，最终形成第一、第二、第三产业融合发展的态势。农户主导型主要包括农产品地产地销模式、农家乐模式、家庭手工艺品产销模式等。

案例 1

地产地销模式——南京市江宁区郄坊村

郄坊村位于南京市近郊，其所在的汤山街道也是江浙沪地区比较有名的旅游目的地。郄坊村依托这一得天独厚的优势，动员本村村民发展农家乐，开发农业的多功能性，重点打造了豆腐坊、粉丝坊、酱坊、茶坊、糕坊、面坊、油坊、炒米坊等具有地方特色的“七坊”农家乐主题，依托当地自产的农作物，让老手艺人现场制作，向游客展示农副食品传统工艺流程并现场售卖，游客也可以参与其中体验劳动的乐趣。据村干部介绍，郄坊村在节假日经常爆满，生产的产品供不应求，当地农民也得到了实惠。

观察农户主导型，其依托当地农户开发当地资源，既延伸了产业链条，又开发了农业的多功能，让产业的增值收益完全留在了农村、留给了农民，是产业融合的一种典型案例。当然，这种模式也有其不足，主要表现为其受农村区位优势和资源禀赋的限制，且完全依靠农民的积累会比较有限且速度较慢，发展这种模式往往会受到资金、技术等方面的制约。

（二）农民合作社主导型

所谓农民合作社主导型是指在产业链建设中，依托农民合作社兴办加工和流通，将产业链条逐步由生产环节向加工和流通环节延伸，最终形成第一、第二、第三产业融合发展的态势。农民合作社主导型主要包括合作社办加工模式、农超对接模式、农社对接模式等。

案例 2

农社对接模式——江西小洲种养殖合作社

小洲种养殖专业合作社位于江西省新建县，主要从事蔬菜、肉类、禽蛋的生产和初加工。从 2012 年开始，小洲合作社在南昌市的社区逐步设立了 20 多个直销店（点），开展农产品直供直销。笔者调研的红谷世纪花园小区的直销店，采取的是在小区外搭建 200 平方米的销售大棚的方式，经营蔬菜、肉类、蛋类、水产、粮油等 20 多种农副产品以及一些日常生活用品，直销店每天毛收入 2 万多元。该合作社还在南昌市设立了 30 多个车载市场，主要用于销售蔬菜、蛋类和肉类。每个市场每天销售收入达 6000 多元，很受周边居民欢迎。

观察农民合作社主导型，实际上是以农民合作社为组织载体，建立集农产品生产、加工、销售于一体的产业综合体。农民通过合作社这个载体，实现了产业链条的延伸和产品的增值，并通过合作社的分配机制分享到了增值收益。同时，应该看到，农民合作社主导型对合作社的规模和实力有较高的要求，合作社农产品须供给数量较大、质量水平较高、品类较为丰富，且发展资金和人才储备比较充足，一般合作社很难达到。此外，该模式的健康发展还取决于合作社运行的规范性及其产生的向心力，否则很难持续下去。因此，该模式适用于规模较大、实力较强、运行较为规范、人才支撑较为有力的合作社或合作联社。

（三）龙头企业主导型

所谓龙头企业主导型是指在产业链建设中，依托农产品加工或流通龙头企业，向前延伸产业链条，建立生产基地并与农民建立利益共享机制，将产业链条覆盖农产品生产、加工和销售全过程，最终形成第一、第二、第三产业融合发展的态势。龙头企业主导型主要包括“龙头企业＋农户”、“龙头企业＋基地＋农户”、“龙头企业＋农民合作社＋农户”模式等。如果说农户主导型与合作社主导型更注重产业链条的延伸，那么，龙头企业主导型更加强调价值链的完善，即处理好龙头企业与农户的利益关系，让农户分享到产业化的成果。

案例 3

“龙头企业＋合作社＋农户”模式——重庆二圣茶业公司

二圣茶叶公司位于重庆市巴南区，主要从事绿茶的生产、加工和销售。据公司负责人介绍，在原料供应问题上，公司既从市场收购，又自建基地，也扶持过专业大户和合作社。经过多年的摸索，公司发现合作社的产品质量更有保障，且更为稳定。为此，合作社在公司原料中占有较大的比重。具体来看，公司领办了巴茶之乡茶叶合作社，合作社按照公司的相关要求开展生产，产品以不低于市场价的价格提供给公司，合作社再按章程组织农户生产并分配利润，也就形成了“龙头企业＋合作社＋农户”的组织模式。本质上讲，合作社就成为了公司的原料基地。

观察龙头企业主导型，其本质是通过龙头企业向农业导入先进要素并与农村土地和劳动力资源结合，实现对农业的引领和农民的带动。这种产业融合模式比较普遍，具有很强的生命力和可复制性。当然，这种模式的成功运行，也需要几个先决条件。首先，公司实力较强，具有一定的抗风险能力；其次，公司产品具备市场竞争力，有自己的品牌和比较稳定的销售渠道；再次，要构建好系统运行机制和收益分配机制，有效发挥合作社、协会、村集体等中介组织的桥梁纽带作用，节约企业与农户间的交易成本，减少交易双方的机会主义行为，实现企业与农户的稳定合作关系。

（四）“互联网 + X”型

与以上三种从主体的维度进行划分不同，“互联网 + X”型是以互联网为主要载体，依托现代信息技术和物流手段，将农户、农民合作社、农业企业产品的销售半径延展至全国乃至全球，大幅度减少产品流通的中间环节和交易成本，是产销对接的典型模式。

案例 4

“互联网 + 合作社”模式：江苏荷风畜禽养殖合作社

荷风畜禽养殖专业合作社位于江苏省建湖县，主要从事火鸡的生产、加工和销售。据合作社负责人介绍，合作社组织成员一起养殖火鸡，并为成员提供鸡苗和销售服务，还带动了附近村民一起养殖。在产品销售上，合作社建立网站并在阿里巴巴等电商平台开店，该合作社 90% 以上产品都是通过网上销售的。这种“互联网 + 合作社”的模式，让农民找到了便捷的销售渠道，增加了经营收益，也让合作社所在的陈甲村获得“农村电子商务示范村”称号。

观察“互联网 + X”模式，其最大的特点是依托互联网平台实现了生产者和消费者的直接对接，使生产者得到了流通环节的全部增值收益。当然，这种模式也受一些条件的制约，如产品知名度、稳定供应能力、物流运输能力、质量安全状况等，对经营者的网上营销水平要求也比较高。

四、推进第一、第二、第三产业融合的思路与建议

推进第一、第二、第三产业融合发展，既要培育经营主体，又要理顺融合机制，还需要政府发挥先导作用、优化发展环境。针对当前我国农村各次产业发展的实际，围绕推进第一、第二、第三产业融合发展，本文提出“1234”的发展思路，现分别阐述如下。

（一）把握一个准则

如前所述，在当前农村各次产业中，产业链、价值链存在着一定的割裂状态。推进第一、第二、第三产业融合发展，其本质就是要重构农业产业链和价值链，这要求我们需要把握好一个准则，即农业要与农产品加工业、流通业共振，加工流通增值收益要让农民共享。这一准则是第一、第二、第三产业融合的本质要求，也是促进现代农业发展农民增收致富的本质要求。

（二）建立两个机制

1. 建立消费导向机制

长期以来，我国农业都是以生产导向为主，是生产决定了消费而不是相反。现在人们由吃得饱向吃得好、吃得安全、吃得健康转变，食物结构和品质要求发生了根本性变化。显然，生产导向的农业发展已不合时宜，建立消费导向机制显得非常迫切。这要求引导农民瞄准市场需求，适应消费者选择，积极调整产业结构，增加市场紧缺和适销对路产品生产，大力发展绿色农业、特色农业和品牌农业，建立较为完善的绿色生态农产品品牌培育、发展和保护体系，让好的产品卖出好的价格，真正提高特色农产品的产品附加值和市场竞争力。值得一提的是，当前一些学者和政府部门批评“非粮化”问题，笔者以为，这种行为正是农业经营者的理性选择，真正体现出价格对资源配置的决定性作用。保障粮食安全是中央政府的职责，并非农业生产者的义务，需要中央政府在粮食生产方面拿出切实举措，而不是基于行政力量的干涉和学者的道

德绑架。

2. 建立利益共享机制

在产业发展过程中，如何让处于产业链底端的农户公平分享到产业增值收益，是建立利益共享机制的关键。据笔者观察，在实践中，农户和企业之间的利益关系并不是相互排斥的，而是能产生“1＋1＞2”的效应。通过建立合理的利益关系，能形成健康的产业生态环境，有助于稳定合作预期，降低交易成本，增大交易剩余，对交易双方都是大有裨益的。当前在各地实践中的“保底收益＋二次分红”、农户以土地等要素入股企业、企业以农业设施等投入入股农户、企业与农户实行反租倒包等方式，都是基层自发探索的好的利益共享模式，值得进一步总结和推广。

（三）培育三类主体

1. 发展专业大户和家庭农场

专业大户和家庭农场是专业化的农户，是商品农产品的主要提供者。由于农业经营收益是其主要经济来源，决定了专业大户和家庭农场更加注重经营效益。笔者以为，未来15—20年以家庭经营为基础的农业经营体制将会重构，专业大户和家庭农场将逐步取代传统小规模农户成为家庭经营的基础力量。因此，专业大户和家庭农场也将成为第一、第二、第三产业融合的基础力量。下一步，一方面要注重专业大户、家庭农场与市场的连接，通过提供信息服务、加强组织化程度等方式，促进产销对接；另一方面，要引导专业大户、家庭农场自身延长产业链条，发展初加工、地产地销等产业形态，促进产业融合。

2. 支持和规范发展农民合作社

无论是合作社自身主导的产业融合，还是农民或龙头企业主导的产业融合，合作社都可以依托其组织优势，在扩大产业规模、提高农民谈判地位、降低交易费用、让农民分享增值获益等方面发挥重要的作用。要进一步发挥好农民合作社在第一、第二、第三次产业融合中的作用：一方面要加大对合作社的支持力度，加强人才培养，提高合作社经营能力、市场竞争力和抗风险能力；另一方面，要推进合作社的规范化建设，加强制度建设和执行，规范运行管理制度和财务管理制度，让合作社真正成为农民自己的合作社。

3. 做强做优龙头企业

龙头企业具备资金、技术、人才等多方面的比较优势，依托产业化发展机制，带动农民合作社、农户发展生产，发展农产品精深加工和营销，促进农业转型升级，是第一、第二、第三产业融合的引领力量。据笔者观察，龙头企业主导的产业融合，具有产业链条长、价值增值大、充分发挥各主体比较优势的特点，具有很强的复制性和推广性。而要发挥好龙头企业的优势，就需要做强做优龙头企业。所谓做强，就是要通过实施财税、金融、人才等配套措施，支持龙头企业发展壮大和转型升级，让龙头企业有能力有条件在产业融合中发挥主导性作用；所谓做优，就是要通过龙头企业与农户相互入股、龙头企业领办创办农民合作社等方式，完善利益联结关系，支持龙头企业与专业大户、家庭农场、合作社有效对接，推进各类主体的深度融合。

（四）强化四项工作

1. 主产区农产品就地加工转化

出台相关支持政策，支持农产品加工业向主产区、优势产区集中，发展农产品产地初加工和精深加工，延长产业链条，让主产区不仅是原字号农产品的输出地，更要成为加工品的生产基地。

2. 一村一品、一乡一业

加强一村一品、一乡一业的发展建设，加大宣传和推广力度，形成特色资源优势和品牌优势。通过自主开发、招商引资等方式，逐步将特色农产品生产向加工和流通领域延伸，打造完整的产业链条。挖掘特色村镇的文化价值和旅游资源，通过民俗、节庆、体验等方式，促进农旅深度融合。

3. 产业集群、企业集聚

在一定区域范围内，按照专业化分工的要求将上下游各类主体有机联接在一起，通过分工协作，有利于降低交易成本、实现协同发展。推进第一、第二、第三产业融合，也可以借鉴产业集群的思路，在农产品生产优势区域发展加工和流通园区，配套相应的科研、培训、信息等平台，形成生产、加工、流通互为支撑、相互配套的产业综合体。

4. 拓展农业多功能性

拓展农业多种功能，发展休闲观光、农事体验、文化传承、生态保护等新型业态，是实现经济效益、社会效益和生态效益有机结合的重要途径，也是第一、第二、第三产业融合的现实选择。特别是休闲农业未来前景广阔，对农村发展和农民致富都有很强的促进作用，值得高度重视。

参考文献

[1] 李克强：《以改革创新为动力　加快推进农业现代化》，《求是》2015 年第 4 期。

[2] 张红宇：《力推农业产业化促一二三产业融合互动》，《农民日报》，2014 年 12 月 30 日。

[3] 徐哲根：《日本农户增收的产业路径及其启示》，《现代日本经济》2011 年第 3 期。

[4] 姜长云：《推进农村一二三产业融合发展　新题应有新解法》，《中国发展观察》2015 年第 2 期。

农业产业化龙头企业的发展演进、功能定位和政策取向

赵　海　张照新

内容提要：本文基于现实背景，回顾农业产业化龙头企业相关政策的演变历程，分析龙头企业的发展现状和特征，探讨新时期龙头企业的功能作用，提出促进龙头企业发展的思路和政策取向。本文认为，在当前我国经济进入新常态的背景下，龙头企业要加快转型升级，更加注重创新驱动、市场重构、质量安全和价值链建设，政府要破除制度障碍，优化营商环境，发挥好龙头企业在构建新型农业经营体制中的引领作用。

党的十八大报告提出，培育新型农业经营主体，发展多种形式规模经营，构建集约化、专业化、组织化、社会化相结合的新型农业经营体系。十八届三中全会决定提出，坚持家庭经营在农业中的基础性地位，推进家庭经营、集体经营、合作经营、企业经营等共同发展的农业经营方式创新。农业产业化龙头企业作为新型农业经营主体的重要组成部分，也是企业经营的重要主体，在构建新型农业经营体系中发挥着重要的引领作用。本文基于现实背景，回顾农业产业化龙头企业相关政策的历程，分析龙头企业的发展现状和特征，探讨新时期龙头企业的功能作用，提出促进龙头

企业发展的思路和政策取向。

一、农业产业化龙头企业的发展历程和政策演进

农业产业化龙头企业具有企业的本质，又具有自己的典型特征（杨明洪，2009）。一般地讲，龙头企业主要是指从事农业生产资料供应、农产品加工或流通为主的涉农工商企业。牛若峰教授他特别强调龙头企业对农户的带动作用，他写道："龙头企业之所以被称作龙头，是因为他们在发展农业产加销一体化经营系统中处于中枢地位，起着组织、引导、带动作用，至关重要的是应当得到加盟农户的认可，得到市场的认识。"理论界和政府部门对龙头企业的认识也比较统一，一般是指在农业产业化经营系统中，依托一种或者几种农产品的生产、加工、销售，一头连接农户，并与农户建立"风险共担、利益共享"的利益机制，另一头连接国内外市场，具有带动农产品生产、深化加工、开拓市场、延长链条、增加农产品附加值等综合功能的农产品加工或流通企业。

农业产业化和龙头企业发端于 20 世纪 80 年代中后期，至今已近 30 年的历程。在这一过程中，农业产业化和龙头企业的发展及政策环境也不断变化，总的来看，大致有四个阶段。

第一阶段为 80 年代中期至 90 年代初期，可以称为自发探索阶段。80 年代中期，经济发展较快的东部地区和大城市郊区出现了"贸工农一体化"、"产加销一条龙"的新的经营方式。最常见的做法是，企业根据市场需求，与农户签订合同，建立农副产品生产基地，提供配套服务，扶持生产，培植货源，组织加工，并把产品销往国内外；农户则按合同要求进行生产，并按时定量地将产品交售给龙头企业。这一时期是农业产业化的初创时期，政府对采取产业化经营的龙头企业还没有相应的政策，当然也没有什么干预，龙头企业处于自发的发展状态。从宏观上来看，国家很多方面的改革还处于破冰期，存在着诸多的区域界限、部门界限、行业隶属界限，龙头企业在很多领域都是摸索前行。从区域分布看采取产业化经营方式的龙头企业多集中于东部沿海地区和大城市郊区，从行业分布看主要存在于畜禽养殖、加工行业。这一时期，龙头企业还是得到了较快的发

展，据农业部统计，1992 年在畜牧业系统，采取产业化经营方式的龙头企业就有 2000 多家。

专栏 1

山东诸城外贸公司①

山东省诸城市外贸公司是一家较早实行一体化经营的公司。该公司从 1975 年开始搞肉鸡加工出口，但经营状况一直不太理想。1985 年开始，公司先后组织 6 个考察团赴美国、日本、德国、泰国等地考察。在充分论证的基础上，决定借鉴泰国正大集团先进的生产管理经验，实行贸工农一体化、产供销一条龙经营。公司从美国引进“爱拔益加”良种鸡和先进孵化设备，建起种鸡繁育场；引进饲料加工设备和配方，建起饲料加工厂；按照出口标准，改造扩建了加工冷储设施，并与日本客商建立了较为稳固的贸易关系；帮助农民建起育肥鸡饲养基地，由公司提供“四到门、三赊销、两公开、一结算”的系列化服务。实行贸工农一体化之后，公司与农民结成了利益共同体，养鸡户可以放心大胆地养鸡，公司可以获得稳定的货源，既增强了公司信誉，又开拓了国际市场。1991 年，出口分割鸡 1 万多吨，占全国肉鸡对日本出口总量的三分之一，创汇 2000 多万美元。

第二阶段为 20 世纪 90 年代中后期的理论构建和政策推动阶段。1995 年 3 月，《农民日报》发表了《产业化是农村改革与发展的方向》一文，并提出了“产业化是农村改革与发展的方向”，“产业化是农村改革自家庭联产承包责任制以来又一次飞跃。”同年 12 月 11 日，《人民日报》在报道山东潍坊经验的同时，配发了“论农业产业化”的社论。至此，农业产业化的思想在全国广泛传播，引起广大实际工作者和理论界的广泛关注，并得到中央决策者和农业部的充分肯定。1996 年，农业部成立了农

① 资料来源：《中国农业产业化发展报告》，中国农业出版社 2008 年版。

业产业化领导小组，负责指导、推动全国农业产业化的发展。1997 年 9 月，党的十五大报告提出："积极发展农业产业化经营，形成生产、加工、销售有机结合和相互促进的机制，推进农业向商品化、专业化、现代化转变。"1998 年 10 月，党的十五届三中全会决定，用较大篇幅对农业产业化作出了充分肯定，指出："农村出现的产业化经营，不受部门、地区和所有制的限制，把农产品的生产、加工、销售等环节连成一体，形成有机结合、相互促进的组织形式和经营机制。这样做，不动摇家庭经营的基础，不侵犯农民的财产权益，能够有效解决千家万户的农民进入市场、运用现代科技和扩大经营规模等问题，提高农业经济效益和市场化程度，是我国农业逐步走向现代化的现实途径之一。"决定还提出，发展农业产业化经营，关键是培育具有市场开拓能力、能进行农产品深度加工、为农民提供服务和带动农户发展商品生产的"龙头企业"。要引导"龙头企业"同农民形成合理的利益关系，让农民得到实惠，实现共同发展。

为推进农业产业化发展，20 世纪 90 年代末成立了由农业部牵头，原国家计划和改革委员会、财政部、商务部、中国人民银行、国家税务总局、中国证监会、全国供销总社组成的全国农业产业化联席会议，建立了齐抓共管的工作协调机制。这个时期，农业产业化经营进入了有规可循的阶段，从基层自发发展逐步上升为国家各项政策和规定，并形成了"公司 + 农户"、"公司 + 合作社 + 农户"等较为典型的订单农业发展模式。

专栏 2

农业产业化经营的温氏模式①

广东温氏食品集团股份有限公司是一家涵盖养殖、食品加工、农牧设备、房地产开发、实业投资等几大产业的大型现代化、信息化的农牧

① 资料来源：胡晓云、黄连贵：《模式制胜——中国农业产业化龙头企业群像解析》，浙江大学出版社 2013 年版。

企业。其前身是创立于1983年的新兴县勒竹养鸡场，其探索发展了“公司+农户”的温氏模式并取得了巨大成功。2013年，集团上市肉鸡8.48亿只，肉猪1013万头，肉鸭1472万只，总销售收入352亿元。

通过“公司+农户”的生产合作方式，将分散的农户组织连接成为温氏集团的终端生产者是温氏模式最独特的一点。首先，农户自愿申请入户后，公司指派人员上门指导鸡舍建设，然后，双方签订合同，公司为农户建立信息化档案并设立专用账户、农户按照每只鸡3—5元的标准缴纳合作保证金，在指定时间领取鸡苗、饲料及药物等，在合同规定时间里，公司对农户进行技术指导，及时收购达到公司饲养日龄的成鸡，在扣除鸡苗、饲料、药物等物料成本费后按照公司与农户5∶5的分配比例兑付现金。

温氏模式获得巨大成功的经验有以下几点：第一，构建了多元主体共同参与的利益共同体。通过分担固定资产投资和生产成本支出、签署保价协议、制定最低限价收购政策和二次分配机制等，温氏集团在大量吸收运用民间资金的同时，将农户和自己联结成风险共担、利益共享的紧密联合体。通过员工持股计划将员工利益与公司发展协同起来。通过维护公司与客户、公司与竞争者之间的良好关系，维护了良好的市场秩序，为公司发展创造了良好的外部环境。第二，打造了科学的组织架构。在“公司+农户”基本组织架构之上，不断创新企业组织形式，实施一体化公司经营方式，通过扁平化组织结构的推行，调动了区域一体化公司的积极性，提高了公司的市场竞争力。第三，专注农业一体化经营。以工业的经营理念谋划农业、实施“产业链的一体化经营”是温氏集团的战略定位。温氏集团坚持以经营农业产业为发展目标，以养殖业为主导产业，使自身的竞争力不断得到巩固和增强。

这一时期，受市场需求和政策激励的双重影响，产业化经营蓬勃发展。1996—2000 年，组织数量年均增长 53.1%，带动农户数量年均增长 31.1%，来自产业化经营的户均收入年均增长 56.5%（见表 1）。

表 1　　1996—2000 年农业产业化经营发展情况

年　份	1996 年	1998 年	2000 年
产业化经营组织数量	1.2	3.0	6.6
联结农户数量（万个）	1995	3900	5955
联结农户占农户总数比例（%）	8	15	25
农户从产业化经营中户均增收（元）	150	800	900

资料来源：《中国农业产业化发展报告》，中国农业出版社 2008 年版。

第三阶段为 2000—2012 年的快速发展阶段。进入 21 世纪以来，我国农业发展进入新阶段，农产品由供不应求转变为供求基本平衡、丰年有余。为了适应农业结构战略性调整提出的新要求和入世后面临的新形势，中央加大了推进农业产业化的力度。2001 年 11 月 27 日召开的中央经济工作会议上，江泽民同志强调指出："农业产业化经营是促进农业结构战略性调整的重要途径，是通过产加销结合，使广大农民普遍受益的经营形式，要作为农业和农村经济工作中一件带全局性、方向性的大事来抓。扶持农业产业化就是扶持农业，扶持龙头企业就是扶持农民。"党的十六大要求积极推进农业产业化经营，提高农民进入市场的组织化程度和农业综合效益。党的十七大强调，支持农业产业化经营和龙头企业发展。党的十七届三中全会决定提出，发展农业产业化经营，促进农产品加工业结构升级，扶持壮大龙头企业，培育知名品牌。这一阶段，"中央 1 号文件"连续强调农业产业化和龙头企业发展，各级各部门不断完善扶持政策，积极推动组织模式创新，全面提升农业产业化经营水平。2012 年 10 月，国务院下发《关于支持农业产业化龙头企业发展的意见》（国发〔2012〕10 号），对龙头企业在基地建设、科技创新、市场拓展等方面的各项优惠政策给予集成，进一步优化发展环境。到 2012 年，全国龙头企业达 10 多万家，其中国家重点龙头企业 1200 多家，省级重点龙头企业 11000 多家，涌现出一大批资产实力强、市场潜力大、技术设备先进、经营效益好、带动农户和生产基地面宽的企业集团。

第四阶段为2012年以来的转型发展阶段。随着我国经济步入了以中低速、高质量为特征的新常态，农业产业化龙头企业也不能独善其身，将面临三个方面的挑战。一是经济增速下降，社会总需求增速也相应下降，对龙头企业开拓市场产生不利影响；二是受中央相关规定的影响，集团消费大幅减少，国内消费市场结构面临重构，对龙头企业开发产品和市场定位提出挑战；三是资源环境约束越来越大，外延式、粗放型发展方式迫切需要转型升级。基于以上分析，本文认为，新常态下龙头企业的发展速度将会减慢，并倒逼龙头企业加强技术改造和升级，加大信息化对产业发展的支撑，龙头企业进入转型发展的新阶段。

专栏3

联想佳沃的“三全模式”①

联想佳沃集团成立于2012年，主要从事现代农业和食品领域的投资和相关业务运营。联想佳沃集团作为中国最大的水果全产业链企业，在海外及中国拥有规模化的蓝莓和奇异果种植基地，拥有领先的种苗繁育中心、工程技术中心、分选加工中心、冷链物流平台和品牌营销网络。联想佳沃集团将工业化的运营理念应用于农业产业化发展，创新性地提出了“三全模式”。

全产业链运营：秉承“好产品从种植开始”的理念，佳沃建立了从品种选育、种植管理、采摘分选，到冷链物流和营销网络的全产业链业务模式，为消费者生产和交付安全、高品质的产品。

全程可追溯：佳沃建立了从田间到餐桌的全程可追溯系统，每个环节都有品质标准、作业规范和责任到人的质量管控体系，并详细记录全程信息，确保产品质量安全。

① 根据百度百科佳沃集团和集团官网 http：//www.joyvio.com/整理。

全球化布局：佳沃在全球优质产区进行布局，为消费者全年无间断提供新鲜农产品和高品质食品，同时引入海外农业和食品领域的先进技术和管理模式，致力于将佳沃打造成为中国现代农业领导品牌。

二、龙头企业的发展状况和趋势特征

（一）龙头企业发展状况

1. 组织数量增加、效益提升

近年来，龙头企业从少到多、由小及大，得到了较为快速的发展。据农业部农业产业化办公室统计，2004—2013 年，龙头企业数量由 4.97 万家增加到 12.34 万家，年均增长 10.63%；固定资产总额由 6365.03 亿元增加到 35835.53 亿元，年均增长 21.17%（见图 1、图 2）。

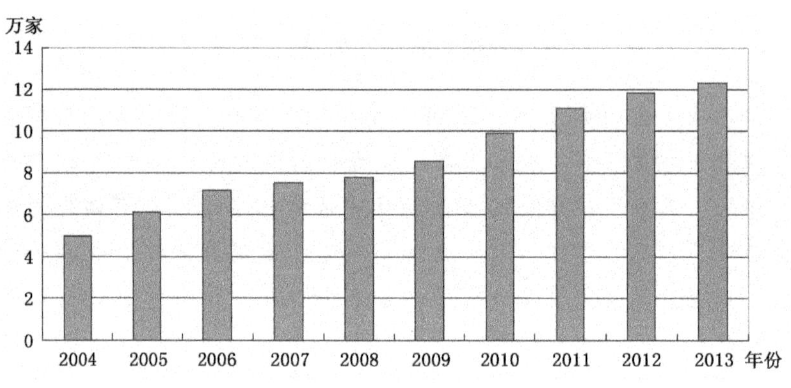

图 1　龙头企业数量变化

随着龙头企业数量和规模的扩大，龙头企业生产经营效益也呈不断上升趋势。2004—2013 年，龙头企业销售总收入销售收入由 14260.54 亿元增加到 78579.96 亿元，年均增长 20.88%；净利润总量由 900 亿元增加到 5158.62 亿元，年均增长 21.41%；出口创汇由 207.92 亿元增加到 555.91 亿元，年均增长 11.55%；上缴税金由 481.86 亿元增加到 2628.51 亿元，年均增长 20.74%（见图 3、图 4）。

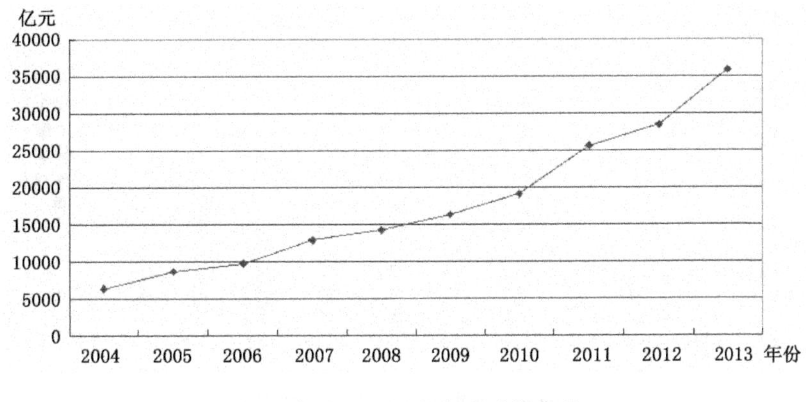

图 2　龙头企业固定资产总额变化

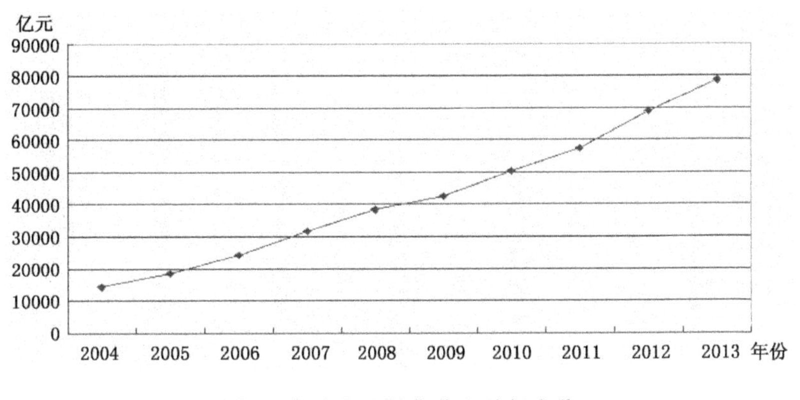

图 3　龙头企业销售收入总额变化

从单个龙头企业来看，龙头企业的平均规模也不断扩大。2004—2013年，平均每个龙头企业的固定资产额由1280万元增加到2904万元，销售收入由2869万元增加到6369万元，净利润由181万元增加到418万元，年平均增长率分别为9.53%、9.27%、9.75%，保持了较快的增长势头（见图5）。

随着龙头企业的发展壮大，各地都涌现出了一些大型特大型的龙头企业集团，并呈现不断增多的态势。图6给出了2011—2013年销售收入超10亿元、30亿元、50亿元、100亿元的龙头企业数量，都呈现出上升

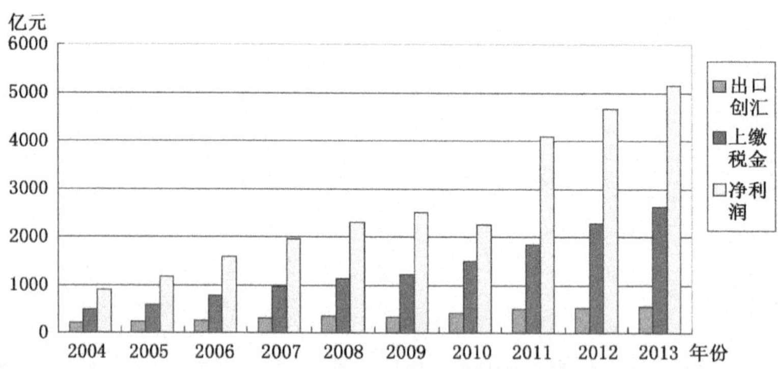

图 4　龙头企业总体经营情况

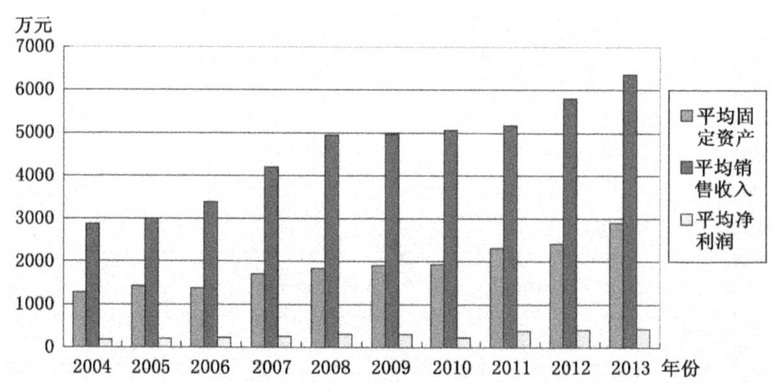

图 5　龙头企业平均规模及经营情况变化

趋势。

2. 覆盖产业以种养为主、兼顾其他

在各类龙头企业中，以从事种植和养殖及其加工业为主，占到总数的80%以上。2013 年，各种行业龙头企业的数量和销售收入占龙头企业总数和总销售收入的比见图 7、图 8。

3. 基地建设投入增加、规模扩大

基地建设是龙头企业获得稳定原料的基础。近年来，龙头企业普遍重视基地建设，包括自建基地、订单基地，有的龙头企业还跨区域建设生产

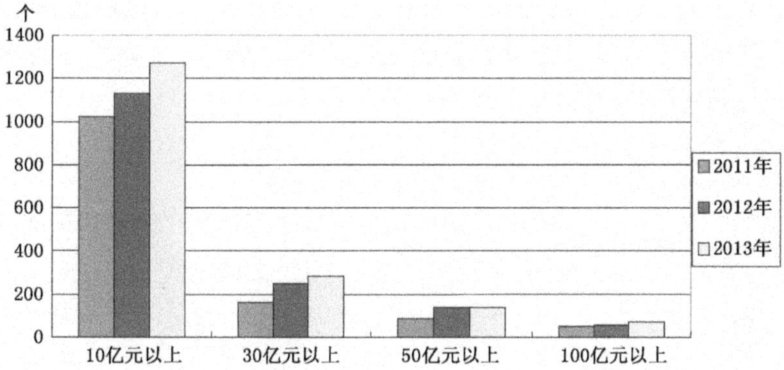

个
1400
1200
1000
800
600
400
200
0
10亿元以上
30亿元以上
50亿元以上
100亿元以上
2011年
2012年
2013年

图 6　大型龙头企业数量变化

其他，7.33%
林业，8.29%
水产业，6.05%
种植业，53.60%
畜牧业，24.73%

图 7　2013 年各行业龙头企业数量占比

其他，10.62%
林业，5.23%
水产业，4.81%
种植业，54.02%
畜牧业，25.31%

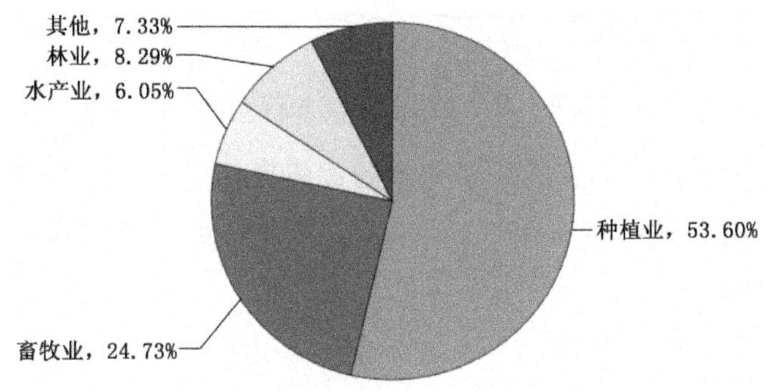

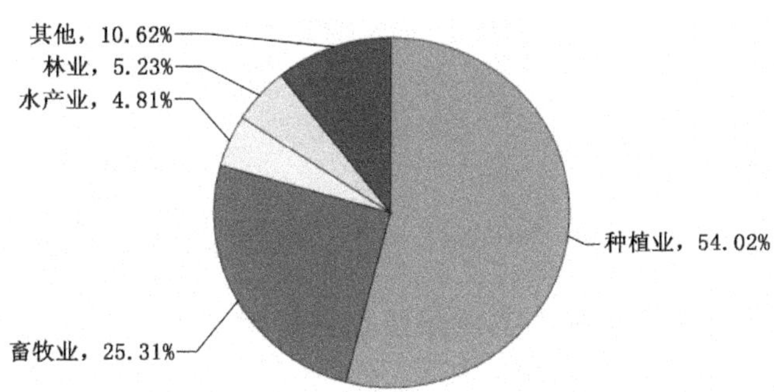

图 8　2013 年各行业龙头企业销售收入占比

基地。总的来看，龙头企业的基地投入在快速增加，基地规模也在扩大。2007—2013 年，龙头企业对原料基地的投入由 640.9 亿元增加到 3858.1 亿元，增长了 5 倍以上（见图 9）。

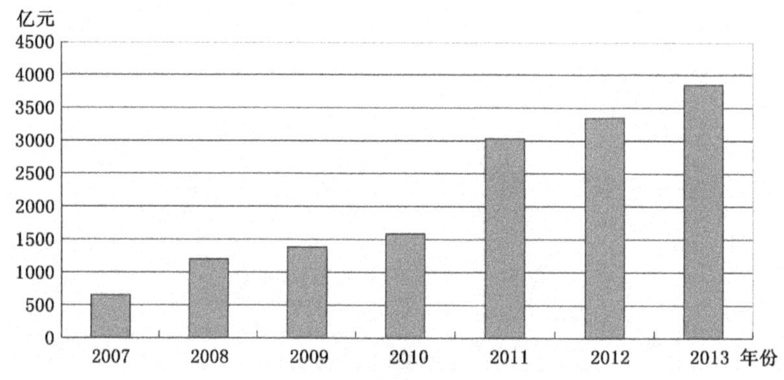

图 9　龙头企业原料基地投入情况

从基地投入的结构看，主要是基础设施建设投入，此外还包括农民培训投入、生产资料垫付支出等。2013 年龙头企业基地建设投入的结构，如图 10 所示。

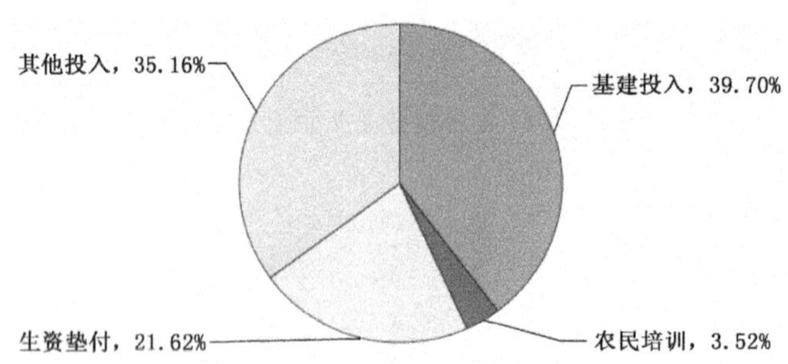

图 10　2013 年龙头企业基地投入结构

伴随着基地投入增加，基地规模也在逐步扩大。表 3 给出了 2011—2013 年龙头企业生产基地规模的变化情况。从表 3 中可以看出，近年来龙头企业的基地规模保持着稳步扩大的趋势。到 2013 年年底，龙头企业辐射带动种植业生产基地约占全国农作物播种面积的六成；带动畜禽饲养量超过全国畜禽饲养量的三分之二；带动养殖水面超过全国的八成，龙头企业主要农产品原料采购总额3.41万亿元，以龙头企业为主的农业产业化经营组织成为农业生产和农产品市场供给重要主体，对保障国家粮食安全和农产品有效供给发挥了积极作用。

表2　龙头企业基地规模变化情况

年份	种植面积（万亩）	牲畜饲养量（万头）	禽类饲养量（万只）	养殖水面面积（万亩）
2011	100318	110515	779499	5393
2012	103497	115863	845304	5675
2013	113566	119338	857914	5982

4. 带动农民就业和增收

龙头企业通过订单、合作、入股等多种形式，带动农户从事农业产业化经营，同时为农户提供农资供应、技术指导、产品购销、仓储物流等服务，吸纳农民就业，与农民共享产业化发展成果。2013年，龙头企业带动农户数达6671万户，带动基地农户增收总额2447亿元，农户户均增收近3700元；龙头企业职工人数2404.72万人，龙头企业工资福利总支出0.52万亿元，职工年收入2.16万元。

在带动农民增收的结构中，按合同价收购比按市场价收购向农民多支付的差价占农民增收的主要部分，其次为工资报酬、股份返还、土地租金等。2013年龙头企业带动基地农户增收的结构如图11所示。

（二）龙头企业发展的趋势特征

目前，农业产业化和龙头企业发展逐步由数量扩张向质量提升转变，由松散型利益联结向紧密型利益联结转变，由单个龙头企业带动向龙头企业集群带动转变，呈现出以下几个方面的趋势：

1. 从单个龙头企业引领向龙头企业集群引领转变

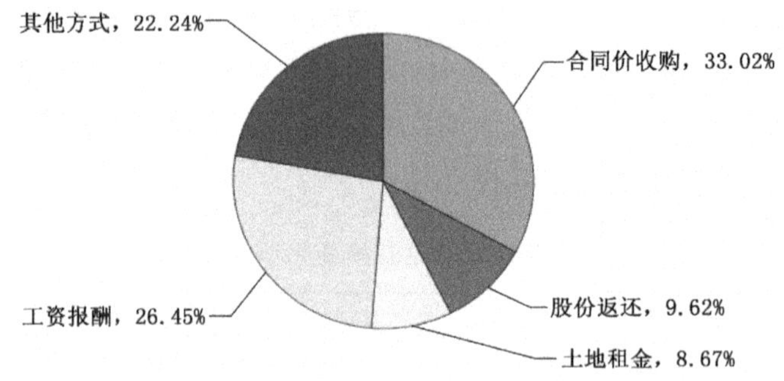

图 11　2013 年龙头企业带动农民增收来源结构

随着国内市场的迅速扩大、农业产业组织的多元化以及不同产业之间的协同整合，农业产业化经营的引领方式也发生了重要变化。国际金融危机的爆发、产业梯度转移等外部冲击打破了原有的市场格局，进一步推动了龙头企业进行资源要素整合，一批产品质量高、具有自主品牌、综合实力强的企业脱颖而出，市场份额明显提高，影响力显著增强，逐步形成了起点高、规模大、竞争力和带动力强的大型龙头企业和企业集团，成为农业农村经济发展的新引擎。一些地方充分利用资源和区位优势，推进龙头企业集群集聚，发展相关配套产业，形成了一批企业分工协作良好、组织化程度较高、辐射带动效果显著的产业集聚区。农业产业化的引领方式，由以前单个组织带动为主，发展为由不同组织的协同带动为主，并逐渐发展成产业集群引领，产业集群集聚发展已经成为重要趋势。随着我国农业优势区域布局进一步发展、企业集团化集群化发展的内在动力不断加强和地方政府的大力推动，未来我国龙头企业进行资源整合、跨区经营、兼并重组、集团化集群化发展的趋势也会越来越明显。

2. 由要素驱动向创新驱动转变

近 20 年农业产业化和龙头企业的发展，总的来看，主要是得益于市场容量的扩大和要素投入的增加，是一种基于外延扩张的发展方式。随着市场竞争的日趋激烈和产业融合程度的不断加深，从根本上提升产业竞争力成为更加重要的选择。在新的时期，农业产业化和龙头企业发展的驱动力将由主要依靠要素驱动转向越来越多依靠创新驱动，由要素扩张转向要素优化组合，由注重产品结构升级转向要素结构升级。通过导入现代科技和先进生产方式，农业产业化和龙头企业更加重视对新品种、新技术、新工艺、新理念等要素的投入，更加注重人力资本，更加注重先进管理方式，更加注重商业模式创新，从利用资源比较优势转向培育综合竞争优势，努力实现绝对优势或核心优势的新突破。

3. 从单向联结向融合发展转变

传统农业产业化经营，龙头企业和农户在产业链条上主要通过产品购销联接，利益关系相对松散，且相关主体履约意识不强，执行契约受到的约束也比较少，以至于在一些情况下产业化发挥的作用并不突出。新时期农业产业化经营将着力突破单一产品联接的现状，从单向联结向融合发展转变。一是龙头企业和其他经营主体的联结纽带将呈复合化、双向化。目前，农业产业化经营联接纽带拓展到产品以外，具体包括技术联结、服务联结以及由土地、资金、技术、劳动力等带来的产权联结等多纽带复合型联系，利益联结关系更加紧密。二是龙头企业和家庭农场、农民合作社相互入股渗透、相互融合。农户、家庭农场、农民合作社以土地、劳力等要素入股龙头企业，龙头企业以资金、技术入股家庭农场和合作社，各经营主体相互渗透，由链条状向网状联结转变，形成利益共同体，融合发展、利益共享。

4. 由延伸产业链向提升价值链转变

从农业产业化经营组织发展实践看，延伸产业链可以做大组织，而提升价值链可以做强组织。越来越多的龙头企业已经从延伸产业链向提升价值链转变，注重将价值链管理应用到产业链的各个环节，注重各主体合理分享价值增值，注重节约各环节间的交易成本、提高交易效率。总的来看，产业链一体化程度会越来越高，价值链各主体的利益关系会越来越密切，生产效率和交易效率越来越高，消费者体验越来越友好。农业产业化和龙头企业将从外延扩张向内生发展转变，从技术创新向价值创新转变，通过有效实施蓝海战略，实现真正有竞争力、可持续的发展。

5. 从适应市场需求向引导市场需求转变

当前，我国居民生活消费水平快速提高和食品消费结构不断升级，给产业化经营引导市场需求提供了机遇。产业化经营和龙头企业可以通过信息化、电子化、互联网、直销专供等营销手段，来引导和满足日益差异化、特色化的市场需求，实现市场的细分，拓展需求的空间。同时，产业化经营和龙头企业还可以创新消费理念，创造消费概念，优化消费方式，积极引导消费者的绿色消费、健康消费、功能消费，引领市场需求的转变。

三、新常态下农业产业化和龙头企业的功能定位

当前，随着工业化、城镇化和信息化快速发展，深化农村改革全面推进，新型农业经营体系加快构建，农业产业化和龙头企业发展进入了一个新阶段。其指导农户开展生产、带动农户进入市场、促进农民就业增收的传统功能将不断得到深化，除此之外，在新形势下农业产业化和龙头企业还要肩负新的功能定位，具体来看，农业产业化和龙头企业由传统的以联接生产和市场为主转向推动农业生产链条重构和经营管理模式转型；由作为重要农产品供给保障主体向农产品质量安全的责任主体延伸；由推动现代农业发展的依靠力量向县域经济和小城镇发展的主要产业支撑拓展。新时期农业产业化经营的功能和定位主要体现在以下四个方面。

（一）促进第一、第二、第三产业融合发展

农业是第一产业，不仅产品附加值较低，而且风险也比较大。促进农业的健康稳定发展，必须跳出农业看农业，通过延长产业链条，突破第一产业的限制，“接二连三”发展农产品加工和销售，拓展农业多种功能，将农业发展的不确定性内在化于产业链整体之中，从而提高农业效益、降低农业风险。农业产业化经营通过整合产业链、提升价值链和拓展多功能，能有效促进第一、第二、第三产业融合互动发展。2014 年 12 月底召开的中央农村工作会议明确提出，大力发展农业产业化，把产业链、价值链等现代产业组织方式引入农业，促进第一、第二、第三产业融合互动。

1. 整合产业链

产业链整合是对产业链进行调整、协同、组合和一体化的过程，包括

横向整合、纵向整合以及混合整合三种类型。本文认为，新时期的农业产业化，既要注重横向整合，通过对产业链上相同类型企业的约束来提高企业的集中度，扩大市场势力；又要注重纵向整合，通过对上下游施加纵向约束，使之接受一体化或准一体化的合约，通过产量或价格控制实现纵向的产业利润最大化。新时期，通过促进龙头企业做大做强，开展股权并购、战略联盟，发挥龙头企业协会行业自律的作用，可以有效促进产业链横向整合；通过发展自建基地和订单基地，发展会员制农业和订单农业，强化契约执行，可以有效促进产业链的纵向整合。从这两个方面来看，农业产业化经营都是产业链整合的重要途径。

2. 提升价值链

价值链的概念是由美国哈佛商学院的迈克尔·波特（Michael E. Porter）于1985年在其所著的《竞争优势》一书中首先提出的。他认为，任何企业的价值链都是由一系列相互联系的创造价值的活动构成，这些活动分布于从原材料获取到最终产品消费时的服务之间的每一个环节，包括供应商价值链、企业价值链、渠道价值链和买方价值链，这些环节相互关联并相互影响。将价值链理论运用到农业经营中，可以发现，通过农业产业化经营，发展农产品加工、流通和各种服务，创新商业模式，依托产业链条上的各类主体，通过利益联结机制，将农户、合作社、龙头企业、流通企业以及消费者紧密地联系在一起，能有效提升产业价值链，让各相关主体分享产业增值收益。

3. 拓展多功能

农业多功能性概念的提出可以追溯到20世纪80年代末和90年代初日本提出的“稻米文化”。1992年联合国环境与发展大会通过的《21世纪议程》正式采用了农业多功能性提法。根据国外的研究结果，结合我国的实际和研究，农业多功能性的含义可归纳为：农业多功能性是指农业具有提供农副产品、促进社会发展，保持政治稳定、传承历史文化、调节自然生态、实现国民经济协调发展等功能；且各功能又表现为多种分功能，各功能相互依存、相互制约、相互促进的多功能有机系统特性。在更加注重生态环境、文化传承、质量安全的背景下，农业的重要作用不言而喻。对当前的农业产业化来讲，也要突破传统的产加销一体化模式，将产业化的内涵拓展到更加广阔的领域，如休闲观光、农事体验、文化传承、生态保护等等，实现经济效益、社会效益和生态效益的有机结合。

（二）促进新型农业经营体系构建

党的十八大提出了构建集约化、专业化、组织化、社会化相结合的新型农业经营体系这一重大任务。中央提出这一任务，是为了破解未来“谁来种地”、“地怎么种”等农业生产经营面临的紧迫问题。其中，集约化是相对粗放经营而言的，主要指加强对农业的投入，提高农业生产效率；专业化是相对兼业化而言的，主要指培育专业大户、家庭农场等职业农民；组织化是相对分散经营而言的，主要指通过农民合作社、专业协会、龙头企业的带动，提高农户生产的组织化程度；社会化是相对个体而言的，主要指加强农业社会化服务，克服农户小规模经营的弊端。对当前而言，构建新型农业经营体系，核心是培育新型农业经营主体，关键是健全各主体间的利益关系，重点是加强农业社会化服务。

发展农业产业化经营，通过龙头企业与农户建立利益联结关系，能有效培育新型农业经营主体，提升农业社会化服务水平，促进家庭经营、集体经营、合作经营、企业经营融合发展，推进新型农业经营体系的构建。

1. 孵化和培育新型农业经营主体

发展农业产业化经营，通过龙头企业的引领，以“公司＋农户”的组织模式为基础，龙头企业将现代的经营管理理念和先进适用技术传授给农民，提高了他们的综合素质和劳动生产率，扩大生产经营规模，带动农户发展壮大，催生形成了一批专业大户和家庭农场；龙头企业通过引导农户联合成立农民合作社，或参与领办创办合作社，为合作社提供质量体系建设、技术指导、市场开拓和资金支撑，打造了一批组织化水平高、凝聚力向心力强、服务功能完善的农民合作社。在龙头企业的引领下，在产业化经营方式的作用下，培育和形成小农户、专业大户、家庭农场、农民合作社、龙头企业等多元经营主体，为构建新型农业经营体系提供主体支撑。

2. 融合家庭经营、集体经营、合作经营和企业经营等多种经营方式

党的十八届三中全会提出，坚持家庭经营在农业中的基础性地位，推进家庭经营、集体经营、合作经营、企业经营等共同发展的农业经营方式创新。在实践中，这四种经营方式各有所长。家庭经营的优点是劳动监督成本低，集体经营具有组织优势和交易成本低的特点，合作经营的优点是农民组织化程度高和谈判能力强，企业经营的优点是资金技术密集以及加工和开拓市场能力强。通过农业产业化经营，以产业链为主线，通过“公司+农户”、“公司+合作社+农户”、“公司+集体经济组织+农户”等组织模式，可以将不同主体联结起来，生产商品农产品，实现生产加工销售的有效连接；以要素优化配置为途径，发挥家庭农场、集体经济组织、农民合作社、龙头企业在生产要素方面的各自优势，实现资源利用和经济效益的最大化；以利益为纽带，采取订单收购、利润返还、股份分红等多种形式，让各类主体合理分享产业链的增值收益。

3. 促进新型农业社会化服务体系发展

新型社会化服务体系发展的方向和重点是经营性服务组织。2013 年“中央 1 号文件”指出，发挥经营性服务组织在社会化服务体系中的生力军作用。在经营性服务组织中，龙头企业实力雄厚，与农户、合作社等长期合作，在提供服务上具有质量优、针对性强、供需对接顺畅等优势，是新型农业社会化服务体系的骨干。龙头企业要继续通过为农户提供农资销售、农机作业、统防统治、生产技术指导、产品销售等统一服务，解决一家一户办不了、办不好、办起来不划算的事情。在新形势下，龙头企业还需要继续充分发挥自身的资源优势，不断探索贷款担保、风险防范、财务管理、商务咨询和经营模式辅导等新的服务方式，在新型农业社会化服务体系中承担更多更重要的责任。

（三）推动农业转型升级

我国人多地少水缺和生态环境脆弱的基本国情，决定了当前粗放式、外延式的农业发展方式难以为继，亟需通过产业转型升级，走集约化、内涵式的现代农业发展道路。农业转型升级的过程，就是通过向农业注入资

金、技术、人才和先进管理方式，将传统农业改造为现代农业的过程。在这个过程中，龙头企业由于具备资金、技术、人才等多方面的比较优势，能够弥补传统农业的缺陷和不足，是引领农业转型升级的重要力量。《国务院关于支持农业产业化龙头企业发展的意见》（国发〔2012〕10 号）开篇就明确指出，龙头企业集成利用资本、技术、人才等生产要素，带动农户发展专业化、标准化、规模化、集约化生产，是构建现代农业产业体系的重要主体。党的十八届三中全会决定明确提出，鼓励和引导工商资本到农村发展适合企业化经营的现代种养业，向农业输入现代生产要素和经营模式。

1. 促进先进技术和优秀人才导入农业

当前，农村青壮年劳动力大量转移，高素质劳动力快速流失，农业缺人手特别是缺人才，已成为制约农业转型升级的瓶颈。近年来，随着龙头企业的不断发展壮大，通过发展订单农业，向农业输出新技术新工艺，向农民输出标准化生产方式，培养造就了一大批新型职业农民。同时，龙头企业依托其稳定的生产工作条件和广阔的发展前景，还吸引了一大批优秀人才加盟，参与农业产前产中产后各环节，成为各类人才和先进适用技术进入农业的有效渠道。龙头企业将先进的技术教给农民，将工业化的生产理念应用于农业，将优秀的人才留在农村，缓解了农村人才快速流失的局面，培养造就了一大批懂技术、会经营、善管理的新型职业农民，提高了农业生产经营人员的水平和素质，从一个方面回答了“谁来种地”、“地怎么种”的问题，也为农业转型升级提供了智力支撑。

2. 推动资本和技术集约型农业示范推广

随着工业化和城镇化的持续发展，农村劳动力拥有非农就业机会越来越多，农村劳动力从事农业的机会成本在不断提高。在这种形势下，农业劳动力正逐步由过剩转向短缺，过去以过密化劳动投入为特征的传统农业已无法持续，集约利用资本和技术成为现代农业发展的大方向。而这种集约利用资本和技术的农业生产方式尽管产出较高，但不容忽视的是这种模式具有很强的不确定性，即高投入、高产出与高风险并存。而现有的小规模农户自身实力弱，抗风险能力差，尚不完全具备发展资本、技术密集型农业的条件。同时农户一般都是风险厌恶型，只要他们没有亲眼看到新技术新品种新工艺的效果，技术推广就很难进行和普及，在投入方面会异常谨慎。在这种情况下，就可以发挥龙头企业的示范和带动效应，通过龙头企业率先应用最新科技成果、改进生产工艺，建设高效的产加销一体化生产服务体系，推动农业生产由劳动密集向资金和技术集约的方向转变，进而提高土地产出率和劳动生产率，增加农业经营的效益。当农民看得见、摸得着这些实实在在的收益时，向农户示范应用推广新产品新技术的阻力就会大大减少，龙头企业也就起到了为发展现代农业创造经验、为农户提供试验示范的作用。

3. 引领农业商业模式创新

当前的农产品市场总体是一个买方市场，农产品不仅面临国内的激烈竞争，而且随着中国对外开放程度的加深，国际竞争也越来越大。在这种形势下，谁赢得市场，谁就能在激烈的竞争中存活下来，可以说，市场是决定产业兴衰的关键因素。在传统农业生产经营方式下，由于农产品供求信息不对称，物流渠道不畅通、销售方式单一，总是难以步出“少了抢、多了贱”的销售困境。与其他农业经营主体相比，龙头企业具有贴近市场的优势，具有更加敏锐的嗅觉，在商业模式创新上更加具有前瞻性和适应性。在农业产业化经营 20 多年的实践中，龙头企业逐步探索出了定制农业、特许加盟经营、电子商务营销、会员直供直销等多种模式，顺应消费结构升级和消防习惯改变，引领农业生产经营方式的创新。

（四）保障农产品质量安全

当前，随着人们生活水平的提高，对农产品的需求已经由数量向质量转变，由吃得饱到吃得好、吃得安全转变。特别是近年来发生了一些农产品质量安全事件，全社会都对质量安全绷紧了神经，高度关注这个问题。之所以频频出现质量安全问题，究其原因，就是传统农业产业各环节是断裂的，质量安全追溯很困难，责任主体不明确，信用体系不健全，很难有效保障农产品质量安全。推进农业产业化经营，实现农业的区域化布局、规模化经营、标准化生产和企业化管理，为保障农产品有效安全供给建立了有效机制。特别是强调龙头企业的责任主体作用，发挥龙头企业保障质量安全的主动性，能为保障农产品质量安全提供有力支撑。

龙头企业是一个法人主体，属于市场中的“非匿名交易者”。在这种情况下，市场信誉和品牌价值可能会因为一次质量安全问题而毁于一旦，这势必会形成一种市场倒逼机制，迫使其不得不高度重视质量安全问题。在农业产业化经营模式下，龙头企业就自然成为了质量安全的责任主体，从机制上解决了质量安全事件无法追踪溯源的问题。从这个视角来看，龙头企业保障质量安全与企业健康持续发展具有内在统一性，其具有保障质量安全的内生动力。

在生产组织上，龙头企业建立高标准生产基地，统一投入品使用、生产技术和工艺，杜绝违禁化肥、农药、兽药进入农业生产环节，从源头上保障农产品的质量安全。在质量追溯上，龙头企业可以指导农户做好农产品生产记录，定期监测产地环境，建立完善基地生产档案，构建农产品加工和流通标准化生产体系，强化质量安全责任制，通过定量包装、标识标志、商品条码等手段，建立“从田头到餐桌”的质量可追溯机制。在第三方监督上，龙头企业开展无公害农产品、绿色食品、有机食品等质量安全认证，通过 ISO、HACCP 等质量管理体系认证，建立健全生产操作规程，有效提升质量水平和品牌价值。

（五）发展县域经济和小城镇建设

近年来，我国的城镇化发展很快，2013 年我国城镇化率已达到 53.7%。然而，我国的城镇化存在着发展质量低、发展不平衡的问题，突出表现在大城市和特大城市“城市病”问题突出以及半城镇化特征明显。党的十八届三中全会针对这一问题明确提出，坚持走中国特色新型城镇化道路，推进以人为核心的城镇化，全面放开建制镇和小城市落户限制，推动大中小城市和小城镇协调发展、产业和城镇融合发展。从中央的表述可以看出，县域经济和小城镇将是未来城镇化发展的一个重点。农业产业化具有集聚产业和就业的作用，可以为县域经济和小城镇提供产业支撑，促进产业和城镇融合发展，具有县域经济和小城镇发展引擎的作用。

1. 开发利用农村优势资源

我国各地有着不同的自然、经济和社会条件，大部分县域都拥有具有地域特色的农业资源、独特的传统文化资源和丰富的人力资源。通过农业产业化经营，充分利用龙头企业在信息、技术和品牌、渠道等方面的优势，找准当地资源和市场对接的着力点，有利于开发当地优势资源，发掘农业多种功能，发展特色农产品、休闲农业、生态旅游和农耕文化产业，推动资源变产品、产品变商品、商品变名品。

2. 培育壮大农业主导产业

农业产业化经营是培育壮大县域经济和小城镇主导产业的有效途径，通过龙头企业带动，建设规模化、标准化原料基地，发展农产品加工以及储藏、包装、运输、营销等配套产业，将产前、产中、产后各环节有机统一起来，可以形成完整的产业体系。通过引导龙头企业向优势产业和优势产区聚集，促进产业链条纵向延伸和横向扩张，形成企业分工明确、协调配合、资源共享、优势互补的产业运行体系，发挥企业集群规模效应，形成区域经济增长极；龙头企业的集群发展可以加快信息、金融、咨询等相关服务业发展，吸引人口向集聚区集中，带动文化、教育、卫生等社会事业和餐饮娱乐等服务业发展，有利于推动城镇化建设。

3. 促进区域间产业转移

当前，东部地区经济快速增长，但也暴露出资源约束加剧、经营成本增加、竞争日趋激烈等突出问题，产业转型升级的要求越来越迫切，尤其是龙头企业面临的土地资源和劳动力成本的约束更为突出，这使得东部龙头企业把目光投向广大中西部地区，区域间的产业转移加速。在这种背景下，中西部地区充分发挥资源优势和政策优势，改善基础设施和生产条件，主动承接东部地区产业转移，加强区域间联合合作，可以加速中西部地区县域经济和小城镇的发展。

四、龙头企业发展面临的问题及主要思路和政策取向

（一）主要问题

当前，龙头企业发展还面临一些突出的问题。一是利益联结关系仍比

较松散。产品购销合同仍是龙头企业和农户主要的利益联结方式，以技术、服务、资金、资产作为利益联结纽带的紧密型产业化利益联结方式还不多，通过契约和约定的简单联结方式仍然占到不小的比例。还有很大比例的农户与产业化组织并没有签订比较规范的订单，与龙头企业只是通过市场交易进行联结。此外由于农民分散性的特征，目前农户在与龙头企业对接过程中还处于弱势，谈判地位不高，在利益分享中处于不利地位。二是企业盈利水平不高。近年来，龙头企业用工成本持续增加，远快于销售收入增长率。尤其是地处中西部农村地区的龙头企业，“招不到、留不住、工价高”用工难题更为突出。加上土地租金持续上涨，国内市场竞争进一步加剧，龙头企业利润率呈下滑趋势。与此同时，国内外农产品价格倒挂，粮棉油主要农产品价格高于国外，进一步加大了龙头企业的生产经营压力。三是土地、资金、技术等要素制约。龙头企业在发展过程中，还面临着比较严重的土地、资金、技术等方面的制约。由于农产品加工业的税收比较有限，使得龙头企业在用地上非常困难。受企业实力和抵押物不足的限制，龙头企业在金融机构融资也比较困难，特别是在农产品集中收购时期。此外，随着国家对资源、环境以及质量安全的高度重视，一些龙头企业生产方式落后的问题也愈发突显。

（二）基本思路

当前和今后一个时期，龙头企业要把创新发展、转型升级放在首位，要把重新定位和开拓市场摆在更加重要的位置，着力构建各类产业化经营主体融合发展的新机制。

1. 促进各类产业化经营主体融合发展

龙头企业在现代农业经营体系中是最有活力、最具创新能力的经营主体，要充分发挥龙头企业在农业产业化经营中的带动作用，把各类经营主体聚集起来，多向融合，抱团发展。一是要实现各经营主体之间要素、资源的融合共享。龙头企业要完善与家庭农场、农民合作社等经营主体的利益联结机制，吸引家庭农场、农民合作社以土地承包经营权、劳动力等要素入股企业，企业则以资金、技术等要素入股家庭农场和合作社，形成利益共享、风险共担的利益联结机制，推进立体式复合型新型农业经营体系的构建。二是要促进各类新型经营主体多形式、多样化发展。龙头企业要发挥在产业链条中的核心引领作用，不断延伸产业链条、扩展产业半径，带动产业链条由链状向网状转变，形成稳固、合理、优化的产业组织形态。三是实现产业集群集聚与深度融合。鼓励龙头企业形成“抱团发展”意识，充分发挥龙头企业集群集聚带来的规模效应，降低企业经营成本，增强企业市场地位，围绕优势主导产业，形成资源共享、优势互补的产业共同体，提升产业整体效益与竞争力。

2. 加强龙头企业创新驱动

龙头企业要始终把创新能力作为提升企业竞争力的关键要素，特别是在我国现代农业建设的关键时期，更要注重创新驱动的核心作用。一是实现由简单要素扩张向促进要素优化组合的方向转变。简单的要素扩张往往会带来资源浪费和效率低下，形成粗放型发展模式，不利于农业长期、稳定和可持续发展。要创新生产要素的作用形式，注重要素间的优化组合，发挥要素间的协同合作，实现企业生产要素的集约使用，提升企业管理能力现代化水平。二是实现从利用资源比较优势向培育综合竞争优势的方向转变。比较优势的核心是成本优势。在科技创新日新月异的今天，任何优势都有可能随时丧失。要培育企业的忧患意识，鼓励企业探索新的发展理念，促进企业更加重视对新品种、新技术、新工艺的研发和投入，努力实现绝对优势或核心优势的新突破，促进产品结构、要素结构和核心竞争优势同步升级，以此来提升企业的综合竞争优势。

3. 注重市场定位及开发

党的十八届三中全会提出了“使市场在资源配置中起决定性作用”的重要论断，未来我国市场经济体制改革将更加深入，“看不见的手”将全面渗透到农业产业的各个领域。作为市场经济主体，龙头企业必须更加注重市场变化，牢牢把握市场脉搏。一要加强市场研判。随着我国农产品市场开放程度越来越高，影响农产品价格的因素也从成本、需求等传统领域扩展到了资本投机、价格传导、气候变化等非传统领域，市场风险和不确定性因素越来越多，农产品价格波动频率和幅度也越来越大。这就客观上要求龙头企业加大对市场变化及其发展趋势的研判力度，形成科学决策，规避市场风险。二要主动适应市场变化。市场需求瞬息万变，龙头企业要准确进行市场定位，实现市场细分，运用差异化战略占领产品市场。要主动创新商业模式，充分利用信息、电子、互联网、直销、专供等营销手段，来引导和满足日益差异化、特色化的市场需求。三要不断拓展市场空间。龙头企业要准确把握国内外消费需求的发展趋势，积极开拓国内市场和国外新兴市场，拓展需求空间，规避市场风险，不把鸡蛋放在一个篮子里。要加大投入，加强标准化基地建设，严格投入品管理，强化质量检验检疫，开展产品质量认证，稳步推进品牌战略。

（三）促进龙头企业发展的政策取向

1. 建立龙头企业与农户利益联结分享机制

完善“龙头企业＋合作组织＋农户”的模式，在“互利互惠、利益共享、风险共担”的基础上，采取保底收购、股份分红、利润返还等方式，让农户分享加工销售收益，从而促进农民增收，稳定龙头企业与农户的关系。大力发展订单农业，规范合同内容和签订程序，明确权利责任。支持龙头企业与专业大户、家庭农场、合作社有效对接，鼓励龙头企业创办领办合作社，推进企业与合作社深度融合发展。鼓励农户、家庭农场、合作社以资金、技术等要素入股龙头企业，形成产权联合的利益共同体。

2. 出台扶持政策提高龙头企业收益能力

农业投资具有投资大、利润低、周期长的特点，单靠企业自身积累较难形成规模，因此国家应出台扶持政策，降低农业龙头企业运行成本，提高其收益能力。创建农业产业化示范基地，促进龙头企业集群发展。按照专业化分工的要求将上下游企业有机联接在一起，通过分工协作，降低企业成本，实现协同发展。在利税、收费、资金等方面进一步加大扶持力度，逐步扩大农产品加工增值税进项税额核定扣除试点行业范围，给予龙头企业税收优惠，缓解和减轻企业财务负担，提高其赢利水平。促进龙头企业加强与科研院所、大专院校及农业技术推广等机构的合作，实现产学研有机结合，提升企业竞争力。

3. 努力消除龙头企业发展所面临的要素制约

对于重点农业产业化项目给予贴息贷款，金融机构应适当降低授信门槛并在资金安排上优先考虑，在贷款期限、贷款利率上给予优惠。政府可成立农业投资公司和农业投资基金，为龙头企业提供直接投资、贷款担保、风险补偿、管理咨询等服务。建立健全多层次的资本市场体系，鼓励符合条件的龙头企业利用资本市场，通过上市、发行企业债券等方式募集发展资金，实现融资渠道多元化。土地管理部门在符合土地利用总体规划的前提下，对于龙头企业发展所需用地给予优先安排、审批。建立健全农村土地承包经营权流转市场，促进农村土地经营权的规范流通。建立健全主体多元的职业技术培训体系，提升农村劳动力素质，为龙头企业的发展提供智力支持。

参考文献

[1] 胡晓云、黄连贵编：《模式制胜——中国农业产业化龙头企业群像解析》，浙江大学出版社2013年6月版。

[2] 牛若峰：《农业产业化经营发展的观察和评论》，《农业经济问题》2003年第3期。

[3] 农业部农业产业化办公室、农业部农村经济研究中心编：《“十一五”农业产业化发展报告》，中国农业出版社2012年11月版。

[4] 农业部农业产业化办公室、农业部农村经济研究中心编：《中国农业产业化发展报告》，中国农业出版社2008年4月版。

[5] 农业部农业产业化办公室编：《农业产业化经营资料汇编》，2004年5月。

[6] 宋英杰、陈银春编著：《农业产业化经营概述》，中国社会出版社2006年9月版。

[7] 杨明洪著：《农业产业化龙头企业：扶持理论与政策分析》，经济科学出版社2009年12月版。

[8] 张照新、陈洁、徐雪高等著：《农业产业化龙头企业发展与社会

责任》，经济管理出版社 2010 年 12 月版。

[9] 张照新、赵海：《新型农业经营主体的困境摆脱及其体制机制创新》，《改革》2013 年第 2 期。

[10] 赵海：《新型农业经营体系的涵义及其构建》，《农村工作通讯》2013 年第 6 期。

[11]《中共中央国务院关于“三农”工作的一号文件汇编（1982—2014）》，人民出版社 2014 年 1 月版。

[12] 中国发展研究基金会编：《中国发展报告 2013/14：中国农村全面建成小康社会之路》，中国发展出版社 2014 年 12 月版。

草食畜牧业发展政策研究

王　莉　刘媛媛

近年来，随着国家强农惠农富农的政策力度不断加强，草食畜牧业的生产扶持政策相继出台，对促进我国草食畜牧业发展发挥了重要作用，但是当前草食畜牧业发展依然面临诸多制约因素，还需要进一步调整完善相关政策措施。

一、草食畜牧业发展政策的主要内容

目前，我国已初步建立了涵盖草食畜牧业的良种繁育与推广政策、规模化养殖支持政策、饲草料生产扶持政策、牧业机械购置补贴政策、金融保险支持政策、质量安全监管政策和草原生态保护政策等方面的政策体系。

（一）良种繁育与推广政策

“国以农为本，农以种为先”。畜禽良种是推动畜牧业发展最活跃、最重要的生产要素，是现代畜牧业生产和可持续发展的基础。从 20 世纪末开始，我国加快推进畜禽良种繁育体系建设，实施良种工程项目。2005 年以后，首先启动实施奶牛良种补贴政策，此后良种补贴扩展到肉牛、肉羊、牦牛等品种，政策扶持力度不断加大。

1. 奶牛良种政策

（1）奶牛良种补贴政策。从 2005 年起，奶牛良种补贴项目开始实施，在河北、内蒙古、黑龙江和山西 4 省（区），选择部分奶牛生产重点县作为实施奶牛良种（冷冻精液）补贴的试点县。在试点县对使用优质奶牛冷冻精液的奶牛养殖户给予补贴，提高农民使用优质奶牛冷冻精液的积极性，改善牛群质量，提高奶牛养殖效益。

2007 年，为加快扩大奶牛优质种群，继续执行中央财政奶牛良种补贴政策，扩大补贴范围，加大补贴力度。补贴范围由北方地区奶牛头数 1 万头以上、南方地区奶牛头数 5000 头以上的 181 个重点县，扩大到全国，将全部能繁母牛纳入补贴范围，并对经过后裔测定并注册的优良种公牛冻精液加大补贴力度。

2014 年，中央财政安排“畜牧发展扶持资金”，其中补贴奶用能繁母牛 897.5 万头。继续对全国 751 万头荷斯坦牛（含娟姗牛），安徽、福建、河南、湖南、湖北、广西、贵州、云南等 8 省（区）51 万头奶水牛，内蒙古、吉林、黑龙江、安徽、江西、四川、西藏、青海、新疆及新疆生产建设兵团等 10 个项目区 54.5 万头乳用西门塔尔牛，新疆维吾尔自治区和新疆生产建设兵团 32 万头褐牛，青海省 4 万头牦牛以及内蒙古自治区 5 万头三河牛实施良种冻精补贴。补贴对象包括荷斯坦牛、娟姗牛、奶水牛、乳用西门塔尔牛、褐牛、牦牛和三河牛等品种的能繁母牛。荷斯坦牛、娟姗牛每年使用 2 剂冻精，每剂补贴 15 元；奶水牛每年使用 3 剂冻精，每剂补贴 10 元；乳用西门塔尔牛、褐牛、牦牛和三河牛每年使用 2 剂冻精，每剂补贴 10 元。2015 年政策继续执行。

（2）后备母牛补贴制度。为稳步扩大优质奶牛后备资源，建立后备母牛补贴制度。对享受奶牛良种补贴改良后的优质后备母牛给予一次性补贴，每头补助 500 元；中央财政对中西部地区给予补助，东部地区补贴由地方财政负担。

（3）奶牛生产性能测定补贴。我国的奶牛生产性能测定工作起始于 1992 年，2008 年以前参加测定的奶牛头数始终徘徊于 7 万—8 万头之间。

2008 年中央财政实施奶牛生产性能测定补贴项目，极大地推动了这项工作的进展，当年参加测定的牛场接近 600 个，参测牛数量达到 25 万头，是 2007 年的 3 倍。

2011 年，中央财政继续实施奶牛生产性能测定补贴，涉及全国 18 个省（区、市）以及黑龙江农垦总局和新疆生产建设兵团，选择荷斯坦成年母牛存栏在 100 头以上的规模养殖场（户）和小区实施补贴，补贴标准为每头奶牛 70 元。全国共有 26 万头奶牛的测定任务，投入资金 2000 万元。2013 年继续开展奶牛生产性能测定，中央财政投入 2000 万元用于奶牛生产性能测定工作。

2. 肉牛肉羊良种政策

（1）肉牛良种补贴政策。2009 年起，国家开始对河南、四川、吉林、山东、内蒙古、新疆、甘肃、云南、辽宁、宁夏等 10 个肉牛主产省（区）开展肉牛良种补贴试点，选择这些省区能繁母牛存栏 5000 头以上的县（市）进行实施。2012 年补贴肉用能繁母牛 500 万头，扩大补贴范围，将河北、山西、黑龙江、安徽、江西、湖北、湖南、广西、重庆、贵州、陕西等省纳入补贴实施范围。根据 2011 年任务完成情况，适当核减部分项目省 2012 年任务量；西藏和青海继续完成 2011 年项目任务，2012 年暂不安排补贴任务。2014 年，补贴肉用能繁母牛 451 万头；按照每头能繁母牛每年使用 2 剂冻精，每剂补贴 5 元，补贴品种包括国家批准引进和自主培育的品种，以及优良地方品种。目前我国肉牛良种补贴范围包括河南、四川、吉林、山东、内蒙古、新疆、甘肃、云南、辽宁、宁夏、西藏、青海、河北、山西、黑龙江、安徽、江西、湖北、湖南、广西、重庆、贵州、陕西、江苏等 24 个省区。

（2）肉牛基础母牛扩群增量补贴项目。为促进肉牛产业持续健康发展，支持肉牛基础母牛扩群增量工作，2014 年 7 月，农业部办公厅、财政部办公厅联合下发了《关于做好 2014 年基础母牛扩群工作的通知》（农办财〔2014〕62 号），对基础母牛扩群工作目标、实施内容、实施程序等做了具体要求。2014 年中央财政安排 9.4 亿元资金，在河南、河北、山东、安徽、吉林等 15 个省市启动肉牛基础母牛扩群增量项目。

（3）肉羊良种补贴政策。2009 年，肉羊良种补贴启动实施，在内蒙古、新疆、青海、河北、甘肃、黑龙江、吉林、宁夏、西藏等 9 个绵羊主产省（区）及新疆生产建设兵团开展补贴试点，对项目县内存栏绵羊 50 只以上的养殖户进行补贴，补贴绵羊种公羊 7.5 万只。2012 年补贴种公羊 24.7 万只，根据 2011 年任务完成情况和种公羊生产供应情况，适当增减部分项目省 2012 年任务量，扩大补贴范围，将辽宁、安徽、山东、河南、湖北、湖南、广西、贵州等省纳入补贴实施范围。2014 年，补贴种公羊 24.7 万只；补贴标准为绵羊、山羊种公羊每只一次性补贴 800 元，补贴品种包括国家批准引进和自主培育的品种，以及优良地方品种。2015 年，奶牛、肉牛良种补贴标准为每头能繁母牛 10 元；羊良种补贴标准为每只种公羊 800 元（表 1）。

表 1　　草食畜牧业良种补贴政策

	开始年份	补贴标准
奶牛良种补贴	2005 年	荷斯坦牛、娟姗牛、奶水牛每头能繁母牛 30 元，其他品种每头能繁母牛 20 元。2015 年探索开展优质荷斯坦种用胚胎引进补贴试点，每枚补贴标准 5000 元。
肉牛良种补贴	2009 年	每头能繁肉牛 10 元
肉羊良种补贴	2009 年	每只种公羊 800 元
牦牛良种补贴	2011 年	每头种公牛 2000 元

资料来源：作者整理。

（二）标准化规模养殖补贴政策

1. 奶牛规模化养殖支持政策

发展畜禽标准化规模养殖是加快畜牧业生产方式转变、建设现代畜牧业的重要抓手。为加快推进奶牛养殖规模化、集约化、标准化，转变奶牛饲养方式，国家大力支持标准化奶牛养殖小区（场）建设，对养殖小区水电路、粪污处理、防疫、挤奶设施及饲草料基地建设等给予适当投资补助。

2008年中央财政安排2亿元资金支持奶牛标准化规模养殖小区（场）建设，2009年开始中央资金增加到5亿元。根据《国家发展改革委、农业部关于下达奶牛标准化规模养殖场（小区）建设项目2011年中央预算内投资计划的通知》的要求，2011年奶牛标准化规模养殖建设中央资金仍然为5亿元，主要用于养殖小区的水、电、路、防疫、挤奶等配套设施及饲草料基地建设等，2011年起步标准由200头提高到300头。中央投资按奶牛年存栏头数分三个档次予以补助：一是年存栏300—499头的养殖小区（场），每个平均补助投资80万元；二是年存栏500—999头的养殖小区（场），每个平均补助投资130万元；三是年存栏1000头的养殖小区（场），每个平均补助投资170万元。2013年，继续推进标准化规模养殖，中央财政投入资金10亿元用于奶牛养殖场区标准化改扩建和标准化示范场建设，已改造了3000多个奶牛场，重点扶持奶农合作社建设养殖场和小区，帮助养殖小区改造升级，支持乳企自建、参股和收购养殖场（小区），建设一批优质奶源基地。2014年，中央财政共安排10亿元支持奶牛标准化规模养殖小区（场）建设，支持资金主要用于养殖场（小区）水电路改造、粪污处理、防疫、挤奶、质量检测等配套设施建设等。

除了中央财政支持，各地积极协调当地财政、土地、环保等部门的支持，在养殖用地、用水、用电、贷款贴息（连续2—3年给予50%贴息）、发展农民专业合作经济组织等方面制定优惠扶持政策，引导和鼓励龙头企业、养殖场和农户改建、新建标准化奶牛养殖场（小区）。

同时，创新奶业生产经营体制，积极扶持奶牛大户、联户经营、家庭牧场等经营主体，大力扶持奶农合作社发展，提高奶农组织化程度，发挥其为奶农提供服务和维护奶农利益等方面的作用，通过引导散养户“进区入园”等方式，发展适度规模化生产。

2. 肉牛肉羊规模化养殖支持政策

2012年中央财政新增1亿元支持内蒙古、四川、西藏、甘肃、青海、宁夏、新疆以及新疆生产建设兵团肉牛肉羊标准化规模养殖场（小区）

开展标准化改扩建。各地积极贯彻落实政策扶持措施，如新疆支持规模养殖场（小区）建设，加大规模养殖场（小区）建设支持力度，全面落实国家、自治区关于畜牧养殖用地、用水、用电的优惠政策。在实施好国家肉羊标准化规模养殖场（小区）建设的同时，将中央现代农业生产发展资金集中用于支持以自繁自育为主的规模养殖场（小区）区外生产母畜引进、自繁扩群及圈舍改造等方面，力争每年新建及扩建 500 个规模养殖场（小区）。陕西省按照“扶大带小、户繁场育”原则，大力发展适度规模养殖，对基地县建设羊存栏 1000 只以上、牛存栏 200 头以上的标准化育肥场，以及牛存栏 20 头以上、陕北羊存栏 200 只以上、关中和陕南羊存栏 100 只以上的育肥户给予重点扶持。

2014 年，肉牛、肉羊项目优先支持饲养母畜的标准化养殖场，各省（区、市）支持肉牛、肉羊养殖场的资金比例不得低于 2013 年。扶持建设的养殖场需达到以下标准：肉牛出栏 100—2000 头，肉羊出栏 300—3000 只。2014 年中央财政共安排 3 亿元支持内蒙古、四川、西藏、甘肃、青海、宁夏、新疆以及新疆生产建设兵团肉牛肉羊标准化规模养殖场（小区）建设。

（三）饲草料生产扶持政策

1. 高产优质苜蓿示范建设

苜蓿是“饲草之王”，是发挥奶牛遗传潜力和提高牛奶质量的优质牧草。为提高我国奶业生产和质量安全水平，从 2012 年起，农业部和财政部实施“振兴奶业苜蓿发展行动”，中央财政每年安排 3 亿元支持高产优质苜蓿示范片区建设，片区建设以 3000 亩为一个单元，一次性补贴 180 万元（每亩 600 元）。此项行动实施以来，成效明显，截至 2013 年上半年，全国已建成 50 万亩高产优质苜蓿生产基地，为 30 万头高产泌乳牛提供了优质苜蓿草。2014 年，在河北、天津、山西、内蒙古、辽宁、吉林、黑龙江、安徽、山东、河南、陕西、甘肃、宁夏、新疆等 14 个省（区、市）和新疆生产建设兵团、黑龙江省农垦总局建设 50 万亩高产优质苜蓿示范片区。2015 年继续实施“振兴奶业苜蓿发展行动”。

振兴奶业苜蓿发展行动的补助重点包括四个方面：一是苜蓿良种化，推广使用高产、优质、抗逆性强的优良品种。二是标准化生产，推广应用苜蓿种子丸化包衣、根瘤菌接种、地膜精量穴播、病虫草害综合防治等高产集成技术，重点推广应用刈割收获、压扁、田间快速脱水、茎叶同步干燥、收割机械组装配套、田间快速打包、高密度草捆加工等关键设备和技术。完善苜蓿生产技术规程，组织开展标准化生产培训。三是改善生产条件，改造中低产田，改良土地、修建排碱渠和灌溉设施，完善田间基础设施和灌溉条件，修建仓储设施，配置和扩容储草棚、堆储场、青贮窖、农机库等。四是提升质量水平，配备检测设备，对苜蓿粗蛋白含量、酸性洗涤纤维、中性洗涤纤维等关键指标进行检测，保证苜蓿草产品质量。

补助对象为农民饲草专业生产合作社、饲草生产加工企业、奶牛养殖企业（场）和奶农专业生产合作社，优先扶持合作社。补助对象应具有独立法人资格，资产结构及经营状况良好。合作社成立 1 年以上，有规范的章程、完善的管理制度，有独立的银行账户和会计账簿，建立了成员账户，实行独立的会计核算，财务管理和收益分配制度健全。饲草生产加工企业须具有 A 级（含）以上资信等级（未申请过银行贷款的企业除外），具有苜蓿生产加工经验，注册资本 200 万元（含）以上。奶牛养殖企业（场）须存栏 300 头以上。对相对集中连片 3000 亩以上的苜蓿种植按照每亩 600 元的标准给予补助。

2. 优质饲草料生产基地扶持政策

在《全国牛羊肉生产发展规划（2013—2020 年）》中特别强调要合理开发饲草料资源。积极发展牛羊饲草料种植，鼓励主产区扩大人工种草面积，增加青绿饲料生产，加强青贮、黄贮饲料设施建设，提高农作物秸秆的利用效率，扩大牛羊肉生产饲料来源。结合实施退牧还草、游牧民定居、牧草良种补贴、易灾地区草原保护建设、秸秆养畜示范等工程项目，增强饲草料生产供应能力，提高饲草料科学利用水平，重点加强饲料资源开发与高效利用、安全生态环保饲料生产关键技术研究开发。加强牧区能繁母畜暖棚、防灾饲草储备设施等建设，缓解牧区冬季雪灾时牛羊饲草料供应不足、牲畜死亡率增加的问题。

以新疆自治区为例，近年来新疆着重在扩大饲草料种植面积、实施草业发展重点建设工程、实施秸秆颗粒配合饲料推广补贴政策、促进饲草料交易流通、支持畜牧业防灾饲草料储备库配套饲草料地建设等五个方面，对饲草料产业进行扶持，以满足肉牛肉羊生产发展需求。

（四）牧业机械购置补贴政策

2007 年，《国务院关于促进奶业持续健康发展的意见》明确将牧业机械和挤奶机械纳入财政农机具购置补贴范围。为贯彻落实《乳品质量安全监督管理条例》和《奶业整顿与振兴规划纲要》，2009 年中央财政进一步加大了对挤奶机械的补贴力度，对生鲜乳收购站进行改造，更新挤奶机、储奶罐和运输奶罐，提升生鲜乳收购站挤奶设备的现代化装备水平，提高生鲜乳质量安全水平。2011 年，国家农机补贴政策继续将挤奶机、贮奶罐正式列入机械购置补贴目录，由各省（直辖市、自治区）公布年度农机补贴资金使用方案和补贴目录。

以内蒙古为例，按照《内蒙古自治区 2013 年农牧业机械购置补贴实施方案》的规定，一个生鲜乳收购站年度内享受补贴的挤奶机械数量不超过 1 套（3 台，即 1 台大型挤奶机、1 个冷藏罐、1 个贮奶罐）；为了鼓励和引导农牧民调整和优化农机装备结构，对购买大型先进机械设备的农牧民给予补贴优惠，其中购买挤奶机械、烘干机单机补贴额可提高到 12 万元。

新疆为大力推进肉牛肉羊产业发展，提出在国家农机购置补贴的基础上，鼓励各地出台畜牧业机械购置地方财政再补贴政策，提高饲草收储、粉碎、秸秆颗粒加工制作等机械的补贴比例，调动农牧民购机积极性。启动实施秸秆加工机械推广示范县（市）建设项目，对示范县（市）给予奖励。加强新型实用肉羊肉牛生产机械设备研发推广工作，积极争取扩大国家农机购置补贴范围。在牛羊规模养殖场（小区）大力推广自动化饲喂设施、智能化环境控制设备，提高牛羊生产机械化装备水平。

（五）金融保险支持政策

1. 政策性保险制度

为增强奶农抗御风险能力，有效保障奶牛养殖安全，2007 年起，国家建立奶牛政策性保险制度，政府对参保奶农给予一定的保费补贴。中央财政对中西部地区给予补助，东部地区补贴由地方财政负担。根据《关于 2013 年度中央财政农业保险保费补贴工作有关事项的通知》，中央财政奶牛保险保费补贴区域增加海南、大连，在地方财政至少补贴 30% 的基础上，中央财政对中西部地区的补贴比例为 50%，对东部地区的补贴比例为 40%，对中央单位的补贴比例为 80%。

自 2007 年中央开展农业保险保费补贴试点以来，保费补贴品种持续增加，目前中央财政提供保费补贴的品种有藏系羊、牦牛等 15 个。一些经济发展水平比较高的地方，还增加保费补贴品种，由地方财政对特色农业保险给予保费补贴。

一些地方开展了肉牛肉羊政策性保险试点工作，制定并实施了相关扶持政策。比如 2011 年，青海省藏系羊、牦牛保险开始试点，年承保总量达到 70 余万头只；以牦牛保险为例，牧民每投保一头牦牛仅需缴纳保费 6 元钱，而中央、省、县三级财政要补贴 114 元钱。2012 年，新疆自治区在昌吉州玛纳斯县、阿勒泰地区吉木乃县、伊犁州察布查尔县 3 个县开展试点，对肉羊、肉牛开展政策性保险，以增强风险防御能力；试点采用政府给予财政补贴，市场化商业运作模式，自治区对每个试点县各补贴 100 万元，主要用于保费补贴、工作经费补贴；同时，3 个县的县级财政按比例对保费进行补贴，试点县养殖户（场、合作社）承担不低于 20% 的保费；养殖业保险金额按照保险标的的市场价格的 50%—70% 确定，保险费率按照 5%—7% 计算，吉木乃县牧区保险费率按 4% 收取。保险羊只的每只保险金额参照羊只品种、畜龄、饲养成本、市场价格的 7 成厘定 6 个档次，分别为 600 元、1200 元、1500 元、2000 元、3500 元、5000 元。2014 年，四川省泸州市叙永县政府联合中华联合财产保险股份有限公司推出了肉牛保险补贴业务，肉牛保险投保金额为 300 元/头，其中政府补助 225 元/头，农户自缴 75 元/头，若发生风险，保险公司最高赔额为 5000 元。

2. 金融信贷政策

各地优化金融服务，积极拓宽草食畜牧业发展投融资渠道。如安徽省提出加大肉牛肉羊养殖、加工企业贷款等金融产品支持，将肉牛肉羊养殖、加工企业列为优先支持对象，积极创新金融产品和服务方式，开发适合的贷款品种，降低准入门槛，增加贷款投放，推广“联保贷款”和“公司 + 合作社 + 农户”贷款模式。鼓励各类担保机构为肉牛肉羊养殖、加工企业提供融资担保，开展保单、订单、仓单、应收账款、股权、商标权、专利等抵质押贷款担保，并降低担保费率。陕西省积极开展以牛羊养殖场为抵押的信贷业务，降低门槛，简化程序，加大对肉牛肉羊产业发展的信贷支持。新疆自治区实施肉羊肉牛生产发展贷款财政贴息补助政策，进一步扩大自治区财政贴息补助规模，对肉羊肉牛生产发展贷款，按照中国人民银行规定的同期贷款基准利率，对南疆三地州的贷款利息进行全额贴息、其他地州按照 50% 的比例给予贴息。2012 年，农业部与中国农业银行签订合作协议，中国农业银行提供 500 亿元授信额度支持畜牧业发展，重点支持内蒙古、新疆、甘肃等地发展草食畜牧业。2013 年，甘肃省出台了《甘肃省草食畜牧业和设施蔬菜产业发展贷款贴息管理办法》，其中包括了对肉牛产业的贴息办法，贷款贴息由省、县（区）两级财政和农户共同承担，省级承担年利率 4% 的贷款利息，剩余部分由县级政府自行确定各自承担比例。2014 年，农业部在河北、河南、山东和四川 4 省开展畜牧业生产贷款担保、贴息试点，引导金融资本支持畜禽规模化生产。

（六）质量安全监管政策

1. 乳品质量安全监管政策

三聚氰胺事件发生后，乳品质量安全一直是社会各界关注的焦点。按照《全国奶业发展规划（2009—2013 年）》要求，规范生鲜乳收购站建设，改善基础设施条件，推行标准化、规范化经营。完善乳品质量安全标准体系，建立健全检验检测和监管体系，提高执法能力，严厉打击违禁添加行为，保障乳品质量安全。重点从建设标准化生鲜乳收购站、完善生鲜乳质量监测体系、提高乳制品企业质量安全管理水平和完善乳制品质量安全监管制度等四个方面进行政策扶持。根据农业部《关于下达2011年畜牧业质量安全监管项目资金的通知》，其中2011年生鲜乳质量安全监管项目资金，为1500万元，主要用于开展生鲜乳质量安全监测、监管调研、技术规范制定和安全生产培训与宣传等。

2. 肉牛肉羊质量安全监管政策

严格执行肉牛肉羊等反刍动物饲料生产企业管理制度，强化日常监督检查，加强反刍动物饲料中牛羊源性成分监测，严厉打击在反刍动物养殖和饲料生产环节违法使用“瘦肉精”等违禁添加物的行为。加强牛羊用兽药生产经营和使用监管，严格落实休药期制度和用药记录制度，严厉打击违规用药行为，加大兽药残留检测力度。落实养殖场（户）、屠宰加工企业质量安全主体责任，健全内部管控制度，切实保障牛羊产品质量安全。加强进口牛羊肉质量监管，防止以次充好和质量不合格牛羊肉流入国内。

各地在制定肉牛肉羊产业发展的意见时，明确提出强化牛羊肉质量安全监管。如新疆自治区、安徽省、陕西省等地要求推进牛羊肉质量安全追溯系统建设，加快牛羊标识、监督监测及可追溯体系建设，实行市场准入和责任追究制度，加快牛羊肉类无公害农产品、绿色食品、有机食品和地理标志农产品认证，实行养殖全过程质量监管，保证牛羊肉质量安全。

（七）草原生态保护政策

从2011年起，国家在内蒙古、新疆、西藏、青海、四川、甘肃、宁夏和云南等8个主要草原牧区省区和新疆生产建设兵团，全面建立草原生态保护补助奖励机制。补助奖励政策的主要内容是：实施禁牧补助、实施草畜平衡奖励、落实对牧民的生产性补贴政策、安排奖励资金。政策目标是“两保一促进”，即“保护草原生态，保障牛羊肉等特色畜产品供给，促进牧民增收”。2011年，国家共安排资金136亿元；2012年，草原生态保护补助奖励政策资金增加到150亿元，实施范围扩大到山西、河北、黑龙江、辽宁、吉林等5省和黑龙江农垦总局的牧区半牧区县，全国13省（区）所有牧区半牧区县全部纳入政策实施范围内。2012年，全国268个牧区半牧区县牧民人均纯收入达到5924元，牧民人均草原补奖等政策性收入达到700元，占牧民人均纯收入的11.8%。

2013年，国家继续在13个省（区）实施草原生态保护补助奖励政策，中央财政投入补奖资金159.46亿元；实施禁牧封育和草畜平衡管理的草原面积进一步增加，其中实施禁牧的草原面积0.96亿公顷，草畜平衡面积1.73亿公顷。2014年，中央财政对13个省（区）投入的补奖资金达到了157.69亿元。2015年，国家继续在13省（区）实施草原生态保护补助奖励政策。

1. 禁牧补助

对生存环境非常恶劣、草场严重退化、不宜放牧的草原，实行禁牧封育，中央财政按照每亩每年6元的测算标准对牧民给予禁牧补助，初步确定5年为一个补助周期。

2. 草畜平衡奖励

对禁牧区域以外的可利用草原，在核定合理载畜量的基础上，中央财政对未超载的牧民按照每亩每年1.5元的测算标准给予草畜平衡奖励。

3. 牧民生产性补贴

包括畜牧良种补贴、牧草良种补贴和牧民生产资料综合补贴。牧区畜牧良种补贴，在对肉牛和绵羊进行良种补贴的基础上，将牦牛和山羊纳入补贴范围；牧草良种补贴，对8省（自治区）600万公顷人工草场，按每年每亩10元的标准给予补贴；牧民生产资料综合补贴，对8省（自治区）约200万户牧民，按每户500元的标准给予补贴。

4. 绩效考核奖励

补奖政策由省级人民政府负总责，财政部和农业部实行定期或不定期的巡查监督，并按照各地草原生态保护效果、地方财政投入、工作进展情况等因素进行绩效考评。中央财政每年安排奖励资金，对工作突出、成效显著的省份给予资金奖励，由地方政府统筹用于草原生态保护工作。

二、草食畜牧业发展政策的实施效果

以上各项政策，涉及面广，全面兼顾了良种繁育、饲草料供给、养殖方式、质量监管等多个方面，促进了草食畜牧业的发展。

（一）草食畜良种繁育体系逐步形成

在政策引导和资金支持下，我国牛羊良种繁育体系的育种、扩繁、推广、应用等技术得到发展，逐步形成了以原种场和资源场为核心、扩繁场和改良站为支撑、质量检测中心为保障的繁育体系。截至 2013 年，建成种牛场 542 个，其中种乳牛场 307 个、种肉牛场 190 个、种水牛场 15 个、种牦牛场 30 个；建成种羊场 1456 个，其中种绵羊场 644 个、种山羊场 812 个；建成种马场 30 个，种鹅场 265 个，种兔场 444 个。此外，还建成种公牛站 34 个和种公羊站 313 个。

种畜场（站）不仅数据增长，而且规模和质量也在提高，因此提供的种畜数量增长幅度更大。从 2006 年至 2013 年，种奶牛存栏量增长 2.6 倍，达到 53 万头；种肉牛存栏量增长 2.5 倍，达到 11 万头；种羊存栏量增长 1.2 倍，达到 270 万头。

随着良种补贴项目实施力度的不断加大，农牧民选用良种的意识不断增强，自觉选购使用良种的积极性显著提高，加快了畜牧良种的普及推广。其中，奶牛良种化水平最为显著，荷斯坦良种覆盖率达到 100%。

（二）草食畜生产性能得到提高

良种供给能力增强后，通过选用优质精液和优质活体种公畜配种，提升了生产水平，奶牛单产、肉牛犊牛初生重等生产性能指标都有明显提高，养殖效益明显增加。据江苏省调查，使用项目冻精所产母牛犊，体型外貌、生长发育等指标有较大改善，产奶量达 5.5—6 吨，比改良前提高 500 千克以上，头均增收 2000—3500 元。甘肃省成母牛单产由 2006 年的 2875 千克增加到 2012 年的 3962 千克，单产增幅达 37.8%。据甘肃省针对 8 个县 20 个牦牛养殖大户的调查结果显示，50 头牦牛周岁个体体重达到 110 千克，比普通牛提高 10 千克，增加收入 400 元，项目区牦牛良种补贴效果显现[①]。

根据青海农牧厅、国家统计局青海农调队、省统计局联合抽样调查，青海省牛的胴体重由 2005 年的 78 千克提高到 2011 年的 90 千克，增长 15.3%；羊的胴体重由 15 千克提高到 17.3 千克，增长 15.33%；奶牛能繁母牛头均产奶量由 1890 千克提高到 3660 千克，增长 93.65%；蛋鸡平均产蛋量由 13.5 千克提高到 15 千克，增长 18.52%。

（三）标准化规模养殖逐步发展

在标准化规模养殖扶持政策的推动下，草食畜规模化养殖进程提速。其中，奶牛规模化养殖发展速度最快，2013 年奶牛存栏 100 头以上规模养殖比重为 41.1%，比上年提高 3.9 个百分点，比 2008 年提高 21.6 个百分点。以 TMR、肉牛肉羊生产综合配套和高效养殖技术为代表的一批先进技术普及推广，生产效率得到提高。

随着标准化规模养殖的逐步发展，草食畜牧业的组织化和产业化水平也有所提高。2013 年，全国共有奶农合作社约 1.23 万个，比 2009 年增加了 1 倍多，奶业生产经营体制不断创新。

（四）草原生产力有所提升

近年来，我国采取了一系列草原生态保护政策，特别是草原奖补政策，对草原生态恢复发挥了十分重要的作用。如表 2 所示，2013 年，全国天然草原鲜草总产量 105581.21 万吨，比草原奖补政策实施前的 2010 年增加 8.14%；折合干草约 32542.92 万吨，比 2010 年增加了 6.52%；载畜能力约为 25579.2 万羊单位，比 2010 年增加 6.52%；草原鼠害危害面积 36776 千公顷，比 2010 年减少 4.92%，草原鼠害治理面积 7585.27 千公顷，比 2010 年增加 18.23%；草原虫害危害面积 15307 千公顷，比 2010 年减少 15.27%，由于危害面积大幅度减少，因此治理面积也相应

① 资料来源：《中国畜牧业年鉴 2013》，中国农业出版社 2013 年版。

减少。

表 2　　2010—2013 年草原生产力的变化

	2013 年	2012 年	2011 年	2010 年	2013 年/2010 年
天然草原鲜草总产量（万吨）	105581.21	104962.00	100248.26	97632.21	8.14%
折合干草（万吨）	32542.92	32387.50	31322.01	30549.71	6.52%
载畜能力（万羊单位）	25579.20	25457.00	24619.93	24013.11	6.52%
草原鼠害危害面积（千公顷）	36776.00	36914.88	38724.00	38678.00	-4.92%
草原鼠害治理面积（千公顷）	7585.27	7223.33	7020.67	6415.65	18.23%
草原虫害危害面积（千公顷）	15307.33	17396.25	17659.60	18066.62	-15.27%
草原虫害治理面积（千公顷）	4641.33	5080.20	5404.21	5285.32	-12.18%

三、草食畜牧业发展面临的制约因素

尽管近年来政府加强了对草食畜牧业发展的扶持力度并且卓有成效，但是短期内难以改变草食畜牧业投入少、基础差，生产方式较为落后的局面，草食畜牧业发展面临诸多制约因素，难以满足日益增长的消费需求。

（一）政策体系不完善，资金投入不足

由于缺乏系统的顶层设计，目前我国草食畜牧业发展缺乏完整的政策

框架设计，各政策之间的相互衔接不够紧密，一些政策缺位，如金融信贷政策、牧业人才培育政策等政策逐渐成为“短腿”；一些政策措施之间缺乏相互协调，落实政策的部门之间也缺乏必要的协调和监督，没有形成一个完善系统的草食畜牧业政策扶持体系，亟待出台系统的整体规划，充分协调各扶持政策，发挥政策的最大效应。

目前国家在扶持草食畜牧业发展方面政策资金投入不足，特别是与其他品种的畜牧业支持政策相比，一些政策的补贴力度小，覆盖面窄。比如肉牛肉羊的养殖扶持政策少，发展动力不足。目前中央财政的畜牧业扶持政策中，以保障大宗畜产品供应为主，重点支持生猪和奶牛等生产，对肉牛肉羊生产的扶持相对较少；据统计，2010 年中央财政用于肉牛和肉羊生产的扶持资金约 4.2 亿元，仅占中央财政扶持畜牧业总资金的 2.7%。再比如，草原生态保护建设政策中，对禁牧休牧和草畜平衡支持得多，对转变草原畜牧业生产方式支持得较少。

（二）良种繁育体系建设滞后，基础母畜不足

目前我国自主培育的肉牛肉羊专用品种少，生产核心种群依赖进口。地市级以下品种改良机构的基础设施依然较为落后，技术手段有限，一些机构甚至出现衰退，从而导致地方品种选育改良进展滞后，出现近交繁育、性能退化严重等问题，此外一些优质的地方品种缺乏保护，规模逐渐减小。

相对生猪等品种来说，牛羊母畜养殖周期长、比较效益低，养殖积极性不高，母畜存栏持续下降，已成为制约产业发展的主要瓶颈。“十一五”期间，全国能繁母牛、能繁母羊存栏比“十五”期间分别下降了 10.2%、5.4%。

（三）养殖成本刚性攀升，比较效益不高

肉牛肉羊养殖周期长、资金投入大、周转慢、回报率低，还要面临市场、疫病和自然灾害三大威胁，特别是随着推广规模化舍饲圈养，牛羊产业也进入了高投入、高成本的发展阶段。农村养几头牛、几十只羊远不如外出打工，农牧民养殖积极性严重受挫。今后一个时期，随着原料价格上涨和劳动力成本上升，草食畜牧业养殖成本仍将呈现快速增长趋势，养殖效益将进一步受到挤压，比较效益不高、养殖积极性下降的问题还将存在。

（四）疫病防控形势严峻，金融保险支撑不足

目前，我国牛羊等畜禽饲养防疫仍不够规范，局部地区牛羊布病等人畜共患病疫情回升，口蹄疫等重大动物疫病防控形势依然严峻；奶牛布病、结核病、乳房炎等疫病发生仍比较普遍，既影响牛奶产量，也给生鲜乳质量安全带来隐患。牧区雪灾旱灾频繁，牲畜暖棚、饲草料储备库等配套率低，抗灾能力较弱。

无论是小养殖户，还是大养殖场，都普遍反映牛羊生产资金不足、融资难问题很突出，金融已成为制约牛羊等草食畜牧业发展的瓶颈。近年来，我国种植业保险发展较快，2013 年承保主要农作物已达 11 亿亩，而畜牧业保险发展较慢。目前，纳入政策性农业保险范畴的品种 15 个，大部分是种植业品种，畜牧业只有能繁母猪、育肥猪、奶牛等几个品种。

（五）生产方式仍然落后，产业化水平偏低

目前，我国肉牛肉羊仍以分散养殖为主，与一些畜牧业发达国相比，规模化水平还有不小差距，即使与国内生猪、蛋鸡等其他畜禽相比，规模化标准化程度仍然偏低。2013 年，我国肉牛年出栏 50 头以上、肉羊 100 只以上的规模养殖比重分别为 27% 和 31%。许多肉牛肉羊养殖户设施条件简陋，粪便随意堆放，饲养管理粗放。饲养方式落后，导致疫病风险大、环境污染重、养殖效益低。传统的一家一户小规模养殖，难以适应现代畜牧业的发展要求。草食畜牧业产业化水平也很低，缺乏龙头企业带动，专业合作经济组织少，养殖、加工、销售、服务等产业化链条不完整，草食畜产品生产增值少、效益差。

（六）资源约束显著，优质饲草供求缺口加大

草食畜牧业面临严峻的资源环境约束。牧区草原退化的趋势还没有得到根本性转变，推行禁牧休牧轮牧和草畜平衡制度、转变草原畜牧业发展方式、保护草原生态环境的任务艰巨；农区土地资源紧缺，养殖场和饲草基地建设“用地难”问题突出。

优质饲草料供应紧缺已严重制约了产业发展。以苜蓿为例，由于生产方式落后，单产低、质量差、商品率不高，产量和品质远不能满足草食畜牧业特别是奶业发展的需要。随着草食畜牧业加快发展，优质饲草供求缺口不断加大。

四、政策完善的方向

草食畜牧业是现代农业产业体系的重要组成部分。加快发展草食畜牧业，是调整优化农业结构的重要措施。今后，草食畜牧业政策的调整和完善应紧紧围绕现代农业的发展思路，以可持续发展战略为导向，坚持保供给、保生态、保安全，立足于满足粮食安全、农产品质量安全以及生态安全等多方面的要求，进行顶层设计与政策规划。

（一）加大草食畜牧业生产补贴力度，健全完善支持保护体系

继续实施畜牧良种补贴政策，降低养殖户生产成本，增加牧民收入；以市场化为导向，研究调整畜牧良种补贴实施方式。继续支持开展奶牛生产性能测定和良种登记等基础性工作，不断提高优质奶牛生产水平。推动落实牛羊养殖大县奖励政策，在肉牛肉羊优势产区选择 300 个肉牛生产大县、300 个肉羊生产大县，对饲养能繁母畜的养殖场户给予生产、保险和贷款贴息补贴，支持发展基础母畜，保护和提高草食畜牧业发展能力。继续加强与金融保险等部门沟通协调，进一步强化金融保险对草食畜牧业的支撑保障作用。

（二）优化区域布局，促进优势区域生产

要统筹布局北方牧区、传统农区、农牧交错带、南方草山草地四大片区，打通种养业协调发展的通道，构建粮饲兼顾、农牧结合、循环发展的新型种养结构。这四大区域各有特色、各具优势，应统筹规划，充分利用当地的经济资源优势，设计完善不同的保障机制与补贴扶持政策。针对每个区域的特定发展阶段、区域特色、品种生物学特性、质量安全控制状况、市场变化情况、国际贸易状况等制定专门政策，采取专门措施，走差异化、多层次、多元化的发展之路，设计完善区域差异化的产业支持政策。在冀鲁豫皖等地重点实施基础母牛扩群增量项目，草原牧区重点推行划区轮牧、舍饲半舍饲，北方农牧交错带重点推广农牧户繁育、规模场育肥，传统养牛养羊农业大省重点发展农牧结合的标准化适度规模养殖，南方实施现代草地畜牧业推进行动。

（三）加快转变发展方式，推进规模化标准化养殖

我国牛羊等草食畜牧业发展已进入重要转型期，到了由“千家万户小规模”向规模化标准化养殖转变的发展阶段。今后，应重点支持规模化标准化养殖场建设，着重帮助解决饲草料供应、疫病防控、粪便资源化利用、良种繁育、配种技术服务等问题。当前，以家庭牧场、牧业合作社、龙头企业为代表的新型经营主体，已成为推动草食畜牧业规模化、集约化、标准化发展的有效载体，今后应加大扶持力度，加快培育新型经营主体。同时，要加强技术指导和服务，从技术培训、信息咨询、资金融资等多方面提升生产的合作化与服务的社会化，促进草食畜牧业的规模化和产业化发展，提升产业竞争力。

（四）抓好良种繁育，提高基础母畜养殖水平

加大畜禽良种工程投入力度，重点支持草食畜牧业种畜场建设，改扩建一批种牛场、种羊场、扩繁场和资源场，进一步加强种公牛站、生产性能测定中心和遗传评估中心等基础设施建设，提高良种供给能力，打牢发

展基础。推进主要草食牲畜遗传改良计划，稳步提升良种化水平。同时，针对肉牛肉羊品种改良技术服务落后和不足问题，加强基层品种改良站建设，开展人员培训，提高技术服务能力，提高良种普及率。解决好基础母畜不足问题，一方面要加大牛羊良种繁育，大力推广优良种牛和种羊，普及人工授精技术，加快牛羊品种改良，提高基础母畜养殖水平；另一方面，要充分发挥财政资金的引导作用，对肉牛肉羊生产大县实施奖励政策，调动政府和农户积极性，引导地方政府发展基础母畜。

（五）合理开发利用饲草料资源，加快建设现代饲草料产业体系

统筹开发利用天然牧草、人工种草、退耕还草、秸秆等“三草一秆”多种资源，加快形成现代饲草料产业体系。天然牧草方面，要稳定和完善草原生态补奖政策，实行以草定畜，严格执行禁牧休牧轮牧制度，提高牧草综合生产能力；人工种草方面，要建立健全牧草良种繁育体系，积极培育推广优良牧草品种，开发推广适合人工牧草的配套机具，鼓励扩大优质牧草种植面积；退耕还草方面，要实行农牧结合、种养循环、粮饲兼顾、草畜配套；要进一步挖掘秸秆饲料化潜力，继续实施秸秆养畜项目，扶持开展秸秆养畜场户和青贮饲料专业化生产示范建设，增强秸秆处理饲用能力，提高秸秆利用效率，扩大饲用玉米、青贮玉米和优质牧草种植点。

棉纺企业产业海外转移动向及对国内棉花产业影响*

刘 锐 杜 珉

我国是棉纺织业大国，棉花消费量居世界第一位。近年来，在国内外棉花价差大，国内用工、税费等生产成本高涨的情况下，我国棉纺织企业走出去的步伐加快。一些有实力的大企业开始选择去东南亚、非洲、澳洲、美国等地区和国家投资建厂。尽管目前棉花目标价格补贴试点政策的实施使得国内外棉花价差大幅收窄至趋同，但国内人工、环保、土地等成本仍会不断增长，棉纺织企业仍对向国外转移生产基地有着较高的积极性。本研究将重点跟踪棉纺企业海外转移动向及对国内棉花产业的影响。

一、近年来我国棉纺织业发展情况

棉纺织业是我国重要的劳动密集型产业，棉纺织业的兴衰直接关系到2000万产业工人的就业，也关系到1亿农民的生计①。2000年以来特别

* 本课题是棉花产业体系产业经济研究室和国际农业监测体系2016年资助研究成果。

① http://info.textile.hc360.com/2010/09/291640301683.shtml，2015年10月11日。

是加入 WTO 后，是我国纺织业快速发展时期，棉纺织业产能迅速扩大，成为纺织品出口大国，对拉动经济增长发挥了巨大作用。金融危机后，受全球经济发展放缓，出口乏力等因素影响，棉纺织业发展增速下滑。近年来，随着棉纺织业的转型升级、国内棉花政策变化和国际经济向好，棉纺织业发展企稳回升。

（一）我国棉花消费量居世界第一位

我国是棉花消费大国。从新中国成立初始，就把发展棉纺织业作为关系国计民生重要的产业，以解决全国人民的穿衣、保暖问题。我国的棉花消费主要包括三部分：纺织工业用棉、民用絮棉和损耗与其他用棉。其中，纺织工业用棉是我国棉花消费的主要部分，特别是近年来占比越来越高，占棉花消费总量的 95% 以上，民用絮棉和损耗与其他用棉量基本维持在 25 万吨左右。加入 WTO 后，随着棉纺织业对外贸易的增长，棉花消费量迅速增加。2000 年度，我国棉花消费量为 495 万吨，至 2008 年金融危机前后，我国棉花消费量达到历史最高值 1050 万吨左右。近年来，世界经济增长缓慢，棉纺织出口贸易回升较慢，2014 年度我国棉花消费量为 751 万吨。

我国棉花消费居世界首位。2000—2014 年度，我国占世界棉花消费比重由 25.03% 增加至 31.42%，其中，2009 年度最高，占 41.08%。近年来，由于东南亚一些新兴国家的棉花消费量增加，我国棉花消费占世界比重有所下降。2000 年以来，印度棉花消费量由 295 万吨增至 533 万吨，增幅达 81%；占世界棉花消费比重也由 14.92% 增加至 21.99%。孟加拉国和越南的棉花消费量增长也非常迅速，2014 年孟加拉国和越南的棉花消费量分别为 97 万吨和 84 万吨，分别是 2000 年的 4.46 倍和 8.95 倍。而同为消费大国的美国，棉花消费量呈缩减态势，2014 年美国棉花消费量为 80 万吨，仅为 2000 年的 43.91%。世界棉花消费格局的变化，反映出了棉纺织产业在全球布局的变化（图 1）。

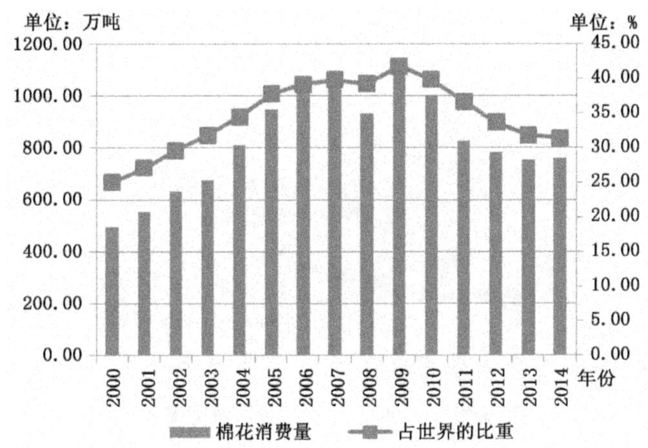

图 1　中国棉花消费量及占世界的比重

数据来源：USDA。

（二）我国棉纺织业发展迅速

棉纺织工业是中国的传统产业，2000 年后特别是我国加入 WTO 后，是我国纺织业快速发展时期，产能不断扩大。2013 年，全社会拥有 1.15 亿环锭纺，272 万头转杯纺，129 万台织机，比 2005 年分别增长 54.9%、86.3%和 34.2%。2013 年全国纱产量为 3598.95 万吨，是 2001 年的 5.14 倍，年均增长 14.62%；棉布产量为 392.84 亿米，是 2001 年的 3.86 倍，年均增长 11.91%（图 2）。

纺织业的快速发展主要得益于出口的快速增长。2005 年 1 月 1 日，WTO 下的《纺织品与服装协定》（ATC）终止，全球纺织品服装贸易进入了一体化发展阶段，配额的取消给中国纺织品服装出口带来了前所未有的发展机遇。纺织品服装出口贸易不断扩大，2013 年我国纺织品服装出口额为 2840.7 万美元，占全国货物贸易出口的 13.22%，比 2001 年增长了 4.3 倍，出口额年均增长 14.91%。

我国棉纺织品贸易出口市场主要集中在中国香港、东盟、美国、日本、欧盟五大市场。从出口金额方面看，2012 年五大市场出口金额共计

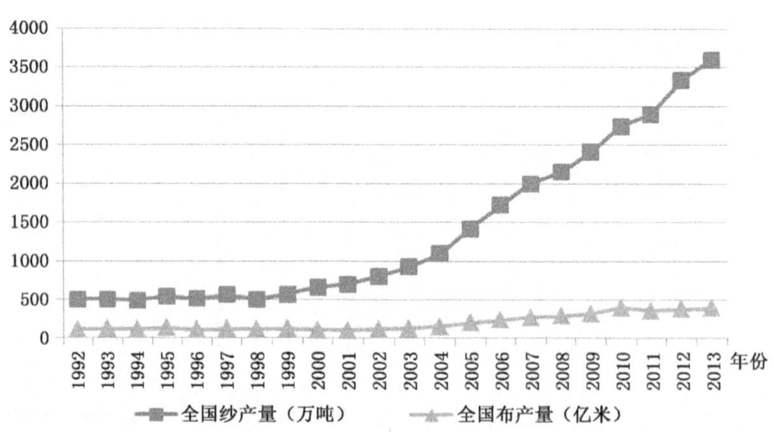

图 2　1992—2013 年我国纱产量和布产量变化

数据来源：中国棉花信息系统。

139 亿美元，占我国棉纺织品出口总额的 54.8%，较 2005 年的 92 亿美元增长了约 47 亿美元，但出口金额占比却下降了约 10 个百分点，说明出口市场多元化以及新兴市场的需求在扩大。

（三）国内外两种资源支撑棉纺织产业发展

国内、国外的两种棉花资源支撑棉纺织产业发展。随着棉纺织产业产能不断扩大，国内棉花产量已不能完全满足产业发展需求，棉花对外依存度不断增加。20 世纪我国纺纱量为 500 多万吨、布产量为 100 亿米左右，而到 2013 年我国纱产量和布产量分别增加了 6.2 倍和 2.9 倍。参照中国棉纺协会 2011 年中国棉纺织业调研分析结论①，综合考虑纺纱用棉比例以及人们对纺织品服装中棉花纤维品的消费偏好不低于 40%②的分析结论，2013 年全国纺纱用棉消费应为 1022 万吨，粗略计算，比 2000 年纺

---

① 2011 年中国棉纺织工业协会调查分析认为，我国统计的纺纱产量约比实际纺纱量高估 29%。

② 参考（1）联合国粮农组织“纤维间竞争和棉花市场份额下降”有关结论，见《1999 年中国国际棉花会议论文》；（2）农业部农村经济研究中心杜珉研究员：《换一个角度考虑国内纺纱用棉量》，见《中国纤检》2007 年第 11 期的分析结论。

织用棉量增加 835 万吨。

棉花进口为补充国内棉花资源、推动纺织业发展作出了重要贡献。加入 WTO 后我国纺织业发展迅速，棉花进口需求增加。2013 年棉花进口 415 万吨，是 2003 年的 4.77 倍，年均增长 16.91%。入世后我国棉花进口依存度经历了先增后减又增加的趋势。2000—2006 年，随着纺织业发展，棉花进口量迅速增加，进口依存度达到阶段性高点。2000 年棉花进口量不足 10 万吨，2004—2006 年棉花进口量分别突破 100 万吨、200 万吨和 300 万吨，棉花进口依存度最高达到 32.59%；2006—2009 年，随着国内生产发展，棉花进口依存度不断下降。2007 年国内棉花生产达到顶点，产量为 762 万吨，随着国内棉花增产，进口量减少。2008 年又发生了国际金融危机，棉花消费疲软，使得 2009 年进口减少至 153 万吨，进口依存度减为 19.32%。2009 年以来，棉花进口依存度进一步提高。随着棉花价格的波动以及植棉比较效益下降，国内棉花生产下滑趋势明显。2013 年，全国棉花播种面积和产量分别比 2007 年减少 24.92% 和 17.23%。特别是 2011 年后棉花临时收储政策的实施，使得国内外价差较大，外棉价格优势推动进口需求激增，进口依存度达到 40% 左右。国内外棉花资源共同支撑了我国纺织产业发展(图 3)。

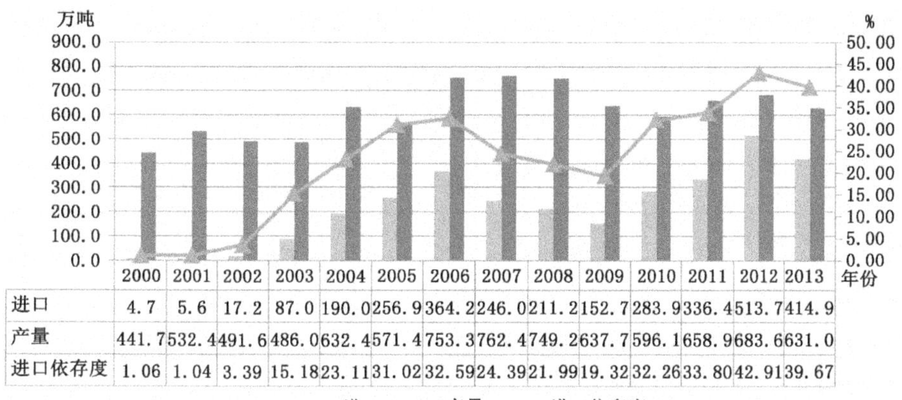

	2000	2001	2002	2003	2004	2005	2006	2007	2008	2009	2010	2011	2012	2013
进口	4.7	5.6	17.2	87.0	190.0	256.9	364.2	246.0	211.2	152.7	283.9	336.4	513.7	414.9
产量	441.7	532.4	491.6	486.0	632.4	571.4	753.3	762.4	749.2	637.7	596.1	658.9	683.6	631.0
进口依存度	1.06	1.04	3.39	15.18	23.11	31.02	32.59	24.39	21.99	19.32	32.26	33.80	42.91	39.67

图 3　2000 年以来我国棉花生产、进口情况

数据来源：国家统计局。

注：进口依存度 = 进口 ÷（产量 + 进口）。

（四）棉纺织业转移的新动向

伴随着我国纺织业的迅速发展，资源环境压力大、能源消耗高、产品质量低等问题也凸显出来。特别是金融危机后，国际需求减少，对我国棉纺织业产生较大冲击，棉纺企业竞争加剧。纺织企业为提升竞争力，加快了转型升级步伐，调整了区域布局。一些企业受到成本、环境和人才的制约和挤压，主动向具有资源比较优势的区域转移，重新选址建厂。向中西部地区转移、东部地区内部转移和向海外转移已经成为产业转移的三个发展极。

从国内转移看，中西部地域优势逐渐凸显。近年来，我国东部投资比重有所下降，中西部投资比重逐步上升（表 1）。其中，西部投资增速增长最快。2014 年 1—11 月纺织行业固定资产投资完成额同比增加 13.03%，东部地区同比增 12.36%、中部地区同比增 15.00%、西部地区同比增 22.06%，东北地区同比下降 6.88%。目前，有许多国内棉纺企业在河南、新疆建厂，充分利用了当地的棉花原料优势、相对较低的用电价格、以及土地、劳动力成本等。国内另外的一种转移形式是由区域内的发达地区向不发达地区转移，如东部地区的江苏苏南地区、上海、浙江等向苏北转移。

表 1　纺织行业固定资产投资占比

	2013 年 1—11 月	2014 年 1—11 月
东部地区	56.77%	56.43%
中部地区	29.78%	30.29%
西部地区	8.55%	9.23%
东北地区	4.90%	4.04%

数据来源：中国纺织工业联合会。

除纺织企业国内转移外，海外转移更值得关注。东南亚等海外地区凭借独特的国别政策及地域优势吸引我国资本海外投资，将对我国具有国际竞争力的棉纺织行业产生较大的影响。本文主要重点关注纺织企业海外转移状况及影响。

二、棉纺织产业海外转移情况

改革开放以来，我国凭借劳动力成本优势成为国外制造业转移的热点地区，大量承接了来自发达国家和新兴工业化国家的纺织业产业转移。特别是加入 WTO 后，我国纺织业步入了发展的黄金时期，在出口贸易带动下，我国纺织业迅速发展，成为世界纺织业第一大国。但国际金融危机后，国内外经济环境发生了较大变化，我国纺织业面临着人民币升值、劳动力等生产成本迅速上涨以及贸易摩擦加剧等不利影响，国内棉纺企业走出去步伐加快，纷纷向海外投资建厂，出现了产业转移的动向。

（一）国际纺织业转移历程

国际纺织业转移是生产要素合理配置和产业链再分工的结果，产业向具有比较优势的国家和地区转移。工业革命以来，国际纺织业经历了五次大的产业转移[①]。19 世纪上半叶，英国纺织品的出口额占全球纺织贸易总额的 60% 以上，基本垄断了全球纺织产品市场。第二次世界大战后，欧洲经济受到战争破坏，而美国工业迅速发展，纺织业逐步由欧洲向美国转移。发展到 20 世纪 50 年代，美国棉纺定数将近 4000 万锭，占全球纺织服装产业的半壁江山，纺织技术和机械水平都处于国际领先地位。朝鲜战争爆发后，美国将日本作为战争后勤基地，日本经济快速发展，同时日本加入了关贸总协定，扩宽了海外市场，随着美国劳动力成本的提高，纺织业开始向日本转移。20 世纪 60—70 年代，日本纺织出口量占世界总出口量的 60% 以上。但随着日本产业的转型升级，重点发展集成电路、精密机械、精密化工、家用电器、汽车等高附加值的产业，以劳动密集型产业为主的纺织业开始向亚洲的“四小龙”转移。20 世纪 80—90 年代，随着劳动力成本和原料成本的不断上升，欧、美、日及亚洲“四小龙”国家和地区开始加大对发展中国家劳动密集型产业的投资，此时中国正处于改

① http：//www.qhrb.com.cn/2015/1102/187415.shtml，2015 年 11 月 3 日。

革开放后经济起步阶段，发展潜力大，纺织业开始由发达国家和地区向中国的沿海地区转移。中国逐步由以国内供给为主向出口大国迈进。1994年中国成为世界纺织品服装第一大出口国。特别是1995年WTO框架下的《纺织品与服装协定》（ATC）生效，纺织品服装的进口配额制在10年内逐步取消，全球纺织品服装贸易进入一体化发展阶段，中国成为最大的受益者。凭借廉价劳动力成本和丰富的棉花资源，中国纺织业迅速发展起来，成为全球纺织大国。2008年金融危机后，我国纺织业遇到了更多挑战，一是劳动力成本不断攀升，原材料获取的成本也不断升高；二是主要出口市场经济增速放缓，外贸形势不容乐观，一些企业走出去，向海外寻求发展之路。产业链低端向其他发展中国家转移，如向越南、印度尼西亚、孟加拉国等东南亚国家转移；产业高端回流至欧美等发达国家。

从纺织业的转移历程看，国际纺织业转移具有如下特点：一是从劳动密集型产业开始，进而到资本、技术密集型产业；二是从相对发达的国家和地区向发展中国家和地区转移；三是国际纺织服务产业转移一般从加工装配开始，再过渡到原材料和零部件的本地化生产，实现全产业链的转移。目前，我国棉纺织业主要向具有劳动力、资源等成本优势的国家和地区转移，以低端的劳动密集型棉纺织业转移为主。

（二）我国纺织业海外转移现状

我国纺织企业对外投资步伐加快。根据商务部境外投资企业名录的数据，2013年，我国经过商务部核准的对外投资纺织企业累计有206家，是2008年的9倍，境外投资纺织企业数量不断增加（图4）。统计的纺织企业主要涵盖生产、品牌和贸易销售，其中涉及生产类的纺织企业79家。生产类纺织企业以向发展中国家或不发达国家转移。2008—2013年在境外设立的79家生产类企业中，向亚洲地区转移的企业有45家，占59.96%；非洲15家，占18.99%；美洲有13家，占16.46%；欧洲5家，6.33%；大洋洲1家，占1.27%。

从转移地区看，东南亚地区将成为我国中西部地区承接“东南沿海纺织业转移”的最有利的竞争对手。中国纺织企业正纷纷加速海外布局，

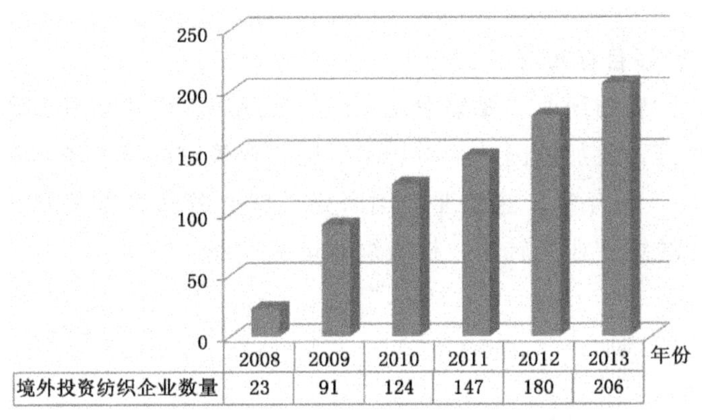

图 4　2008—2013 年商务部核准的境外投资纺织企业数

数据来源：商务部。

如天虹和溢达集团在越南设立棉纺基地和服装加工基地，红豆和申洲集团在柬埔寨设立出口加工区和服装加工基地。我国纺织业除向劳动力成本较低的越南、柬埔寨、印度尼西亚、孟加拉等东南亚发展中国家转移外，也有向用工成本较高，但生产效率高、技术领先的发达国家转移，如美国、意大利、澳大利亚等。表 2 列举了部分企业在海外投资情况。

表 2　　棉纺企业海外投资情况

国　别	投资主要领域	代表企业
越南	纺纱	天虹集团、百隆东方、华孚色纺、河北新大东、雅戈尔集团
柬埔寨	纺纱、针织、服装	鲁泰纺织
马来西亚	纺纱	山东岱银集团
贝宁	原料、纺纱	恒天集团
意大利	市场、品牌	安徽华茂
美国	纺纱、市场、原料	浙江航民科尔
马来西亚	纺纱	山东岱银集团

资料来源：中国棉纺织行业 2014 年度发展研究报告。

（三）转移目标市场分析

目前，世界纺织业主要集中在亚洲。在亚洲，除中国外，印度、巴基斯坦、土耳其、孟加拉国、越南、印度尼西亚等国的棉花消费量位居世界前列（图 5）。近年来，这些亚洲国家凭借廉价劳动力以及原料成本，大量承接了棉纺织产业的转移，棉纺织业迅速发展。

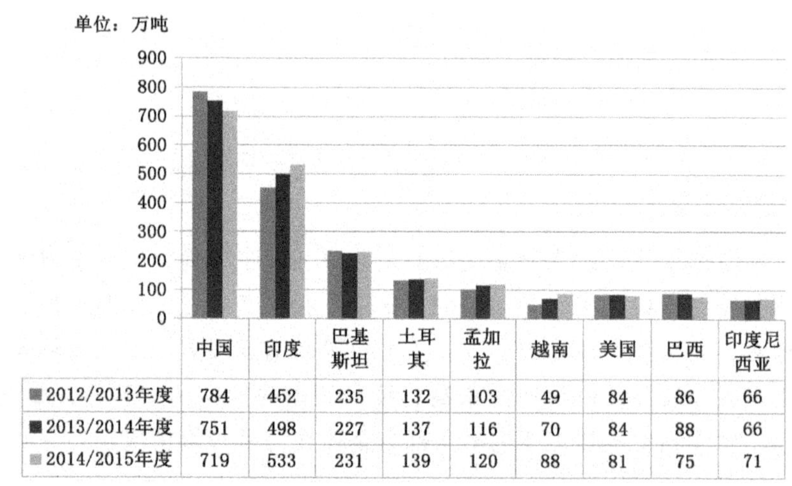

	中国	印度	巴基斯坦	土耳其	孟加拉	越南	美国	巴西	印度尼西亚
2012/2013年度	784	452	235	132	103	49	84	86	66
2013/2014年度	751	498	227	137	116	70	84	88	66
2014/2015年度	719	533	231	139	120	88	81	75	71

图 5　近三年棉花主要消费国消费量变化

数据来源：USDA。

印度是世界第二大棉花消费国，2014 年度棉花消费量已达到 533 万吨。近年来，印度凭借国内丰富廉价的原料资源，重点扶持纺织业发展，纺织业已经成为印度第一大工业部门。印度国内有近 4000 家纺纱厂，拥有 4200 万锭左右的纺纱能力，在某些产品上逐渐替代中国成为全球最大的供应商，同时也逐渐出口一些高端的细支棉纱[①]。近两年印度纺织企业用棉价格在 1 万元/吨，低于我国的棉花价格水平。印度还具有人工成本优势，人均工资为 100 美元/月，另外缴纳 20% 的职工保

① http：//www. cottonchina. org/news/pubzmb. php？ articleid = 172726，2015 年 7 月 1 日。

险等费用[①]。

巴基斯坦是世界第三大棉花消费国，第四大产棉国。巴基斯坦棉花很少出口，主要供国内的纺织企业使用。纺织业是巴基斯坦的支柱产业，纺纱能力为1200万锭，原料主要采购当地棉花，少量出口的高端纱需要进口澳大利亚、美国等国外棉花。巴基斯坦纱产量为230万吨，以中低纱为主，主要出口中国；纺织品服装主要出口美国、欧盟。

孟加拉国的纺织能力为900万纱锭。纺织设备主要是从中国、美国、印度等其他国家进口的二手设备，以生产家纺、服装产品为主。纺织服装加工面料主要从中国进口，再利用当地充足廉价的劳动力进行服装和纺织品加工。孟加拉的服装在美国很有竞争力。

越南的纺织业主要靠外商投资发展，越南是中国纺织业海外转移的主要目标。目前，纺织服装业已成为越南最具规模的产业，纺织业产值占GDP的15%。越南纺纱总产能约700万锭，纱线产量约85万吨左右。越南现有棉纺织企业150家，大部分为中国内地、香港和台湾地区以及日本、韩国的企业投资建成。越南最大的棉纺织企业是2006年就赴越投资的天虹纺织集团，现有纺纱规模100多万锭。越南对棉花进口没有配额限制，主要依赖进口棉花满足纺织工业需求，并且劳动力相对充沛，劳动力成本低，对外资企业租赁土地也有税费减免的优惠政策。

除这些亚洲国家外，一些纺织企业也开始向美国等发达国家转移。美国与许多地区签有自贸区协定，大大促进了美国产品的出口，产品向加拿大、墨西哥或中美输出，享有海关免税。同时，美国具有丰富的、质量优的棉花资源，纺织技术先进，生产效率高，能源价格低廉，这些为美国纺织业振兴提供了条件。

三、我国纺织企业转移的原因分析

受国内原料、劳动力、能源等成本不断上涨、国外订单转移等影响，

---

① 《中国棉纺织行业2014年度发展研究报告》，第31页。

我国纺织业逐步向海外转移，究其原因具体主要有：

（一）成本优势

1. 原料成本因素

国内棉纺企业的原料成本远高于国际水平，大大削弱了其竞争力，加速了棉纺企业的海外转移。我国纺织产业具有两头在外的特征，在原料方面，纺织业发展依赖于国内外两种棉花资源。2011—2013 年，在国内生产资料、劳动力成本不断上升的推动下，为保障棉农的收益，实施了棉花临时收储政策，棉花分别按照 19800 元/吨和 20400 元/吨收储。而同期国际市场棉花供给宽松，棉花价格疲软，国内外棉花价差最高时曾达到 6000 元。即便进口棉花，也受到配额和进口关税限制。在我国纺织业转移的目的地看，印度、美国、巴基斯坦、澳大利亚是棉花主产国，获取棉花资源非常便利，而且成本低。例如我国纺织业浙江科尔集团，于 2013 年在美国北卡罗来纳州建立了第一家海外工厂。选择在美建厂主要考虑到企业产品以气流纺为主，对进口棉特别是美棉依赖较大，而企业在国内获得的棉花进口配额却不足 2000 吨，仅占公司总需求量的 6.7% 左右。美国物流业发达，棉花可随买随用，大大降低了企业的用棉成本。东南亚诸国如越南、马来西亚、柬埔寨、孟加拉、印度尼西亚等，尽管这些国家不是棉花主产国，但购买国际棉花不需要配额和关税，能够比国内获得更为廉价的优质棉花资源。从 2014 年起我国取消了棉花临时收储政策，开始实施棉花目标价格补贴试点，国内棉花价格回归市场，国内外价差缩小甚至消除，但品质上与美棉、澳棉还存在较大差距。尽管我国是棉花生产大国，但纺织企业的原料优势并不明显。

2. 劳动力成本因素

除原料成本外，东南亚国家还具有劳动力成本优势，用工有保障。据统计，东南亚工人月薪普遍为 200—300 美元，而我国工人月薪为 500—600 美元①。国内纺织工人的工资在过去十年里上涨约 4 倍，而且新一代

① http://www.nz86.com/article/ff8080814d07f0e2014d2327065001e3/，2015 年 7 月 1 日。

纺织工人积极性不高，不少企业面临招工难和人员流动性大等问题[①]。印度尼西亚工人月工资为 300 美元，越南为 250 美元，而柬埔寨仅为 200 美元，相当于我国珠江三角洲地区 2006 年的水平。反观东南亚诸国，人口合计约 6 亿人，年轻劳动力资源丰富。例如目前越南人口接近 1 亿人，其中劳动人口约占 2/3，有巨大的人口红利可释放，有效保障了纺织企业的用工需求。

3. 能源因素

除东南亚国家外，美国等发达国家的纺织业也有一定的竞争优势。美国资源丰富，企业用电等价格成本较低，尽管劳动力成本高，但其纺织技术水平高，对劳动力的替代明显。

（二）政策优势

东南亚国家与我国相比有着贸易政策和产业政策的优势。随着全球一体化进程加快，各国之间的单边协定、多边协定进展较快。与中国相比，东南亚国家的纺织品出口贸易壁垒少，环境更为宽松。东南亚国家纺织品以出口为主，出口市场主要有中国、欧美各国、日本、韩国等。一是与中国之间建立了中国—东盟自由自贸区，东盟国家出口中国的纺织品无市场壁垒，实行零关税制度，这使得东盟纺织企业面对中国市场时有明显的竞争优势，特别是近年来东南亚国家的中低端纺织品对我国的纺织企业冲击较大，棉纱等产品进口量大幅增加。二是东南亚国家享受欧美等发达国家和地区的最惠国待遇。欧美国家和地区对东南亚地区出口的纺织品关税低，有些国家为零关税，且贸易摩擦少，没有贸易瓶颈。例如柬埔寨充分利用其享受欧盟、美国、日本和加拿大等 31 个国家和地区给予的普惠制（GSP）和最惠国待遇（MFN）的优势，吸引外资投资纺织业，已发展成为美国服装的第六大供应国和欧洲服装的第七大供应国。三是多边、双边贸易协定加紧推进。跨太平洋合作伙伴协议（简称 TPP）的签订给东南亚国家带来了巨大的商机。TPP 原产地规则规定，企业必须保证纱线、纺

① http：//www.tnc.com.cn/info/c－001001－d－3413838.html，2015 年 7 月 1 日。

织、印染整个环节都在 TPP 成员国内进行，在成员国之间可享受零关税待遇。又如越南和韩国签订了越—韩自贸协定，越南纺织品对韩国出口关税将由原来的 8%—13% 调整为零关税。四是产业政策优势。纺织产业是东南亚国家的支柱产业，在土地、融资、税收等方面给外商投资给予较大的政策支持。如柬埔寨政府提供的税收减免政策，尤其是对出口到欧美发达国家的服装提供免税待遇。

（三）技术、品牌等优势

技术、品牌优势主要体现在发达国家。欧洲曾经是纺织业最发达的地区，尽管产业出现了大规模的转移，但英国、德国、法国、意大利等国在高端服装制造、品牌设计等方面均走在世界前列，保持着较高的竞争力，欧洲知名品牌风靡全球。美国也曾经是纺织业大国，在产业转移后，国内也保留了生产高端产品、产品附加值高的纺织，这些企业在纺织品、纤维、高分子聚合物和材料之间的科研结合等领域取得了成绩，拥有一批先进的产品与生产技术。而且美国金融市场发达，可以使用期货、期权在内的多种金融工具抵御或对冲市场风险。

四、纺织企业海外转移的趋势和影响

（一）纺织企业未来转移趋势判断

我国纺织业海外转移步伐逐渐加快，是产业发展按照比较优势原则在全球再分工的结果。近年来，我国实施了棉花临时收储政策，抬高了国内棉价，国内外价差高达 5000 元。棉花目标价格补贴试点取代临时收储政策后，国内棉价回归市场，国内外价差消除，尽管我国拥有 1000 多万吨的棉花库存，但对于高品质棉花仍供不应求，企业对外棉的需求受到进口配额及关税的制约。另外，我国纺织工人工资水平不断以年均 10%—30% 的速度上涨，工资水平明显高于印度、越南、孟加拉等国家。土地、能源、税收等支出增加以及对企业环境治理的要求提高，也都不断拉高了企业经营成本，削弱了我国纺织企业的国际竞争力。我国对外贸易顺差不断扩大，纺织品对外贸易壁垒和摩擦增加，而相比较东南亚国家、欧洲以及美国他们的贸易环境更为宽松。东南亚国家的纺织品以出口为主，近年来发达国家为扶持这些国家的纺织业发展，给予了关税等优惠政策。尤其是 TPP 协议的签订，规定全部在 TPP 原产国内生产的纺织品，成员国之间可以享受零关税，这对于东南亚国家发展纺织业是一个巨大机遇。在全球化背景下，我国纺织企业不得不顺应国际环境变化，考虑到海外投资建厂，未来纺织企业走出去步伐会进一步加快。

到海外建厂分为两类：一是到发展中国家以建加工厂为主。在越南、孟加拉、柬埔寨等东南亚国家投资建厂，主要考虑到在地理上相邻近、交通便利，劳动力资源充足且成本低，同时可以享受与欧盟等发达国家关税优惠政策，棉花原料的获取也十分方便，没有配额和关税的限制。生产的棉纱主要出口中国，纺织品服装直接出口至发达国家。在非洲建厂主要考虑当地棉花资源和廉价的劳动力。但在发展中国家建厂也存在风险，这些国家劳动力技能水平低，管理不规范，同时工资上涨也较快，甚至有可能面临政局不稳定、政策多变的风险。二是到发达国家投资贸易公司和研发中心。欧美等发达国家和地区是纺织品的主要消费市场，为开拓国际市场，把握国际流行前沿和新产品研发技术，有部分企业到欧美成立贸易公司和研发公司。还有部分企业在发达国家建厂，主要在美国，利用其原料、能源、技术、政策等优势。但缺点是劳动力成本高。

（二）纺织企业海外转移对我国棉花产业的影响

纺织企业海外转移是全球纺织产业链再分工的结果。纺织企业海外转移有着积极的影响。一是有利于纺织企业提高国际竞争力。在全球化背景下，东南亚、非洲国家具有人口、原料、政策等资源优势；欧美等国具有技术、品牌等优势。我国纺织企业走出去，利用其他国家的比较优势，优化配置企业资源，有利于提高企业的国际竞争力和影响力。特别是金融危机后，国内纺织企业面临国内外需求不振，外贸订单减少，国内成本上升，环境治理压力等挑战，部分企业不得不向海外转移谋求新出路。二是符合我国纺织业转型升级的要求。从纺织企业海外投资领域看，建纺纱厂是一个主要的组成部分。国内落后产能向东南亚等发展中国家转移，包括设备、技术等，海外转移企业有效利用了东南亚国家的劳动力和原料资源，降低生产初级产品的成本。三是节约国内资源。棉纺企业向海外转移，间接减少了棉花需求量，缓解了土地等资源供给的压力。近年来我国进口棉纱量大幅增加，2014 年棉纱进口 201 万吨，是 2008 年的 2. 56 倍。这其中一部分是国内纺纱企业到东南亚国家建厂，再出口到中国。纺织初级产品或半成品的进口替代了部分棉花需求。棉花相比较粮食生产用肥、用药多，对环境的影响大。棉花需求量减少可以缓解当前我国耕地供给压力，同时也减少了化肥、农药用量大对环境的污染。

同时纺织企业海外转移对国内产业也带来了一些不利影响。一是纺织企业海外产能和订单转移，相当于我国部分产业发展的利润被其他国家分享。纺织产业是民生行业关系着许多劳动力就业，如果出现大规模转移，动摇我国在国际中纺织大国的地位，同时也会造成社会的不稳定。二是对国内产业造成冲击。向外转移的企业都是一些有实力的大企业，在国外利用廉价、优质和便利的棉花资源建立生产基地，生产的棉纱再进口到国内，对中小轧花企业造成较大冲击。三是纺织企业向海外转移，对我国中西部地区承接产业转移形成较大的竞争。我国中西部地区劳动力相对富余而且成本低廉，纺织业向中西部地区转移，有利于缩小区域差距，增进中西部地区的就业和稳定。四是纺织企业海外转移的直接影响是棉花消费的需求下降。研究证明 2008—2013 年我国棉纺织企业向海外迅速转移的同时，我国棉花消费需求逐年减少。棉花需求减少，导致国内棉花价格疲软，进而带来棉花生产的萎缩。从这个角度分析，我国棉企业的海外转移对国内棉花产业的影响又将是负面的。

五、分析提示与建议

目前，我国纺织企业海外转移处于探索阶段。随着国际贸易环境变化以及国内外比较优势的变化，纺织业走出去步伐可能进一步加快。但也面临许多风险，如政局的不稳、罢工事件、海外订单转移等。未来应不断推进国内纺织产业转型升级，提高纺织行业的整体竞争力。

一是推进国内纺织企业转型升级。国内纺织产业在轧花、纺纱、织布、服装纺织品加工以及纺织设备、技术研发等方面形成一整套有竞争力的产业链。为应对国内外纺织产业的变化，我国纺织业应积极主动转型升级、提供技术水平、淘汰落后产能，避免与东南亚国家进行同质产品的竞争。

二是促进棉纺织业向中西部地区转移。中西部地区在土地、劳动力等方面具有优势。应为纺织企业向中西部地区转移创造良好的条件和优惠政策措施，为与国外企业竞争提供公平的机会和环境，特别是可鼓励企业向棉花主产地的新疆棉区转移。

三是提高国内棉花品质。为满足企业用棉需求，缓解企业对国外中高等棉花的需求压力，提高棉花种植管理水平和棉花品质。不能只追求棉花产量，更应关注棉花品质。在满足企业需求的同时，也提高植棉农民的收益。

参考文献

[1] 杜珉：《换一个角度考虑国内纺纱用棉量》，《中国纤检》2007年第11期。

[2] 陈晓燕：《浅析我国纺织服装产业的转移路径》，http：//www.qhrb.com.cn/2015/1102/187415.shtml，2015年11月3日。

[3] 茅蓓蓓：《基于产业转移的中国纺织业对外投资环境评价研究》，东华大学硕士论文，2012年。

[4] 徐文英：《中国棉纺织工业发展现状及展望》，《中国纤检》2010年第4期。

[5] 中国纺织工业联合会：《2014年全国纺织产业转移年度报告》，内部资料。

[6] 中国纺织工业联合会：《中国纺织工业发展报告（2014/2015）》，中国纺织出版社2015年版。

[7] 中国纺织工业联合会：《中国纺织工业发展报告（2013/2014）》，

中国纺织出版社 2014 年版。

[8] 中国棉纺织行业协会：《中国棉纺织行业 2014 年度发展研究报告》，中国纺织出版社 2015 年版。

[9] 中国棉花信息网：《直面东南亚纺织行业的挑战：现状、战略、解决和安全》，http：//www. cottonchina. org/news/pubzmb. php？articleid = 172726，2015 年 7 月 20 日。

加拿大油菜产业发展概况及对中国的启示

张雯丽

内容提要： 加拿大是世界油菜籽主产国和主要出口国。近30年来，加拿大油菜产业稳步发展，产业经济价值显著提升，油菜籽及加工品出口至全球55个国家和地区。本文从生产、加工、贸易、全产业链以及未来产业发展规划等方面梳理了加拿大油菜籽产业发展现状及特征，对我国油菜籽产业发展提供了有益借鉴。

加拿大是世界油菜籽生产和出口第一大国，产量和出口量分别占世界总产量和出口量的四分之一和五分之三[①]。20世纪70年代，加拿大培育出了双低油菜（低芥酸和低硫苷）品种，品种的改良和推广极大地推动了加拿大油菜籽生产发展，同时也使菜籽油成为脂肪酸含量合理的食用植物油、菜粕成为优良的饲料，极大地提高了油菜籽的经济价值，延长了产业链。目前，加拿大油菜产业带动了种植业、油脂加工业、食品业、饲料工业以及畜牧养殖业等相关产业发展，经济贡献显著。在全球市场中，加

① 该数据基于2013/2014年度全球及主要国家油菜产量和贸易量计算。

拿大油菜籽具有较强的竞争力，出口至全球 55 个国家和地区。近年来我国自加拿大进口油菜籽及制品数量总体显著扩大，是加拿大油菜产品第一大进口国。

一、加拿大油菜生产稳步发展

加拿大地处北纬 41°至 83°之间，为北美洲最北的国家，区域气候差异较大，东部气温稍低，南部气候适中，西部气候温和湿润，北部为寒带苔原气候。油菜种植主要集中在西部和部分南部地区，全部为春油菜，生长期 80—120 天，通常在 5 月上旬播种，8 月底收获。

（一）油菜生产规模扩大，单产波动频繁

近 30 年来，加拿大油菜生产规模稳步扩大。特别是 2000 年以来，受益于除草剂品种、转基因品种的研发和大量推广运用以及全球油菜籽、菜油、菜粕需求显著增长，加拿大油菜面积、单产和产量均显著提高。2013 年，加拿大油菜收获面积 800 万公顷，单产达到历史最高水平 150 千克/亩，产量创下历史新高 1796 万吨。与 1986 年相比，面积、单产和产量分别增长 204.5%、58.8% 和 383.6%。由于加拿大地处高寒地区，油菜生产受气候条件影响较大，单产及总产波动较大，单产平均每 3—5 年都会出现明显的下降，减产年份会持续 2—3 年。2014 年，受气候影响，加拿大油菜单产和总产明显下滑，单产下降 14.1%，总产下降 13.4%（图 1）。

加拿大油菜主要分布在萨斯喀彻温、阿尔伯塔、马尼托巴三省，其他省区如安大略、不列颠哥伦比亚省也有少量种植。2014 年，萨斯喀彻温、阿尔伯塔、马尼托巴三省油菜种植面积分别占本国种植总面积的 52.1%、32.4% 和 14.7%，产量占比分别为 49%、35.3% 和 14.9%。三个主产区单产水平较高，分别达到 160 千克/亩、140 千克/亩和 133 千克/亩，高于我国油菜籽平均单产水平。

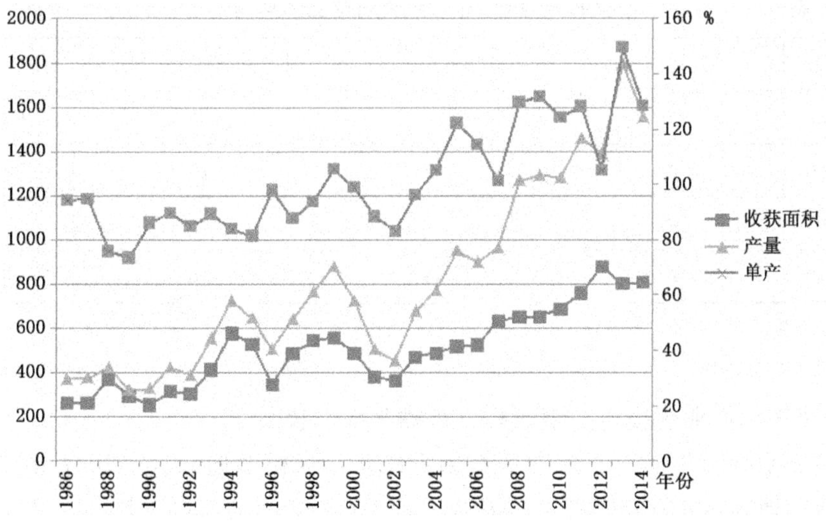

图 1　1986—2014 年加拿大油菜面积、产量及单产水平

（二）油菜品种以抗除草剂品种和转基因品种为主

加拿大油菜生产发展主要得益于抗除草剂品种的研发和推广。1995 年以前，加拿大油菜品种全部为传统普通品种。1996 年加拿大开始进行抗除草剂品种（HT）的商业化种植。发展初期，转基因抗除草剂品种（GM HT）、非转基因抗除草剂（非 GM HT）以及传统的不抗除草剂品种均有种植。随着抗除草剂品种在单产和出油率等方面具有的优势逐渐显现，传统的不抗除草剂油菜种植面积持续下滑。至 2010 年，加拿大抗除草剂油菜种植面积占比达到 99%；转基因油菜品种种植面积不断扩大，占总种植面积 93%，总体实现了油菜品种的抗除草剂和转基因化。随着品种的改良，加拿大油菜籽含油量稳步增加，稳定在 43% 左右（表 1）。

表 1　　1995—2010 年加拿大油菜品种结构　　单位：%

年份	转基因抗农达品种	转基因抗草铵膦品种	非转基因抗除草剂品种	传统品种
1995	0	0	0	100
2000	40	15	25	20
2005	45	34	14	7
2010	47	46	6	1

（三）产业规模化、组织化、机械化水平较高

加拿大油菜生产主要依靠农场主经营，规模普遍较大。2014 年加拿大西部地区有 43000 个油菜籽农户，户均经营规模近 200 公顷。由于油菜籽单产水平大幅提高，经济效益良好，农场约二分之一比例的耕地用来种植油菜。西部农户的现金收入中，油菜籽收入排名第一。规模化经营为机械化水平的提高奠定了良好基础。油菜生产管理基本全程机械化、计算机化，农户通过计算机进行生产管理、市场预测及销售工作，生产效率非常高。

油菜产业行业协会发育成熟，产业整体组织化水平较高。加拿大油菜产业委员会是全球性的非营利性机构，也是加拿大第一个涵盖整个价值链、覆盖各产业环节的委员会组织。加拿大油菜产业委员会成员包括生产者、生产资料供应商、加工企业、出口商、食物和饲料企业以及政府部门、消费者等。其中，萨斯喀彻温、阿尔伯塔、马尼托巴三大主产区生产者组织是委员会的重要组成。委员会负责处理和油菜籽产业相关的各类事项，并为产业定期制定战略规划。在促进油菜籽产业发展，向全球消费者提供高品质油菜籽、菜油等产品，提高产业综合盈利水平，推进产业实现可持续发展等方面发挥了十分积极地作用。

二、加拿大国内油菜籽加工规模不断扩大

加拿大油菜籽出口比例较高，本国消费比例不到 45%，主要为压榨

和饲用。其中，压榨量占产量比重约42%，饲用及损耗需求占比2.8%。压榨后菜籽油也主要以出口为出，国内消费量占比较小。

近十年来加拿大油菜压榨量显著增加，2003/2004年度至2014/2015年度，加拿大油菜籽压榨量从338.9万吨增至735.7万吨。根据加拿大油菜产业委员会统计，加拿大国内有14个油脂加工厂，年加工能力为1000万吨。目前，这些加工厂年加工700万吨菜籽，产300万吨菜籽油和400万吨菜籽粕。近十年来加拿大油菜籽出油率进一步提升，2003/2004年度按照压榨量和出油量折算，平均出油率为41.2%，至2014/2015年度，出油率提升了2.3个百分点，增至43.5%（图2）。

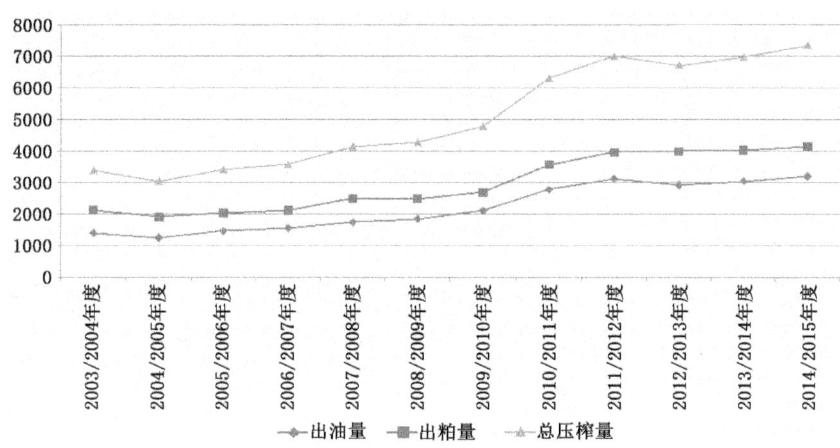

图2　2003/2004年度至2014/2015年度加拿大油菜籽压榨量和出油量

三、油菜籽及制品出口贸易规模不断扩大

近年来，随着全球范围内肥胖、糖尿病和心血管疾病的增加，各国都越来越关注用油健康，以菜籽油为代表的食用植物油消费需求量明显增加。此外，油菜籽在提供高品质饲料和用于生物燃料生产等方面也具有突出优势，加工需求也持续增长。受需求拉动，加拿大油菜籽及制品贸易量快速增加。2012/2013年度，加拿大出口菜籽726万吨，出口菜油252.7万吨，出口菜粕340.6万吨。将出口的菜籽油及菜粕还原为菜籽计算，出

口的菜籽占本国产量比重高达90%。目前，加拿大油菜籽及制品出口到全球55个国家和地区，每年出口额达到数十亿美元（图3）。

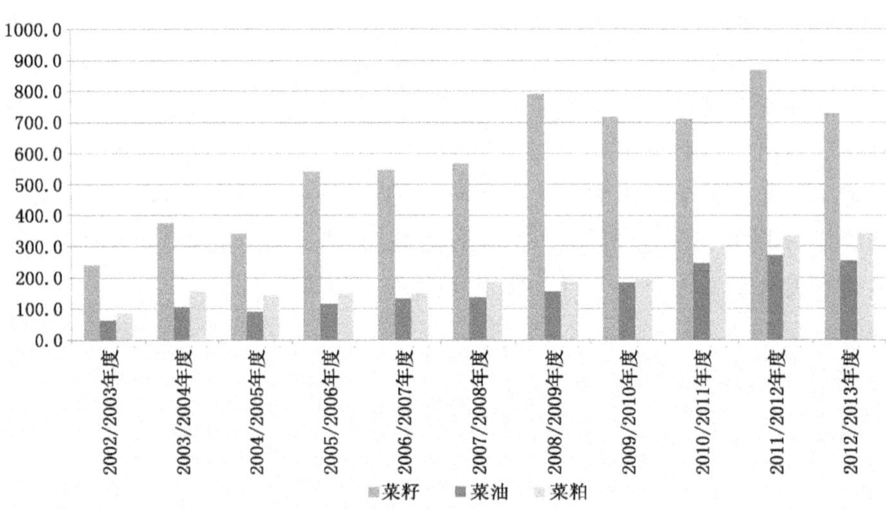

图3　2002—2013年加拿大油菜籽、菜油和菜粕出口规模

目前，中国、美国、日本、墨西哥、欧盟等国家和地区是加拿大菜籽及加工制品主要出口地区。其中，中国、日本、墨西哥主要进口菜籽，美国主要进口菜油和菜粕。

（一）中国

我国是加拿大油菜籽的主要进口国。近年来，我国自加拿大进口油菜籽和菜籽油数量均显著增加。2014年我国进口加拿大油菜籽430万吨、菜籽油49.9万吨、菜粕1.1万吨。油菜籽及加工制品总进口额为28亿美元。我国常年食用植物油消费量为3000万吨，人均食用植物油消费22.2千克。未来随着人口增长、结构调整以及我国油菜籽取消临时收储政策影响，我国食用植物油消费增速将放缓，油菜籽以及菜籽油进口规模及结构也将相应调整。

（二）美国

美国居民饮食习惯决定了其食用油消费量较大。2013 年，美国食用植物油消费量为 1460 万吨，人均消费量为 46.2 千克。目前，菜油是美国国内消费第二大主要食用油。美国主要从加拿大进口菜籽油和菜粕。2014 年美国菜籽油进口量约占加拿大菜籽油总出口量的 65%，菜粕进口量占加拿大菜粕总出口量的 96%。2014 年，美国进口加拿大油菜籽 95.3 万吨，进口菜籽油 150 万吨，进口菜粕 330 万吨。油菜籽及加工制品总进口额为 35 亿美元。

（三）日本

日本食用植物油消费量较高，全年消费量 240 万吨，人均消费 18.9 千克。日本主要进口加拿大油菜籽。2014 年，日本进口加拿大油菜籽 230 万吨、菜籽油 4000 吨、菜粕 1.1 万吨。油菜籽及加工制品总进口额为 12 亿美元。

（四）墨西哥

墨西哥是加拿大油菜籽的主要进口国。自 2005 年以来，油菜籽出口至墨西哥稳步增长，菜籽油和豆粕消费量都明显提升。墨西哥和美国居民消费习惯相似，对植物油消费需求较为旺盛，2013 年，墨西哥的植物油消费量为 247 万吨，人均食用植物油消费量为 21 千克。2014 年，进口加拿大油菜籽 140 万吨、菜籽油 3.4 万吨、菜粕 1.5 万吨。油菜籽及加工制品总进口额为 7.724 亿美元。从近年来的贸易特征来看，油菜是加拿大出口到墨西哥的首要农产品。

（五）印度

随着印度步入发展中国家行列，居民食用消费需求不断增长，食用植物油的消费快速增加。2014 年印度进口加拿大油菜籽 2.6 万吨、菜籽油 1188 吨。油菜籽及加工制品总进口额为 1580 万美元。目前，印度全年食用植物油消费量为1500万吨，人均消费量12.5千克，仍处于相对较低水平。随着经济发展带来的消费需求不断增加，随着经济增长和人口规模继续增加，印度对食用植物油的消费需求将继续增长，进口需求将继续增加（表2）。

表2　　2014年加拿大油菜籽及加工制品出口国及出口规模

单位：万吨、亿美元、千克

出口国	油菜籽	菜籽油	菜粕	总进口额	人均食用植物油消费量
中国	430	49.9	1.1	23	22.2
美国	95.3	150	330	13	46.2
日本	230	0.4	1.1	12	18.9
墨西哥	140	3.4	1.5	7.724	21
印度	2.6	0.188	—	0.158	12.5
欧盟	6.4	0.7	0.015	0.4	—

数据来源：加拿大油菜产业委员会。

（六）欧盟

法国、德国、意大利、比利时和荷兰是菜籽和菜油的主要进口国，进口的原料主要用于生产生物柴油。爱尔兰是欧盟最大的菜粕进口国。2014年，欧盟进口加拿大油菜籽6.4万吨、菜籽油7000吨、菜粕15吨。油菜籽及加工制品总进口额为3880万美元。

四、加拿大油菜产业在国内占据重要地位

随着加拿大油菜产业生产、加工和贸易规模不断扩大，产业对加拿大国内经济贡献不断提高，2013年油菜籽产业价值高达193亿美元，超过谷物或其他油料作物经济价值，占其国内生产总值的1.06%（表3）。

表 3　2009/2010—2011/2012 年度加拿大油菜籽产业在不同产业环节年均产值影响　单位：亿美元

行业分类	生产和研发	压榨	精炼	运输	港口物流	饲料	植物油
产值	133	11	2.06	16	3.48	5.25	17

数据来源：加拿大油菜产业委员会。

加拿大油菜籽产业涉及种子研发供应、生产种植、运输物流、加工和精炼等各领域，每年能为本国提供 24.9 万多个就业机会和 125 亿美元的工资。其中，在研发种植环节、食用植物油终端、运输环节和压榨环节经济产值较大，分别达到 133 亿美元、17 亿美元、16 亿美元和 11 亿美元。从各省产业产值分布来看，主产省萨斯喀彻温油菜籽产业年均产值高达 82 亿美元，阿尔伯塔次之，为 61 亿美元，马尼托巴省为 34 亿美元。

五、产业委员会制定明确的产业发展规划

为进一步推动产业健康发展，加拿大油菜产业委员会 2013 年制定了油菜籽产业发展规划。该规划包含三大战略及目标：一是提高单产和品质，增加油菜籽供应以满足各国需求的增长。到 2025 年，加拿大油菜种植面积达到 2200 万英亩，比 2014 年增加 10%；单产达到 52 蒲式耳/英亩（折合 194.7 千克/亩），比 2014 年增加 65%；总产达到 2600 万吨，比 2014 年增加 67%。菜籽出口量达到 1200 万吨，比 2014 年增加 24%；国内加工规模 1400 万吨，比 2014 年翻一番。二是实施差异化目标市场战略，通过价格策略，在提升油菜籽、菜籽油和菜粕品质的基础上，满足全球多样化产品需求。为实现该目标，该规划细分了三级市场。针对一级市场（欧盟、美国、墨西哥、中国、日本、越南）的不同需求实施产品差异化策略，加大产品研发力度、实施特定的营销计划，至 2025 年，在这些关键国家食用植物油的市场份额每年提高 1%；针对二级市场，通过产品研发、市场开拓以及营销策略，增加 20% 的市场份额；针对三级市场，研究和发掘市场潜力。三是营造稳定开放的贸易环境。实现全球市场范围

内零关税，取消非关税贸易壁垒（表 4）。

表 4　　2025 年加拿大油菜籽产业发展规划

	2014 年	2025 年
面积（万英亩）	2000	2200
单产（蒲式耳/英亩）	31.5	52
产量（万吨）	1560	2600
出口油菜籽（万吨）	970	1200
国内加工（万吨）	700	1400
高油酸和特种油比例	11%	33%
出油率	44.5%	保持（10 年平均水平 44.2%）
饱和脂肪酸	7%	保持全球领先水平
豆粕粗蛋白含量	39.6%	增加

总体上来看，未来随着技术进步带来的单产水平进一步提升以及贸易环境的改善带来的出口便利化程度提高，加拿大油菜生产水平将大幅提升，产量预计将大幅增大，油菜籽和菜籽油、菜粕等产品的出口规模也将显著扩增。

六、启示和借鉴

从 20 世纪 70 年代至今，加拿大逐渐发展成为油菜籽生产和出口大国，国内产业发展壮大，产业链不断延伸，创造了显著的经济价值；同时在国际市场拥有较强的竞争力。未来十年发展规划显示，加拿大油菜产业仍将继续发展并进一步壮大。总结其发展特征和关键要素：一是技术储备作为重要支撑。品种研发、改良以及推广应用是发展生产、提高生产效率的首要基础。二是生产组织化、规模化、机械化水平较高。突出表现在农户生产规模较大，全程机械化；加工企业集中度高，产能水平较高，这是降低生产成本、提高产业基础竞争力的重要要素。三是产业定位与规划明确清晰。油菜籽产业在加拿大逐渐成长，目前已成为重要的农业产业，产业定位主要以出口为主。油菜产业委员会制定的规划目标清晰具体，为推进油菜产业科研、生产、加工、市场贸易等各环节发展提供了明确指引。

我国同样是油菜籽生产大国，但近年来受成本持续上涨、资源日趋紧张、支持政策效果逐渐弱化影响，农户收益持续减少，种植油菜积极性明显下降，相应的上游种子需求锐减，制约制种企业研发和育种积极性；下游加工产业一方面存在突出的产能过剩、企业规模大小不一；另一方面受进口大豆、下游豆油、调和油等替代产品低价冲击，菜籽油加工需求下降、加工规模不断缩小，产业整体萎缩趋势明显。未来随着加拿大油菜生产规模和出口规模的双增长，我国油菜籽产业在现有竞争力尚不足的背景下，可能面临进一步萎缩的趋势。无论是发展国内产业还是参与国际市场竞争，加国油菜籽产业发展思路和关键着力点都值得我国借鉴。

未来我国油菜产业发展需重视以下几方面：一是加大品种技术研发投入力度及加强推广，提高油菜籽单产水平以及含油率；二是在主产区充分利用冬闲田，通过加快土地流转，提高生产组织化、适度规模化和机械化水平，降低油菜生产经营成本；三是积极发展订单农业，实现生产、加工、销售环节的有效对接，减少产销对接及流通成本；四是通过品牌差异化策略来定位、开拓市场，制定产业发展中长期规划，实现油菜籽产业的健康可持续发展。

参考文献

[1] 杨锦莲、侯国平、李崇光：《中加油菜籽产业的比较》，《华中农业大学学报（社会科学版）》2003 年第 2 期。

[2] 张云珍：《加拿大转基因油菜商业化进展及现状分析》，《世界农业》2011 年第 10 期。

[3] 王璐、冯中朝：《油菜籽产业链脉络及其安全状况评估》，《改革》2013 年第 12 期。

当前我国食糖产业发展困境及适用政策选择比较

徐雪　马凯

内容提要：当前我国食糖产业发展面临“内忧外患”，受要素投入品价格上涨的影响，糖料种植和食糖生产的成本不断提高。与此同时，国际食糖市场供给充分，价格低迷，国内外食糖价差不断扩大，国内食糖成本“地板”与国际食糖价格“天花板”之间的空间越来越小，甚至有倒置的趋势。国内糖料面积已连续三年大幅减少，食糖自给率不断下降，食糖产业面临生存危机。为保障我国用糖安全，稳定我国食糖产业发展，迫切需要出台相关扶持政策措施。本文分别讨论了糖料直接补贴、糖料目标价格补贴以及糖料目标价格保险政策的优点和可能面临的挑战，认为目前应尽快实施糖料目标价格补贴政策，同时实施一揽子配套的政策措施，以切实保障国内食糖产业的稳定发展。

一、食糖产业发展出现大滑坡

（一）糖料面积和食糖产量严重下滑

2014/2015 榨季全国食糖产量 1055.6 万吨，同比减少了 276.2 万吨，减少了约五分之一。预计减产趋势仍将持续，2015/2016 榨季糖料种植面积将下降 10% 左右，根据作者近期蔗区调研时了解到的情况，部分地区甚至会下滑 20% 左右；预计 2015/2016 榨季食糖产量 900 万吨，比 2014/2015 榨季下降 155.6 万吨，减幅 15%（见表 1）。糖料主产区方面，根据中国糖业协会的数据，2014/2015 榨季广西、云南、广东甘蔗实际种植面积合计 1860 万亩左右，比上榨季统计面积减少 520 多万亩，减幅 22%；其中，广西甘蔗实际种植面积约 1200 万亩，比上榨季统计面积减少 420 多万亩；云南甘蔗实际种植面积约 480 多万亩，比上榨季统计面积减少 20 万亩；广东甘蔗实际种植面积约 176 万亩，比上榨季统计面积减少约 76 万亩。

表 1　2011/2012—2013/2014 榨季我国糖料种植面积和食糖产量

榨季	糖料种植面积增减（万亩）	糖料种植面积（万亩）	食糖产量（万吨）
2011/2012	98.52	2670.63	1151.75
2012/2013	111.36	2782.02	1306.84
2013/2014	-68.46	2713.56	1331.8
2014/2015	-340.56（预测值）	2373（预测值）	1055.6
2015/2016	-181（预测值）	2192（预测值）	900（预测值）

数据来源：实际值来自中国糖业协会，预测值为作者测算。

根据作者在广西崇左市、云南德宏州等地的入户调查，由于糖料蔗收购价格三年连续下调，且甘蔗种植费工费力，这几年主产区甘蔗面积一直在下滑，有灌溉条件的坡地很多都改种了水果，灌溉条件不好的坡地改种桉树，只有那些低洼地和灌溉条件不好的地块还在种甘蔗。主产区地方政府为了稳定糖料面积，甚至动用非常规行政手段限制农民改种其他作物，比如对外来租蔗地种水果等市场主体不予通水通电等。但即使这样，仍然难以扭转糖料种植面积下滑的趋势。

（二）制糖企业连续三年亏损，“打白条”现象严重

成本上升背景下国内糖料收购价格连续下降，糖农收入大幅减少。2011/2012—2014/2015 榨季广西糖料蔗收购价格下降了 100 元/吨（见表 2），跌幅 20%；云南甘蔗收购价虽然近四个榨季都维持在 420 元/吨的水平，但是同期的甘蔗种植成本不断上升，所以实际上收购价也是下降的。受甘蔗收购价下调的影响，蔗农收入减少，2013/2014 榨季农民种植糖料收入同比减少 39 亿元。

表 2　2011/2012—2014/2015 榨季广西、云南甘蔗收购价　单位：元/吨

榨季	广西甘蔗收购价	广西联动糖价	云南甘蔗收购价	云南联动糖价
2011/2012	500	7000	420	7000
2012/2013	475	6580	420	6500
2013/2014	440	6000	420	6500
2014/2015	400	5100	420	5800

数据来源：中国糖业协会。

食糖价格低迷，制糖企业举步维艰。2011—2014 年四年间国内糖价下跌了 2733 元/吨，跌幅近 40%，跌破制糖成本线，制糖行业亏损严重。据中国糖业协会统计，截至 2015 年 8 月底，2014/2015 榨季全国累计销售食糖 879.3 万吨，累计销糖率 83.3%，重点制糖企业（集团）成品白糖累计平均销售价格每吨 4891 元。目前制糖厂成本价每吨 5100 元左右，截至 9 月底，2014/2015 榨季国内食糖现货均价每吨 4877 元，低于制糖成本约 223 元/吨，本榨季食糖产业亏损已成定局，预计全行业亏损 20 亿元左右，同比减亏约 57.6 亿元。

制糖企业“打白条”现象严重。由于近年国内糖价低迷，制糖企业生产经营普遍较为困难，自有资金紧张；加之银行收缩糖业信贷，造成企

业无力向糖农支付糖料款，“打白条”现象十分普遍。据了解，截至2015年8月末，云南省应付甘蔗款78.16亿元，尚有21亿元没有兑付，兑付率约73%。而在云南省临沧市，2014/2015榨季实际应付蔗款23.51亿元，截至8月底共兑付11.64亿元，兑付率仅49.51%。

（三）受“地板”和“天花板”双重挤压，糖业生存空间越来越小

由于要素投入品价格上涨，糖料种植和食糖生产的成本“地板”不断抬高。据广西价格成本调查监审分局统计数据显示，2005—2014年10年间，广西糖料蔗每亩种植总成本由834.77元增加到2016.62元，增加了1181.85元，增幅141.58%，年均增加10.3%。其中，人工成本更是增加了1.7倍（见表3）。而受原料成本上涨传导机制的影响，国内制糖成本也不断抬高，目前大约在5100元/吨左右。国内食糖生产的“地板”不断抬高。

表3　广西糖料蔗种植成本变化情况

年份	总成本（元/亩）	物质与服务费用（元/亩）	人工成本（元/亩）	土地成本（元/亩）
2005	834.77	384.47	347.14	103.16
2006	934.41	444.01	385.47	104.93
2007	1057.33	491.62	442.85	122.86
2008	1131.73	558.48	443.23	130.02
2009	1135.34	541.68	462.74	130.92
2010	1404.66	631.49	619.10	154.07
2011	1576.08	694.84	716.97	164.27
2012	1814.94	831.91	806.94	176.09
2013	1992.61	884.12	889.84	218.65
2014	2016.62	846.31	936.00	234.31

数据来源：广西壮族自治区价格成本调查监审分局。

与此同时，由于我国食糖进口主要通过关税配额制度进行调控，缺乏有效控制食糖进口的“闸门”，导致我国成为全球低价糖的“泄水池”，国内外食糖价格倒挂自 2011 年起开始成为常态并且价差有逐渐扩大的趋势，国际糖价的“天花板”效应越来越明显。近年来，受供给过剩的市场基本面影响，国际糖价低迷，纽约 11 号原糖期货价格自 2010/2011 榨季开始连续下降，由 2010/2011 榨季的均价 27.69 美分/磅下降到 2014/2015 榨季的均价 13.44 美分/磅，下降了 50% 还多。截至 2015 年 9 月底，2014/2015 榨季进口配额内巴西食糖到岸税后价每吨 3560 元，比国内食糖现货价格每吨低 1317 元；配额外巴西食糖到岸税后价每吨 4444 元，比国内食糖现货价格每吨低 433 元。

由此可见，我国食糖产业“地板”与“天花板”之间的空间越来越小，甚至可能会出现“地板”“天花板”持续倒置的现象，食糖产业面临严峻的生存挑战。

（四）临时调控政策成效显著但面临不可持续的压力

随着国内外价差拉大，进口食糖和进口原糖加工的利益空间也相应加大，食糖进口压力增加。据海关统计，在价差拉动下，2014/2015 榨季（截至 2015 年 8 月底）我国共进口食糖 416 万吨，同比增长 50 万吨，增幅 13.7%，进口规模创下来近年来的新高。在食糖合法进口增加的同时，食糖走私现象也有抬头趋势。因此，现行打击走私、进口自动许可、糖企行业自律等临时性措施面临越来越大压力，很多措施的继续推行面临潜在利益方的严重挑战，打击走私的任务将更加严峻，糖企自律面临企业能否经得住短期利益诱惑的考验，进口自动许可登记制度也面临国际社会的质疑。一旦这些措施中有哪一项失守，国内糖价很有可能再次出现大跌。

二、出台新的食糖产业支持政策的必要性

（一）目前我国食糖产业政策在促进产业稳定发展方面“力不从心”

当前我国的 WTO 承诺超出了糖料竞争力所承受能力范围之外，对我国食糖产业的保护作用十分有限。目前我国食糖配额内进口关税税率为

15%，配额外进口关税税率为50%，远低于世贸组织成员国97%的食糖平均进口关税税率。同时，面对日益复杂的国际市场形势，国内食糖储备制度在调剂市场余缺、稳定市场价格方面的作用未能得到有效发挥，成为世界低价糖的蓄水池，也给财政带来沉重压力，食糖工业临时储存期限为1—6个月，很多企业在实际生产经营中达不到要求，因此作用有限。

（二）食糖的战略性——食糖是民生产业、基础产业、稳定产业

1. 食糖是民生产业和稳定产业

我国糖料种植和食糖生产主要集中在广西、云南等边境地区，由于毗邻越南、老挝、缅甸等国，地区安全形势复杂，安民固边的任务艰巨；同时广西、云南是我国少数民族聚居区，民族团结繁荣需要稳定的收入来源和资金保障。食糖产业是当地农民收入的基本来源，是政府财政税收的重要渠道，是解决人口就业的主要途径。据统计，广西壮族自治区111个县（市、区）中有95个种植糖料蔗，直接种蔗农民超过850万人，涉及蔗农2000万人。又以云南省德宏州为例，2013年德宏州种蔗区域人口70万人，占全州农村人口的70%，甘蔗产值18.85亿元，占全州农业农产值的34.06%。一旦糖料主产区食糖产业发生下滑，将导致蔗农收入下降，返贫几率增加；政府财政税收减少，各项民生支出降低，服务能力减弱；失业率提高，社会不稳定因素增加。

2. 食糖是基础的工业原料

食糖是基础的工业原料，我国食糖消费中有近70%用于工业消费，涉及产业包括食品加工、造纸、发酵、医药、建材、饲料、纺织等行业，短期内不可替代。目前食糖的主要替代品是淀粉糖，两者的应用领域并不完全重合，同时由于作为淀粉糖主要原料的玉米在主粮、饲料业和清洁能源中扮演重要角色，且同样面临国内外价格倒挂问题，如淀粉糖大量替代食糖，将直接导致我国对进口玉米的高度依赖。所以食糖产业下坡，国内供给减少，将直接推高下游产业的生产成本，导致整个社会物价水平和居民生活成本的提高。

3. 我国食糖自给率下降将引起国际糖价明显上升

我国是世界第三大食糖消费国，且消费量呈逐年刚性增长。根据《中国农业展望报告（2015—2024）》的预测，我国食糖消费到2024年将达到1851万吨，较2014年增加371万吨。如果届时我国食糖产业发生下滑，食糖产量在现在的水平上减少500万吨，自给率下降到45%，则国内食糖供给将出现1000万吨左右的缺口，约占目前全球食糖贸易量的1/5。由此将导致世界食糖市场供需形势发生逆转，大幅推高国际糖价，使我国相关产业不堪重负。据测算，我国食糖自给率每下降1个百分点，世界糖价将上升0.4美分。

三、不同食糖产业支持政策比较分析

当前，对食糖产业支持政策的讨论主要集中在糖料直接补贴、目标价格补贴和目标价格保险。

（一）糖料直接补贴政策

即参照粮食直补的操作方式，通过发放现金的方式，对糖料主产省（区）糖农按照基期产量或种植面积进行补贴。

糖料直接补贴的主要优点有：以基期的产量和面积为依据对蔗农进行直接补贴，每年财政支出固定，便于安排预算。属于“绿箱”政策，符合国际规则。在粮食作物方面已经持续多年，有着较为丰富的政策实施经验。

实施糖料直接补贴政策面临的主要挑战有：补贴标准较难确定、基期产量和面积的确定需要耗费较多的人力物力。根据学者的研究发现，直接补贴具有边际效用递减的规律，在农民增收和生产激励方面的作用有限。

（二）糖料目标价格补贴政策

目标价格补贴也被称为“差价补贴”，即政府预先确立可以使农民获得合理收益的目标价格，如果该价格高于市场价格，则政府将差价部分补贴给农民，如果该价格低于市场价格，则政府不予补贴。其一般有按面积补贴和按产量补贴两种方式。

糖料目标价格补贴的主要优点有：能够形成稳定的价格预期，对生产的激励作用明显。目前我国糖料的产销体系较为完善，预期政策执行成本较低，可操作性较强。

实施糖料目标价格补贴政策面临的主要挑战有：由于后市食糖市场价格的不确定性，如果配套市场调控措施跟不上，很可能出现国内糖价随国际糖价大幅走低的情况，导致财政预算的不确定性和特定产品“黄箱”微量允许超限。目标价格补贴政策在我国实施期较短，2014 年才正式启动东北和内蒙古大豆、新疆棉花的目标价格补贴试点，政策效果还有待进一步评估，政策本身也有待进一步完善。

（三）目标价格保险

农产品目标价格保险是指国家利用保险的机制，对保费进行补贴，实现对农产品市场风险进行汇聚、分散和转移的一种制度安排①。

糖料目标价格保险的主要优点有：实施目标价格保险，国家仅需对保费进行部分补贴，价格风险则转嫁给保险公司，因此财政预算相对固定且支出规模容易控制。属于“绿箱”政策，符合农产品补贴制度市场化的改革方向。

实施糖料目标价格保险政策面临的主要挑战有：农民对保险的接受度较低，作者实地走访座谈的大部分糖农认为通过保险公司保护蔗农利益，在补贴操作上多了一道环节，使得农民本来“看得见”的补贴变得模糊，且从目前甘蔗种植保险的执行效果来看，存在赔付期限较长和赔率低的问题，影响农民参保积极性。按照国内现行目标价格保险保费分担比重，企业需要承受一部分保费，无疑增加了企业负担，因此积极性不高。较高的赔付率是世界农业保险的共同特征，作为营利性的经营机构，面对价格起伏波动、行情依然脆弱的食糖市场，即便有财政贴息，保险公司在短期内开设糖料目标价格保险的积极性仍然值得商榷。

① 张峭、汪必旺：“农产品目标价格保险的思考”，《中国保险报》，2014 年 6 月 9 日。

任何政策都有利有弊，但关键要看政策目标是什么。糖料扶持政策的目标主要包括两个方面：一是稳定糖料生产；二是保障糖农收益。其中，稳定糖农收益是关键。目标价格补贴使农民对收益有了比较稳定的预期，使收入“看得见”，从而提高了种植意愿，使糖料生产“稳得住”。因此，糖料目标价格补贴政策能够较好地实现上述两个目标，较为适合尽快推行。

目标价格补贴政策的实行主要受到财政预算不确定、属于“黄箱”政策、容易恶化我国贸易环境等因素的制约。从 2014/2015 榨季我国食糖市场的总体运行情况来看，只要配套市场调控措施到位，食糖市场的不稳定性将会得到有序控制，用于目标价格补贴的财政支出和“黄箱”微量允许的规模也将会保持在合理区间。

根据测算，如果实施目标价格补贴政策，甘蔗收购首付价确定在每吨 440 元，根据中国糖业协会提供的近三年制糖企业成本收益数据，对应的制糖企业完税成本价为每吨 5406 元，按照目前食糖调控效果和国内价格走势看，2015/2016 榨季国内食糖价格有望保持在每吨 5000—5500 元，按照广西、云南两省（区）本榨季食糖总产量 865 万吨左右计算，中央财政最多补贴两省（区）35 亿元；如果实施目标价格保险，按照 2015/2016 榨季广西甘蔗面积 1200 万亩、平均亩产 4.9 吨和云南甘蔗面积 480 万亩、平均亩产 4.1 吨计算，广西每亩保险金额 2156 元，云南每亩保险金额 1804 元，保险费率 10%，广西需要保险费 25.8 亿元，云南需要保险费 8.7 亿元，合计约 34.5 亿元，与目标价格补贴财政支出规模相比基本相等。且食糖市场运行和糖价波动具有周期性，一般 5—6 年为一个周期，周期内每年均需国家支付目标价格补贴的概率并不大，因此如果把一个周期内国家财政用于糖料目标价格补贴的开支平均到各年，其总量和规模将会进一步减少，而目标价格保险保费支出是根据面积确定，每年的支出规模相差不大。此外，目前我国食糖主要贸易国为巴西、古巴和泰国，其均与我国保持着良好合作关系，引起国际贸易诉讼的可能性不大，因此我国在实行糖料扶持政策时可以更加灵活。

四、以稳定糖价为切入点，实施一揽子稳定食糖产业发展的政策措施

（一）尽快实施糖料目标价格补贴政策

综合考虑产业基础、操作可行性、地区经济结构等因素，可首先在广西、云南试点开展糖料目标价格补贴制度。以甘蔗生产成本加基本收益推算出的食糖价格作为目标价格，以“中国食糖批发市场价格指数网站”公布的中国食糖批发市场价格指数作为食糖现货市场监测价格，同时参考郑州商品交易所的食糖期货价格，综合确定采价期内的食糖平均价格。为了切实保障农民收益，提高种蔗积极性，政府固定主产区甘蔗首付价，并将糖厂作为目标价格补贴对象，当食糖市场价格低于目标价格时，财政将价差补贴兑付给糖厂，当市场价格高于目标价格时，不启动补贴机制，糖厂继续按照“糖蔗联动、二次结算”机制，返还蔗农利润分成。

（二）加快推进经营体制创新

第一，扶持新型经营主体。支持专业大户、家庭农场、专业合作社、龙头企业等新型农业经营主体的发展，鼓励土地承包经营权向新型农业经营主体流转。建立新型农业经营主体利益联结机制，发展并户联营等多种形式的规模经营，不断提升甘蔗种植的规模化、组织化和产业化水平。第二，构建社会化服务体系。不断强化公益性服务机构职能、提高服务质量和服务水平，加大资金投入力度，加强基层公益性服务机构建设，提高人员待遇。积极培育发展种子种苗、农机作业、农资配送等耕种收各环节的经营性服务组织发展，在信贷、用地方面给予便利条件和优惠政策。

（三）逐步转变传统生产方式

第一，完善蔗区基础设施建设。设立糖料基础设施建设专项基金，专门对糖料产区的水利灌溉、机耕道路等基础设施进行投资建设，在糖料产区推广以喷灌、微灌为主的高效节水灌溉技术，利用多项农业技术配套，将节水、施肥、施药、栽培、管理等一系列精准农业措施融为一体，提高水资源利用率和农业整体技术水平。第二，加大良种的培育推广。设立良

种专项基金，保证科研经费的持续稳定投入，加强良种繁育基地建设；完善良种加价收购政策，加大良种的试验示范和技术培训，提高农民种植积极性；积极开展国际和国内良种选（繁）育合作。第三，努力提升机械化水平。加快推进对国产甘蔗收割机械的研发投入，以发展适用于坡地生产的小型机械为主；加大甘蔗农机作业补贴和购置补贴的投入力度，扩大补贴范围，增加补贴额度。

（四）稳步推进种植结构调整

当前，食糖产业在糖料主产区占据重要位置，如果食糖产业发生下滑，将对当地财政收入、居民就业、农民收益产生巨大不利影响。如广西壮族自治区崇左市江州区，糖业收入最高曾占当地财政收入的 70% 以上。因此，应根据蔗区自然条件和资源禀赋，逐步进行经济结构调整和产业升级改造，在此基础上推动种植结构优化，增加农民和政府收入来源渠道，减少由于过度依赖食糖产业导致的系统性风险。

（五）严厉打击食糖走私

由于国内外食糖价格倒挂，走私食糖有暴利可图，尤其是当前国内外糖价相悖发展、价差扩大的情况下，食糖走私行为更加猖獗。因此，要对食糖走私保持高压态势，继续予以严厉打击。建议加强对非设关地走私的缉私力度，实行地方政府责任制；在广西、云南等主产糖省区加强边防、公安、铁路、质检等部门的联合执法工作；加大声势，宣传缉私成果，形成威慑效果。

（六）不断完善食糖储备制度

第一，将国家食糖储备划分为战略性储备和临时性储备分别管理。战略性储备用于保障国家经济安全；临时性储备用于稳定市场。第二，科学有序投放储备糖。要综合考虑成本收益、市场供需、投机行为、国内外糖价传导等影响国内外市场走势的多种因素，合理确定储备糖投放的时间和价位，切实发挥储备糖制度在食糖市场反周期调节中的杠杆作用，稳定市场预期。

（七）探索建立进口糖专卖制度

考虑到财政资金困难，可借鉴国外经验，由财政部设立专户委托中国糖业协会，对国内原糖加工企业进口的配额外原糖实施“即时买卖”，将进口糖价格与国产糖价格拉平，所得差价部分专项用于对国内糖业补贴，同时对国内原糖加工企业进口和扩能得到有效抑制。

一个农业混合合约的制度解析

——昆明锦苑花卉产业化模式观察

赵 海

内容提要： 本文考察了昆明锦苑花卉公司产业演进过程以及公司与农户利益关系的变化轨迹，分析了其从花卉种植企业到花卉综合服务运营商转变的各种现实约束条件，解析其在花卉种植环节从科层制企业向反租倒包转变的原因。结论显示，锦苑花卉实行的“反租倒包 + 利润分成”混合合约兼具市场激励、管理效率和分散风险三重功能，能降低交易成本、增进交易剩余，因而是给定条件下的最优合约。

一、引 言

对合约的研究是产权研究的核心（巴泽尔，1997），同样，对农业生产经营中合约的研究也是农业经济组织研究的核心。在我国农业发展的过程中，农业生产经营中的合约也呈现出多种形式。从农业产业化发展的视角看，其最关键的合约就是农业企业与农户的利益关系。依据科斯关于企业和市场的二分法进行演绎，我国农业产业化合约关系大致可以分为三种类型。一是市场型，主要表现就是企业与农户的交易完全通过市场来进行，企业根据市场价格收购农户的农产品，企业与农户间只存在单纯的买卖关系。正因为如此，市场型的合约关系在文献中也被称为商品合约（周立群等，2002）。二是企业型，主要是将商品合约中的市场交易内部化，通过企业科层组织代替市场组织，遵照命令完成企业内部交易的组织形式。科层制企业最集中的表现就是农业企业流转土地自建基地，再雇佣农业工人进行生产，实现所有交易过程内在化的形式。科层制企业是一种一体化的组织方式，企业与农户的联系主要就是土地、劳动力等要素的转移，科层制企业型在文献中也被称为要素合约（周立群等，2002）。三是混合型，顾名思义其既包含市场的元素，也包含一体化企业的元素，是一种介于市场与企业的中间阶段。混合型产业化模式下的企业与农户是通过一定的利益关系将两者结合在一起，主要有“公司＋农户”、“公司＋合作社＋农户”、“公司＋基地＋农户”等形式，也有学者总结为分包制、反租倒包制等类型（吴德胜，2008）。由于合同履行缺乏强制性加之企业与农户都存在机会主义倾向，混合型模式的一体化程度要较企业型为弱，在文献中也被称为准一体化型（周立群等，2004）。

本文介绍的昆明锦苑花卉产业化模式，是笔者实地调查发现的一种新的组织模式，这一模式在笔者以往的调查中没有看到过，通过文献检索中也没有发现类似的模式。锦苑花卉产业化模式，笔者将其总结为“反租倒包＋利润分成”。以下本文将展现一个由科层制企业型向反租倒包型的演进过程，并探讨和解释组织演进中的内在逻辑，进而探讨锦苑花卉模式的适用条件，这也是本文的创新所在。

二、锦苑花卉产业化模式的演进路径

昆明锦苑花卉产业有限责任公司成立于1995年，公司主营业务包括鲜切花种苗（球、子）繁育推广、鲜切花生产种植、鲜切花生产技术研究咨询服务、采后处理研究及咨询服务、冷链物流运输、鲜切花进出口贸易、绿色食品出口贸易、现代生态旅游观光旅游等，产品主要销往中国和东南亚。公司通过自主研发或引进技术，在公司的种苗基地进行小试和中试，培育成功后再将将种苗在基地（自己的基地）进行种植，然后进入产后加工环节，最后通过电子商务、拍卖市场等渠道进入终端消费市场，公司业务流程如图 1 所示。

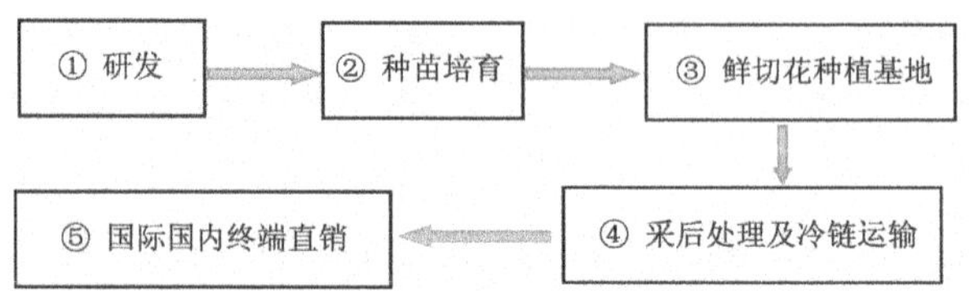

图 1 锦苑花卉产业流程图

公司在 20 年的发展过程中，其商业模式也发生了重大变化。总的来看，其经历了三个阶段。一是初创阶段。据公司负责人介绍，公司在起家阶段，主要的业务就是种花，通过自建基地，雇佣工人，种植市场需要的产品，种植规模从开始的几十亩到后来的几百亩。这一阶段的农业组织方式是典型的一体化科层组织结构，即企业化种植，从事的主要是图 1 中③阶段的种植环节。二是拓展阶段。在企业种花的过程中，公司负责人逐步体会到科技特别是种质资源对花卉种植的重要性，因此不惜重金从荷兰引入先进技术，购买知识产权，这样的话，公司就掌握了花卉种植的前端，在生产环节就不会受制于人。接着，公司又将业务向后端延伸，将花卉销售作为公司的一项重要业务，相继开发了荷兰式拍卖市场、花拍在线电子商务等市场渠道。这样一来，公司的业务就覆盖了花卉产业的产前、产中、产后各领域。在这一阶段，公司的业务覆盖了①②③④⑤的全部流程。三是转型阶段。从 2014 年初开始，公司产业格局又进行了一次重大转型，将自身的花卉种植环节从主营业务中剥离出去，转包给农户种植再由企业来收购，即在农业种植环节实现了由科层制企业型向反租倒包型的转变，而公司则专注于研发和销售及各类种植服务。用公司负责人的话讲，以前是种花、卖花，现在是做平台、搞运营、做服务，带动上下游产业链发展。在这一阶段，公司将业务③外包，自身从事①②④⑤。至此，公司的商业模式实现了由种植到产加销一体化再到综合服务运营商的嬗变。

对研究农业经营组织而言，本文考察的重点自然就在于锦苑花卉在鲜切花的种植上何以从科层制企业型向反租倒包型转变。在2014年以前，锦苑花卉公司在鲜切花的种植环节，采取流转农户土地自建生产基地，再雇佣工人，实行企业化经营与管理的方式。之所以称其为科层制企业，是因为该企业在内部管理中层层分级，各层级间存在委托代理关系，在锦苑花卉公司中，设立生产部门经理，下面再设若干基地负责人，每位基地负责人管理一定面积的生产基地和雇佣工人，管理方式是纵向的，按照一定的考核规则下级向上级负责。2014年以来，公司将其从农户集中流转建立的6000亩鲜花种植基地划分成了30—60亩面积不等的种植区，再将其发包给农户（大部分是原来的产业工人）来经营和管理，公司向农户收取一定租金。这样，公司就由以前的生产主体变为了收取租金的“地主”，农民由产业工人变成了“小业主”，我们称这种模式为反租倒包。

笔者在调研中得到了一份农户与公司签订的《花卉种植合作协议》，详细记录了农户与公司的承包协议。该协议规定，公司将土地及附属设施提供给农户种植鲜切花，合作期限为三年（2014年4月1日—2017年3月31日）。合作种植所涉及的成本包括但不限于固定成本（包含土地、设施使用费用）和生产变动成本（包括苗木、农资、人工、水电等费用）。固定成本费用由农户按照土地费用每年4000元/亩的标准支付给甲方，设施费用按每年600元/亩支付给公司，设施包括：温室大棚及附属构筑物、滴灌、水肥系统等，管理费按第一年200元/亩支付给公司，第二年起以15%递增。总的算下来，每年的土地及设施租金约4800元/亩。此外，公司还向农户提供种苗、农用物资以及技术服务，收费按市场价格结合数量适当优惠。公司在获得各项租金的同时，也需要承担维护园区基地、为花农提供各项服务的义务。

在签订《花卉种植合作协议》的同时，花农会与公司再签订一份《花卉销售合作协议》。根据该销售协议，公司会综合花农的各类生产成本，为每支花核定一个成本价格，企业再按照市场价格或略高于市场价格向农户收购。这样的话，花卉生产综合成本和市场价格之间的空间就成为了花卉种植的净利润。然而，这个利润还不能由花农独享，根据协议，公司与农户在利润上实行五五分成。这样一来，公司与农户间的“反租倒包 + 利润分成”产业化模式就形成了。

三、“反租倒包 + 利润分成”模式的制度解析

根据笔者的观察，锦苑花卉与花农采取“反租倒包 + 利润分成”模式的原因，大致有以下几个方面。

（一）由企业雇工种植转为发包给农户种植，解决的是监督成本或劳动积极性的问题

企业雇工经营和农户承包经营，从新制度经济学合约理论来看，分别代表了工资合约和固定租合约。所谓工资合约，是由所有者或经营者雇佣农业工人来进行耕种的组织形式，在工资合约下，按照事先协商好的条件获得工资，但需要雇主监督劳动者有没有努力工作，由于雇主可以得到监督的全部收益，因而他有足够的激励提高监督的效率，被认为是一种有效率的组织形式。所谓固定租合约，就是地主把土地租给农民，由农民进行耕种，二者事先约定一个固定数量的地租，农民由于在交纳了固定数量的地租以后，剩余的产量全部由自己占有，因而能够得到其努力的全部边际产品，因而这种安排也被认为是一种有效率的组织形式。对于固定租合约和工资合约的优缺点，理论界普遍认为，在工资合约下所有者承担经营风险，劳动的监督成本很高，但可以组织大规模的生产而利用农业中的规模经济；而在固定租合约下，佃农自己承担经营风险，劳动的监督成本很低，但农业中的规模经济可能就无法发挥（埃格特森，2004）。

然而，企业在组织生产过程中，如何在工资合约和固定租合约上权衡取舍呢？在调研中，公司负责人向我们讲了一个小故事。昆明地处高原，夜晚温度较低，而白天温度上升比较快，对种花而言，晚上要将大棚收起来，白天要及时将大棚打开。在以前实行雇工经营的阶段，工人总是在早饭后才慢腾腾地去打开大棚（这个时候温度已经上升起来了）；而在实行承包经营后，农户在早饭前温度将要升起来的时候就去把大棚打开了，工作责任心和积极性明显提高。我们向公司负责人询问在管理上的问题，公

司负责人介绍，在1000亩的时候，管理起来比较轻松，通过雇工经营效果比较好；1000—3000亩的时候，管理成本会逐步增加；当超过3000亩的时候，管理成本就会大幅度增加，而且管理起来越来越难，3000亩可以认为就是锦苑花卉的管理边界。由此，本文认为，在企业经营规模由小及大的过程中，规模经济效益会在企业规模超过一定点的时候，由于规模经济带来的收益会小于监督成本带来的损失，那么这一点就是企业最优的管理边界。超过了这个边界，就必须寻求管理上的创新，来消解管理边际成本的提高。锦苑花卉正是通过将雇工经营转变为承包经营，来破解基地规模变大带来的管理难题。

（二）实行利润五五分成，解决的是风险分担问题

如上所述，锦苑花卉公司每年向种植户收取约4800元/亩的土地租金。事实上，这一价格还不能完全补偿公司的成本。据公司负责人介绍，公司在前期基地投入非常大，共计4亿元，向农户收取的租金还不足以补偿基地投入的成本。从理论上来看，面对这种情况，有三种解决方案。一是将租金提高到可以完全补偿成本的程度；二是不向农户收取租金，给农民代种费用（实际上退回到雇工经营的状态）；三是收取一定的租金，企业再与农户分成。锦苑花卉采取的是第三种办法，即收取一定租金再与农户五五分成的方式。之所以三种情况，笔者认为可以从风险角度来分析。采取第一种办法，企业完全不承担风险，农户承担全部的风险，如此农户的种植积极性不高，可能出现的结局是基地承包不出去；采取第二种办法，公司承担了全部的风险而农户不用承担风险，且公司面临劳动监督和质量控制的问题，公司的积极性就不高；采取第三种办法，收取一部分租金且与农户分成，风险就可以在农民和企业之间分担，达到了分散风险的目的，其本质是一种博弈均衡的结果。

那么，这种分成机制背后的依据是什么呢？如前所述，企业收取的租金是不足以补偿其基础设施建设投入的。那么，企业在土地上的投入与收取租金之间的差额可以认为是企业对农户“小业主”的投资，或者企业以基础设施入股了农户，当然，这是一种高度专用性的投入。而农户也投入了专用性的农业生产资料和劳动力。如此看来，利润分成制的背后是企业对农户经营的入股（或农户对企业的入股），而五五分成就是企业和农户的投资分红或入股分红。从整个农业经营的格局来看，企业以基础设施投资入股，而农户以劳动力和物料投入入股，企业和农户共同参与农业经营的分红。企业和农户间既存在商品合约，又存在要素合约，是一种典型的混合合约。

（三）该模式具有很强的稳定性

通过笔者的观察，锦苑花卉实行的“反租倒包 + 利润分成”的产业化模式，不仅解决了劳动监督和分散风险的问题，还在某种程度上具有和一体化企业同样高效的管理效能，具有稳定性和永久性合约的特征。一方面，公司和农户都进行了大量专用性的投资，这增进了交易双方的“双边依赖”（Bilateral dependency），使合约关系复杂化，在重复博弈的过程中有助于大大降低交易双方机会主义的几率，而使得合约信誉得以增强。另一方面，公司借助其在初始投入上的优势地位，掌握了其强化管理效能的一种重要工具。据公司负责人介绍，在实行反租倒包以来，从来没有发生过质量控制、合约执行等方面的问题，究其原因，是因为如果农户不按照事先约定的条款进行操作，那么企业有收回土地的权利。如此，企业就掌握了一种很有效的管理手段，笔者将其定义为“发包权”。企业掌握的这种权利，有助于其在与农户的交易中衍生出“权威”和“支配性”，从而实现与一体化企业相当的管理效能。

四、结束语

本文展现了一个花卉种植企业向花卉综合服务运营商转型的过程，并试图回答企业与农户为什么会以不同的方式进行联结，进而对企业管理边界、内部组织结构、利益联结关系、组织管理方式有新的理解和把握。结论显示，科斯基于交易费用理论对企业内部交易和市场交易的区分是远远不够的，在农业经济组织的实践中存在着大量包含企业元素和市场元素的混合合约。通过对锦苑花卉混合合约的解析，本文认为，“反租倒包 + 利润分成”兼具市场激励、管理效率和分散风险三重功能，是值得人们重视的合约发展形式或组织形式，其现实意义在于对高投入、高附加值、质量安全敏感且劳动不易度量的设施农业，当经营规模超过一个度即其管理边界时，雇工经营要向承包经营转变，将农业生产环节交给农户，而让自己更专注于做研发、做市场、做服务，从而实现企业行为的专业化。至于该模式的成功原因，本文认为，超过管理边界带来的高昂管理成本是采取反租倒包的直接原因，分散风险是实行利润分成制的重要因素，其背后是企业对农户经营的参股，而资产专用性引致的“双边依赖”以及企业掌握“发包权”则是这一模式能实现有效管理的秘密所在。

参考文献

[1] 周立群、邓宏图：“为什么选择了‘准一体化’的基地合约”，《中国农村观察》2004 年第 3 期。

[2] 周立群、曹利群：“商品契约优于要素契约——以农业产业化经营中的契约选择为例”，《经济研究》2002 年第 1 期。

[3] 杨明洪：“农业产业化经营组织形式演进：一种基于内生交易费用的理论解释”，《中国农村经济》2002 年第 10 期。

[4] 吴德胜：“农业产业化中的契约演进——从分包制到反租倒包”，《农业经济问题》2008 年第 2 期。

[5] 思拉恩·埃格特森：《经济行为与制度》，商务印书馆 2004 年版。

[6] Y. 巴泽尔：《产权的经济分析》，上海三联书店 1997 年版。

我国农业科技创新事业发展未来展望

刘年艳

内容提要： 目前，我国农业科技创新正面临巨大的挑战与发展机遇。如何迎接挑战、抓住机遇，是各级农业科技创新事业发展面临的共同问题。作者利用参与北京市农林科学院编制“十三五”事业发展规划的机会，在调查研究的基础上，对我国农业科技创新事业发展作了一点理论思考，以期对各级农业科技创新及其事业发展有所借鉴。

一、准确把握时代特征

向何处去已经成为农业科技创新事业发展面临的重大的历史性课题。这个历史性课题是由我们这个时代发展的总体态势所引起的。

（一）全球化

从人类历史来看，人的活动范围呈现扩张与反扩张，国与国之间的全球化与反全球化，始终是人类历史的主题。国家的兴旺、民族的强盛与衰败无不体现这一特征。从国内发展走向全球，是人类历史发展的必然。我国也不例外，全球化与国内化、全球化与反全球化、反全球化与全球化的历史发展极大地丰富和发展了中华文明。随着我国生产力水平的大幅度提高全球化正在成为时代大潮，推动着人类文明的发展。资源、生产要素、市场及与此相关活动全球范围的高效配置、自由流动，给我们带来全球竞争与全球发展机会。全球化思维、行为方式的全球化，正在影响我们的生活，变革我们的观念，推动我们进行深刻变革。

（二）智能化

人类历史发展的长河中，人与物的关系是一个人类历史的古老而永恒的话题。一方面，物的实在性促进了人类文明发展，产生了科学与哲学；另一方面，现实的物质世界被人类所利用，为人类发展服务。随着物的人化过程的发展，在人的活动的支配下，未来人与物的关系将由被动的利用转变成智能化的协调关系，新型人与物的关系得到构建。智能化的物化时代必将取代被动的物质世界，在更高层次上服务人类的发展。

（三）市场化

经济的本质是市场。资本主义促进市场的日益成熟与完善。对我国来说，由于资本主义市场化的进程不充分，我国正在创建全新的市场机制，随着开放与全球化加快，未来市场机制的创新必将迎来新的生机。第一，一切生产要素的价格由市场决定；第二，一切生产要素将在市场上按照利润最大化原则实现资本化，创造更大价值。第三，人才的资本化将呈现新特点。人才的价值评价、人才的资源配置、人才的创新平台及服务体系将提高到战略高度。

（四）人本化

在人类社会发展的长河中，人的权利发展经历了三个阶段：无权利意识的自由发展阶段；自由权利部分转移被利用阶段；权利的人本回归与自主张扬阶段。这三个阶段都是伴随着人类自我意识的觉醒而产生的。当今社会，人们对自我权利的认知感增加，张扬个性、强调权利表达、力争权利索求等体现人本思想的自主权利的趋势在未来会更加强烈。有理由相信，充分尊重人才的个性发展、尊重人才的权利索求、满足人才的现实需求、坚持以人为本，是科技创新活动可持续发展的基础。

（五）区域化

全球社会经济的发展呈现区域化特征，这种趋势还在加速。区域化是由国家意识、民族特征、自然禀赋、人文资源及社会制度决定的。区域化是全球化的一种形态。有双边、多边性区域合作，如东盟贸易区、一带一路发展战略等。我国国内发展，其区域化也呈加速态势：有以产业为基础的区域化，如珠江三角洲，长江三角洲等加快发展；有以城市为中心的区域发展，如以北京为中心的京、津、冀一体化；有以武汉、长沙为中心的中部区域发展模式加快推进；有以文化为主体的区域发展模式；有以交通体系为主体的区域发展，如长江经济带等。随着市场化加快推进，区域化将成为我国社会经济发展的新常态。

（六）“新三农”化

我国传统“三农”正在发生深刻变革。传统农民状况、农业业态、农村形态正在发生巨大变化。农民正在由社会农民向产业农民转型。离土不离乡到离土离乡，其他行业人员也在向农业转移，农民不再具有区域特征，而是更多地体现其产业职能。农业也正由以自给自足为主体的小农向农业产业化转型。农业资源基地化与园区化、农业经营主体法人化、农业产业多元化、多业融合的新型产业形态呈现新特点。农村由居住向宜居、由宜居向乡村功能多元化综合服务体转型，农村社会由家族关系治理向社区现代治理转型。

（七）大数据化

大数据化是人类认识世界的一场新的革命与飞跃。随着信息技术的广泛发展，物质世界信息化趋势日益显现。对信息的多维存贮、数据的多次分析、价值的广泛研究日益成为未来科技创新的重要手段。传统的因果关系单一线性研究与思维方法，单一的样本研究方法，单一的个体研究方法将让位于总体研究，关系研究与趋势研究，数据技术的研究方法将改变人们的传统的观念与研究方法。

二、科技创新能力取决于四个要素

从总体上看，一切科技创新活动必须回答四个问题：为谁服务也就是战略定位；以何种内容及方式提供服务；科技创新主体如何构建及高效运行；科技创新过程中，话语权及科技创新成果的制造与传播能力构建。这四个要素及其相互关系的协调程度是决定科技创新能力的根本的尺度。

（一）如何做好科技创新的战略定位

首先，正确把握科技创新发展的原动力。科学发展主要包涵科学探索、科技创新、社会应用三个层面，不同层面的科技活动展现不同的发展原动力。

1. 科学探索的动力是人类的好奇

科学探索反映的是人类对自然规律最根本的认知，是对未知世界的探索渴求。人类的科学探索主要包括四个方面：一是对宏观与微观世界的认知，如宏观宇宙世界与微观宇宙世界的认知；二是对人体自身规律的认知；三是对物质运动及属性的认知；四是人与世界的相关性探索。四个方面的探索派生出多样性的学科。科学探索是人类对未知世界的认知活动，其成果是知识形态与观念形态的革命，其动力来自于人类特别是科学家与时俱进的好奇心。成功的科学探索需要科学家具备批判精神与自由探索的人文环境。

2. 科技创新活动的动力来自于社会发展的需求

科技创新活动是人类改造世界有目的的实践探索与创造。科技创新的目的性主要表现在：第一，来自于社会组织的各类需求。这些需求有政府的，有机构的，有科技创新自身发展的，也有经济社会发展的现实需要等等。第二，科技创新的成果一般以物化的形态呈现，与社会经济发展密切相关。第三，体现的是一种科技创新的服务与被服务的关系。

3. 社会应用的动力来自于“节省”

科技创新活动的最终结果是推动社会的广泛应用。在现实生活中，人是社会的主体，一切行为选择，从本质上看，体现的都是一种“节省”行为，有时间的节省，有资源的节省等等。“节省”促进了人类对科技成果的选择与应用。社会主体“人”由于存在节省的需求，从而推动了科技成果的广泛应用。科技成果的广泛应用推动着社会的进步。从这个意义上讲，一项科技创新能否有效，科技创新活动能否可持续发展，从本质上说，看能否成为推动社会进步的力量，关键的看是否给社会带来“节省”。这就需要紧紧抓住三个环节。

（1）确定服务对象。确定服务对象是科技创新活动首要的战略任务。从一般意义上讲，科技成果的需求主体主要有各级政府部门、各类机构、科技创新活动、经济及社会发展组织等等。所以，一切科技创新必须从政府、社会、企业、创新活动中选择服务对象，建立服务关系。这是一切科技创新活动的前提与基础。

（2）分析对象需求。对同一主体来说，有现实的，有潜在的，有未来的需求。有主要的需求与一般的需要。对不同的主体来说，主体之间其需求各不相同。政府有政府的需求，比如政府是社会公共产品的供给者，着重解决微观企业所不能解决的社会公平及战略性、全局性的问题，如健康问题、生态问题、食品安全问题等等。企业有企业的需求，企业的需求就是为市场提供优质的有竞争力产品，由此来获得利润。所以，对服务对象的需求分析是做好科技创新的基本保证。

（3）做好学科布局。学科布局是在确定服务对象、明确对象的需求后，所做的前瞻性科技创新活动的早期安排。如何才能做好学科布局？首先，坚持“问题导向与需求导向”。其次，坚持理论研究与解决实际问题相结合。从社会需求中寻找课题，从问题的分析中发现规律。从对象的需求中提炼出对象科技创新的需求，以学科布局与成果创新，组织好科技创新成果的供给。学科建设与课题设计都是围绕这个问题来进行。以学科为形式的科技创新为实现服务对象创造了条件。

（二）关于科技成果（产品）的制造能力

学科布局、创新团队、自主的原始创新、科技成果展示试验平台、科技产业化创新实现平台，是科技创新活动的五个基本的环节，实现着科技创新的价值创造，这五个要素及其构成决定着产品的制造能力。

1. 学科布局

对科技创新活动来说，学科的布局与创建，基于对服务对象“问题导向与需求导向”的分析过程，是一项面向未来需求的科技创新内容的预测，是建立在服务对象的选择与其需求的把握的基础上的。学科是面向未来的理论研究与科技资源积累，是可持续科技创新活动的条件。准确的学科建设是科技创新最基础性的创新活动。

2. 创新团队

科技创新团队是有效科技创新活动的主体。与以个体为单元的科技创新活动相比，科技创新团队应该具备以下条件：第一，有学科带头人；第二，有具体有效的创新目标；第三，是一个协作创新的集体；第四，在学科领域形成品牌创新；第五，有阶段性科技创新成果。一项科技创新要可持续发展，必须坚持团队至上原则。目前，大多数研究机构是以主持人为基础的创新体系，表现为大而全，小而全，难以形成持续而整体的创新优势。

3. 自主的原始创新能力

从古希腊到文艺复兴，从近代科技到现代科技发展，人类的科技创新活动形象地说，始终存在“我要说与跟着说”两种主要的发展路径。我要说就是走出经院，走进社会，与具体的对象、产业相结合。要做到“我要说”，就必须从社会发展的需求中，从对象面临的问题中寻找科技课题，确立研究方向，创造自己的话语权，做好做实自己的创新积累。“跟着说”的科技创新，习惯的是从书斋中寻找课题，从观念到观念，沿着别人的思路进行所谓解释性研究。历史的经验反复证明，以“我要说”为特征的自主的原始创新是科技创新核心能力的前提，体现的是自主的原始的创新活动。

4. 科技成果展示试验平台

科技创新的理论研究是在约束条件下进行的主观能动性的人的科技创新活动。如何检验其正确性？唯一的办法就是，将科技成果投放到多样化的复杂性自然环境下进行可重复性的相对稳定的展示性试验研究。试验与展示平台的创建不仅提供检验性的试验场所，同时，为科技创新提供新的需求机遇，为科技创新活动开辟新天地。

5. 科技创新产业化实现平台

科技创新的服务对象主要是政府、企业、社会及相应机构，资源来源于服务对象。科技创新的最终成果将以“产品”形式来展现从而服务对象的需要。否则，一切的创新活动将成无源之水。那么，如何才能实现由科技创新到产业的转化呢？其根本的路径是科技创新与市场相结合。企业作为市场的主体，在科技成果产业化过程中承载着科技成果的市场化与社会化的职能。从这个意义上讲，科技创新产业化实现平台是科技创新成功的检测场所与服务的最终实现平台。

（三）治理方式现代化

1. 一个机构的治理方式是其构成主体权利表达形式与形成的决策机制。治理方式现代化是指运用现代技术与现代观念，面向现代科技创新活动的组织方式。

2. 一般来说，科技创新活动的各类主体主要包括：第一，科技人员。是实现科技创新的具体的个体单元。第二，创新团队。它是完成科技创新活动的主体。第三，所或者研究室。它是实施院所科技创新战略的组织者。第四，科研院、所是整体性的科技活动的承担、组织规划者。

3. 科技创新活动分为三个基本层面：（1）基础层：由科技创新团队构建，实现科技创新活动，是科技创新活动的基础力量。（2）组织层：是科技活动的具体组织单元。有的是研究室，有的是研究所。担负着科技创新活动的组织与服务科技创新主体的重任。（3）战略层。创新过程中，战略层处于组织架构的顶端，行使科技创新活动组织的公权的构建责任。战略层是具有法人性质的组织单元，是政策公平、公共资源配置、公共服务与战略性决策与组织的主体。承担着微观与中观公共产品的配置，是影响科技创新活动可持续发展的重要因素。

4. 构建现代治理方式的主要路径

(1) 文化治理。第一，坚持品牌化科技创新。科技创新活动的品牌化是未来一个机构可持续发展的重要方面。重点是科技创新机构的公共品牌的塑造，包括 LOG 及对品牌的诠释。第二，塑造团队相对稳定的价值观。鼓励“协作、创新、务实、批判、民主、自由”的价值取向与文化氛围。第三，开展以“农科精神”为核心的精神家园的建造。

(2) 法制治理。第一，管理体系的制度化。以各项制度的形式推进管理的法制化。第二，机构的运行规则的法制化。比如合作关系的法制化、重视知识产权的法律保护等等。第三，法制观念的培育。重点开展对科技人员的法制观念的培育。

(3) 机制治理。科技创新活动的治理应该建立以创新团队为主体的治理方式。依据不同单位的性质的差异构建治理方式。围绕权利的表达方式与决策机制构建议事制度与决策机制，有的是理事会，有的是办公会等等。

(4) 技术治理。利用互联网的技术，创建治理平台，为主体之间的互动提供交流、表达与沟通平台。

三、加快转型升级，布局新型学科

(一) 转型

随着社会的发展，科技需求的主体在不断变化，比如改革开放以前，农村科技需求的主体是农民，随着我国农业产业化加快推进，农村科技需求的主体已经由传统的农民转变到了家庭农场、合作社、农业企业等法人机构，农业产业资源形态已经由分散向园区化、基地化方向发展，优势产业的布局日益呈现区域化特征。农业科技创新就要依据变化了的需求主体，重新确定服务对象，根据新对象的新需求，提供新的有效的科技创新服务。这个过程就是转型。要完成转型，就必须做好服务对象的重新定位，分析其新的需求，以此为基础，进行学科布局，组织课题研究。

（二）升级

在科技创新活动中，还有一种情况，随着社会的不断发展，服务对象的需求也在加快变化，比如政府部门，在不同的时期，由于面临的社会问题不同，会产生不同的科技需求。科技创新就必须依据服务对象的新的需求，组织新的科技创新活动。这个过程叫“升级”。

在转型升级过程中，存在被动和主动两种形式。被动的转型升级是服务对象向科技创新提出的新要求，主动的形式往往是先由科技创新活动影响着服务对象，从而推动着服务对象提出新的需求。要应对转型升级，必须抓好“确定服务对象，分析对象需求，搞好学科布局”三项基础性的工作。

四、加快开放创新，提高科技创新能力

（一）开放就是要跳出

1. 跳出本单位

这是由一个单位社会价值所决定的。一个机构的科技创新活动，必须将自身的科技创新放在国家、区域、社会、产业升级发展的大背景下去思考、去作为。必须明了国家需要什么，政府需要什么，产业需要什么。从需求中发现课题，从需求中深化创新，从推广中实现创新。

2. 跳出本行业

将本行业的创新放到这个传统行业与新型行业的关系的角度去思考，研究相关行业的相互关系。如农药的创新必须与食品安全、生态环境相关联，草业的创新可以与旅游农业相结合，还可以利用传统的中草药发展新型功能性养生型的草业资源。一个行业科技创新，往往是综合性技术体系的应用，多行业的共同参与才能完成。跨行业的科技创新团队，跨单位的协同科技创新将成为提升综合创新能力的必然趋势。

3. 跳出具体的创新活动

将眼前的科技创新活动放到人类发展，科技发展及国家政策发展的历

史规律中去把握机遇。对科技创新来说，思维能力是决定其科技创新能力最核心、最基础的创新能力，引导科技人员树立科技创新的历史观、哲学观、宇宙观、大数据观，以此提升科技创新的认知能力，提升创新水平，是农业科技创新面临的紧迫的任务。

（二）创新就是要变革

1. 变革思维定式

第一，培育自由的批判精神。批判就是取舍，好的要发展传承，不正确的就否定创新。从否定中发现新思路，发明新方法。

第二，反权威意识。权威是历史的，是观念形态的东西，是科技创新思维的禁锢。一切科技创新必须面向社会需求，而不是面向权威说教。

第三，坚持与实践相结合。以实践为标准，不以权威论英雄。

第四，营造自由探讨的创新环境。批判与自由是科技创新的精神内核。

2. 创新治理方式

一个机构的治理方式是决定其未来竞争力的基础性工程。公司的治理方式是以资本为主体，科技创新的治理方式以创新团队为主体。这是由科技创新的性质所决定的。要正确处理科技创新与管理服务，学术带动人与创新团队，科技创新组织的基础层、组织层及战略层三个层面的责、权、利三者的关系。创建尊重科技创新、服务创新团队、公正评价创新价值的治理方式。

3. 创新人才管理机制

推进人才的资本化。人才的资本化有两个基本的要求：首先，人才的价值由市场价值规律确定；其次所有的人才都必须创造价值。如何解决这两个问题？一是要做好人才价值评价；二是要做好创新能力的资源配置，为真正的人才提供基础性的创新平台。在人才评价体系中，要注意以下原则：第一，多元化。不同的人才，不同标准。第二，团队贡献能力。第三，注重务实、贡献，有价值的评价导向。

五、强化公共事权，加快配置公共资源

强化公共事权的构建是科技创新迎接未来挑战的紧迫的战略任务。公共事权有以下特点：第一，公共事权是一种决定科技创新活动整体的战略性可持续发展的能力。公共事权的缺失决定着科技创新活动能否可持续发展。具有全局性、前瞻性、风险性、公益性特征。体现的是一个机构公共产品的创新与服务。第二，公共事权着眼于解决三大矛盾：眼前利益与长远利益的矛盾；微观的创新活动与公共服务支撑的矛盾；单一的科技创新与整体公共品牌形成的矛盾。第三，公共事权是通过公共资源的配置来实现的。公共资源的配置是促进科技创新活动的可持续发展的保障。

（一）智库建设

创建智库的目的是为科技创新提供前瞻性的情报及发展的智力支撑。智库的作用主要是三个方面：第一，情报收集。科技创新信息的掌控，别人做了什么，正在做什么，主要的竞争对手在研究什么。第二，对象及其需求研究。准确把握对象的现实需求与未来需要，一般需求与重大需求。为科技创新指明方向。第三，话语权的研究。研究未来趋势，提供科技创新及其活动的对策建议。智库的发展要注意以下原则：一是坚持问题导向与需求导向；二是开展协同研究；三是产业化原则；四是既要提出问题，又要提出对策。智库研究的成果为机构的战略性选择提供建议。

（二）支撑体系构建

支撑体系是科技创新活动的服务体系，面向当代与未来科技创新的战略需要。具有全局性与战略性重大意义，主要包括以下方面：

1. 创建科技创新发展基金

可以采取多种办法筹集资金。主要为新型的具有战略性的学科建设及科技创新提供资源支撑。突出前瞻性、全局性，为解决政府、社会、产业发展中潜在的科技创新需求提供资源积累。为未来争取政府、社会资源创造条件。

2. 创建大数据平台

大数据是一场思维革命，是新型的研究方法，也是未来科技创新核心竞争力的构成要素，对提升科技创新活动的综合竞争力具有基础性的重大作用。重点抓好资源的存贮方式的创新、数据技术方法的创新及数据资源开发的创新三个环节的技术贮备。主要是面向未来技术，提供高效的科学的研究条件。创建数据资源，运用大数据技术开展研究，是未来占领科技创新至高点的基础。

3. 创建与提升国家级综合性实验平台

国家级研究平台是高端科技创新元素相互融合的场所，也是提升一个机构科技创新能力的主要措施。具有综合性，品牌性与引领性的重大意义。

4. 创建科技成果试验与展示平台

随着我国科技创新体制的加快变革，科技创新成果的产品化是科技创新成果的基本要求。这里有两个问题需要解决：第一，必须对科技成果的产品化条件进行试验性研究，为科技成果的产品化创造条件；第二，充分集中展示科技创新成果，为促进科技成果与产业化结合创造市场。

5. 创建技术产品创新产业化创新实现平台

科技创新的最终目的是推进新型产业的形成，推动传统产业的转型升级。其关键是推动科技创新与产业的有机结合，其本质是实现科技创新要素的资本化。加快探索科技人员资本化，科技成果资本化，科技服务资本化的新机制。科技创新要素的资本化有多种方式，有转让、出租、参股等等。

六、提升话语权的制造能力，构建话语权传播体系

话语权是指一种潜在的现实影响力。科技创新活动的话语权就是在某个领域的影响能力。争夺相关领域的话语权已经成为国际交往，国内竞争的主要表现形式，更是未来科技创新活动的核心竞争力要素之一。提升科技创新活动的话语权主要取决于以下方面：

首先，坚持原始的自主创新。原始的自主的创新活动来源于你对服务

对象的准确定位，来源于你对服务对象需求的准确把握，来源于你对科技创新资源的积累。具有不可替代的重大影响力。

其次，坚持二个导向：一是问题导向；二是需求导向。课题来源于社会发展的需求，从研究问题的过程中发现问题的问题。问题的问题就是规律性的把握。提出问题的问题，解决问题的问题就是科技创新话语权提出与传播。

最后，构建科技成果交流平台。话语权的制造与传播是构成话语权体系不可分割的两个相互联系的方面。科技创新活动的话语权传播体系，是由多元化的话语权的传播业态构成的。有会议形式，数据与信息交流形式，出版与现代网络与微信传播体系等等。

农产品市场与贸易

2015 年重要农产品和农资市场形势分析与 2016 年展望

中心产品分析预警小组

专题 1：稻　米*

一、稻谷生产形势

（一）早籼稻再度减产

2015 年，早稻生长期天气变动比较频繁，插秧期主产区发生了“倒春寒”现象，分蘖期出现了较长时间的低温潮湿，灌浆成熟期强降雨天气较往年增多。但是，在科技支撑作用下，粒重得到一定的弥补。然而，由于种粮比较效益减少，“双改单”趋势难以扭转，单产增幅无法完全弥补种植面积减少的不利影响。2015 年，早籼稻继 2014 年之后再度减产。根据国家统计局调查，2015 年全国早稻播种面积 5715.4 千公顷（8573.1 万亩），比 2014 年减少 79.5 千公顷（119.3 万亩），下降 1.4%；全国早稻单位面积产量 5894.8 公斤/公顷（393.0 公斤/亩），比 2014 年增加

---

* 执笔人：彭超、张欢。

25.6公斤/公顷（1.7公斤/亩），增长0.4%；全国早稻总产量3369.1万吨（673.8亿斤），比2014年减产32万吨（6.4亿斤），下降0.9%[①]。

（二）中晚籼稻丰收基本已成定局

国家统计局的农户种植意向调查表明，稻谷意向种植面积增长0.2%[②]。据此推测，在早稻种植面积减少的情况下，中晚稻种植面积有所提高。根据各地农业部门反映的情况，南方中晚籼稻种植面积增加。湖南省农委统计数据显示，2015年该省水稻种植面积增加56万亩[③]。南方中籼稻孕穗期、晚籼稻分蘖拔节期，主产区多情好天气。进入9月中晚籼稻产量形成关键期，长江中下游及以南大部地区光温基本适宜，无明显寒露风天气，条件比较适宜。南方进入水稻收割期后，出现了连续阴雨，对收割造成不利影响。例如，农业部稻米全产业链分析师团队11月份对江西省调度情况显示，该省收割季节天气持续低温阴雨，导致不能及时收割。2015年，水稻田间病虫发生总体平稳。9—10月间，仅在部分局部漏防田块出现稻飞虱等田间害虫虫量较高，江南和长江中游稻区部分感病品种稻瘟病局部发生较重[④]。由此，可以基本判定，中晚籼稻将获得丰收。

（三）粳稻产量增加仍有潜力

粳稻生产的优势产区面积不断扩大，仍然有增产潜力。2015年年初，黑龙江省召开农业农村工作会，提出要将水稻面积稳定在6000万亩以上[⑤]。粳稻因其粘性大、口感好，需求稳定增长。因应市场需求，各地也

---

① 国家统计局：《2015年全国早稻产量3369万吨》，http：//www.stats.gov.cn/tjsj/zxfb/201508/t20150821_1233725.html，2015年8月21日。

② 国家统计局：《一季度国民经济开局平稳》，http：//www.stats.gov.cn/tjsj/zxfb/201504/t20150415_712467.html，2015年4月15日。

③ 人民日报：《全国春播超四成》，《人民日报》，2015年4月30日，第2版。

④ 全国农业技术推广服务中心：《植物病虫情报》，2015年第35—37期。

⑤ 商务部驻大连特派员办事处：《2015年黑龙江省粮食种植面积继续稳定在2亿亩以上》，商务部网站，http：//www.mofcom.gov.cn/article/resume/n/201502/20150200897682.shtml，2015年2月13日。

调整种植结构。例如江苏近年来不断推进籼改粳，已成为南方常规粳稻种植面积最大的省份。2015 年，从东北粳稻产区的情况看，天气基本有利于丰产。在产量形成比较关键的 9 月，东北大部气温正常，主要农区初霜期偏晚，利于稻谷灌浆成熟。但是进入 9 月末 10 月初，东北地区降雨较多，并出现有效积温不足的问题，导致收割延迟。根据黑龙江农委提供的数据，2015 年水稻播种面积 5717.9 万亩，产量应当高于往年。根据农业部稻米全产业链分析师团队 11 月份赴黑龙江等地调研的情况，2015 年黑龙江省水稻收割比常年延迟 7—10 天，而且局部地区稻谷含水量较大，在一定程度上影响了出米率。

二、国内稻谷市场

（一）稻谷市场总体稳中略涨

2015 年，早籼稻价格先涨后跌，1 月份全国收购均价为 1.29 元/0.5 公斤，至 12 月份为 1.32 元/0.5 公斤，累计上涨 2.1%。2 月份，国家就公布了稻谷最收购价，受此提振，早稻全国收购均价由 1 月份的 1.29 元/0.5 公斤上涨到 2 月份的 1.31 元/0.5 公斤。之后，受集体消费减少的影响，早稻价格略涨，4 月份再度上涨，5—6 月连续持平，7 月随着各地轮库腾仓，价格有一定幅度下跌，至 8 月受各主产省启动早稻最低收购价执行预案影响，价格有明显上涨，涨至 1.33 元/0.5 公斤，9 月与全国粮食市场大势相似，略有下跌，10 月之后，随着早稻最低收购价执行预案的结束，出现了下跌，进入 11—12 月份购销转入清淡（图 1）。

2015 年，晚籼稻价格总体下跌，由 1 月份的 1.39 元/0.5 公斤下跌至 12 月份的 1.34 元/0.5 公斤，累计下跌 3.5%。其中，2—3 月份最低收购价的提振作用较小，反而出现疲软。之后略有恢复，4—6 月份持平，7—8 月份受轮库腾仓影响，价格略跌。进入 9 月，新季中晚稻陆续大量上市，价格承压下跌，甚至南方主产区陆续启动最低收购价之后，晚籼稻价格但仍然跌势难止。

2015 年，粳稻价格先涨后跌，且后期跌幅较大，由 1 月份的 1.54 元/0.5 公斤下跌至 12 月份的 1.47 元/0.5 公斤，累计下跌 4.6%。其中，

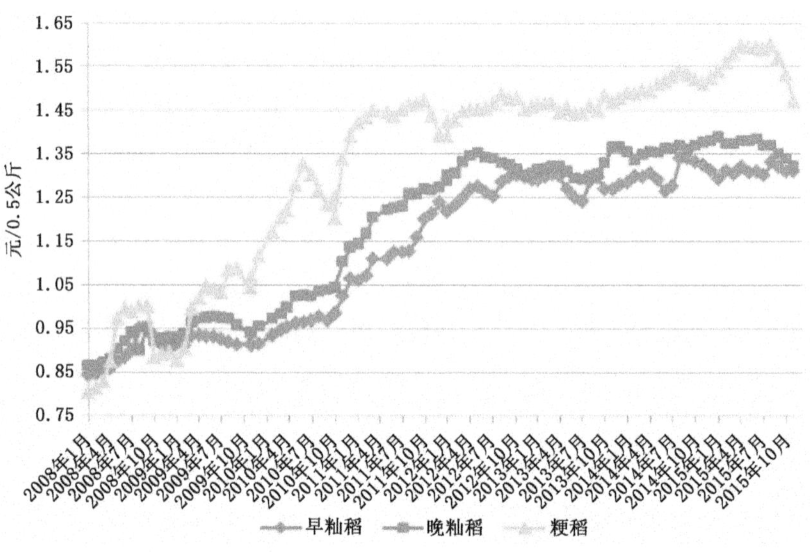

图 1　2008 年以来国内主要稻谷品种收购均价走势

2—4 月，受最低收购价公布的提振因素影响，并且因粳稻库存较大、轮库缓慢，市场可流通粮源较少，价格连续上涨，甚至在 4 月份达到 1.60 元/0.5 公斤的历史高位，5 月之后，受轮库加速的影响，出现小幅下跌，6—7 月连续持平，8 月受黑龙江加工补贴政策影响涨至 1.60 元/0.5 公斤，此后与整个粮食市场跌势呼应，而且市场反映部分地区稻谷出米率下降，粳稻价格连续下跌，至 12 月，价格已经跌至 1.47 元/0.5 公斤。

（二）最低收购价托市支撑作用出现分化

2015 年国家继续在粮食主产区实行最低收购价格政策，并保持最低收购价格不变。早籼稻最低收购价格为 1.35 元/0.5 公斤，中晚籼稻最低收购价格为 1.38 元/0.5 公斤，粳稻的最低收购价格将提高到 1.55 元/0.5 公斤。国家在 2014 年 2 月公布继续实施最低收购价格政策和适当使用托市政策后，早籼稻和粳稻市场价格得到提振，晚籼稻价格却没有得到相应的提振，而且后期早籼稻价格也出现略跌的情况。主要原因在于，南方籼稻产区轮库工作开展较早，轮库一定时期内加速，导致市场供给量较大，从而价格承压。而最低收购价执行预案实施后，早籼稻受到的托市作用较大，其他品种则与整个粮食市场大势呼应，价格持续下跌，粳稻跌幅较大。其中的原因，一是受到东北地区粳稻轮库加速的影响，二是市场反映稻谷质量降低。

（三）价格跌势中品种有分化

从总体表现看，稻谷价格与其他粮食价格类似，也表现出明显的跌势。但是，因其质量和品种而略有不同。部分低端品种价格下跌幅度略大，根据农业部稻米全产业链分析师团队 10 月赴黑龙江调研的情况显示，圆粒新稻因水分不同（15%—20%）价格为 1.40—1.48 元/0.5 公斤。另据，稻米全产业链信息员吉林省新天地种业总经理崔玉杰反映："今年小粒稻谷（圆粒水稻）每 0.5 公斤 1 块 4，而且还走不动货。"结合宏观经济形式初步判断其中的原因在于，集团性消费减少。以大量消费低端稻米的建筑业为例，根据人力资源和社会保障部统计，2015 年前三季度，100 城市建筑业职业需求分别同比降低 24.4%、23.8% 以及 18.3%。但是，优质水稻价格仍然保持稳定。根据农业部稻米全产业链分析师团队 10 月赴黑龙江调研的情况，五常稻谷批发价格没有表现出与全国粮食市场类似的疲软走势，而是稳定在 2.0 元/0.5 公斤以上。另外，根据稻米全产业链分析师团队对江西省的调度情况，10—11 月间，江西省的黄华粘稻谷价格稳定在 1.38—1.42 元/0.5 公斤区间内。湖南省农业部门也反映，该省的优质稻谷市场表现较为稳定。

三、国内大米市场

（一）国内大米价格总体平稳

2015 年，早籼米批发价总体波动不大，1 月份为约 1.92 元/0.5 公斤，12 月份仍为 1.92 元/0.5 公斤，基本持平。4—5 月，早籼米价格随着原粮价格下跌略而略有下跌，6—7 月，随着消费淡季价格由略有下跌，8—9 月，因最低收购价提振原粮价格而恢复性上涨，10—12 月，价格再度上涨，但基本有价无市（图 2）。

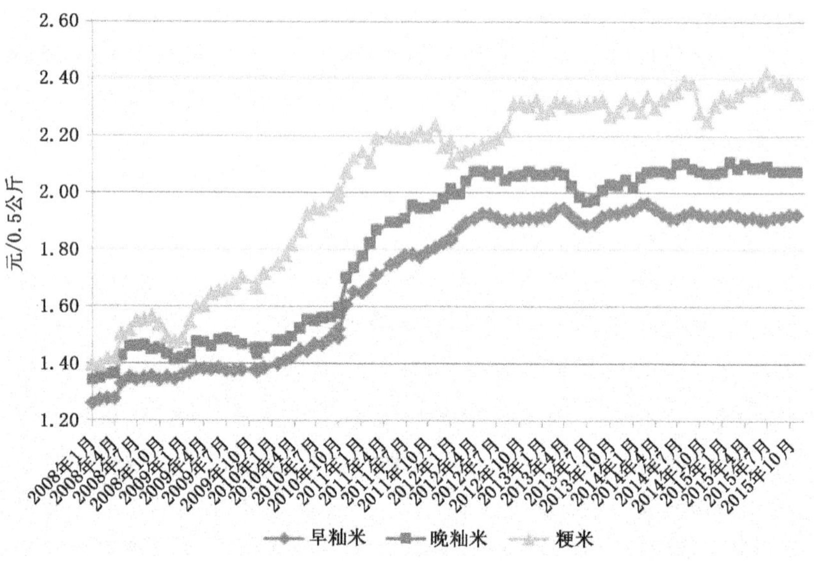

图2　2008 年以来国内主要大米品种收购均价走势

2015 年，晚籼米价格先涨后跌，总体波动不大，1 月份为 2.07 元/0.5 公斤，12 月份仍为 2.07 元/0.5 公斤。其中，2 月受春节备货因素影响，晚籼米价格上涨至 2.11 元/0.5 公斤，自后进入下跌空间，尽管 4 月略有上涨，但持续时间不长，进入 5—6 月份，价格再度下跌，9—12 月，价格连续持平。

2015 年，粳米价格先涨后跌，1 月份为 2.34 元/0.5 公斤，12 月份为 2.33 元/0.5 公斤，累计下跌 0.4%。2 月，东北粳米外运渠道不畅，价格略有下跌，为 2.32 元/0.5 公斤，3 月价格反弹至 2.34 元/0.5 公斤，4—7 月价格进入上涨通道，其中 6 月受端午节影响较为明显，随着南方梅雨季节结束，经销商积极补库，推动大米价格小幅上涨，至 7 月已经上涨至 1.42 元/0.5 公斤，随后，与整个粮食市场跌势相呼应，价格开始下跌，至 12 月价格跌至 2.33 元/0.5 公斤。

（二）大米加工企业成本增速放缓

2015 年，大米加工企业成本增速放缓，对大米价格的推涨作用减弱。

2015 年 1—10 月份，全国谷物磨制企业主营业务成本同比增加 7.9%。一方面，随着粮食价格走弱，大米加工企业等谷物磨制行业的原粮成本降低。另一方面，经济增速放缓，经济结构调整和发展方式转变导致劳动力需求增长减速，企业劳动力成本增长率也低于往年。根据国家统计局数据测算，2015 年农村外出务工人员月均收入为 3072 元，比上年增长 7.2%，涨幅下降 2.6 个百分点（图 3）。

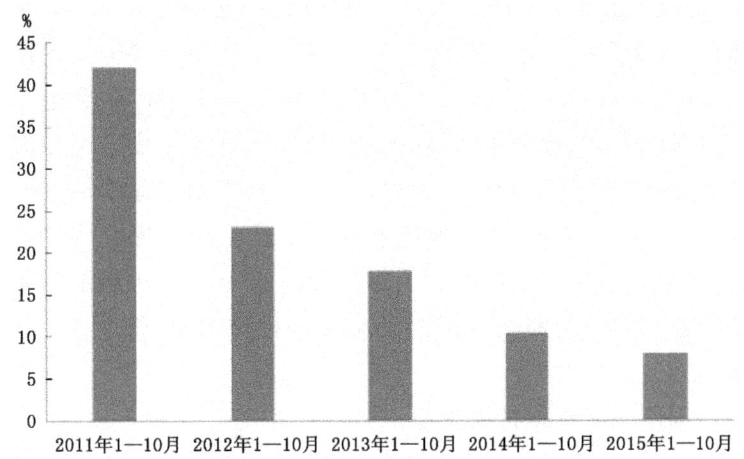

图 3　2011—2015 年 1—10 月份谷物磨制企业主营业务成本同比增长率

（三）“互联网 +”模式有可能成为大米品牌建设的新动力

近年来，大米品牌发展速度较快。但是，由于流通渠道较多，假冒品牌层出不穷。2015 年黑龙江五常大米市场乱象收到主流媒体关注，引发了密集报道。为此，黑龙江省政府高度重视，开展了水稻溯源体系建设。利用“互联网 +”技术将水稻定位到农户和地块，并实现了对种子、肥料等农资投入的过程监控，在对生产大米检验合格之后，使用“一袋一码”的博码技术进行追溯信息管理，消费者只要通过互联网终端点击或扫描博码，即可查看水稻生产流通全过程，基本实现了大米质量的全程无死角追溯。这一“互联网 +”技术的综合应用，提高了五常大米的保真水平和品牌公信力。

四、国际稻米市场

（一）全球大米供需基本平衡

2015 年，因主产国天气不利于大米大幅增产，持续干旱已造成主要作物受损，而主产国储备稻米质量出现不确定性因素和消费结构调整，大米总消费量可能增加但幅度仍然有限。据联合国粮农组织 12 月份预测，2015/2016 年度全球大米产量为 4.91 亿吨，同比减 0.6%；消费量 4.99 亿吨，同比增 1.3%；期末库存 1.66 亿吨，同比减 3.6%；库存消费比 33.0%，同比下降 1.8 个百分点。全球贸易量为 4498 万吨，同比增 2.6%[①]。另据美国农业部 12 月份预测，2015/2016 年度，全球大米产量为 4.6932 亿吨，比上年度减少 1.9%；全球大米消费量为 4.8464 亿吨，比上年度增长 0.5%。全球大米供求基本平衡，期末库存为 8842 万吨，比上年度减少 14.7%。全球大米库存消费比为 18.2%，较上一年度下降 3.3 个百分点。全球贸易量为 4134 万吨，同比降 3.7%[②]。

（二）国际大米价格持续下跌

2015 年，国际大米价格总体下跌，配额内 1% 关税下泰国大米到岸税价，从 1 月份的折合人民币 1.50 元/0.5 公斤下跌至 12 月份的折合人民币 1.41 元/0.5 公斤，累计下跌 6.0%（图 4）。

其中，2 月略有上涨，此后连续下跌，6 月跌至 1.37 元/0.5 公斤，此后出现反弹走势，至 9 月再度下跌，12 月恢复性上涨至 1.41 元/0.5 公斤。自 2013 年 7 月以来，国内标一晚籼米价格持续高于泰国 25% 破碎率大米到岸完税价，随后国内大米价格继续保持稳中有涨态势，与国际大米价格差距逐渐扩大。2015 年国际大米平均价格高于国内大米平均价

---

① FAO. FAO Cereal Supply and Demand Brief [EB/OL]. FAO website, 2015 - 11 - 10: http: //www. fao. org/worldfoodsituation/csdb/en/

② World Agricultural Outlook Board, USDA. World Agricultural Supply and Demand Estimates, 11. 10. 2015 [EB/OL]. Office of the chief economist, USDA 2015 - 11 - 10: http: //usda. mannlib. cornell. edu/usda/current/wasde/wasde - 11 - 10 - 2015. pdf

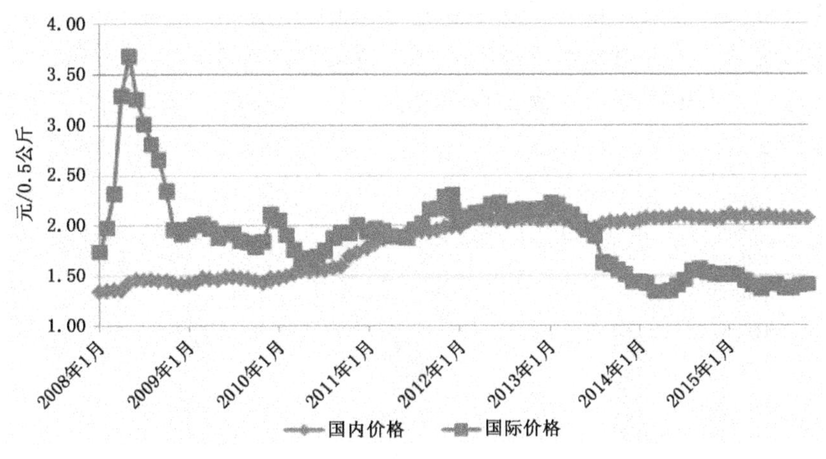

图 4　2008 年以来国内外大米价格走势

格 31.4%。

（三）国内稻米进出口环比增长同比减少

据海关统计，2015 年 1—12 月累计，我国进口稻米 337.69 万吨，同比增长 30.9%；进口额 15.00 亿美元，同比增长 19.4%；出口稻米 28.72 万吨，同比减少 31.5%；出口额 2.68 亿美元，同比减少 29.3%。进口稻米主要来自越南（占进口总量的 53.2%）、泰国（占 28.3%）和巴基斯坦（占 13.1%）。出口目的地主要是韩国（占出口总量的 56.8%）、日本（占 12.7%）和我国香港地区（占 7.4%）。2015 年，东南亚稻米尤其是越南稻米仍具价格优势，进口量再创新高。2012 年以来，中国大米进口量急剧增加。2012—2014 年中国稻米进口量分别为 236.86 万吨、227.10 万吨和 258.00 万吨。2015 年，我国稻米进口量高于过去三年，再创历史新高。

进口方面，我国主要以大米的形式进口。从来源结构上，2015 年越南仍是我国大米进口第一大来源国，但占进口总量的比例有所下降。2012 年以前我国主要进口泰国大米，补充国内中高端市场。2012 年以后，由于泰国实施了稻米典押政策，推高了泰国国内稻米价格，我国进口来源开始转向越南、巴基斯坦大米及泰国白米等中低端品种。2014 年，随着泰国政局变动，其国内稻米典押政策发生转变，同时泰国大幅下调出口价，我国进口自泰国的稻米份额出现恢复性增长，并超过 2012 年之前的进口量（图 5）。

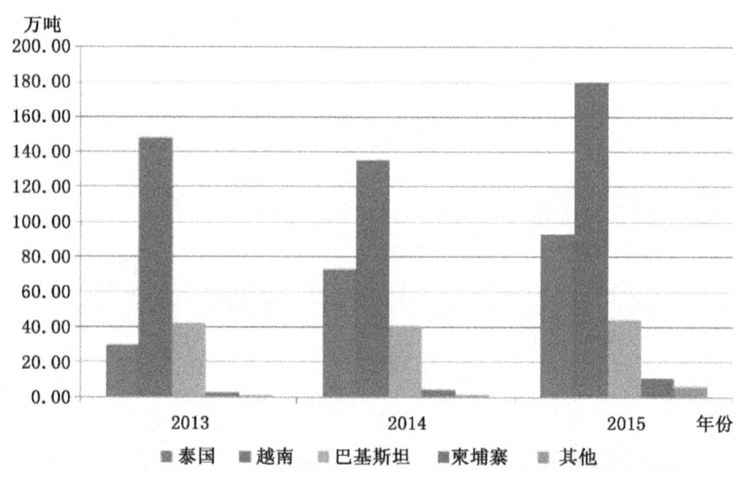

图 5

五、“十三五”展望

（一）稻谷价格预计将维持平稳运行格局

1. 稻谷产量增加为稻谷价格稳定提供了物质基础

2011—2014 年，我国稻谷连续 4 年稳定在 2 亿吨以上，生产区域布局进一步优化，增产尚有潜力。2015 年 10 月召开的中共十八届五中全会提出，“在地下水漏斗区、重金属污染区、生态严重退化地区开展试点，安排一定面积的耕地用于休耕”①。即便短期内产量增速可能不会维持前几年那样的幅度，但是“藏粮于地”将有利于稻谷产能稳定，仍然能够

① 习近平：《关于〈中共中央关于制定国民经济和社会发展第十三个五年规划的建议〉的说明》，新华网，2015－11－03：http：//news. xinhuanet. com/fortune/2015－11/03/c_1117029621. htm。

为稳定价格提供物质基础。

2. 国家强农惠农富农政策为稻谷价格稳定提供了制度保障

近年来，中央财政在一般都在春耕前向各省（市、自治区）预拨当年种粮直补资金和大部分农资综合补贴资金。基本上，每年的“中央1号文件”都会要求保证农业补贴增量。2015年，国家开始在部分省区探索“三补合一”试点，为农业补贴规模的稳定提供了体制保障。从2011年开始，国家还探索实施农业防灾减灾稳产增产关键技术补助政策，对南方早稻集中育秧和东北水稻大棚育秧提供财政支持。国家农机购置补贴政策也经历改革，操作方式等更加合理化。党的十八届五中全会也提出，“持续增加农业投入，完善农业补贴政策”①。可以预计，国家强农惠农富农政策会进一步加强，从充分保障农民种粮积极性。

3. 稻谷市场调控政策体系为稻谷价格平稳运行并保持合理上涨提供了政策环境

当前，最低收购价、临时收储计划、政策性储备粮拍卖构成了我国对国内粮食市场调控的主要政策。党的十八届五中全会也提出，“改革农产品价格形成机制，完善粮食等重要农产品收储制度”②。乐观地估计，国家将继续对包括稻谷在内的口粮实施“托市”收购政策，从而为稻谷、小麦价格保持平稳运行提供政策环境（表1）。

表1　2004—2015年稻谷最低收购价　单位：元/50公斤

年份	早籼稻	中晚籼稻	粳稻
2004	70	72	75
2005	70	72	75
2006	70	72	75

① 中共中央：《中共中央关于制定国民经济和社会发展第十三个五年规划的建议》，新华网，2015-11-03：http://news.xinhuanet.com/fortune/2015-11/03/c_1117027676.htm。

② 中共中央：《中共中央关于制定国民经济和社会发展第十三个五年规划的建议》，新华网，2015-11-03：http://news.xinhuanet.com/fortune/2015-11/03/c_1117027676.htm。

续表

年份	早籼稻	中晚籼稻	粳稻
2007	70	72	75
2008	75	76	79
2009	90	92	95
2010	99	97	105
2011	102	107	128
2012	120	125	140
2013	132	135	150
2014	135	138	155
2015	135	138	155

数据来源：历年中国政府网公布的稻谷最低收购价。

（二）稻谷生产过程中的劳动力和土地成本日益显性化

1. 随着国际油气价格不断下跌，水稻种植过程中的物质成本略有下降

2014年稻谷亩均化肥成本减少7.6%，连续第二年减少。“十三五”期间，预计页岩油、石墨烯等新能源和新材料仍将快速发展，因此，除非中东发生规模一定、持续较长的局部战争，国际能源价格下降的趋势不会发生重大改变。

2. 中国劳动力供给已近刘易斯拐点，劳动力成本不断上升

即便能够用农机作业替代人工，但是，农机作业费用相比自家劳动力仍然是一种显性成本，而且，农机手雇佣工资不断提高，仍然在持续推高农机作业费用。2010年以来，稻谷亩均人工成本（包括雇工费用和家庭用工折价）平均每年增长17.5%，亩均机械作业费用平均每年增长14.4%。“十三五”期间，随着经济发展进入新常态，人工成本增速将会有所回落，而“机器换人”有可能会推高亩均机械

作业费用。

3. 随着新型经营主体的发展，土地流转市场迅速发育

据农业部统计，截至2014年年底，全国家庭承包耕地流转面积4.03亿亩，流转面积已占家庭承包经营耕地面积的30.4%，2010年以来年均增幅达到21.9%。土地流转需求增加，导致土地流转成本快速上涨。2010年以来，土地成本（包括土地流转租金和自营地折价）以年均11.0%的速度增长。尤其是近三年，土地流转费用增长幅度已经超过人工费用和物质服务费用增长幅度，成为增长幅度最大的一种农业生产成本。到2014年，如果新型农业经营主体在流转土地上种水稻，仅土地成本一项就要占生产总成本比重的17.5%。“十三五”期间，粮食价格和其他农产品价格涨势可能趋缓，土地流转需求将会有所减少，但是，随着土地承包经营权确权登记迅速铺开，农民产权意识日趋觉醒，土地流转费用又不缺乏上涨的动力（图6）。

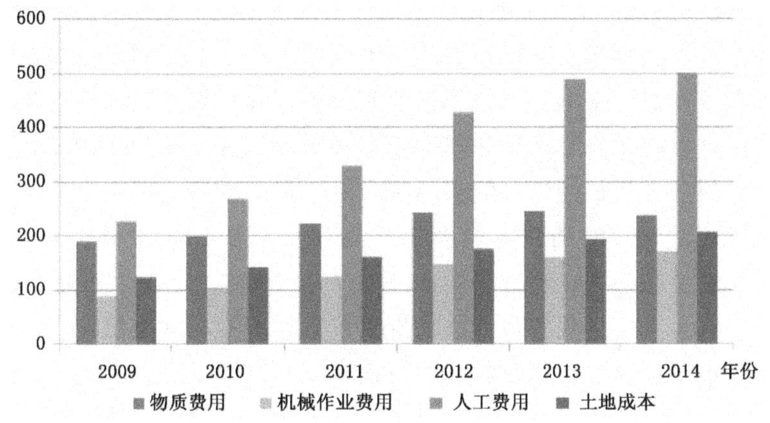

图6　2009年以来的稻谷生产成本

注：物质费用是种子费、化肥费、农家肥费、农药费、农膜费的加总，人工费用包括雇工和自家用工折价，土地成本包括土地流转租金和自营土地折价。

以往，农业生产者主要依靠自家劳动力和自家土地从事生产，因此劳动力和土地成本主要是隐性成本，然而隐性成本已经越来越具有显性化的趋势，这一趋势在“十三五”期间将会更加明显。

（三）稻米需求总量有增加的动力

第一，人口仍然保持增加。人口学家普遍预测，在生育政策放松的情况下，人口增速将提高至6%—7%，这将使得粮食总需求增加。第二，城镇化带来的人口转移，促进居民食物消费结构进一步升级，尤其是城镇居民大米消费精细化，也会导致稻谷需求增加。第三，稻米加工产业发展，尤其是稻米油、米酒类等稻米精深加工发展，也会增加稻米需求。第四，由于大米比面粉更方便食用，家庭主食消费和集体消费大米增加，一些传统面食消费区的大米消费量也大幅增加。

（四）稻米消费倾向于优质化

与整个居民食物消费结构升级相似，稻米消费也出现了升级趋势。品种上，因粳米粘性高、口感好，越来越多地区的居民更加倾向于消费粳米，甚至部分籼稻米主产区消费也由籼改粳。品质上，稻米消费更加精细化。现在我国居民基本上已经不再消费糙米，而是将稻谷的谷皮和胚芽部分都削掉，目前稻谷的出精率基本稳定在60%左右，南方籼米甚至更低。品牌上，消费者更加倾向于购买品牌大米。根据中国人民大学对北京消费的调查发现，57%的消费者会由于质量安全原因忠诚于某一大米品牌，59%的消费者在购买过程中，会选择有绿色、无公害、有机食品等安全认证的大米。实际上，稻谷最低收购价政策曾经一度与优质稻推广产生了矛盾。由于近年连续启动托市收购，而托市收购以普通品种为主，优质稻送至粮库无法保证优质优价。从生产环节看，优质稻抗性不及常规稻，单产一般低于常规稻，因此，在最低收购价连年提高的情况下，优质稻亩均收益低于常规稻，优质稻推广速度受到一定影响。但是，自 2014 年开始，情况出现了变化。由于米厂走货较慢，倾向于采取以销定产、按需采购高质量稻谷的策略，这一市场特征一直持续到 2015 年。可以预见，随着我国粮食收储政策改革的进一步深化，优质稻与常规稻的市场分化将会更为明显。

（五）国际大米价格将受到主要出口国政策和自然因素的影响

目前，泰国政府正在积极推进基于分级采取大米等级的差异化不同的销售政策，及同时大力促进政府对政府（G - to - G）的销售方式营销方式，将尽可能多的大米销往印度尼西亚、菲律宾及部分非洲和中东国家。预计，近期国际米价在泰国倾销大米过程中以底部震荡蓄势为主。“十三五”期间，随着全球稻米去库存化进程加快，加之全球大米消费刚性增长拉动，国际米价将有可能上涨，届时，我国大米价格国内外价格倒挂现象有望得以缓解。2015 年全球发生了厄尔尼诺现象。受雨季降水不均，泰国已经出现干旱，FAO 已经开始调低产量，国际米价上涨动能开始积累。预计“十三五”期间前半段是向拉尼娜年的过渡期，降水极度不均的概率大幅提高。届时，产量将可能受不利天气因素影响，市场也将会作出一定的反应。

参考文献

[1] 国家统计局：《2015 年全国早稻产量 3369 万吨》，http：//www. stats. gov. cn/tjsj/zxfb/201508/t20150821 _ 1233725. html，2015 年 8 月 21 日。

[2] 国家统计局：《一季度国民经济开局平稳》，http：//www. stats. gov. cn/tjsj/zxfb/201504/t20150415_712467. html，2015 年 4 月 15 日。

[3] 人民日报：《全国春播超四成》，《人民日报》，2015 年 4 月 30 日，第 2 版。

[4] 全国农业技术推广服务中心：《植物病虫情报》，2015 年第 35—37 期。

[5] 商务部驻大连特派员办事处：《2015 年黑龙江省粮食种植面积继续稳定在 2 亿亩以上》，商务部网站，http：//www. mofcom. gov. cn/article/resume/n/201502/20150200897682. shtml，2015 年 2 月 13 日。

[6] FAO. FAO Cereal Supply and Demand Brief [EB/OL]. FAO web-

site, 2015 - 11 - 10: http: //www. fao. org/worldfoodsituation/csdb/en/

[7] World Agricultural Outlook Board, USDA. World Agricultural Supply and Demand Estimates, 11.10.2015 [EB/OL]. Office of the chief economist, USDA 2015 - 11 - 10: http: //usda. mannlib. cornell. edu/usda/current/wasde/wasde - 11 - 10 - 2015. pdf

[8] 习近平:《关于〈中共中央关于制定国民经济和社会发展第十三个五年规划的建议〉的说明》, 新华网, 2015 - 11 - 03: http: //news. xinhuanet. com/fortune/2015 - 11/03/c_1117029621. htm。

[9] 中共中央:《中共中央关于制定国民经济和社会发展第十三个五年规划的建议》, 新华网, 2015 - 11 - 03: http: //news. xinhuanet. com/fortune/2015 - 11/03/c_1117027676. htm。

专题2: 小　　麦*

一、国际市场运行特点

(一) 2014/2015 年度全球小麦产量创历史新高, 供需形势宽松

根据联合国粮食及农业组织 (FAO) 11 月预计, 2014/2015 年度全球小麦产量将达 7.33 亿吨, 同比增长 2.4%, 再创历史最高纪录; 消费量 7.13 亿吨, 同比增 2.8%; 产量大于消费量 2000 万吨, 期末库存 2.03 亿吨, 同比增 7.6%; 库存消费比 28.4%, 同比提升 1.3 个百分点 (图 1); 贸易量 1.56 亿吨, 同比下降 0.6% (图 1)。

(二) 国际市场小麦价格持续下行, 国内外价差扩大

2013/2014 年度、2014/2015 年度全球小麦产量连创新高, 国际市场小麦价格持续下行, 到 2015 年 11 月, 全球小麦价格已跌至 2010 年 7 月

* 执笔人: 曹慧。

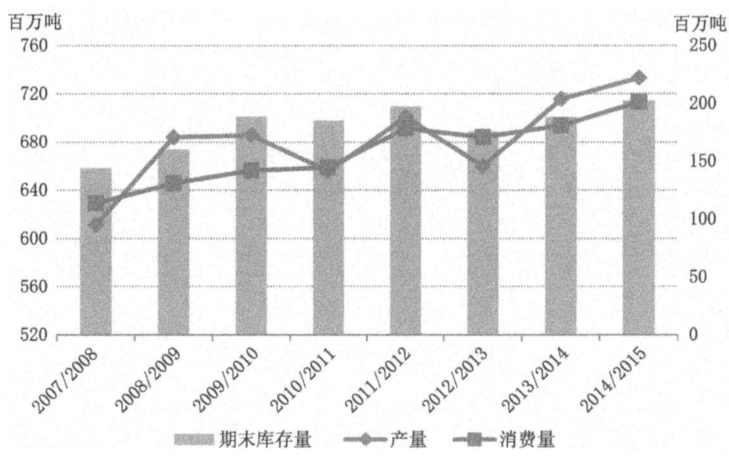

图 1　2007/2008 年度以来全球小麦产需情况

以来的最低。现货方面，墨西哥湾硬红冬麦（蛋白质含量 12%）平均离岸价由 1 月的 262 美元/吨跌至 11 月的 212 美元/吨，累计下跌 19.0%，1—11 月均价为 236 美元/吨，比 2014 年同期下跌 22.9%。期货方面，堪萨斯期货交易所硬红冬麦平均期货价由 1 月的 214 美元/吨跌至 11 月的 173 美元/吨，累计下跌 19.1%，1—11 月均价为 191 美元/吨，比上年同期下跌 22.0%。

2013 年 11 月以后，国内优质麦销区价开始持续超越国际小麦到岸价。2015 年以来，由于国际价格下跌趋势加剧，国内外价差持续扩大，由 1 月的 0.42 元/0.5 公斤增至 5 月的 0.59 元/0.5 公斤，为近年来国内外价差的最高点；之后由于国内小麦价格下降，国内外价差逐步缩小至 11 月份的 0.44 元/0.5 公斤。截至 2015 年 11 月，国内外价格倒挂的时间已达到 25 个月，为 2005 年以来持续时间最长的一次，进口小麦价格优势十分明显（图 2）。

二、国内市场运行特点

（一）国内市场供给充足，需求较为低迷

2015 年我国冬小麦实现“十二连增”，总产创历史新高。冬小麦产量

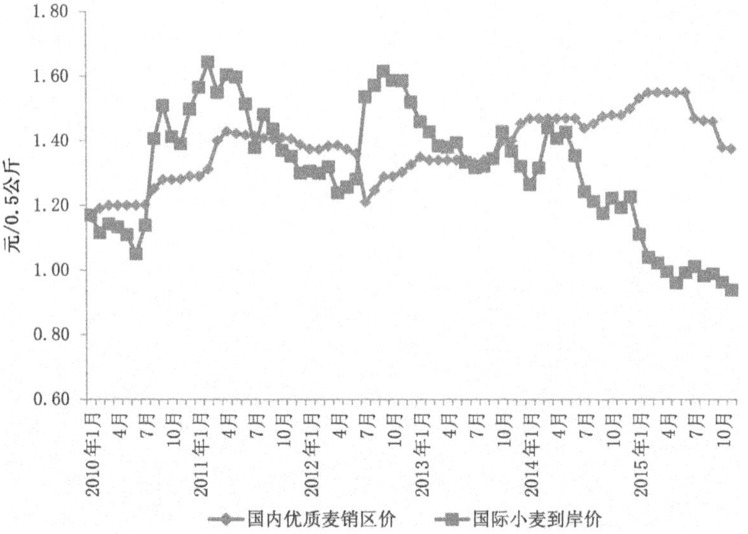

图 2　2010 年以来国内外小麦价格走势对比

注：国内价格为郑州粮食批发市场优质麦运到销区港口的价格，国际小麦价格为美国墨西哥湾硬红冬麦（蛋白质含量 12%）运到国内港口的税后价。

约占夏粮总产的 90% 左右，国家统计局公布数据显示，今年全国夏粮总产量 14106.6 万吨，比 2014 年增产 447.0 万吨，增长 3.3%。其中谷物产量 13020.9 万吨，比 2014 年增加 419.5 万吨，增长 3.3%。夏粮增产主要得益于面积增加和单产提高。由于小麦最低收购价政策提前公布，加上夏粮主产区调减棉花和夏收油菜籽种植面积，小麦等夏粮的种植面积有所增加。2015 年全国夏粮播种面积为 41538.4 万亩，同比增长 0.4%，因播种面积增加增产 54.8 万吨，对增产的贡献率为 12.3%；夏粮每亩产量达到 339.6 公斤，同比增加 9.4 公斤/亩，提高 2.9%，因单产提高增产 392.2 万吨，对增产的贡献率为 87.7%。

此外，由于 2014 年小麦品质较 2013 年有所提高，主产区托市收购量 2535 万吨，为 2010 年以来最高值，2015 年以来国家政策性小麦供应较为充足。1 月 6—8 日举行了国家政策性粮食专场交易会，计划销售 2012—2014 年产的最低收购价小麦 201 万吨。由于此次专场交易与进口小麦配额的分配挂钩，制粉企业抢拍热情高涨，成交 168 万吨，成交率 83.6%。之后，国家政策性小麦拍卖每周的投放量稳定在 100 万吨左右，2 月又放宽了交易细则中对于竞拍主体资格的限制，但市场主体的竞拍热情却逐渐减退，1 季度平均成交率不到 30%，4 月以后随着中央储备和地方储备轮换的进行，政策性小麦拍卖成交率进一步下滑，到 5 月底新麦上市时降至 10% 以内，8 月份以后进一步降至 1% 以内。

相对于小麦供给而言，2015 年国内小麦市场的需求一直处于较为低迷的状态。首先，小麦饲用需求处于低谷。2014 年 10 月以来，随着新玉米大量上市，玉米价格持续下行。郑州粮食批发市场价格监测显示，华北地区玉米与小麦的价差由 2014 年 10 月初的 60 元/吨扩大到 12 月的 300 元/吨。2015 年 1—5 月，小麦和玉米价差一直维持在 340—370 元/吨，6—8 月由于玉米价格上涨，小麦和玉米的差价缩小至 250 元/吨，但之后随着玉米再度丰收、临储政策变化、价格大幅下跌，小麦和玉米的差价迅速扩大，到 11 月份已达到 630 元/吨。小麦替代玉米作为饲料的价格优势不复存在，华北地区饲料企业以采购玉米为主，多数企业已经停止采购小麦；广东地区玉米小麦价差较小，但广东地区的进口高粱和大麦、玉米酒糟（DDGS）数量较大，饲料企业采购小麦数量较少。其次，面粉需求与往年相比改善并不明显，“旺季不旺”格局持续，制粉企业加大小麦采购力度意愿不强。2015 年春节过后，面粉消费需求逐渐下降，尤其是 4 月之后，随着气温升高，面粉储存的难度增加，面粉经销商也降低了库存。在国内“麦强面弱”格局下，以往面粉加工企业利润主要来自麸皮，但由于生猪养殖业整体需求低迷，2015 年以来麸皮价格一路下滑，由 1 月的 1920 元/吨降至 9 月的 1543 元/吨，为 2011 年 8 月以来的最低点，导致面粉企业平均利润由 1 月的 30 元/吨降至 6 月的 -60 元/吨，为 2010 年以来的最低点。之后随着小麦原粮价格下降，面粉企业利润逐渐回调，到 11 月份已经回升至 60 元/吨。

（二）陈麦价格稳中偏弱，优质小麦价格走势好于普通麦

受国内市场供需形势宽松影响，2015 年国内普通小麦价格稳中偏弱，除 3—4 月受春节过后高校开学、各类企业开工影响小幅上涨外，其余月份环比均呈现下跌态势。1—11 月郑州批发市场普通小麦平均价格为 1.23 元/0.5 公斤，比上年同期下跌 2.7%（图 3）。近年来，受比较效益较低影响，我国优质麦种植面积和产量有下降趋势，优质麦价格走势明显好于普通小麦。2015 年上半年，郑州粮食批发市场优质小麦的价格总体上呈现小幅上涨趋势，6 月份之后，随着新麦上市，优麦价格逐渐回落，1—11 月的平均价格为 1.39 元/0.5 公斤，比上年同期上涨 1.1%。

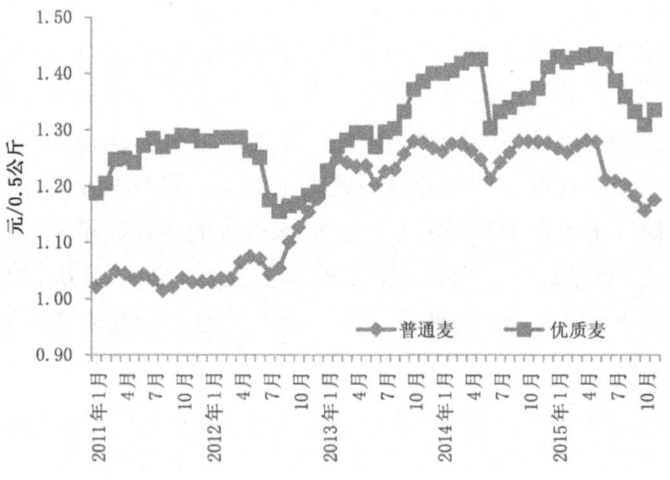

图 3　2011 年以来国内小麦市场平均价格走势

（三）新麦价格弱势运行，托市收购预案启动范围扩大

2015 年 5 月下旬新小麦上市低开，江苏、湖北、安徽、河南及山东四市陆续启动国家小麦最低收购价执行预案。之后新麦价格有所回升，但由于市场整体需求不旺，加上部分地区小麦质量偏差，7 月中

旬之后新麦价格继续下跌，9月份山东全省及河北加入启动托市预案的行列。尽管2015年小麦收购进度同比偏慢，但小麦收购期限较往年明显拉长，尤其国家一再扩大托市范围及南方麦区相继出台鼓励收购的政策，使得今夏小麦集中收购期内收购总量虽比去年下降，但仍达到了一个较高的位置。据国家粮食局统计，截至9月30日，河南、江苏等9个主产区各类粮食企业收购新产小麦6631万吨，比上年同期减少732万吨。其中，中储粮托市小麦2079万吨，较去年同期减少456万吨。

据农业部对河南等6个小麦预案执行区监测，国有粮食企业小麦平均收购价从6月的平均每50公斤118.19元，上涨到7月的118.83元，之后便开始一路下跌至9月的116.93元，6—9月平均价格为117.98元，比去年同期下跌2.3%；个体粮商收购价从6月的每50公斤113.52元，上涨到7月的114.09元，之后下降至9月的111.81元，6—9月平均价格为113.17元，同比下跌4.2%。

（四）1—10月小麦进出口同比均下降

由于2014年我国夏收小麦丰收增产，且品质较好，企业对进口麦的需求明显减少，2014年下半年小麦进口量大幅下降，月度进口量维持在13万吨以下。2015年上半年，国内小麦进口量呈现逐月攀升的态势，7月份之后月度进口量降至30万吨左右，1—10月的进口总量较上年同期大幅下降。据中国海关统计，1—10月我国累计进口小麦产品258.84万吨，同比减10.9%；进口金额7.90亿美元，同比减16.6%；同期出口10.04万吨，同比减36.9%；出口金额0.60亿美元，同比减34.6%。1—10月进口小麦产品主要来自澳大利亚（111.15万吨，占42.9%）、加拿大（82.72万吨，占32.0%）、美国（53.93万吨，占20.8%）、哈萨克斯坦（8.34万吨，占3.2%）；出口小麦产品的主要目的地是香港地区（7.30万吨，占72.7%）、朝鲜（1.38万吨，占13.7%）、澳门地区（0.50万吨，占5.0%）、美国（0.33万吨，占3.2%）（图4）。

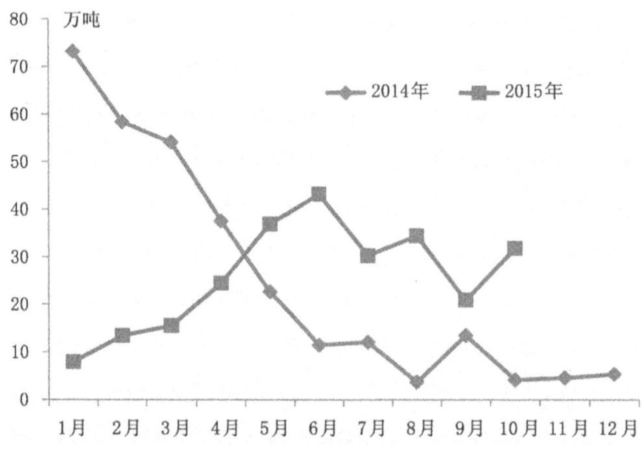

图 4 2014—2015 年中国小麦进口情况

三、2016 年小麦市场展望

（一）国内小麦价格以稳为主

1. 2015/2016 年度国内小麦供需进一步宽松

据有关部门预测，2015/2016 年度全国小麦总产量将略有增加，约 11550 万吨；国内小麦消费量约 10935 万吨，其中受制于产业整合及制成品销售不畅，制粉需求增速缓慢，对麦价缺乏拉动力；因养殖业不景气、玉米库存水平较高等因素影响，年度内小麦饲用消费将大幅下调至 800 万吨，较上一年度下降 500 万吨。此外，预计 2015/2016 年度进口水平将达到常年 300 万吨左右。小麦新增供需结余约 800 万吨，整体供需形势显得宽松。尽管受部分地区小麦质量偏差的影响，区域性供给会有所差异，但市场整体并不缺粮。

2. 秋冬种小麦面积稳中有增

2015 年 9 月 22 日，农业部召开全国秋冬种工作视频会议。力争冬小麦面积稳定在 3.38 亿亩，并着力优化结构、提升质量。截至 11 月下旬，小麦秋冬种已接近尾声，从农业部调度情况看，进展顺利、基础较好。由于今年秋冬播工作开展较早、措施落实到位率高、播种质量好，加之大部分地区土壤墒情好，适墒适期播种面积大，小麦出苗整齐。2015年秋冬种粮食面积增加130多万亩，其中冬小麦增加60万亩，马铃薯增加80万亩，为明年夏粮生产打下坚实基础。

3. 市场粮源与政策性小麦库存相对充足

尽管2015年我国最低收购价小麦执行预案在六省全部启动，收购期也明显延长，但小麦收购量依然低于2014年。截至小麦托市收购结束，河南、江苏等9个主产区各类粮食企业收购量比上年同期减少732万吨。小麦收购量的下降代表后期市场还存在大量可供粮源。以河北省为例，截至10月底中南部小麦主产区农户和小型贸易商存粮量仍有40%以上，邢台、邯郸、石家庄小麦加工能力较强的地区存粮量在30%左右，而保定、沧州、衡水等地由于面粉企业相对较少加之小麦质量不如其他三市，小麦存量仍在50%左右。整体看较去年同期存粮量多10%—20%。此外，虽然今年托市小麦收购数量同比下降，但目前政策性小麦库存数量为3900万—4000万吨，同比仍高出1200万—1300万吨，这些都会对后期小麦市场价格上行产生抑制作用。

总体来看，我国小麦市场供求相对宽松，而2016年小麦托市底价继续维持上年水平，对市场的支撑作用有限，小麦市场价格整体将保持平稳，元旦、春节期间可能会小幅回升。另根据气象部门预报，2015年秋冬可能发生十七年来最强厄尔尼诺事件，并持续到明年春季，表现为冬季温度偏高、部分地区降水减少和冬春气温剧烈波动，对冬小麦生产不利，届时可能会对小麦价格产生一定影响。

（二）国际小麦价格低位震荡

1. 全球小麦供需形势较为宽松

由于种植面积的恢复以及单产水平的提高，近年来全球小麦产量总体呈现上升态势，且增速不断加快。2010/2011年度以来全球小麦产量年均增速为2.27%，不仅高于近十年（2005/2006—2014/2015年度）1.59%的平均水平，也高于同期小麦消费量的年均增速（1.60%）。全球小麦库存量不断上升，2014/2015年度达到2.03亿吨，为2002/2003年度以来的最高水平。虽然 2015/2016 年度全球谷物产量略有下降，但期末库存仍继续增至 2.07 亿吨的高位，库存消费比也同比提升 0.1 个百分点，可以说全球谷物的供需形势依然是较为宽松的。

2. 世界经济复苏缓慢

从历史规律来看，全球经济增长与农产品价格是呈正相关的。国际货币基金组织预计，2016 年全球经济增速将会从 2015 年的 3.1% 升至 3.6%，但仍与 1980—2014 年期间 3.5% 的平均增长水平相当，需求大幅回升的可能性不大。

3. 全球谷物价格处于筑底期

从 FAO 全球谷物月度价格指数波动上看，从 2012 年底开始，全球谷物价格开始进入下降周期。但与 2008 年前后急涨急跌的特征不同，这次全球谷物价格周期呈现出急涨缓跌的态势。2013 年和 2014 年全球谷物的两次大丰收，进一步加深了谷物价格的下跌幅度。到 2015 年 9 月，全球谷物价格指数已降至 2010 年 7 月以来的最低点。10 月份受超强厄尔尼诺气候影响，一些主产国极端天气严重，导致生产前景恶化，全球谷物价格指数有所反弹，但仍然在 160 点以下。如果后期天气好转，市场仍会恢复原来的走势（图 5）。

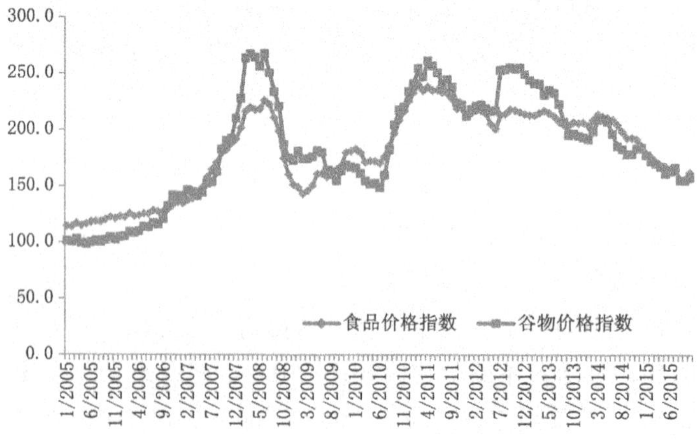

图 5 2005 年以来 FAO 食品及谷物价格指数走势

专题3：玉　　米*

一、2015年玉米市场特点

（一）国内玉米市场

1. 玉米生产再创历史新高

由于比较效益有利于玉米，不利于大豆等竞争性作物，2015年东北大豆面积继续调减，华北黄淮地区棉花面积继续下降，部分棉花转种玉米，有利于玉米面积增加，据国家统计局公布的粮食产量数据，2015年全国玉米播种面积达5.72亿亩，比上年增长2.8%。从气候条件来看，东北春玉米在播种期部分地区受气温偏低及干旱影响，玉米播种出苗较往年偏晚3—5天，生长期除部分地区干旱外，总体较为正常，但收获期普遍推迟10—15天，成熟度不如常年，品质有所下降。华北黄淮产区总体气候较好，不仅产量增加，总体质量也好于上年。从单产看，2015年全国玉米平均水平为392.8公斤/亩，比上年增长1.3%，玉米总产接近2.25亿吨，增产4.1%。

2. 国内价格先稳后跌

2015年，国内玉米价格呈现上半年基本稳定，下半年大幅走低的态势，全年平均价格总体低于上年。上半年，尽管国内玉米供给压力加大，库存高企，消费需求相对低迷，但在2014年国家临储收购的支撑下，国内玉米价格走势基本平稳。但进入下半年，由于国内玉米库存处于历史高位，消费需求持续低迷，高粱、大麦等替代品进口大幅增加，加上国家显著下调临储玉米拍卖价，导致国内价格持续大幅下跌，并跌至近5年来的最低水平，其中10月份跌幅创进入21世纪以来最大单月跌幅。11月份，国家启动2015年临储收购后，市场价格才出现企稳回升迹象。1—11月，产区平均批发价格各月环比涨幅分别为-1.5%、-0.1%、1.7%、1.6%、

* 执笔人：习银生。

0.0%、-0.3%、-0.3%、-1.5%、5.1%、-9.4%、-1.8%，销区平均批发价格环比涨幅分别为-3.0%、-0.2%、0.8%、-0.2%、2.1%、-0.3%、-1.4%、-1.3%、-3.9%、-7.2%、-2.1%。产销区全年平均批发价格分别为2196元/吨、2442元/吨，同比分别下跌5.4%、5.1%。到11月份，产区平均批发价格为1905元/吨，比上年底跌15.8%，同比跌16.3%，其中，东北产区1967元/吨，比上年底跌12.7%，同比跌13.0%，华北黄淮产区1852元/吨，比上年底跌17.8%，同比跌18.7%；销区平均批发价格为2167元/吨，比上年底跌15.7%，同比跌16.4%。

3. 新玉米价格大幅走低

8月份以来，新玉米从南到北陆续开始少量上市，湖北、江苏、安徽等地开秤价格多在0.95—1元/0.5公斤，河南在1.02元/0.5公斤左右，同比大幅低开，此后各地新玉米价格继续走低。10月底，吉林、黑龙江深加工企业挂牌收购价每斤分别为0.88—0.93元、0.84—0.87元，比开秤价降0.08—0.16元、0.06—0.16元，同比均降0.12—0.16元；山东深加工企业挂牌收购价为每斤0.85—0.89元，比开秤价降0.17—0.24元，环比降0.04—0.09元，同比降0.26—0.34元。11月份国家启动临储收购后开始企稳回升，其中华北黄淮产区回升明显。11月底，吉林深加工企业挂牌收购价为每斤0.93—0.96元，环比涨0.03—0.06元，同比跌0.07—0.14元；黑龙江为0.87—0.91元，环比涨0.03—0.07元，同比跌0.06—0.16元；山东为0.97—1.04元，环比涨0.11—0.17元，同比跌0.11—0.19元。

4. 期货价格同步下跌

2015年上半年，国内玉米期货价格基本平稳，与现货价格走势基本一致。但6月份以后震荡走低，7月底自2010年以来首次跌破2000元/吨关口，此后继续下探。10月13日，大连商品交易所玉米期货主力合约收盘价跌至1770元/吨，为2010年来的最低水平，比年内高点价格下跌30.9%，同比跌24.4%。此后有所反弹，11月底，主力合约收盘价回升至1899元/吨，比低点价格高7.3%，同比仍跌23.2%。

5. 国内外玉米价差总体继续拉大

2015 年，由于国际玉米价格总体继续下跌，而国内玉米价格依然处于较高价位，同时国际海运费走低，国内外玉米价差总体呈扩大趋势。1—11 月，进口配额内的国外玉米运抵我国南方港口的到岸税后价平均为 1604 元/吨，同比下降 277 元/吨；国内玉米到港价平均为 2423 元/吨，同比下降 81 元/吨；国外玉米比国内玉米价格低 819 元/吨，价差比上年同期扩大 195 元/吨。从年内变化看，呈上半年扩大，下半年缩小态势。上半年，国际价格持续下跌，国内价格相对稳定，国内外玉米价差持续拉大，价差从 2014 年 12 月的 640 元/吨扩大到 2015 年 6 月的 983 元/吨，其中，5 月份价差达到 1015 元/吨，创历史新高。5—6 月，进口配额外 65% 关税的美国玉米运抵我国南方港口的到岸税后成本分别比国内玉米到港价低 135 元/吨和 105 元/吨，连续 2 个月低于国内玉米港口价格。下半年，国内价格大幅走低，国内外价差呈缩小态势。到 11 月，进口配额内 1% 关税的国外玉米运抵我国南方港口的到岸税后价 1585 元/吨，同期国内玉米到港价为 2134 元/吨，国外玉米比国内玉米低 548 元/吨，价差比 6 月缩小 435 元/吨；配额外 65% 关税的美国玉米运抵我国南方港口的到岸税后成本 2520 元/吨，比国内玉米到港价高 386 元/吨。

6. 玉米进口同比大幅增加

1—10 月，我国玉米累计进口量 457.81 万吨，同比增长 164.2%；出口量 9481.97 吨，同比减少 43.7%；净进口 456.86 万吨，同比增 166.2%。玉米进口主要来自乌克兰（占进口总量的 84.1%）、美国（占 9.4%）、保加利亚（占 3.4%）、俄罗斯（占 1.5%）、老挝（占 1.1%）。玉米主要出口到朝鲜（占 90.8%）、美国（占 6.9%）、加拿大（占 1.2%）、俄罗斯（占 1.0%）。

（二）国际玉米市场

1. 国际价格同比明显下跌

由于全球玉米供求关系宽松，再加上美国、中国等玉米主产国气候总体有利，丰产预期明显，2015 年，国际玉米价格继续震荡下跌，平均价格继续明显低于上年水平。1—11 月，美国墨西哥湾 2 级黄玉米平均离岸价为 178.83 美元/吨，同比下跌 12.0%，芝加哥期货交易所（CBOT）玉米主力合约收盘月均价每吨 164.66 美元，同比下跌 8.5%。分月看，1—11 月，离岸价各月环比涨幅分别为 -8.9%、5.3%、-7.3%、-4.0%、-3.7%、0.8%、12.6%、-6.0%、-0.6%、0.2%、-2.5%；期货价格各月环比涨幅分别为 -1.1%、-1.3%、0.3%、-3.1%、-3.9%、2.3%、14.7%、-10.0%、0.3%、0.7%、-4.0%。到 11 月，美国墨西哥湾 2 级黄玉米平均离岸价每吨 172.65 美元，比上年底下跌 14.9%，同比跌 10.3%；芝加哥期货交易所（CBOT）玉米主力合约收盘月均价每吨 144.77 美元，比上年底下跌 6.7%，同比跌 1.4%。

2. 国际玉米供求形势进一步宽松

由于美国玉米播种面积减少，2015 年全球玉米产量将有所下滑，但仍为历史第三高产年份。同时，受全球经济恢复缓慢，原油等大宗商品价格大幅走低等因素影响，消费需求相对低迷，库存水平达到近年来新高，库存消费比自 2002 年以来首次超过 20%。据美国农业部 11 月份供需报告预测，2015/2016 年度全球玉米产量 9.75 亿吨，同比减 3.4%；总消费量 9.71 亿吨，同比减 0.4%；贸易量 1.19 亿吨，同比减 12.1%。预计全球玉米期末库存 2.12 亿吨，同比增 1.8%；库存消费比 21.8%，比上年度提高 0.5 个百分点，玉米供求形势进一步宽松。

二、影响玉米市场的主要因素

1. 国内玉米阶段性供大于求格局进一步加剧

近年来，我国玉米连年丰收，2012 年以来连续 4 年产量超过 2 亿吨，2013 年以来连续 3 年超过 2.1 亿吨。同时，2012 年以来，我国连续 4 年启动临储玉米收购，到 11 月底累计收购量近 2 亿吨，而同期临储玉米竞价销售成交量仅 3000 多万吨，国内库存不断增加，供应压力加大，加上进口，国内玉米阶段性供大于求的格局进一步加剧，对国内玉米价格走势形成了压制。预计 2014/2015 市场年度，我国玉米期末库存将超过 1.5 亿吨，同比增量超过 4000 万吨，库存消费比近 80%，同比上升 20 多个百分点。

2. 消费需求持续低迷

在国内供给压力不断加大的同时，玉米消费却陷入持续低迷状态。一方面，深加工下游需求持续疲弱，玉米淀粉和酒精价格持续低迷，企业开工率较低，效益不佳，玉米工业消费增长乏力。2015 年 1—11 月，全国玉米淀粉和酒精平均批发价格分别为 2991 元/吨、5834 元/吨，同比分别下跌 5.8%、2.9%。酒精加工企业开工率持续下降，由 1 月份的 60% 以上下滑至 8 月份的 40%，到 11 月份虽回升至 55%，但同比仍低 5 个百分点；淀粉加工行业虽略好，但下游产品需求不佳，停产限产转产情况增加，8 月份行业开工率也只有 45%，比上月下降 13 个百分点，直到玉米原料价格大幅下跌，开工率才回升至 70% 以上。另一方面，生猪产能明显下降，饲料消费需求也相对低迷，7 月份以来生猪存栏随连续 4 个月环比增加，但同比仍大幅下降。据农业部公布的监测数据显示，2015 年 10 月份全国生猪存栏环比增加 0.3%；同比减少 10.3%，连续 23 个月同比减少；能繁母猪存栏环比减少 0.1%，同比减少 13.0%，连续第 26 个月同比下滑。1—9 月，全国规模以上生猪定点屠宰企业屠宰量 15381.45 万头，同比减少 11.7%。另据国家统计局数据，上半年全国猪牛羊禽肉产量 3906 万吨，同比下降 2.4%，其中猪肉产量 2574 万吨，下降 4.9%。畜牧业下滑导致玉米消费持续低迷，使得国内玉米价格上升空间受到压缩。预计 2014/2015 市场年度，国内玉米工业消费小幅增长，饲料消费减少约 10%，食用消费和种用消费基本稳定，国内玉米总消费同比下降 5% 左右。

3. 替代品进口继续大幅增加

由于国内玉米价格较高，而畜牧业陷入低谷，饲料加工企业经营普遍面临较大压力，2015 年，我国高粱、大麦等替代品进口继续大幅增长。1—9 月，我国高粱、大麦、DDGS、木薯干进口量分别达到 809.6 万吨、872.1 万吨、527.6 万吨、771.1 万吨，同比分别增长 118.3%、104.0%、3.9%、11.1%。初步估算，1—9 月仅进口的高粱、大麦就可替代饲用玉米消费超过 1400 万吨。替代品进口大量增加，进一步挤压了本就处于低迷状态的玉米消费，加剧了国内玉米供大于求的程度。

4. 临储收购政策发生重大调整

2014 年我国继续在东北三省和内蒙古自治区实施玉米临时收储政策，收购价格维持 2013 年水平，即挂牌收购价格（国标三等质量标准）为：内蒙古、辽宁 1.13 元/0.5 公斤，吉林 1.12 元/0.5 公斤，黑龙江 1.11 元/0.5 公斤。此外，针对生霉粒超标的玉米，国家决定对临储收购玉米的生霉粒控制标准由原来的 2% 以内放宽到 5% 以内，使得临储收购进度显著加快，到 4 月 30 日收购期截止日，东北四省区 2014 年度临储玉米累计收购量达到 8329 万吨，不仅再创历史新高，而且远超市场预期，对国内玉米市场的托市作用明显。2015 年 9 月，为了缓解库存压力，使玉米临储收购价格更加接近市场，国家出台了新的玉米临时收储政策，与往年相比，新的玉米临储政策发生了重大变化。一是收购价格大幅下调。国标三等质量标准玉米的挂牌收购价格为 1 元/0.5 公斤，比上年下调 0.11—0.13 元/0.5 公斤。二是统一各地收购价格。东北三省一区的玉米收购价格统一为 0.5 元/公斤，与往年不同的是各地收购价格不再存在差别。三是收购时间提前。2015 年玉米临储收购期限为 2015 年 11 月 1 日至 2016 年 4 月 30 日，比往年提前了 1 个多月。四是同时严格执行国家收购标准。临储收购的玉米，严格执行 2% 的生霉粒标准。对生霉粒超过 2% 的玉米，由地方另行组织收购。由于收购价格大幅下调，收购标准严格，政策公布后，明显改变了市场预期，与新玉米上市后供应压力加大形成了叠加效应，从而引发了玉米价格快速下跌。

三、2016 年展望

（一）玉米生产结构调整开启，玉米产量将有所下降

为了缓解国内玉米阶段性供大于求压力，促进玉米产业持续健康发展，减轻资源环境承载压力，中央明确提出深入推进农业结构调整，农业部将玉米作为新一轮农业结构调整的关键，并发布了“镰刀弯”地区玉米结构调整规划（2016—2020 年），旨在通过粮改饲、玉米大豆轮作、恢复杂粮杂豆、春小麦、经济林果和生态功能型植物等多种措施，规划在未

来 5 年压缩玉米面积约 6000 万亩，结构调整区域主要包括东北冷凉区、北方农牧交错区、西北风沙干旱区、太行山沿线区及西南石漠化区。加上玉米临储价格大幅调低对 2016 年农民玉米种植意愿也有一定影响，预计 2016 年全国玉米面积将有所缩减，产量也将随之有所下降。

（二）供大于求格局维持，国内玉米价格将继续弱势运行

供给方面，由于库存庞大，加上 2015 年玉米仍然产大于需，国内玉米供大于求格局加剧，将对 2016 年玉米价格走势明显抑制。需求方面，国内生猪价格已连续数月回升，猪粮比价已回升到盈亏平衡线之上，养猪效益明显改善，养殖户补栏积极性提高，预计后期生猪产能将缓慢恢复，并带动玉米饲料消费增长。加上国内外玉米价差缩小，玉米和替代品进口预期将大幅减少，有利于促进玉米饲料消费。而国家为加快玉米去库存化进程，或将上马新的燃料乙醇加工项目，淀粉加工行业也有望增长，预计工业消费将出现较为明显的恢复，从而带动国内玉米消费需求明显恢复，但预计恢复到 2012 年的水平尚需时日。同时，2016 年玉米临时收储政策尚未明确，但预期临储收购价格继续调低的可能性较大，国内玉米价格或将因此继续整体下移。此外，国际玉米供求关系仍较宽松，国际价格预计依旧较为低迷，难以对国内价格起到提振作用。综上，预计 2016 年国内玉米价格总体仍将弱势运行，并有可能在目前价位上继续有所下跌。

（三）国内外价差将有所缩小，玉米及替代品进口预期减少

由于国际玉米供求关系趋于宽松，2016 年乃至更长一段时期，国际玉米价格仍可能低位运行，国内外玉米价格倒挂常态化趋势明显，预计 2016 年国外玉米仍将保持对国内玉米的价格优势，我国玉米仍将面临较大的进口压力。但国内玉米价格已明显下跌，明年国内外玉米价差可能在现有基础上继续缩小，国外高粱、大麦等替代品的价格优势也将明显削弱，预计明年玉米、高粱、大麦等进口量明显减少，玉米进口量约为 300 万吨，高粱、大麦进口量将减少 30% 以上。

四、“十三五”时期玉米市场形势趋势预测

（一）玉米面积下降，总产基本稳定

由于我国将启动玉米生产结构调整规划，预计“十三五”时期我国玉米播种面积将呈逐步下降的态势，在规划得到较好落实的情况下，到 2020 年，全国玉米将比现在减少 6000 万亩左右，为约 5 亿亩，降幅 10.6%，年均下降 2.2%。从单产来看，“十三五”时期，我国将进一步增加农田水利建设投资，随着中低产田改造、高标准农田建设、土壤深松、秸秆还田、节水灌溉、生物防治、地膜覆盖等一大批工程项目的实施，以及品种改良、高产创建、适时晚收、全程机械化等增产技术的进一步推广应用，玉米单产上有较大增长潜力。同时玉米结构调整中调减的面积主要位于单产较低的区域，客观上将有利于提高单产总体水平。预计到 2020 年，我国玉米单产水平有望达到 430 公斤/亩，比 2015 年提高 11.0%，年均递增 1.8%。预计 2020 年玉米总产将达到 2.18 亿吨左右，与当前产量基本持平。

（二）工业消费和饲料消费将恢复增长，玉米需求保持增长

近年来，在经济增速下滑，养殖业处于波动周期低谷，替代品进口冲击明显等因素影响，我国玉米消费持续低迷。“十三五”时期，随着国内宏观经济逐步企稳，工业消费需求仍将保持增长态势，加上国家为缓解高库存压力，很可能启动新的燃料乙醇项目，工业消费增速或将有所提高。同时，生猪养殖逐步走出低谷，产能可能逐渐恢复，其他养殖业也将继续保持稳步发展态势，玉米饲料消费需求将恢复增长。预计到 2020 年，国内玉米总消费将保持稳步增长态势，年均增速可达 4% 左右，玉米消费总量或将达到 2.16 亿吨，比 2015 年增长约 16%。

（三）玉米去库存化进程将加快，阶段性供大于求格局逐步缓解

为缓解国内玉米库存压力和供大于求矛盾，“十三五”时期，国家很可能采取多种措施，加快玉米去库存化进程，包括实行加工补贴和运费补

贴，启动燃料乙醇加工项目等，提振玉米消费。同时，采取措施抑制玉米及其替代品进口，减少进口产品对国内玉米的市场挤出效应。另一方面，玉米生产结构调整加速将有利于压缩国内玉米生产能力，缩小国内玉米产大于需的数量，促使玉米产需关系由产大于需向产需基本平衡转化，从而有效缓解国内阶段性供大于求的矛盾。预计到2020年，国内玉米将呈现产需基本平衡格局，甚至存在出现少量产需缺口的可能。

（四）国内外价格倒挂可能呈常态化趋势，玉米将保持净进口格局

由于国内玉米生产成本较高，未来仍有可能继续上升，并明显高于国外玉米生产成本，使得国内外玉米价格倒挂常态化趋势明显。我国玉米进口已由以往的需求驱动型为主转变为价差驱动型为主，“十三五”时期，国内外价差将是进口增长的主要动力。预计未来5年，国内较为宽松的供求格局将对进口形成抑制，加上关税配额管理机制的作用，预计玉米进口难以突破720万吨的配额数量，出口则仍将保持在微量水平，玉米净进口格局将得以保持。

（五）市场机制作用日益凸显，玉米价格总体将保持弱势运行

在当前国内玉米呈现阶段性供大于求格局，高产量、高库存、高进口并存的情况下，我国现行玉米临时收储政策的弊端日益凸显，预计“十三五”时期，玉米价格形成机制的改革将是我国农产品价格改革的重点产品，改革的方向是市场化定价机制作用将越来越起主导作用，玉米价补分离的改革或将逐步实施，由此将导致国内玉米价格与国际玉米价格联动性日益增强，价格差距将逐步缩小。由于国际价格总体仍将处于低位震荡运行态势，预计未来国内玉米价格也将处于弱势运行的格局。

五、有关政策建议

（一）提早公布2016年临储收购政策，充分释放政策信号

2015年9月玉米生产季节基本结束，国家宣布下调玉米临储价格，广大农民普遍反映对此没有心理准备。建议每年春播前公布2016年玉米

收购政策，以利于农民自主安排生产，适时调整结构。

（二）进一步完善玉米临时收储及配套政策，防止出现“卖粮难”

建议研究制定完善防止“卖粮难”的应急预案，通过轮换、增加地方政策性收购、对企业入市收购新粮进行补贴等措施，有效应对可能出现的“卖粮难”现象，并加快实施农户科学储粮工程，最大限度减少粮食霉变损失，保障农民基本收益。同时，建议通过定向拍卖，补贴加工企业，对南方企业到主产区采购玉米实行运费补贴，启动陈化玉米燃料乙醇加工项目，降低临储玉米拍卖价等方式，加快消化国内玉米库存，抑制玉米和高粱、大麦等产品的进口，提振国内玉米消费。

（三）探索种粮农民收入保障政策，确保农民种粮收益

针对 2015 年种粮农民收入下跌的情况，建议扩大良种补贴、粮食直补和农资综合补贴三项补贴合并为种粮农民收入补贴的试点范围，并参照粮价下跌情况合理提高补贴标准，以弥补种粮农民因价格下跌造成的收入损失。同时，进一步探索完善农产品价补分离的改革试点，抓紧研究玉米目标价格和目标价格保险试点的可行性，按照扩大“绿箱”支持政策实施规模和范围，调整改进“黄箱”支持政策的思路，逐步健全农业支持保护体系。

专题 4：大　　豆*

内容提要：2015 年全国大豆面积继续下降，其中东北产区大豆面积下降，而安徽等地大豆面积增加。由于气候条件不如上年，黑龙江、内蒙古等地大豆单产较上年下降，全国大豆产量总体下降。2015 年，国内大豆价格同比下降，受全球大豆连年增产，库存高企影响，国际大豆价格下跌。大豆国内外价差仍保持高位。2015 年大豆进口继续增加，进口量预

* 执笔人：殷瑞锋、徐雪高。

计接近8000万吨。展望2016年，全球大豆供给充裕，受天气等因素影响，国际大豆价格预计将保持低位震荡，受种植成本、临储大豆库存较高和进口冲击等因素影响，预计国内大豆价格将大体保持稳定。

关键词： 大豆市场；形势分析；后期展望

一、2015年国内大豆播种面积和产量预计继续下降

2015年为我国大豆目标价格改革试点的第二年，目标价格水平与2014年保持不变，仍为4800元/吨。由于2015年大豆种植仍难以达到种植玉米的收益，再加上2014年目标价格补贴的发放以企业收购价为主监测，所以农民最终获得的目标价格补贴较少，东北主产区豆农改种玉米的现象仍较明显。预计2015年我国大豆播种面积566.7万公顷（8500万亩），较上年下降14.0%。其中黑龙江省大豆种植面积158.7万公顷（2380万亩），较上年下降39.3万公顷（590万亩），较上年下降约20%，也是黑龙江省大豆面积连续第7年减少，较2008年下降60%以上，2015年黑龙江大豆面积大幅减少的主要是普通农户，在部分农垦地区，由于换茬，大豆种植面积略有增加。由于2015年春播期东北出现持续低温多雨天气，黑龙江及内蒙古大豆种植期较往年普遍延迟7—10天，对单产有一定影响，预计当地大豆单产将达到常年水平，为1760公斤/公顷，较上年单产下降，降幅16.2%。按常年单产计算，2015年全国大豆产量约为1000万吨（图1）。

二、2015年国内外大豆价格走势

（一）国内大豆产销区价格变化

2014/2015年度产季是实行大豆目标价格补贴改革的第一年。2015年，大豆市场价格呈现明显的季节性走势特点，价格宽幅波动。上半年，由于大豆市场没有临储价格和国储库收购支撑，国产大豆价格小幅下滑，由于农户对大豆目标价格补贴政策理解不到位，看到市场价格未达预期，纷纷捂粮惜售，导致售粮进度缓慢。3月中下旬，受春播变现及天气升温不利于大豆保管的影响，农户开始销售大豆，市场集中供应致使价格降至

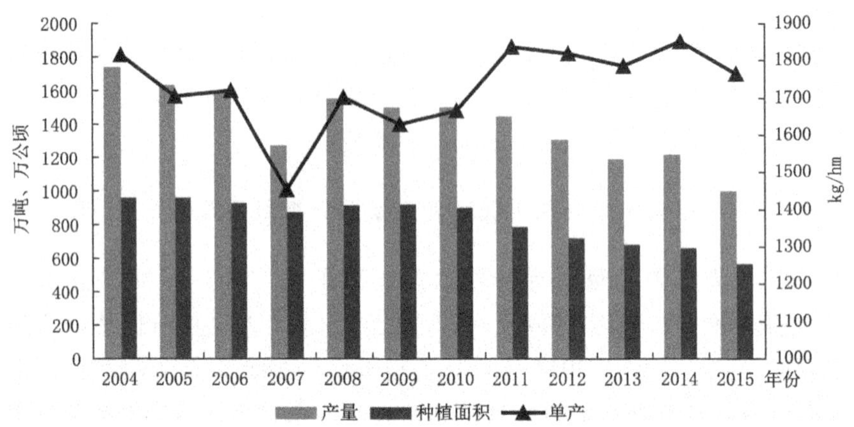

图 1　2004—2015 年中国大豆种植面积、单产及产量

数据来源：2005—2015 年《中国统计年鉴》。

注：2015 年数据为估计数。

年内最低点，黑龙江省部分地区大豆清粮销售价由 3 月初的 4260 元/吨下跌至月底的 3800 元/吨，跌幅达 10.8%。4 月中旬春播开始到 5 月份，农户无暇卖粮，余粮继续消化，贸易商、销区加工企业积极备货，但市场供应量减少，大豆价格小幅攀升。6 月下旬，商品豆消费进入淡季，再加上进口大豆流入食用豆市场，国产大豆价格回落。7 月末，港口开展进口大豆流向商检，大豆分销贸易受影响，东北大豆购销好转，支撑大豆价格上涨，涨幅约为 300 元/吨。9 月份，关内湖北新豆大量上市且价格较往年大幅下滑，部分地区价格较往年下跌 600 元/吨，山东蛋白加工企业大量收购关内大豆。受此影响，9 月末 10 月初新粮上市时东北产区大豆价格一直下滑，新粮上市价格“低开低走”，11 月份价格逐步趋稳。

2015 年 1—11 月，黑龙江产区大豆月均价 3.58 元/kg，比去年同期（4.04 元/kg）下降 11.4%。从月度价格变化看，产区大豆价格从 1 月份的 3.76 元/kg 下降至 4 月份的 3.48 元/kg，降幅 7.4%；5—7 月，价格稳定在 3.52 元/kg；8 月大豆价格开始上涨，9 月达到 3.7 元/kg；10—11 月，大豆价格下跌并稳定在 3.40 元/kg 左右。总体看，11 月价格较 1 月下降 9.6%（图 2）。

2015年1—11月，山东销区国产大豆入厂价月均价4.54元/kg，比去年同期（4.84元/kg）下降6.2%。从月度价格变化看，1—4月大豆价格从4.80元/kg下降至4.42元/kg，降幅7.9%，5—7月，价格稳定在4.42—4.46元/kg，8月大豆价格上涨至4.62元/kg，9月价格继续小幅上涨，达到4.68元/kg；10—11月，大豆价格下跌到4.34—4.36元/kg。总体来看，11月价格较1月下降5.7%（图2）。产销区大豆价格总体价差保持在0.6—1.0元/kg，价格变化基本上同涨同跌。

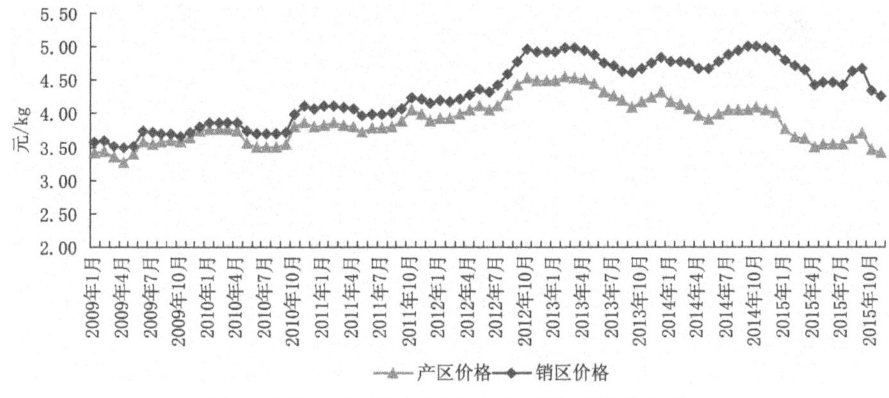

图2　2009—2015年国产大豆产销区价格变化

数据来源：农业部信息中心。

注：产区价格为黑龙江国产大豆收购价，销区价格为山东地区国产大豆入厂价。

（二）2015年国际大豆价格总体下跌

2015年1—11月，美国芝加哥期货交易所（CBOT）大豆月度平均价348.55美元/吨，比去年同期（454.26美元/吨）低105.71美元/吨，同比下跌23.3%。除个别月份价格环比上升外，总体呈下降走势。从月度价格变化看，1—5月大豆价格延续去年下半年的弱势呈波动下降，5月底美国大豆期货价格为340美元/吨，比年初下降7.88%。6月初美国中西部出现强降雨，引发市场对大豆生产的担忧，大豆价格出现一波明显回升，6月底美国大豆期货价格升至388美元/吨的年度高点。此后因供需关系宽松大豆价格再次持续走低。7月，国际大豆价格急升，达到373.41

美元/吨；8 月，国际大豆价格下跌至 340.96 美元/吨，9—11 月价格继续下跌至 320 美元/吨左右。12 月 18 日美国大豆期货价格为 328 美元/吨，比年初下降 11.07%，相当于 2009 年年初价位，为金融危机以来的最低水平。总体看，11 月国际大豆价格较 1 月下跌 14.6%。(图 3)。

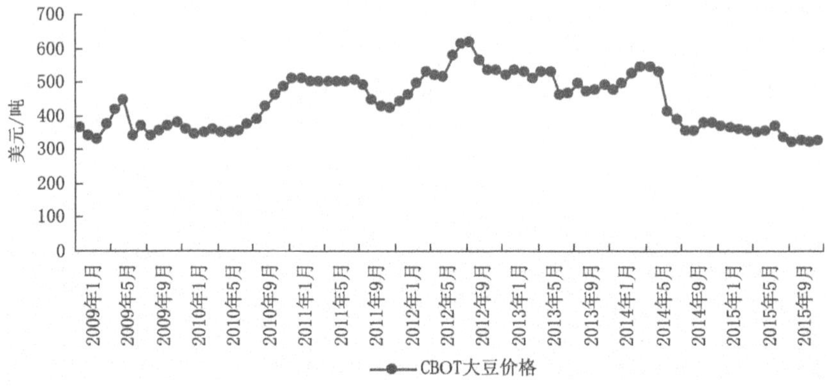

图 3　2009—2015 年 CBOT 大豆价格走势

数据来源：CBOT。

（三）国内大豆价格始终高于国际，国内外价差保持在高位

自 2012 年 10 月起，国内大豆价格均高于国际大豆价格，2013 年 10 月价差缩小至 0.1 元/kg，随后价差开始扩大。2014 年 9 月价差突破 1.2 元/kg，同年 12 月价差突破 1.4 元/kg。从 2013 年起，进口大豆由于产量持续增加导致到港价不断下跌，2015 年从 1 月份的 3380 元/吨跌至 6 月份全年的最低价 2970 元/吨，跌幅 12.13%。2015 年国内外价差也一直保持在 1.2 元/kg 以上并在高位波动，2 月、8 月达到历史最高值 1.56 元/kg，4 月、11 月达到最低值 1.22 元/kg（图 4、图 5）。

三、大豆进口量有望接近 8000 万吨

据海关统计，2015 年 1—11 月，我国累计进口大豆 7262.05 万吨，同比增 15.5%，进口金额 313.64 亿美元，同比减 13.2%。从进口来源

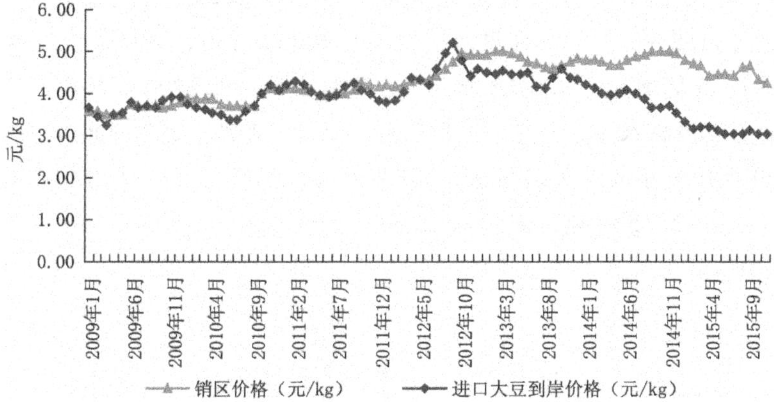

图4　2009—2015 年国内销区大豆价格与进口大豆到岸价格变化

数据来源：农业部信息中心。

注：价差为国内价格减去进口到岸税后价。国内价格为山东国产大豆入厂价，进口到岸税后价为美国墨西哥湾 2 号黄大豆运到青岛港口的到岸税后价。

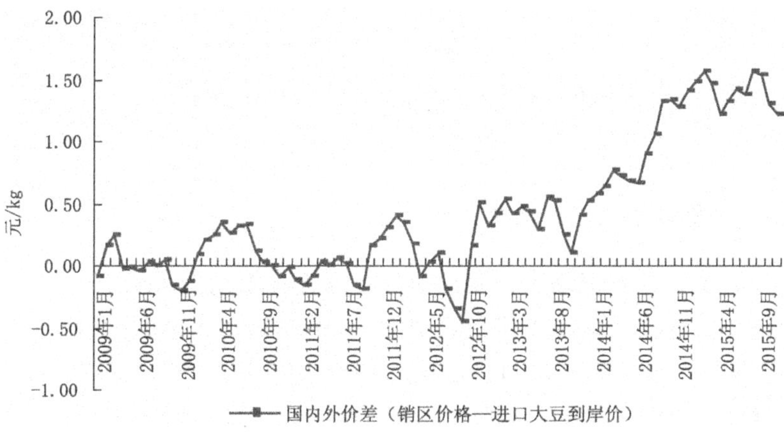

图5　2009—2015 年大豆国内外价差变化

数据来源：农业部信息中心。

注：价差为国内价格减去进口到岸税后价。国内价格为山东国产大豆入厂价，进口到岸税后价为美国墨西哥湾 2 号黄大豆运到青岛港口的到岸税后价。

看，进口自巴西的大豆占我国大豆进口总量的 53.9%，美国占 30.0%，阿根廷占 11.8%；1—11 月累计出口大豆 12.20 万吨，同比减 37.8%，出口金额 1.15 亿美元，同比减 38.6%。7 月大豆进口量 950 万吨，达到月进口量历史最高水平。8 月、9 月、11 月份进口都达到了 700 万吨以上。预计 2015 年全年大豆进口将接近 8000 万吨。2015 年 1—11 月份，我国累计出口豆粕 153.5 万吨，同比减 22.4%。

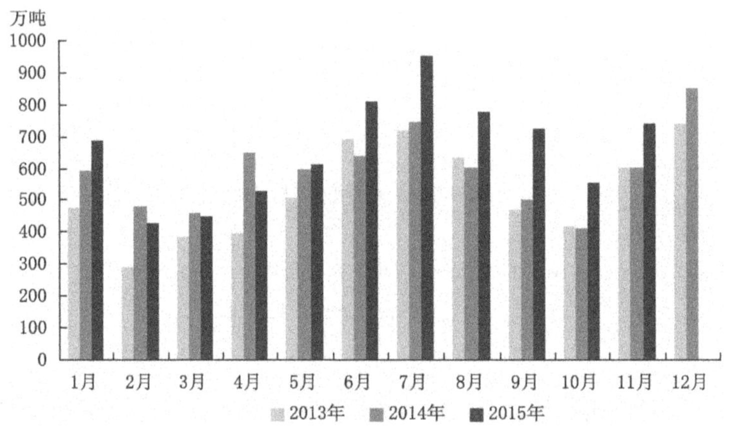

图 6　2013—2015 年大豆进口量月度变化

数据来源：中国海关。

四、价格波动的主要影响因素

（一）大豆主产国增产，全球大豆供给充裕抑制价格上涨

据美国农业部 12 月供需月报估计，2015/2016 年度全球大豆产量为 3.20 亿吨，比上年度增加 111 万吨，增幅 0.35%。美国、巴西和阿根廷分别增产，预计美国大豆产量 1.08 亿吨，比上年度增加 147 万吨，增幅 1.38%；巴西大豆产量 1 亿吨，比上年度增加 380 万吨，增幅 4.0%；阿根廷大豆产量 5700 万吨，比上年度减少 440 万吨，减幅 7.2%。预计 2015/2016 年度全球大豆消费 3.12 亿吨，比上年度增加 1246 万吨，增长 4.2%。全球大豆产大于需 779 万吨，期末库存达到 8258 万吨，大豆库存消费比 26.44%，比上年度上升 0.54 个百分点。全球大豆供给过剩，直

接抑制国际大豆价格上涨。

（二）关内大豆价格降低影响国内大豆市场价格走势

2015年8月，湖北新豆上市后价格开始迅速下跌，由上市初期的5.58元/kg，下跌至最低点的4.16元/kg，跌幅达25%以上。9月份，河南、安徽新豆上市后价格仍维持低位。关内低价大豆拉低整体大豆市场价格，10月份东北产区新豆上市后开秤价在4.10元/kg左右，但是持续时间较短，随后快速回落，维持在3.70—3.76元/kg。11月份，受关内豆农持豆惜售、余豆数量减少影响，关内大豆价格开始出现反弹，由3.90元/kg上涨至4.54元/kg，涨幅16.41%。由于2014年新豆上市后价格较高，2015年新粮价格低，山东的蛋白厂大量采购新豆，尤其是关内新豆。11月末，河南、安徽大豆基本售罄，蛋白厂转向东北收购大豆，拉动产区大豆价格缓慢恢复。国产大豆消费中，蛋白厂的收购量估计占全国总产量的14%左右。2015年蛋白加工企业转向南方收购大豆，其需求对南方市场的影响力度增加。据估计，大多数蛋白厂今年的采购量与2014年相比数量基本相当，进入冬季蛋白粉销售淡季后，部分蛋白厂停止采购，因此后期蛋白厂的收购虽然转向北方，但对市场的出货量和价格影响均较小。12月，东北大豆价格小幅抬头，目前蛋白豆价格3.72元/kg，食品豆价格略高在3.80元/kg①。

（三）养殖业对国内大豆市场价格的提振影响始终较弱

2015年年初，畜禽出栏进入高峰期，春节前后达到存栏低点，3月份猪肉价格触底反弹，生猪存栏量减少，但繁育母猪数量增长迟缓，补栏困难，饲料豆粕需求受到抑制。农业部监测点数据显示，4月份全国生猪存栏38692万头，较上月减少0.02%，同比减少9.71%；能繁母猪存栏连续第20个月下滑，达到3971万头，较上月减少1.7%，同比减少14.9%。5月份全国生猪存栏量继续下滑，为38615万头，较上月

① 张瑾节：《2015大豆行业评述及展望》，卓创资讯内部报告，2015年12月。

减少 0.2%，同比减少 9.8%；能繁母猪存栏量 3923 万头，较上月减少 1.2%，同比减少 15.5%。因存栏猪数量仍较少，对豆粕消费需求的带动仍不明显，饲料厂采购豆粕的意愿不强，豆粕价格延续弱势。尽管农业部发布报告显示，6 月份生猪价格持续回暖，截至 6 月 5 日，全国 22 省市平均猪粮比价为 5.9∶1，逐渐向 6∶1 的盈亏平衡点靠近，养殖亏损程度逐渐减轻，但受补栏量增长迟滞影响，短期内对豆粕的价格影响有限。8 月份生猪存栏量 38731 万头，较上月增加 193 万头，但仍低于近 6 年来生猪存栏均值约 11.8%。能繁母猪存栏量继续下行，跌至 3860 万头，环比下降 0.4%，同比下降 14%。市场预计养殖户心态将趋于理性，后期能繁母猪存栏回升幅度不会太大。9 月份生猪存栏继续增加导致猪价迅速下跌，部分养殖户加快大猪出栏，影响后期猪源供应，不利于饲料需求的增加。由于 2015 年猪价的上涨是由于减少而不是需求增加造成的，目前国内生猪存栏数量仍远低于历史同期水平，因此对豆粕的消费并没有积极的拉动作用。此外，2015 年国内养殖企业进口国外 DDGS 的数量大幅攀升，11 月全国 DDGS 销售均价已跌破 1500 元/吨，远低于菜粕和豆粕的价格，价格优势十分明显，从而影响后期大豆的开工率。

五、2016 年大豆市场展望

（一）全球经济复苏缓慢，大豆等大宗商品外部需求难旺

全球大宗商品价格低迷已持续了近两年，目前全球经济形势发展总体上仍不乐观，美国经济复苏的亮点难掩其他国家的疲弱。国际货币基金组织 10 月份报告将今明两年全球经济增速均下调 0.2 个百分点，分别为 3.1%和 3.6%，这是过去一年来第四次下调全球经济增长预期。各经济体分化较为明显，其中新兴经济体仍然面临着稳定增长、调整结构的挑战。作为大豆等大宗商品需求的主要来源，新兴经济体增长乏力将导致大宗商品外部需求难旺。同时美元仍保持升值势头，这将增加大宗商品价格运行的压力。

（二）全球大豆总体产需关系偏松，价格运行偏弱的态势短期难有根本改变

从产需关系来看，大豆产需关系偏松的局面难以扭转，预计2016年大豆价格仍将呈弱势运行。美国农业部预测2015/2016年度美国大豆单产及全球大豆总产均为创纪录高位。期末库存也创下8258万吨的记录高位。从基本面上来看世界大豆连续四年增产，产大于需且库存庞大，过剩的供给将致大豆价格继续弱势运行。值得注意的是，由于近两年美国大豆价格下降幅度超过玉米，大豆和玉米比价关系呈"大豆弱玉米强"，2016年美国大豆种植意愿可能有所减弱，将给大豆供给带来不确定因素。美国农业部非官方数据认为，明年美国大豆播种面积可能为8200万英亩，比今年的8320万英亩减少120万英亩。但考虑目前庞大的库存量，预计价格将难有较大起色。

（三）气候因素给2016年大豆价格增加不确定性

预计2015/2016年度巴西、阿根廷等南美产区的气候预计将表现出一定的不平衡，南美北部偏干，南部偏涝，可能会对产量造成影响。按照美国大气和海洋局的预测，厄尔尼诺现象将贯穿北半球冬季至第二年春季，在2016年晚春至初夏的时间回落至中性水平。预计再一次强厄尔尼诺消退之后，继而引发拉尼娜天气的可能性出现，会引起太平洋西岸偏干，东岸偏涝，继而对大豆的产量影响或许甚于厄尔尼诺。

（四）国内大豆的价格将受国际大豆价格压制

临近年底，随着产区余粮减少和种植成本支撑，大豆价格进一步下跌的空间缩小，市场预期春节后大豆行情将好转。2016年，随着大豆目标价格补贴政策的继续执行，各市场主体尤其是豆农对政策的理解程度将加深，其种植和销售行为将更加受到市场供求各因素以及大豆目标价格水平的影响。具体看，东北产区2016年的种植面积将受到2016年目标价格水平、2015年玉米大豆种植比较效益、产品市场需求等因素影响。从需求方面看，近年国产大豆压榨量逐步稳定在 100 万吨以内，而蛋白加工需求增加缓慢，考虑到农户自留种行为，种用豆的需求量将保持稳定。由此，国产豆消费预计仍将以食用加工为主，未来食用加工消费需求的变化将成为国产豆价格变化的主要影响因素。此外，随着全球大豆继续供大于求，国际大豆价格总体处于低位趋势，将对我国国产大豆产生较大的下行压力。

参考文献

[1] 徐雪高：《后期大豆价格可能走低，亟需配套政策支持》，《农民日报》，2014 年 12 月 9 日。

[2] 殷瑞锋、徐雪高：《2014 年大豆市场形势分析与 2015 年展望》，《农业展望》2014 年第 12 期。

[3] 殷瑞锋、徐雪高、李登旺、赵将：《2015 年上半年中国大豆市场分析与后期展望》，《农业展望》2015 年第 8 期。

[4] 殷瑞锋、徐雪高、李登旺、赵将：《中国大豆市场分析与未来 10 年展望》，《农业展望》2015 年第 5 期。

[5] 郭心义：《我国大豆蛋白生产现状及前景展望》，《粮油加工与食品机械》2004 年第 3 期。

[6] 杨久尊：《大豆市场近况及展望》，《中投期货内部报告》，2015 年 12 月。

[7] 华尔街见闻：美国气候预测中心：强厄尔尼诺天候似乎已经在太平洋赤道附近发展成熟，大多数预报模型认为，厄尔尼诺将在北半球的冬季继续活动，然后才会在 2016 年春季后期开始消退。http：//live. wallstreetcn. com/livenews/detail/298847。

专题 5：油料和食用植物油*

2015 年，我国油料和食用植物油市场总体呈供需宽松格局，价格弱势运行。收购政策调整影响下，国内外市场价差明显缩小，但国内价格仍高于国际市场。油料、食用植物油进口量同比双增长。国际市场油料丰产，供需宽松格局未改，油料食用植物油价格震荡下行。受全球油料供给充裕、需求弱势影响，预计 2016 年油脂价格将继续承压。

一、国内供给总体稳定

（一）油菜种植面积下降，产量总体持平，品质为近年来最好

农业部农情调度显示，2014 年全国种植冬油菜 10552 万亩，较 2013 年的 11296.5 万亩减少 6.59%。但油菜籽生长期气候适宜，单产和品质较高。自 2014 年播种以来，气候条件十分有利于油菜生产，越冬时期气温较高、结荚时期雨水丰沛，病虫害发生率较往年明显降低，2015 年油菜籽颗粒饱满，出油率和品质好于上年，油菜单产同比增加。6 月份，国家粮食局组织江苏、安徽、江西、河南、湖北、湖南、四川等 7 个油菜籽主产省份的抽样监测显示，2015 年新收获油菜籽含油量为近年来最好，含油量平均值 40.6%，较往年提高 2 个百分点左右。据中国国家统计局 7 月 15 日数据，2015 年我国夏收油菜籽产量为 1388 万吨，同比增长 1.2%。

（二）油菜籽收购新政实施，收购进度慢于去年同期

自油菜籽临时收储政策实施以来，在解决农民卖难、确保农民利益、维持油菜籽市场稳定等方面发挥了积极作用，但连续收储也带来库存高企、财政负担较大等系列问题。为进一步完善油菜籽市场价格形成机制，充分发挥市场在资源配置中的积极作用。2015 年 6 月 18 日国家粮食局、

* 执笔人：张雯丽。

国家发展和改革委员会、财政部、农业部等部门联合下发了《关于做好2015年油菜籽收购工作的通知》（国粮调〔2015〕99号），将油菜籽收购权由中央下放至地方，由地方组织各类企业进行收购。根据该文件，各省及时组织发展和改革委员会、粮食局、财政厅、农业厅（委员会）和中国农业发展银行进行会商，商讨各省的落实细则。总体上看，各省将中央补贴通过直接发放农户、对加工企业进行补贴，或同时采取两种方式。一是湖北、江苏省和湖南省直接补贴农户；二是四川省给收购企业每吨500元的政策补贴，收购价格规定为每吨4600元，限定收购时间为2015年8月1日—9月30日；三是安徽省和贵州省对加工企业和农户同时进行补贴。其中，安徽省拨款1.47亿元左右，其中3000万元补贴油厂，其余款项补贴农户。贵州省补贴资金用于油菜籽加工企业收购、企业品牌化生产经营和油菜籽种植户3项补贴。

由于政策在油菜籽上市以后才下达、地方政府出台收购实施细则较迟，基本在7月、8月份才陆续出台，多地农民、加工企业在购销过程中观望情绪较浓，加工企业收购价格跌破成本价，部分地区出现油菜籽卖难，农民将油菜籽自家留用比例大幅提高，市场收购进度明显慢于往年。据国家粮食局统计，截至9月30日，四川、湖北等9个主产区各类粮食企业收购新产油菜籽160万吨，比上年同期减少188万吨。

（三）2015年国储油拍卖继续推进，菜籽油拍卖成交率低

为推进国储油轮库并满足国内加工需求，上半年我国累计计划拍卖菜籽油共计71.79万吨，成交量为13.4万吨，成交率总体不高，平均为18.67%。成交量较高的月份主要为3月份，连续四周成交率分别为74.7%、59.9%、44.9%和31.2%。其余月份成交率多在20%以下。

2015年12月，双节来临之前，国家临时存储菜籽油再次进行竞价销售，同比上年提前了近两个月。此次累计拍卖14.5万吨菜籽油，成交4.69万吨，成交率32.3%，成交均价低于5400元/吨，满足了部分企业备货需求，但总体来看，企业需求仍然不旺。

二、国内需求弱势影响油料和食用植物油价格总体大幅下跌

2015 年，受宏观经济环境和市场需求低迷影响，除花生和花生油外，主要油料和食用植物油价格均呈阶段性下行趋势。其中，受政策调整影响，油菜籽年度均价较上年下降 16%；国内豆油年度出厂均价同比下降 9.7%，棕榈油到港均价同比下降 15.6%。花生减产带动价格短期内阶段性走高，年度均价同比上涨 11.4%。

（一）收购政策调整影响新菜籽价格大幅下跌，减产支撑花生年度均价上涨

1. 油菜籽收购政策调整，影响油菜籽均价同比下降 16%

2015 年 1—5 月，受上年延续的收购政策支撑，油菜籽收购价格维持在 5100 元/吨的临储价格水平上，但企业加工采购量极少，基本有价无市。6 月以来，随着新年度油菜籽陆续上市，临储政策迟迟未公布，市场对油菜籽取消临储政策的预期愈发强烈，市场价格开始走低。6 月 18 日油菜籽收购新政出台后，油菜籽价格继续大幅下跌。至 6 月，湖北地区油菜籽进厂价由延续 5 个月的 5100 元/吨跌至 4161 元/吨，自 2014 年 7 月份以来首次下跌，环比跌 18.4%，同比跌 17.1%。7 月份以来，油菜籽价格维持弱势格局，价格保持在 3500 元/吨左右。至 12 月，湖北地区油菜籽价格为 3520 元/吨，较 1 月份下跌 31%。1—12 月湖北地区油菜籽入厂均价为 4231 元/吨，同比上年下跌 16.2%。

2. 阶段性供给紧张支撑花生价格先涨后跌，年度均价同比上涨 11.4%

受 2014 年花生产量减少，市场供应量较少影响，花生均价同比上年大幅走高。从月度趋势来看，呈现先涨后跌的走势：1 月份，受减产影响山东花生仁进厂价延续去年的小幅走高趋势，涨至 7638 元/吨；2 月份，油料产区购销在节前陆续收尾，花生品质有所下降，加之加工企业采购意愿逐渐下降，花生价格呈弱势运行，价格维持在 7600 元/吨的水平；4 月份以来，采购商采购意愿逐渐恢复，花生价格小幅上涨，此后两个月花生

价格维持在 7700 元/吨；7—8 月份，市场等待新花生上市，加工需求不旺，花生市场价格跌至 7300 元/吨左右。9 月份以来随着新花生逐渐上市，价格有所走高，但后期市场需求总体不旺，成交量总体平淡影响了价格持续走高，11 月以来，花生价格连续下降，12 月降至 7100 元/吨，较年初 1 月均价下跌 7.0%。2015 年花生年度均价为 7511 元/吨，较去年同期上涨 11.4%（图 1）。

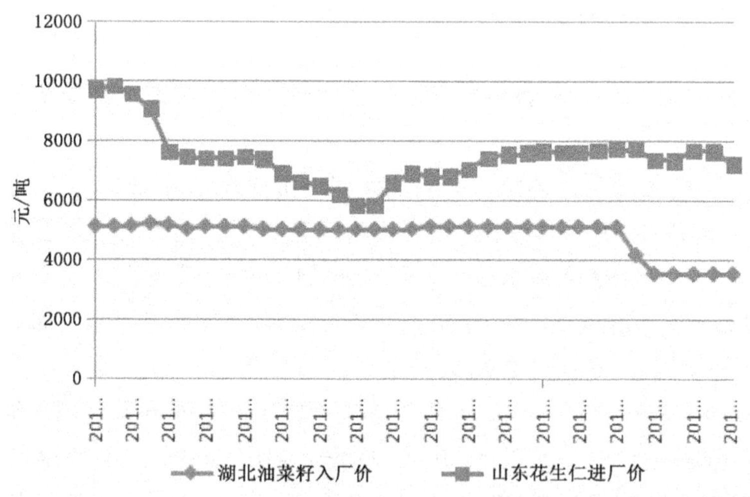

图 1　2013 年以来国内主要油料月均价走势图

（二）食用植物油价格低位运行，走势分化明显

2015 年，受经济增速放缓，食用植物油消费总体低迷，食用植物油价格低位运行。气候、政策和阶段性供求因素影响下，食用植物油走势分化较为明显。

1. 国内豆油主要受巴西和美国大豆阶段性供求趋势影响，总体表现为年度内价格先跌后涨，均价同比上年大幅下跌。2015 年山东国标四级豆油出厂价每吨 5688 元，同比跌 9.7%；山东进口豆油到岸价每吨 5582 元，同比跌 10.8%。

2. 棕榈油主要受厄尔尼诺现象影响以及全球需求低迷影响，价格年度内波动走低，均为每吨 4799 元，同比跌 15.6%；

3. 菜籽油受国内收购政策调整、原料价格持续走低影响，持续下降。2015 年湖北四级菜油出厂价每吨 6249 元，同比跌 12.1%。

4. 花生油受原料减产影响，价格获得一定支撑，但需求不足影响价格上涨动力，年度内小幅下跌，均价同比仍大幅上涨。2015 年山东国标一级花生油出厂价每吨 14175 元，同比涨 8.4%（图 2）。

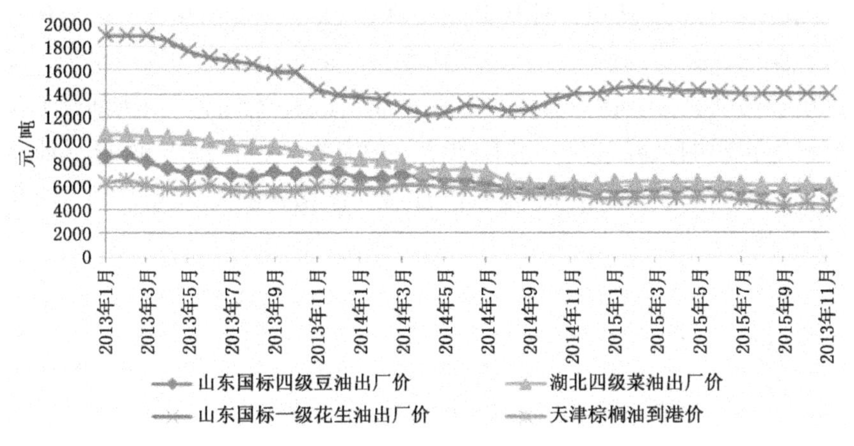

图 2　2013 年以来国内食用植物油月均价走势图

三、国际市场油料食用植物油价格震荡下行

2015 年，国际油料食用植物油市场延续供需宽松格局，全球大豆、棕榈仁丰收，豆油、棕榈油等主要食用植物油供给充足；另外，原油价格走低，生物柴油生产受到影响，食用植物油需求疲软。供大于求的格局对国际食用植物油价格形成压制。1—12 月份，国际市场油料油脂持续下跌，加拿大油菜籽 CNF 均价（离岸价 + 运费）每吨 446 美元，同比跌 15.1%。南美豆油 CNF 价每吨 748 美元，同比跌 17.1%。马来西亚 24 度棕榈油 FOB 价每吨 602 美元，同比跌 22.3%。

本年度，国际油料食用植物油价格呈现了两次现阶段性反弹。分别是 2015 年 5 月和 10 月。主要原因是：5 月份，受全球 2015/16 年度油菜籽产量预期减少，尤其是加拿大油菜籽库存低于预期，播种面积预计下降，提振了国际油菜籽价格。美国中西部地区玉米播种进展异常迅猛，意味着2015 年转播大豆的规模可能低于预期，加上南美阿根廷劳动纠纷引发的罢工事件，对大豆和豆油价格形成支撑。棕榈油方面，受厄尔尼诺气候影响，东南亚干旱天气概率增大，将影响棕榈油产量，短期内，推动棕榈油价格上涨。当月加拿大油菜籽 CNF 均价、南美豆油 CNF 均价和马来西亚 24 度棕榈油离岸价月均价环比分别上涨 1.3%、3.9% 和 2.1%。10 月份以来，美国农业部调低大豆预估产量数据，低于市场平均预期水平，加之美豆出口前景良好，国际市场大豆及豆油价格大幅上涨。棕榈油受厄尔尼诺气候加剧影响大幅反弹。当月加拿大油菜籽 CNF 均价、南美豆油 CNF 均价和马来西亚 24 度棕榈油离岸价月均价环比分别上涨 1.2%、7.1% 和 9.6%（图 3）。

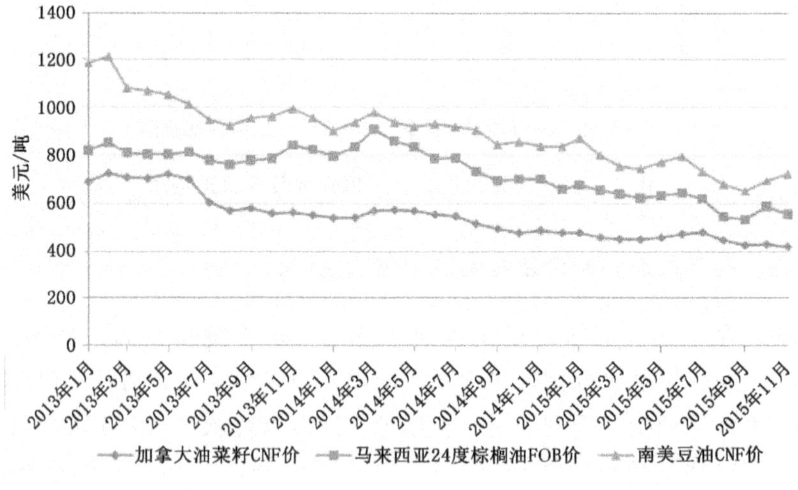

图 3　2013 年 1 月—2015 年 12 月国际食用植物油价格走势图

四、国外油脂油料价格总体低于国内价格

2015 年以来，由于国内外油料食用植物油价格均震荡走低，但国际市场跌幅更大，总体仍低于国内价格。其中，受收购政策调整影响，我国油菜籽价格在7月和8月份出现了罕见的低于国际市场价格的现象，湖北地区油菜籽入厂均价分别比加拿大油菜籽进口到岸税后均价低0.09元/0.5公斤和0.03元/0.5公斤。但此后随着国际市场价格进一步走低，内外价格继续保持倒挂，价差维持在0.07元/0.5公斤以内（图4）。

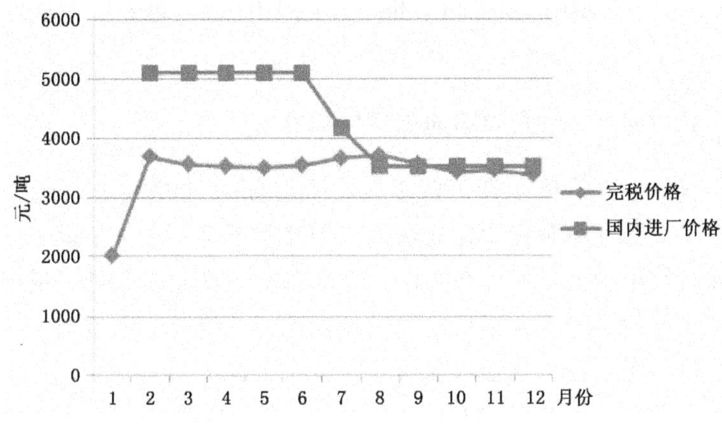

图4　2015年1—12月国内外油菜籽均价走势及价差

山东进口豆油到岸税后价格持续低于国内豆油出厂均价，1—12月份价差波动频繁，总体保持在0.05元/公斤范围内（图5）。

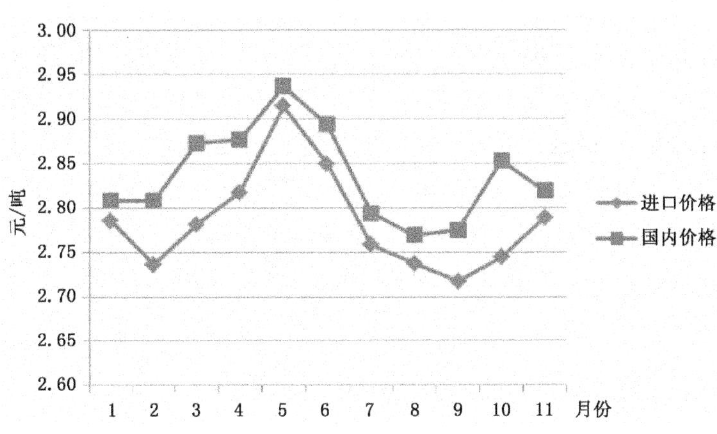

图5　2015年1—12月国内外豆油均价走势及价差

至 12 月份，9% 关税下的加拿大油菜籽到我国口岸的税后价格每斤 1.69 元，比国内油菜籽进厂价每斤低 0.07 元，价差较上月持平；美国墨西哥湾豆油离岸价每吨 657 美元，折人民币每斤 2.12 元，比国内销区豆油价格每斤低 0.79 元，价差较上月缩小 0.19 元；山东进口豆油税后价每斤 2.86 元，比当地国产豆油出厂价每斤低 0.05 元，价差较上月扩大 0.01 元。

五、食用油籽、食用植物油进口同比双增长

受需求低迷、价格预期下降以及前期加工企业持续去库存等因素影响，上半年我国油料和食用植物油进口同比均下降。下半年以来，国际市场油料和食用植物油价格优势突出，企业备货需求增多，进口量同比大幅增加。全年食用油籽和食用植物油进口同比保持增长。进口增长主要以大豆和棕榈油为主，油菜籽进口显著下降。

据海关统计，2015 年 11 月我国进口食用油籽 783.07 万吨，环比增 31.2%，同比增 18.7%；进口食用植物油 69.67 万吨，环比增 10.2%，同比增 18.2%。1—11 月累计进口食用油籽 7801.74 万吨，同比增 14.1%，进口额 345.83 亿美元，同比减 13.4%；累计进口食用植物油 747.78 万吨，同比增 4.7%，进口额 53.91 亿美元，同比减 16.9%。其中，油菜籽进口 415.64 万吨，同比减 9.6%，主要来自加拿大（占进口总量的 86.4%）和澳大利亚（占 11.4%）；大豆进口 7257.42 万吨，同比增 15.5%；棕榈油进口 524.15 万吨，同比增 11.2%，主要来自印度尼西亚（占进口总量的 55.0%）和马来西亚（占 44.8%）；豆油进口 80.21 万吨，同比减 26.7%；菜籽油进口 70.85 万吨，同比减 8.9%；豆粕进口 5.73 万吨，同比增 2.2 倍；菜粕进口 12.28 万吨，同比减 53.2%。

六、全球油料食用植物油供给均呈宽松格局

据联合国粮农组织 2015 年 5 月份预计，2014/2015 年度全球油料产量 5.42 亿吨，同比增 5.7%（预计大豆、棉籽、棕榈仁增产，油菜

籽、花生仁、葵花籽减产）。其中，大豆产量3.15亿吨，同比增10.9%；油菜籽产量为0.71亿吨，同比减0.6%。2014/2015年度全球油脂产量2.10亿吨，同比增3.4%；消费量2.04亿吨，同比增2.5%；油脂库存消费比18.9%，同比增加2.4个百分点，是十五年来最高值。

据美国农业部2015年12月份预测，2015/2016年度全球油籽产量5.29亿吨，同比减1.4%；消费量5.22亿吨，同比增1.0%；贸易量1.48亿吨，同比增1.0%；期末库存0.95亿吨，同比增3.5%；库存消费比18.2%，同比提高0.45个百分点。全球食用植物油产量1.78亿吨，同比增1.2%；消费量1.77亿吨，同比增3.6%；贸易量7603万吨，同比增0.7%；期末库存1614万吨，同比减14.8%；库存消费比9.1%，同比下降2.4个百分点。

七、后期展望

临近年底时，双节带动下油料、食用植物油消费进入旺季，油料油脂价格有望得到支撑。随着元旦、春节备货增多，预计后期油脂消费量将显著增加，有利于支撑油脂价格。分品种来看，豆油受国际价格走势影响以及需求较强影响，短期内有望保持小幅反弹，但后期上行空间有限。菜油消费总体较为稳定，临储拍卖重新启动，对菜油市场形成一定压制，预计菜油价格将稳中趋弱运行。棕榈油价格延续内强外弱格局。考虑到国内需求恢复尚待时日，国际市场油料供给总体宽松，2016年国内油料食用植物油市场仍延续弱势格局，价格总体低位震荡。

国际市场供需宽松的基本格局未改，短期内全球食用植物油走势分化，豆油价格有望延续反弹，棕榈油价格继续疲软。近期南美大豆遭遇干旱，短期内有利于豆油价格反弹。2015年12月初，美国能源保护署公布RFS可再生能源添加标准：2016年生物柴油添加目标为19亿加仑，较2015年增加9.8%，2017年添加目标将达20亿加仑。若2016年生物柴油添加目标顺利完成，豆油用于生物柴油的添加量可增加5亿—6亿磅。另外，美国决定延长 1 美元/加仑生物柴油掺混补贴时间，将刺激美国对东南亚、阿根廷等国低价生物柴油的进口，对植物油市场形成支撑。棕榈油方面，需求总体延续疲软态势，马来西亚棕榈油库存创下历史新高，后期价格缺乏有力支撑。综合考虑，预计短期内国际食用植物油价格维持震荡格局，走势继续分化，后期走势受宏观经济环境和原油价格变动影响较大。

专题 7：食　　糖*

内容提要：2014/2015 榨季是中国进入食糖减产周期的第 1 年，食糖大幅减产，国内产需缺口扩大，进口大幅增加。在自动许可制度、糖业企业行业自律等政策的作用下，国内食糖价格明显回升，制糖行业实现大幅减亏，农民收入在糖料收购价格下调的作用下继续下滑。“十三五”期间，糖料面积和食糖产量将在经历一个减产周期后步入上升周期，但增幅趋缓；人口规模的扩大和经济水平的提高将拉动食糖消费增长；受供需缺口影响，食糖进口规模巨大；食糖价格在国际市场供需转紧、国内政策支持、行业自律等因素的影响下将缓慢回升。

食糖是重要的战略物资，不仅是居民生活的必需品，而且有着广泛的工业用途。因此食糖产业的健康发展对国民经济具有重要意义。近年来，面对国内成本快速上升和国际低价糖竞争的双重挑战，我国食糖产业的生存空间受到严重挤压。鉴于此，国家和各行业主体采取了许多积极的措施，食糖产业发展形势有所好转。但我国食糖产业发展的制约因素在短期内无法得到彻底消除，因此食糖产业长期发展形势依然严峻。

* 执笔人：徐雪、马凯。

一、国内食糖出现“三连增”后首次减产，消费继续增长，产需缺口扩大

2014/2015 榨季（2014 年 10 月—2015 年 9 月）我国食糖生产在“三年增”之后步入减产周期，糖料种植面积与食糖产量均出现大幅下滑。根据中国糖业协会公布的数据，2014/2015 榨季全国糖料种植面积 157.93 万公顷，同比减少 20.13 万公顷，减幅 11.3%。其中甘蔗种植面积 145.71 万公顷，同比减少 16.88 万公顷，减幅 10.4%；甜菜种植面积 12.22 万公顷，同比减少 3.25 万公顷，减幅 21%。食糖产量 1055.6 万吨，同比减少 276.2 万吨，减幅 20.7%。其中甘蔗糖产量 981.8 万吨，同比减少 275.4 万吨，减幅 21.9%；甜菜糖产量 73.8 万吨，同比减少 0.8 万吨，减幅 1.1%。从全国主产区来看，广西、广东、海南三省（区）出现较大幅度减产，其中广西食糖产量从上榨季的 855.8 万吨减产至 634 万吨，减幅达 25.9%；云南、新疆、内蒙古、黑龙江的食糖产量同比基本持平。从品种结构上看，甘蔗糖减产幅度较大，同比减少 21.9%；甜菜糖减产幅度较小，同比减少 1.14%，但由于我国以甘蔗糖为主，故食糖产量整体减幅较大。

与大幅下降的食糖产量相比，国内食糖消费仍然保持稳步增长势头，2014/2015 榨季全国食糖消费量 1545 万吨，同比增长 65 万吨，增幅 4.4%。国内产需缺口由上榨季的 148 万吨扩大到 2014/2015 榨季的 489 万吨，增加了 2.3 倍（图 1）。

二、全球糖市连续第 5 年产大于需，国际糖价创近年来新低

2014/2015 榨季全球食糖市场在产量下降的同时消费量继续增长，供需过剩量减少，已经连续 4 年增加的食糖库存首次出现小幅减少。根据美国农业部 2014 年 12 月发布的全球食糖产需数据，2014/2015 榨季国际食糖产量 1.725 亿吨，连续第二年下降，同比减产 0.025 亿吨，减幅 1.4%。但是仍然高于同期全球食糖 1.719 亿吨的消费量，产大于需 53 万吨，同比大幅下降 618 万吨，期末库存从 2013/2014 榨季的 4362 万吨减少到

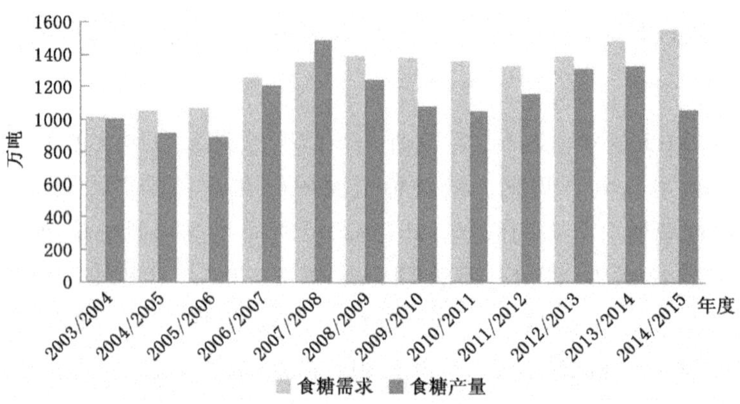

图 1　中国食糖产量与消费

数据来源：农业部糖料市场预警小组测算。

2014/2015 榨季的 4222 万吨，库存消费比从 25.9% 下降到 24.6%（表 1）。随着未来全球糖市转向供小于求，全球糖市累积起来的巨大库存将得到一定程度的消化，食糖库存有望回归正常水平。

表 1　　全球食糖供求平衡表　　单位：万吨

榨　季	期初库存	产　量	进口量	总供给	出口量	使用量	产大于需	期末库存
2008/2009	4308	14401	4233	22943	4496	15463	-1062	2984
2009/2010	2984	15318	4837	23139	4833	15501	-183	2804
2010/2011	2804	16219	4934	23957	5386	15643	576	2928
2011/2012	2928	17230	4840	24998	5502	15983	1247	3513
2012/2013	3513	17756	5099	26368	5529	16588	1168	4251
2013/2014	4251	17501	5184	26935	5744	16830	671	4362
2014/2015	4362	17246	5176	26784	5370	17193	53	4222

数据来源：美国农业部。

受全球糖市连续5年供大于求基本面的影响，2014/2015榨季，国际食糖价格一路走跌，纽约11号原糖期货月均最高价每磅16.5美分，月均最低价每磅10.64美分，两者相差5.86美分；榨季均价每磅13.44美分，创下了2008/2009榨季以来的最低价，同比每磅跌3.26美分，跌幅达19.5%（图2）。

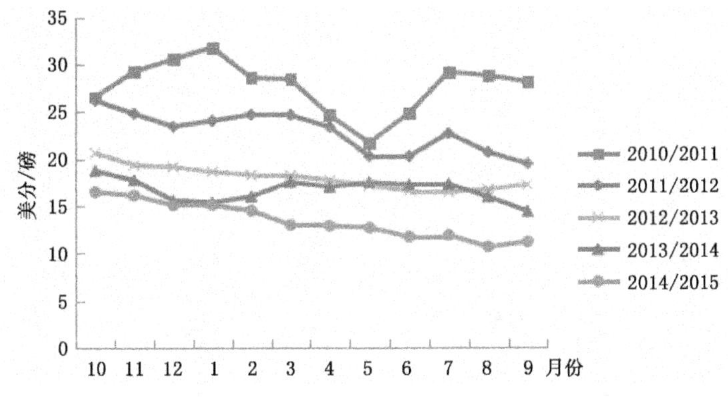

图2 近五年来国际食糖价格走势

数据来源：国际糖价取自纽约11号原糖期货价格；国内糖价为农业部糖料市场预警小组监测数据。

三、食糖进口和库存继续增加

由于国际食糖价格持续走低，而国内糖价在政府和行业主体的努力下走出了背离国际糖市的独立行情，因此国内外食糖价差进一步扩大（图3）。2014/2015榨季，进口配额内15%关税的巴西食糖到岸税后价平均每吨3560元，同比跌1317元，跌幅27%，比国内糖价每吨低1318元，同比扩大874元；进口配额外50%关税的巴西食糖到岸税后价平均每吨4444元，同比跌970元，跌幅17.9%，比国内糖价每吨低433元，同比扩大1149元。在价差刺激下，我国食糖进口持续增加，2014/2015榨季，我国共进口食糖481.2万吨，同比增加78.8万吨，增幅19.6%，进口量占国内总消费的比重为31%；出口食糖5.9万吨，同比增加1.2万吨。

虽然我国食糖产量出现了大幅下降，产需缺口不断扩大，但国内外价格倒挂导致我国食糖进口规模居高不下，超过了国内产需缺口，从而造成国内库存持续增加。2014/2015 榨季末，国内食糖库存接近 950 万吨，与上一榨季基本持平，其中国库储备糖和地方储备糖约 700 余万吨，庞大的库存规模成为影响国内糖市未来发展的一个重要因素。

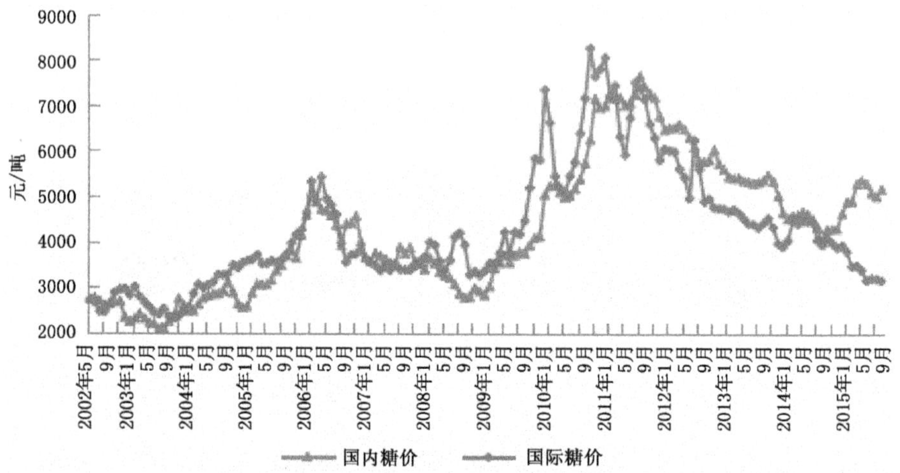

图 3　中国食糖价格与进口糖成本比较

数据来源：农业部糖料市场预警小组监测数据。

四、国内糖价大幅上升，行业减亏明显，农民收入继续下降

2014/2015 榨季，国内食糖价格大幅回暖，月度均价最低 4284 元/吨，最高价 5362 元/吨，年度均价 4877 元/吨，同比每吨涨 178 元，涨幅 3.8%（图 4）。受价格上涨影响，国内制糖行业效益好转，2014/2015 榨季全国制糖行业销售收入 549 亿元，实现利税总额 10.4 亿元，其中利润 -18.7 亿元，同比减亏 78.9 亿元。

近年来，我国主产区糖料生产成本快速上升，而收购价格却不断下调，糖农的利润空间收到不断挤压。国内最大食糖主产区广西的糖料蔗收购价从 2012/2013 榨季的 500 元/吨下调到 2014/2015 榨季的 400 元/吨（表 2）。与此同时，糖料蔗的种植成本却不断提高，根据广西价格成本调

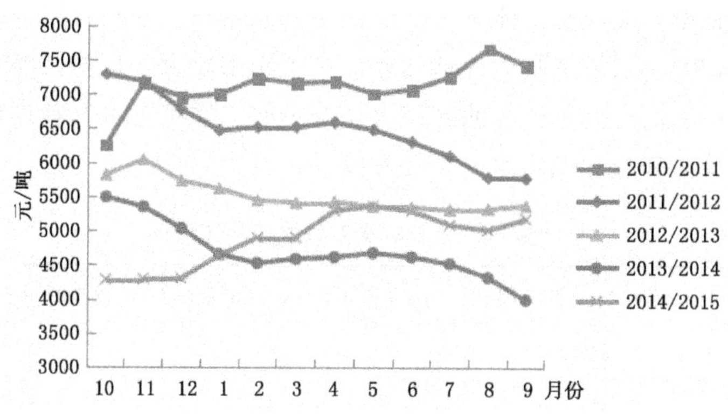

图 4　近五年我国食糖价格走势

数据来源：国内糖价为 5 个甘蔗主产区月均批发价格。

查监审分局的监测，2005—2014 年十年间，广西糖料蔗每亩种植总成本由 834.8 元增加到 2016.6 元，增加了 1181.8 元，增幅 141.6%，年均增长 10.3%。其中，人工成本更是增加了近 2 倍。

表 2　广西、云南近年来糖料收购价

榨季	广西糖料蔗收购价	广西联动糖价	云南糖料蔗收购价	云南联动糖价
2011/2012	500	7000	420	7000
2012/2013	475	6580	420	6500
2013/2014	440	6000	420	6500
2014/2015	400	5100	420	5800

数据来源：根据公开资料整理。

糖农种蔗收益不断下滑。据广西价格成本调查监审分局测算，2010—2014 年 5 年间，广西糖料蔗净利润由 13121.85 元/公顷连续下降到 -420.9 元/公顷，下降了 13542.75 元（表 3），糖料蔗与当地其他经济作物的比较收益不断降低。根据作者调研发现，农业企业、专业大户、农民合作社等新型农业经营主体，由于前期在土地平整、水利管网等基础设施上的投入较大，加之在甘蔗种植各环节雇工需求较大，虽然亩产水平能够较普通农户稍高，但是整体的经济收益并不好，在不考虑套种作物收益的情况下，单纯种植甘蔗基本上全部亏损。

表 3　广西糖料蔗种植总成本与效益变化情况

年份	总成本（元/公顷）	净利润（元/公顷）	成本利润率（%）
2010	21069.9	13121.85	62.28
2011	23641.2	10691.55	45.22
2012	27224.1	8599.35	31.59
2013	29889.15	5271	17.64
2014	30249.3	-420.9	-1.39

数据来源：广西价格成本调查监审分局。

五、未来国内食糖市场走势判断

生产方面：由于糖料蔗收购价连续下调、农民种蔗收益减少，造成农民改种意愿强烈，2015/2016 榨季糖料种植面积和食糖产量将进一步缩减。据估计，2015/2016 榨季国内糖料种植面积 136.67 万公顷左右，同比缩减约 20 万公顷。预计食糖产量 950 万吨左右。食糖消费将继续增长至 1570 万吨，国内食糖产需缺口扩大到 620 万吨，自给率恐将跌破 60%。

根据国内食糖生产的历史经验判断，“十三五”期间，国内食糖生产将在经历一个减产周期后步入上升周期，但是增长的幅度将减缓，长期走势上可能会呈现一个递减的趋势。与此相伴的是，在如《糖料蔗主产区生产发展规划（2015—2020 年）》等国家政策的作用下，生产将进一步向广西、云南等优势产区集中。

消费方面，随着全面二孩政策的实施，我国人口规模增长速度将加快，从而提振食糖消费；同时，随着经济发展及城镇化水平的提升，我国居民的人均食糖消费量也会增加，因此，我国食糖消费量在未来的一段时期内都将保持稳步增长的趋势。预计2015/2016榨季食糖消费量在1580万吨左右，“十三五”末年消费量将达到1750万吨左右。

贸易方面，由于国内食糖减产形势严峻，消费稳步增长，因此国内食糖产需缺口将不断扩大，对进口食糖存在刚性需求。加之国内外价差较大，食糖进口过量的压力也将长期存在。“十三五”期间，按照年均食糖产量1000万吨、消费量1600万吨粗略计算，每年有600万吨的产需缺口，整个“十三五”期间的产需缺口达3000万吨，如果去除掉当前约900万吨的食糖库存，“十三五”期间将至少进口食糖2100万吨，平均每年进口420万吨。

价格方面，当前国内食糖价格主要受到两个因素的影响，一个是国际糖价，另一个是国内供需。从国家糖价来看，根据国际机构的预测，国际食糖市场将在2015/2016榨季步入产不足需的减产周期，国际糖价将会回暖；从国内供需来看，产需缺口长期存在，食糖进口无法避免，但如果当前的进口调控政策能够持续，食糖进口的节奏和规模将会得到合理控制，不会出现严重的供需失衡。总体来看，国内外市场因素将支撑国内糖价在“十三五”期间缓慢回升。

参考文献

[1] 徐雪、马凯：《未来10年中国食糖形势分析》，《世界农业》2015年第7期。

[2] 马凯、徐雪：《中国食糖市场现状与未来5年展望》，《农业展望》2015年第9期。

[3] 中国糖业协会：《中国糖业年报·2014/2015制糖期》。

专题 8：生　　猪*

内容提要：2011 年猪价暴涨带来更多资本和大财团进军养猪业，暴涨之后注定是产能过剩和淘汰赛。2014 年生猪存栏、能繁母猪存栏均大幅下降，但出栏量却大幅增加，创历史新高，说明生猪产能过剩，市场去产能化。经历近两年的低迷期，2015 年生猪市场基本面是过剩的产能被完全淘汰，生猪市场进入新一轮周期性上涨期。冬季和夏季仔猪成活率差异导致生猪供给季节性差异，冬季成活率低导致 2015 年 3—8 月需求淡季生猪出栏量少，猪价上涨，夏季成活率高导致 9 月后秋冬季需求旺季出栏量大，猪价下跌。另外玉米价格的大幅下跌、需求的疲软以及进口猪肉的冲击也对猪价下跌产生重要影响。前期母猪存栏基数的大幅下降制约着生猪出栏量难以短时期内大幅度增加，春节需求旺季来临，生猪价格将一反 2013 年、2014 年两年旺季不旺反跌的怪象，短期内有望重启上涨，供应减少导致的猪价上涨持续时间将在一年甚至一年半以上。

一、2015 年生猪市场回顾

（一）生猪存栏和能繁母猪存栏降至 7 年来最低

1. 生猪存栏上半年急剧下滑，下半年小幅回调

2009—2013 年生猪存栏大致保持在 43000—48000 万头（图 1）。因 2011 年猪价高企不少养殖企业在 2012 年、2013 年开始产业大布局，新增的万头猪场从 2014 年开始向市场提供商品猪，2014 年生猪出栏量大幅增加，但生猪存栏和能繁母猪存栏却降至低点，说明市场去产能化。从 2014 年 9 月起，全国生猪存栏量环比呈现持续性下滑，尤其是 2014 年 12 月—2015 年 2 月下跌近 10%，至 2015 年 6 月达七年来最低值 38461 万头。2015 年 7—10 月出现小幅回升，11 月再次小幅下跌，达 38804 万头，

* 执笔人：陈艳丽。

环比下跌 0.70%，同比下跌 10.00%。2015 年第三季度生猪出栏 1.6317 亿头，环比上涨 24.3%，说明二季度生猪出栏处于低位，三季度因前期猪价上涨仔猪补栏增多，相应生猪存栏增多。

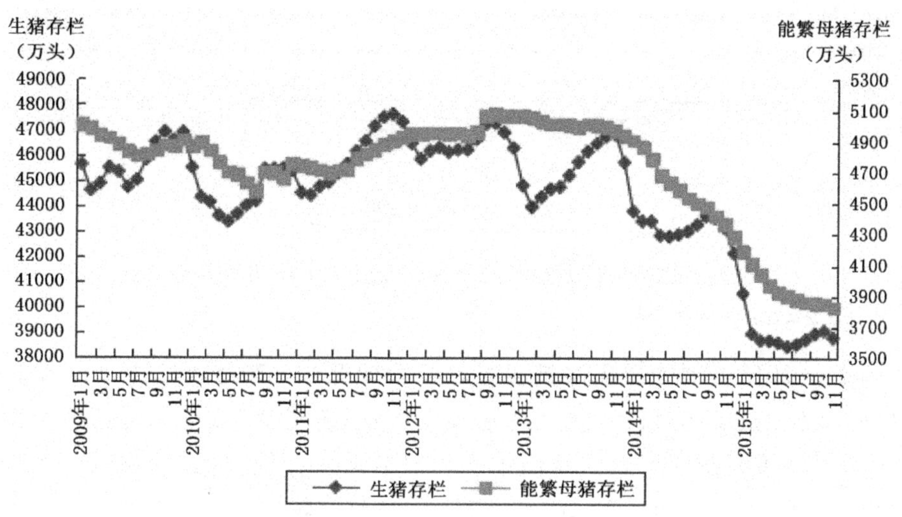

图 1　2009 年以来国内生猪和能繁母猪存栏

数据来源：中国政府网。

2. 能繁母猪存栏一路下滑

2012—2013 年我国能繁母猪存栏数量在 4900 万头高位浮动，受产能过剩影响，2013 年 9 月开始能繁母猪存栏连续下滑，2014 年 3 月能繁母猪存栏数量跌破农业部“4800 万头”的预警线，同比下降幅度开始低于《生猪调控预案》中下降 5% 的预警值，且同比跌幅不断加深，能繁母猪存栏量处于近 7 年来的历史最低位。截至 2015 年 11 月，能繁母猪存栏 3827 万头，环比下跌 0.60%，同比下跌 12.40%，产能缺口清晰，生猪市场将继续获得维持中长期高位运行的有力支撑（图 2）。

3. 生猪屠宰量同比大幅下跌

一般情况下，年度内生猪屠宰量 1 月最高，主要是元旦、春节需求旺盛，2 月最低，属节后淡季为最低，3 月因需求恢复稍有回升，夏季属需求淡季有所回落，中秋、国庆后至春节前需求趋于旺盛屠宰量持续增加

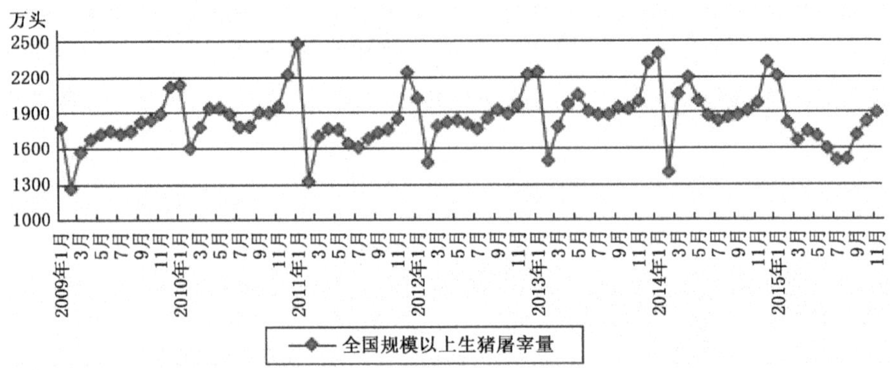

图 2　2009 年以来全国规模以上屠宰企业生猪屠宰量

数据来源：中国政府网。

(图 2)。2015 年月生猪屠宰量明显处于同期低位，2015 年 2 月份屠宰量是近七年来最高的月份，同比上涨 30%，3 月份继续下跌，4 月份稍有回升，5 月—8 月继续下跌，与往年态势大不同，9 月份后开始回升。纵观 2009—2014 年上半年，除 2011 年 2—11 月屠宰量同比持续下跌外，基本上是同比增加的。从 2014 年下半年开始除了 2014 年 12 月份同比小幅上涨，2015 年 2 月份同比大幅上涨，其余月份月屠宰量同比持续下跌，尤其 2015 年以来同比跌幅较大，最大 21%，走势与 2011 年相似，但跌幅要比 2011 年多。说明前期长期的低迷期，导致生猪市场去产能化较为彻底，生猪存栏的低位造成供给不足，从而价格大幅回升。

（二）生猪价格进入新一轮周期性上涨期

1. 生猪价格呈倒“N”形变化

生猪价格从 2014 年 9 月至 2015 年 3 月中旬持续下降，3 月 18 日降至 2015 年最低点（12.1 元/kg）后又呈不断走高态势，并在 8 月底创出新高，达 18.38 元/kg，5 个月时间上涨 51.9%，是近 4 年来最高点。但 9 月后再次出现下滑，2 个多月时间下跌 11%。11 月下旬止跌回升 1 个月，上涨较为平缓。截至 12 月 23 日，生猪出场价格为 16.79 元/kg，环比下跌 0.47%，再次出现小幅下跌，同比上涨 22.73%，2015 年下半年生猪价格保持在16—19元/kg的常态区间。2015年生猪价格走势呈倒“N”形变化，进入新一轮周期性上涨期（图3）。

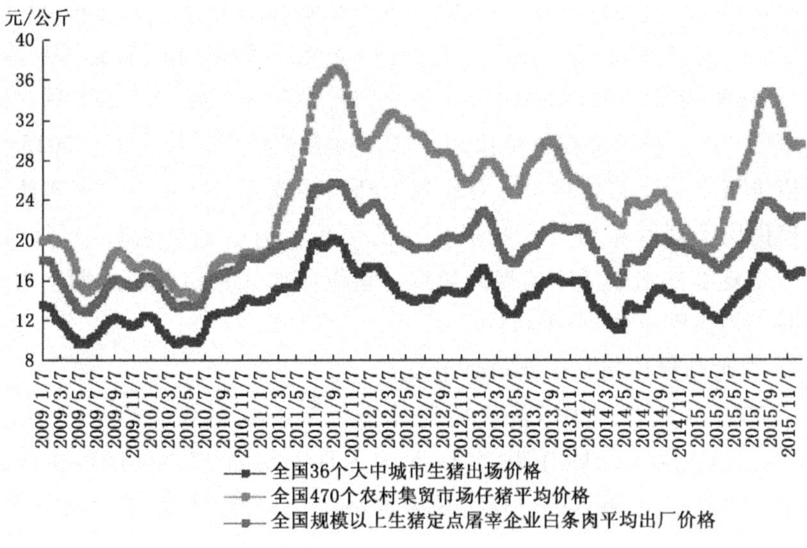

图3 2009年以来国内生猪、仔猪、白条猪价格

数据来源：中国政府网。

2. 鲜猪肉批发价格与生猪价格走势趋同

生猪价格和猪肉价格关联性极高，几乎同步波动，受流通影响正常情况下猪肉价格会略滞后于生猪价格1—2周。据商务部数据，2014年9月中旬至2015年3月下旬全国白条猪批发价格缓慢下降，3月20日降至2015年最低点（18.17元/kg）后连续5个月回升，8月28日达到年内最高点的24.14元/kg，上涨32.86%，符合“猪价涨3成、肉价涨2成，猪价降3成、肉价降2成”的一般规律。但9月后再次回落将近2个月，11月下旬开始连续回升1个月，12月下旬出现小幅回落，2015年12月21—27日，全国白条猪批发价格为22.28元/kg，环比下跌0.27%，同比上涨18.01%（图3）。据国家统计局公布的2015年12月11—20日全国50个城市主要食品平均价格，猪肉后臀尖（后腿肉）为28.29元/kg，环比持平，五花肉为28.94元/kg，环比下跌0.1%。

3. 仔猪价格变动趋势较生猪价格变动剧烈

2015 年春节后仔猪价格开始上扬，3 月后因养殖户补栏积极呈步步走高态势，9 月上旬达到本年最高点的 34.79 元/kg，近 7 个月上涨 81.6%，随后进入下滑通道，12 月份下旬开始仔猪价格连续回升，截至 2015 年 12 月 23 日仔猪价格为 29.61 元/kg，环比上涨 0.30%，已结连涨 3 周，同比上涨 47.10%，仔猪价格再现快速上涨，说明补栏积极性高涨。2015 年年初仔猪价格早于生猪价格 1 个月出现上涨，主要来自于前期母猪淘汰导致的仔猪供应下降和年后补栏积极导致的需求上升。而仔猪价格下跌的原因：一是夏季仔猪成活率的提高导致仔猪供应增加；二是对远期猪市缺乏信心补栏积极性下降（图 3）。

4. 二元母猪价格与生猪价格的变动相似

从 2012 年 7 月—2015 年 3 月总体上呈现下跌态势（图 4），从 2012 年 7 月初的 33.47 元/kg 下跌至 2015 年 3 月中旬的 27.63 元/kg，下跌幅度达 21.1%。之后因养殖户补栏积极价格持续回升，9 月中旬涨至 32.66 元/kg，半年时间上涨 18.2%，为近两年半来最高点。9 月后二元母猪价格再次回落，截至 2015 年 12 月 23 日跌至 31.27 元/kg，环比下跌 0.03%，同比上涨 10.38%。以往生猪市场每个猪周期的拐点出现通常都是猪价率先上涨，之后带动仔猪补栏、仔猪价格上涨，再带动母猪补栏、母猪价格上涨，而且从猪价拐点传递至母猪存栏拐点通常都在半年左右。而本轮生猪价格和母猪价格上涨几乎同步，但仔猪价格要早于生猪价格提前一个月开启上涨之路，传递的时间和滞后期都大大缩短，主要原因在于养猪人对猪周期认识、风险意识大大提高，同时信息传播速度更快。

（三）1 季度猪粮比价下跌，2—4 季度大幅回升

2014 年 12 月开始猪粮比价持续下滑，2015 年 3 月 18 日达到年内最低点 5.04∶1，4 月开始直线上扬，6 月 3 日突破 6∶1，至此猪粮比价已经连续 1 年半时间处于 6∶1 以下，之后养殖利润开始慢慢回升，尽管 2015 年 9 月后生猪价格出现回落，但养殖利润依然冲击着 2015 年高峰，10 月底猪粮比价达到本年最高点 8.07∶1，为近 4 年来的最高水平。11

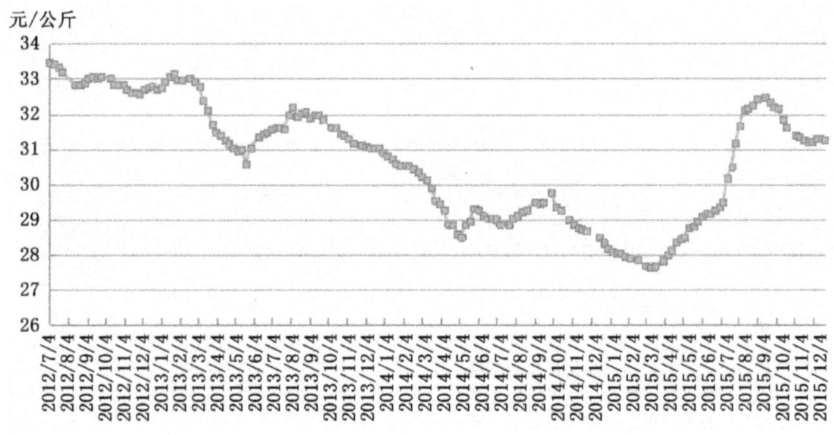

图 4　2012 年 7 月以来全国二元母猪销售价格

数据来源：中国政府网。

月因为生猪价格的继续回落和玉米价格的回调出现连续下降，12 月份因生猪价格的强势回归再次上涨，12 月底因猪价的短暂下跌猪粮比亦出现小幅下跌，截至 2015 年 12 月 23 日，猪粮比价为 7.92∶1，环比下跌 0.50%，同比上涨 38.95%，此时生猪价格（16.79 元/kg）基本与 7 月中旬价格持平，但猪粮比要比 7 月上旬的 6.90∶1 高出近 14.78%，而 8 月、9 月猪价达到 4.5 元/公斤以上时的猪粮比价仅 7.5—7.8∶1 左右（图 5）。猪价下跌而养殖利润大幅提高主要得益于 2015 年下半年玉米价格下跌，尤其是 10 月新粮丰收致使养殖成本出现较大幅度下滑。

二、生猪市场变动影响因素分析

（一）产能持续减少导致供给缺口

自 2013 年 1 月至今的 36 个月，我国生猪市场累计亏损 21 个月。在长达两年多的低迷期内，许多小散养户弃养，规模养殖场削减规模，当前生猪市场的过剩产能被完全淘汰且略有缺口，母猪存栏基数下降制约着生猪出栏量难以大幅度增加，2015 年生猪市场已进入新一轮猪周期的周期性上涨期。生猪价格是整个生猪市场的风向标，生猪价格变化随即传递至

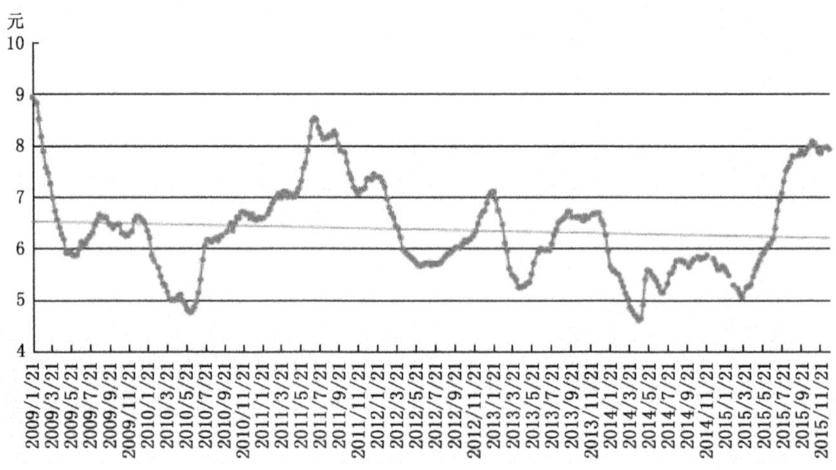

图 5　2009 年以来国内猪粮比价变化情况

数据来源：中国政府网。

仔猪和母猪价格，进一步影响仔猪和母猪的补栏。前期亏损导致过剩的母猪产能被淘汰后，生猪的供应滞后于母猪产能 10 个月以上，供应减少的趋势会持续一年以上，但在周期性上涨期间，生猪价格并非持续上涨，受需求淡旺季以及冬、夏季仔猪成活率差异导致季节性差异供给综合性影响，总会有几次阶段性的短暂下跌，也总会短暂下跌后再次上涨。近几年猪病疫情和 2011 年、2012 年相比明显平稳许多，但一年中冬季相对于夏季仔猪的成活率还是明显较低，导致夏季需求淡季时供给大幅下降，生猪价格在 5—8 月屡屡上涨，反之由于夏季仔猪成活率高，需求旺季的冬季供给大幅增加，供需博弈导致 9 月份后生猪价格屡屡下跌。2015 年 5—8 月的上涨和 9 月后的下跌，主要原因就是冬、夏季仔猪成活率的差异所导致的季节供给差异影响。在 2003—2015 年 3 个完整的猪周期中，2003 年、2007 年、2011 年的周期性上涨中均出现了短暂的下跌，但平均跌幅不大，持续时间较短，后期又重拾上涨。2013 年和 2014 年也在 5—8 月生猪价格出现了累计 30% 以上的上涨，与 2015 年不同的是这两次上涨的大背景为生猪产能总体处于过剩，所以 9 月份后进入了持续长达半年以上的下跌。9 月份作为生猪价格由涨转跌的分水岭已连续 3 年出现。

（二）成本下降和需求动力不足共同作用猪价下跌

近期生猪价格下跌主要因素来自于构成猪价的三大要素成本、供应和需求，这其中成本的大幅下跌和需求疲软起了主要作用。2015 年 8—12 月玉米价格（14% 水分）从 2.46 元/kg 跌至 2.12 元/kg，下跌 16.04%。实体经济低迷导致终端需求不振，屠宰企业终端猪肉销售困难，季节性需求旺季还未到来。

（三）猪肉进口增加冲击国内市场

近期生猪价格下跌还有一个被高度关注的原因是进口猪肉，往年我国猪肉年进口量约 50 万吨（不含猪下水），进口量占国内猪肉产量的比重不到 1%，对生猪价格来说冲击不大。但近年中国猪肉进口整体呈上升趋势，2015 年中国猪肉进出口量均将创新高，鲜冷冻猪肉进口量将达 84.5 万吨，估计将占 2015 年国内猪肉产量的 1.5%，冻猪杂碎和冻猪肝进口量将达 80 万吨。2015 年 1—10 月中国已累计进口猪肉产品 126.38 万吨，同比增 10.9%，其中，进口鲜冷冻猪肉 59.87 万吨，同比增加 28.9%，超过往年一年的进口量，进口冻猪杂碎 66.46 万吨，同比略降 1.4%。低价进口猪肉进一步挤压了高成本国产生猪的市场，8 月下旬河南郑州和漯河顺利成为猪肉进口的两个内陆口岸，两者吞吐量均为 40 万吨级，与价格低于国产猪肉近 50% 的进口猪肉相比，对于生猪屠宰和食品加工企业，若能顺利获得进口猪肉，企业逐利的本性会让其毫不犹豫地选择进口猪肉，而采购、屠宰国产生猪的量必将受到影响。猪肉价格处于高位运行阶段，加上国际贸易以及国家战略的需求，越来越多的猪肉屠宰和加工企业已与外企建立了合作关系，这势必加大国外猪肉的进口量，对国内猪肉市场的冲击将不断加重。预计上涨周期阶段，进口猪肉的数量或将不断加大，也可能成为常态。

（四）规模化程度提高缓解价格波动

2014 年以前大量资本进入推动了规模化的迅速提高，抵抗亏损能力增强，导致淘汰速度和幅度都比以往亏损期慢很多。近年母猪生产效率较前几年提高约15%，每头母猪提供的出栏肥猪量在增加，生猪出栏均重提高10%左右。母猪存栏持续了长达近3年的增加，2013年夏天出现近半年的亏损也未能阻止母猪存栏的增加，在2014年亏损来临前的母猪存栏量达到了历史罕见的高水平。目前来看散养户选择退出养殖业，中等养殖场选择维持产能、保持常态，而大型养猪企业继续扩张的格局越来越明显。中国畜牧协会的数据显示，我国生猪养殖规模化水平1996年仅13.6%，2002年达27.2%，2004年以来规模化速度加快，2011年达65%。500头以上生猪规模化养殖比重自2007年的21.8%上升至2010年的34.5%，农业部2011年发布的《全国农业和农村经济发展第十二个五年规划》提出，“十二五”时期我国出栏500头以上生猪规模化养殖比重将达50%，据估计2014年这一比例已超过40%，未来5—10年有望提升至70%—80%。养殖规模化率的上升对于平滑生猪供应周期的作用显而易见。在猪肉消费难以出现重大改变的背景下，养殖规模化率的上升，势必缓解供给波动导致的价格大幅波动风险。未来生猪市场将更加成熟，产能波动和价格波动均会更趋于平稳，“猪周期”也会趋于平稳。

（五）生猪市场微观调控减弱

2015年11月国家发展与改革委员会等四部委联合发布新版《缓解生猪市场价格周期性波动调控预案》，在预警指标方面把生猪生产盈亏平衡点从6∶1调低至5.5∶1至5.8∶1，这是自2009年政府出台猪价调控措施后首次采用区间设置；将主预警指标猪粮比价的盈亏均衡线从6∶1下调至5.5∶1，中度和深度亏损线以此类推均下调0.5，分别至5∶1和4.5∶1。当猪粮比价进入蓝色预警区域时，不启动中央冻猪肉储备投放或收储措施，进入黄色预警区域（价格中度上涨或中度下跌）一段时间（通常为一个月）后，才启动中央储备冻猪肉投放或收储措施。提高了储备吞吐措施启动门槛，收储量最高可达25万吨，远高于平常年份的15万—18万吨，无论是企业还是国家均有收储冻肉的可能，减少政府调控市场，更多地将市场还给市场。完善了响应机制设置，下调盈亏警戒线扩大了正常价位的区间，特别是当猪肉价格大跌时，弱化了微观层面调控，更注重宏观调控。但过度上涨的警戒线 8.5：1 并未提高。当前的生猪市场在经历了长达两年的低迷、亏损期后，进入盈利期还不到半年，生猪养殖企业和生产者信心均亟需恢复。政府相关部门在调控时需注意影响猪粮比的生猪价格和玉米价格的实际变动情况来制定和实行相关政策。

三、猪价有望重启上涨，养殖利润维稳高位

养猪市场经历了 2014 年较长时间的低迷后，养猪人更趋理性，母猪存栏没有增加，加之 2014 年年初新的环保条例导致南方猪场大量减少，延缓了生猪出栏量的增加，短期内猪肉的供应将不可能出现饱和或过剩。仔猪成本和玉米价格的大幅下跌降低了养殖育肥猪的成本，但后期国内玉米和豆粕价格将以弱势震荡走势为主。前期的快速出栏使目前猪源供给稍显紧张，随着春节消费旺季的到来，南方腊肉、北方杀年猪全面展开，需求释放，生猪价格有望重启上涨，养殖利润稳稳高位，但实体经济仍然低迷，对于春节前需求旺季的猪价，仍不可过于乐观。当前已进入猪病高发期，需做好饲养管理和疾病防控。

长期来看，猪周期的周期性上涨期持续的时间是由母猪存栏拐点出现的早晚决定的，上涨的幅度则是由母猪存栏下降的幅度决定的。近期生猪存栏同比从 2012 年 11 月出现下跌趋势，截至 2015 年 11 月有 32 个月是同比下跌，且从 2013 年 12 月至 2015 年 11 月同比持续下跌 24 个月，跌幅不断加深，生猪存栏从 2012 年 10 月的 47280 万头降至 2015 年 11 月的 38804 万头，3 年时间下降幅度达 21.84%；能繁母猪存栏同比从 2013 年 9 月至 2015 年 11 月持续下跌 27 个月，且跌幅不断加深，从 2013 年 8 月最高点的 5013 万头跌至 2015 年 11 月的 3827 万头，跌幅达 23.66%。相比较 2010 年周期性下跌阶段，此次同比下跌时间超过上次将近 10 个月，且下跌幅度和绝对量要大得多。母猪产能下降向生猪供应减少的传递，有 9—10 个月的滞后期，而向仔猪供应减少的传递只有 4—5 个月的滞后期。同时，仔猪的供应还受到疫病的威胁。后期看，母猪补栏量将逐渐大于淘汰量，其传递至生猪供应增加需 13 个月左右的滞后期，因此供应减少导致的猪价上涨或将

持续一年甚至一年半以上，生猪供应恢复增长至少要到2016年秋季。以上所述生猪价格走势是基于疫情相对较为稳定的情况，单纯由供需主导，如果一旦发生大面积疫情或有其他外力冲击的情况下，生猪走势将有所变化。

专题9：肉　　鸡*

2015年我国肉鸡业延续了近两年来的低迷状态，产能过剩，消费不足，产品价格低位运行，养殖利润受损，近期市场回暖，但全面恢复仍需一段时间。2015年我国肉鸡进口、出口均下降。国际市场美国鸡肉价格下降，出口减少。国际肉鸡市场产量增加，贸易减少。预计2016年我国鸡肉生产稳定，市场价格将呈上行的趋势，出口形势不容乐观；国际方面，全球鸡肉产量、贸易均增加。

一、肉鸡市场逐步好转，养殖效益总体看好

（一）产能过剩，市场供大于求

由于2008—2010年国内家禽业生产形势好，养殖行情高涨。自2009年以来，肉鸡祖代引种量持续增长，据农业部相关数据显示，2011—2013年国内祖代种鸡引种持续扩增，分别达到111万套、135万套和154万套，增幅同比分别增长14.3%、24.1%和9.1%，100万套就可满足市场需求，导致肉鸡供应量猛增。同时，消费需求疲软，产能过剩，出现近年全行业亏损的局面。2014年开始中国肉鸡产业纷纷减能，下降至110万，2015年预计全年祖代引种降至80—90万套。

由于2013年祖代鸡引种量非常大，虽然2014年的引种量降下来了，但是传导到父母代还需要一定时间，据畜牧协会数据显示，2015年整体父母代销量大概是5200万套，这个产能是处于比较高的时期，而且祖代公司鉴于生存及竞争压力会进行强制换羽，在如此大量的引种及换羽情况下，父母代的生产量是高居不下，远远超出实际需求量。

---

* 执笔人：蒋芳。

（二）肉鸡消费不足

2015 年整个肉鸡市场仍未恢复到预期水平，2013 年人均消费量在 10 公斤，目前只有 7 公斤左右，下降 20%—30%。消费不足是肉鸡业发展艰难的主要原因。一是受宏观经济增长速度放缓、“三公”消费限制以及行业现有产能尚未完全消化，致使肉鸡整体消费不振；自 2014 年以来国内实体经济下行压力不断加大，企业用工需求下降，尤其是农民工流动减少，导致 2015 年消费需求持续疲软；食品安全风波不断，快餐店销售额下降；我国肉鸡业历经 2012 底“抗生鸡”、“药残鸡”事件及 2013—2014 年的 H7N9 流感等因素影响，鸡肉消费一直没有摆脱相关影响，进入第三季度以来虽然有所好转，但整个肉鸡消费市场较为平淡。

（三）养殖成本下降

饲料原料玉米和配合饲料价格的下降，致使养殖成本减少。肉鸡饲料中玉米所占比重为 55%—60%，1—12 月全国玉米平均价格为 2.37 元/公斤，同比下降 3.7%，12 月份，全国玉米月平均价格 2.1 元/公斤，同比下降 13.7%；1—12 月份肉鸡配合饲料价格为 3.3 元/公斤，同比下降 3.2%，其中 12 月份肉鸡配合饲料 3.17 元/公斤，同比下降 7.6%。

（四）养殖效益好转

我们通常以鸡粮比来衡量农户养殖盈亏情况，盈亏平衡点为 7.5：1，1—12 月份鸡粮比价为 1：7.9，高于盈亏平衡点。用鸡料比来衡量规模养殖盈亏情况，盈亏平衡点为 1：5.5，1—12 月份鸡料比价为 1：5.5。上半年，中国白羽肉鸡产业持续低迷，不少中小型企业被迫转型，而上市公司也均以亏损为主。8 月份以来由于玉米等主要饲料原料价格大幅下降，肉雏鸡价格低价，养殖成本下降，养殖效益好转。8 月养殖效益扭亏为盈，鸡粮比、鸡料比分别为 7.6：1 和 5.5：1。据国家肉鸡产业技术体系监测结果表明，2015 年白羽肉鸡平均养殖利润在 -1.5—1 元/只的极低水平，整体来看经济利润低的可以忽略。

二、国内外肉鸡市场价格

（一）国内集市价格

2015 年我国肉鸡市场价格同比上涨（参见图 1），但仍处于较低价位。1—12 月份全国活鸡、白条鸡集市均价分别为 18.67 元/公斤和 18.9 元/公斤，同比分别上涨 4.35% 和 4.4%。春节过后肉鸡价格呈现一路下滑趋势，5 月份主产省山东省肉鸡产品综合价格每吨跌破 10000 元，活鸡价格创下 6 年来最低。6 月份减量回升，市场行情回暖。7—8 月份由于肉鸡供应量下降，加上猪肉价格高涨支撑，7 月份活鸡、白条鸡价格分别为 18.24 元/公斤、18.61 元/公斤，环比分别上涨 0.8% 和 0.9%，同比分别上涨 0.9% 和 1.6%，全国大部分省区肉鸡价格上涨。由于国庆节假期带动，10 月价格小幅回升，但因整体存栏量较大，月底价格重新进入下降调整状态，年底活鸡行情再现低谷。12 月份活鸡、白条鸡价格分别为 18.73 元/公斤、18.83 元/公斤，环比分别下降 0.4% 和 0.7%，同比分别下降 1.3% 和 1.2%。整体来看，现阶段肉鸡价格仍处于较低价位，后期仍有上涨空间。

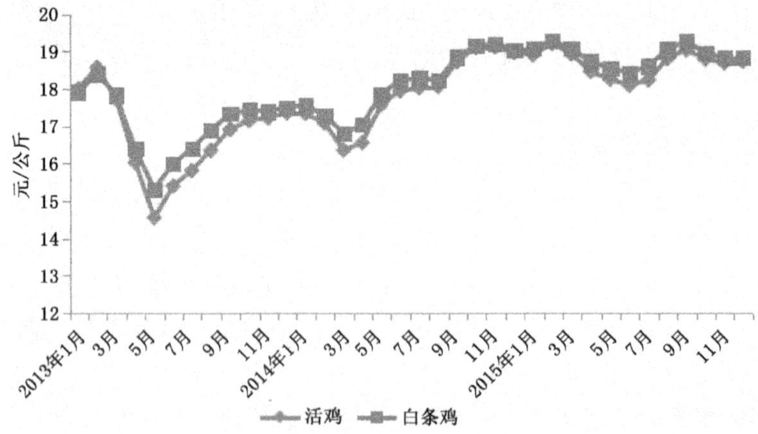

图 1　2013—2015 年我国肉鸡集市价格变化情况

数据来源：农业部畜牧兽医信息网。

（二）美国肉鸡产品批发价格

2015 年美国鸡肉批发价格下降（参见图 2），分品种来看，鸡胸肉（无骨无皮）批发价格波动下行，1—12 月鸡胸肉平均价格为 24.9 元/公斤，同比下降 33.9%。其中 5 月份鸡胸肉为 29.9 元公斤，同比下降 5.7%，比年初上涨 20.6%，达到今年的最高点。随后鸡胸肉批发价格逐步下跌，12 月份鸡胸肉为 18.9 元公斤，同比下降 3.0%，比 5 月下降 36.8%。1/4 鸡腿批发价格稳中有降，1—12 月鸡腿平均价格为 5.5 元/公斤，同比下降 43.8%。

美国鸡肉价格大幅下降原因：2015 年美国高爆发高致病性禽流感，中国、韩国和墨西哥等国对美国鸡肉实施进口限制。2015 年鸡肉出口下降 10%，国内鸡肉产量增加 9.4%，而消费下降 6.9%，国内鸡肉生产供大于求。

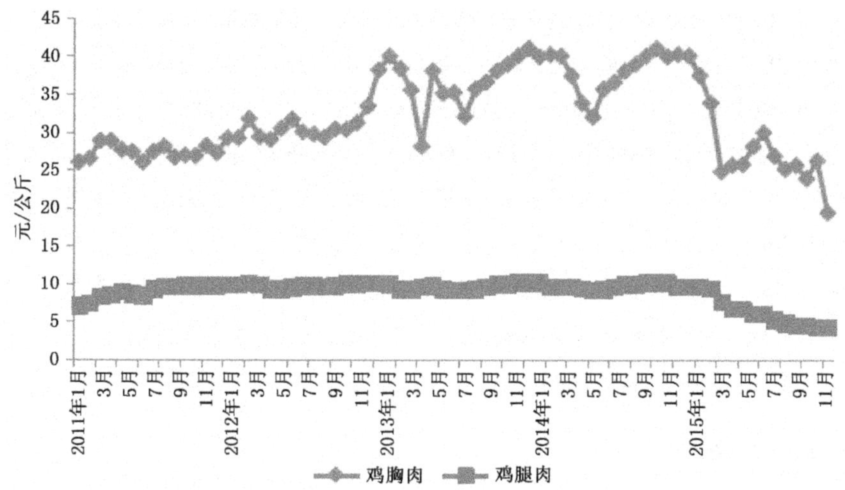

图 2　2011—2015 年美国肉鸡批发价格变化情况

数据来源：AMS/USDA。

三、家禽产品进出口均下降

2015 年肉鸡进口量为 21 万吨，这是 2004 年以来的最低值。主要从美国进口减少，因受美国爆发禽流感，中国对美国家禽类产品进口实现封关；从巴西进口增加，1—10 月从巴西进口 25.4 万吨，同比增长 34%；2015 年鸡肉出口量将达 39.5 万吨，同比下降 8.1%，出口前三位的是日本、中国香港和马来西亚，以鸡肉熟食和调理品为主，出口额占比为 60%。中国对日本出口量下降，因为食品安全顾虑导致日本开始寻求其他的家禽出口商。

四、国际市场形势分析

全球饲料价格呈下降趋势，促进了许多国家家禽业的增长。据美国农业部最新数据：预计 2015 年全球鸡肉产量将达到 8627.6 万吨，同比增长 1.6%，主要生产国美国和巴西同比分别增长 3.1% 和 3.9%，巴西超过中国成为世界第二大鸡肉生产国。由于饲料原料价格的低廉及美国的禽流感疫情，欧盟国家的鸡肉生产开始复苏，鸡肉产量为 1380 万吨，同比增长 2%。2015 年全球鸡肉消费量为 8627.6 万吨，同比增长 1.6%。2015 年，禽流感疫情对德国、英国、荷兰、美国等多个国家和地区的家禽养殖企业造成不利影响，特别是重挫了美国家禽养殖行业，全球鸡肉贸易量减少，这是自 2009 年以来的首次下降。2015 年全球鸡肉进口总量达 864 万吨，同比减少 2.8%。其中俄罗斯禽肉进口份额下降 7%，因为国内产量的大幅增加以及从 2014 年 8 月实施的从特定国家家禽产品进口贸易禁令。中国和日本保持上年水平。2015 年全球肉鸡出口预计在 1023.1 万吨，同比减少 2.3%，美国由于爆发禽流感，出口减少；巴西、泰国出口有明显增长，欧盟出口则有小幅增长。

五、后期展望

（一）国内市场

1. 供需方面

2015 年祖代鸡引种量继续下降，有利于 2015—2016 年祖代鸡产能的去化，2016 年白羽肉鸡商品鸡市场，因供应量减少而出现实质性好转，因此，2016 年肉鸡生产将趋于稳定。另外，由于市场持续低迷，养殖户对后市行情信心不足，补栏积极性受挫，呈观望态度，2015 年肉雏鸡平均价格为 2.6 元/只，同比下降 4.8%。因此，预计明年我国肉鸡生产稳定，略有增长。

2. 价格方面

肉鸡短期需求恢复缓慢，肉鸡价格目前处于较低水平，且玉米等饲料原料价格持续回落，后期随气温进一步下降以及两节的到来，冬季需求回升，价格将有一定的上涨空间。从周期角度来看，去产能将推动价格。2014 年引种量的下降要到 2016 年才能传导到商品鸡，预计 2016 年第 2 季度价格才会恢复，7—8 月市场会出现短时间的供应短缺，价格将会有所上涨。

（二）国际市场

世界鸡肉产量、贸易均增加。据美国农业部最新数据。预计 2016 年全球鸡肉产量将达到 8933.6 万吨，同比增长 1.6%，主要生产国美国和巴西同比分别增长 2.2% 和 3.1%，中国鸡肉产量略有增长；2016 年全球鸡肉消费量预计在 8737.6 万吨，同比增长 1.3%。由于人口增加、收入提高和消费喜好，发展中国家鸡肉需求预计将继续增加；2016 年全球鸡肉进口总量达 866.2 万吨，同比增长 1.3%。日本进口量将萎缩，由于国内供应量充足；墨西哥进口量 77 万吨，由于国内产量的大幅增加；2016 年肉鸡出口预计为 1068.8 万吨，同比增长 4.5%，其中巴西、美国出口有明显增长，中国和泰国出口则有小幅增长。

六、政策建议

（一）继续加大力度发展标准化规模养殖

目前传统的养殖观念和滞后的养殖管理正成为规模养殖场健康发展的制约瓶颈，肉鸡规模化养殖进入低毛利时期。因此，要不断提高养殖场的管理水平，转变传统养殖观念，通过各种先进技术手段来规范养殖行为，降低生产成本，增强盈利能力；国家要进一步增加标准化养殖的扶持力度，龙头企业要借鉴国外发达国家的经验，着力解决我国肉鸡标准化养殖发展过程中的问题，加快产业整体提升。

（二）增强肉鸡养殖业抗风险能力

目前我国肉鸡业仍然是一个弱势产业，抗风险能力不强。因此，要不断完善提高防控水平，逐步建立准确、高效的生产和市场信息监测系统，强化技术指导和技术服务，尽量减少疫情的冲击和影响，确保肉鸡产品的供给；完善信息发布服务，引导养殖户合理安排生产，防范市场风险；通过建立畜牧业发展风险基金、完善畜牧业保障机制、补贴制度及加大禽类保险力度等方式，增强肉鸡业的抗风险能力。

（三）加强科普宣传，引导健康消费

鸡肉是优质食品，具有“高蛋白、低脂肪、低热量”的营养特点。但是行业宣传的少，导致消费者对肉鸡反客观的认识，行业要联合起来应对媒体的不实报道，加大对肉鸡健康、高营养方面的宣传，扭转消费者对鸡肉的错误观念；增强产业宣传力度，可以通过设立参观基地或教育基地的方式，进行肉鸡相关科普知识的宣传，提高消费者的科学认知水平，从而引导科学消费，使肉鸡需求量上升，行业得到更好的发展。

（四）合理控制家禽产能

由于整体养殖规模大，加之消费需求的回落，当前我国肉鸡产能处于相对过剩的状态，价格持续低位运行，养殖利润受损。行业要联合起来，加强行业自律，同时政府和禽业分会等行业组织要充分发挥宏观调控职能，使家禽产能保持适当的水平，以保障整个行业的利润，促进肉鸡产业的健康发展。

专题 10：水产品*

内容提要：2015 年，中国水产品生产稳定，产量小幅增加；水产品市场运行较为平稳，价格与 2014 年基本持平，但成交量出现下滑；受全球经济持续低迷和国内生产成本增加等因素影响，水产品进出口量、额均有所减少，贸易额或出现近十几年来首次负增长。预计 2016 年国内水产品生产将略有增长，价格与 2015 年持平或略增，进出口形势依然较为严峻。

一、国内水产市场形势

（一）水产品产量有所增加，市场交易较为平稳

2015 年，我国水产品养殖继续发展，捕捞产量保持稳定，远洋捕捞产量持续增加。据全国 20 个渔业主产省统计数据，前 3 季度全国水产品产量 4151.21 万吨，同比增长 2.6%，增速较 2014 年有所放缓。其中，水产养殖产量 3175.48 万吨，同比增长 3.6%，捕捞产量 975.73 万吨，同比下降 0.3%[①]。前 3 季度远洋渔业总产量 149.34 万吨，同比增长 4.5%。

（二）水产品价格总体与 2014 年持平，大宗淡水鱼价格下跌明显

在生产和消费增速放缓的背景下，2015 年，国内水产品市场供求整体保持均衡状态，市场价格同比与 2014 年持平。据中国农业信息网监测数据，2015 年水产品加权平均批发价为 15.58 元/kg，与上年基本持平。受经济大环境影响，水产品消费不旺，批发市场成交量出现下降。监测涉及水产品交易的 67 家批发市场（下同）交易量为 163.83 万

* 执笔人：张静宜、刘景景，沈辰。

① 农业部渔业渔政管理局：《2015 年前三季度渔业经济形势分析》，《中国渔业报》，2015 年 10 月 26 日，第 1 版。

吨，同比减3.7%。监测的30个产品（含规格）中，12个产品价格上涨，18个产品价格下跌。人工甲鱼价格涨幅最高，同比涨13.2%，海参价格跌幅最大，同比跌12.2%。分类别来看，淡水鱼、虾蟹类和贝类价格不同程度下降，海水鱼价格有所上涨（图1）。值得关注的是，作为我国养殖量最大的水产品，2015年以来大宗淡水鱼价格下跌明显。除青鱼、鲤鱼、武昌鱼外，草鱼、鲫鱼、鳙鱼、鲢鱼等大宗淡水鱼价格均出现下降。

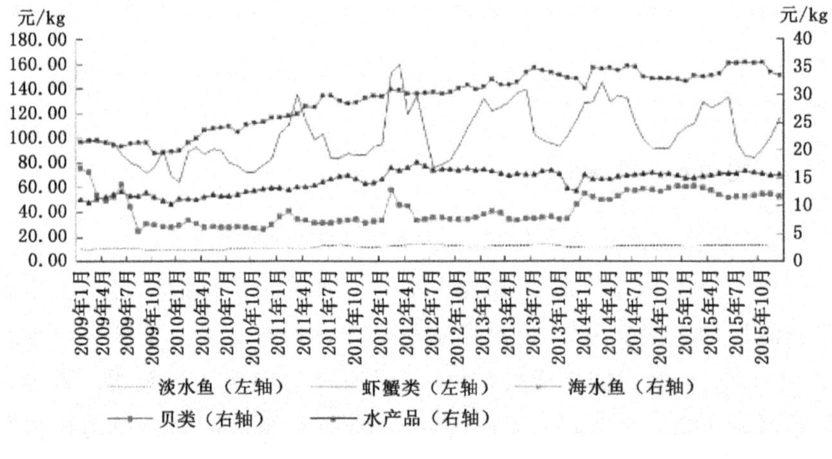

图1　2009年以来水产品批发市场平均价月度走势

二、分品种价格走势

（一）淡水鱼交易量减少，价格同比下跌

2015年我国淡水鱼成交总量达到140.78万吨，同比减少4.3%，均价为13.06元/kg，同比跌0.8%。14个淡水鱼监测品种中，活草鱼、活鲫鱼、白鲢活鱼、花鲢活鱼、黑鱼、泥鳅、养殖鲶鱼、罗非鱼和白鲳鱼等9种淡水鱼价格下降，活草鱼价格下跌最为明显，跌幅达10.9%，活鲤鱼、武昌鱼、活鳜鱼和虹鳟鱼价格同比上涨。其中，6个大宗淡水鱼品种价格均价为11.58元/kg，同比跌2.8%，成交总量129.93万吨，同比减5.1%（表1）。从月度变化来看，淡水鱼价格整体呈现先跌后涨再跌的态

势，1—2 月小幅下跌，3—6 月连续上涨，7 月持平略跌，8 月达到峰值，9 月后开始持续季节性下跌。鲤鱼和草鱼之间有很强的替代性，2015 年鲤鱼价格上涨主要是受养殖规模减少、成鱼出塘量有限的影响；草鱼价格下跌则与生产规模扩大、消费疲软有关。

表 1　2015 年大宗淡水鱼批发市场交易情况

品　种	均价（元/kg）	同比（%）	成交量（吨）	同比（%）
活鲤鱼	12.67	8.13	268134.23	-9.77
活草鱼	12.64	-10.86	333077.93	-2.82
活鲫鱼	14.15	-2.88	261147.49	0.83
白鲢活鱼	7.00	-3.42	315353.57	-5.28
花鲢活鱼	12.60	-1.29	116259.35	-6.68
武昌鱼	17.26	7.15	14278.05	10.74

（二）海水鱼价格同比稳中有涨

2015 年重点监测的 9 个海水鱼类均价为 34.38 元/kg，同比涨 3.1%，成交量 13.77 万吨，同比涨 1.1%。从价格变化来看，上半年海水鱼价格总体保持上涨态势，6 月涨幅最大，达 5.9%，7—10 月基本稳定，之后明显下跌。分鱼种来看，带鱼、大黄花鱼、小黄花鱼价格上涨，其中，小规格带鱼和大黄花鱼的价格涨幅较大，上涨幅度均在 8% 左右，大规格带鱼和小黄花鱼价格较上年持平略涨。平鱼、鲈鱼、鲅鱼、石斑鱼价格均同比下跌，大平鱼价格降幅最大，同比跌 12%；小平鱼和鲈鱼跌幅在 10% 左右；石斑鱼价格同比下跌 7%。在以上监测品种中，石斑鱼是相对高端的品种，批发价基本在每千克百元以上水平（表 2）。2015 年上半年石斑鱼价格还较为理想，4 月批发价格曾一度达到 125 元/kg，此后便一直呈下降态势，特别进入 10 月以后，市场供应量充足，鱼价低迷，养殖户因价低惜售。后期如果石斑鱼价仍然低迷，超标鱼存塘量持续增加，价格可能会更低，养殖风险有增加趋势[①]。

表 2　　2015 年海水鱼均价及成交情况

品　种	均价（元/kg）	同比（%）	交易量（吨）	同比（%）
大带鱼	28.13	0.72	41766.25	-21.53
小带鱼	17.88	7.78	1548.30	-6.95
大黄花鱼	39.72	9.10	34370.62	9.10
小黄花鱼	22.60	0.99	3903.20	83.27
大平鱼	51.28	-11.99	3878.10	-15.88
小平鱼	33.77	-10.20	5664.80	-4.88
鲈鱼	32.41	-9.00	22647.46	18.78
鮸鱼	22.41	-4.82	17480.79	10.74
石斑鱼	116.83	-7.05	2911.60	74.89

数据来源：中国农业信息网。

（三）虾蟹类和贝类量价齐降

2015 年虾蟹类成交总量 0.65 万吨，同比减 7.4%，均价为 107.19 元/kg，同比跌 4%。其中，对虾因养殖病害肆虐，成交量下滑 26.1%，价格同比大幅上涨 8.8%；基围虾和梭子蟹价格同比分别下跌 9.1% 和 10.4%。贝类 2015 年成交总量 7.14 万吨，同比减少 11.4%，均价为 12.19 元/kg，同比跌 1.7%。其中，蛏子和蛤蜊价格同比分别上涨 3.5% 和下跌 4.8%（表 3）。

① 《水产前沿：石斑鱼饲料市场解析》，2015 年 12 月 10 日。［2016 - 01 - 31］. http://www.feedtrade.com.cn/news/china/2015 - 12 - 10/2024800.html。

表 3　　2015 年虾蟹类、贝类均价及成交情况

品　种	平均价（元/kg）	同比（%）	交易量（吨）	同比（%）
对虾	92.25	8.75	695.90	-26.13
基围虾	123.20	-9.14	3649.00	10.80
梭子蟹	82.73	-10.39	2290.90	-16.94
蛏子	28.66	3.47	3673.80	79.23
蛤蜊	11.44	-4.76	68349.60	-12.98

数据来源：中国农业信息网。

三、鱼价低迷原因初探

水产品一直以来价格较为平稳，尤其大宗淡水鱼价格稳定，满足了普通消费者的需求。但近几年，我国水产品价格低位徘徊，2015 年大宗淡水鱼价格达到近三年来最低水平，月度价格几乎全部低于上两年。2015 年鱼价低迷的原因可能有以下几个方面：

一是水产品消费的大环境没有改观，中高端水产品消费下降，拖累大宗产品价格下行，大宗淡水鱼存在相对过剩倾向，产大于需是决定价格下行的根本原因。

二是近年来淡水鱼高密度养殖技术日臻成熟，这种养殖模式出产的鱼体态肥大，口感变差，不耐运输，消费者喜爱程度下降，反而更加倾向于消费低密度、原生态养殖的水产品。

三是随着技术成熟，各地养殖单产水平上升，原来的非主产区产量大幅增长。例如，辽宁省 2014 年草鱼产量达到 11.55 万吨，较 2010 年增长 1.2 倍，在全国排名上升至 12 位。贵州草鱼产量由 2010 年的 1.15 万吨迅速增长到 2014 年 4.56 万吨，增长达 3 倍。非主产区淡水鱼养殖业的迅猛发展大幅降低了对主产区产品的依赖，也相应拉低了地区鱼价。

四是消费者食用新鲜、健康水产品的意识增强，冬季腌鱼需求下降，加工淡水鱼消费受到一定影响。2014 年我国水产品加工品总量 2053.16

万吨，较 2011 年增加 270.38 万吨，年均增长 4.82%，但其中干腌制水产品加工量 155.09 万吨，较 2011 年下降 2.69 万吨，以每年 0.57% 的速率下滑。

四、2015 年 1—11 月水产品进出口贸易形势

（一）水产品进出口下滑，贸易顺差缩小

据中国海关统计，2015 年 1—11 月我国水产品进出口总量 728.11 万吨，进出口总额 262.17 亿美元，同比分别降低 4.9% 和 6.0%。其中出口量 360.52 万吨，出口额 181.34 亿美元，同比分别降低 3.4% 和 7.1%；进口量 367.59 吨，进口额 80.83 亿美元，同比分别降低 6.2% 和 3.3%。1—11 月我国水产品贸易顺差 100.51 亿美元，较上年同期降低 10%。2015 年 3 月以来，水产品出口月度增速连续 9 个月下滑，11 月的出口量和出口额同比分别降低 7.7% 和 9.3%。受经济形势拖累，水产品贸易外需不足、订单减少，我国水产品出口形势仍较为严峻。进口方面，1—11 月水产品进口额的月度增速呈先减后增的态势，9 月、10 月有企稳迹象，同比分别增 2.2% 和降 0.5%，11 月进口额的月度增速高达 14.5%。根据贸易数据测算，1—11 月水产品出口平均价格同比下降 3.8%，进口平均价格同比上升 3.1%，仍然延续出口价格下降而进口价格上升的不利局面。整体来看，水产品出口形势严峻（图 2）。

（二）对主要市场出口减少，对东盟出口逆势增长

据中国海关统计，1—11 月我国向 185 个国家和地区出口水产品。除对东盟出口增加，我国对主要市场的出口量和出口额同比均有所下降。受“一带一路”战略的积极影响以及东盟国家产业升级的带动，我国对东盟国家的水产品出口增长较快，出口量和出口额的增幅分别达到 8.4% 和 3.6%，其中对泰国和菲律宾的出口增长最为显著。需要注意的是，10 月我国对东盟、泰国和菲律宾等国家和地区的出口由增转降，且降幅较大，对东盟出口额的降幅达到 30.0%，11 月我国对东盟出口同比下降的趋势继续，对东盟出口额的降幅为 17.3%。我国对主要市场如美国、日本、

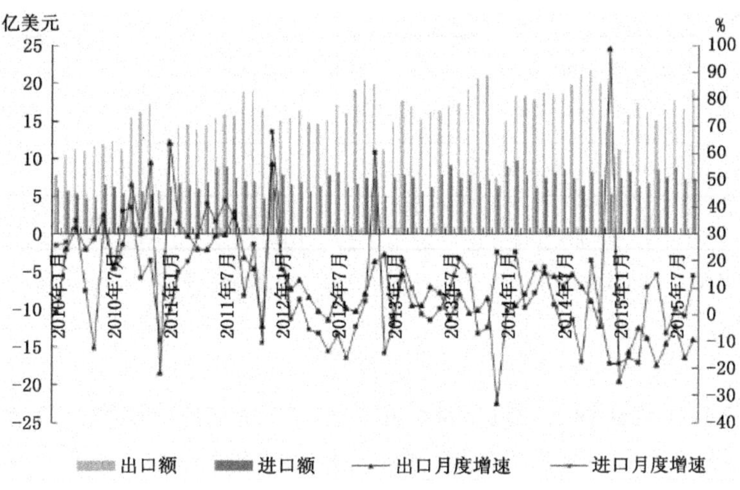

图 2　2010 年以来水产品进出口月度增速

欧盟的出口有不同程度下滑。1—11 月我国对日本、美国和欧盟的水产品出口量分别下降 9.5%、7.3% 和 9.2%，出口额下降 5%、7.9% 和 7.6%。对中国香港市场出口下滑也较为严重，1—11 月出口量、出口额同比降幅分别 6.3% 和 16.4%。我国对韩国水产品出口量下降 3.5%，出口额下降 8.7%（表 4）。

表 4　　2015 年 1—11 月水产品出口市场结构

出口市场	出口量（万吨）	同比变化（%）	占总出口量的比重（%）	出口额（亿美元）	同比变化（%）	占总出口额的比重（%）
日本	54.73	-9.50	15.18	33.03	-4.95	18.21
美国	48.16	-7.29	13.36	27.97	-7.86	15.43
东盟	50.93	8.40	14.13	24.91	3.64	13.74
欧盟	45.45	-9.18	12.61	19.77	-7.64	10.90
中国香港	19.45	-6.27	5.39	18.89	-16.40	10.42
中国台湾	11.92	-3.67	3.31	14.30	1.05	7.89

续表

出口市场	出口量（万吨）	同比变化（%）	占总出口量的比重（%）	出口额（亿美元）	同比变化（%）	占总出口额的比重（%）
韩国	43.52	-3.52	12.07	13.79	-8.72	7.61
世界总计	360.52	-3.42	100.00	181.34	-7.12	100.00

数据来源：中国海关。

（三）主要品种出口以下滑为主，鲜、冷鱼和软体动物出口增长

2015 年 1—11 月海关统计的 9 大类出口水产品中，冻鱼、鲜、冷冻鱼片和制作保藏的鱼是主要大类，三者出口量占我国水产品出口总量的 63.8%。分类别看，活鱼和制作保藏的鱼出口量增额减，活鱼的出口量同比增长 0.7%，出口额同比下降 9.7%，制作保藏的鱼出口量同比增长 4.9%，出口金额同比下降 1.2%。鲜、冷鱼的出口量和出口额分别增长 1.9% 和 16%，软体动物的出口量和出口额分别增长 5.6% 和 4.1%。甲壳动物和制作或保藏的甲壳动物出口下滑较为严重，出口额的降幅均在 15% 左右。此外，活鱼、冻鱼、鲜、冷冻鱼片、干、盐腌、熏鱼的出口均有不同程度下降（表 5）。

表 5　　2015 年 1—11 月水产品出口结构

品　　种	出口数量（万吨）	同比变化（%）	出口金额（亿美元）	同比变化（%）
活鱼（0301）	8.33	0.71	4.98	-9.73
鲜、冷鱼（0302）	2.45	1.89	1.33	15.98
冻鱼（0303）	87.60	-4.60	22.62	-3.43
鲜、冷冻鱼片（0304）	84.95	-9.88	37.96	-9.30
干、盐腌、熏鱼（0305）	6.65	-4.28	4.22	-5.71

续表

品　　种	出口数量（万吨）	同比变化（%）	出口金额（亿美元）	同比变化（%）
甲壳动物（0306）	15.79	-8.89	15.32	-15.96
软体动物（0307）	53.50	5.56	29.86	4.14
制作保藏的鱼（1604）	57.44	4.94	26.93	-1.22
制作或保藏的甲壳动物（1605）	29.14	-12.90	29.37	-14.83

数据来源：中国海关。

（四）进口贸易量额双降，降幅有所收窄

2015 年 1—11 月我国水产品进口量和进口额同比均有减少，但降幅继续收窄。受国内投资消费不足等因素的影响，与上年同期相比，自俄罗斯、美国、秘鲁、东盟等主要进口市场的水产品进口量均有下降。其中，自秘鲁、智利的鱼粉进口下滑，自秘鲁进口水产品 60.89 万吨，进口额 10.55 亿美元，同比分别下降 1.1% 和增长 7.0%；自智利进口水产品的量、额的降幅分别达到 21.7% 和 21.8%。自美国进口水产品的量、额分别下降 11.8% 和 8.6%。自东盟进口水产品的量、额分别下降 4.25% 和 1.00%。我国从加拿大和新西兰进口的水产品有所增长，从加拿大进口水产品的量、额分别增长 10.80% 和 18.03%，自新西兰进口水产品的量、额分别增长 5.5% 和 2.8%。

表 6　　2015 年 1—11 月水产品进口市场结构

进口市场	进口量（万吨）	同比变化（%）	占总进口量的比重（%）	进口额（亿美元）	同比变化（%）	占总进口额的比重（%）
俄罗斯	80.81	-0.95	21.98	11.88	-7.52	14.69
美国	48.71	-11.78	13.25	11.67	-8.55	14.44

续表

进口市场	进口量（万吨）	同比变化（%）	占总进口量的比重（%）	进口额（亿美元）	同比变化（%）	占总进口额的比重（%）
秘鲁	60.89	-1.14	16.56	10.55	7.03	13.05
东盟	46.33	-4.25	12.60	9.53	-1.00	11.79
加拿大	8.55	10.80	2.33	5.02	18.03	6.22
智利	13.52	-21.65	3.68	3.82	-21.82	4.73
新西兰	7.08	5.54	1.92	3.59	2.75	4.44
世界总计	367.59	-6.22	100.00	80.83	-3.33	100.00

数据来源：中国海关。

（五）一般贸易、来进料加工进口继续减少，食用水产品进口量小幅增加

从主要的进口类别来看，一般贸易、进料加工和来料加工装配贸易继续延续下滑趋势，进料加工和来料加工装配贸易的进口量降幅超过20%。1—11月一般贸易进口中饲料用鱼粉进口量90.72万吨，进口额15.93亿美元，同比分别下降7.4%和增加9.5%；直接食用水产品进口量74.72万吨，进口额27.76亿美元，同比分别增加1.6%和下降0.2%。

表7　　2015年1—11月水产品主要进口类别

进口类别	进口量（万吨）	同比变化（%）	进口额（亿美元）	同比变化（%）
一般贸易	165.43	-3.53	43.69	3.15
进料加工	83.48	-28.96	15.62	-33.21
保税仓库进出境货物	55.44	23.45	7.69	17.01
保税区仓储转口货物	36.98	78.03	7.76	116.31

续表

进口类别	进口量（万吨）	同比变化（%）	进口额（亿美元）	同比变化（%）
来料加工装配贸易	22.49	-26.76	5.52	-19.38
其他	2.55	-53.70	0.28	-54.80
边境小额	1.03	6.59	0.23	6.89
出料加工	0.18	—	0.03	—
免税品	0.00	4.04	0.00	12.83

数据来源：中国海关。

五、后市展望

（一）水产品产量将持平略增，价格预计企稳

多年来，我国水产品生产和消费保持了较快增长。2009—2014 年国内水产品产量保持了 4.8% 的年均增速，城乡居民水产品消费量整体明显增加。未来在居民收入持续稳定增长、食品消费结构继续优化、城镇化水平不断提高的带动下，我国水产品消费仍具有较大的增长空间。但短期内受经济增速放缓、下行压力增大影响，水产品消费增速将有所放缓。其中，海洋捕捞产量受油补资金调减的影响，或出现下滑，海捕产品价格将进一步上涨；养殖产量增长仍有较大空间，但养殖结构有待继续优化。据预警小组在四川、湖北淡水鱼主产区的调查，如将家庭用工折算在内，2015 年大宗淡水鱼养殖户基本亏损，每公顷均亏损 15000 元左右，养殖户转养、弃养现象增多。目前大宗淡水鱼中个别品种价格明显下跌，淡水鱼压塘严重，养殖效益下滑，出现了区域性的卖难滞销问题。预计 2016 年淡水鱼养殖户会自行调整养殖结构，随着这种供需结构的变化，预计水产品价格或呈企稳态势。从饲料供给方面来看，根据中国饲料行业信息网预测，目前主要饲料原料及添加剂供应总体充足，综合行情走跌的可能性

很大[①]。通威等大型饲料企业也做好了降价准备，这也在一定程度上也有利于明年的水产养殖。

（二）从国际市场来看，全年水产品贸易形势比较严峻，贸易预计负增长

2015 年，受世界经济温和复苏、金融市场波动加大、大宗商品价格走低、地缘政治等因素的影响，我国水产品贸易发展面临的国际环境较为严峻。外需不振、订单减少、价格低迷问题普遍存在，我国水产品出口难度加大，贸易发展面临诸多挑战[②]。从品种上看，除贝类外的主要出口品种养殖遭遇困境[③]，罗非鱼价格持续走低，对虾养殖病害较大面积爆发，大宗淡水鱼效益进一步降低，水产品出口贸易壁垒不断加码[④]。与此同时，随着我国人工成本上升和发达国家渔业机械化水平提高，很多水产品直接在大型海上渔船上完成加工，不需要到中国等发展中国家加工，主要出口市场萎缩迹象加剧。目前我国对东盟水产品出口虽大幅增长，但多是出口初级产品，用于在东盟加工后再出口，我国面临的同构竞争也进一步加大[⑤]。许多水产品加工出口企业在生存线挣扎。总体来看，全年水产品贸易额可能出现近十几年来的首次负增长。

参考文献

[1] 农业部渔业渔政管理局：《2015 年前三季度渔业经济形势分

① 中国饲料行业信息网慧通数据：《中国养殖及饲料市场月度分析报告》，2015 年 10 月总第 82 期。

② 商务部：《中国对外贸易形势报告（2015 年秋季）》（2015－11－05），http：//file. mofcom. gov. cn/article/gkml/201511/20151101156345. shtml，［2016－01－31］。

③ 朱亚平：《高起点上新发展 机遇与挑战并存——2015 年上半年渔业经济形势分析》，《中国水产》2015 年第 8 期。

④ 张静宜、陈洁：《大宗淡水鱼主产国产业政策特点和经验借鉴》，《世界农业》2014 年第 6 期。

⑤ 林远、徐承旭：《农业部：水产养殖业全年贸易量或下降》，《水产科技情报》2015 年第 5 期。

析》，《中国渔业报》，2015 年 10 月 26 日，第 1 版。

[2]《水产前沿：石斑鱼饲料市场解析》，2015年12月10日。[2016-01-31]. http://www.feedtrade.com.cn/news/china/2015-12-10/2024800.html。

[3] 中国饲料行业信息网慧通数据：《中国养殖及饲料市场月度分析报告》，2015 年 10 月总第 82 期。

[4] 商务部：《中国对外贸易形势报告（2015 年秋季）》（2015-11-05），http://file.mofcom.gov.cn/article/gkml/201511/20151101156345.shtml，[2016-01-31]。

[5] 朱亚平：《高起点上新发展　机遇与挑战并存——2015 年上半年渔业经济形势分析》，《中国水产》2015 年第 8 期。

[6] 张静宜、陈洁：《大宗淡水鱼主产国产业政策特点和经验借鉴》，《世界农业》2014 年第 6 期。

[7] 林远、徐承旭：《农业部：水产养殖业全年贸易量或下降》，《水产科技情报》2015 年第 5 期。

专题 11：小　杂　粮*

内容提要：粮食生产“十一连增”情势下，农业资源偏紧和生态环境恶化的制约日益突出，农业生产结构失衡的问题日趋严重，迫切需要优化农业结构，调整生产方式。小杂粮长期在国家粮食安全中居于辅助地位，具有生长期短、耐旱耐涝耐贫瘠、营养价值高等特点，在保障国家粮食安全、改善居民膳食结构、缓解农村贫困以及提高土地利用率方面具有重要意义，是新一轮农业结构调整中一项重要的战略选择。建议加快小杂粮优良品种选育和推广，改善小杂粮在生产、收获、加工等方面的技术和装备，加强对小杂粮消费的引导，拓展杂粮食品的层次，满足消费者的多样化需求。

* 执笔人：原瑞玲。

长期以来，大宗粮食品种在我国粮食安全中居主导地位，小杂粮[①]处于辅助地位，种植面积不断下降，由新中国成立初期的 3449 万公顷下降到 2013 年的 545.4 万公顷，占粮食种植面积的比重仅为 4.87%，近年来，随着杂粮价格的不断上涨，种植面积下降趋缓，种植效益不断提高。粮食生产“十一连增”情势下，农业资源偏紧和生态环境恶化的制约日益突出，农业生产结构失衡的问题日趋严重，迫切需要优化农业结构，调整生产方式。小杂粮具有生长期短、耐旱耐涝耐贫瘠、营养价值高等特点，在保障国家粮食安全、改善居民膳食结构、缓解农村贫困以及提高土地利用率方面具有重要意义，是新一轮农业结构调整中一项重要的战略选择。

一、小杂粮生产和贸易情况

（一）世界小杂粮生产情况

小杂粮种类较多，从世界范围看，种植面积较大的有荞麦、糜子、谷子、燕麦、大麦、豌豆、蚕豆等，在全球各个大洲的 30 多个国家均有种植。近年来，在世界杂粮作物种植上，美国、德国和法国等发达国家种植面积稳中略降，发展中国家杂粮种植面积呈现上升趋势。据分析，世界杂粮消费量和单价呈现逐年上升趋势，主要原因是杂粮作物生产属于劳动密集型，单产较低而不稳，不利于机械化生产，导致国际市场杂粮供不应求（郭艳，2006）（表 1）。

表 1　　世界小杂粮生产情况

作物	生　产　国	中国地位
谷子	中国、印度、俄罗斯、乌克兰	1
糜子	俄罗斯、中国、乌克兰、印度、伊朗、朝鲜	2

① 小杂粮指除水稻、玉米、小麦以外的谷物（谷子、高粱、大麦、荞麦、燕麦等）和除大豆以外的豆类（蚕豆、红豆、绿豆、豌豆等）。

续表

作物	生　产　国	中国地位
荞麦	俄罗斯、中国、乌克兰、加拿大、波兰、日本	2
燕麦	俄罗斯、美国、加拿大、澳大利亚、波兰、中国	主产国
绿豆	中国、印度、泰国、巴基斯坦、缅甸、印度尼西亚	占 30% 以上
小豆	中国、日本、朝鲜、韩国、泰国、印度	占 30% 以上
豌豆	法国、澳大利亚、印度、中国	占 9%
蚕豆	中国、埃及、埃塞俄比亚、摩洛哥、意大利、巴西	占 50%
豇豆	非洲各国、印度、巴西、中国	主产国
普通菜豆	印度、巴西、墨西哥、中国	占 5%
小扁豆	中国、印度、土耳其、孟加拉国、叙利亚、加拿大、尼泊尔、巴基斯坦	主产国

数据来源：林汝法等（2006）。

（二）我国小杂粮生产情况

1. 小杂粮面积下降趋缓，单产稳步提升

我国是世界杂粮的主要生产国，自 20 世纪 50 年代以来，全国小杂粮种植面积一直呈下降趋势，特别是近十几年来，退耕还林政策的推行，马铃薯、玉米等作物种植面积的扩大，小杂粮的面积大幅度下降，由 180.8 万公顷下降到 54.5 万公顷，减少了近八成，总产量为 1200 万吨左右，占粮食总产量的比重由 1978 年的 6.2% 下降到 2.1%。2009 年以来，由于国内外小杂粮价格上涨，种植小杂粮效益提高，小杂粮种植面积有所稳定，下降速度有所减缓。农民对小杂粮生产的投入增加，各种实用技术得到推广，单产水平有了很大提高，全国涌现出糜子、谷子、绿豆、燕麦、青稞等一批高产典型（图 1、图 2）。

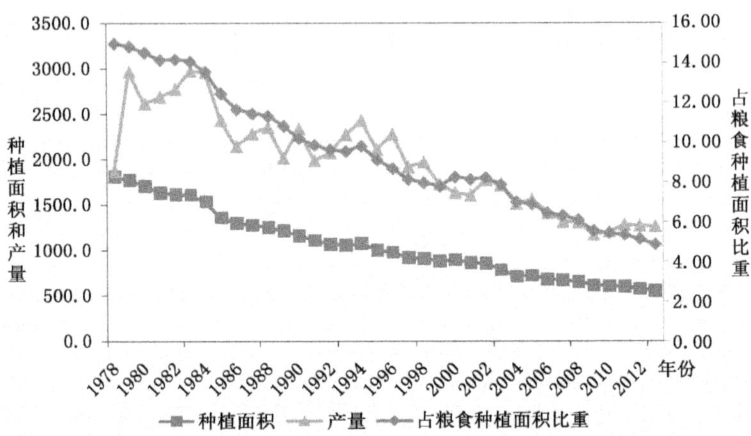

图 1　我国小杂粮种植情况（1978—2013 年，万公顷，万吨）

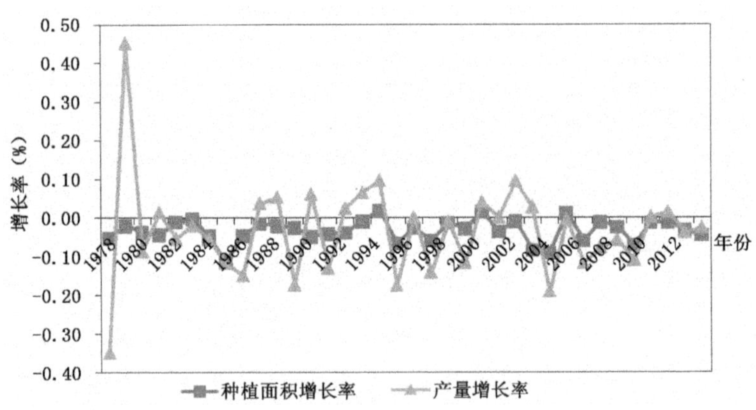

图 2　我国小杂粮种植面积和产量增长率

2. 小杂粮在我国分布广泛，各品种主产区相对集中

从分布区域看，我国小杂粮主要分布在北部和中西部地区；从地形分布特点来看，主要分布在高原、山区以及丘陵地区；从生态环境分布特点看，主要分布在生态条件较差的半湿润半干旱的旱作地区、高寒山地；小杂粮种植区还主要集中在经济欠发达地区和少数民族边疆地区。其中，生产规模大、群体种类较多、分布较为集中的是黄土高原地区（表 2）。

表 2　　我国小杂粮主产省份

作物	生产国
谷子	河北、山西、内蒙古、辽宁、吉林、黑龙江、山东、河南、陕西、甘肃
高粱	内蒙古、辽宁、吉林、黑龙江、四川
荞麦	山西、内蒙古、四川、云南、贵州、陕西、甘肃、宁夏
大麦	内蒙古、黑龙江、江苏、浙江、安徽、河南、云南、甘肃、新疆
糜子	山西、内蒙古、吉林、黑龙江、陕西、甘肃、宁夏
燕麦	河北、山西、内蒙古、甘肃
绿豆	河北、山西、内蒙古、吉林、黑龙江、安徽、河南、湖北、重庆、四川、陕西
红小豆	河北、山西、内蒙古、吉林、黑龙江、江苏、新疆

数据来源：常晋生（2006）；新中国农业 60 年统计资料；中国农业统计资料，各年。

3. 小杂粮种植向优势产区集中

与全国整体形势一致，主产省区小杂粮普遍呈现种植面积下降的态势，其中吉林、黑龙江、山东、河南、甘肃和宁夏下降较快，减少面积与 1980 年相比超过 80% 以上。在整体范围表现为下降的情况下，也有一些杂粮生产大省发展势头较好，其中山西省 2014 年杂粮种植面积 99 万公顷，占全省粮食播种面积的近 1/3，总产量达 234 万吨，其中谷子面积 19.2 万公顷，总产 55.7 万吨，位列全国第一，荞麦和燕麦的面积、产量也均居全国前列。陕西杂粮常年播种面积达 60 万—70 万公顷，总产量为 50 万—60 万吨，是我国三大主产区之一，其中糜子 12 万公顷，总产约 8 万吨；荞麦 15 万公顷，总产 7 万吨；绿豆约 6 万公顷，总产约 3 万吨。内蒙古杂粮种植规模相对于其他省区具有一定优势，荞麦、莜麦和糜子的种植面积居全国首位，高粱面积居全国第二位，绿豆播种面积和产量分别居全国第一位和第二位。

（三）小杂粮贸易

小杂粮是我国的传统出口产品，具有明显的价格优势和资源优势，杂粮贸易总体上表现为净出口，主要出口地区包括日本、韩国、欧盟和东南亚地区。分品种来看，我国口的杂粮品种为绿豆、红豆、荞麦和谷子，其中绿豆是我国目前出口规模最大的杂粮产品，2014 年出口量为 10.86 万吨。进口的主要品种为燕麦和大麦，2010 年以来，我国由高粱净出口国转为净进口国，2014 年高粱进口量达到 578 万吨。总体来看，由于资源和价格优势，小杂粮在我国粮食出口贸易方面占有重要地位，具有明显的出口竞争优势，近年来随着国内杂粮产量的下降，我国的杂粮出口贸易也呈现下降趋势（表 3）。

表 3　　2014 年我国杂粮贸易情况　　单位：万吨，万美元

产品	进口		出口		净出口	
	进口量	进口额	出口量	出口额	贸易量	贸易额
荞麦	0.70	323.22	4.10	2844.49	3.40	2521.27
谷子	0.04	24.37	0.69	728.75	0.65	704.38
绿豆	1.50	1562.19	10.86	21473.70	9.36	19911.51
红小豆	0.72	428.32	5.30	8093.52	4.58	7665.19
燕麦	12.74	3784.56	0.05	33.74	-12.69	-3750.82
大麦	541.30	157368.48	0.01	11.11	-541.28	-157357.37
高粱	577.59	163769.21	1.00	580.71	-576.59	-163188.50

数据来源：中国海关数据库。

二、小杂粮消费情况

高粱和谷子等杂粮曾是一些地区特别是北方地区和山区人民的传统主食，20 世纪 80 年代以后，随着生产条件的改善和居民生活水平的提高，原以杂粮为主食的地区逐渐改变为消费小麦和大米为主，杂粮成为辅食，直接食用杂粮比例逐渐下降，大部分杂粮作为食品工业、酿造业等加工业的原料，以及作为饲料用粮。据统计，山西省杂粮商品化率由 90 时代初

期的 10% 提高到 70% 以上。

近年来，随着人民生活水平的提高和膳食结构的改善，杂粮的消费比例逐渐增加，以杂粮为主制作的面粉、挂面、米粉、麦片和杂豆等食品逐渐进入超市等相对较高的商业场所。由于杂粮是非主食粮食品种，我国并未对其进行宏观调控，国内杂粮产品市场化程度较高，价格受供需影响显著。2008 年以来，受市场消费需求增加等因素影响，国内杂粮价格呈现上涨趋势（表 4）。

表 4　　我国主要杂粮品种价格变化　　单位：元/吨

产　品	2005 年	2006 年	2007 年	2008 年
小米	2850	2910	3000	4100
高粱	1390	1584	1799	2220
糜子	1300	1380	1560	1800
荞麦	2160	2650	3080	3200
红小豆	4200	4430	5250	5400

数据来源：李玉勤（2011）。

受各地区饮食习惯和消费结构的影响，世界主要国家和地区的杂粮消费情况存在较大差异。高粱、谷子等消费主要集中在非洲国家，直接食用。黑麦、燕麦和豌豆等的消费集中在欧洲国家（表 5）。

表 5　　世界主要国家和地区杂粮人均占有量（千克/人/年，2011）

国家	大麦	高粱	谷子	黑麦	豌豆	燕麦
韩国	1.11	0.00	0.23	0.01	0.06	0.00
美国	0.52	0.66	0.00	0.27	0.01	4.32
欧盟	1.08	0.00	0.02	5.93	1.29	1.72
中国台湾	1.13	0.00	0.12	0.00	0.89	1.55
中国	0.15	0.69	0.48	0.10	0.55	0.08

续表

国家	大麦	高粱	谷子	黑麦	豌豆	燕麦
日本	0.68	0.00	0.06	0.01	0.11	0.05
世界	0.98	3.68	3.35	0.83	0.82	0.59

数据来源：FAO 数据库。

三、推动小杂粮产业发展的优势条件

（一）杂粮作物在水土资源高效利用方面具有不可替代的作用

杂粮可以在旱地、山坡地和薄地种植，相对于大宗粮食作物，杂粮较为节水，如生产 1 公斤谷子需水 271 公斤，玉米和小麦则需要 369 公斤和 510 公斤（程汝宏，2003）。生育期短的杂粮品种在多数适宜地区可夏播，是良好的救灾补种作物。杂豆与大宗作物间套种，能够提高土地利用率，借助生物固氮作用，可使耕地用养结合，培肥地力。杂粮作物能够有效减少水土流失，有利于生态环境建设。

（二）杂粮种植具有一定的成本收益优势

根据《2008 年全国农产品成本收益资料汇编》数据显示，玉米、谷子和高粱的亩均产值分别为 650.5 元、521.6 元和 624.7 元，亩均现金收益为 433.5 元、412.2 元和 434.2 元，虽然玉米的纯收益略高于谷子，考虑到劳动用工和土地成本，谷子和高粱的效益明显高于玉米，成本利润率分别为 44.7%、55.6% 和 55.7%。另据山西省调查数据显示，由于育种和栽培技术的突破，近年来谷子亩均产量已由过去的 150 公斤提高到 350—400 公斤，高产田块超过 600 公斤，按照近两年全省谷子价格 7—9 元/公斤计算，种植谷子的亩均纯收入可达 1800 元以上，远高于玉米收益（2013 年山西省玉米亩均现金收益为 868.64 元），这也是在水资源短缺或种植条件恶劣地区推动杂粮种植的重要因素之一（表 6）。

表 6　　我国主要杂粮成本收益情况（2007 年）

项　目	单位	玉米	谷子	高粱
产值	元	650.5	521.6	624.7
商品化率	%	84.1	48.4	87.1
价格	元/公斤	1.50	2.93	1.55
总成本	元	449.7	335.2	401.2
生产成本	元	358.5	270.7	287.4
土地成本	元	91.2	64.5	113.8
净利润	元	200.8	186.5	223.4
现金成本	元	217.1	109.4	190.5
现金收益	元	433.5	412.2	434.2
成本利润率	%	44.7	55.6	55.7

数据来源：《全国农产品成本收益资料汇编》。

（三）杂粮产品市场需求旺盛

目前国内粮食需求正从“量”向“质”的方向转变，由于生活水平的提高，人们的食物结构不断改善，注重食物消费的营养全方位和品质多样性，对营养性、保健性和杂食性的要求日益增强，杂粮及其制品成为了市场销售前景较好的消费商品，同时饲料工业对杂粮原料的需求也在不断增加。据统计，全球杂粮消费增长率为 25.74%，远远超过精粮产品消费增长率。受需求旺盛影响，杂粮价格趋升，普遍高出大宗粮食品种 1—2 倍。我国小杂粮价格也普遍低于其他国家，据调查，我国荞麦、豆类产品价格仅为国际市场价格的 10% 左右，市场潜力巨大。从国内国外两个市场的需求看，大力发展杂粮经济，可以促进农业粮食结构调整，开辟农业增效、农民增收的新路子。

四、政策建议

（一）加快小杂粮优良品种选育和推广

目前小杂粮缺乏优质、高产品种，种植以地方品种为主，良种采用率较低，农户长期自留种子造成品种混杂退化，一般亩产只有 50—100 公斤。应以品种为核心，加强小杂粮新品种选育和示范推广，建立良种繁育基地，加快品种更新步伐，扩大优良品种的覆盖面，提高产品质量。

（二）改善小杂粮在生产、收获、加工等方面的技术和装备

小杂粮多数种植在田边地脚和山坡地，限制了农业机械应用，导致生产率较低，应联合多学科、多部门开展技术攻关，大力发展适宜的农机具，提高机械作业水平，以抗旱节水技术为支撑，大力推广小杂粮标准化生产和管理技术、旱作农业生产技术、保护性耕作技术、配方施肥技术等先进适用技术，降低生产成本，提高单产加强小杂粮加工技术，提高加工工艺。

（三）加强对小杂粮消费的引导

目前消费者的杂粮消费意识未被充分唤醒，消费需求有待进一步挖掘。应积极宣传杂粮及其制品的营养价值，强化消费者对杂粮的认知，引导健康的消费观念，拓展杂粮食品的层次，满足消费者的多样化需求。

参考文献

[1] 柴岩：《小杂粮生产现状及对策》，《中国农业科技导报》2001 年第 5 期。

[2] 李玉勤：《中国杂粮产业发展研究》，中国农业科学技术出版社 2011 年版。

[3] 沙敏、武拉平：《杂粮研究现状与趋势》，《农业科技展望》

2015 年第 2 期。

[4] 张雄等：《小杂粮市场竞争力分析及产业开发研究》，《中国粮油学报》2005 年第 6 期。

专题 12：农　　资*

2015 年，我国化肥供应比较充足，市场运行总体平稳，为全年粮食丰收奠定了良好基础。全年化肥等农资产品价格呈小幅上涨态势，基本保证了春耕和秋冬季农业生产的顺利开展。2016 年，受全球经济增长乏力、国际市场价格低迷、国内产能仍然过剩等因素影响，国内货源仍比较充足，但受化肥关税和增值税等政策调整的影响，市场价格可能继续上涨。

一、2015 年农资市场运行特点

2015 年我国化肥供给总体充足。据中国资讯网统计，2015 年我国化肥总产量达到 7597.5 万吨，同比增长 8.2%；其中，氮肥、磷肥、钾肥产量分别为 4945.8 万吨、1979.1 万吨和 619.0 万吨，同比分别增长 4.9%、18.4% 和 -1.0%。近年来，我国化肥产量持续增加，市场长期供大于求，产能过剩明显，化肥供应非常充足。

（一）国内价格小幅上涨

1. 尿素产品

2015 年国内尿素价格小幅上涨。根据资讯网数据，1—12 月国产尿素平均出厂价为 1579 元/吨，同比上涨 1.1%。1—6 月，受春耕生产、化肥出口政策调整等因素影响，国内尿素价格持续上涨，1 月平均出厂价为 1575 元/吨，6 月上涨至 1720 元/吨，比 1 月上涨 9.2%。之后市场比较低迷，从 7 月开始，尿素价格持续下跌，12 月价格跌至 1390 元/吨，比 6

* 执笔人：龙文军、姜楠、苏祯。

月下跌 19.2%。在国内外市场低迷、供应过剩的双重压力下，预计后期国内尿素价格仍将保持低位。

2. 磷酸二铵

2015 年国内磷酸二铵价格呈上涨态势。1—12 月国产磷酸二铵平均出厂价为 2683 元/吨，同比上涨 6.3%。1 月平均出厂价为 2650 元/吨，9 月价格涨至 2750 元/吨，比 1 月上涨 3.8%，10 月后价格比较稳定，12 月跌至 2650 元/吨。2015 年受化肥出口政策调整影响，我国磷酸二铵出口量明显增加，因而价格持续上涨，预计后期价格上涨空间将越来越小。

3. 氯化钾

2015 年国内氯化钾价格小幅上涨。1—12 月国内氯化钾平均出厂价为 2092 元/吨，同比上涨 2.6%。1 月平均出厂价为 2030 元/吨，之后价格有涨有跌，但波动幅度不大，9—12 月价格稳定在 2200 元/吨左右。2015 年我国钾肥产量减少，而进口量增加，基本保证了国内市场供应，价格总体平稳，预计后期国内氯化钾价格基本稳定。

4. 复合肥

2015 年国内复合肥价格小幅上涨。1—12 月国内复合肥平均出厂价为 2281 元/吨，同比上涨 4.1%。1 月平均出厂价为 2250 元/吨，之后价格有涨有跌，但波动幅度不大，12 月价格为 2300 元/吨，比 1 月上涨 2.2%。预计短期复合肥价格仍将保持平稳（图 1）。

（二）化肥出口大幅增加

2015 年我国化肥出口关税政策调整，取消氮肥、磷肥出口关税淡旺季差异，统一全年税率，化肥出口量明显增加。中国海关统计数据显示，1—12 月累计，全国出口化肥 3450.9 万吨，同比增长 18.6%，出口额 108.6 亿美元，同比增长 21.7%；其中尿素和磷酸二铵出口量分别为 1374.8 万吨和 801.9 万吨，同比分别增长 5.2% 和 64.3%。1—12 月累计，全国进口化肥 1114.9 万吨，同比增长 16.6%，进口额 39.2 亿美元，同比增长 17.1%；其中氯化钾进口量为 942.9 万吨，同比增

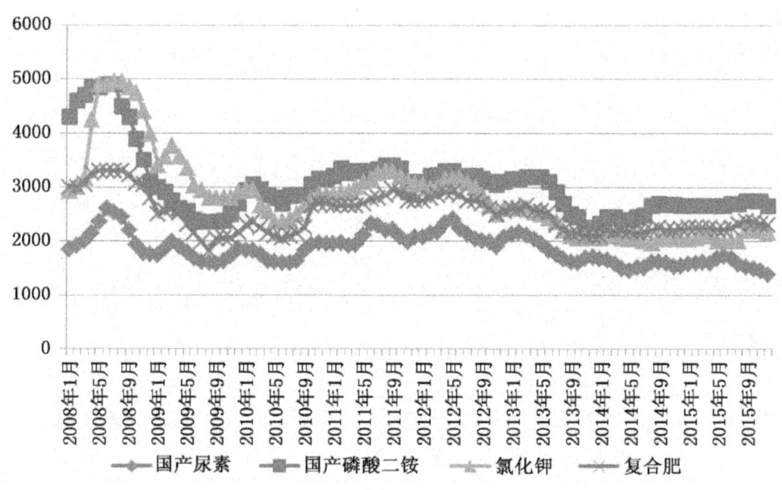

图 1　2008—2015 年国内化肥市场价格走势

资料来源：农业部监测数据。

长 17.4%。

（三）国际市场持续低迷

2015 年国际尿素价格持续下跌。其中，1—12 月波罗的海地区小颗粒散装离岸平均价格为 269 美元/吨，同比下跌 14.2%；尤日内小颗粒散装离岸价格为 272 美元/吨，同比下跌 14.5%。

国际磷肥价格小幅下跌。1—12 月美国海湾地区磷酸二铵离岸价格为 460 美元/吨，同比下跌 2.6%；波罗的海磷酸二铵离岸价格为 473 美元/吨，同比下跌 1.5%；摩洛哥磷酸二铵离岸价格为 496 美元/吨，同比下跌 1.6%。

国际氯化钾价格小幅下跌。1—12 月以色列氯化钾离岸价为 293 美元/吨，同比下跌 2.4%；约旦氯化钾离岸价为 291 美元/吨，同比下跌 2.6%；西北欧地区氯化钾离岸价为 299 美元/吨，同比下跌 2.7%。

国际复合肥价格比较稳定。1—12 月独联体 48% 含量离岸价格为 363 美元/吨，同比上涨 5.5%；东南亚 48% 含量到岸价格为 402 美元/吨，同比下跌 1.5%（图 2）。

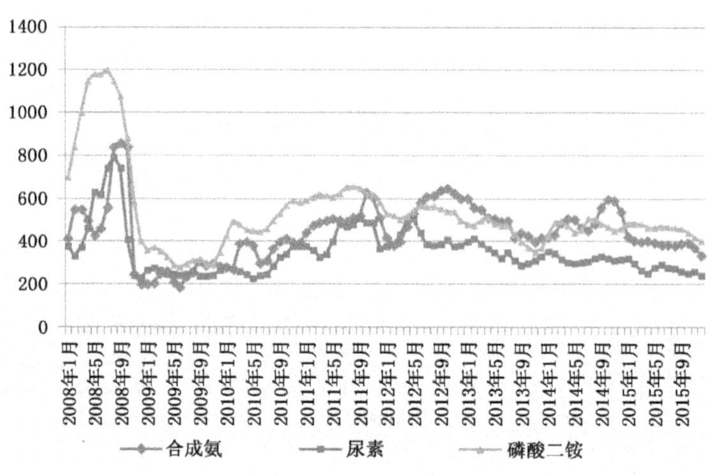

图 2　2008—2015 年国际化肥市场价格走势

注：以上价格分别为合成氨尤日内离岸价（美元/吨）、尿素尤日内离岸价（美元/吨）、磷酸二铵美国离岸价（美元/吨）。

二、目前存在的主要问题

（一）化肥企业亏损严重影响其生产积极性

2014—2015 年，我国化肥市场持续低迷，行业亏损严重，企业生存困难，一些企业面临资金链断裂的危险。据中国氮肥和磷肥协会统计，1—10 月氮肥行业亏损面 43%，磷肥行业亏损面 10%。近年来，我国化肥行业已持续低迷，企业经营日益困难，并且由于企业效益较差，各大银行防范风险，提高贷款门槛，企业融资成本居高不下，随时面临资金链断裂。如果这种亏损情况长期存在必然影响整个行业的可持续发展，因此，要进一步加强行业的科学布局和规划，切实提高市场配置资源的效率。

（二）化肥企业生产成本上升

国家发展和改革委员会从 2015 年 4 月 20 日起，取消了化肥企业电价优惠，价格上调 0.1 元/千瓦时；从 2015 年 2 月开始，农用化肥由执行 2

号运价调整为执行 4 号运价，即整车货物基价 1 由 9.10 元/吨上涨至 16.30 元/吨，基价 2 由 0.080 元/吨公里上涨至 0.098 元/吨公里（整车货物每吨运价 = 基价 1 + 基价 2 × 运价公里）；从 2015 年 9 月起开始恢复征收化肥增值税。这些优惠政策的调整使化肥企业生产成本明显增加，更加剧了企业经营困难。

（三）化肥企业转型升级压力较大

近年来，随着市场化进程加快，化肥企业享受的优惠政策逐步取消，化肥企业未来的生产成本面临持续上升的压力。目前化肥企业都在进行转型升级，但由于资金、技术储备不足，无论从原料结构、产品结构方面的调整都存在较大困难，尤其是 2014—2015 年企业已经亏损严重，资金压力特别大，企业很难转型升级。但是目前化肥行业面临产能过剩、减量增效的双重挤压，必须加快转型升级，提升综合服务能力。

（四）新肥料品种推广难度大

目前单质肥施用量呈减少趋势，企业都在积极调整产品结构，生产高效的新型肥料，主要包括增值尿素、尿素硝酸铵溶液等。但在新肥料推广中遇到较大问题，尤其是尿素硝酸铵溶液，其施肥配套设施投入不足，农民认知度不够，导致难以大面积推广。而这种新型高效肥料、液体肥料已成为当前发达国家肥料的主要施用品种，也是未来我国农业生产化肥施用的必然趋势，因此应加大对设施、机具及相应施肥技术的支持力度。

（五）农资电商发展较快，传统经营方式面临挑战和创新

在“互联网 +”时代，电商发展正在对传统流通渠道产生深远影响，一些农业企业开始涉足农资电商，互联网、微电商等思维正逐渐渗入农资行业，对传统经营模式提出了新的挑战。因此，要引导农资企业，特别是基层经销商尽快适应农资科学投入、减量使用的双重要求，大力开展经营服务创新，主动转型升级，向产、销、施、用、经营、服务、管理“一

条龙”的农业生产综合服务商转型升级。

三、后市展望和政策建议

（一）后市展望

预计后期受国内产能过剩、国际市场低迷等因素影响，我国化肥货源非常充足，2016 年春季化肥供应基本有保障。分品种来看，2015 年年底我国尿素产能可达到 8220 万吨，而消费量大约为 5700 万吨，出口 1000 万吨，过剩 1520 万吨；2015 年春季磷酸二铵的供应量为 890 万吨，春季需求量为 560 万吨，出口 260 万吨，过剩 70 万吨；2015 年钾肥总供应量约为 1027 万吨，表观消费量约为 821 万吨，结转约 206 万吨。由于原材料、运输等成本均有所上涨，预计化肥价格还将小幅上涨，但不会出现大涨，长期逐渐趋于稳定。

（二）政策建议

展望“十三五”时期，我国化肥使用量的增长速度将明显放缓，逐渐进入一个相对稳定的发展阶段，要实现到 2020 年化肥用量零增长，必须制定适合新时期我国化肥使用和市场形势的政策框架体系，涉及化肥工业、农业施用和废弃物循环利用等技术、政策等因素的综合调整。

1. 强化化肥市场监管力度

各级农业、工商、质监等部门要继续强化化肥市场监管力度，对制售假劣化肥的不法分子和违法企业进行严厉打击，确保市场销售的化肥产品质量，维护化肥市场流通秩序，切实维护农民合法权益。同时也要引导农民多购买品牌肥料，科学、安全、合理施用，促进农业增产增收。

2. 优化肥料品种结构

按照适应现代农业发展和环境友好的要求，优化测土配方施肥技术，适当减少氮肥使用稳定磷肥补充钾肥，改进提升尿素、磷铵、氯化钾和硫酸钾（镁）等基础肥料，适度发展硝基肥料、熔融磷钾肥料、液体肥料等多元肥料，鼓励发展按配方施肥要求的复混肥和专用肥，重视发展中、微量元素肥料、缓控释肥料。

3. 提高施肥技术水平

目前我国提高施肥技术主要包括两个方面内容：一方面是改革现有技术，提高技术水平；另一方面是要提高农民科学施肥的意识，切实做到现有科学施肥技术的应用。因此，一是要充分发挥农业科研部门和基层农技服务部门的作用，根据地区实际情况研发更适合更高效的施肥技术。二是要通过专家讲座、现场指导相结合，加大宣传力度，大力推广测土配方等技术，提高农民科学施肥的意识和技术，使得现有技术能够真正发挥作用，减少因为传统施肥手段带来的浪费现象。

4. 制定化肥产业发展相关政策

进一步加强对生产、流通、贸易等环节的调控；扩大对化肥生产用电、用气和铁路运输的优惠幅度，为化肥生产企业提供贷款、贴息等必要的金融支持；加大对化肥市场体系建设和连锁经营等现代流通方式的支持力度，尽快培育和发展一批规模较大、影响较大的化肥市场；加大对有机肥、农家肥等绿色肥料的补贴力度，增加技术、育种、配方等方面科技投入；完善化肥淡季商业储备制度，推进钾肥国有储备制度建立，减少农业生产对化肥的过度依赖。

中国粮食贸易发展现状及趋势

姜 楠 韩一军[*]

加入世界贸易组织以来，中国已成为世界上农业开放度最高的国家之一，农产品贸易快速发展，国际国内两个市场相互作用不断增强。当前中国农产品贸易正在进入一个新的阶段，进出口规模迈向新台阶，净进口产品不断增加，农产品贸易对国内产业的影响更加直接、更加全面、更加深刻。2014 年，中国农业持续稳定发展，粮食产量“十一连增”，农民收入“十一连快”，为国民经济持续稳定发展提供了有力支撑。但由于需求增长更为强劲，粮食产品进口增势明显。因此，贯彻落实党的十八大精神，切实加强对两个市场和两种资源的统筹，更加有效地利用国际市场和资源，保障国内产业和粮食安全，任务艰巨，意义重大。

一、入世以来中国粮食贸易变化情况

（一）中国粮食贸易总体变化

2002 年是中国加入 WTO 的第一年，粮食播种面积为 1.04 亿公顷，

---

* 基金项目：国家小麦产业技术体系产业经济研究。韩一军，中国农业大学经济管理学院教授。

同比减少 2%，但单产比上年提高 3%，粮食总产量达到 45710 万吨，比上年增加 448 万吨，增长 1%。这一年并没有出现预计的大规模粮食进口，而表现为出口增加，进口减少。2002 年中国出口粮食 1514 万吨，比上年增加 611 万吨，进口粮食 1417 万吨，比上年减少 322 万吨，粮食净出口 97 万吨。“入世”第一年，中国粮食贸易发展态势良好，国内粮食市场稳定，国家粮食安全没有受到威胁。其主要原因是：第一，世界主要出口国减产幅度大，国际粮价上涨较多，进口价格并不占优势；第二，中国粮食恢复性小幅增产，国内粮食供给量增加；第三，2002 年，中国储备轮换、陈粮拍卖等，使国内粮食市场供给增加，价格稳降；第四，2002 年，中国采取了调整农业结构、粮食流通市场化改革等一系列有效的战略决策和政策措施，既符合“入世”的承诺，又不违反 WTO 规则，加强了对进口粮食的合法宏观调控，保护了广大粮农和国内粮食企业的利益。

1999—2003 年中国连续五年粮食减产，2003 年粮食总产量跌至 43069.4 万吨，此后粮食贸易量迅速增加，尤其是粮食进口量直线上涨，2003 年粮食进口量达到 2283 万吨，2007 年已增至 3238 万吨。这段时期中国粮食贸易呈现出明显的净进口，净进口量急剧增加，2003 年净进口 53 万吨，2006 年达到 2209 万吨。其主要原因是中国对大豆的进口激增，2003 年以来中国每年大豆进口量均突破 2000 万吨，2007 年达到 3000 万吨以上（图 1）。

2008 年以后，中国粮食贸易量增长较快，进口量快速增加，2008 年进口量为 3898 万吨，2010 年增至 6050 万吨，2011 年略降至 5808 万吨，2012 年激增至 7237 万吨。粮食贸易呈现明显的净进口，净进口量由 2008 年的 3663 万吨增加至 2010 年的 5907 万吨，2011 年略降至 5665 万吨，2012 年增至 7103 万吨。粮食进口仍主要以大豆为主，占粮食进口量的 80% 以上，2009 年和 2010 年的进口量分别突破 4000 万吨和 5000 万吨。2011 年粮食进口量下降的主要原因是大豆进口量下滑，2011 年大豆进口量为 5263.4 万吨，同比下降 3.9%。2012—2014 年粮食进口量持续增加，2014 年已达到 9091.5 万吨。

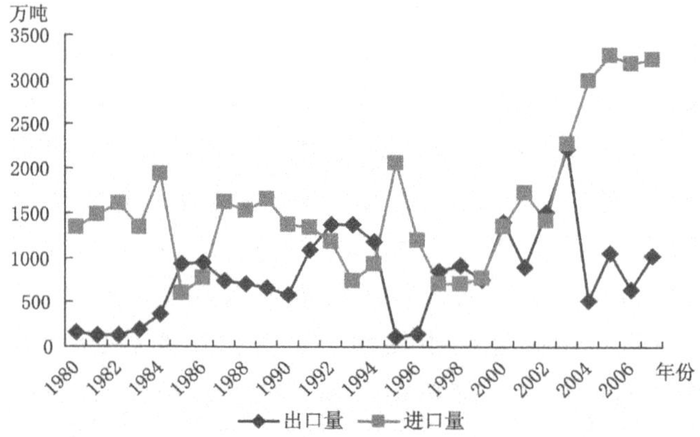

图 1　1980—2007 年中国粮食贸易量变化情况

资料来源：根据中国海关统计数据整理。

近年来谷物进口量增长迅速，2008 年进口量为 154.1 万吨，2010 年增至 570.9 万吨，增长了 2.7 倍，2011 年略降至 545 万吨，主要由于大麦产品进口量下滑，2011 年小麦、玉米和水稻三大谷物产品均为净进口。2012 年，国际谷物价格高位回落，国内价格稳中有升，国内外较大的价差导致谷物进口激增，2012 年谷物进口量达到 1398 万吨，比上年增长 1.6 倍。2013 年谷物进口继续增长，进口量达到 1458.5 万吨，同比增长 4.3%；谷物净进口 1358.4 万吨，同比增长 8.8%。2014 年，谷物共进口 1951.6 万吨，同比增长 33.8%；出口 76.9 万吨，同比下降 23.1%。小麦、玉米和稻谷三大主粮作物进口量有所下降，大麦和高粱进口快速增长。稻谷产品进口 257.9 万吨，同比上升 13.6%；小麦产品进口 300.4 万吨，同比下降 45.7%；玉米产品进口 259.9 万吨，同比下降 20.4%；大麦产品进口 541.3 万吨，同比增长 1.3 倍；高粱进口 577.6 万吨，同比增长 4.4 倍。

近年来，我国大豆进口量连创历史新高，2005—2010 年间，年均增长 15.6%，2010 年大豆进口量更是同比激增 28.8%，已经接近 1996 年进口量的近 50 倍。尽管 2011 年大豆进口量出现小幅下滑，同比下降 3.9%，但仍维持在 5263.4 万吨的高位。2012—2014 年大豆进口量连创新高，

2014 年已达到 7139.9 万吨，同比增长 12.7%；进口额 402.7 亿美元，同比增长 6.0%。4 月以来，美国大豆到岸税后价较国内销区大豆价差不断扩大，从 90 元/吨一度增至 1600 元/吨。同时，国内压榨需求和养殖业饲料需求继续增长，加工企业进口意愿增强，大豆进口在上年快速增长的基础上继续增加（图 2）。

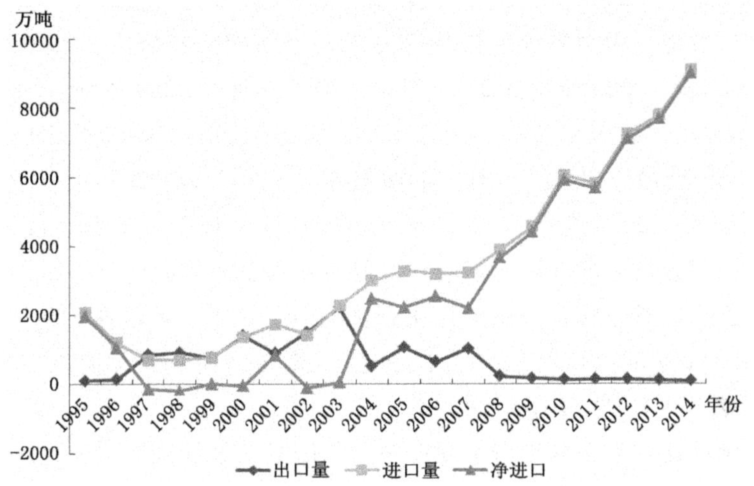

图 2　1995—2014 年中国粮食贸易量变化情况

数据来源：根据中国海关统计数据整理。

（二）中国粮食贸易变动特点

1. 贸易规模不断扩大，总体以进口为主

入世以来，中国粮食贸易规模不断扩大，总体以进口为主。2002 年，中国粮食贸易总量为 2931 万吨，2003 年突破 4000 万吨，达到 4514 万吨，2004—2008 年贸易量在 3500 万—4500 万吨之间波动，2009 年增至 4742 万吨，2010 年猛增至 6191 万吨，2011 年略降至 5951 万吨，2012 年增至 7371 万吨，2013 年达到 7917 万吨，2014 年达到 9189 万吨。贸易总量在波动中不断上升，2014 年贸易总量较 2002 年增长了 2.1 倍，年均增长 9.9%。

出口方面，中国粮食出口量呈先增后减态势。2002 年，粮食出口量为 1514 万吨，2003 年达到 2231 万吨，之后波动减少，2005 年和 2007 年出口量较大，均超过 1000 万吨，2008 年之后出口量明显减少，2012 年和 2013 年仅为 133.7 万吨和 120.9 万吨，2014 年再减少为 97.6 万吨。粮食出口量占粮食产量的比重很小，2003 年最高时仅为 5.2%，一般年份均在 1%—4% 之间，2008 年之后基本保持在 0.5% 以下。

进口方面，中国粮食进口量呈先减后增态势。2002 年，粮食进口量为 1417 万吨，2003 年达到 2283 万吨，2005 年增至 3289 万吨，2009 年增至 4560 万吨，2010 年进一步增至 6050 万吨，2011 年略降至 5808 万吨，2012 年增至 7237 万吨，2013 年增长为 7796 万吨，2014 年再增长为 9091.5 万吨。2014 年粮食进口量较 2002 年增长了 5.4 倍，年均增长 16.8%。尽管粮食进口量不断增长，但占粮食总产量的比重不大，除大豆外，谷物进口量占粮食产量的比重最大时为 4.4%，目前在 2% 左右。由于入世后大豆进口增长较快，粮食进口量占产量的比重有所增加，由 2002 年的 3.1% 增至 2014 年的 15.0%。

中国粮食贸易多数年份呈现净进口，净进口量先减后增，且规模呈扩大趋势。2002 年中国粮食呈现净出口，净出口量为 97.5 万吨，2003 年开始净进口，净进口量为 52.1 万吨，2004 年之后净进口量不断增加，2008 年达到 3663 万吨，2009 年增至 4397 万吨，2011 年为 5665 万吨，2012 年猛增至 7103 万吨，2013 年增长为 7675 万吨，2014 年再增长为 8994 万吨。总体来看，中国粮食出口竞争力较弱，处于比较劣势；而粮食进口在国内市场需求推动下不断增加。

2. 贸易品种结构不平衡，且波动性较大

入世以来，中国粮食贸易品种结构不平衡，且波动性较大。出口方面，粮食出口以小麦、玉米、稻谷和大豆产品为主，合计占粮食出口量的比重呈现先上升后下降的趋势。四种产品出口量所占比重 2002 年为 98.7%，此后均保持在 90% 以上，2008 年之后有所下降，2011—2014 年分别为 83.6%、85.5%、86.3% 和 85.6%。谷物出口以小麦、稻谷和玉米为主，三者出口量占谷物出口总量的 80% 以上。入世以来，中国大部分年份谷物出口大于进口，出口量年度间波动较大。谷物出口品种以小麦、稻谷和玉米为主，占谷物出口总量的比重多数年份在90%以上，近年来略有下降，但仍占八成以上。

分品种来看，小麦产品出口量较少，占粮食出口总量的比重总体上升。小麦产品出口量2007年最高，达到307万吨，多数年份在100万吨以下。出口量占粮食出口总量的比重有所提高，2002年为6.5%，之后波动上升，2007年达到29.8%，2008年下降至13.2%，近几年有所回升，2011年为23.0%，2012年略降至21.4%，2013年为23.0%，2014年为19.4%。

稻谷产品出口量有所下降，占粮食出口总量的比重先降后升。稻谷产品出口量在100万—300万吨之间，近年来下降到100万吨以下。出口量占粮食出口总量的比重先降后升，2002年为13.2%，2003年降至11.7%，2004—2007年在20%以下波动，2008年之后有所上升，在41%—45%之间，2012年降至20.9%，2013年增至39.6%，2014年为43.0%。

玉米产品出口波动剧烈，从出口量最多的谷物产品转变为净进口产品，占粮食出口总量的比重呈明显下降趋势。2002—2009年，中国玉米持续保持净出口，是中国最主要的粮食出口产品，玉米产品出口量2003年最高达到1639万吨，多数年份在200万—900万吨之间，近年来出口量下降至30万吨以下。出口量占粮食出口总量的比重2002年为77.1%，2005年最高达到81.6%，2008—2011年下降明显，比重在10%以下，2012年增至19.2%，2013年降为6.4%，2014年再降为2.0%。玉米出口量波动非常剧烈，例如2002年玉米出口量同比增长95%，而2004年同比下降86%，2005年又增长2.7倍，玉米出口量波动也是造成中国谷物出口波动的主要因素。但从2004年开始，受粮食减产的影响，国家为调控国内粮食市场削减了玉米出口配额，同时取消了玉米出口补贴，中国玉米出口呈波动下降趋势，并在2010年转变为净进口谷物产品。

大豆产品出口量较少，占粮食出口总量的比重不高。大豆产品出口量一般在10万—50万吨之间，2008年最高达到48.5万吨，之后有所下降，

2011 年为 21.4 万吨，2012 年增至 32.1 万吨，2013 年为 20.9 万吨。出口量占粮食出口总量的比重 2002—2007 年间持续在 10% 以下，2008 年之后有所上升，比重在 12%—20% 之间，2012 年为 24.0%，2013 年为 17.3%，2014 年为 21.3%（图 3）。

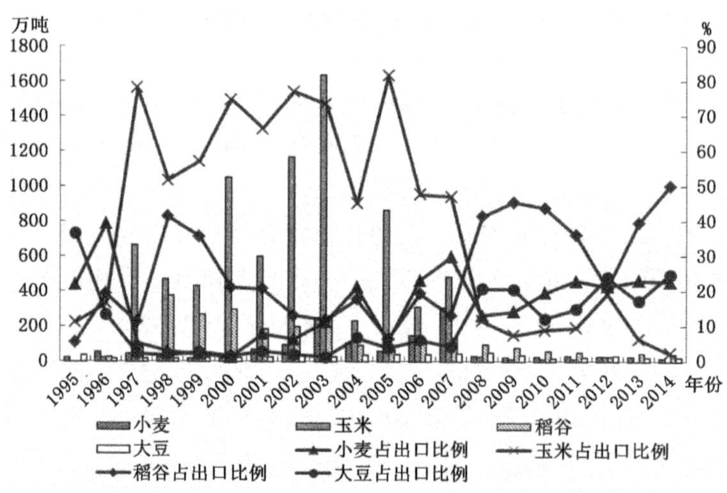

图 3　1995—2014 年中国粮食出口数量及比例变化

数据来源：根据中国海关统计数据整理。

粮食进口以大豆产品为主，近年来小麦、玉米和稻谷产品进口比重有所上升。入世以来大豆一直是主要进口品种，所占比重从 2002 年的 79.9% 上升到 2003 年的 90.9%，2004—2006 年比重有所下降，在 67%—89% 之间，2007 年之后回升至 90% 以上，2011 年为 90.6%。由于稻谷、小麦和玉米的进口量快速增长，2012 年大豆占粮食进口的比重降至 80.7%，2013 年为 81.3%，2014 年为 78.5%。虽然小麦、玉米和稻谷产品所占比重较低，但近几年有所上升，分别从 2008 年的 0.1%、0.1% 和 0.9% 上升至 2014 年的 3.3%、2.9% 和 2.8%。

大麦是进口量最大的谷物产品，近年来玉米和小麦进口量明显增加。入世以来，中国谷物进口规模不大，多数年份保持在 200 万—600 万吨之间，仅 2004 年和 2005 年由于国内粮食减产进口量分别增至 975.4 万吨和

627.7 万吨。谷物进口品种以大麦为主，多数年份占谷物进口总量的一半以上，近年来比重有所下降，而玉米和小麦进口量明显增加。玉米进口量在2009年之前仅有几万吨，由于2009年国内玉米减产，加之饲料和工业需求旺盛，2010年进口量激增至157.3万吨，2011年增加至175.4万吨，2012年进一步增至520.8万吨，2013年降至326.6万吨，2014年继续降至259.9万吨。小麦进口量多数年份在100万吨以下，仅2004年和2005年由于国内连年减产分别增至725.9万吨和354.4万吨，2009年以后进口量明显增加，2012年进口量达到370.1万吨，2013年进一步增至553.5万吨，2014年降为300.4万吨（图3）。

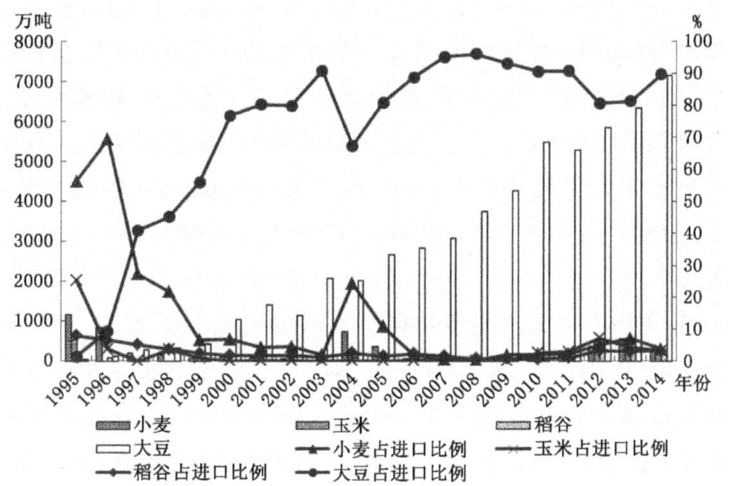

图4　1995—2014年中国粮食进口数量及比例变化

数据来源：根据中国海关统计数据整理。

总体来看，中国主要粮食品种贸易结构不平衡，进出口贸易量波动幅度较大。入世以来中国主要出口玉米、大米和小麦，主要进口大豆。玉米和大米总体呈净出口，小麦呈净出口和净进口交错状态，大豆一直呈净进口。其中，玉米出口呈逐年下降趋势，并在2010年首次转为净进口且规模不断扩大；大米出口量不断减少，并在2011年转为净进口；小麦进口量不断增加，2009年以后持续净进口。近年来，由于国家不断加大对粮食贸易的调控力度，玉米、大米和小麦的出口规模大大压缩。

3. 进口来源国/地区集中，出口市场相对分散

中国粮食进口来源地比较集中，主要来自发达国家。粮食是土地密集型产品，世界粮食生产主要集中在土地资源丰富的发达国家。2013 年，小麦进口主要来自美国、加拿大和澳大利亚，总计占小麦进口总量的 96%；玉米进口主要来自美国，占玉米进口总量的 91%；大豆进口主要来自巴西、美国和阿根廷，总计占大豆进口总量的 95%；大米进口主要来自越南、巴基斯坦和泰国，总计占大米进口总量的 98%。

粮食出口市场相对分散，主要是周边亚洲国家和地区。韩国、朝鲜、日本和中国香港是中国粮食最主要的出口市场，2013 年中国向这四个市场的谷物出口量占中国谷物出口总量的 86%。小麦出口市场主要是朝鲜和中国香港，占小麦出口总量的 90% 以上；玉米出口市场主要是朝鲜，占玉米出口总量的 90% 以上；大豆出口市场主要是韩国、美国、日本和朝鲜，占大豆出口总量的 85% 以上；大米出口市场主要是朝鲜、韩国、日本和中国香港，占大米出口总量的 80% 以上，近几年向南非等国家出口有所增加。

4. 政策选择更加突出统筹协调，更加注重安全高效

入世促使我们用世界的眼光全球的视角统筹谋划农业发展，在政策选择上注重统筹国内农业发展需要、农业国际竞争的需要以及世贸组织规则要求。我们大力推进农业产业结构调整，加快实施优势农产品区域布局规划，促进了农业生产力布局的优化和农业比较优势的发挥。我们在认真履行承诺的同时，按照世贸组织规则积极调整和加强国内支持政策，不断完善农业支持方向、渠道和方式。例如增加了农业生产环节和农民的直接补贴，形成了以“四补贴”为标志的农业补贴政策框架；对稻谷、小麦实行最低收购价收购制度，对玉米、大豆、油菜籽等重要农产品采取临时收储政策，价格支持和市场调控手段不断丰富。此外，充分利用有限的关税和关税配额政策空间，强化了对农产品特别是大宗农产品的进出口调控，加强了对农业的合理保护。

二、中国粮食贸易变化主要影响因素

近年来中国粮食贸易变化受多种因素制约，既有国内需求增长强劲、农业基础竞争力薄弱、农业支持和保护不足等长期性、根本性因素的作用，也有国内外价差不断扩大、国内产业政策与贸易政策不协调等特殊因素的影响。不同产品进口增加的主要原因各不相同。

（一）缺口因素

近年来，中国粮食供求一直处于紧平衡状态。供给方面，尽管中国粮食连续十年增产，但受土地和水资源的约束不断增强，粮食增产幅度日益缩小，立足国内生产保障粮食安全的难度越来越大。需求方面，随着中国经济发展、居民收入水平提高以及城镇化进程加快，中国粮食的口粮消费逐渐趋于稳定或呈下降趋势，但饲料粮消费和工业用粮消费持续增加，粮食消费总量呈持续增长态势。据国家粮油信息中心估计，2011 年中国谷物产需缺口为 51.7 万吨，2012 年谷物产需缺口扩大至 605 万吨，2013 年进一步扩大为 1140 万吨，其中玉米产品尤为明显，2010 年产需缺口仅为 807 万吨，2011 年扩大至 1570 万吨，2013 年约为 600 万吨，国内产需缺口带动了玉米产品进口量的大幅增长。大豆的产需缺口更大，近年来中国大豆产量逐年减少，2013 年大豆产量约为 1200 万吨，而大豆榨油消费量就达到 6700 万吨，其中国产大豆 300 多万吨，进口大豆 6300 多万吨，国内生产不能满足巨大的消费需求，主要依靠进口。长期来看，国内粮食供求缺口越来越大，主要粮食产品均呈现净进口局面，粮食整体自给率趋于下降。

（二）价差因素

价格是影响粮食贸易的一个重要因素，国内外粮食市场价格的波动以及价差的变化直接影响中国粮食贸易。2004 年以来，国家出台了一系列强农惠农政策，不断提高中国粮食生产能力，但受需求拉动、价格政策及成本推动等因素影响，国内粮食价格稳步提升。2013 年白小麦最低收购价为 1.18 元/0.5 公斤，较 2006 年增长 55.6%；中晚籼稻最低收购价为 1.35 元/0.5 公斤，较 2006 年增长 87.5%。2013 年三种粮食平均生产成本达到 770.23 元/亩，较 2006 年增长 1.1 倍；大豆生产成本达到 578.20 元/亩，较 2006 年增长 2 倍。而同期国内粮食价格明显上涨，2012 年小麦、大米、玉米和大豆价格平均分别为 2162 元/吨、4313 元/吨、2295 元/吨和 4336 元/吨，较 2006 年分别增长 49.3%、83.5%、86.5% 和 73.9%。多数年份，国际市场小麦、玉米等农产品加上运费、关税和保险等费用运到国内后仍低于国内价格，在国际粮食价格优势的作用下，近年来粮食进口量快速增加。如 2013 年，在全球谷物增产以及供求紧张形势有所好转的情况下，国际谷物价格高位回落，进口谷物具有明显的价格优势。大米进口以越南为主，低端越南大米到岸税后价仍比国产大米（晚籼米，标一）批发价低约 900—1100 元/吨；小麦进口以美国和加拿大为主，3 月以来墨西哥湾硬红冬麦（蛋白质含量 12%）到岸税后价持续低于国内优质小麦销区价，价差从 52 元/吨扩大至 409 元/吨（图 5）。

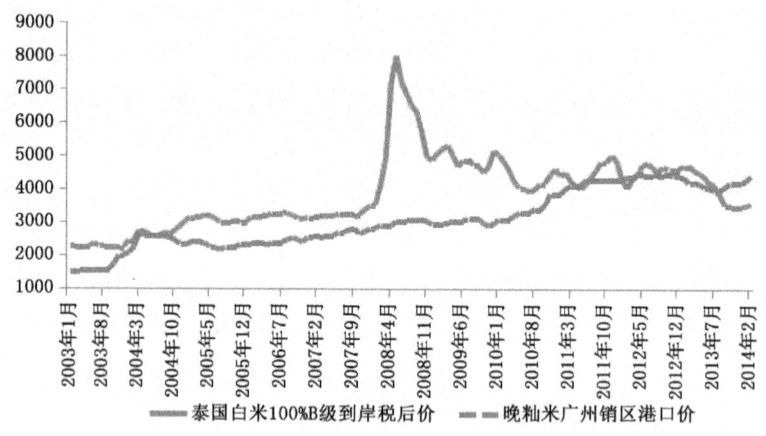

图 5　2008 年以来国内国际大米价格走势

注：国内价格指全国晚籼米（标一）销区港口价，国际价格指泰国曼谷（100% B 级）大米到岸税后价格，2008 年 1 月份以来的美元汇率按当月银行基准价均价计算。

数据来源：中华粮网，FAO。

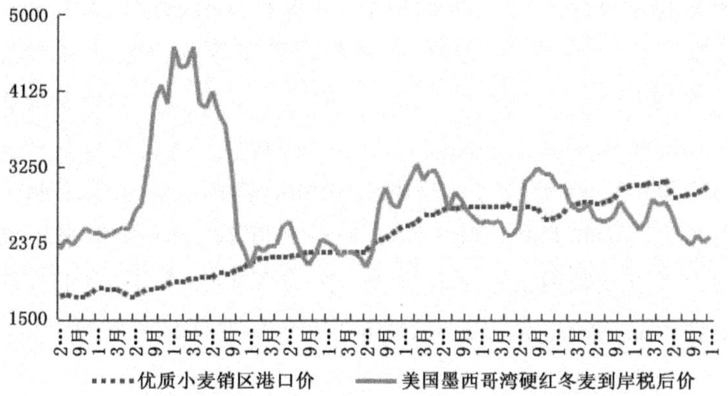

图 6　2005 年以来国内国际小麦价格走势

注：国内价格为河南地区粮食批发市场优质麦价格，国际小麦价格为美国墨西哥湾硬红冬麦价格。

数据来源：中华粮网，FAO。

（三）政策因素

中国农产品贸易政策在进口方面，对于大宗农产品，如粮食（小麦、玉米、大米）、棉花、豆油等实行关税配额管理，对大豆、园艺产品、畜产品等则实行单一关税管理。入世后，配额农产品的配额发放和执行必须公开透明，大宗农产品进口配额由国家发展改革委负责分配，企业只要通过国家发展改革委的审核批准，就可获得相应的进口配额并组织进口。配额农产品进口的关税一经确定，不能随意改变。为确保配额的执行，国营企业分得的进口配额不能超过一定的比例。贸易政策的制定直接影响中国粮食的进出口量。如 2004 年 3 月由于国内小麦价格上涨过快，国家对委托中粮公司代理进口的小麦免收 13% 的增值税，小麦进口成本降低，大大激励了进口商的积极性，2004 年中国小麦进口 726 万吨，同比增长 15. 2 倍。从 2002 年 4 月开始，中国对玉米、小麦和大米实行出口零税率政策，提高了中国粮食产品的出口竞争力。在出口政策的带动下，2002 年和 2003 年中国谷物出口量分别达到 1483. 8 万吨和 2201. 5 万吨。2007

年以来随着国际粮价上涨，为保证国内供应和市场稳定，中国采取了限制出口的政策，自 2007 年 12 月 20 日起取消了小麦等原粮及其制粉的出口退税（此前为13%）。2008 年1 月1 日起对小麦等粮食和制粉征收出口暂定关税，其中小麦等麦类关税加征幅度为 20%，小麦制粉税率为 25%，并对小麦粉等粮食制粉实行出口配额许可证管理。在政策限制下，2008 年谷物出口量为 186 万吨，同比减少 81%。随着 2008 年下半年以来全球小麦价格大跌以及国内供给平衡有余，国家自 2008 年 12 月 1 日起下调了小麦等粮食产品的出口暂定关税，2009 年 7 月 1 日起又取消了出口关税。

（四）其他因素

随着贸易环境的变化，汇率变化、国际市场价格变化、进口机会增加等因素也逐渐影响中国粮食贸易格局。从汇率变化来看，自 2005 年 7 月 21 日 19 点起，中国开始实行以市场供求为基础、参考一篮子货币进行调节、有管理的浮动汇率制度，人民币对美元即日升值 2%。至 2012 年 12 月，银行间外汇市场美元等交易货币对人民币汇率的中间价为：1 美元对人民币 6. 291 元，突破 6. 3 关口，创汇改以来新高，增幅达到 23. 6%。汇率升值对于进口非常有利，人民币升值后，同样数量货币的购买力得到提升，国外产品的价格相对下降，有利于中国进口更多的产品。但对于出口来说，由于人民币的升值直接影响出口产品的价格，大大影响中国粮食在国际市场上的竞争力。

从国际粮食价格来看，进入 21 世纪以来，世界粮食价格波动明显加剧，个别品种上涨幅度非常大，粮食自身的供求关系变化是粮价波动的主要影响因素，但近年来极端气候、原油价格变化、生物质能源政策、美元走势、金融资本等因素也起到了推波助澜的作用，世界粮食价格波动日益频繁，影响因素日趋复杂，这对国内粮食价格也产生了一定影响，特别是对大豆价格影响显著，由于我国大豆进口量占国内消费量的 80% 以上，国际大豆价格波动通过进口直接传导至国内市场，造成国内市场价格波动，从而加大进口大豆对国内市场的冲击。

三、中国粮食贸易面临的形势与挑战

近年来，中国粮食进口有效填补了国内粮食品种的供应缺口，缓解了国内农业资源压力，同时对品种结构进行调节，这对促进国内粮食产业持续稳定发展发挥了一定的积极作用。但是，中国农业规模小、组织化程度低，与发达国家和主要出口国农业基础竞争力存在很大差距，在缺乏有效调控和支持保护手段的情况下，粮食进口对国内产业发展造成了不利影响和潜在风险。

（一）需求不断增长与国内资源约束的矛盾加剧

随着中国经济发展、居民收入水平提高以及城镇化进程加快，中国粮食消费量将呈持续增长态势。据《国家粮食安全中长期规划纲要（2008—2020年）》预测，到2020年人均粮食消费量为395公斤，需求总量5725亿公斤。其中，口粮消费总量2475亿公斤，占粮食消费需求总量的43%；饲料用粮需求增加，到2020年将达到2355亿公斤，占粮食消费需求总量的41%。食用植物油消费继续增加，2020年人均消费量20公斤，消费需求总量将达到2900万吨。但资源紧张对粮食生产的约束日益加大，中国粮食的生产条件不容乐观。中国人均耕地面积仅为1.4亩，不足世界平均水平的一半；人均水资源占有量约1800立方米，仅为世界平均水平的1/4，是世界人均水资源极少的13个贫水国之一；耕地平均拥有的水资源量日益紧张，华北地区近年来地下水位明显下降，农业生产已经处于水资源短缺的窘境。同时，气候变化将带来前所未有的挑战，全球变暖影响加剧，极端天气不断增多，自然灾害多发频发，对粮食生产的影响不断增大。在中国耕地面积持续减少、农田水利条件恶化以及极端灾害天气影响频繁的形势，粮食增产的难度将越来越大。据测算，2020年中国粮食产需缺口将达到0.3亿—0.35亿吨，2030年中国粮食产需缺口将达到0.2亿—0.5亿吨，粮食产需缺口长期存在将加大中国粮食的进口需求。

（二）粮食安全新目标与竞争力下降的矛盾加剧

2014 年中央提出要构建新形势下的国家粮食安全战略，即综合考虑国内资源环境条件、粮食供求格局和国际贸易环境变化，实施以我为主、立足国内、确保产能、适度进口、科技支撑的国家粮食安全战略，确保谷物基本自给、口粮绝对安全。这就需要更加积极地利用国际农产品市场和农业资源，有效调剂和补充国内粮食供给。但近年来，国内外粮食价差呈持续扩大趋势，中国粮食国际竞争力趋于减弱。2004 年以来，中国粮食价格受需求拉动、成本推动以及价格政策等因素影响稳中趋升，与国际市场相比，国内粮食价格不断上涨使得中国粮食竞争力持续下降，除粮食危机外的多数时间国际粮食价格均低于国内。尤其是近两年，国际粮食在离岸价的基础上加上运费、保险、关税、进口增值税以及港杂费后的到岸税后价已经显著低于国内销区价格，国内外粮食价差不断扩大。2013 年泰国大米到岸税后价与国内晚籼米销区价的价差由 126 元/吨增至 721 元/吨，美国小麦到岸税后价与国内优质麦销区价的价差由 52 元/吨增至 409 元/吨，美国玉米到岸税后价与国内三等玉米销区价的价差由 41 元/吨增至 537 元/吨。综合来看，中国粮食在价格、成本及品质等方面都不具有优势，这就会导致中国从国际粮食市场大量进口低价粮食品种，从而在一定程度上冲击国内粮食种植，影响到未来国内粮食生产供给的稳定性。

（三）技术集成要求与小规模生产方式的矛盾加剧

中国是典型的人多地少国家，人均耕地面积仅为 1.4 亩，居世界第 67 位，不足世界平均水平的一半。在此基础上实施的家庭联产承包责任制，促使农业经营方式转变为“集体所有、分户经营”，农户对土地单家独户的分散的经营模式，极大地调动了农民生产积极性，推动了农业生产的快速发展，适应了改革开放之初中国较低的生产力水平，因而具有积极的历史意义。但在中国农业发展的新阶段，随着工业化和城镇化的快速推进，过去一家一户的小农经济生产模式受到巨大挑战，土地经营规模较小的弊端逐渐显现。农民过小的土地经营规模，土地零星分散，不仅大大限制了劳动生产率的提高，而且制约了先进生产技术的应用和推广，阻碍了农业机械化以及栽培和病虫害防治技术的大范围推进，不利于传统农业向现代农业转变。在未来一段时期内，过小的土地经营规模仍将制约尖端的、集成的农业技术在生产中的应用和推广，制约农业科技成果转化为现实生产力，进而制约粮食单产水平的提高和粮食持续增产。

（四）贸易自由化推进与政府现有调控能力的矛盾加剧

未来随着多双边谈判的推进，中国农产品市场将越来越开放，但中国对农业的支持保护水平非常有限，不足以弥补与出口强国的竞争力差距。由于入世承诺巨大，中国现有农产品平均关税水平为15.2%，不足世界平均水平的1/4，84%的农产品税目的关税低于29%，其中25%的农产品税目税率低于10%；关税形式单一，从价税比例达99%，关税制度极其透明，实施税率和约束税率一致。粮棉油糖等大宗产品虽然实行关税配额制，但配额内关税低，除食糖配额内关税为15%外，其他产品多数只有1%；配额外关税最高也只有65%；关税配额量相当大，均占到该产品世界总配额量的2/3甚至90%以上。实行贸易保护的空间非常有限，这使得中国粮食的国际竞争力与主要出口国的差距越来越大，在制定价格政策和补贴政策时与贸易政策协调难度也越来越大。在这种环境下，为确保产业安全和粮食安全，将对宏观调控提出更高要求，对政策协调和体制机制提出更高要求。

四、中国粮食贸易发展趋势

从近年来的发展情况来看，中国已经进入粮食产品全面净进口时期，并且趋势越来越明显。继2011年粮棉油糖等大宗农产品全面净进口之后，在国内外供求变动和市场调控政策等因素的综合作用下，2012年以来大宗农产品进口激增，农产品贸易逆差大幅扩大，延续并强化了全面净进口的趋势。但是即使在全球农产品高价时代中国大宗农产品仍缺乏国际竞争力。从长远来看，这一趋势仍将持续，我们不仅要在未来谈判中加强对已非常有限政策空间的保护，更要采取综合措施全面提高中国农产品的国际竞争能力。

（一）粮食贸易依存度将进一步提高

受制于中国人口众多、农业资源人均占有水平低的基本国情，虽然近年来中国粮食产量持续稳定增长，但始终存在供需缺口，未能摆脱粮食供求紧平衡的局面。未来十年，中国粮食供需缺口仍将继续存在，并呈不断扩大趋势。随着人口增加和工业化、城镇化进程加快，中国粮食消费将继续呈刚性增长。但粮食生产受水土资源短缺、极端气候多发等农业生产的资源条件制约，加之种粮比较收益偏低，农民种粮积极性受到影响，持续增产的难度加大。因此，需要通过粮食国际贸易在保障中国粮总量平衡上发挥重要作用，中国粮食贸易依存度势必进一步提高。

（二）中国粮食安全将面临越来越大的挑战

未来中国粮食安全面临的形势将越来越复杂，挑战越来越多。主要包括：随着人口增加以及居民生活水平不断提高，粮食需求刚性增长，供求缺口不断加大；国内水、耕地、劳动力等农业资源约束越来越强，农业生产环境成本不断提高；世界主要粮食生产国和出口国的粮食支持政策和贸易政策加快调整；受极端气候、生物质能源、投机资本等非传统因素影响，国际粮食市场仍将大起大落，国内外粮食价格差距不断扩大，贸易对粮食产业安全的影响不断加深。随着国内“四化同步”深入推进和对外全面提高开放水平，未来中国粮食安全将面临着前所未有的挑战，需要采取多种措施综合应对。

（三）需要有效利用贸易保障中国粮食安全

从理论上说，中国粮食进口规模可以确定在需求量的15%以内。0—5%为“轻松区间”：根据中国以往的经验，粮食进口保持在总需求5%以内，不会影响粮食安全，也不会对国际市场供应构成压力；6%—10%为“理想区间”：10%的进口率对绝大多数国家来说都是安全的，总需求6%—10%的粮食通过国际市场来满足，能够明显减轻国内粮食生产的压力，提高农业资源利用效率，充分发挥中国农业的比较优势；11%—15%为“黄牌区间”：中国作为一个粮食消费大国，15%的粮食进口意味着2.4亿人的粮食要靠国际市场来解决，相当于一个人口大国的粮食消费量。对于中国这样的人口大国，如此大规模的粮食进口，不仅要有足够的外汇支付能力，而且还要使国际市场不发生大的供求及价格波动。因此，即使是大灾之年，粮食进口依存度也不应跨越这条红线。

五、政策建议

中国的国情和发展阶段决定了保障国家粮食安全必须统筹兼顾立足国内和适当进口两个原则。未来中国粮食进口将处于一个较快增长的阶段，必须切实提高统筹国内外两个市场两种资源的能力，加强对粮食贸易的有效调控，促进粮食贸易与国内农业产业协调发展，在确保国内粮食综合生产能力和基本供给保障能力的同时，充分发挥进口贸易在增加供给方面的辅助作用。与此同时，要以科学发展为主题，按照促进工业化、信息化、城镇化、农业现代化同步发展的要求，走出一条保障供应全面、生产结构协调、生产方式可持续的发展之路，需要对确保粮食安全和重要农产品供求平衡的战略取向、战略重点、战略方式均做出战略性调整。

（一）在坚持立足国内保障基本供给、有效利用国际市场的原则下，切实加强对发展国内生产和利用国际市场的统筹

要根据不同粮食产品的需求结构、特点和趋势以及在粮食安全中的地位，确定切实可行的阶段性自给率目标和合理的粮食产业结构。要结合利用国际市场的可能和发展国内生产的潜力，优化生产力布局，加强优势区域规划，加快优势产业带建设，确保粮食产品基本播种面积和基本供给能力。要研究建立必要的体制机制，有效统筹国内生产和进口需求，确保国内产业政策与贸易政策相衔接，国内生产力布局与充分利用国际市场相匹配，国内供需趋势与进出口调控相协调，逐步形成统一、开放的大农业、大市场、大流通格局，不断增强我国农业产业和粮食国际竞争力，更好地应对与国际市场逐步融合所带来的机遇与挑战。

（二）针对我国小规模农业和国外大农场在竞争力上存在难以克服的差距，必须加强和完善对粮食产业的支持和保护

在面临国外大规模生产且获得高额补贴的大农场竞争下，必须加强对我国农业的支持和保护。要充分利用世贸组织赋予的“绿箱”和“黄箱”政策空间，进一步加大财政支农力度、强化生产性支持，努力实现财政支持总量增加、比例提高、结构优化。要着力解决当前农村金融信贷服务发展滞后的问题，可借鉴法定储备金制度研究制定制度性措施，强化金融信贷机构的社会责任，如规定各类信贷机构用于农业的贷款比例等，确保金融和信贷资金流向农业，切实加强对农业的金融信贷支持。

（三）根据国际粮食市场波动性、风险性和不确定性加剧的特点，强化对国际粮食市场的监测、研判和预警

要积极参与国际粮农事务，发挥我国在国际粮农事务中的作用，了解国际农产品市场动向。进一步强化对大宗农产品国际市场的监测、研判和预警等基础性工作，对重点国家、重点市场、重点品种的农产品供需和贸易情况进行监测，强化对国际市场价格、供需动态、贸易形势以及贸易政策等信息的收集分析、研究和预警，综合运用关税、关税配额、技术性措施、国营贸易等手段，对大宗农产品贸易进行因时因势的有效调控，确保国内生产和市场的稳定。要进一步加强公益性公共服务，切实提高国内农业企业应对国际市场波动和风险的能力。

（四）着眼粮食进口和外资进入对我国农业产业的影响，加强贸易救济、贸易补偿和外资监管

强化农业产业损害监测预警，在产业受到损害时，一是要及时有效启动“两反一保”贸易救济措施，二是要加强对国内产业的贸易补偿，切实维护我国农业产业安全。农业一头连接千家万户生产者、一头连接千家万户消费者，控制了流通仓储加工环节就控制了产业制高点。对此必须尽快建立和实施外资进入农业产业的安全审定制度，加强对外资进入农业产业的监管，制定适合农业产业特点的反垄断实施细则，维护农业产业安全。要研究建立强制性企业贸易与经营信息报告制度，提高市场运行的可预测性和透明度，强化企业社会责任。

（五）加大农业科技投入，切实提高粮食综合生产能力

加大农业科技投入，着力推进农业科技创新体系、农技推广体系建设，加大新型农民培训和农村实用人才培养力度。积极推进政府主导的多元化、多渠道农业科研投入机制建设，重点突破制约粮食生产的育种、病虫害防控等瓶颈技术难题。加强农业科研基地、区域性科研中心的创新能力建设，深入实施现代农业产业技术体系专项。整合科研资源，加快实施转基因重大专项，尽快培育一批增产潜力大、具有突破性的高产优质品种。加快农业技术推广体系机制创新和能力建设，构建以国家农技推广机构为主体、科研单位和大专院校广泛参与的农业科技成果推广体系。增加对粮油高产创建的补贴资金规模，促进技术集成推广，提高技术到位率。

（六）加快构建新型经营体系，提升农业经营主体的经营能力

要适应经济持续健康发展、社会结构深刻变革、新型工农城乡关系加快形成的新形势，加快构建集约化、专业化、组织化、社会化相结合的新型农业经营体系，不断提升农业经营主体的经营能力。第一，加快农民种粮合作社发展。要加大支持力度、完善支持方式、加强示范带动，继续促进种粮合作社健康快速发展。发挥小型和地缘性合作经济组织在提高内部凝聚力方面的优势与大型、跨地域合作组织在形成市场优势方面的优势，鼓励支持合作社以产品和产业为纽带发展联合社。支持合作社办加工企业，延长产业链，提高农产品附加值，提升引领能力。第二，大力培育社区性家庭农场。可以考虑将具备达到一定经营规模、经营者为农村集体经济组织成员、非农忙季节一般不雇工、经过统一注册登记四个特征的经营主体明确为家庭农场，对具备一定条件的地区，给予必要的资金、技术和政策支持，积极探索规模适度的家庭农场发展模式。第三，发展跨社区粮食生产大户。加强土地承包经营权流转管理和服务，鼓励有条件的地方建

立为农民土地承包经营权流转的各种服务平台，发展土地流转中介服务组织，促进土地流转，发展种粮大户。

参考文献

[1] 韩一军、姜楠：《我国粮食贸易发展特点及政策选择》，《中国粮食经济》2013 年第 12 期。

[2] 国务院：《国家粮食安全中长期规划纲要（2008—2020）》，2007 年。

[3] 柯柄生：《不公平的世界农产品贸易体系与中国农业政策的改革调整》，《农业经济评论》2003 年第 2 期。

[4] 李艳君：《我国粮食贸易特点及未来发展趋势》，《中国粮食经济》2012 年第 3 期。

[5] 联合国粮农组织、世界经合组织：《世界农业展望 2011—2020》，2012 年。

国内市场经营主体变化对国内粮食价格的影响*

曹　慧

一、新中国成立以来我国粮食市场经营主体结构变迁

粮食流通主体是粮食市场体系的重要组成部分。新中国成立以来，随着我国粮食流通体制的变迁，我国粮食市场经营主体结构也几经变化。根据体制变革的历史逻辑，大致可以分为以下几个阶段：

（一）粮食自由购销时期（1949—1952 年）

新中国刚刚成立的时候，由于公有制经济市场力量有限，我国在 1949 年到 1952 年曾经有过一段粮食的自由贸易，价格基本由市场供求决定，这时候国家发布的牌价仅是衡量市场是否平稳的政策尺度。这一时期是我国粮食市场经营主体多元化发展十分充分的阶段，既有个体、私营粮商，也有国营商业，其中，私营经济所占的比重较大。这段时期自上而下

* 本文为宋洪远主任社科基金重大项目《我国农产品价格波动、形成机制与调控政策研究》部分研究成果。

成立了国营粮食经营系统和管理组织体系，加强了国家粮食机构及其队伍建设，确定粮食流通工作担负保证供给，平抑粮价，稳定金融三大任务，逐步实行了对粮食的集中、统一管理。另一方面，对私营粮食企业的合法经营仍然被认可，但对他们实行了利用、限制、改造的政策，允许其依法经营（表 1、表 2）。

表 1　　1950 年全国各种粮食流通组织经营比重（%）

	国营商业	供销合作社	私营商业	国家资本主义合作商业
收购	23	0	77	0
销售	20	0	80	0

表 2　　1950 年至 1952 年粮食市场份额表（万吨）

年份	市场交易量	国有粮食企业销售量	私营和农民销售量	国营粮食销售份额
1950	1470	465	1005	31.6%
1951	2160	845	1315	39.1%
1952	2500	1025	1425	43.0%

资料来源：狄强：《基于安全与效率的中国粮食流通体制改革与创新研究》，博士论文。

（二）统购统销时期（1953—1978 年）

因为粮食供给短缺和私商囤积居奇，市场粮价大幅波动，为了稳定市场，更为了集中全国有限的粮食资源支持工业建设，1953 年 10 月，中央发布实行统购统销的决定，将粮食统一归由国家收购和销售。在流通组织方面，国家通过引导和强制的手段，将一部分私营粮商纳入国营粮食商业经销、代销的轨道。在全国农业合作化高潮的推动下，全国资本主义粮食商业率先实现了全行业公私合营，从而形成了国营粮食商业的单一渠道和独家经营局面。

这一段时期内我国粮食市场严禁私商自由经营粮食，农民在缴纳公粮和计划收购以外的余粮可以自由储存自由使用，可以继续售给国家粮食部门或合作社，或在国家设立的粮食市场进行交易。所有私人粮商、私营粮食加工厂一律不许私自经营粮食或自购原料、自销产品，但可在国家严格监督和管理下，由粮食部门委托代理销售粮食或从事粮食加工。这段时期，我国粮食价格体系中只有统购价、统销价和超购价，市场价格力量被最大限度压制，不能反映正常的市场供求关系变动，从而割断了生产和消费之间的直接联系。

（三）粮食市场改革探索期（1979—1983 年）

党的十一届三中全会后，政府对粮食价格进行了一定程度的改革，虽未触及统购统销制度，但却给了市场经济发展的空间。1979 年，国家调整了十余年未动的粮食统购价格，六种主要粮食品种平均提高 20.86%，其中小麦价格的提高幅度为 21.09%；超购加价部分由原来的 30% 提高到 50%。价格的大幅度提高，使我国粮食产量大幅度上升，缓解了长期以来的粮食供给不足。这一段时期粮食统销价基本不动，只是将供应农村的奖售粮、饲料粮和种子粮的销价提高到与统购价持平。实行家庭联产承包责任制后，国家对农民余粮的控制有所下降，自由市场在小范围内开始逐渐活跃。1983 年，中央又明确规定“对农民完成统购派购任务后的产品（包括粮食，不包括棉花）和非统购派购产品，应当允许多渠道经营。”这是我国粮食流通体制改革中部分放开经营的一个突破性和标志性进展（卢峰，2004）。

这一时期我国剩余农产品大量增加，曾被取缔、合并的农村集贸市场和传统农副产品专业市场得到了初步恢复和发展。农贸市场的成交量和成交金额迅速增加，1979—1983 年，农贸市场成交金额约增加了一倍。在粮食流通方面，恢复粮食集市贸易，开展粮食议购议销，在发挥国有粮食主渠道作用的同时，实行多渠道经营。实行多渠道经营以后，各地建立粮食贸易中心，恢复传统米市和粮行，活跃粮食市场。同时，国家还调减了粮食征购指标。粮食集市贸易恢复后，全国集市粮食成交量由 1978 年的 250 万吨上升到 1984 年的 835 万吨。但是粮食商品的特殊性决定了国有粮食部门依然是粮食流通组织的主体和核心，市场化的自由流通渠道只是一种有益的补充。1984 年，我国粮食产量 40731 万吨，按照 32% 的商品率计算（吴硕，1985），商品量约为 13033 万吨，而国有企业的收购量约占商品量的 85% 左右。

（四）价格双轨制过渡阶段（1984—1990 年）

国家粮食统购价格尤其是超购价格的提高，再加上土地经营制度的变革，极大地调动了农民的积极性，使我国粮食产量连年增加，国家每年需要支付的超购价不断提高而同期统销价格并没有变化，因此财政负担越来越沉重。同时超购价的大幅上升也使我国粮食生产结构出现混乱，而且新旧粮食主产区之间分配不公的问题也日渐突出，因此，1985 年 4 月 1 日中共中央、国务院在《关于进一步活跃农村经济的十项政策》中宣布取消粮食统购，改为合同定购，同时改变超购加价政策为“倒三七”比例计价（三成为原统购价，七成为原超购价），小麦、稻谷、玉米均改为这种计价形式，超购价不再存在，至此实行长达三十余年的粮食统购制度被取消了。1986 年，国家正式出台了粮食定购和议购的“双轨制”的改革措施。其要点是：（1）在粮食购销方面，政府的强制性低价收购和低价定量供应部分与市场交换部分并存；（2）在粮食营销方面，发挥主渠道作用的国有粮店与少量非国有粮店并存。我国粮食市场进入政府直接控制的市场与自由交换的市场并存的“双轨制”粮食购销体制时期。

这段时期粮食收购体系的主渠道仍然是国家控制下的由各级国有粮食企业和管理机构组成的国有收购体系。据有关数据显示，直到 1987 年，国有性质的粮食收购企业、供销合作社以及粮食加工企业的粮食收购量仍然占全年粮食总收购量的 70% 以上（高小蒙，1992）。特别在统销体制还未作变革的情况下，国家制定的粮食价格和收购数量应对农民的种粮行为起导向作用。虽然粮食可以通过市场进行自由交易，但是这一时期并不存在严格意义上的粮食大市场。这里的市场主要是指农村的初级市场，主要是起到供农民调剂粮食余缺的作用，国家层面基本上不存在跨区域的粮食流通现象。省、市、自治区之间的粮食流通是以国家调拨的形式来实现的。

（五）粮食完全市场化尝试（1991—1993年）

虽然我国从1985年开始废除了粮食统购制度，但粮食统销制度仍然存在，国家虽然在小范围内提高了部分粮食的统销价格，但在粮食收购价格一再提高的前提下，购销价格差距仍越来越大。1991年开始的全面市场化改革尝试，就是以粮食统销制度作为突破口的。国务院大幅度提高粮油统销价格，同时进一步压缩平价粮销售，以期逐步达到国家定购与平价销售数量大体平衡。到1993年10月中旬，已有95%左右的县市宣布放开粮食经营和价格，取消了国家对粮食定购价格，粮食购销价格完全由市场形成。

与此同时，国务院在《关于加快粮食流通体制改革的通知》正式提出："允许和支持多种经济成分、多流通渠道参与市场粮油经营国有粮油企业要通过参与市场竞争，努力掌握粮食和食油的主要批发业务。符合条件的企业、单位、个人，经工商行政管理机关核准登记，领取营业执照后，可以从事粮食和食油批发、零售业务。"这一政策促进了粮食市场经营主体的多元化。1993年11月，中央和国务院在《关于当前农业和农村经济发展的若干政策措施》中重申：从1994年起，国家定购的粮食实行"保量放价"，即保留定购数量，收购价格随行就市。至此，粮食流通体制从计划调节与市场调节的"双轨制"变为市场调节的"单轨制"。这些政策的实施，使得国有企业收购渠道在粮食收购中的地位有所下降。全国国有粮食企业粮食收购量占粮食商品量的比重从1991年的65%下降至1993年的48%。分品种看，玉米和大豆市场收购环节放开的速度最快，国有企业收购量占商品量的比重分别由62%和80%，下降至37%和51%。

（六）粮食市场化改革的调整阶段（1994—1999年）

由于上一阶段我国粮食完全市场化的改革步伐有一些仓促，很多配套措施还没有完善，"不仅缺乏成熟的粮食市场交易主体，而且政府建立的粮食市场宏观调控体系很不健全，不能有效地熨平粮食市场价格的小幅波动，最终导致粮食市场价格的异常波动”①。1993 年年底，我国粮食市场价格出现大幅度上涨，使得刚刚有一些成果的市场化改革严重受挫，“保量放价”政策也没能实行。1994 年 5 月国务院发布了《关于深化粮食流通体制改革的通知》，强调国有粮食部门必须收购社会商品粮的 70% 以上，其中 500 亿公斤是国家下达的指定任务，是农户必须完成的。并且规定从粮食收购到批发由国有粮食部门统一经营，发挥主渠道作用，对非国有粮食收储企业到农村收购小麦、稻谷、玉米，原则上是不允许的。这些政策的实施使我国的粮食市场在某种程度上又回到了“双轨制”阶段，市场力量在粮食收购环节又受到遏制，但比 1985 年至 1990 年的“双轨制”进步的地方是粮食销售市场已经废除了统销制。

在市场流通主体的建设中，这一阶段的重点任务是国有粮食企业改革。1994 年，国有粮食企业实行“两条线运行”将政策性业务与经营性业务相分开，通过分开核算，严格审核，以此推动国有粮食企业转换经营机制，成为真正的市场运行主体。然而，实际情况与最初的政策设计相差很大。由于此时粮食流通体制仍然实行“双轨制”的运行方式，国有粮食企业也是独立的利益主体，既要通过市场竞争实现自身的利益最大化，又要承担国家维护粮食市场稳定的重任，这本身就是一个矛盾。甚至往往国有粮食企业通过粮食市场的垄断地位谋取垄断利益，更加剧了粮食市场的波动。政府企图通过国有粮食企业进行市场调节变为了“逆向调节”，即国有粮食企业的参与更加加剧了粮食市场的波动。

由于国家过于强调国有粮食企业的主渠道作用，民营粮食企业发展缓慢，一般都是规模很小的粮食收购商，甚至以个人为主体的“粮贩子”所占的比例非常高，他们直接到田间收取农民的粮食，然后通过倒卖赚取购销差价。国家虽然采取了严格打击的策略，但由于监管的巨大成本和其自身极强的逐利性，反而这些小型粮食私商和“粮贩子”的投机行为愈

① 中国人民大学农业经济系 211 项目课题组，“中国农产品流通的制度变迁”，“WTO 与东亚农业发展”国际学术研讨会资料，2004 年 3 月。

演愈烈。有关数据显示，虽然国家要求国有粮食部门必须收购社会商品粮的70%以上，但实际上1994—1997年间很少年份能够达到这一目标。1998年5月国务院下发了《关于进一步深化粮食流通体制改革的决定》，文件的核心主要是严控收购领域，加快销售领域的改革。在收购领域采取了相比以前更加严格的措施，文件严令禁止私商和其他私营粮食企业直接到农村收购粮食，粮食加工及饲料企业必须到国有粮食购销企业购买原料或者委托其代为收购。这一政策的实施使得1999年国有企业粮食收购量占商品量的比重再度上升至50%以上，小麦和玉米的占比升至60%和70%以上。

二、进入21世纪以来我国粮食市场经营主体的新特点

2000年国务院对严格执行的粮食收购政策进行了部分松动，允许省级工商行政管理部门审核批准的粮食经营企业可以直接到农村收粮，并且允许经过批准的大型用粮企业可以跨区到主产区直接收购。2001年，根据国务院《关于进一步深化粮食流通体制改革的意见》，粮食主销区实行了粮食购销市场化改革，购销价格开始由市场形成；但为保护广大农民利益，粮食主产区继续执行按保护价敞开收购农民余粮政策。2004年，中央1号文件明确提出从2004年开始全面放开粮食收购和销售市场，全面取消了粮食定购任务，实行购销多渠道经营，至此，我国的粮食市场真正实现了完全市场化目标，粮食购销价格完全由市场形成。粮食市场经营主体也由单一的、处于垄断地位的国有粮食系统，向国有、民营、外资等多种所有制经济主体转变，粮食市场经营主体逐渐呈现多元化的发展趋势。

（一）国有及国有控股粮食企业数量大幅减少

粮食市场全面放开以来，国有粮食系统出现了分化，一部分改制成为非国有企业，国有或国有控股企业数量逐渐下降。从整个粮食收购市场的结构来看，国有及国有控股企业所占比例逐渐下降，由2004年的49%降至2010年的35%，而其他经批准具有入市资格的企业占比由50%提升至65%。2012年，在所有粮食收购者中，国有及国有控股企业15647家，

占全部的19%；个体工商户、民营企业以及外商投资企业等其他多元市场主体66843家，占全部的81%。其中，内蒙古、湖南、四川等省（区）的其他市场主体的比重超过了九成（图1）。

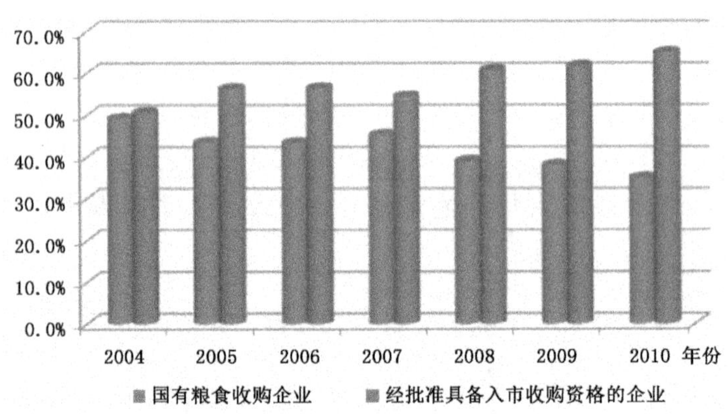

图1 2004年以来可入市收购粮食企业的结构变化

数据来源：《中国工商行政管理年鉴》。

（二）国有企业粮食收购量占比逐渐下降

粮食市场开放以后，国有粮食企业在激烈竞争压力下，虽然开始改变经营作风，采取订单收购和进村上门收购，但绝大部分粮食还是通过当地小粮商、小粮贩收粮，各品种粮食收购量占当年商品粮的比重也呈现下降趋势。从粮食总量上看，国有企业收购量占粮食商品量的比重由2001年的58%降至2012年的26%。分品种看，稻谷和玉米的国有企业收购量占比下降较为明显，分别由48%和67%降至23%和22%。小麦国有企业收购量年际间波动较大，但总体呈下降趋势，而大豆的收购量却呈现小幅上升的态势（由29%升至45%）。

（三）各类型非国有粮食企业不断壮大

全面实行粮食市场化后，凡取得经营资格的企业都可以参与粮食收购和经营。多元主体具有人员少、包袱轻、机动灵活的特点，其在收购市场

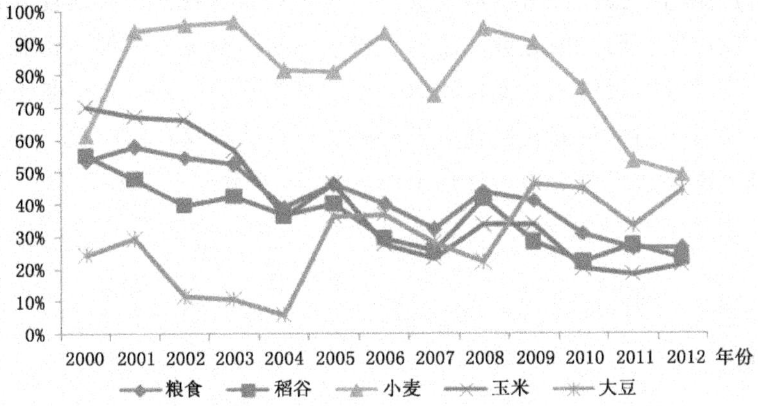

图 2　国有企业粮食收购量占商品量比重

数据来源：《中国粮食发展报告》，下同。

上所占比重将继续增加，彻底打破了国有粮食企业“垄断”市场的局面，成为粮油市场的重要组成部分。非国有粮食购销企业的发展经历了两个阶段：第一阶段是 2004 年粮食全面市场化之前，非国有粮食购销企业作为主渠道之外的辅渠道获得政府的支持。据有关资料测算，2003 年民营企业的粮油商品流通量在社会粮食商品流通量所占的比重，由 20 世纪 90 年代初的 20% 左右提升到 60% 以上；第二阶段是 2004 年粮食全面市场化之后，大批地方国有粮食购销企业被改制，减少或取消了国有成分。

粮食市场全面放开以来，非国有粮食企业的发展很迅速，但其中存在某些分别，不仅有规模上的大小，也有重要性上的不同。从中央粮食行政部门的视角来看，粮食的收储要比加工重要，在改革过程中把前者称为国有粮食部门的主营业务，把后者称为附营业务。对于从事主营业务的收储企业国家抓的比较紧。一个表现就是，在 2004 年发布的《国务院关于进一步深化粮食流通体制改革的意见》中提出了比较激进的产权改革方案，认为对具备收储功能的小型国有粮食购销企业可以采取改造和兼并，或租赁、出售、转制。所以，仓储企业中近 80% 属于国有及国有控股企业。但在 2006 年发布的《国务院关于完善粮食流通体制改革政策措施的意见》中，对小型国有粮食购销企业，只提到可以通过改组联合、股份合作、资产重组、授权经营等形式放开搞活。并要求规范国有粮食购销企业产权制度改革，防止国有资产流失。对于从事附营业务的加工企业，政策却放得比较开，民营化程度比较深。据国家粮食局统计，重点非国有企业粮食收购量占商品量的比重由 2005 年的 17% 增至 2012 年的 23%，其中稻谷和小麦增长最为迅速，分别由 13% 和 19% 增至 30% 和 25%。

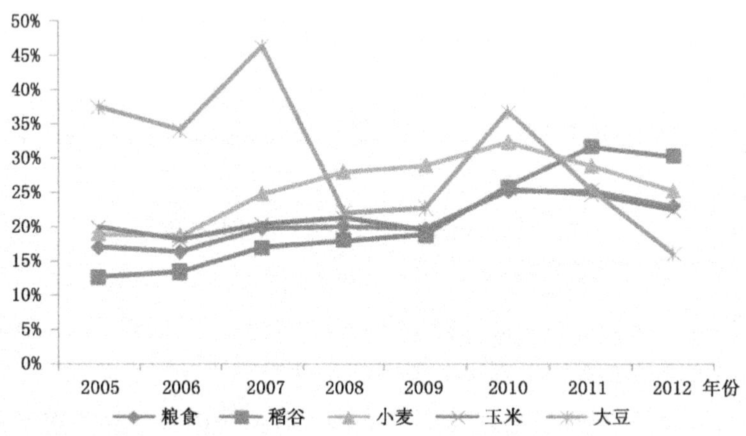

图 3　重点非国有企业粮食收购量占商品量比重

（四）粮食经纪人发展迅速并逐渐得到认可

在粮食市场开放初期，粮食经纪人的概念还不存在，当时的小粮商、小粮贩被称为机动灵活的“游击队”，他们大多是当地农民和粮食系统分流人员，收购范围也多限于本地乡村；收购方式主动灵活，从集市、路边，一直收到农民家中，甚至打谷机旁；收购价格一般高于粮站 0.5—1 分/公斤，且质量要求宽于粮站，农民愿意把粮食卖给个体粮贩。虽然从调研实况看，小粮商、小粮贩是连接农民和市场的重要纽带，在国有粮食企业改制和农村青壮年劳动力普遍外出打工的情况下，“游击队”的作用无法替代。无论国有粮站还是民间粮食加工企业，或是外地粮商都通过他们收粮，但是在很长一段时间内，其合法地位并没有得到认可。2006 年，国务院在《关于完善粮食流通体制改革政策措施的意见》（国发〔2006〕

16号）中，正式提出“继续培育、发展和规范多种粮食市场主体，鼓励各类具有资质的市场主体从事粮食收购和经营活动，培育农村粮食经纪人，开展公平竞争，活跃粮食流通”，从政策上对农村粮食经纪人给予了明确和鼓励，对培育和发展粮食经纪人队伍起到了积极的推动作用。

三、粮食收购市场主体行为对粮食价格影响的实证分析

从2004年开始，我国全面放开了粮食收购和销售市场，一般情况下粮食购销价格完全由市场形成，当前国有企业粮食收购量占粮食商品量的比例已降至较低水平。但由于最低收购价、临时收储等政策的实施，国有粮食企业的收购行为对国内粮食市场的价格形成依然有较为明显的影响。以小麦为例，2006年国家正式出台小麦最低收购价政策，当年中储粮系统在六个小麦主产区进行的托市收购总量达到4094万吨，占当年小麦商品量的比重达69%。2007年以后，虽然小麦托市收购量占商品量的比重逐年下降，2013年达到最低点8.39%，但一般年份这一比例依然达到20%以上。实行最低收购价政策以来，每年小麦刚上市时的价格低谷期得以大幅缩短，国有企业的托市收购行为也成了社会各主体收购小麦的风向标。“新麦上市价格低迷——市场主体观望——托市收购启动——新麦价格上升——市场主体入场竞争粮源——陈麦价格上升”成为每年夏收市场上的一般规律（表3）。

表3　　2006年以来中国小麦产量及收购量比较　　单位：万吨

项目 年份	当年产量	全社会收购量	当年商品量	托市收购量	全社会收购量占当年商品量	托市收购量占当年商品量
2006	10847	—	5933	4094		69.00%
2007	10930	4242.4	6405	2894.9	66.24%	45.20%
2008	11246	5866.6	7096	4202.8	82.67%	59.23%
2009	11512	6015.7	7576	4004.2	79.40%	52.85%
2010	11518	5191.1	8112.1	2240.9	63.99%	27.62%

续表

项目 年份	当年产量	全社会收购量	当年商品量	托市收购量	全社会收购量占当年商品量	托市收购量占当年商品量
2011	11740	5731.6	8675.9		66.06%	
2012	12102	5762.5	9868	2335	58.40%	23.66%
2013	12172	5450	9981	837.15	54.60%	8.39%
2014	12540	7363	10407.37	2535	70.75%	24.36%

注：2014 年数据为笔者估算数据；各年商品量数据根据全国成本收益年鉴小麦商品率与当年产量相乘计算而得；2011 年未启动托市收购。

国内已有不少学者对最低收购价的托市作用给予了肯定，一些实证分析也表明托市政策一定程度上提高了主产区的粮食价格。但由于基础数据来源的限制，已有的分析对国有企业托市收购行为对粮食市场价格的影响缺乏定量的研究，这也是本文的重要意义所在。

（一）理论模型与数据说明

传统回归分析方法进行估计和检验要求相关变量必须具备平稳性，否则容易产生伪回归，而对数据进行差分变换后进行回归又可能丢失长期信息；结构模型建立方法可利用经济理论来描述变量之间的关系，但经济理论往往不能为变量间动态关系提供严格的定义，加之内生变量可能同时出现在方程的左右两边，会使得估计和推论问题变得复杂化。为解决以上这些问题我们首先对小麦收购量和价格进行平稳性检验和协整检验，采用向量自回归模型（VAR）的方法来分析小麦收购量对小麦价格波动贡献的问题，然后根据 VAR 模型所得经验模型，结合协整检验结果与农业经济理论分析，在考虑不同年份小麦收购价随机变化的情况下，构建混合效应模型，既反映不同年份的差异，又反映小麦收购市场的一般规律。

1. 混合效应模型

混合效应模型的最初提出是为了解决在观测对象存在系统结构的情况下，分析因变量 y 与自变量 x 之间的线性回归关系中遇到的组内相关问题。它含有固定效应和随机效应两个部分，可以看做随机效应模型（random effects models）和固定效应模型（fixed effects model）的组合体。其中，固定效应是一个群体概念，代表了一个分布的信息或特征，对固定效应而言，我们所做的推断仅限于几个固定的（未知的）参数。这里就体现了经典的频率派的思想——任何样本都来源于一个无限的群体（population）。同时，引入随机效应就可以使个体观测之间就有一定的相关性，所以就可以用来拟合非独立观测的数据。混合效应模型即可以检验样本群体的显著性，也可以提取样本之间的差异。混合效应模型的一般形式为：

$$Y_{ij} = X'_{ij}\beta + b_i + e_{ij}$$

其中，Y_{ij} 表示第 i 个个体在第 j 时刻的被解释变量的取值；模型中等号右边部分由 3 部分组成，固定效应部分，随机效应部分和残差项，其中 $X'_{ij}\beta$ 表示固定效应部分，也就是被解释变量的总体平均水平，b_i 表示随机效应，也就是每个个体不同于总体平均水平的部分，e_{ij} 表示残差项，如测量误差，抽样误差等。

该模型也可以写成向量或矩阵形式：$Y_i = X_i\beta + z_i b_i + e_i$

简单来说就是把每个个体的多次测量结果写成一个矩阵或向量的形式，因此下表没有了 j，这样写可以对用 SAS 进行运算的时候带来方便。在这里 X_i 是固定效应协变量的（$n_i * p$）一个矩阵，β 是一个（$p * 1$）固定效应的向量，z_i 是随机效应协变量的（$n_i * q$）一个矩阵，b_i 是随机效应的（$q * 1$）的向量。

2. 数据说明

每年我国小麦托市收购执行预案的颁布一般是在 5 月上旬或中旬，新麦上市后，六个执行最低收购购价政策的小麦主产省根据各地新麦开秤价格水平，选择是否启动或何时启动托市收购，执行时间一般为 5 月底到 9 月 30 日。为集中考察夏粮收购时期国有企业托市收购行为对小麦价格的影响，同时避免小样本产生的偏差，我们采用周度数据，时间从 2008 年 6—9 月至 2014 年 6—9 月。具体的数据指标包括：中储粮系统累计托市收购量（X_1）[①]，新麦国有粮食企业收购价格（Y_1）、新麦私商粮贩收购价格（Y_2）和陈麦批发市场价格（Y_3）。其中，累计托市收购量（X_1）来源于国家粮食局网站，新麦价格来自于农业部每年对新麦收购市场的监测信息，陈麦价格来自于郑州粮食批发市场。

（二）模型估计结果

1. 平稳性检验

为避免使用非平稳的时间序列数据而导致的“伪回归”，首先应对数据进行平稳性检验。本文运用 SAS9.2 软件，采用 Dickey 和 Fuller（1981）提出的 ADF 方法进行单位根检验，原假设为变量存在单位根。结果见表 4，结果显新麦国有粮食企业收购价格（Y_1）、新麦私商粮贩收购价格（Y_2）是带截距项和趋势项的平稳序列，陈麦批发市场价格（Y_3）是一阶单整的非平稳序列，中储粮系统累计托市收购量（X_1）是不带截距项不带趋势项的平稳序列（表 4）。

表 4　　单位根检验结果

变量	截距	时间趋势	滞后阶数	ADF 值	5% 临界值	10% 临界值
X_1	无	无	0	-4.22***	-3.45	-3.15
Y_1	有	有	0	-4.60***	-3.45	-3.15
Y_2	有	有	0	-3.46**	-3.45	-3.15
Y_3	有	有	1	-8.33***	-2.89	-2.58

说明：***、**、* 分别表示在 1%、5%、10% 的显著水平下拒绝单位根检验。

2. 协整分析和误差修正模型

我们采用 Johansen 检验方法来检验变量间的协整关系。结果显示（表 5），白麦国企收购价（Y_1）与累计托市收购量（X_1）有协整关系；白麦私

① 国家粮食局公布的是每五天的累积托市收购量，而价格数据是每周的，为保证两种数据的协调性，我们将先计算每五天的新增托市收购量，再进行简单的算术平均，计算出每天的托市收偶购量，然后结合价格数据的时间点进行加总，计算出每周累积托市收购量。

商收购价（Y_2）与白麦国企收购价（Y_1）和累计托市收购量（X_1）有协整关系；陈麦（普麦）批发价（Y_3）的一阶差分（D（Y_3））与累计托市收购量（X_1）和白麦国企收购价（Y_1）有协整关系。因此在后续分析时，确定 X_1 为 Y_1 的自变量，X_1 和 Y_1 为 Y_2 的自变量，X_1 和 Y_1 为 Y_3 的自变量。

表 5　　各变量之间的协整检验

Y_1 与 X 的协整检验结果				
假设协整个数	特征值	迹统计量	0.05 临界值	概率 Prob. **
$r \leq 0$ *	0.152240	29.98636	25.87211	0.0145
$r \leq 1$ *	0.115890	12.81002	12.51798	0.0447
Y_2 与 X_1 和 Y_1 的协整估计结果				
假设协整个数	特征值	迹统计量	0.05 临界值	概率 Prob. **
$r \leq 0$ *	0.145847	38.76882	35.01090	0.0189
$r \leq 1$ *	0.133152	22.84670	18.39771	0.0111
$r \leq 2$ *	0.079938	8.414698	3.841466	0.0037
D（Y_3）与 X_1 和 Y_1 的协整估计结果				
假设协整个数	特征值	迹统计量	0.05 临界值	概率 Prob. **
$r \leq 0$ *	0.230807	44.17012	35.01090	0.0041
$r \leq 1$ *	0.162641	22.38979	18.39771	0.0131
$r \leq 2$ *	0.088127	7.657129	3.841466	0.0057

通过对变量进行协整分析可以发现变量之间的长期均衡关系，但是无法得知这些变量的短期动态关系，误差修正模型则可以解决这个问题。根据 Granger 定理，一组具有协整关系的变量具有误差修正模型的形式，因此在协整检验的基础上建立误差修正模型，进一步研究各解释变量的滞后期对被解释变量的影响，得到结果见附表 1 和附表 2。令当期为 t，则前一天为 $t-1$，结合表 5 和附表 1 和附表 2 可知：（1）累计托市收购量（X_1^t）受其滞后一期（已完成托市收购量 X_1^{t-1}）影响显著（2）白麦国企收购价（Y_1^t）与累计托市收购量（X_1^t）存在经济学和统计学意义上的因果关系，但受累计托市收购量滞后一期（X_1^{t-1}）的直接影响不显著；

(2) 白麦私商收购价(Y_2^t)受其滞后期影响显著，且与累计托市收购量(X_1^t)存在经济学和统计学意义上的因果关系；(3) 陈麦(普麦)批发价(Y_3^t)与累计托市收购量(X_1^t)和白麦国企收购价(Y_1^t)存在经济学和统计学意义上的因果关系，并受其滞后一期(Y_3^{t-1})的影响显著，受白麦国企收购价的滞后一期(Y_1^{t-1})对 y_3 的直接影响不太明显。

3. 混合效应模型

根据前面的分析结果，分别选择白麦国企收购价(y_1)、白麦私商收购价(y_2)、陈麦(普麦)批发价(y_3)作为被解释变量，分别构建混合效应模型并进行估计，将白麦国企收购价(y_1)、白麦私商收购价(y_2)、陈麦(普麦)批发价(y_3)在时间上的差异设置为随机截距项进行分析，所得结果汇总如下。依据 AIC、BIC 和似然比检验结果可知，最终模型效果均较好，可以充分反映数据中的信息。

(1) 白麦国企收购价(y_1)。从前面初步分析结果可知，白麦国企收购价(y_1)的影响因素有累计托市收购量(x_1)，上一期白麦国企收购价，及已完成托市收购量(x_2)的影响，经过变量选择，确定最终混合效应模型(详细结果见附表 3)：

$$y_1 = (95.6683 + b_0) + 0.0009 * x_1 + \varepsilon$$

因此模型中的变量都是同一期观测值，故不需标记时间 t。从固定效应估计结果可知：累计托市收购量(x_1)增加 1 万吨，拉动白麦国企收购价(y_1)上涨 0.02 元/吨。

从随机效应 b_0 估计结果可知：模型中截距项具有显著的随机效应，且呈逐年递增的趋势，说明每年白麦国企收购价(y_1)的基准水平不同，逐年递增，这可能是因为小麦最低收购价逐年递增所致，同时也受当年小麦产量等方面因素影响。

(2) 白麦私企收购价(y_2)。从前面分析结果可知，白麦私商收购价(Y_2^t)的影响因素有累计托市收购量(x_1)，上一周白麦私商收购价(X_1^t)，上一周完成的托市收购量(X_1^{t-1})和白麦国企收购价(Y_1^t)。经过变量选择，确定最终混合效应模型(详细结果见附表 4)：

$$Y_2^t = (0.2550 + b_0) + 0.00023 * X_1^{t-1} + 0.9802 * Y_1^t + \varepsilon$$

从固定效应估计结果可知：上一周完成的托市收购量（X_1^{t-1}）增加1万吨，拉动白麦私商收购价（Y_2^t）上涨0.005元/吨；白麦国企收购价（Y_1^t）上涨1元/百斤推动白麦私商收购价（Y_2^t）上涨0.98元/百斤。

从随机效应估计结果可知：模型中具有显著的随机效应，即各年白麦私商收购价（Y_2^t）具有差异，尤其是2010年、2011年和2012年差异较为显著。因此采用带随机截距项的混合效应模型分析白麦私商收购价（Y_2^t）是合适的。

（3）陈麦（普麦）批发价（y_3）。从前面分析结果可知，陈麦（普麦）批发价（Y_3^t）的影响因素有：累计托市收购量（X_1^t）、白麦国企收购价（Y_1^t）、上一周的陈麦（普麦）批发价（Y_3^{t-1}）、上一周完成的托市收购量（X_1^{t-1}）、上一周的白麦国企收购价（Y_1^{t-1}）。构建混合效应模型为（详细结果见附表5）：

$$Y_3^t = (0.9810 + b_0) - 0.0012 * X_1^t + 0.0009 * X_1^{t-1} + 0.3766 * Y_1^t + 0.6349 * Y_3^{t-1} + \varepsilon$$

从固定效应估计结果可知：

前一周累计托市收购量（X_1^{t-1}）增加1吨，拉动陈麦（普麦）批发价（Y_3^t）上涨0.0009；白麦国企收购价（Y_1^t）上涨1元/百斤推动本期陈麦（普麦）批发价（Y_3^t）上涨0.3766元/百斤；上一周的“陈麦（普麦）收购价” Y_3^{t-1} 上涨1元/百斤推动陈麦（普麦）批发价（Y_3^t）上涨0.6349元/百斤。

从随机效应 b_0 估计结果可知：陈麦（普麦）批发价（Y_3^t）的截距项无显著的随机效应，这说明“陈麦（普麦）收购价”（Y_3^t）的拟合模型具有一般性，不随时间变化。

四、小结

通过对新中国成立以来我国粮食市场经营主体的回顾，我们可以看到，我国粮食市场的价格逐渐由政府垄断定价到市场主导定价转变，虽然有政策可循的全面市场化是在 2004 年，但市场价格已经在 2001 年以后就占据了主要地位，政府对市场的调控手段也已日渐成熟，现在直接影响市场价格的手段只有最低收购价政策。但从对小麦市场国有企业托市行为对价格影响的分析，我们可以看出，虽然该政策制定的初衷仅在于理论意义上的“托市”，但由于收购量很大，已经成为实际上影响市场价格形成的主导力量，而非国有购销企业处于十分被动的地位。中储粮系统在小麦收购环节具有一定程度上的垄断力量，现在我国粮食市场的价格形成虽然不是由政府完全定价，但仍不属于完全的市场竞争。

附表 1　　Y_1 和 X_1 的 VAR 模型结果

	Y_1	X_1
Y_1（-1）	1.001817	13.41367
	(0.10355)	(32.0012)
	[9.67461]	[0.41916]
Y_1（-2）	-0.009367	-21.69733
	(0.10367)	(32.0384)
	[-0.09036]	[-0.67723]
X_1（-1）	-0.000108	0.855445
	(0.00034)	(0.10384)
	[-0.32196]	[8.23837]
X_1（-2）	0.000214	-0.090309
	(0.00033)	(0.10061)
	[0.65639]	[-0.89757]
C	0.948733	1364.300
	(2.04606)	(632.308)
	[0.46369]	[2.15765]

附表 2　　Y_1、Y_2 和 X_1 的 VAR 模型结果

Standard errors in ( ) & t - statistics in [ ]

	Y_2	X_1	Y_1
Y_2 (-1)	0.942993	-112.2349	0.328562
	(0.34012)	(110.806)	(0.36199)
	[2.77251]	[-1.01289]	[0.90765]
Y_2 (-2)	-0.219998	-19.32074	-0.283292
	(0.32518)	(105.938)	(0.34609)
	[-0.67654]	[-0.18238]	[-0.81855]
X_1 (-1)	-6.76E-05	0.838244	-0.000139
	(0.00032)	(0.10503)	(0.00034)
	[-0.20969]	[7.98081]	[-0.40477]
X_1 (-2)	0.000226	-0.048860	0.000222
	(0.00032)	(0.10406)	(0.00034)
	[0.70911]	[-0.46954]	[0.65292]
Y_1 (-1)	0.054436	115.4504	0.705901
	(0.32202)	(104.909)	(0.34273)
	[0.16905]	[1.10048]	[2.05965]
Y_1 (-2)	0.205882	2.883799	0.242489
	(0.31226)	(101.730)	(0.33234)
	[0.65932]	[0.02835]	[0.72964]
C	1.415508	1647.261	0.909606
	(2.00870)	(654.401)	(2.13786)
	[0.70469]	[2.51720]	[0.42547]

附表 3　Y_1 和 X_1 的混合效应模型结果

固定效应估计结果

Effect	Estimate	Standard Error	DF	t Value	Pr > |t|
Intercept	98.6683	5.0596	6	19.50	<.0001
X_1	0.000922	0.000255	103	3.62	0.0005

随机效应估计结果

Effect	YEAR	Estimate	Std Err Pred	DF	t Value	Pr > |t|
Intercept	2008	-20.6026	5.0648	103	-4.07	<.0001
Intercept	2009	-11.4354	5.0633	103	-2.26	0.0260
Intercept	2010	-6.0036	5.0586	103	-1.19	0.2380
Intercept	2011	-0.1801	5.0586	103	-0.04	0.9717
Intercept	2012	3.0137	5.0616	103	0.60	0.5529
Intercept	2013	14.8859	5.0707	103	2.94	0.0041
Intercept	2014	20.3220	5.0585	103	4.02	0.0001

Fit Statistics

-2 Log Likelihood	560.4
AIC (smaller is better)	568.4
AICC (smaller is better)	568.8
BIC (smaller is better)	568.2

Null Model Likelihood Ratio Test

DF	Chi-Square	Pr > ChiSq
1	307.96	<0.0001

附表 4　　Y_2 和 X_2、Y_1 的混合效应模型结果

固定效应结果估计					
Effect	Estimate	Standard Error	DF	t Value	Pr > |t|
Intercept	0.2550	1.4730	6	0.17	0.8683
X_2	0.000226	0.000064	102	3.54	0.0006
Y_1	0.9802	0.01453	102	67.48	<0.0001

随机效应估计结果						
Effect	YEAR	Estimate	Std Err Pred	DF	t Value	Pr > |t|
Intercept	2008	-0.1498	0.3771	102	-0.40	0.6919
Intercept	2009	0.005347	0.3039	102	0.02	0.9860
Intercept	2010	0.8930	0.2755	102	3.24	0.0016
Intercept	2011	0.6823	0.2635	102	2.59	0.0110
Intercept	2012	-0.5573	0.2693	102	-2.07	0.0410
Intercept	2013	-0.3798	0.3306	102	-1.15	0.2533
Intercept	2014	-0.4937	0.3763	102	-1.31	0.1925

Fit Statistics	
-2 Log Likelihood	256.5
AIC (smaller is better)	266.5
AICC (smaller is better)	267.1
BIC (smaller is better)	266.3

Null Model Likelihood Ratio Test		
DF	Chi-Square	Pr > ChiSq
1	30.27	<0.0001

附表 5　Y_3 和 X_2、Y_1 的混合效应模型结果

固定效应估计结果

Effect	Estimate	Standard Error	DF	t Value	Pr > |t|
Intercept	0.9610	1.6894	6	0.57	0.4901
X_1	-0.00116	0.000222	92	-5.25	<0.0001
Y_1	0.3766	0.06786	92	5.55	<0.0001
X_1-1	0.000946	0.000219	92	4.32	<0.0001
Y_3-1	0.6349	0.06398	92	9.91	<0.0001

Solution for Random Effects

Effect	YEAR	Estimate	Std Err Pred	DF	t Value	Pr > |t|
Intercept	2008	-0.1967	0.3239	92	-0.61	0.5452
Intercept	2009	0.3176	0.2954	92	1.08	0.2851
Intercept	2010	-0.1640	0.2855	92	-0.57	0.5671
Intercept	2011	-0.2311	0.2805	92	-0.82	0.4121
Intercept	2012	-0.1073	0.2878	92	-0.37	0.7102
Intercept	2013	0.4996	0.3206	92	1.56	0.1227
Intercept	2014	-0.1181	0.3252	92	-0.36	0.7174

Fit Statistics

-2 Log Likelihood	468.7
AIC (smaller is better)	478.7
AICC (smaller is better)	479.3
BIC (smaller is better)	478.5

Null Model Likelihood Ratio Test

DF	Chi-Square	Pr > ChiSq
1	71.79	<0.0001

关于完善玉米临时收储政策的建议

习银生　杨　丽

玉米是我国主要的饲料原料和工业加工的重要原料，目前已发展成为我国播种面积和产量最大的粮食作物。2008 年我国开始实行玉米临时收储政策，为促进发展玉米产业、保持市场稳定、促进农民增收发挥了不可替代的积极作用，但近年来政策的负面影响也日益明显，同时在我国实行大豆和棉花目标价格试点以来，关于玉米是否应取消玉米临时收储政策，实行目标价格试点的争论越来越多。我们认为，当前开展玉米目标价格试点的时机尚不成熟，应在进一步完善玉米临时收储政策，总结借鉴大豆和棉花目标价格试点经验的基础上，待条件具备时开展玉米目标价格试点。

一、玉米临时收储政策亟待完善

近年来玉米临储政策通过收储使大量粮源进入国家库存，带来了很多弊端，不仅增加了国家财政负担，更为突出的是形成市场垄断，影响了市场机制的正常发挥，导致价格扭曲，脱离了市场基本面，市场出现诸多反常现象，不利于玉米产业健康持续发展。

一是库存压力大。近 3 年来，国家实际收购的临时存储玉米分别达到

3083 万吨、6919 万吨和 8329 万吨，累计超过 1.8 亿吨，但拍卖实际成交量仅有约 3000 万吨，目前结余量超过 1.5 亿吨，大量库存积压使得各地库存爆满，仓容紧张。

二是国家财政负担重。目前国家对临时收储玉米的收购费用补贴为每斤 0.025 元，保管费用补贴为每斤 0.043 元，按近两个年度 6919 万吨和 8329 万吨的收储量，仅这两项补贴国家财政每年就需分别支出 94 亿多元和 113 多亿元，若加上运费补贴、深加工补贴、露天储粮设施搭建费用补贴等，财政支出更多。

三是总体供给宽松与市场有效供给偏紧并存。玉米连年丰收，而消费相对低迷，我国玉米呈现出明显的阶段性供大于求格局。但由于临时收储政策实行敞开收购，实际收储量远超产大于需的数量，大量粮源成为国家库存，没有形成市场有效供给，造成 2014 年新玉米收购季节结束后，社会商品余粮很少，粮源普遍紧张。

四是在消费不景气的情况下价格创历史新高。近年来我国玉米深加工消费和饲用消费都陷入低谷，但因临储玉米数量大，导致玉米价格异常上涨。2014 年 8 月，国内产销区平均批发价格分别达到每斤 1.27 元、1.39 元，同比分别涨 12.2%、9.8%，比历史高位价格分别高出 8.0%、4.6%。

五是下游企业受到较大冲击。由于玉米价格高，下游消费低迷，玉米加工企业普遍经营困难，许多深加工企业持续亏损，限产、停产现象普遍，目前玉米淀粉加工和酒精加工业开工率分别仅为 45% 和 40%。饲料加工业受原料成本高和下游养殖业低迷的双重挤压明显。2013 年全国商品饲料产量 30 多年来首次出现下降。玉米经销企业市场业务量都明显下降，许多贸易商基本没有市场业务，仅靠参与临时收储玉米赚取国家补贴维持正常运转。

六是国内外价格倒挂严重。由于国内玉米价格坚挺，国际玉米价格大幅下滑，2013 年下半年以来，国内玉米价格已连续 2 年高于国外玉米到港税后价，价差从 2013 年 7 月每公斤 0.03 元扩大到 2015 年 8 月每公斤 0.21 元，价格倒挂常态化趋势明显。

七是进口消费替代大幅增加。由于玉米价高，为控制成本，东南沿海地区不少饲料企业较多使用进口高粱、大麦等，替代玉米用饲料原料，进一步压缩了国内玉米消费空间。2014 年，我国进口高粱 577.59 万吨，同比增长 4.36 倍；进口大麦 541.35 万吨，同比增长 1.32 倍。2015 年高粱、大麦进口继续大幅增长，1—7 月进口量均已超去年全年进口量。

二、目前开展玉米目标价格试点时机不够成熟

对重要农产品开展目标价格试点，是完善农产品价格形成机制的重要举措。从目前的情况来看，开展玉米目标价格试点时机尚不成熟。

一是国内农产品目标价格试点尚无成熟经验。目前国内棉花和大豆目标价格试点尚处于摸索阶段，市场反应还不充分，一些后续影响还需要时间才能充分显现，试点能否取得成功需要时间检验。两个产品实行目标价格试点后，价格和生产都显著下滑，大豆市场购销不活跃度。在这种情况下，若将目标价格试点扩大到玉米，市场风险很大，不宜仓促推开。

二是国家粮食安全目标很可能受到严重影响。棉花和大豆在实行目标价格后，农户种植意愿受到很大影响，生产进一步滑坡的趋势十分明显。若玉米实行目标价格，预计同样的情形将有可能会发生。回归分析结果显示，2004 年以来，我国玉米面积与价格的弹性系数为 0.51，即玉米价格下降 1%，将导致面积减少 0.51%，根据当前国内外价格比较，实行目标价格试点后，国内玉米价格可能下降 45%，据此推算，国内玉米面积降幅可能达到 23%，影响国内粮食产量约 5000 万吨，约占国内粮食产量的 8%。同时，考虑到我国中长期玉米需求将持续增长，生产大幅下滑将导致我国玉米产不足需，需要长期依靠大规模进口满足需要，如此玉米将成为继大豆、棉花等作物之后又一个受冲击严重，需要依赖进口的产品。

三是主产区农民收入很可能会明显降低。根据大豆和棉花目标价格改革试点情况，玉米实行目标价格后，国内外价格很可能会趋于一致。按照目前国内外玉米的比价关系，国外玉米价格比国内玉米低 0.42 元，如果玉米实行目标价格，国内玉米平均价格将下降 0.42 元，这将导致国内玉米生产者收益大幅减少，其中东北三省和内蒙古的农民损失最为惨重。按

2014 年全国玉米总产量和实行目标价格后的降价幅度计算，全国农民将因此损失 1800 亿元，其中东北三省和内蒙古农民损失 798 亿元，人均 1478 元。

四是市场频繁剧烈波动的风险有可能显著增加。玉米若实行目标价格，国内玉米价格将与国际基本接轨，波动幅度将明显加大，大起大落的情况将频繁发生。2000 年 1 月—2015 年 6 月的 186 个月中，国内玉米产销区平均批发价格月均波动幅度分别为 1.9% 和 1.8%，同期国际玉米现货和期货价格的月均波动幅度分别为 5.3%、5.3%，最大波动幅度分别达到 26.3%、25.6%，其中波动幅度超过 10% 的月份有 27 个月。如此剧烈而又频繁的波动，对于市场意识不强，抗风险能力较弱的玉米生产者来说，短时间内是难以承受和适应的。

五是国家财政负担压力有可能会进一步加大。实行玉米目标价格试点，国家需要按目标价格与市场差价对生产者进行补贴。如果在东北三省和内蒙古实行目标价格试点，补贴额按农户收益损失的 50% 计算，国家财政每年负担可能需要 400 亿元。如果试点扩大到全国，补贴额仍按农户收益损失的 50% 计算，国家财政每年负担则可能高达 900 亿元。

三、完善玉米临时收储政策仍有很大空间

近两年来，玉米临时收储产生诸多负面作用，重要原因是临储政策在执行中出现了价格只升不降，过量收购严重，脱离市场基本面等问题。在开展玉米目标价格试点时机不成熟的情况下，当务之急是尽快适应市场环境变化的要求，加快完善玉米临时收储政策，为开展玉米目标价格试点赢得时间和空间。

一是适当降低玉米临时收储价格。近年来玉米市场出现的生产增长过快，产大于需明显，国内外价格倒挂严重等问题，与玉米临时收储价格只升不降有直接关系。建议今年将玉米临时收储价格每公斤降低 0.05 元左右，然后再视成本收益和国内外比价关系等情况灵活调整。这样做，有利于促进玉米生产结构调整，缓解玉米供大于求局面，缩小国内外玉米倒挂价差，减轻玉米及替代品进口压力。

二是适当调减玉米临时收储规模。近两年，国家大幅降低了临时收储玉米的收购标准，各地临时新建了许多库容，导致近两年玉米临时收储量分别达到6919万吨和8329万吨的历史新高。据多家权威机构估计，近两年国内玉米产大于需的总量每年约在3000万吨左右，临时收储量大大超出合理范围，造成供求关系扭曲，价格连创新高。在当前玉米严重供大于求的情况下，建议有关部门严把收购质量关，适当调减玉米临时收储数量，防止逆向调节，特别要注意避免收储企业为获利而过度收购，最大限度减少政策对市场的干扰和扭曲。

三是加快消化国内玉米库存。建议通过定向拍卖，补贴加工企业，降低临储玉米拍卖价等方式，加快消化国内玉米库存。临储玉米拍卖价的降低幅度，可参照高粱、大麦的进口价格与国内玉米价格的差额来确定。这样做，不仅可以降低企业用粮成本，刺激玉米消费，还可以抑制玉米和高粱、大麦等产品的进口，从而进一步提振国内玉米消费。

四是完善玉米临时收储监管机制。近年来玉米临时收储形成了垄断性收购，有效监督问责机制缺乏，导致国家利益和农民利益两头受损。建议进一步深化中储粮系统管理体制改革，实行政策性职能与经营性职能分开，完善监督考核问责机制，严厉查处压级压价、“转圈粮”等各种不良行为。同时，允许饲料、淀粉及酒精等加工企业参与玉米政策性收购，打破市场垄断。

我国棉花消费预测及棉花生产趋势分析

张灿强　杜珉　任倩　刘锐

内容提要： 科学判断棉花需求与供给基本特征是制定产业政策的基础。本研究基于国内外纺织纤维消费趋势和结构特征，采用情景分析方法，预测得出我国居民人均纺织纤维消费在中等增长速度下，2020 年原棉需求量在 1000 万吨左右。在棉花生产成本刚性上升、比较优势逐步丧失的情况下，长江、黄河流域棉区棉花生产继续下滑，优势区域向西北内陆集中。国际棉花供给充足，国内去库存压力依然较大，从长期供需来看，进口棉花满足国内纺织需求成为常态。建议完善新疆棉花目标价格政策，加强优势区域生产扶持力度，强化机械应用和轻简化技术推广，充分利用国外棉花资源。

棉花作为我国种植面积最大、产业链最长的大田经济作物，是主产区棉农收入的重要来源，是满足居民衣着纤维消费需求重要原料，对农业、农村乃至国民经济的健康发展具有重要作用①。近年来，我

① 杜珉：《市场化全球化背景下的中国棉业》，中国农业出版社 2012 年版。

国棉花生产呈波动态势，国家陆续出台相关政策，稳定棉花市场，增加棉农收益。2011 年国家出台棉花收储政策，2014 年启动新疆棉花目标价格试点。棉花支持政策不仅对国内棉花市场产生重要影响，也将波及世界棉花市场①。科学判断棉花供需现状与趋势是制定相关政策的前提条件。

长期以来，我国棉花需求量没有详细的分类统计数据，国内和国际机构对棉花需求的分析基本上通过棉花平衡表，根据库存、产量和进出口量来判断需求量。然而这种方法容易掩盖棉花需求结构。我国是纺织服装大国，棉花需求一方面满足国人的衣着消费需求，另一方面满足服装出口的需求。未来满足我国居民衣着纤维消费的棉花量需多少，相关文献中鲜有报道。本文将采用居民纤维消费情景分析的方法，通过情景设置，预测未来我国居民原棉需求。

近年来，我国棉花生产呈波动下滑态势，棉花生产受到市场价格、生产成本、产业政策等因素的影响。分析判断当前和未来我国棉花生产和供给形势，对准确把握棉花产业特征，完善相关政策具有重要意义。

一、世界纺织纤维消费及我国原棉需求预测

居民的纺织纤维消费主要来自天然纤维和化学纤维，天然纤维主要包括棉花、麻类、毛类和蚕丝四大类，其中棉花用量占天然纤维的八成以上②。化学纤维是用天然高分子化合物或人工合成的高分子化合物为原料，经过一定工艺程序制得的具有纺织性能的纤维，从来源上主要分为再生纤维和合成纤维。

（一）全球纺织纤维消费稳定增长，棉型纤维比重有所降低

从全球范围来看，人均纺织纤维消费稳步增长，1960—2010 年的 50

---

① 刘志雄：《我国棉花国内支持政策对世界棉花市场影响研究》，《农业经济问题》2014 年第 8 期。

② 赵绪福：《纺织纤维供给与需求的演变过程及发展趋势》，《武汉科技学院学报》2005 年第 9 期。

年间，世界人均纤维消费水平从 4.91kg/人·年增长到 11.10kg/人·年。从纺织纤维消费的类型来看，天然纤维的消费量变化不大，比重逐渐下降，从 1960 年的 79% 下降到 2010 年的 36%。化学纤维的消费量快速增长，从 1.04kg/人·年增长到 7.04kg/人·年，1995 年以后化学纤维的消费逐渐超过天然纤维，2010 年化学纤维消费比重达到 64%，比 1960 年提高近 43 个百分点。化学纤维消费的增长主要是由于全球化学工业的发展（图 1）。

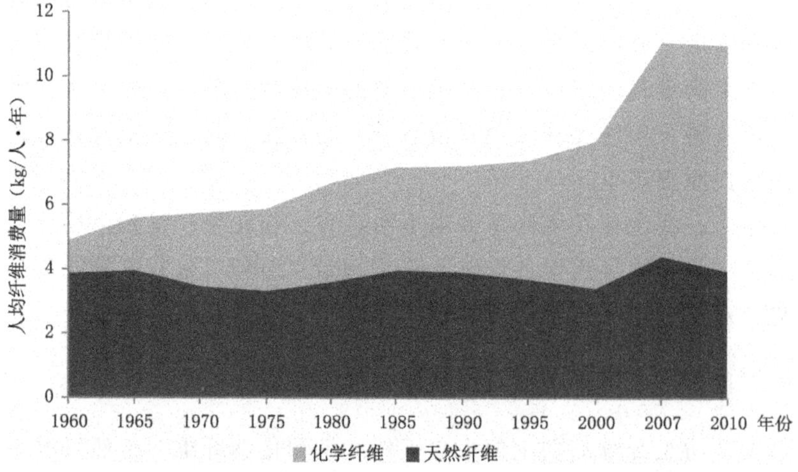

图 1　1960—2010 年世界人均纤维消费变化

数据来源：钱尧年，1992①；World Apparel Fiber Consumption Survey，FAO and ICAC，2013。

发达国家和发展中国家人均纺织纤维消费差距较大，1980—2000 年期间，发达国家的人均纤维平均消费量为 20.5kg/人·年，而发展中国家仅为 4.1kg/人·年，发达国家人均纤维消费量是发展中国家的 5 倍（表 1）。

① 钱尧年：《纺织纤维发展系列报导之一——世界纺织纤维发展的回顾和预测》，《北京纺织》1992 年第 2 期。

表 1　　发达国家与发展中国家人均纤维消费量

年份	发达国家（kg/人·年）	发展中国家（kg/人·年）	发达国家/发展中国家
1980	16.8	3.4	4.9
1985	17.2	3.6	4.8
1990	20.9	4.1	5.1
1995	22.6	4.5	5.0
2000	25.0	4.7	5.3
平均	20.5	4.1	5.0

数据来源：FAO 和 ICAC 关于全球纺织纤维消费的调查。

从全球来看，棉型纤维的消费比重从 2007 年的 36.3% 下降到 2010 年的 32.9%，发展中国家棉型纤维消费比重的下降趋势更为明显，从 31.1% 下降到 26.0%①。从 2000—2012 年美国居民纺织纤维消费数据来看，进入 21 世纪以来的前十年，美国人均棉型纤维消费比重维持在 40% 左右，2010 年以后，棉型纤维消费比重降低，2012 年下降到 36%②。

（二）基于我国居民纺织纤维消费情景的原棉需求预测

1. 我国居民纺织纤维消费需求动力分析

进入 21 世纪以来，随着居民生活水平的提高，城镇和农村居民的人均衣着消费都呈增长趋势，农村居民的人均衣着消费支出从 2000 年的 95.20 元增加到 2013 年的 438.30 元，年均增长 12.46%。同期，城镇居民的衣着消费支出从 500.5 元增长到 1902.0 元，年均增长 10.82%。未来我国居民对纺织纤维消费依然呈增长趋势，主要来自三个方面的需求动力：一是居民生活水平的提高。从 2006 年开始我国人均纤维消费量已超过世界平均水平，但仅相当于发达国家 20 世纪 80 年

① 数据来源：World Apparel Fiber Consumption Survey, FAO and ICAC, 2013。

② 数据来源：《中国纺织工业发展报告　2013/2014》。

代的水平。随着居民收入水平的提高，纤维消费也将呈上升趋势。二是人口的净增长。根据 2010 年第六次全国人口普查主要数据公报，全国总人口为 13.7 亿人。据预测 2015 年将达 14 亿人，2020 年将达 14.5 亿人，中国人口总量高峰将出现在 2033 年前后，人口总规模将达 15 亿人左右①，中国纺织纤维还要满足 1 亿多人净增人口的需求。三是转移人口市民化。2013 年，按照常住人口计算的城镇化率为 53.4%，预计到 2020 年中国的城镇化率将达到 60%，“十二五”期间我国年均新增农业转移劳动力 900 万人，“十三五”期间 700 万人左右，2020—2030 年为 500 万人左右②。城市居民的衣着消费支出是农村居民的 5 倍，转移人口市民化将大大增加纤维需求。

2. 居民纺织纤维消费情景的原棉需求量

联合国粮农组织对 1975 年至 1982 年期间全球人均纤维消费进行的调查显示，1982 年中国人均纤维消费量为 4.5kg/人·年，比世界平均水平低 2.1kg/人·年。根据中国纺织工业协会调查，中国人均纤维消费水平从 2000 年的 7.5 公斤增长 2006 年的 14 公斤，超过世界平均水平③。据此测算，1982—2006 年期间，中国人均纤维消费的年均增长速度在 3%—5%之间，中间值为 4%。设置三种情景预测 2020 年中国人均纤维消费量，年均增长速度分低、中、高三个方案，分别为 3%、4%和 5%，以 2006 年作为基期，低、中、高三种方案下 2015 年中国人均纤维消费量分别为 17.73kg、19.16kg 和 20.68kg，2020 年分别达到 20.56kg、23.31kg 和 26.40kg。若在纤维消费中棉型纤维消费比重降到 30%，中等增长速度情景下，2015 年满足居民纺织纤维消费的原棉需求约为 800 万吨，2020 年为 1000 万吨左右④（表 2）。

① 《2020 年中国人口将达 14.5 亿人　2033 年峰值 15 亿人》，中国网，2008 年 10 月 23 日。

② 王宾：《有序推进农业转移人口市民化》，《农民日报》，2014 年 11 月 6 日，第 3 版。

③ 《中国人均纤维消费量已超过世界平均水平》，中国新闻网，2007 年 11 月 28 日。

④ 2015 年的人口数量按 14 亿人计算，2020 年为 14.5 亿人。

表 2　　　居民不同消费情景下的原棉需求量预测

		1982	2000	2006	2015			2020		
人均纤维增长速度	%				3%	4%	5%	3%	4%	5%
人均纤维消费量	kg/年	4.5	7.5	14	17.73	19.16	20.68	20.56	23.31	26.40
原棉需求量	万吨				743	806	869	894	1014	1148

需要指出，在3%的低增长速度下，2020年中国人均纤维消费水平仅相当于发达国家20世纪90年代的水平，即使在5%的高增长速度下，2020年中国人均纤维消费水平也仅达到发达国家21世纪初的水平。此外，棉型纤维占纤维消费量30%的比重可能低估。本文对2020年满足我国居民纤维消费的原棉需求量预测可能是保守估计。

二、我国棉花生产与供给趋势分析

（一）中国棉花生产形势分析

1. 中国棉花面积和产量波动下滑

近十年来，全国棉花生产呈波动态势，2003—2007年，棉花面积和产量总体上呈上升趋势并在2007年达到峰值，分别为8889万亩和762万吨。2008年以后，棉花生产波动下滑，2014年全国棉花总产量为617.8万吨，棉花面积下降到近十年来的最低水平，为6333.5万亩。

2. 生产成本刚性上升，比较优势逐步丧失

2003—2013年我国棉花种植成本呈刚性上升趋势，由677.4元/亩增加到2177.5元/亩。成本构成中人工成本的上升速度快于物质与服务费用和土地成本，人工成本的占比由45.7%上升到62.5%，2013年人工成本达到1359.8元/亩。棉花平均出售价格波动较大，2008年受金融危机影响，棉花平均出售价跌至10.5元/公斤，之后棉花价格迅速反弹，2010年价格高达24.8元/公斤，近两年，棉花价格在临时收储政策影响下较平稳，2013年，棉花平均出售价格为18.7元/公斤。植棉净利润在成本上升和价格波动的影响下呈波动态势，2010年以来，植棉净利润持续下滑，

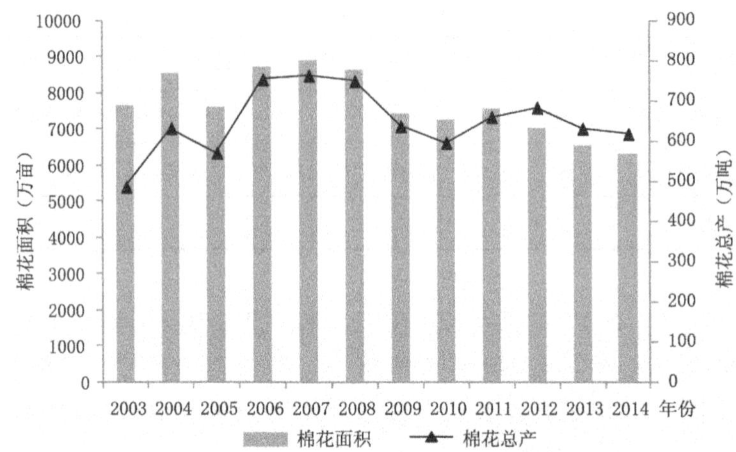

图 2　2003—2014 年全国棉花面积与产量变化

数据来源：历年《中国统计年鉴》、《中国统计摘要 2015》。

2013 年植棉利润为 -215 元/亩（图 3）。

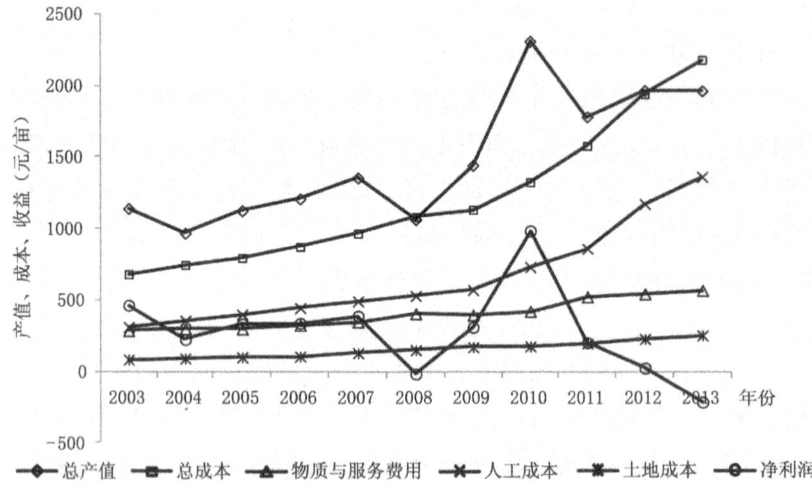

图 3　2003—2013 年中国棉花成本收益状况

数据来源：历年《全国农产品成本收益资料汇编》。

根据国际棉花咨询委员会（ICAC）1998 年的对主要国家棉花生产成

本的调查资料显示，中国棉花成本为1110美元/公顷，是印度和巴基斯坦棉花生产成本的1.4倍和1.9倍，但比澳大利亚和美国的生产成本低14.6%和49.5%。近年来，随着棉花生产中人工、物质和服务与土地成本的上升，中国棉花生产成本已逐渐超过美国。2008年，每50公斤棉花主产品生产成本，中国是美国的75.4%。2013年，每50公斤棉花主产品生产成本，中国比美国高21.7%，我国逐渐失去了在棉花生产成本上的比较优势（图4）。

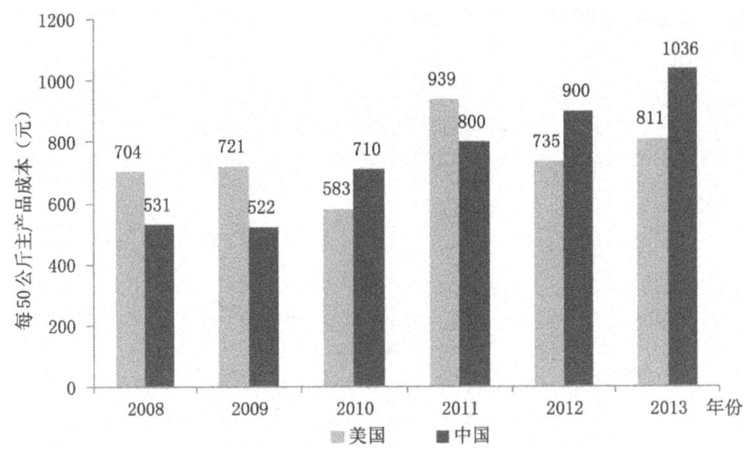

图4 中美棉花生产成本比较

资料来源：《全国农产品成本收益资料汇编》。

3. 主产区由“三足鼎立”逐步转变为“两分天下”

进入21世纪以来，全国棉花生产格局出现重大变化，三大棉区中的黄河与长江流域植棉面积持续减少，尤其是黄河流域的棉花生产萎缩尤为明显。2014年，黄河流域棉花种植面积为1886万亩，产量为135万吨，比2003年分别下降2070万亩和67万吨，降幅达到52.7%和33.1%，棉花面积和产量占全国的比重分别从51.2%和41.5%下降到29.3%和21.8%；而西北内陆棉区棉花种植面积由2003年的1662万亩增加到2014年的2987万亩，产量由169万吨上升到374万吨，占全国棉花面积和产量的比重分别为47.2%和60.6%，比2003年分别提高了25.5个和25.9

个百分点。西北内陆棉花面积和产量增长主要集中在新疆地区，2014 年，新疆地区棉花面积和产量达到 2930 万亩和 368 万吨（图 5）。

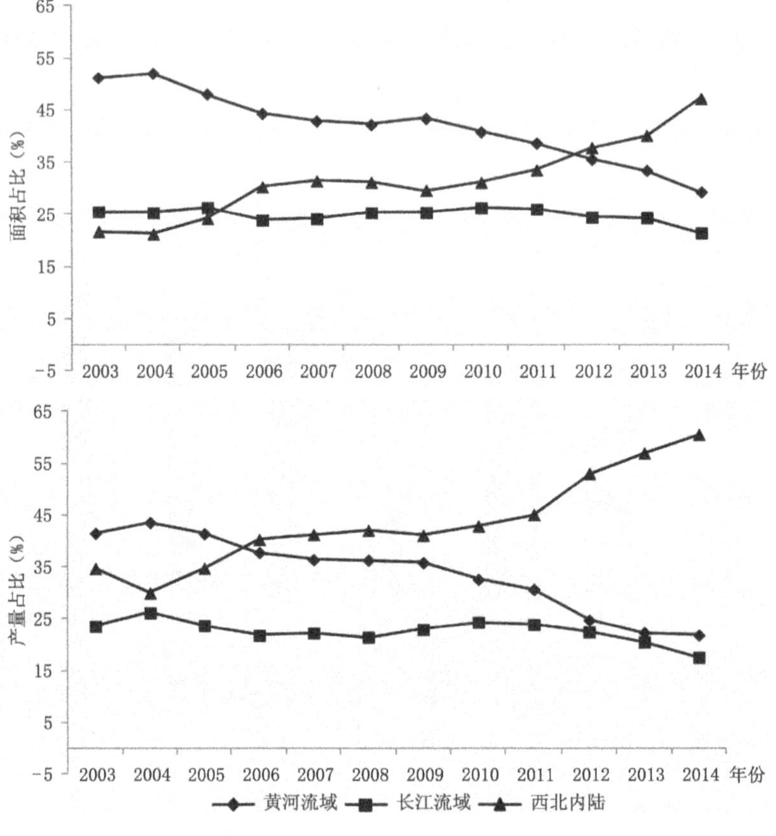

图 5　2003—2014 年三大棉区面积和产量比重

资料来源：历年《中国统计年鉴》，《中国统计摘要 2015》。

棉花生产区域向新疆内陆棉区的集中，一是由于新疆内陆棉区光温条件匹配较好，适宜棉花的生长发育，棉花单产远高于其他区域；二是新疆地区机械化的发展有利用降低植棉成本，黄河流域和长江流域土地细碎，难形成规模优势；三是黄河、长江流域竞争性作物多，当植棉收益下降时，棉花很容易被竞争性作物替代，而新疆内陆地区由于自然条件限制替代作物较少。

4. 对未来我国棉花生产形势的判断

随着棉花目标价格政策的不断完善及国家对新疆支持力度的加大，未来我国棉花生产将进一步向西北内陆棉区集中，但棉花面积的扩张也受到水资源等生态容量限制。长江、黄河流域棉区受扶持力度弱、比较效益低、可替代作物多、劳动力成本高等因素影响，棉花面积继续呈下降趋势，但仍会保留一定规模的棉花面积，保持稳定的棉田主要集中在土壤肥力较低、田间基础设施较差、粮食等其他作物难以生长的盐碱、滩涂地区，还有采用高效种植模式、棉农收入相对稳定的地区。根据中国棉花信息系统对主产份调查，初步判断未来我国棉花面积在5000万亩以上波动，棉花产量最低保持在500万吨，其中西北内陆棉花面积将在2500万亩以上波动，产量在320万吨以上，长江、黄河两大棉区棉花面积最低能够稳定在2500万亩左右，产量最低保持在180万吨。

（二）我国棉花供给变化特征

1. 棉花进口量快速增加

近年来，随着我国棉花产量的波动下滑，国产棉花不能满足纺织用棉需求，进口棉花呈螺旋上升趋势。2012年度棉花进口量达到544万吨，主要是收储政策下，国内外棉花价格倒挂，即使在40%滑准税下进口棉价格也远低于国产棉，从而刺激用棉企业大量进口国外棉花，国产棉基本入储，导致棉花库存快速增加，从2009/2010年度的200万吨增加至2013/2014年度的1365万吨。2014年中国棉花进口量降至244万吨，而期末库存仍处于历史高位，去库存的压力仍较大（图6）。

2. 国际棉花供给较为充裕

从全球棉花产销存形势来看，2010/2011年度以来，全球棉花产量连续第五个年度超过消费量。2011/2012年度以来，全球棉花产量呈下降趋势，2014/2015年度预测为2590万吨，消费量呈增长趋势，预测为2428万吨。2010/2011年度以来，全球棉花期末库存增长较快，从2010/2011年度的1077万吨增长到2014/2015年度的2415万吨，库存消费比从43%上升到99%。2012/2013年度以来，棉花进口量有所下降，2014/2015年

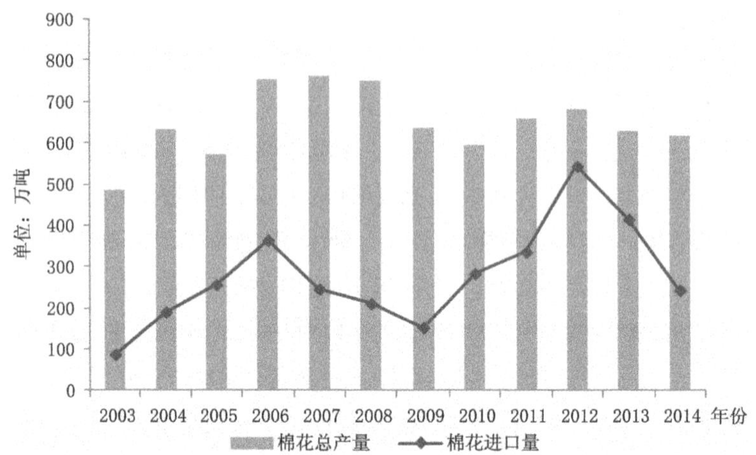

图 6 2003—2014 年中国棉花产量和进口量变化

数据来源：历年《中国统计年鉴》。

度棉花进口量预测为 784 万吨①。总体来看，全球棉花供给较为充裕。

三、结论与建议

（一）相关结论

1. 满足我国居民纺织纤维消费的原棉需求呈增加趋势

随着我国居民生活水平的提高、城镇化的快速推进和人口数量的增加，未来，居民对纺织纤维消费具有较强的需求动力，虽然棉型纤维的消费比重可能有所降低，但棉型纤维在居民纺织纤维消费中仍将占据不可替代的份额。在居民纺织纤维消费中等增长速度情景下，2015 年满足我国居民纤维消费的原棉需求约为 800 万吨，2020 年为 1000 万吨左右。

2. 棉花比较效益和成本优势降低，国内生产继续下滑

进入 21 世纪以来，特别是 2007 年以来，我国棉花面积和产量下滑趋势明显，2013 年棉花面积下滑至 6473 万亩，为近十年来最低。同时，棉花生产成本刚性增长，2010 年以后收益逐年下降，2013 年棉花生产的净

① World Agricultural Supply and Demand Estimates, USDA, 2015.9.

收益为负。与世界主要产棉国相比，我国棉花生产成本的比较优势逐步丧失。棉花主产区逐步向新疆内陆棉区集中，由“三足鼎立”变为“二分天下”。未来，我国棉花面积在5000万亩以上波动，棉花产量最低保持在500万吨。

3. 国际棉花供给较充足，进口棉花成为常态

从国内外棉花供需形势来看，全球棉花产略大于需，库存消费比处于历史高位，世界棉花市场供给充足，消费量缓慢增长，并受全球经济形势的影响。由于过去几个年度中国大量进口棉花，国储棉大量积压，未来几年中国可能继续减少棉花进口量，逐步消化库存。然而从国内需求和供给来看，进口棉花满足国内纺织需求将成为常态，从国内外棉花生产成本来看，利用国外棉花资源也符合国际贸易比较优势的原则。

（二）政策启示

1. 完善新疆棉花目标价格政策，提高新疆棉花竞争力

理顺目标价格改革领导机制，成立目标价格改革专家委员会，加强政府部门间沟通，核准棉花种植面积与产量。调整补贴资金到位时间和发放时间，改进公检与入库方式，提高皮棉流通效率，减少棉花加工企业成本。适度调整目标价格补贴政策，向生产效率高、棉花品质好的种植者倾斜，向优势植棉区域倾斜，向科技创新方向倾斜，通过补贴提高新疆棉花竞争力。

2. 加强优势区域的生产扶持力度，探索多种补贴方式

对棉花主产区，尤其是黄河、长江流域棉花优势区域，增加生产补贴额度，加强良种、农资、农机补贴力度，提高棉花生产保险额度。鉴于棉花对盐碱地改良和污染土地的重金属修复功能，对盐碱地、部分污染地植棉给予多种形式的生态补偿，包括资金补偿、实物补偿、技术补偿、政策补偿、项目补偿等。改善现有滩涂、盐碱地棉田灌排条件，开展田间工程建设。

3. 强化机械应用和轻简化技术推广，提高植棉比较效益

培育棉花种植的新型经营主体，鼓励适度规模经营，对新型经营主体

加强技术引导和政策扶持。加强棉花优势区域机械化应用示范和推广，培育棉花机械采收社会化服务组织。加强轻简化栽培技术推广，在长江、黄河流域推广无土育苗等轻简育苗技术，以机械移栽代替手工移栽，以工厂化集中育苗代替一家一户分散育苗。因地制宜，探索立体高效间作套种栽培模式，提高植棉效益。

4. 统筹利用国内外棉花资源，优化棉花进出口调控政策

国产棉花的成本比较优势已逐步丧失，充分利用国外资源符合比较优势的原则。进口棉花满足国内纺织需求的同时，棉花进出口要配合目标价格政策执行，调控棉花进口数量。在国内高库存压力下，调节进口配额发放，引导企业多用国产棉。根据棉花市场供求形势，如若确实需要增发配额，增加配额发放政策的透明度。

参考文献

[1] 杜珉：《市场化全球化背景下的中国棉业》，中国农业出版社 2012 年版。

[2] 刘志雄：《我国棉花国内支持政策对世界棉花市场影响研究》，《农业经济问题》2014 年第 8 期。

[3] 赵绪福：《纺织纤维供给与需求的演变过程及发展趋势》，《武汉科技学院学报》2005 年第 9 期。

[4] 钱尧年：《纺织纤维发展系列报导之一——世界纺织纤维发展的回顾和预测》，《北京纺织》1992 年第 2 期。

[5] 王宾：《有序推进农业转移人口市民化》，《农民日报》，2014 年 11 月 6 日，第 3 版。

[6] 张灿强、杜珉：《面向棉花生产可持续发展的生态补偿机制探索》，《中国棉花》2014 年第 4 期。

新常态下农业“走出去”：支持政策演变与合作模式创新

徐雪高　张　振

内容提要： 实施农业“走出去”战略是我国扩大和深化农业对外开放的重要方向，也是未来保障我国主要农产品有效供应的重要举措。进入21世纪以来，我国在投资审批、外汇管制、财政金融、保险税收、多双边谈判等方面出台了一系列支持政策，有些更是专门针对农业“走出去”的政策。从农业“走出去”模式看，目前我国已形成全产业链、抱团出海、租地代种、替代种植、收购兼并五种主要模式。从未来发展看，我国农业“走出去”还面临严峻的国际政治环境、国内政策支持力度不大、企业自身竞争力不强、政府服务不到位等问题，需要政府加快制定战略规划、强化政策支撑、加强指导服务，企业苦练内功、增强实力、开展联合联营联盟，共同推进农业“走出去”。

进入21世纪以来，我国农业发展取得巨大成就，农业综合生产能力明显增强，粮食生产实现创纪录的“十一连增”。但同时，农业的各种风险也在积累集聚，农业劳动力素质结构性下降、农业生态环境恶化、区域布局与资源禀赋条件不尽匹配等问题日益突出，保持主要农产品有效供应的压力越来越大，靠增加投入来提高农产品产出的空间越来越小。从未来发展看，随着人口增长、城镇化推进和居民收入水平提高，我国粮食等农产品的需求仍将呈刚性增长，主要农产品进口品种增多数量增加将是“新常态”。当前，世界经济全球化一体化和贸易自由化的趋势不断加强，我国处于“一带一路”建设的重要战略机遇期，进一步扩大和深化农业对外开放，加快实施农业“走出去”战略，统筹利用国际国内两种资源两个市场，对保障主要农产品有效供应，推进农业发展方式转变和结构调整具有重要意义。

一、农业“走出去”的理论基础与文献评述

农业“走出去”的理论支撑主要来自国际直接投资理论体系。国际直接投资理论体系形成于20世纪60年代初，主要包括以下三种理论。一是垄断优势理论。20世纪60年代，美国学者斯蒂芬·海默在博士论文《国内企业的国际化经营：对外直接投资的研究》中首次提出了垄断优势理论，70年代金德贝格对理论进行补充和完善。该理论认为，市场的不完全性是对外直接投资的根本原因，跨国公司的垄断优势是对外直接投资获利的条件。在东道国市场不完全的条件下，跨国公司可利用其垄断优势排斥自由竞争，以垄断高价获得超额利润，这可以解释跨国公司能够在东道国长期发展的现象。二是国际生产折衷理论。20世纪70年代末，英国学者邓宁在《贸易、经济活动的区位和跨国企业：折衷理论方法探索》中首次提出了国际生产折衷理论。该理论认为，企业要从事对外直接投资必须同时具备所有权优势、内部化优势和区位优势。如果企业不具备所有权优势，则意味着企业缺乏对外直接投资的基本前提；如果企业不具备内部化优势，则意味着企业拥有的所有权难以在内部加以利用，只能将其转让给国外企业；如果企业不具备区位优势，则意味着缺乏有利的国外投资场所，因此，企业只能将有关优势在国内加以利用，而后依靠产品出口。该理论为企业能否开展对外直接投资提供了一个系统全面的分析框架，也很好地解释了现实中有的企业只能做产品出口贸易，有的企业被兼并重组，有的企业可以对外直接投资等现象。三是边际产业转移理论。20世

纪70年代末，日本学者小岛清根据日本的对外直接投资情况，提出了边际产业转移理论。该理论认为，一个国家的某些产业在本国已经或即将失去发展空间，成为该国的“边际产业”，而同一产业在另一些国家可能正处于优势地位或潜在的优势地位，这样一国就应从本国已经处于或即将处于劣势地位的边际产业开始依次进行海外直接投资。

在理论发展的同时，我国也开始了农业“走出去”实践。1985年，我国第一支远洋船队启航开赴西非海岸开始远洋渔业作业，揭开了农业“走出去”的新篇章。目前，我国农业“走出去”已经遍及全球五大洲，全国有近300多家企业在全球46个国家或地区开展农业合作（宋洪远、张红奎，2014）。学术界也开始关注农业“走出去”，并在相关领域开展研究。在“走出去”战略阶段划分上，李平、徐登峰（2008）划分为三个阶段，即战略酝酿期（1979—1991年）、战略确定期（1992—2001年）和战略发展期（2002年至今）。宋洪远、张红奎（2014）则以1992年邓小平“南方谈话”讲话为分界线，将“走出去”战略分为三阶段，即战略提出期（1992—2000年）、战略深化拓展期（2001—2010年）和战略全面实施期（2011年至今）。专门针对农业“走出去”，许多学者也进行了探索。在企业实践方面，仇焕广（2013）对9家农业“走出去”企业和38家农垦“走出去”企业进行调查，分析“了走出去”企业的投资现状、租地购地规模、生产盈利等情况；李保花等（2014）对隆平高科“走出去”的方式进行了案例分析；宋洪远、张红奎（2014）对4省36家“走出去”企业调查研究，总结了农业“走出去”的主要特征。在政策支持方面，杨光等（2013）专门对农业“走出去”金融支持政策体系（贷款、保险和外汇管理）进行梳理，重点对国家开发银行和中国进出口银行的信贷政策支持、中国出口信用保险有限公司的保险政策支持、外汇管理局的外汇支持政策、进行研究。杨光等（2014）还专门对农业“走出去”税收支持政策进行系统研究。在国际经验方面，蔡亚庆等（2011）对美国、日本和法国三国的农业对外经济合作管理机制进行分析和经验总结；王镭、张洁（2014）对美国和日本的农业“走出去”金融保险支持政策进行分析和经验总结。总的来看，目前对农业走出去单项支持政策研究多，但缺乏系统全面支持政策的梳理分析；对单个或多个企业农业“走出去”案例研究多，但缺乏对企业“走出去”模式的总结归纳；相关分析还不够系统、深入和全面。

二、农业“走出去”扶持政策演进

随着2006年农业“走出去”战略的正式提出和深入实施，我国在实践中碰到一些新问题。为了加快农业“走出去”步伐，我国在相关政策上进行了一系列改革，并出台了专门的支持政策。

（一）对外投资审批逐步简化，并不断向核准制和备案制转变

我国对外投资审批包括投资项目审批和投资主体审批，分别由国家发展和改革委员会和商务部执行。总体看，我国对外投资的审批程序是不断简化的。2003年，商务部下发了《商务部关于做好境外投资审批试点工作有关问题的通知》，在北京等12个省市开展下放境外投资审批权限、简化审批手续的改革试点，地方外经贸部门的审批权限由100万美元提高到300万美元。2004年7月，国务院下发《国务院关于投资体制改革的决定》，重点改革项目审批制度，落实企业投资自主权。文件提出，“对于企业不使用政府投资建设的项目，一律不再实行审批制，区别不同情况实行核准制和备案制”，并附上政府核准的投资项目目录[①]。为进一步推进核准制，商务部等部委也加快相关规定和细则的出台。同年8月，商务部和国务院港澳办制定了《关于内地企业赴香港、澳门特别行政区投资开办企业核准事项的规定》；10月，商务部发布《关于境外投资开办企业核准事项的规定》，并于2005年提出《境外投资开办企业核准工作细则》，启用了中国企业境外投资批准证书。2009年，商务部下发《境外投

---

① 文件规定，“中方投资3000万美元及以上资源开发类境外投资项目由国家发展和改革委员会核准，中方投资用汇额1000万美元及以上的非资源类境外投资项目由国家发展和改革委员会核准，上述项目之外的境外投资项目，中央管理企业投资的项目报国家发展和改革委员会、商务部备案，其他企业投资的项目由地方政府按照有关法规办理核准。国内企业对外投资开办企业（金融企业除外）由商务部核准。”

资管理办法》，进一步放宽地方对外投资审批权限，1 亿美元以下的境外投资由省级商务主管部门核准；同时简化审批程序和审查内容，缩短并严格明确审批时间（一般不超过 15 个工作日）。2014 年，商务部发布新修订的《境外投资管理办法》，除了一些敏感国家和一些敏感行业的对外投资还是需要政府来核准外（约 100 项），98%的内容只需要备案，而且时限也大大缩减，三天就可以完成备案，备案权限下放，省级商务主管部门就可以自行印制证书。

（二）对外投资外汇管制不断放宽，外汇改革不断深化

2002 年 10 月以来，国家外汇管理局陆续批准 24 个省、自治区、直辖市进行境外投资外汇管理改革试点，对企业的境外投资购汇额度、允许使用多种外汇资金来源等方面进行积极的支持；2005 年，国家外汇管理局下发《关于扩大境外投资外汇管理改革试点有关问题的通知》，决定将改革试点扩展到全国，并在境外投资购汇总额度、外汇资金来源的审查权限等方面不断放宽[①]，并给予用汇便利。2006 年 7 月，国家外汇管理局彻底取消了境外投资外汇资金来源审查和购汇额度的限制。2004 年，国家外汇管理局发布《关于跨国公司外汇资金内部运营管理有关问题的通知》，允许境内成员企业利用自有外汇资金以及从其他境内成员公司拆借的外汇资金，对境外成员企业进行境外放款或者境外委托放款，大大缓解了境外公司融资难问题。2009 年，国家外汇管理局发布《境内机构境外投资外汇管理规定》，允许境内机构可以使用自有外汇资金、符合规定的国内外汇贷款、人民币购汇或实物、无形资产、境外直接投资所得利润及经外汇局核准的其他外汇资产来源等进行境外直接投资，有利地促进和便利了境内机构境外直接投资活动。2014 年，国家外汇管理局发布《跨国公司外汇资金集中运营管理规定（试行）》，允许上年度外汇收支规模 1

① 将各地区 2005 年度境外投资购汇总额度，从目前的 33 亿美元增至 50 亿美元。如实际需要用汇超过额度，可以予以追加。外汇管理局分局对境外投资外汇资金来源的审查权限，从原单个项目的 300 万美元提高至 1000 万美元。

亿（含）美元以上的国内和跨国企业更自由地转移资金，允许跨国公司同时设立国内和国际外汇资金主账户，并将简化针对外汇交易的一些管制手续，进一步放松资本流动管制和降低了“走出去”企业成本。

（三）财政支持力度不断加大，从支持产品出口转向企业“走出去”

从财政投入看，我国主要是出台三项专项资金扶持政策。一是国际市场开拓专项资金。1999 年，对外经济贸易部等 9 部委联合下发的《关于进一步采取措施鼓励扩大外贸出口的意见》，指出提高部分出口商品的出口退税率、出口企业所得税进行适当返还、设立 5 亿元中小企业国际市场开拓专项资金等财政政策。2000 年 10 月，财政部和对外经济贸易部联合印发《中小企业国际市场开拓资金管理（试行）办法》，对“中小企业国际市场开拓资金”加强管理，专门用于支持中小企业开拓国际市场的各种活动。二是前期费用补助。2004 年 10 月，财政部、商务部联合下发了《关于做好 2004 年资源类境外投资和对外经济合作项目前期费用扶持有关问题的通知》，明确规定对“走出去”企业的前期费用予以扶持，单个企业在年度内享受前期费用扶持金额最多可达 800 万元人民币。三是专项资金支持。2012 年 6 月，财政部和商务部出台《关于做好 2012 年对外经济技术合作专项资金申报工作的通知》，继续对我国企业从事境外投资、对外承包工程和对外劳务合作等对外经济技术合作业务予以支持。其中将“境外农、林、渔和矿业合作”作为对外经济技术合作的“四大内容之一”，重点给予直接补助和贴息贷款。

从产业投资基金看，1998 年以来，国家开发银行与其他国内外机构合资设立了四只产业投资基金支持企业“走出去”，即中瑞合作基金、中国—东盟中小企业投资基金、中国比利时直接股权投资基金和中非发展基金。由国家开发银行 100% 控股的中非发展基金，于 2007 年正式成立，总额将达到 50 亿美元，目前已到位 30 亿美元。中非发展基金是国内唯一一只专注于对非投资的股权投资基金，它不仅通过股权投资、准股权投资和基金投资的方式开展对非直接投资，还提供对非投资咨询服务，引导和支持更多的中国企业到非洲投资。

（四）金融保险税收等优惠政策陆续出台

在金融支持方面，2004 年国家发展和改革委员会、中国进出口银行联合颁布了《关于对国家鼓励的境外投资重点项目给予信贷支持政策的通知》，由中国进出口银行在每年的出口信贷计划中，安排一定规模的“境外投资专项贷款”，用于支持国家鼓励的境外投资重点项目，专项贷款享受出口信贷优惠利率。从 2006 年开始，中国进出口银行开始试点办理农产品出口卖方信贷业务，同时还推出农产品出口基地建设贷款、出口企业固定资产投资贷款、境外投资贷款、援外优惠贷款等项目，大力支持农业“走出去”（杨光等，2013）。2012 年，国家开发银行和农业部共同签署《共同推进现代农业发展合作协议》及《开发性金融支持我国农业国际合作协议》，“十二五”期间，国家开发银行将融资 2000 亿元支持现代农业发展，其中支持农业“走出去”是 8 项重点支持内容之一。在保险支持方面，2003 年，中国出口信用保险公司推出了农产品出口特别险和短期出口信用综合保险产品，为企业“走出去”分担风险。为推动民营企业“走出去”，2005 年 8 月，商务部和中国出口信用保险公司联合下发了《关于实行出口信用保险专项优惠措施支持个体私营等非公有制企业开拓国际市场的通知》，对非公有制企业量身定做出口信用保险产品、简化投保程序、提供全方位的出口信用管理服务等专项优惠支持措施。2008 年，中国出口信用保险公司推出专门面向海外投资者的保险产品——海外投资保险，对投资者因投资所在国发生的汇兑限制、征收、战争、政治暴乱以及违约风险造成的经济损失进行赔偿，为“走出去”企业提供保险保障。中国出口信用保险公司还积极与银行建立广泛的战略合作关系，已与超过 35 家中外资银行在短期中长期出口信用保险、投资保险、担保等项目开展业务合作，支持“走出去”（杨光等，2013）。在税收优惠方面，2007 年，国家税务总局发布了《关于做好我国企业境外投资税收服务与管理工作的意见》，要求税务部门认真落实境外税款抵扣、境外税收减免、及时办理境外投资企业国内采购并运往境外作为投资的货物的出口退税等优惠政策。2009 年，财政部、国家税务总局出台《关于企业境外所得税收抵免有关问题的通知》，明确规定了企业取得境外所得计征企业所得税时抵免境外已纳或负担所得税额的政策。2010 年，国家税务总局出台《关于进一步做好“走出去”企业税收服务与管理工作的意见》，要求尽快明确企业境外所得税抵免相关政策，尽快制定具体的税收抵免操作指南；进一步完善出口退税和个人所得税等相关优惠政策，研究完善有关的营业税政策，避免重复征税。

（五）双边多边交流合作不断深化，国际投资规则更加合理

从双边投资保护协定看，到 2010 年 11 月我国已与 130 个国家签订了双边投资保护协定，包括德、法等大多数欧洲国家，日、韩等多数亚洲国家，南非等非洲国家以及阿根廷等拉美国家。这些协定的签署为我国的海外投资提供了制度保障。同时，2003 年后，我国开始商谈或重新修订某些先前签订的双边投资协定，以适应新的国际投资规则和我国对外经济贸易政策的变化。从对外避免双重征税协定看，截至 2011 年 5 月底，我国对外正式签署 96 个避免双重征税协定，其中 93 个协定已生效，和我国香港、澳门两个特别行政区签署了税收安排。此外，在国际空运收入税收处理上，我国与津巴布韦、叙利亚等 10 多个国家签定了互免企业所得税，与越南、老挝等 20 多个国家签定了互免个人所得税，与日本、丹麦等 40 多个国家签定了互免间接税。在国际海运收入税收处理上，我国与智利、朝鲜、黎巴嫩、阿根廷等国签定了互免企业所得税，与克罗地亚、希腊等国签定了互免个人所得税，与日本、印度等 40 多个国家签定了互免间接税。从自由贸易协定看，目前我国与已经与东盟、智利、新西兰、澳大利亚等 10 多个国家和地区签署了自由贸易协定，与我国香港、澳门特别行政区签署了《更紧密经贸关系安排》，与我国台湾签署了《海峡两岸经济合作框架协议》，并在协定中承诺双方相互给予对方投资者及其投资准入后国民待遇、最惠国待遇和公平公正待遇等优惠政策，促进双方投资便利化和逐步自由化。

此外，其他部委也出台了一些支持“走出去”的扶持政策。如 2002 年外交部发布了《外派劳务人员申办签证实施细则（试行）》，2003 年对

外经济贸易部、外交部、公安部联合发布了《办理劳务人员出国手续的办法》，进一步规范和简化劳务人员出国审批手续。

三、农业“走出去”的主要模式

近年来，我国加快了农业“走出去”步伐，对外投资规模大幅增长，投资区域遍布全球，投资行业从渔业发展到多个行业和领域（宋洪远，2012）。各地结合本地区实际，在“走出去”过程中也形成了一些成功模式。

（一）全产业链模式

全产业链模式是指企业以产业链中某优势环节为切入点，在此基础上逐步向产业链前后端拓展，最终形成完整的产业链条。如广垦橡胶集团有限公司（以下简称“广垦橡胶”）以“加工”为切入点，逐步向种植和营销拓展，最终形成了“种苗繁育＋种植管理＋加工生产＋销售融资”为一体的境外天然橡胶全产业链模式。自2004年起，广垦橡胶就在泰国、马来西亚、印度尼西亚等国家开始了天然橡胶加工企业布局，先后启动了9家橡胶加工厂的建设工作。在产业链前端，从2007年起，广垦橡胶式进入海外天然橡胶种植领域，在马来西亚、泰国、柬埔寨等国完成9.6万亩天然橡胶种植，并在马亚西亚和泰国建立天然橡胶种苗繁育基地。在产业链后端，广垦橡胶在全球注册了“广垦橡胶”、“GKR”中英文商标，统一产品包装与标识；2008年在泰国成立广垦橡胶泰国销售有限公司，专门负责国内市场的营销；2011年在新加坡成立广垦橡胶国际贸易公司，专门负责海外市场营销。同时，广垦橡胶还整合海外销售资源，构建了国内外网络、电子商务、期货套保的全球营销体系。此外，广垦橡胶还利用新加坡的金融优势开展国际融资业务，利用国际低息贷款，有效助推海外橡胶产业链水平的提升。

（二）“抱团出海”模式

“抱团出海”模式是指以某个优势企业为切入点，在此基础上吸引集聚一批国内企业“走出去”，最终在海外形成中国企业群。如安徽农垦集团于 2010 年率先在非洲津巴布韦进行农业投资，并在当年 12 月与该国国防部在津合资成立了皖津公司，投资开发 50 万公顷土地。为进一步推动皖企赴津投资，实现企业集群集聚效果，2013 年，安徽农垦集团牵头成立了“皖企赴津巴布韦合作开发联盟”，并制定《联盟章程》、《赴津投资企业管理办法》等相关制度，发展了 37 家企业加入联盟。安徽农垦集团将皖津公司作为公共平台，为加盟企业提供津方相关法律、信息，代表加盟企业同津方谈判，帮助加盟企业办理赴津各种手续等服务。目前，马鞍山琪强有限公司、安徽顺兴集团、上海航征货物运输代理有限公司等公司已正式签约投产，奇瑞重工、省能源集团等也与津方签订了合作意向；徽商集团、安徽荃银种业等多家皖企赴津进行了投资考察。如广西农垦集团于 2008 年承建在印度尼西亚的“中国—印度尼西亚经贸合作区”，目前一期 120 公顷的项目用地基础设施已建成投入使用，已有 3 家企业入园建成投产，10 家企业入园正式开工，19 家企业签订入园协议。

（三）租地代种模式

租地代种模式包括两种类型，一类是自租自种，收益和风险全由自己承担；另一类是替人代种，收益风险均由他人承担，自己稳赚劳务收入。租地代种模式在黑龙江等边境省份比较典型。在租地种植方面，黑龙江远东农业开发有限公司在俄共租种土地 13 万亩；洪河农场所属东方龙健有限责任公司在俄租种土地 20 万亩；乌尔米有限责任公司在俄租种土地 8 万亩等。在代耕代种方面，黑龙江曙光农场与中信电子有限责任公司合作在安哥拉开展农业种植项目，农场派出了管理、技术、生产方面的人员负责土地开发与农业种植工作，从中获取劳务收入；中信电子则负责农业投入和产品销售，从中获取产品收入。双鸭山农场与湖北万宝粮油有限公司合作，负责代耕万宝公司在莫桑比克 10 万亩土地，共有 50 多名职工通过承保代耕代种任务获取劳务费，生产出来的产品全部归万宝公司所有。

（四）替代种植模式

替代种植模式是指在在特定地区，我国通过向境外农民提供优良的经济作物种苗、种植技术、化肥农药、加工技术、销售服务等优惠政策，帮助这些地区摆脱罂粟种植和毒品生产，发展有益经济。如云南云橡投资有限公司从2006年开始在老挝开展罂粟替代种植，目前在琅南塔、波乔、沙耶武里和琅勃拉邦省建立了天然橡胶种植基地4600公顷，优良种苗基地71公顷，带动当地居民植胶6667公顷，有一座年加工能力2万吨的橡胶加工厂，累计完成投资1.04亿元人民币（黄洪等，2014）。2006年，广西剑麻集团与缅甸娃达国际贸易有限公司签订《中缅替代种植合作项目合作合同书》，在缅甸北总投资1.24亿美元，开发建设两万公顷替代种植示范基地，其中优质剑麻基地和优质木薯生产基地各1万公顷。替代种植项目在改善当地村民生产生活条件、解决当地农民就业增收等方面发挥了重要作用。

（五）收购兼并模式

收购兼并模式是指具有实力的我国公司，通过资本运作兼并收购海外企业，从而一步实现“走出去”。如上海光明集团始终坚持国际经营战略，从2009年开始连续成功收购多家海外知农业龙头企业。2010年，集团旗下光明乳业以3.82亿元人民币收购新西兰新兰特乳业（Synlait Milk）51%股权；2012年，集团以12亿英镑的价格收购全球第二大麦片制造商英国维他麦（Weetabix）60%的股份，成为中国食品行业最大宗的海外收购；2012年，旗下上海糖酒集团收购澳大利亚玛纳森（Manassen）75%的股权，收购法国波尔多地区最大的葡萄酒经销商Diva公司70%股权；2014年，旗下海外企业玛纳森食品集团收购了西澳大利亚乳品企业Mundella Foods。

四、农业“走出去”的制约因素

虽然我国农业“走出去”取得了显著成效，在实践中也摸索出了一些成功模式，但是仍然存在着一些问题，制约我国企业在更大领域、更高层次上“走出去”。

（一）国际政治环境日趋严峻

我国农业“走出去”面临国际舆论的多重压力。“新殖民主义”、“中国威胁论”、“资源掠夺论”等标签对一些与我国有合作意向的国家造成不利的舆论压力，严重影响我国农业“走出去”的进程。俄罗斯、澳大利亚、巴西等部分农业资源大国对我国“走出去”企业尤其是国有企业高度警惕并严格审查。另外，一些国家还存在政局不稳、反华势力抬头、法律法规不健全、政策缺乏连续性、合同执行力差等问题。如在阿罗约执政菲律宾时期，北大荒（菲律宾）农业投资股份有限公司开展农业试验示范等项目建设十分顺利，后来由于政权更替和黄岩岛事件，北大荒集团在菲律宾境内扩大生产经营规划受到较大影响，目前发展一直较为缓慢。由于缅甸北部经常发生政党间武装冲突，橡胶、甘蔗等作物地里经常被埋放地雷，当地的青壮年劳动力被征去当兵，直接影响了替代种植项目的实施。在越南实施的“走出去”项目也遭遇到当地反华势力的威胁，企业“走出去”面临的政治风险依然很大。

（二）缺少国家强有力的支持政策

虽然我国也出台了一些专门针对农业“走出去”的支持政策，但是总体来讲力度不够，主要表现在以下四方面。一是财政资金投入不多。目前，农业“走出去”的补贴项目不多，仅包括前期费用、资源回运、“走出去”人员人身意外伤害保险费用、外派劳务人员的适应性培训费用、境外突发事件处置费用、企业投保海外投资保险等 6 项，而且补贴金额不大。企业在境外基础设施建设投入基本没有补贴，国内的惠农政策延伸不到境外农业合作开发项目。二是国内融资难、成本高。国内金融机构对农业“走出去”企业贷款条件要求较高、期限较短、利息还远远高于国外融资成本。目前国内优惠贷款利息一般在 5%—8%之间，而国外融资成本一般在 3%左右。目前很多发展中国家没有国内银行分支机构，境外企业在资金往来、业务结算、股利汇回等方面都存在较多困难。三是海外保险产品少。目前我国专门针对海外投资的保险产品不多，特别是针对农业对外投资的保险险种少。四是税收也存在返销产品双重征税的现象。

（三）“走出去”企业国际竞争力有待加强

我国“走出去”企业自身也存在着诸多不足。一是缺少复合型国际人才。由于企业“走出去”要涉及国际经济、金融、法律和语言等领域，需要一支具有全球视野和国际化战略思维、熟悉国际投资规则、精通跨国投资经营管理和国际市场开拓、外语熟练的复合型人才队伍，而目前我国企业尚不具备。二是“走出去”的层次较低。由于多数企业还没有建立起完整的自主技术研发和推广体系，企业在技术应用上成本较高且适应能力较差，农业对外直接投资项目主要集中在附加值不高、技术含量较低的劳动密集型行业和传统的生产环节，甚至很多企业“走出去”目的就是单纯种地。三是“走出去”企业间协作机制尚没建立。由于地缘和文化等因素，目前我国农业“走出去”投资地点和领域高度集中。由于企业间缺乏沟通协作机制，“走出去”企业之间容易产生恶性竞争，大大增加了企业海外投资成本和投资风险，也影响到我国企业在国际市场的形象和地位。

（四）“走出去”的政府服务水平有待提升

目前，我国政府提供的农业“走出去”服务还不多，远不能满足企业需求。一是缺乏战略规划指导。由于缺乏农业“走出去”总体战略规划（包括国别投资规划、产业投资规划、重点产品投资规划等），我国农业“走出去”企业在区域选择、行业进入等方面存在盲目性，经常出现“一哄而上”的现象，有时甚至进行恶性竞争。二是缺少有用的信息服务。政府的海外农业投资信息发布、基础数据资料统计等公共服务缺失，难以为企业提供国际投资宏观信息。海外驻外使馆中没有设农业处，农业外交官人数少，难以为企业提供东道国的资源禀赋、法律法规、市场运行、产业政策等国情信息。政府对相关协会组织缺乏支持引导，海外投资协会、学会等服务型中介组织数量少、力量弱，难为海外企业提供专业化服务。三是部分管理制度难以适应企业走出去的要求。如对国企领导出境手续、时间、次数有严格限制，导致难以深入了解东道国情况和开展投资谈判，容易造成投资失误；海外农业基地所需的种子、农药、化肥、农机等物资和设备办理出关手续繁琐。四是投资项目审批程序仍较复杂。“走出去”投资项目管理权限分布在多个行政部门，多头管理、沟通不畅等问题导致了项目审批程序繁多、耗时较长、延误商机。

五、农业“走出去”的政策建议

从我国基本国情和农情看，未来保障主要农产品有效供应必须要提高统筹利用国际国内两个市场、两种资源能力，重点要加快实施农业“走出去”战略，构建持续、稳定、安全的全球农产品供应网络。

（一）结合“一带一路”规划，抓紧制定农业“走出去”战略规划

2013 年，我国提出建设“新丝绸之路经济带”和“21 世纪海上丝绸之路”的战略构想。目前，“一带一路”总体规划即将出台，所辐射范围涵盖东亚、南亚、中亚、西亚、北非和欧洲，而其中的东南亚和北非也是未来我国农业“走出去”的战略重点。要在立足“谷物基本自给、口粮绝对安全”的国家战略下，加快制定农业“走出去”战略规划，指导企业参与全球农业资源的开发利用和全球农产品供应链建设。农业“走出去”战略规划要明确战略目标和战略内涵，厘清发展思路和主要任务、确定农业投资核心区域、重点国家和重点行业，打通若干条主要农产品的产销储运渠道，确保国家主要农产品有效供给。对于天然橡胶、大豆、糖、棉花等进口量大的农产品，可研究制定产业海外发展专项规划，进一步明确开发的目标、布局、措施和政策等。战略规划中要设计一套充分发挥市场机制的有针对性的支持政策框架，创造农业“走出去”的良好政策环境，支持一批有实力、有基础、有意愿的企业率先“走出去”。

（二）完善农业“走出去”扶持政策，强化政策支撑体系建设

农业“走出去”既是企业行为，更是国家战略，需要政府从财政、金融、保险、税收等方面对企业进行强有力的“组合式”政策支持。一是加大财政支持。借鉴发达国家开拓国际市场的普遍做法，加快建立海外农业发展基金，用于支持企业资本金、企业对外投资亏损、紧急援助等。要进一步完善“走出去”企业的财政补贴制度，增加补贴项目、加大补贴力度，探索补贴方式，扩大补贴范围，重点对企业开拓国际市场的各种费用进行补贴。二是提供融资便利。引导鼓励金融机构在融资服务、优惠贷款、专项保险、内贷外用、外贷外用等方面提供支持。探索提高农业对外直接投资建设贷款的贴息率、延长贴息年限、扩大贴息范围，支持国内企业在境外购买租赁土地、自建仓储码头、并购境外企业等。三是强化保险支持。将农业“走出去”重点项目列入国家信用担保的范围，探索对境外投资中的外汇不可兑换风险、自然灾害、政治动乱等风险设立专门的险种，逐步建立符合国情的境外农业保险制度。四是完善税收管理。对还没有与我国签订避免双重征税协定的国家和地区投资的企业，在国内应对已缴纳税额予以扣除。积极探索和研究符合世贸组织规则的其他税收优惠政策。

（三）加强政府间多双边交流，强化宏观指导与服务

积极将农业“走出去”纳入国家双边或多边经贸谈判框架中，深化并完善我国与东道国的双边合作机制，保障海外企业的合法利益，通过外交等手段解决双重征税、劳务人员限制、人员签证期限较短、入境生产资料限制和关税过高等问题。加强对国际形势和“走出去”出现的一些新情况、新问题的研判分析，准确把握国际合作的新动向、新变化、新趋势，努力寻求新的国际合作领域和项目，为“走出去”企业提供宏观指导。加快建立海外信息收集发布平台。借鉴发达国家建立专门农产品出口服务组织（如美国的海外农业局、澳大利亚小麦委员会、加拿大小麦局）的经验，探索建立支持农业“走出去”的专门机构或组织，在重点国家

增设农业参赞或农业外交官，搜集发布东道的投资信息，为企业“走出去”提供决策参考。抓紧组建我国农业“走出去”行业协会，加强协会在行业自律、价格协调、应对纠纷、抵御海外风险等方面的作用，为企业“走出去”保驾护航。

（四）加快企业自身能力建设，推动企业的联合联盟联营

企业成功“走出去”归根还要靠自身。一是要加快建立现代企业制度。加快建立一套符合现代企业管理的规章制度，包括财务管理、人员聘用、资本运作等，提升企业的软实力。二是加强企业人才的引进和培养。要从国内高校毕业生中录用一批、从海归学子中招聘一批、从自身系统中选拔培养一批和从所在国聘用一批的方式，多渠道选拔人才，逐步建立一支素质高、能力强的海外经营管理人才队伍。三是注重企业社会责任的履行。企业“走出去”要严格遵守所在国的法律法规，尊重当地风俗习惯，积极参与公益事业。四是要积极业开展联合联营联盟，组建“走出去”企业航母。经过多年探索与发展，许多企业在“走出去”过程中积累了不少经验和风险应对措施。企业要充分利用政府搭建的各种交流平台，开展跨省、跨行业的联合与合作，形成合力、抱团出海，加快企业“走出去”步伐，降低“走出去”经营风险。

参考文献

［1］李平、徐登峰：《“走出去”战略：制度形成与改革展望》，《国际经济合作》2008 年第 5 期。

［2］王镭、张洁：《国外金融支持农业“走出去”的经验分析与借鉴》，《中国农业信息》2014 年第 9 期。

［3］杨光等：《农业“走出去”金融政策现状、问题及对策》，《世界农业》2013 年第 9 期。

［4］杨光等：《中国农业“走出去”税收政策研究》，《世界农业》2014 年第 6 期。

[5] 杨易、陈瑞剑:《对外农业投资合作资金支持政策现状、问题与政策建议》,《世界农业》2012 年第 6 期。

[6] 仇焕广等:《我国农业企业“走出去”的现状、问题与对策》,《农业经济问题》2013 年第 11 期。

[7] 宋洪远等:《扩大农业对外投资,加快实施“走出去”战略》,《农业经济问题》2012 年第 7 期。

[8] 宋洪远、张红奎:《我国企业对外农业投资的特征、障碍和对策》,《农业经济问题》2014 年第 9 期。

[9] 宋洪远、张红奎等编著:《中国企业对外农业投资战略研究》,中国发展出版社 2014 年版。

[10] 蔡亚庆等:《农业对外经济合作国际经验及其对中国农业“走出去”的启示》,《世界农业》2011 年第 11 期。

[11] 李保花等:《农业企业“走出去”的探索——以袁隆平农业高科技股份有限公司为例》,《世界农业》2014 年第 6 期。

[12] 黄洪等:《云南天然橡胶“走出去”与“替代种植”结合的模式》,《热带农业科技》2014 年第 37 期。

关于统筹协调我国农产品贸易政策的思考

翟雪玲

近些年我国部分产业如棉花产业、天然橡胶产业等受到进口冲击很大，导致国内产品销售不畅、库存积压严重、企业、农民等市场主体利益受损。这种状况不仅与农产品关税水平有关，也与产品之间关税政策缺乏统筹协调有关。我国产品关税制定一般按照产业类别划分，比如农产品和工业品，分属不同部门管理，没有从整个产业的角度考虑和设置。从近些年一些产品的进口实绩和产业发展看，缺乏产业全局观念的关税政策给我国产业发展、农民收入造成了较大的不利影响，亟需调整关税制定理念和部分产品关税水平。本文以部分产品为例，剖析现有的关税政策对产业的影响并提出相关政策建议。

天然橡胶是重要的战略资源和工业原料。复合橡胶是天然橡胶制品，2006 年中国橡胶工业协会将天然橡胶含量在 95%—99.5%，并添加其他原料[①]经混炼复合而成的原料橡胶称为复合胶。为保护国内生产，我国对天然橡胶一直采取高关税政策。根据 WTO 协定，我国天然橡胶进口关税

① 添加少量硬脂酸、丁苯橡胶、顺丁橡胶、异戊橡胶、氧化锌、炭黑或塑解剂。

为20%；复合橡胶关税为8.0%，若进口国为东盟老6国[①]，协定税率为5.0%。在中国—东盟自由贸易区谈判中，天然橡胶被作为敏感产品，仍然保持20%的关税[②]，而复合橡胶从2009年后，自东盟老6国进口的，协定税率从5%降至0[③]。近些年，随着我国汽车工业的快速发展，国内对天然橡胶的需求量急剧增加。由于复合橡胶中95.0%—99.5%都是天然橡胶，完全可以替代天然橡胶使用，而且没有关税，因此复合橡胶进口规模大增。2008—2014年，我国复合橡胶进口量从47.3万吨增加到160万吨，增长2.4倍，远超同期天然橡胶52.8%的进口增长速度。另一个产品，棉花。棉花是我国仅次于粮食作物的分布最广泛的经济作物。为保护国内棉花生产，我国对棉花进口实行关税配额政策。配额量89.4万吨，配额内1%的关税，配额外40%的关税。2005年以后，对配额外进口实行滑准税。棉纱是棉花经过纺织后的产品，关税3%，远低于配额外棉花的关税。由于我国是纺织品大国，需要大量的棉花和棉纱。棉纱进口成本较低促使企业大量进口棉纱。2002—2014年，我国棉纱进口量从40.5万吨增加到201万吨，增长了近4倍。同样羊毛和毛条的税制结构也存在问题。毛条是羊毛经过洗毛加工后的产品，两者具有高度替代性。按照WTO协定，我国原毛配额内进口关税1%，增值税13%，毛条进口关税3%，增值税17%。在这种税制结构的安排下，1999—2010年羊毛进口量从15.5万吨增长到31.8万吨，增长了1.05倍，年均增长9.4%；同期，毛条进口量从6.4万吨下降到1.54万吨。

这种不协调的税制安排导致的部分类似产品大量进口对国内市场、生产、产业发展及环境等造成了诸多不利影响。

首先，激发了部分产品的金融属性。由于复合橡胶、棉纱进口关税低，易于操作，融资者普遍看中了其金融属性。贸易商们通常会以10%—20%左右的保证金从银行开到90天的信用证，快买快卖。除去货

---

① 东盟老六国指文莱、印度尼西亚、马来西亚、新加坡、泰国和菲律宾。

② 2007年以后，为应对国际胶价的大幅上升，我国重新调整了天然橡胶进口关税，开始实行选择税率，在20%从价税和2600元/吨从量税两者中从低计征关税。

③ 从越南进口的复合橡胶仍维持5%的关税。

物在途的时间，贸易商至少可获得 80 天左右的资金支配权。美元的贷款利率是 2.5%，即使降价销售，融资成本也低于国内。在利益的驱动下，融资胶、融资纱的规模越来越大，产品进口并不完全是满足国内市场需求。更严重的是，融资商的产品销售遵循“追涨杀跌”的操作手法，即如果相关产品价格上涨，融资者便以更高的价格出售；如果相关产品价格下跌，为迅速套现，融资者常常以低于正常产品的价格出售。这种销售方法对现货市场造成极大冲击，扰乱了市场的正常秩序。另外 2013 年以来，国内大宗农产品价格一路走低，仓单反复质押、跑单和各类违约事件频出，金融风险增大。目前在青岛保税区的库存中，最高还有每吨 5700 美元进口的复合橡胶。按照银行保证金 10%—20% 计算，保证金只有 570—1140 美元/吨，可目前天然橡胶价格仅为 1700 美元左右。因此，很多融资商就出现了跑单现象，宁肯损失保证金，将货物质押给银行，金融风险加大。

第二，冲击了国内产业，削弱了国内政策调控效果。由于产品之间具有高度的消费替代性，复合橡胶、棉纱等大量进口对天然橡胶、棉花等原材料的生产及国内加工企业造成严重冲击。以棉纱为例，2014 年我国棉纱进口量折合棉花达 210 多万吨，直接替代了国内棉花消费。从价格看，国内 32 支纯棉普梳纱每吨 20100 元，进口纱线每吨仅为 18000—19000 元。在这种状况下国内棉花、棉纱销售困难，价格低迷，加工企业、农民等产业链主体利益受损严重。同时这些产品的大量进口也降低了国内调控政策的效果。2013 年，针对天然橡胶市场低迷、价格持续下跌的状况，国家在不到三个月的时间四次收储 24.4 万吨天然橡胶，但由于复合橡胶大量进口，收储并未对天然橡胶市场起到提振作用。同样，2014 年以来为消化国内高额的棉花库存，国家收紧了棉花进口政策，除世界贸易组织规定的 89.4 万吨的进口外，承诺不再增发配额。尽管棉花进口量下降，但棉纱进口量的继续增长使得消化国内棉花库存困难重重。2015 年 7—9 月份，国家计划抛储 100 万吨棉花，但最终仅成交 6.3 万吨。

第三，不利于国家的整体利益。棉花和棉纱的关税设置造成纺织业原料成本增加，进一步加大了国内纺织产能的萎缩和转移。天然橡胶和复合橡胶的关税设置导致企业大量进口复合胶规避天然橡胶关税。依据2013年复合胶价格和进口数量，2013年通过复合胶规避关税近20亿元，给国家财税收入造成了很大损失。羊毛、洗净毛和毛条的税制结构鼓励进口原油毛，力求把洗毛和梳条留在国内。但洗毛耗水量大，容易带来较为严重的环境污染问题。洗毛过程中产生的羊毛蜡、烷基酚、杀虫剂残余物等有害物质成分相当复杂，环保处理工艺要求严格，稍有不当极易造成地域生态污染，而且用工少，对增加就业帮助并不大。澳大利亚等发达国家前些年着力于淘汰洗毛行业，目前已将洗毛行业基本淘汰完毕。2007年我国太湖流域大规模爆发蓝藻，给当地生态环境造成严重影响。而在太湖周围集中了占全国约70%洗毛能力的生产线。

鉴于以上情况，我国农产品贸易政策制定应尽快改变就产品论产品、缺乏全产业链观念的状况，尽快调整产品关税制定理念，堵住关税漏洞，在保护国内产品市场的同时，促进产业整体发展。

首先，从整个产业发展的角度重新调整产品关税。对于那些国内需求较大、国内生产不足或潜力不大的产品，应充分考虑产业发展需要，适当降低原材料产品的进口关税。对于国内农民或者生产者的利益，可以考虑用收入保险等方式保护。

其次，协调同一产业链产品的关税政策，如棉花和棉纱，羊毛和毛条。由于两者具有完全替代的关系，在制定关税政策时应从国家或产业整体利益出发，协调不同产品的进口关税，避免产品关税政策互相冲突、互相矛盾。

最后，堵住部分产品进口的漏洞。复合橡胶、合成橡胶从产品构成上看都属于天然橡胶，但在关税政策上却大相径庭。针对这种状况，可以参照香港、澳门享受零关税货物原产地标准，明确规定“复合橡胶、合成橡胶含天然橡胶成分不得高于40%”[①]。

---

① 2015年，国家已经将复合橡胶的天然橡胶含量提高到88%，但仍然与国际惯例不符，对改善大量进口的现状效果不明显。

可持续发展

农业发展的生态转型：多维困境、战略机遇与政策选择*

张灿强

发展生态友好型农业是缓解资源约束、防治环境污染、保护农业生态，实现农业可持续发展的重要途径。中国有着悠久的农耕文明，传统农业蕴含着物质循环利用、生物间相生相克的朴素生态学思想。随着工业化进程的深入推进，中国传统农业体系逐步瓦解。20 世纪 70 年代以来，伴随农业环境问题的显现，生态农业的理念和探索在中国逐步形成与发展，在示范过程中表现出良好的生态、经济和社会效益。然而，生态农业并没有成为主导农业发展模式，在发展阶段、制度变迁、技术进步和政策导向等方面存在多维困境。

随着国家生态文明建设的推进和居民食品质量安全意识的提高，发展生态友好型农业逐渐成为各级政府和社会各界的共识。党的十八大报告将生态文明放在“五位一体”的高度来论述，农业生态文明是生态文明建设的重要组成部分，2014 年“中央 1 号文件”明确提出发展生态友好型

* 本文系 2014 年度农业部软科学“技术选择、制度供给与生态友好型农业发展”(20140503) 成果。

农业，建立可持续发展长效机制。2015 年 7 月 30 日，国务院办公厅印发《关于加快转变农业发展方式的意见》，指出“推动农业发展由数量增长为主转到数量质量效益并重上来”，“由资源消耗的粗放经营转到可持续发展上来，走产出高效、产品安全、资源节约、环境友好的现代农业发展道路”。

一、中国生态友好型农业探索与内涵演变

生态友好型农业是近两年党中央和政府提出的促进农业可持续发展的理念和思路，然而对农业可持续发展的探索可以追溯到传统农业发展历程，中国传统农业蕴含朴素的生态保护和物质循环利用的思想，具有“天地合一、因地制宜、用养结合、良性循环、持续利用”的发展模式。现代生态农业实践结合了传统农业与现代科技，是把农业生产、农村发展、生态保护、资源利用等融为一体的新型农业体系。

（一）中国现代生态农业探索

中国现代生态农业的形成与发展可追溯到 20 世纪 70 年代，学术界首先提出了生态农业的基本内涵：“生态农业是生态工程在农业上的应用，它运用生态系统的生物共生和物质循环再生原理，结合系统工程的方法和近代科学成就，根据当地自然资源，合理组合农、林、牧、渔、加工的比例，实现经济效益、生态效益和社会效益三结合的农业生产体系”①。进入 20 世纪 80 年代，各地陆续开始了生态农业实践，北京大兴县留民村成为中国第一个生态农业村。1993 年，国家七部委组成的全国生态农业领导小组，在全国开展第一批 50 个生态农业示范县建设，第二批生态农业示范县建设于 2000 年启动。2002 年农业部科技教育司向全国征集生态农业模式，经过专家遴选，提炼出具有代表性的十大类型农业模式。从 20 世纪 80 年代开始，我国已经在 2000 多个县、乡镇、村等先后实施了生态农业建设，探索出一系列适应当地生态条件和社会经济发展水平的生态农

---

① 李文华：《生态农业——中国可持续农业的理论与实践》，化学工业出版社 2003 年版。

业模式[①]。

（二）生态友好型农业内涵演变

随着可持续发展理念的不断深入，农业可持续发展领域的新概念不断涌现，如循环农业、有机农业、低碳农业、两型农业等。从宏观层面看，这些概念都属于生态友好型农业范畴，不同概念又各有侧重面和特征。

循环农业源于循环经济理念，可追溯到环境保护兴起的20世纪60年代。循环经济这一术语在中国出现于20世纪90年代中期[②]。2003年循环经济纳入科学发展观，成为党的执政理念。2005年党的十六届五中全会明确提出大力发展循环经济。2008年《循环经济促进法》顺利通过，为循环经济发展奠定了法律基础。2012年国家《“十二五”循环经济发展规划》出台，循环农业体系构建作为循环经济发展的重要内容，提出在农业领域推动资源利用节约化、生产过程清洁化、产业链接循环化、废物处理资源化，形成农林牧渔多业共生的循环型农业生产方式，改善农村生态环境，提高农业综合效益。

有机农业的实践最早在欧洲兴起，20世纪30—40年代在瑞士、英国、日本等国得到发展[③]。中国的有机农业和有机食品发展始于20世纪80年代末，目前中国有机食品的生产总量及市场份额不足0.1%，远低于发达国家2%的平均水平，产品主要以出口为主，主要集中在欧美、日本市场。

低碳农业是低碳经济的重要组成部分，“低碳经济”最早见诸于政府文件是在2003年的英国能源白皮书《我们能源的未来：创建低碳经济》。农业既是气候变化的重要贡献因子，也是受气候变化影响最为敏感的领域之一。中国农业活动温室气体排放量约占全国温室气体排放总量的

① 章家恩、骆世明：《现阶段中国生态农业可持续发展面临的实践和理论问题探讨》，《生态学杂志》2005年第11期。

② 唐华俊：《我国循环农业发展模式与战略对策》，《中国农业科技导报》2008年第1期。

③ 王延军：《我国有机农业存在的突出问题及对策》，《浙江农业科学》2011年第5期。

11%[①]，农业受极端天气等气候变化的影响也越来越大。发展低碳农业就要将农业生产发展从依靠化石能源向太阳能转变，追求低耗、低排、低污和碳汇。

2007 年，党的“十七大”提出坚持生产发展、生活富裕、生态良好的文明发展道路，建设资源节约型、环境友好型社会。党的十七届三中全会进一步提出到 2020 年基本形成资源节约型、环境友好型农业生产体系。“两型农业”，即资源节约型、环境友好型农业，成为现代农业建设的重要内容。

表 1　　生态友好型农业概念体系与内涵特征

农业模式	内　　涵	特　　征
生态农业	基于生态学和系统工程的基本原理，运用农业生态工程和农业生态技术，按照“整体、协调、循环、再生”的要求，对农业生产的过程进行系统优化，实现农业经济效益、生态效益和社会效益的统一[②]。	（1）以生物组分为核心的生物—社会—经济复合系统 （2）强调农业、林业、畜牧等不同产业的耦合 （3）强调系统生产力提高 （4）可在不同尺度上实现
循环农业	把循环经济的“减量化、再使用、再循环”的理念应用于农业生产，在农业生产过程和产品生命周期中延伸产业链条，减少资源、物质的投入量和减少废物的产生排放量，达到生态和经济的良性循环[③]。	（1）借鉴工业生产方式，强调产业化经营，延伸产业链条，通过废物利用、要素耦合和产业连接等方式形成协同发展的产业网络 （2）强调利用高新技术优化农业系统结构，提高农业投入与产出的效益与效率 （3）提倡资源的多级循环利用，减少外部投入

① 数据来源：《中华人民共和国气候变化第二次国家信息通报》。

② 李文华：《生态农业——中国可持续农业的理论与实践》，化学工业出版社 2003 年版。

③ 尹昌斌、唐华俊等：《循环农业内涵、发展途径与政策建议》，《中国农业资源与区划》2006 年第 1 期。

续表

农业模式	内　　涵	特　　征
有机农业	遵照一定的生产标准，在生产中不采用基因工程获得的生物及其产物，不使用化学合成的农药、化肥、生长调节剂、饲料添加剂等物质，遵循自然规律和生态学原理，采用一系列可持续发展的农业技术维持持续稳定的农业生产体系的一种农业生产方式①。	(1) 不使用农业化学投入品 (2) 对水、土、空气等自然要素和环境质量要求较高 (3) 病虫害绿色防控 (4) 有机肥料投入 (5) 有严格的生产和认证标准
低碳农业	以“低能耗、低物耗、低排放和低污染”为特征，以提高碳汇能力和减弱碳源能力为突破口，在整个农业生产过程和农产品生命周期内进行低碳化设计的农业形态②。	(1) 减少农业对化石能源的消耗，降低碳排放 (2) 通过耕地土壤有机碳提升等技术和措施，增强农业的碳吸收能力

生态友好型农业是更为宽泛的概念，可以认为生态友好型农业是遵循生态系统原理和生态经济规律，运用传统农业技术精华和现代农业科技，注重农业资源集约使用、环境污染有效控制和农业生态系统保护，实现生态、经济和社会效益统一的良性循环农业生产体系。在实践过程中需要将生态友好型农业的发展理念进行模式化，并将相关技术组装集成应用，建立适应本地区的发展模式。

二、生态友好型农业发展的多维困境

回顾 20 世纪 70 年代以来以生态农业、循环农业等为代表的生态友好型农业发展历程，这些农业发展模式没有成为我国主导的农业生产方式，从整个社会经济发展的大背景出发，本文认为生态友好型农业在发展阶

① 李显军：《中国有机农业发展的背景、现状和展望》，《世界农业》2004 年第 7 期。

② 许广月：《中国低碳农业发展研究》，《经济学家》2010 年第 10 期。

段、制度变迁、技术进步和政策导向上存在多维困境。

（一）从社会发展阶段来看，人口供养压力使短期内产出更高的石油农业占据主导地位

改革开放以后，随着人口总量增加、城镇人口比重上升、居民消费水平提高和工业用途拓展，我国对粮食的需求将呈刚性增长，农业劳动力的人口供养数增加。现阶段，全国每年净增人口 700 多万人，城市人口增加 1000 多万人，由此每年增加的粮食需求约在 35 亿—40 亿公斤[①]。在此背景下，社会经济发展对农业的食物产出能力提出了更高的要求，也是这个阶段农业的主导功能。传统农业依赖于有机物质循环，土地产出受到土壤有机养分有限和作物生长发育受自然干扰大的双重约束，土地的人口承载能力不可能很高。西方现代农业通过化石能源等外部能量投入使农产品产量大大提高，土地承载能力达到 160 人/平方米，是传统农业的 4 倍[②]，并且西方现代农业用物质装备替代手工劳动，极大提高了劳动生产率，节省了劳动投入量。随着我国农业劳动成本的上升，人们更倾向于选择劳动投入更少，产量更高的现代农业生产方式，我国传统农业迅速瓦解，农业机械化快速发展，化肥、农药、农膜用量持续增加，以“高投入、高产出、高排放”为特征的西方“石油农业”占据主导地位，而追求物质循环、生态平衡的生态友好型农业往往由于机械化程度低、劳动投入大、产出水平难以快速提高等原因而处于边缘地位。

（二）从制度变迁层面来看，市场经济下传统农业瓦解的同时鼓励生态农业发展的市场机制发育迟缓

改革开放以来，我国从计划经济体制逐步转变为市场经济体制，在农村，改革人民公社制度，土地包产到户，实行家庭联产承包责任制，农村土地制度改革极大调动了农户的生产积极性。随着农产品市场化改革的深

① 韩长赋：《“十二五”发展粮食生产的基本思考》，《求是》2011 年第 3 期。

② 李文华：《生态农业——中国可持续农业的理论与实践》，化学工业出版社 2003 年版。

入推进，粮食、棉花等重要农产品结束统购统销，农户生产满足自给以外，农产品主要作为商品面向市场，利润最大化和风险最小化是市场经济条件下农户的追求目标。在市场经济条件下，农户选择哪种农业发展方式，主要看这种农业类型是否具有更强的市场竞争力和比较利益①。为提高农产品产出率和商品率，农户生产专业化程度越来越高，传统小规模种养结合的循环模式逐渐分离，典型的事例就是农村畜禽散养户逐步退出。种养分离打破了传统农业物质循环网络，畜禽粪便不再还田而直接排放，作物秸秆往往被直接焚烧，既造成了资源浪费也造成了环境污染。传统农业瓦解后，生态农业发展的市场机制发育迟缓，生态农产品难以摆脱“柠檬市场”的困境，市场监管不严，消费者也缺乏辨识能力，优质农产品很难实现优价。由于成本高、风险大、收益不稳定，严重打击了农户发展生态农业的积极性。

（三）从技术替代角度来看，经营主体对高产省工技术的偏好使生态友好型技术丧失竞争力

农业生产方式转变归根到底是由单个农民的个体行为转变所构成的合力向前推进的，任何可持续农业技术的应用和推广只有被广大农民接受才能转化为现实生产力。根据技术创新是由自然资源禀赋变化诱致出来的理论，人类在选择技术时往往不会舍易求难，人类掌握的知识越有限，就越有可能选择更为简单的技术。此外，随着劳动力成本的提高，劳动替代技术的使用也就越多。在农村劳动力加速转移与老龄化、农业兼业化的现实情况下，农户在农业生产上逐渐减少劳动投入，而化肥、农药等这些简单、立竿见影的技术正迎合了这种趋势。生态农业往往要求种养结合，即使仅涉及种植业，也要求不同作物采取套种、轮作等方式，因此相对于单一种植，生态农业要求人们掌握的技术更多、更复杂，这给人们的技术掌握带来一定困难。由于生态农产品市场不健全，生态技术采用存在较大不

---

① 赵丽佳、冯中朝：《政府：我国生态农业制度创新“第一行动集团”》，《农村经济》2006年第9期。

确定性和市场风险的情况下，农户处于规避风险的考虑，一般不会采用。在市场价格不能充分反映资源稀缺程度，生态友好型技术创新的机会就很难被诱发出来，就会丧失很多技术替代的机会。此外，具有市场竞争力的生态友好型农业技术仍很有限，从传统农业中筛选出来的生态技术，会随着经济的发展和农业剩余劳动力的减少，逐步失去竞争力，已有的生态农业技术储备还不足以引发一场生态革命。

（四）从政策导向因素来看，现有农业政策体系对农户发展生态友好型农业的激励不足

我国现有的农业环境政策对农户收入和福利的影响很小，不能帮助农户规避采用生态友好型技术的风险，也缺乏有效的监督和控制①。有些行业政策甚至成为生态友好型技术发展的瓶颈，如对化肥行业的优惠政策，使生产和贸易扭曲，化肥价格偏低，导致农户在生产中不注重节肥和科学用肥，强化了农业生产中对化肥的依赖甚至“上瘾”②。农业生产带来的环境污染具有分散性、不确定性等特征，客观上造成农业环境污染监测、管理和防治的困难③。现有的政策体系没有形成对农业环境污染、生态破坏等外部性问题的有效规制，现阶段农业排污税（费）不符合我国的国情，污染控制的市场机制在短时间内难以建立，而依靠政府管制或补贴的手段应用也不足，一方面基层环保部门的执法能力有限，另一方面对农业生态环境保护的补偿机制不健全，不能形成对农户采用生态友好型技术的有效激励。此外，生态友好型技术的经验化过程需要有效率的技术推广体系和高素质的农技人员，然而长期以来我国实行的政府驱动式、外压式农业技术推广体系，存在职能不清，管理不规范，投资机制不健全等问题，

① 向东梅：《促进农户采用环境友好技术的制度安排与选择分析》，《重庆大学学报（社会科学版）》2011 年第 1 期。

② 沈宇丹、杜自强：《环境友好型农业技术发展的难点和对策》，《生态经济》2009 年第 2 期。

③ 张灿强、金书秦：《做好中国农业面源污染监测管理与负荷评估工作的探讨》，《环境污染与防治》2014 年第 4 期。

有些地方甚至出现“线断、网破、人散”的局面[①]。

三、生态友好型农业发展的历史机遇

在生态文明建设的国家发展战略背景下，加快转变农业发展方式，推动生态友好型农业是缓解资源环境约束的重要途径，是满足居民对安全食品需求的重要保障。在传统农业和现代生态农业探索实践的基础上，农业生产标准化和规模化将助推生态友好型农业升级发展。

（一）国家生态文明战略为生态友好型农业发展提供了有利的制度环境

进入21世纪以来，我国农业发展取得了辉煌成就同时背后也付出了沉重的资源环境代价。化肥、农药、农膜等化学投入品持续增加，农业生产废弃物利用率不高，成为重要污染源。2010年，第一次全国污染普查数据显示，农业源排放的主要水污染物中化学需氧量、总氮、总磷分别占全国排放总量的43.7%、57.2%和67.3%。耕地等农业资源质量下降，根据2014年4月国家环保部和国土资源部联合发布的《全国土壤污染状况调查公报》，全国耕地的点位超标率达到19.4%。面对农业资源约束趋紧，农业环境污染情况严峻，农业生态总体态势不容乐观的形势，转变农业生产方式迫在眉睫。党的十七大报告首次提出要建设生态文明，基本形成节约能源资源和保护生态环境的产业结构、增长方式、生活模式。党的十八大报告首次单篇论述生态文明，把生态文明建设摆在五位一体的高度来论述，首次把“美丽中国”作为未来生态文明建设的宏伟目标。农业是生态文明建设的基础产业，农村是生态文明建设的主战场，农民是农村生态文明建设的主体，中国要美，农村必须美。2013年中央农村工作会议强调农产品质量和食品安全问题，下

① 胡瑞法、黄季焜等：《中国农技推广：现状、问题及解决对策》，《管理世界》2004年第5期。邓正华、杨欣荣等：《政府主导下环境导向型农业技术扩散研究》，《中国农业科技导报》2012年第6期。

大力气治地治水治环境，控肥、控药、控添加剂。2014 年“中央 1 号文件”明确提出，促进生态友好型农业发展，落实资源节约与保护制度，加强农业污染治理和生态修复，加大生态保护建设力度。2015 年“中央 1 号文件”提出加强农业生态治理，大力推动农业循环经济发展，健全生态补偿制度。

（二）消费者对食品质量安全的高度关注使发展生态友好型农业成为社会共识

食品安全首先是“产”出来的，没有干净土壤、水和良好的环境不可能生产出优质的农产品。近年来，我国多地出现了耕地质量下降，土壤污染、板结、酸化的现象，依靠化肥、农药等化学品投入提高粮食等重要农产品供给的模式已不可持续，只有保证耕地地力不断提升，发展生态友好型农业，采取种养结合，提高资源利用率，才能提高粮食等作物的持续产出能力。2013 年 5 月在广东发现大量含镉大米一度引起轰动，造成大米镉污染的主要原因是土壤的重金属含量超标，这也引发社会对农产品产地环境安全的关注。随着人们生活水平和食品质量安全意识的提高，人们对优质、生态农产品的需求也将增加。截至 2013 年 12 月，全国绿色食品企业总数达到 7696 个，产品总数达到 19076 个，比 2008 年分别增长 24.6% 和 8.9%，全国绿色食品原料标准化生产基地总面积达 1.3 亿亩①。

（三）农业生产标准化和规模化稳步推进为生态友好型农业创造了良好条件

当前，我国无公害农产品、绿色食品、有机农产品和农产品地理标志（统称“三品一标”）以及良好农业规范（GAP，Good Agricultural Practices）等生态农产品和生产标准体系不断完善，生产的标准化将促进生态友好型农业规范发展。生态农业也存在规模经济问题，虽然单个

① 数据来源：2013 年《绿色食品统计年报》。

农户容易实现种养结合的循环农业模式，但也存在种养规模匹配的问题，如“猪—沼—果”模式下单个农户的养殖规模受到其经营土地消纳畜禽粪便能力的制约，而建设村镇（联村）的规模化沼气，可避免“百户百池”、“自产自销”的低值利用，在更大的范围内集中秸秆、粪便等废弃资源，实现规模化生产，提高了资源利用率①。部分生态友好型技术也存在规模偏好，如作物病虫害统防统治技术、测土配方施肥技术都是在土地经营达到一定规模的情况下更容易实现。当前，随着农村转移人口规模的加快，农地流转的规模扩大。截至 2014 年年底，全国承包耕地流转面积 4.03 亿亩，流转比例达到 30.4%，比 2008 年提高 21.5 个百分点。经营面积超过 50 亩以上的专业大户 287 万户，家庭农场超过 87 万个。农业经营规模化将为高层级、大尺度生态农业创造条件，使其能够配备更为为完善的循环产业链条和更为复杂的生态工程设计。

（四）传统农业与现代生态农业实践为生态友好型农业发展积累了丰富技术与模式

中国在悠久灿烂的农耕文明中创造了种类繁多、特色明显、经济与生态价值高度统一的重要农业文化遗产，这些“活态”遗产蕴含了丰富的物种资源、宝贵的传统农业技术和巧夺天工的农业景观，具有极高的历史文化价值和生态文明内涵。如江西万年稻作文化系统，可追溯到 14000 年前，被认定为当今所知世界最早的栽培稻遗址。云南红河哈尼梯田已有 1300 多年的耕种历史，森林在上、村寨居中、梯田在下，水系贯穿其中，具有“世界一流的田园风光”之称。哈尼族还创造发明了“木刻分水”和水沟冲肥，利用发达的沟渠网络将水源进行合理分配，同时为梯田提供

---

① 李秀金、周斌等：《中国沼气产业面临的挑战和发展趋势》，《农业工程学报》2011 年增刊 2。

充足肥料①。这些农业文化遗产至今在当地社会经济发展中发挥着重要作用。2012 年农业部启动中国重要农业文化遗产发掘工作，截至 2015 年，通过两次评选活动，62 个传统农业系统入选中国重要农业文化遗产。此外，在现代生态农业发展中，各地形成了适宜本地区的生态农业模式，如北方地区“四位一体”生态模式及配套技术，南方“猪—沼—果”生态模式及配套技术等。这些模式和技术为现代生态友好型农业奠定了良好的发展基础。

四、促进生态友好型农业发展的政策建议

粗放的农业发展方式导致资源环境的“红灯”开始亮起，必须加快转变农业的发展方式，尽快转到数量质量效益并重、注重提高竞争力、注重农业技术创新、注重可持续的集约发展上来，走产出高效、产品安全、资源节约、环境友好的现代农业发展道路。在此背景下，要从制度完善、政策引导、技术创新和市场培育等方面着力，加快推进生态友好型农业发展，在转变农业发展方式上寻求新突破。

（一）完善生态友好型农业的政府规制和管理体制

完善农业资源环境领域的法律法规体系建设，用制度保障生态友好型农业发展。研究制定《耕地质量保护条例》、《肥料管理条例》等法律法规，加强农业管理部门对耕地质量的监管责任。推动修订《中华人民共和国土地管理法》、《中华人民共和国基本农田保护条例》、《中华人民共和国水污染防治法》、《中华人民共和国循环经济促进法》等相关法律法规。严格落实《畜禽规模养殖污染防治条例》，加强基层环境保护监管部门的执法能力，强化司法保护。建立归属清晰、权责明确、监管有效的农业自然资源资产产权制度，明确和落实耕地等自然资源资产所有者职责。

① Zhang C Q, Liu M C: Challenges and Countermeasures for the Sustainable Development of Nationally Important Agricultural Heritage Systems in China. *Journal of Resources and Ecology*, 2014 (4) 390 – 394.

健全农村集体经济组织，强化农村土地监督和管理能力。把农业资源消耗、污染物排放、生态环境损害等纳入地方特别是县乡领导班子考核评价体系。建立面向农业资源集约利用、农业环境污染防治和农业生态保护的农业生态补偿制度，综合运用法律手段、经济手段和技术措施，对个人或组织发展生态友好农业和保护农业生态环境而额外付出成本和牺牲自身利益进行补偿。推动永久基本农田划定工作，继续做好补充耕地质量验收工作。推进农业水价综合改革，完善价格形成机制，推进小型水利工程产权改革。

（二）加强生态友好型农业的规划引导和政策支持

优化农业区域和产业布局，落实用途管制。推动生态农业示范区和循环农业示范市建设，启动建设现代生态农业创新示范基地。根据资源禀赋、环境承载力和产业特点，优化调整种植业、养殖业及其内部结构，落实畜禽养殖生态消纳地，形成产业相互融合、物质多级循环的产业结构。建立不同层级、不同范围的农业循环体系，提高资源利用率。发挥政府投资对生态友好型农业的扶持作用，按照生产发展、农民增收、资源利用、环境保护、生态建设并重的要求，调整完善现有农业补贴政策，新增补贴向生态友好型农业发展和农业生态环境保护倾斜。按照“取之于土，用之于土”的原则，探索土地出让收益支持耕地质量建设。创新金融产品和服务方式，加强各类金融机构对开展规模化种养结合经营的支持。通过财政奖励补助等措施，支持使用缓（控）释肥、有机肥和配方肥、使用高效低残留农药、使用高标准农膜和开展残膜、废弃农药包装回收。在肥料使用强度较大的蔬菜、水果生产区和面源污染问题突出的区域，深入推进测土配方施肥。加快推进农作物秸秆综合利用，加大实施土壤有机质提升补贴力度，支持重金属污染区和地下水超采区开展种植结构调整，启动实施耕地质量保护与提升项目。

（三）创新生态友好型农业的技术体系和服务方式

在总结过去生态农业发展经验和各地实践探索的基础上，构建具有较高理论价值和可操作性的现代生态农业技术模式。重点开发土地、水资源、化肥、农药和农膜集约使用技术，畜禽粪便和作物秸秆资源化利用技术。加强农业文化遗产保护力度，深入挖掘传统农业技术和知识，吸取传统农业精华促进现代生态农业发展。建立生态友好型农业技术信息发布平台，让广大农技推广人员、农业生产经营者等相关主体，及时了解和掌握使用有关技术信息。加强基层农技部门的对生态友好型农业技术的推广能力，提高机构人员队伍素质，强化经费保障机制。要坚持主体多元化、服务专业化、运行市场化的方向，创新服务方式和服务手段，扶持农民合作社、专业技术协会、技术服务公司等多种形式开展生态友好型农业技术服务。采取政府购买、定向委托、奖励补助、招标投标等方式，引导经营性服务组织开展公益性服务业务。引导肥料企业和社会化服务组织参与测土配方施肥服务，减少中间环节，降低服务成本。扶持发展专业化统防统治组织，规范专业化统防统治服务行为。整合资源建设生态友好型农业技术服务中心，促进相关技术到农户到田间。

（四）健全生态友好型农业的多方参与和市场机制

引导专业大户、家庭农场、农民合作社和农业企业等新型经营主体发展生态友好型农业，鼓励无公害农产品、绿色食品、有机农产品等生态农产品生产，支持农产品地理标志和良好农业规范认证，在初始投资、产品认证、市场开拓等方面给予优惠政策。提高农民合作社、农业企业等的辐射带动能力，完善利益联结和惠益分享机制，让农户真正分享发展生态友好型农业和保护农业生态环境的成果。开展生态友好型技术培训，提高农户的生态环境保护意识和技术掌握程度。加强生态农产品认证、监管和市场培育，通过品牌推介、农超对接等方式，增加消费者对生态农产品的认知度，健全生态农产品标准，对违规使用生态农产品标志的行为，加大处罚力度，实现优质农产品优价。加快推进生态农产品的品牌建设，针对生态农产品品牌建设初期投入大、风险高、收益低等特点，通过政府担保贴息、政策性金融、收税优惠等措施，扶持生态农产品的品牌化建设。探索建立生态农产品品牌目录制度，按照品牌种类、品种种类进行分类，定期发布，动态管理。

参考文献

[1] 李文华：《生态农业——中国可持续农业的理论与实践》，化学工业出版社2003年版。

[2] 章家恩、骆世明：《现阶段中国生态农业可持续发展面临的实践和理论问题探讨》，《生态学杂志》2005年第11期。

[3] 唐华俊：《我国循环农业发展模式与战略对策》，《中国农业科技导报》2008年第1期。

[4] 王延军：《我国有机农业存在的突出问题及对策》，《浙江农业科学》2011年第5期。

[5] 尹昌斌、唐华俊等：《循环农业内涵、发展途径与政策建议》，《中国农业资源与区划》2006年第1期。

[6] 李显军：《中国有机农业发展的背景、现状和展望》，《世界农业》2004年第7期。

[7] 许广月：《中国低碳农业发展研究》，《经济学家》2010年第10期。

[8] 韩长赋：《"十二五"发展粮食生产的基本思考》，《求是》2011年第3期。

[9] 赵丽佳、冯中朝：《政府：我国生态农业制度创新"第一行动集团"》，《农村经济》2006年第9期。

[10] 向东梅：《促进农户采用环境友好技术的制度安排与选择分析》，《重庆大学学报（社会科学版）》2011年第1期。

[11] 沈宇丹、杜自强：《环境友好型农业技术发展的难点和对策》，《生态经济》2009年第2期。

[12] 张灿强、金书秦：《做好中国农业面源污染监测管理与负荷评估工作的探讨》，《环境污染与防治》2014年第4期。

［13］胡瑞法、黄季焜等：《中国农技推广：现状、问题及解决对策》，《管理世界》2004 年第 5 期。

［14］邓正华、杨欣荣等：《政府主导下环境导向型农业技术扩散研究》，《中国农业科技导报》2012 年第 6 期。

［15］李秀金、周斌等：《中国沼气产业面临的挑战和发展趋势》，《农业工程学报》2011 年增刊 2。

［16］Zhang C Q, Liu M C：Challenges and Countermeasures for the Sustainable Development of Nationally Important Agricultural Heritage Systems in China. *Journal of Resources and Ecology*，2014（4）390 – 394.

农户采用生态友好型技术状况及其影响因素*

张灿强　王　艳　李　冉　靳　凤

内容提要： 农户采用生态友好型技术是转变农业发展方式的关键。本文通过对湖北、湖南、山东、河南四省355户农民的样本调查，分析了15项生态友好型技术的采用情况。结果表明，农户感知农业环境质量变差，对生态友好型技术总体上具有认同感，但采用率不高。本文从相关制度和机制，技术的经济可行性、技术推广、政策扶持等方面分析了影响农户采用生态友好型技术的因素，并提出了促进农户采用生态友好型技术的政策建议。

中国用10%的耕地和6%的淡水资源，养活了世界20%的人口，农业发展取得了辉煌成就，特别是进入21世纪以来，粮食生产实现创纪录的“十一连增”，打破了历史上粮食产量“两丰一歉一平”的变动规律，年均增产165多亿公斤。然而，我国农业发展也付出了沉重的代价，资源

* 本文系2014年度农业部软科学“技术选择、制度供给与生态友好型农业发展”（20140503）阶段性研究成果。

约束趋紧、环境污染严重、农业生态总体状况不容乐观。2013 年，农业源排放的化学需氧量达 1125.7 万吨，虽比 2010 年第一次污染普查数据有所降低，但排放份额却比 2010 年提高了 4 个百分点，达 43.7%。我国人均耕地不足世界平均水平的一半，且呈下降趋势。全国中低等地面积比重超过 70%，因水土流失、贫瘠化、次生盐渍化、酸化导致耕地退化面积已占总面积的 40% 以上。耕地土壤污染物点位超标率为 19.1%，中东部地区已有 5000 万亩耕地受到中重度污染，不适宜耕种。转变“高投入、高排放、高污染”的农业发展方式迫在眉睫。

2014 年“中央 1 号文件”明确提出发展生态友好型农业，建立农业可持续发展长效机制。2015 年“中央 1 号文件”强调加强农业生态保护，推动农业循环经济发展。2015 年 8 月，国务院办公厅发布《关于加快转变农业发展方式的意见》，系统提出了转变农业发展方式的原则、目标和任务，在技术采用方面强调生态型复合种植、种养结合、节水节肥节药技术以及废弃物资源化利用技术等。发展生态友好型农业的基础是技术，关键是农户对相关技术的采用。生态友好型技术遵循生态系统原理和生态经济规律，结合传统农业技术精华和现代农业科技，有利于实现农业资源集约使用、农业环境污染控制和农业生态系统保护。农户是农业生产的直接经营者，农户的对生态友好型技术选择合力将推动农业发展方式的转变，农户的技术采纳行为成为相关研究的热点问题。

本文选取“使用配方肥、使用缓（控）释肥、畜禽粪便还田、秸秆还田、沼气技术、绿肥轮作、病虫害统防统治”等 15 项重要生态友好型技术，调查范围设计南方地区的湖北省、湖南省，北方地区的山东省和河南省。收回有效问卷 355 份，其中湖北 110 份，河南 96 份，山东 94 份，湖南 55 份。通过对收回问卷的加工整理和数据分析，了解农户采用生态友好型技术的情况，分析影响因素，提出相关政策建议。

一、调查农户基本特征

农户的家庭总人口平均为 4.5 个，其中农业劳动力平均为 2.6 个。农业劳动力的平均年龄为 49.3 岁，其中 40—49 岁的劳动力占比最多，为

37.5%，其次为50—59岁，占35.5%，40岁以下的劳动仅占12.9%，60岁以上的劳动力依然占据一定的份额，为14.0%。在一定程度上反映出农业劳动力老龄化普遍性问题。

农户受教育程度以初中和小学为主，合计占比为79.0%，其中初中文化程度的农户占近一半，小学文化程度的占29.4%，高中和大专以上文化程度的农户仅占11.5%和2.9%，反映出当前农户文化素质普遍偏低的现象。

农户户均土地经营规模为6.2亩，53.3%的农户土地经营规模在5亩以下，经营面积在5—20亩的农户占比为38.9%，土地经营规模在20亩以上的农户占比较低，为7.9%。

农地流转方面，发生土地流转农户占比为36.3%，调研农户主要为土地租入户，62.5%的农户未发生土地流转。在129户租入土地的农户中，土地的平均租入规模为6.73亩，占租入农户土地经营规模的64%，占所有调查农户土地经营规模的41.3%，农地的流转价格为每年444.6元/亩（表1）。

表1　　农户基本特征

特征变量	指标	占比（%）
性别	男	76.5
	女	23.5
年龄	29岁以下	3.7
	30—39岁	9.2
	40—49岁	37.5
	50—59岁	35.5
	60岁以上	14.0
受教育程度	初小	6.6
	小学	29.4

续表

特征变量	指标	占比（%）
受教育程度	初中	49.6
	高中	11.5
	大专及以上	2.9
土地经营规模	2 亩以下	22.0
	2—5 亩	31.3
	5—10 亩	17.2
	10—20 亩	21.7
	20 亩以上	7.9
土地流转	转入农户	36.3
	转出农户	1.1
	未发生流转农户	62.5

二、农户采用生态友好型技术情况

（一）农户环境感知及对生态友好型技术的认同感

1. 农户感知土壤质量、灌溉水质量变差，农产品质量受影响

在土壤质量感知方面，四成的农户认为土壤质量变差，其中稍微变差的占 37.6%，明显变差的占 2.8%。42.1% 的农户感知土壤质量基本没有变化，感到土壤明显变好的农户不足两成。52.4% 的农户感到用于农田灌溉的水源（包括河水、湖水和地下水）水质变差，其中感到稍微变差的占 49.3%，明显变差的占 3.1%。感到水质变好的农户仅占 14.5%（图 1）。

从农户的主观判断来看，超过八成的农户认为产地周围的环境污染已经影响到农产品的质量，其中认为影响大和影响非常大的分别占 34.5% 和 9.2%，认为基本没有影响和完全没有影响的仅占 14.4% 和 0.9%。

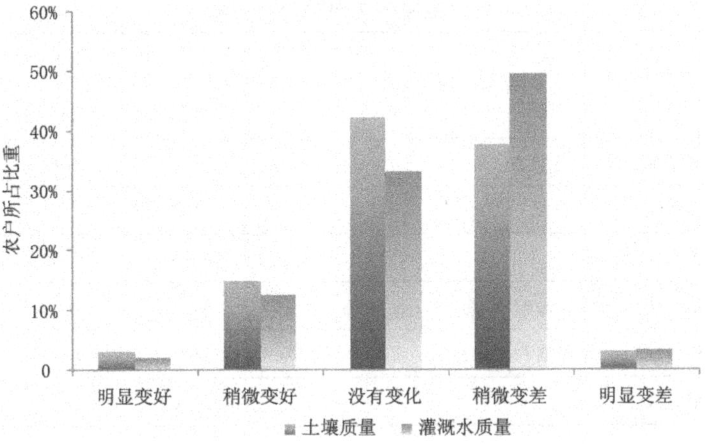

图 1　农户对土壤和灌溉水质量的感知

2. 农户对生态友好型农业技术总体上是认同的

56.9%的农户认为采用生态友好型技术可以改善农业生态环境，认为作用一般的占39.4%，认为没有作用的占3.7%。六成的农户认为生态友好型技术可以提高农业生产收益，认为作用不明显的占38.0%，认为没有作用的占2.3%。

（二）生态友好型技术总体采用率不高

配方肥、缓（控）施肥使用率不高，分别为23.4%和21.4%。农户种养分离的现象普遍，能够将种植和养殖相结合的农户不足两成，此外，进行畜禽粪便还田和秸秆综合利用的农户占46.8%和34.1%，在种养分离的情况下，由于缺少相关原料，户用沼气使用率仅在两成左右。虽然近七成的农户能够选择使用低毒农药，但八成以上的农户在病虫害防治时仍以户为单位分散进行，使用生物防治措施的农户比重仅占14.1%。从事无公害农产品、绿色食品、有机农产品等生态农产品生产的农户在两成左右，进行良好农业认证的农户不足十分之一（表2）。

表 2　　农户生态友好型技术采用率

序号	技术名称	技术采用率（%）		
		全国	北方地区	南方地区
1	使用配方肥	23.4	27.4	18.8
2	使用缓（控）释肥	21.4	28.9	12.7
3	畜禽粪便还田	46.8	70.5	19.4
4	秸秆还田、秸秆做饲料	34.1	41.6	25.5
5	种养结合，如养猪和种田结合，稻田养鱼等	18.9	27.4	9.1
6	沼气技术	20.6	31.1	8.5
7	绿肥轮作技术	6.8	9.5	3.6
8	耕地深翻、深耕	38.6	26.3	52.7
9	使用低毒、低残留农药	67.3	66.3	68.5
10	参加病虫害统防统治	18.0	18.9	17.0
11	使用杀虫灯、黄板等生物防治措施	14.1	11.1	17.6
12	废旧地膜回收	23.9	20.5	27.9
13	废弃农药袋、瓶回收	40.0	28.4	53.3
14	绿色、无公害、有机农产品生产	20.0	27.4	11.5
15	良好农业规范认证	7.0	7.9	6.1

从问卷统计数据来看，北方地区的山东、河南和南方地区的湖北、湖南，农户在生态友好型技术应用方面存在差异。北方地区尤其是山东省农户采取种养结合的比重较高，与种养结合直接相关的是沼气技术和畜禽粪便还田技术，北方地区的技术采用率也较南方地区高。在废弃农药袋、瓶回收方面，湖北、湖南两省农户的技术采用率高于河南、山东两省，这可能与各地对农业生产废弃物的管理政策有关，如湖北省于 2006 年颁布《湖北省农业生态环境保护条例》，对农业投入品废弃物开展回收利用，包括农药容器、包装物和不可降解的农用薄膜，是国内较早颁布涉及农业

生态环境保护的地方条例，对相关技术采用起到了一定的促进作用。

三、农户采用生态友好型技术的影响因素

（一）相关制度和机制不完善

在回答“如果流转土地的承包期短且不稳定，我不会采取措施来提高耕地质量”时，63.4%的农户给出肯定回答，给出否定回答的仅占9.7%。反映出现行的农地制度安排存在诸多缺陷，表现为农地产权不明确、不完整和不稳定，农地流转不规范。农户对土地集体所有的认识模糊，客观上形成产权虚置的局面，而土地所有者对土地经营状况缺乏必要的监督。虽然国家政策规定“土地使用权30不变，增人不增地、减人不减地”，但不少地方在实际中实行“三年小调整、五年大调整”的方法缓解人地矛盾，由于城镇化的快速发展，建设用地占用耕地的现象比较普遍。农村土地流转还缺乏规范性，在土地流转期限较短且不稳定的情况下，大部分农户不会采取措施提高耕地质量。传统农业瓦解后，生态农业发展的市场机制发育迟缓，生态农产品难以摆脱“柠檬市场”的困境，市场监管不严，消费者也缺乏辨识能力，优质农产品很难实现优价。

（二）生态友好型技术的经济可行性问题

任何可持续农业技术的应用和推广只有被广大农民接受才能转化为现实生产力。生态友好型技术的经济可行性是影响农户采用的重要因素。随着农村劳动力加速转移与老龄化、农业兼业化的趋势下，农户在农业生产上逐渐减少劳动投入，一些高产省工技术正迎合了这种趋势，如化肥、农药使用可在短时间内提高作物产量。现阶段，具有市场竞争力的生态友好型农业技术仍很有限，从传统农业中筛选出来的生态技术，会随着经济的发展和农业剩余劳动力的减少，逐步失去竞争力，已有的生态农业技术储备还不足以引发一场生态革命。

（三）技术推广力度与农户多样化技术服务需求不匹配

以测土配方施肥为例，没有参与测土配方施肥的农户中53.4%的不

知道当地开展此项工作，13.7%的农户想采用测土配方施肥，但是不知从何处拿到配方，买不到配方肥的农户占12.4%，由于配方肥价格高、认为施用效果不明显而没有施用配方肥的分别占6.2%和1.3%。宣传与推广力度是影响测土配方施肥采用的重要原因（图2）。

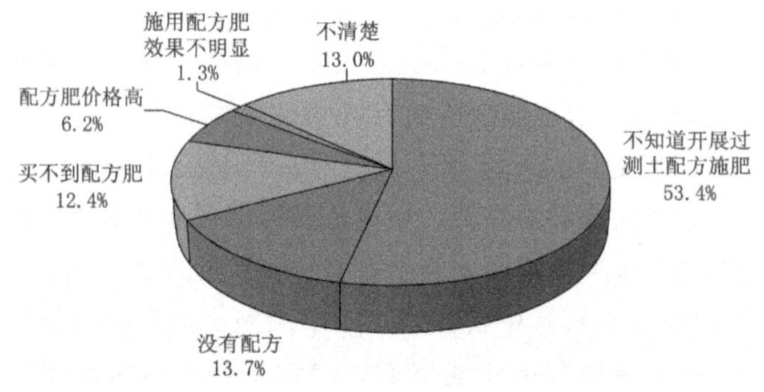

图2　农户没有参与测土配方施肥的原因

农户技术指导需求强烈，服务方式要求多样化。在问及“您在农业生产中是否需要科学用肥和用药的指导”时，74.9%的农户回答需要，明确回答不需要的农户仅占4.6%。农户对技术指导的形式要求多样，需要农技人员上门服务和开办技术培训班的农户分别占30.7%和29.6%。此外，农户还希望发放施肥用药的建议卡或有专业化的公司或组织进行服务（图3）。

生态友好型技术的经验化过程需要有效率的技术推广体系和高素质的农技人员，然而长期以来我国实行的政府驱动式、外压式农业技术推广体系，存在职能不清，管理不规范，投资机制不健全等问题，有些地方甚至出现“线断、网破、人散”的局面。

（四）相关政策扶持力度较弱

我国现有的农业环境政策对农户收入和福利的影响很小，不能帮助农户规避采用生态友好型技术的风险，也缺乏有效的监督和控制。有些行业政策甚至成为生态友好型技术发展的瓶颈，如对化肥行业的优惠政策，使

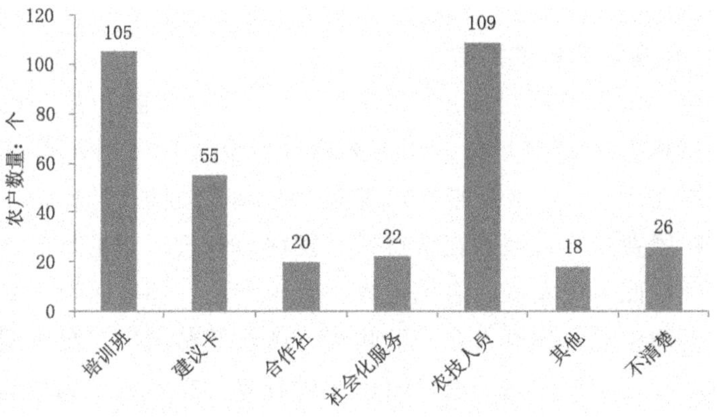

图 3　农户对农技推广的服务方式

生产和贸易扭曲，化肥价格偏低，导致农户在生产中不注重节肥和科学用肥，强化了农业生产中对化肥的依赖甚至“上瘾”。现有的政策体系没有形成对农业环境污染、生态破坏等外部性问题的有效规制，对农业生态环境保护的补偿机制不健全，不能形成对农户采用生态友好型技术的有效激励。

四、促进农户采用生态友好型技术的建议

（一）深化农村土地等相关制度改革

坚持农村土地农民集体所有，稳定农户承包权，引导经营权有序流转，实现所有权、承包权、经营权三权分置。健全农村集体经济组织，因地制宜成立农村土地股份合作社，强化集体经济组织对农村土地的监督和管理职能。健全土地承包经营权登记制度，完善承包合同，健全登记簿，颁发权属证书，强化土地承包经营权物权保护，推进土地承包经营权确权登记颁证工作，稳定农村土地承包关系。规范引导土地经营权有序流转，健全土地流转服务平台，完善县乡村三级服务和管理网络，将土壤质量和耕地地力提升作为取得经营权的重要条件和衡量标准。研究推动耕地质量立法工作，明确耕地质量保护和提升的责任主体，为耕地质量保护和管理提供法律依据。

（二）加强相关政策扶持

在问及“如果政府对使用配方肥、缓（控）释肥、有机肥等肥料进行补贴，您是否会使用”时，70.9%的农户会选择使用，明确回答不会使用的仅占3.6%。46.8%的农户期望购肥补贴能够弥补他们增加的成本，使得购肥费用与现在的花费持平。发挥政府投资对生态友好型农业的扶持作用，按照生产发展、农民增收、资源利用、环境保护、生态建设并重的要求，调整完善现有农业补贴政策，新增补贴向生态友好型农业发展和农业生态环境保护倾斜。通过财政奖励补助等措施，支持使用缓（控）释肥、有机肥和配方肥、使用高效低残留农药、使用高标准农膜和开展残膜、废弃农药包装回收等，弥补农户因采用生态友好型技术而额外付出的成本。

（三）强化生态友好型技术服务

在总结过去生态农业发展经验和各地实践探索的基础上，构建具有较高理论价值和可操作性的现代生态农业技术模式。重点开发土地、水资源、化肥、农药和农膜集约使用技术，畜禽粪便和作物秸秆资源化利用技术。要坚持主体多元化、服务专业化、运行市场化的方向，创新服务方式和服务手段，扶持农民合作社、专业技术协会、技术服务公司等多种形式开展生态友好型农业技术服务。

（四）完善鼓励生态友好型技术采用的市场机制

完善生态农产品市场机制，引导专业大户、家庭农场、农民合作社和农业企业等新型经营主体发展生态友好型农业，鼓励无公害农产品、绿色食品、有机农产品等生态农产品生产，支持农产品地理标志和良好农业规范认证，在初始投资、产品认证、市场开拓等方面给予优惠政策。加强生态农产品认证、监管和市场培育，通过品牌推介、农超对接等方式，增加消费者对生态农产品的认知度，健全生态农产品标准，对违规使用生态农产品标志的行为，加大处罚力度，实现优质农产品优价。加快推进生态农产品的品牌建设，针对生态农产品品牌建设初期投入大、风险高、收益低等特点，通过政府担保贴息、政策性金融、收税优惠等措施，扶持生态农产品的品牌化建设。

参考文献

［1］环境保护部：《2013 年中国环境状况公报》，http：//jcs.mep.gov.cn/hjzl/zkgb/2013zkgb/，2014－6－5。

［2］国土资源部：《关于第二次全国土地调查主要数据成果的公报》，http：//www.mlr.gov.cn/zwgk/zytz/201312/t20131230_1298865.htm，2013－12－30。

［3］农业部：《关于全国耕地质量等级状况的公报》，http：//www.moa.gov.cn/govpublic/ZZYGLS/201412/t20141217_4297895.htm，2014－12－27。

［4］陈印军、肖碧林、方琳娜等：《中国耕地质量状况分析》，《中国农业科学》2011 年第 17 期。

［5］环境保护部：《全国土壤污染状况调查公报》，http：//www.zhb.gov.cn/gkml/hbb/qt/201404/t20140417_270670.htm，2014－4－17。

［6］张灿强、沈贵银：《体系表征、多维困境与生态友好型农业的可能走向》，《改革》2015 年第 5 期。

［7］何蒲明、黎东升：《农户技术选择行为对耕地可持续利用的影响》，《长江大学学报（社会科学版）》2005 年第 4 期。

［8］邓祥征、韩健智、王小彬等：《免耕与秸秆还田对中国农田土壤有机碳贮量变化的影响》，《中国土壤与肥料》2010 年第 6 期。

［9］Filho D M，Young T，Burton M P. Factors influencing the adoption of sustainable agricultural technologies; evidence from the state of Espirito Santo Brazil. *Technological Forecasting and Social Change*，1996，(6)：97－112.

［10］李后建：《农户对循环农业技术采纳意愿的影响因素实证分析》，《中国农村观察》2012 年第 2 期。

[11] 罗小娟、冯淑怡、石晓平等：《太湖流域农户环境友好型技术采纳行为及其环境和经济效应评价——以测土配方施肥技术为例》，《自然资源学报》2013 年第 11 期。

[12] 邓正华、杨欣荣等：《政府主导下环境导向型农业技术扩散研究》，《中国农业科技导报》2012 年第 6 期。

[13] 向东梅：《促进农户采用环境友好技术的制度安排与选择分析》，《重庆大学学报（社会科学版）》2011 年第 1 期。

[14] 沈宇丹、杜自强：《环境友好型农业技术发展的难点和对策》，《生态经济》2009 年第 2 期。

全面构建农业环境治理体系：内涵、进展与对策

金书秦

内容提要：进入21世纪以来，在一系列强农惠农政策的支持下，我国农业正在变强，农民也在变富，但是农村并不美。农业环境是全面建成小康社会短板中的短板。农业环境问题到了一个非治不可的关头，同时全面构建农业环境治理体系也具备了“社会有共识、中央有决心、转型有要求、粮食有保障”的绝佳条件。全面构建农业环境治理体系包括：营造有利于农业环境治理的话语体系，完善农业环境治理的政策体系，强化农业环境治理的管理体系，细化农业环境治理的行动体系。

近年来，垃圾围城、雾霾锁国、饮水危机以及农产品质量安全等一系列与环境相关事件的发生，损害了公众健康，但也唤醒了公众的环境意识，更增强了中央铁腕治污的决心。对环境问题的关注达到前所未有的高度，可以说加强环境保护是全民心声的最大公约数之一。

自2004年以来，在一系列强农惠农政策的支持下，我国农业综合生产能力稳步提升，粮食生产实现历史性的“十一连增”，农民收入增长实现“十一连快”，2014年全国粮食总产达到6071亿公斤，连续4年超过

5500 亿公斤，我国粮食综合生产能力稳定跃上新台阶[①]。可以说，我国农业正在变强、农民也在变富，但农村并不美。过去一段时间，农业发展主要依靠拼资源来获取足够的产量，同时带来严重的环境污染问题，资源环境的红灯已经向农业亮起[②]，如果说农业农村是全面建成小康社会、实现中国梦的短板，那么农业农村环境则是短板中的短板。

一、中国农业环境问题概览

本文主要聚焦与农业生产紧密相关的环境问题，主要包括两个方面：

一是工业和城市污染向农村转移导致的农产品产地环境污染，主要涉及灌溉用水和耕地土壤质量。据统计，2012 年全国水体环境质量劣于 III 类的比例为 33%[③]，在主要水污染物排放中，工业和城市生活 COD 排放量占全国排放总量的 52.4%，氨氮排放量占全国排放总量的 68.2%[④]，工业和城市生活污染物排放依然是水体环境质量恶化的首要原因。根据 2014 年 4 月国家环保部和国土资源部联合发布的《全国土壤污染状况调查公报》，全国土壤总的超标率为 16.1%，耕地的点位超标率为 19.4%，中东部地区已经有 5000 多万亩耕地为中重度污染，已经不适宜农作物种植。耕地中重金属的来源主要为工矿企业的尾水排放。

二是农业生产本身对环境造成的污染。一方面，种植业化学投入品的大量使用和吸收率不高。2013 年全国化肥施用量为 5912 万吨，每公顷施用量为 480 公斤，是国际安全施用水平的两倍多。据测算，全国化肥当季吸收率约为 35%，部分氮、磷元素通过径流进入河流和湖泊，已成为导致水体富营养化的重要原因。全国农药年用量超过 180 万吨，有效利用率

---

① 韩长赋：《国务院关于推进新农村建设工作情况的报告》，第十二届全国人民代表大会常务委员会第十二次会议，2014 年 12 月 23 日。

② 韩俊：《新常态下如何加快转变农业发展方式》，人民网 · 理论频道，http：//theory.people.com.cn/n/2015/0128/c83853 -26465039.html。

③ 国家统计局、环境保护部：《中国环境统计年鉴 2013》，中国统计出版社 2013 年版。

④ 环境保护部：《2012 中国环境状况公报》，第 14 页。

为 15%—30%（朱兆良等 2006）[①]，农药的过量使用及其包装废弃物，对水体、土壤、人体健康以及周边生态环境造成直接危害。另一方面，畜禽养殖污染排放较大。据环保部、国家统计局、农业部 2010 年 2 月共同发布的《第一次全国污染源普查公报》，全国畜禽养殖业粪便年产生量 2.43 亿吨，尿液年产生量 1.63 亿吨；排放化学需氧量（COD）1268.26 万吨，总氮 102.48 万吨，总磷 16.04 万吨，铜 2397.23 吨，锌 4756.94 吨。畜禽养殖排放的 COD 约占农业排放总量的 96%，占全国 COD 总量的比例达 45%。

农业环境污染带来的负面影响是多方面且深远的。一是对农业持续生产能力的威胁。化肥过度投入导致土壤板结，污水灌溉引发的土壤污染，都会致使种植业生产力下降。根据杨丹辉（2010）估算，2000—2005 年，山东省由于污水灌溉导致的土壤污染造成的作物损失达数百亿元[②]。二是对农产品质量安全造成严重威胁。近年来，被媒体广泛报道的湖南镉大米、海南“毒豇豆”、山东潍坊“毒生姜”等食品安全事件都是环境污染或农药的不当使用而造成。三是环境污染和质量安全事件借助现代网络媒体迅速传播后，会进一步放大为消费者对农业生产行为甚至政府行为的不信任，这将严重恶化农业可持续发展的社会环境。

综上，加强农业环境治理既是资源环境约束倒逼的应对之举，也是农业自身谋求可持续发展、实现绿色转型的主动之措，更是顺应大势，为全面建成小康社会、实现中国梦补齐短板的必然之策。

二、农业环境治理体系的内涵

党的十八届三中全会《中共中央关于全面深化改革若干重大问题的决定》（以下简称《决定》）指出要“推进国家治理体系和治理能力现代化”。这是首次在党中央的重大决策文件中以“治理”取代“管理”的表

① 朱兆良、David Norse、孙波：《中国农业面源污染控制对策》，中国环境科学出版社 2006 年版。

② 杨丹辉、李红莉：《基于损害和成本的环境污染损失核算：以山东省为例》，《中国工业经济》2010 年第 7 期。

述。尽管《决定》没有专门阐述国家治理体系和治理能力现代化的定义，但是从《决定》的内容来看，与西方政治学治理理论（Governance Theory）中的政治现代化（Political Modernization）有神似之处，在该理论中，从政府管理到社会治理（From government to governance）是政治现代化（Political Modernization）的核心表征①。事实上，经过30多年的改革开放和市场化进程，我国已经走在政治现代化的道路上，例如在环境保护领域更多地利用市场手段、强调公众参与、增加地方政府的自主权②。当然，基于我国现阶段实情，例如非政府组织（NGO）的数量以及参与社会治理的能力仍然不够③，我国的政治现代化不能完全套用西方模式，尤其不同的是，我们仍然强调政府在社会治理中的主导作用。

本文所指的治理既非传统意义上的以政府为单一主体的管理（Management），也不等同于技术意义上的污染治理（Treatment）。从《决定》可以看出，国家治理体系和治理能力现代化总体上遵循“多方参与、依法治国、政府主导、市场调节”的原则，内容上包含经济、政治、文化、社会、生态文明五个方面的建设（即五位一体）④。

农业环境治理是生态文明建设的重要内容，农业环境治理体系自然也是构成生态文明制度的重要组成部分。根据诺奖得主 Oliver Williamson 的经典分类，制度分为四个层面⑤。第一层面是包括传统、信仰、文化等的

① Bas Arts, Pieter Leroy, Jan van Tatenhoveet. Political Modernisation and Policy Arrangements: A Framework for Understanding Environmental Policy Change. *Public Organization Review*. 2006, (6): pp. 93 - 106.

② Dan Liang, Arthur P. J. Mol. Political Modernization in China's Forest Governance? Payment Schemes for Forest Ecological Services in Liaoning, *Journal of Environmental Policy & Planning*, 2013, 15 (1): pp. 65 - 88.

③ Genia Kostka, Arthur P. J. Mol. Implementation and Participation in China's Local Environmental Politics: Challenges and Innovations, *Journal of Environmental Policy & Planning*, 2013, 15 (1): pp. 3 - 16.

④ 《中共中央关于全面深化改革若干重大问题的决定》，人民出版社 2013 年 11 月，第 3、17、31、49、52 页。

⑤ Oliver E. Williamson. The New Institutional Economics: Taking Stock, Looking Ahead. *Journal of Economic Literature*. 2000, XXXVIII: pp. 595 - 613.

非正式规则；第二层面是制度环境，正式规则；第三层面是治理，执行规则的具体方式；第四层面是资源配置方式，包括价格机制、激励相容等。因此，治理本身只是制度的第三个层次。但是，由于我国农业环境治理长期没有受到应有的重视，几乎在各个层面都存在制度缺失[①]，要实现农业环境的良好治理（good governance），必须将其纳入一个更为广泛的制度体系，该体系服务于治理行为，旨在为治理行为提供更好的正式和非正式规则。

“十三五”是新领导集体掌政后首个完整的五年规划，也是实现全面建成小康社会目标的冲刺阶段。可以说“十三五”的各项政策和行动，将全面体现新一届领导集体的思想和智慧，同时又必须服务于我党既定的小康社会目标。当前既是“十二五”的收官，更承接“十三五”的开篇，接下来五年的工作都将在这一年谋划和布局。本文从服务决策的角度出发，着眼于为“十三五”（2015—2020）提供智力支撑，且主要立足于“政府可以和应该做什么”来阐释全面构建农业环境治理体系的进展和建议。显然，五年的时间跨度无法全面满足各层面制度变迁的时间需求[②]，但这并不意味着当前无事可做，因为长时间尺度的制度变迁恰恰是由短期的演进累积的结果，例如在第一个层面，政治话语、社会舆论是形成广泛共识、乃至改变人们意识和观念的重要推动力。对应于制度的四个层面，下文将分别从话语体系、政策体系、机构建设、行动体系四个方面展开。

三、构建农业环境治理体系的进展

（一）社会共识已基本形成

某个问题进入政治决策议程之前，通常要经过较长时间的讨论和争

---

① 金书秦、沈贵银：《中国农业面源污染的困境摆脱与绿色转型》，《改革》2013 年第 5 期。

② Williamson 认为，第一层面的制度变迁时间尺度以百年甚至千年计，第二层面制度变迁以十年甚至百年计，第三层面以年甚至十年计，第四层面则具有连续性和即时性。

论，围绕该问题也将产生一系列相关的概念、词汇，统称为话语体系①。

在中央的政治话语体系中，生态文明已经成为提及频率极高且不断被强化的重要概念。2005 年，中央人口资源环境工作座谈会上，胡锦涛总书记首次提及了“生态文明”，当时的生态文明主要是指切实加强生态保护和建设工作。2007 年，党的十七大把建设生态文明列为全面建设小康社会目标之一、作为一项战略任务确定下来，提出要基本形成节约能源资源和保护生态环境的产业结构、增长方式、消费模式，推动全社会牢固树立生态文明观念。2009 年，党的十七届四中全会把生态文明建设提升到与经济建设、政治建设、文化建设、社会建设并列的战略高度，作为中国特色社会主义事业总体布局的有机组成部分。2010 年，党的十七届五中全会提出要把“绿色发展，建设资源节约型、环境友好型社会”，“提高生态文明水平”作为“十二五”时期的重要战略任务。2012 年，党的十八大将生态文明建设纳入“五位一体”（经济建设、政治建设、文化建设、社会建设、生态文明建设）的总体布局，反映了党在治国理念上对生态环境保护的重视。党的十八届三中全会《中共中央关于全面深化改革若干重大问题的决定》中用专章强调“加快生态文明制度建设”。2015 年 3 月 24 日中央政治局会议审议通过《关于加快推进生态文明建设的意见》，首次将过去的“四化同步”（新型工业化、城镇化、信息化、农业现代化同步发展）扩展为“五化同步”，增加了绿色化。

在社会公众话语体系中，当前对于环境保护的关注主要集中在与生活密切相关、问题显示度较高的领域，例如雾霾、重金属污染等词汇基本耳熟能详。对于农业环境领域还存在一些宣传和认识的误区。例如将未被当季吸收利用的化肥等同于浪费、将大米镉超标归咎于肥料等等，甚至在一些研究中也将畜禽粪便的产生量与污染排放划等号。这些舆论无疑增加了公众对于农业环境问题的关注，同时也使农业承受了过多的

① Vivien A. Schmidt. Discursive Institutionalism: The Explanatory Power of Ideas and Discourse. *Annual Review of Political Science* 2008 (11): pp. 303 - 326.

压力。例如关于农业面源污染占比目前就有高估的可能，有研究表明，2011 年工业废水有 128 亿吨未经过处理直接排放、城镇生活 78 亿吨无处理排放，这些都属于非法偷排，并没有进入统计[①]。假定按照污染去除率为 80% 计算，这些无处理的污水中所含的污染物总量分别相当于 640 亿吨和 390 亿吨处理后的污水，而当年进入统计的废水排放总量仅为 659.2 万吨[②]。由此可见，统计数据并没有完全反映工业和城镇生活污水排放的真实情况。那么，农业面源污染物所占的比重则要远远低于现有统计数据所反映的比重。此外，相同数量的农业面源与工业点源排放对于水体环境的影响也有本质区别，面源的影响远远低于点源的影响[③]。

（二）政策体系建设刚刚起步

初步梳理，目前我国在资源环境立法方面已经形成一套由超过 40 部法律和行政法规组成、较为完善的法律法规体系（表 1）。但是已有的法律法规主要关注城市和工业领域，较少关注到农业农村的资源和环境保护。

2014 年既是全面深化改革元年，对于农业环境治理而言也具有里程碑意义。《畜禽规模养殖污染防治条例》于 2014 年 1 月 1 日正式生效，这是农业污染治理领域第一个专门的国家性法规。此外，2014 年修订通过、2015 年正式生效的《中华人民共和国环境保护法》，新增了较多关于农业环境治理的内容，集中体现在第三十三条、四十九条、五十条。作为环境保护基本法，这些条款为农业环境治理体系建设提供了依据。

---

① 马中、周芳：《水污染治理需严控污水排放量》，《环境保护》2013 年第 16 期。

② 环境保护部：《全国环境统计公报（2011）》，http://zls.mep.gov.cn/hjtj/qghjtjgb/201310/t20131018_261850.htm。

③ 金书秦、武岩：《农业面源是水体污染的首要原因吗？基于淮河流域数据的检验》，《中国农村经济》2014 年第 9 期。

表 1　　中国资源环境保护法律法规体系

有关的综合性法律	环境保护法律	自然资源管理法律	法　规
宪法（2004 年） 刑法（1997 年） 民事诉讼法（1991 年） 行政诉讼法（1989 年） 治安管理处罚法（2006 年） 行政处罚法（1996 年） 国家赔偿法（1994 年） 城乡规划法（2007 年） 侵权责任法（2010 年） 行政强制法（2011 年）	环境保护法（2014 年） 海洋环境保护法（1999 年） 水污染防治法（2008 年） 环境影响评价法（2002 年） 固体废物污染环境防治法（2004 年） 清洁生产促进法（2002 年） 循环经济促进法（2008 年） 水土保持法（2010 年）	水土保持法（2010 年） 矿产资源法（1996 年） 节约能源法（2007 年） 防洪法（1997 年） 森林法（1998 年） 土地管理法（2004 年） 农业法（2013 年修订） 渔业法（2000 年） 防沙治沙法（2001 年） 草原法（2002 年） 水法（2002 年） 可再生能源法（2010 年） 能源法（2005 年）	畜禽规模养殖污染防治条例（2014 年） 全国污染源普查条例（2007 年） 国家突发环境事件应急预案（2006 年） 农药管理条例（2001 年） 规划环境影响评价条例（2009 年） 野生植物保护条例（1996 年） 自然保护区条例（1994 年） 淮河流域水污染防治暂行条例（1995 年） 太湖流域管理条例（2011 年） 放射性废物安全管理条例（2011 年） 医疗废物管理条例（2003 年） 危险化学品安全管理条例（2011 年）

根据资料整理更新：韩冬梅，金书秦：中国农业农村环境保护政策分析，《经济研究参考》2013 年第 43 期。

（三）机构总体呈现萎缩

过去四十年来，我国环境管理机构经历了“临时特设机构—部内常设机构—直属独立机构—国务院组成部门”的不断升格（图1），这充分反映了国家对环境保护工作的重视。

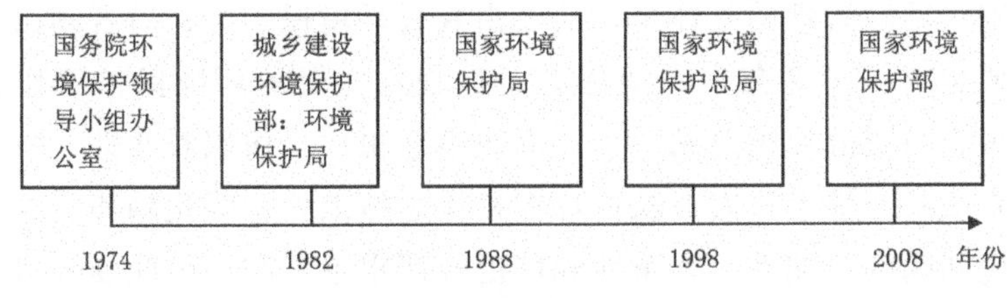

图1　中国环境管理机构变迁历程

然而，环境保护部门地位和职能不断上升，同时却伴随着农业部门在农业环保领域职能和机构的削弱。农业环保工作首次被纳入行政管理体系是在1976年，在原农林部科教局内设处级环保组，负责农业环境保护工作。从农业部门内设机构来看，农业环境保护机构及其职能一度被不断强化：1985年，农牧渔部成立了环境保护委员会，农业环境保护作为专门领域被指定为农业部门的职责，委员会办事机构设在能源环境保护办公室①；1987年，农牧渔业部能源环境保护办公室改名为农牧渔业部能源环境保护局；1989年又进一步改名为环境保护能源司。然而，这种趋势在之后的历次国务院机构调整中被削弱。1994年国务院机构调整中，明确提出“农业环境保护”的概念，特指对农业用地、农业用水、农田大气和农业生物等农业生态环境的保护，相应的工作仍然是划归给农林部管辖。1996年国务院将农业环境保护中有关农村生态环境保护的职能赋予原国家环境保护局行使。1998年国务院机构改革，环境保护局升格为环境保护总局，农业环境保护职能划归环境保护部门统一管理。在该轮机构改革中，农业部只保留了国家法律、行政法规规定以及国务院机构改革方案中赋予的“农业环境保护”职能，相应地环保能源司被撤销，其保留的相关职能被划入新组建的科技教育司，在科技教育司分别设资源环境处

① 李远、王晓霞：《我国农业面源污染的环境管理：背景及演变》，《环境保护》2005年第4期。段武德：《农牧渔业部环境保护委员会正式成立并举行第一次会议》，《农业环境科学学报》1985年第4期。

和农村能源处[1]。2008 年国家环境保护部成立以后，在国家层面，农业农村环境管理的两个主要部门是环境保护部自然生态保护司和农业部科技教育司，农村环境管理的具体工作前者由农村环境保护处、后者则由资源环境处主要负责。2012 年，农业部为了加强农业资源环境保护工作，成立了农业生态与资源保护总站，为正局级事业单位，仿照农业部，各地陆续成立了省级站。综上，农业农村环保机构总体上处于弱化趋势，这与农业农村环境问题的长期性、复杂性和广泛性严重不匹配，因此加强机构建设十分有必要。

（四）行动落实长期欠账

我国已有的环境政策措施，如环境影响评价、“三同时”、排污收费等，其设计之初均是针对工业和城镇点源污染。而过去一段时间我们在农业农村领域采取的一些有限的污染防治和环境保护措施，也不能适应农村环境问题的复杂性。例如在 20 世纪 70 年代，农村主要关注的是水污染问题，然而当时提倡污水灌溉加剧了污染的转移并进一步导致了农田的大面积污染；到了 20 世纪 80 年代，乡镇企业和城市污染大量向农村转移时，但由于经济发展的需要，并没有采取太有力的措施遏制污染的转移；90 年代，农业农村环境问题新老叠加，农村生态环境恶化开始显现，但应对的主要措施仅仅停留在村容村貌整顿上；进入 21 世纪，农业自身带来的面源污染日益凸显，公众对于农业环境治理的需求也更加迫切，农业自身的可持续发展也要求其向绿色转型，但农业环境治理的有效行动仍然匮乏。

尽管过去多年的“中央 1 号文件”中均有涉及到农业环境治理问题，但 2015 年无疑是农业环境治理行动落实最为密集和迅速的一年。2015 年“中央 1 号文件”专门强调加强农业生态治理，并且明确以实施两个全国性规划（《农业环境突出问题治理总体规划》和《全国农业

① 农业部科技教育司、中国农业生态环境保护协会：《中国农业环境保护大事记》，中国农业科技出版社 2000 年版。

可持续发展规划》）为抓手。围绕“一控两减三基本”目标，农业部出台了《农业部关于打好农业面源污染防治攻坚战的实施意见》，并迅速发布了化肥农药零增长行动方案（全称为《到2020年化肥使用量零增长行动方案》、《到2020年农药使用量零增长行动方案》）。当然，农业环境问题面广、复杂，目前的行动只能在一定程度上防止新增污染，还远远不足以还历史欠账。

四、“十三五”全面构建农业环境治理体系的建议

农业环境问题到了一个非治不可的关头，同时全面构建农业环境治理体系也具备了“社会有共识、中央有决心、转型有要求、粮食有保障”的绝佳条件。全面构建农业环境治理体系，具体包括四个方面：一是营造有利于农业环境治理的话语体系；二是完善农业环境治理的政策体系；三是强化农业环境治理的队伍体系；四是细化农业环境治理的行动体系。

（一）营造有利于农业环境治理的话语体系

根据上文的分析，基础数据的缺失不利于我们抓住环境治理的牛鼻子，而一些并不严谨的舆论观点容易为农业环境治理乃至农业发展带来困扰。接下来一是要加大研究和监测力度，重点围绕“农业行为与面源排放”、“面源排放与环境质量恶化”两组关系展开科学、定量研究，以在科学上说清楚农业行为对污染排放、乃至对环境质量的影响。二是切实重视科普宣传，在相关科研计划中（如重大专项、重点研发计划等），既要注重硬技术研发，也要注重环境效应、经济效益、政策应用等软科学研究，同时还应专门设置科普任务和经费，将科学研究成果，以通俗易懂的方式传递给各级环保、农业部门管理人员和社会公众。科普宣传要在尊重和应用科学规律的基础上，既不片面夸大问题，又能充分引起共鸣，营造良好的舆论氛围，形成更大合力。

（二）完善农业环境治理的政策体系

完善农业环境治理的政策体系，是依法治污的先决条件，接下来要有

序推进农业环境治理的政策完善。一是针对一些相关工作已经启动多年的法律法规，要根据最新形势变化，加紧完成制、修订工作，主要是《土壤污染防治法》的制定和《农药管理条例》的修订工作。二是贯彻落实新的《中华人民共和国环境保护法》第三十三条、四十九条、五十条等相关条款的要求，将农业农村环境保护工作纳入地方政府政绩考核内容，加大财政预算在农业环境治理方面的投入；完善《畜禽规模养殖污染防治条例》的配套政策，尽快出台细则或针对一些执行中疑问较多的条款做出权威解释，例如畜禽粪便直接还田是属于综合利用还是污染排放行为？此外，还要考虑《畜禽养殖业污染物排放标准》（GB 18596—2001）的适用性和标准更新问题。三是针对一些呼声比较高的法律法规制定工作，要启动研究工作。例如《农业资源环境保护条例》、《耕地质量保护条例》等，要梳理已有法律法规中相关内容的全面性和包容性，研究出台新条例的必要性和可行性。如工作确有必要，又限于立法程序，可以先从部门规章层面做起。

（三）强化农业环境治理的队伍体系

建议在中央层面，应当强化农业和环保两个部门在农业农村环境保护方面的职能。在一时还难以实现大部制的情况下，首先要在国务院层面厘清环保和农业两个主要部门的职能分工，环保部门主要负责农村环境质量的监督管理、以及农业环境治理行为的核查和评价等工作，农业部门则负责实施具体的治理和保护措施。其次，在部门层面，要强化农业农村环境管理机构，以履行其应有的职能，国家环境保护部门首先要加强对工业和城市环境治理，遏制污染向农业农村转移，做好农村环境质量的监督和守护人农业部则可设立农业资源环境保护局，作为综合司局，协调部内各专业司局预防和减少农业生产环节所产生的环境污染问题。省、县层面参照中央设立相应机构。到乡镇基层，则可以率先进行“大部制”探索，建立农村资源环境保护综合管理站，统筹行使已有的农业、林业、水利、环保等职能。

（四）细化农业环境治理的行动体系

结合农业生产的污染来源和农业产地环境保护要求，提出五方面行动建议：一是调整农业补贴方向，已有的农资综合直补重点向有机肥、缓释肥、低毒高效低残留农药、生物农药等领域倾斜，加大对测土配方施肥的推广力度。二是启动农膜以旧换新补贴，可以率先在西北、新疆等缺水地区启动示范。三是启动秸秆还田补助，可以先从水稻秸秆开始，按照每亩补助 20 元，约需 90 亿元，资金需求并不大。四是继续加大和完善对规模养殖场沼气建设、有机肥的补贴；引入市场机制，推行养殖小区粪污的第三方集中处理。五是建立农业生态补偿基金，主要用于土壤质量保护工作，基金的来源可以考虑从土地出让金中提取。

“十三五”农业面源污染治理的政策取向

金书秦　魏　珣

内容提要： 农业面源污染对水体环境质量造成重大影响，其防治的根本目的也是改善水环境质量。当前在认识和研究层面都存在一定的偏颇，这并不利于水环境的全面改善。当前，农业面源污染防治，乃至农业环境治理，已经具备“社会有共识，中央有决心，转型有需求，粮食有保障”的历史性条件。“十三五”期间，应当抓住机会，全面构建农业环境治理体系：一要在科学研究的基础上澄清认识，营造有利于农业环境治理的舆论氛围；二要有序推进农业环境治理政策体系的完善；三要强化农业环境治理和农业技术推广两支队伍体系；四要采取果断行动解决部分迫切问题。

面源污染是和点源污染相对而言的，又叫非点源污染。从排放特性来看，农业面源污染具有分散性和隐蔽性、随机性和不确定性、滞后性和风险性等特点，与工业点源污染有四个本质区别：一是排放形式具有分散性。面源为分散排放，点源为集中排放，面源的污染“密度”远远低于点源。二是污染物具有资源性。农业排放的主要污染物是氮磷，实际上是营养资源，工业排放的污染物则五花八门，有些对人体造成严重损害。三是进入环境的过程具有间接性。以进入水体为例，点源通过排污口直接进入水体，面源则先经过土壤的缓冲，再由地表径流或雨水淋溶进入水体。四是排放动机具有非主观性。工业排放是生产末端所产生的废物，处理起来需要增加费用，工业企业具有偷排、超排的动力，而农业排放则多为生产原料（如农药、化肥等），农业排放隐含着排放主体（农户）生产成本的增加（金书秦等，2013）。然而，社会乃至学术界对于农业面源污染的认识仍存在一定偏差，澄清这些认识有利于未来农业面源污染治理工作的开展。

一、关于农业面源污染的几个认识问题

（一）未被当季吸收的化肥都是浪费吗？

众所周知，我国化肥利用效率较低，化肥养分流失是水污染的重要来源。关于我国化肥当季吸收率较为广泛使用的数据是35%（朱兆良，2006）。有观点便认为其余的部分均为不当使用或被浪费掉，观点的逻辑与中国古代《三个馒头》的寓言一样经不起推敲，但经过媒体的渲染，对公众具有很大的误导作用。我国化肥用量过大，这是不争的事实，但也是在相当长一段时间面临人多地少困境下的现实选择。一方面，吸收率那么低，要保证农产品产量必然会推高化肥使用总量；另一方面剩余的65%，部分被下一季作物利用，还有部分盈余在土壤中或逸散到大气中，进入水体最终形成面源污染的大约在7%，其中5%通过地表径流进入地表水体，2%通过淋洗进入地下水体（朱兆良，2006）。总之，对于化肥而言，未被利用的部分，不是都形成了排放，更不是白白浪费。类似地，畜禽粪便的排泄量不等于向环境的排放量。

（二）农业是最大的排放源吗？

从统计数据来看，就氨氮而言，城镇生活是第一大排放源。《2014年中国环境状况公报》显示，2014年全国废水中氨氮排放总量为238.5万吨，其中生活源排放138.1万吨，农业源排放75.5万吨，工业源23.2万

吨，集中式排放源为 1.7 万吨。从 COD 的排放统计来看，农业确实已经成为第一大来源。2014 年，COD 排放总量为 2294.6 万吨，其中农业源 1102.4 万吨，生活源 864.4 万吨，工业源 311.3 万吨，集中式 16.5 万吨。因此，即便认同统计数据的有效性，也不能断言农业是水污染的最大排放源。此外，有研究表明，2011 年工业废水有 128 亿吨未经过处理直接排放、城镇生活 78 亿吨无处理排放，这些都属于非法偷排，并没有进入统计（马中，周芳，2013）。假定按照污染去除率为 80% 计算，这些无处理的污水中所含的污染物总量分别相当于 640 亿吨和 390 亿吨处理后的污水，而《全国环境统计公报（2011）》显示，当年进入统计的废水排放总量仅为 659.2 亿吨。由此可见，统计数据并没有完全反映工业和城镇生活污水排放的真实情况。那么，农业面源污染物所占的比重则要远远低于现有统计数据所反映的比重。

（三）农业面源是影响水质的首要原因吗?

污染物对水质的影响主要取决于两个因素：污染物入河（湖）量和水量。工业源和生活源是稳定、持续的排放，不管是枯水期、丰水期都在排放，如果不考虑偷排，在枯水期对水质造成的破坏巨大。例如宋国君、金书秦（2008）对淮河流域的研究显示，在枯水期（也就是污染主要来自点源）该流域水质不达标的程度要高于丰水期（此时面源污染物容易进入水体），表明点源污染仍然是影响该流域水质的首要原因。农业面源大量进入水体，主要发生在降水量大的丰水期。降水对于水体污染物而言具有双重效应（金书秦，武岩，2014）：一是携带效应，降水造成的地表径流将面源污染物携带进入水体，增加了污染物总量；二是稀释效应，降水同时增加了水体水量，对水体中原有的污染物起到一定的稀释作用。当携带效应超过稀释效应时，水质变差，此时才可能说农业面源是导致水质变差的首要原因，并且不能排除工业企业甚至城镇污水处理厂偷排的可能。实际上，工业企业趁着下雨大肆偷排的现象并不鲜见。

已有文献中定量考虑携带效应和稀释效应的凤毛麟角。金书秦、武岩（2014）基于淮河流域的监测数据的实证分析结果显示，淮河流域降水量、农业生产活动与水质变化具有动态相关性，但这种相关性具有明显的区域差异，表现为：在水质常年超标的重度污染断面，降水携带的农业面源污染物对水体污染物浓度没有明显的影响，据此判断，重度污染区域水体污染常年超标的原因是工业和城镇点源污染物排放；在水质常年达标的无污染断面，降水的增加会显著提升水体污染物浓度，但尚不足以造成水质超标；在中度污染断面，降水所带入的农业面源污染物会显著提升水体污染物浓度，对水环境质量恶化有较大；在轻度污染断面，降水所带来的农业面源污染物也会显著提升污染物浓度，但大部分时间断面水质还是处于达标状态。

二、“十三五”农业面源污染防治面临的重大机遇

当前，我国农业发展面临已经进入生产成本地板抬升、农产品价格天花板挤压，同时资源环境约束加剧的新时期。在压力的倒逼下，全面构建农业环境治理体系、加强农业面源污染防治，面临一系列重大机遇。第一，社会有共识。近年来，垃圾围城、雾霾锁国、饮水危机以及农产品质量安全等一系列与环境相关事件的发生，损害了公众健康，但也唤醒了公众的环境意识，更增强了中央铁腕治污的决心。对环境问题的关注达到前所未有的高度，可以说加强环境保护是全民心声的最大公约数之一。第二，中央有决心。在中央政策层面，尽管过去多年的“中央 1 号文件”中均有涉及农业环境治理问题，但 2015 年无疑是农业环境治理行动落实最为密集和迅速的一年。2015 年“中央 1 号文件”专门强调加强农业生态治理，并且明确以实施两个全国性规划（《农业环境突出问题治理总体规划》和《全国农业可持续发展规划》）为抓手。第三，农业转型有需求。近期，国务院办公厅印发的《关于加快转变农业发展方式的意见》指明了当前和今后一个时期我国农业发展转型的方向，即由数量增长为主转到数量质量效益并重上来，由主要依靠物质要素投入转到依靠科技创新和提高劳动者素质上来，由依赖资源消耗的粗放经营转到可持续发展上来，走产出高效、产品安全、资源节约、环境友好的现代农业发展道路。第四，粮食安全有保障。自 2004 年以来，

在一系列强农惠农政策的支持下，我国农业综合生产能力稳步提升，粮食生产实现历史性的“十一连增”，农民收入增长实现“十一连快”，2014 年全国粮食总产达到 6071 亿公斤，连续 4 年超过 5500 亿公斤，我国粮食综合生产能力稳定跃上新台阶，完全可以确保“谷物基本自给，口粮绝对安全”的粮食安全目标。

三、“十三五”农业面源污染防治的政策取向

“十三五”是我国全面建成小康社会的决定性时期，“三农”是小康的短板，农村环境问题则是短板中的短板。当前，农业环境治理面临“社会有共识、中央有决心、转型有需求、粮食有保障”的历史性机遇，下一步应当重点关注几个方面的问题。

（一）营造有利于农业环境治理的舆论氛围

从环境保护的角度而言，面源污染防治的目标是改善水环境质量，而该目标的实现有赖于工、农、城、乡污染的齐抓共管。而当前基础数据的缺失不利于我们抓住水环境治理的牛鼻子，并且一些并不严谨的舆论观点容易为农业环境治理和农业发展带来困扰。接下来一是要加大研究和监测力度，重点围绕“农业行为与面源排放”、“面源排放与环境质量恶化”两组关系展开科学、定量研究，以在科学上说清楚农业行为对污染排放、乃至对环境质量的影响。二是切实重视科普宣传，在相关科研计划中（如重大专项、重点研发计划等），既要注重硬技术研发，也要注重环境效应、经济效益、政策应用等软科学研究，同时还应专门设置科普任务和经费，将科学研究成果，以通俗易懂的方式传递给各级环保、农业部门管理人员和社会公众。科普宣传要在尊重和应用科学规律的基础上，既不过度渲染，又能充分引起共鸣，营造良好的舆论氛围，形成更大合力。

（二）有序推进农业环境治理的政策完善

一是针对一些相关工作已经启动多年的法律法规，要根据最新形势

变化，加紧完成制、修订工作，例如《中华人民共和国土壤污染防治法》的制定和《农药管理条例》的修订。二是贯彻落实新的《中华人民共和国环境保护法》第三十三条、四十九条、五十条等相关条款的要求，将农业农村环境保护工作纳入地方政府政绩考核内容，加大财政预算在农业环境治理方面的投入；完善《畜禽规模养殖污染防治条例》的配套政策，尽快出台细则或针对一些执行中疑问较多的条款做出权威解释，例如畜禽粪便直接还田是属于综合利用还是污染排放行为？三是针对一些呼声比较高的法律法规制定工作，要启动研究工作。例如《农业资源环境保护条例》、《耕地质量保护条例》等，要梳理已有法律法规中相关内容的全面性和包容性，研究出台新条例的必要性和可行性。如工作确有必要，又限于立法程序，可以先从部门规章层面做起。四是在近期政策安排上，研究出台以农业农村环境保护为主题的“中央1号文件”，全面、系统地部署我国农业生态环境保护工作，有效解决制约我国农业可持续发展的资源环境约束。贯彻实施《农业可持续发展规划(2015—2030)》和《农业环境突出问题治理总体规划（2014—2018)》，从源头控制、过程拦截和末端治理等环节入手，以典型农业流域和主要农区为重点示范区，系统设计农业面源污染治理各项工程的总体布局，细化各项工程建设内容，分阶段、分区域推进农业面源污染防治工作。五是立即调整和启动一批农业环境经济政策，包括：(1) 调整农业补贴方向，已有的农资综合直补重点向有机肥、缓释肥、低毒高效低残留农药、生物农药等领域倾斜，加大对测土配方施肥的推广力度。(2) 启动农膜以旧换新补贴，可以率先在西北、新疆等缺水地区启动示范。(3) 启动秸秆还田补助，可以先从水稻秸秆开始，按照每亩补助20元，约需90亿元，资金需求并不大。(4) 继续加大和完善对规模养殖场沼气建设、有机肥的补贴，引入市场机制，推行养殖小区粪污的第三方集中处理。(5) 建立农业生态补偿基金，主要用于土壤质量保护工作，基金的来源可以考虑从土地出让金中提取。

（三）强化农业环境治理和农业技术推广两支队伍体系

一方面要强化农业环境治理队伍体系。在一时还难以实现大部制的情况下，应当强化农业和环保两个部门在农业农村环境保护方面的职能。中央层面，环保部门主要负责农村环境质量的监督管理以及农业环境治理行为的核查和评价等工作，并且严厉遏制污染向农业农村转移，做好农村环境质量的监督和守护人。农业部门则负责实施具体的治理和保护措施，建议设立农业资源环境保护局，作为综合司局，协调部内各专业司局预防和减少农业生产环节所产生的环境污染问题。省、县层面参照中央设立相应机构。到乡镇基层，则可以率先进行“大部制”探索，建立农村资源环境保护综合管理站，统筹行使已有的农业、林业、水利、环保等职能。另一方面，要继续强化基层农技推广服务体系，积极推进农业清洁生产技术应用。以地膜回收利用、畜禽清洁养殖和种植业清洁生产技术等为突破口，推进农业废弃物资源循环利用，发展清洁种植，减少不合理水、肥、药、能等资源消耗，从源头减排污染物；全面开展测土配方施肥，积极推广保护性耕作、化学农药替代、化肥机械化深施、精准化施肥和水肥一体化等控源减排技术，推进农家肥、畜禽粪便等有机肥料资源的综合利用，提高肥料利用率。

参考文献

［1］金书秦著：《流域水污染防治政策设计：外部性理论创新和应用》，冶金工业出版社 2011 年版。

［2］金书秦、沈贵银：《中国农业面源污染的困境摆脱与绿色转型》，《改革》2013 年第 5 期。

［3］金书秦、沈贵银、魏珣、韩允垒：《论农业面源污染的产生和应对》，《农业经济问题》2013 年第 11 期。

［4］金书秦、武岩：《农业面源是水体污染的首要原因吗？基于淮河流域数据的检验》，《中国农村经济》2014 年第 9 期。

[5] 马中、周芳：《水污染治理需严控污水排放量》，《环境保护》2013 年第 16 期。

[6] 宋国君、金书秦：《中国淮河流域水环境保护政策评估》，《环境污染与防治》2008 年第 4 期。

[7] 朱兆良、David Norse、孙波：《中国农业面源污染控制对策》，中国环境科学出版社 2006 年版。

中国化肥施用过量的现状、原因及对策分析*

王　莉　金书秦　张灿强　周　芳

当前中国农业面临资源约束和国际竞争双重压力，农业生产结构和生产方式急需调整转型。发展生态农业、降低化肥农药投入是重要途径。本文首先从多个维度说明中国化肥的使用情况，再全面分析导致化肥使用过量的主要原因，最后提出相关的政策建议。

一、中国化肥用量表征

中国是世界上最大的化肥生产和使用国，2013 年化肥用量 5912 万吨，我国以占世界约 10% 的耕地消耗了约占全世界 35% 的化肥用量。总量只是一个维度，可以从多个维度理解我国化肥的大量使用。

从环境影响的角度，投入强度是最为重要的指标。按照耕地面积 135385 千公顷计算，2013 年化肥施用强度为 437kg/ha；如果考虑复种情况，以播种面积为基准，2013 年我国作物总播种面积为 164627 千公顷，化肥施用强度为 359kg/ha。无论是哪个数据都超出国际普遍公认的警戒

* 农业部农村经济研究中心李杰人书记在文章构思撰写的全过程提供了指导。

上限（225kg/ha）。分作物来看，苹果的投入强度最高，2013 年达到 957. 9kg/ha，然后是甘蔗 923. 6kg/ha，蔬菜 649. 2kg/ha，烤烟 523. 1kg/ha，棉花 485. 4kg/ha。当然，强度指标往往会掩盖土质的差异以及不同作物本身需肥的差异。

从农学效率的角度，化肥当季吸收率是最常用的指标。据测算，我国化肥的当季吸收率总体在 33% 左右，而发达国家通常在 50% 以上。我国化肥吸收率的权威数据目前只有两个，一个是朱兆良院士的 30%—35%，该数据最早在 2004 年前后的文献中就出现过；另一个是农业部发布的《中国三大粮食作物肥料利用率研究报告》中提到的 33%，该报告于 2013 年发布。因此可以看出吸收率的概念也存在较大问题：首先在缺乏跟踪性监测的情况下，它是一个静态的概念，例如朱兆良院士的数据已经广被引用了十多年；其次，当季吸收率对于绝大多数非自然科学家而言是一个较为抽象的概念，并且也不能反映化肥的全部利用情况，容易造成误解，例如有学者甚至认为除 33% 被当季吸收以外的化肥全部变成了污染。实际上，剩余部分化肥被农田沟渠、缓冲带、湿地或下级农田陆续消纳利用，造成环境污染的量往往被高估。

从投入产出效率的角度，可以用每吨农产品化肥用量来反映，该指标综合反映了化肥投入强度和单产之间的关系。如果以每吨农产品的化肥施用量来看，我国粮食作物的化肥产出效率是有所提高的，1998 年每生产 1 吨稻谷、小麦、玉米，分别需要施用 47. 8kg、77. 2kg、51. 5kg 化肥，到 2013 年则为 45. 8kg、67. 8kg、47. 8kg，均有不同程度的下降。油料作物中，每吨油菜的用肥量有较明显的下降，从 1998 年的 138. 9kg 下降到 2013 年的 108. 4kg，而大豆、花生却有较为明显的上升。果蔬、糖类经济作物中，每吨苹果的施肥量有所提高，其余则较为稳定。而棉花和烤烟则长期居高不下，2013 年每吨棉花的用肥量为 366. 7kg，每吨烤烟的用肥量为 246. 6kg（图 1）。

此外，也可以用人均化肥用量来反映化肥的使用程度，按照 2013 年我国人口 136072 万人，人均消费化肥 43. 4 公斤。

以上从多个维度分析了我国化肥的使用情况，各维度的侧重点不同，

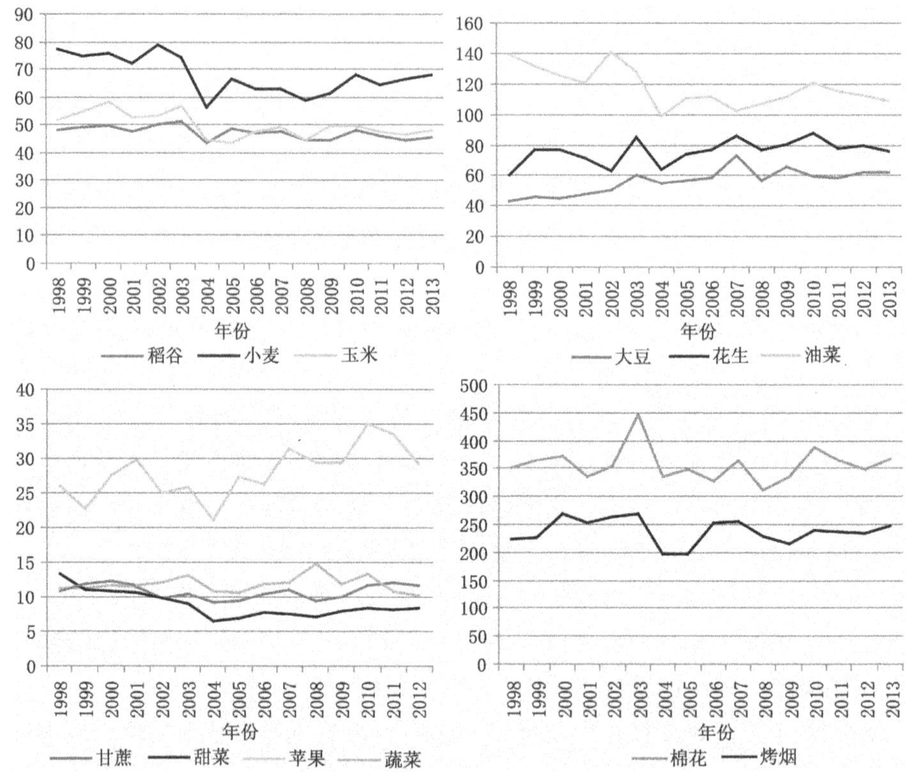

图 1　每吨农产品化肥用量（kg/t）

也各有优劣，但是无论从哪个维度来讲，我国的化肥用量都显示出过度使用的迹象。以播种面积为基数，我国化肥投入强度是美国的 2.6 倍，欧盟的 2.5 倍；从当季吸收率来看我国也远低于发达国家；从投入产出比来看，以玉米为例，我国每吨玉米的化肥用量也是美国的 2 倍。

二、中国化肥过度使用的原因剖析

（一）耕地基础地力不足，粮食增产基本依靠化肥投入

我国耕地质量总体偏低，根据 2014 年全国耕地质量等级情况的公报，中低等地面积达 13.3 亿亩，占耕地总面积的 72.7%。我国基础地力对粮食产量的贡献率为 50% 左右，比发达国家低 20—30 个百分点。随着工业

化、城镇化推进，耕地数量减少、质量下降的问题十分突出。实行占补平衡后，耕地数量下降的趋势虽在一定程度上得到遏制，但占优补劣、占近补远、占水田补旱地等问题普遍存在，补充耕地与被占耕地的质量一般差2—3个等级。农业长期负重前行，一些地方农田越种越硬、越种越薄，东北地区黑土退化趋势明显，南方一些地区的工矿企业废弃物、生活和建筑垃圾等向农业农村转移，导致土壤酸化、重金属污染加重。我国土壤肥力低，耕地退化严重，只能靠增加化肥投入来提高单产。全国化肥试验网数据表明，施用化肥可提高水稻、玉米、棉花单产40%—50%，提高小麦、油菜等越冬作物单产50%—60%。

（二）农业生产基础条件差，高效施肥技术推广受限

我国农业基础设施薄弱，农田水利和技术装备水平不高，靠天吃饭、“最后一公里”不到位的问题尚未得到有效解决，抗风险能力亟待提高。近年来，每年因干旱、洪涝、低温等气象灾害损失粮食450亿公斤左右。特别是作为对农业影响最直接的小型农田水利工程建设严重滞后，应该建设的农田水利设施无法建设，已建的农田水利设施失修，造成沟、塘、库、渠等农田水利基础设施陈旧老化，导致近一半的灌溉用水未得到有效利用。农业基础设施薄弱导致水肥一体化、机械深施等科学施肥技术难以推广应用。例如水肥一体化技术主要利用管道灌溉系统，将肥料溶解在水中，实现水肥同步管理和高效利用。现行老旧落后的农田灌溉系统已成为推广应用水肥一体化技术的重要障碍。

（三）农产品需求刚性增长，耕地复种指数高

中国人均耕地面积仅为世界平均水平的40%，人多地少的矛盾非常突出。随着我国人口总量增加、城镇人口比重上升、居民消费水平提高和农产品工业用途拓展，我国农产品需求呈现刚性增长态势。据测算，我国每年总人口增加700多万人、城市人口增加1000多万人，粮食需求量大概增加100亿公斤、肉类需求增加80万吨左右。在农业发展面临生产成本地板抬升、农产品价格遭遇天花板的双重挤压和资源短缺、环境污染双重约束的新常态下，农产品保供给的压力较大。据预测，到 2020 年我国粮食需求大约 7000 亿公斤，目前粮食产能 6000 多亿公斤，缺口 1000 亿公斤左右。受资源约束和供求压力，我国土地复种指数高，南方地区一年多熟、黄淮海地区一年两熟、长城以北一年一熟。而欧洲、美国等农业大国和地区多为一年一熟，还实行休耕和轮作，用养结合。同等耕地面积下，复种指数高，单位面积耕地化肥用量自然就多。

（四）资源禀赋与市场条件变化，农户对化肥形成选择偏好

技术创新和技术演替往往是由自然资源禀赋变化诱致出来的，人类在选择技术时会根据资源稀缺程度的变化进行调整，并且人类掌握的知识越有限，就越有可能选择更为简单的技术。在 20 世纪 90 年代之前，受农村劳动力“无限供给”和传统农业种养结合的影响，农家肥还田较为普遍。随着农村劳动力的加速转移以及人口老龄化、农业兼业化的发展，农户在农业生产上逐渐减少劳动投入，劳动替代技术增多，农家肥还田由于费时费工费力逐步被农户舍弃。在农产品市场化发展格局中，农户选择哪种农业生产方式，主要看这种农业类型是否具有更强的市场竞争力和比较利益。为提高农产品产出率和商品率，传统小规模种养结合的循环模式逐渐分离，在技术应用上化肥这种省工、省力、立竿见影的技术迎合了农户节约劳动、追求产量的需求。通过对湖北、湖南、山东、河南四省 355 户调查，目前农村采取种养结合的农户不足 20%，使用农家肥的农户不足一半①。资源禀赋和市场环境的双重变化诱致农户对化肥的偏好。

（五）化肥低价与含量不足，造成使用浪费与统计数据高估

为了保证化肥供应，国家对化肥企业在电力、天然气、石油等能源的使用、运输和税收上都给予了政策倾斜和优惠，为减少能源流失和保证国内有充足货源对化肥出口征税和实施化肥淡储政策。过多的优惠政策对生

① 2014 年度农业部软科学课题“技术选择、制度供给与生态友好型农业发展”调查成果，课题主持人：张灿强。

产和贸易产生扭曲作用，化肥市场逐步进入供大于求的“买方市场”，低价竞争成为化肥行业的常态，导致农户在生产中不注重节肥，强化了农业生产中对化肥的依赖。在产业饱和状态下，化肥市场较为混乱。近几年，假劣农资有明显的抬头之势，部分中小生产企业在产品的有效成分含量上大做文章，含量不足的问题比较普遍，而统计数据计算化肥折纯量时，依然按照标准或标明的养分含量计算，容易造成统计数据中化肥折纯量的高估。

（六）政策错位与缺位，难以形成科学用肥的制度体系

国家对农户使用化肥进行补贴，从 2006 年起启动农资综合补贴，补贴金额逐年增大，从 2006 年的 120 亿元增加到 2014 年的 1078 亿元，增幅 798.3%，年均增长 36.8%。对化肥使用的补贴在一定程度上激励了化肥的投入。对化肥的科学使用需要进行技术指导，然而长期以来我国实行的政府驱动式、外压式农业技术推广体系，存在职能不清，管理不规范，投资机制不健全等问题，难以满足农户对技术指导的需求。一方面，由于化肥污染问题的“外部性”，使用者不承担外部成本，现有政策体系没有形成对化肥过量使用造成环境损害的有效控制；另一方面，对使用缓（控）释肥、有机肥等环保肥料的有效激励也不足。总体来看，科学用肥的制度体系还没有形成。

三、推进化肥减量的有关建议

改变中国化肥使用过量的现状是一项长期的艰巨的任务，建议从以下方面着手。

（一）长期来看，坚持农田质量改造和基础条件建设

保护基本农田、提高农地质量、改善农田水利等基础设施条件，是减少化肥使用量，实现农业可持续发展的根本。政府必须加强宏观管理，增加公共支出。加快实施耕地质量保护与提升行动，改良土壤、培肥地力、控污修复、治理盐碱、改造中低产田，提高耕地地力等级，建设高标准农田，并完善水利配套设施，改善耕地基础条件。

（二）短期来看，以蔬菜和玉米为重点，控制化肥施用强度，实现化肥使用零增长

根据本研究团队之前的测算结果①，无论是对化肥总量的贡献，还是对增量的贡献，蔬菜最大，玉米其次。1998—2012 年，蔬菜年化肥用量占总量的23%左右，使用量增加了 609 万吨，占增量的 42.3%；玉米年化肥用量占比从 19%上升到 22.4%，使用量增加了 457.3 万吨，占增量的 31.8%。

化肥施用强度上升是化肥用量增加的主要原因，对增量的贡献率为 58.2%；作物种植面积变化对增量的贡献率为 41.8%。以 2012 年为例，12 种主要作物的施肥总量为 5370.8 万吨，比上一年增加了 86.5 万吨，其中 56.7 万吨的增量来自于使用强度的上升；29.8 万吨来自于种植面积的变化。如果能够保持施用强度不变的话，就可以避免 56.7 万吨的增量。

（三）从技术上，加快高效施肥技术和新型肥料的研发和推广

经过十年多的实践，测土配方施肥技术已经非常成熟，具备较好的基础，如果能够全面深入推广，将显著提高化肥利用效率，减少化肥使用量。根据《小麦、玉米、水稻三大粮食作物的区域大配方与施肥建议（2013）》，整理出满足当前产量水平下的推荐配方施肥量，与实际施肥量的比较，发现粮食化肥使用量具有四分之一的削减潜力。以玉米为例，若按照测土配方进行施肥，玉米化肥投入可削减 338.9 万吨，占玉米化肥使用量的 27.2%。“减肥”总量最大的为吉林，可削减 68.7 万吨，其次为黑龙江、山东、辽宁和江苏，化肥削减量分别为 48.7 万吨、48.2 万吨、30.1 万吨和 23.5 万吨，这五个省份化肥削减量占削减总量的 60%。此外，水肥一体化、机械深施、种肥同播等高效施肥技术也应该加快研究和

① 金书秦：《农业如何“减肥”？——基于化肥施用对象、总量、增量的分析》，载于农业部农村经济研究中心：《农村动态反映》，2014 年 12 月 24 日。

推广，秸秆粉碎还田、快速腐熟还田、过腹还田以及种植绿肥也是实现有机肥资源利用、降低化肥使用的重要途径。

（四）从政策上，加强对现有政策的评估和新政策的设计研究

1. 对现有政策的评估和调整

对测土配方施肥、耕地质量保护与提升项目、农资综合性补贴、化肥农药零增长行动等现行政策的落实情况、执行效果、政策成本等各方面进行全面的调查研究，总结成功经验，查找存在问题，提出修改完善方案，同时也为下一步增加政策支持力度、扩大项目执行规模奠定研究基础。

2. 基于可持续粮食安全的化肥投入战略研究

化肥是重要的农业生产资料，在促进粮食和农业生产发展中具有不可替代的作用，是决定农业生产力和生产成本的主要因素。因此，化肥使用不是一个简单的、独立的、技术性的问题，而是与国家粮食安全乃至农业生产结构相关联的问题。必须从保障 13 亿人口的粮食安全和农产品供给的战略高度，重新全面审视化肥使用的问题。具体包括：我国化肥真实效率，现阶段化肥使用量的合理区间，化肥减量的中长期规划、不同阶段的重点区域和产品、化肥产业的发展战略等。

3. 基于农户生产行为特征的科学施肥技术推广政策研究

目前我们有测土配方施肥、水肥一体化等化肥高效使用技术，也具备缓释肥、有机肥、微生物肥等新型肥料的生产能力，但是却面临在农业生产中推广运用的障碍。一方面，要加强对技术本身的技术经济评估，包括技术操作简易性、经济有效性、环境友好性和当地适应性评估；另一方面，必须深入研究农户生产行为特征，包括农户真实的化肥使用量、施用方式的现状及其影响因素，各种农业生产经营主体的行为差异；深入研究农技推广体系、社会化服务体系、化肥生产者和经销商等主体的行为方式特征及发挥的作用。据此，提出推广运用科学施肥技术及新型肥料的难点、着力点和突破口，设计相关补贴扶持政策方案，并选择一定地区和对象进行试验，为政策出台提供基础。

中国主要粮食生产的化肥削减潜力及其碳减排效应*

张灿强　王　莉　华春林

内容提要： 在保障粮食安全前提下，减少化肥不合理使用是实现农业可持续发展的重要挑战。测土配方施肥是兼顾粮食安全和生态安全的科学施肥方法，本文在全国粮食作物区域大配方施肥数据的基础上，系统测算小麦、玉米、水稻三大粮食作物化肥投入的削减潜力及其碳减排效应。结果显示，满足当前粮食产量水平下，全部采用测土配方施肥，小麦、玉米、水稻三大粮食作物主产区化肥投入可削减 814.1 万吨/a，占主产区三大粮食作物化肥使用量的 27.6%，小麦、水稻和玉米化肥使用可分别削减 36.9%、28.1% 和 16.7%。三大粮食作物化肥使用削减可减少碳排放 1045.9 万吨/a。建议深入推进测土配方施肥，建立配方肥生产服务中心，出台配方肥使用补贴，创新补贴方式和推广模式，构建全国测土配方施肥大数据平台。

* 基金项目：国家社会科学基金青年项目“新型农业经营形式下多种农业面源污染治理机制的效果评价研究”（编号：14CJY046）。农业部农村经济研究中心 2015 年度重点调研课题“促进化肥农药使用零增长的对策措施研究”。

化肥被称为粮食的“粮食”，对粮食安全发挥了巨大作用。当前，中国已成为世界上最大的化肥生产国和消费国，2014 年，中国化肥施用量达到 5996 万吨，占世界化肥使用量的三分之一，是粮食主产国中单位面积耕地化肥使用量最高的国家。大量实证研究表明，化肥使用量与粮食单产和总产具有较强的正相关关系，化肥对粮食增产的贡献率高达 40%—50%①。然而，长期以来我国化肥施用普遍存在着亩均施用量偏高、利用率不高和结构不平衡等问题②。由于长期过量使用，化肥对粮食的增产弹性减小③，也就是说再增加化肥投入对粮食的增产效果已不明显。化肥的过量施用不仅造成资源浪费，也给农业生态环境带来危害。化肥使用是重要的碳排放源，相关研究表明化肥使用的碳排放占农业物质投入（包括化肥、农药、农膜、柴油、灌溉等）碳排放总量的 60% 左右④。改进肥料管理方式，提高肥料利用率成为减少农业碳排放的重要途径⑤。

为提高我国肥料利用率，改善土壤养分状况，2005 年农业部和财政

---

① 王祖力、肖海峰：《化肥施用对粮食产量增长的作用分析》，《农业经济问题》2008 年第 8 期。张利庠、彭辉、靳兴初：《不同阶段化肥施用量对我国粮食产量的影响分析——基于 1952—2006 年 30 个省份的面板数据》，《农业技术经济》2008 年第 4 期。房丽萍、孟军：《化肥施用对中国粮食产量的贡献率分析——基于主成分回归 C－D 生产函数模型的实证研究》，《中国农学通报》2013 年第 17 期。

② 张林秀、黄季焜、乔方彬等：《农民化肥使用水平的经济评价和分析》，载朱兆良等：《中国农业面源污染控制对策》，中国环境科学出版社 2006 年版。马骥：《农户粮食作物化肥施用量及其影响因素分析》，《农业技术经济》2006 年第 6 期。林源、马骥：《农户粮食生产中化肥施用的经济水平测算——以华北平原小麦种植户为例》，《农业经济问题》2013 年第 1 期。

③ 张利庠、彭辉、靳兴初：《不同阶段化肥施用量对我国粮食产量的影响分析——基于 1952—2006 年 30 个省份的面板数据》，《农业技术经济》2008 年第 4 期。赵志坚、胡小娟、彭翠婷等：《湖南省化肥投入与粮食产出变化对环境成本的影响分析》，《生态环境学报》2012 年第 12 期。

④ 李波、张俊飚、李海鹏：《中国农业碳排放时空特征及影响因素分解》，《中国人口资源与环境》2011 年第 8 期。

⑤ Snyder C S, Bruulsema T W, Jensen T L, Fixen PE. Review of greenhouse gas emissions from crop production systems and fertilizer management effects. *Agriculture Ecosystems & Environment*, 2009, 133 (3－4): 247－266. 罗文兵、邓明君、向国成：《我国棉花种植化肥施用的碳排放时空演变及减排潜力》，《经济地理》，2015 年第 9 期。

部启动测土配方施肥试点工作，测土配方施肥是以土壤测试和肥料田间试验为基础，根据作物对土壤养分的需求规律、土壤养分的供应能力和肥料效应，提出的不同肥料的施用数量、时期和方法的一套技术体系①。测土配方施肥一方面使施肥量和施肥时期更符合作物对养分的需求，提高作物产量；另一方面提高化肥的利用率，避免化肥的过量施用，改善农田生态环境，是一项兼顾粮食安全和生态安全的环境友好型技术。截至 2014 年，中央累计投入财政资金 78 亿元，项目扩展到 2500 多个县（场、单位），为 1.9 亿农户提供测土配方施肥服务，技术推广面积 14 亿亩次②。通过测土配方施肥技术推广，2005—2012 年全国累计减少不合理施肥 700 多万吨，减少氮、磷流失 6%—30%，示范县粮棉油作物氮磷钾平均利用率分别提高 6 个、4 个和 1 个百分点③。

响应 2015 年“中央 1 号文件”关于加强生态建设和面源污染控制的要求，农业部制定了《到 2020 年化肥使用量零增长行动方案》，提出“减肥”的目标任务和技术路径。据测算，水稻、小麦和玉米三大粮食作物化肥使用量占农业化肥使用总量的半壁江山④。未来很长一段时间内，化肥对保障粮食安全仍具有不可替代的作用，在粮食安全和生态安全的双重目标下，粮食生产的化肥削减潜力有多大？“减肥”的重点区域在哪里？本文试图回答以上问题，以期对化肥使用零增长行动提供参考。

一、研究方法和数据来源

（一）化肥削减潜力核算方法

分析化肥的削减潜力，首先要明确一定区域范围内在特定的气候、土

---

① 张福锁等：《测土配方施肥技术》，中国农业大学出版社 2011 年版。

② 1 亩≈666.7 平方米，下同。

③ 韩长赋：《改革创新促发展　兴农富民稳供给——农村经济十年发展的辉煌成就（2002—2012）》，人民出版社 2012 年版。

④ 潘丹：《中国化肥施用强度变动的因素分解分析》，《华南农业大学学报（社会科学版）》，2014 年第 2 期。

壤等自然条件和目标产量约束下的科学使用量，然后将其与化肥实际使用量进行对比，从而得出化肥使用是否需要削减以及削减的比重。

$$p_j = \frac{\sum (f_s - f_h) \times a}{\sum f_s \times a}$$

上式中，p_j 为化肥削减比例，f_s 为特定区域某作物单位面积化肥实际使用量，f_h 为同一作物单位面积化肥科学使用量，a 为作物面积。

测土配方施肥项目推广近十年来，项目区基本覆盖了全国主要农业县，各地农业管理部门尤其是土肥管理部门和专家团队，通过取土、化验、田间试验等相关工作，积累了宝贵的田间土壤与作物肥料利用数据。农业部在总结全国测土配方施肥成果的基础上，根据小麦、玉米、水稻三大粮食作物需肥特点和不同区域土壤养分供应状况及肥效反应，研究制定了《小麦、玉米、水稻三大粮食作物的区域大配方与施肥建议（2013）》，弥补了我国科学施肥参考的空白，对指导农业生产具有重要作用。本文将系统整理三大粮食作物不同分区的配方施肥建议，并将其作为化肥科学使用量和减肥的目标。化肥实际使用量来源于国家发改委价格司《全国农产品成本收益资料汇编（2014）》，作物面积来源于《中国农业统计资料（2013）》。

（二）化肥削减的碳减排估算方法

根据农业碳排放的一般方法①，构建本研究中粮食生产化肥使用削减的碳减排计算公式：

$$E = \sum T_i \times \delta$$

E 为三大粮食作物化肥削减的碳减排总量，T_i 为使用测土配方技术条件下不同粮食作物化肥削减量，δ 为化肥的碳排放系数，目前的研究主要

① 田云、张俊飚、李波：《中国农业碳排放研究：测算、时空比较与脱钩效应》，《资源科学》2012 年第 11 期。

考虑了化肥生产、运输中天然气、电力、煤炭等能源消耗产生的碳排放[①]。不同化肥使用水平对土壤与大气之间 CH_4 和 N_2O 的交换量也会产生影响，但影响机制复杂，影响结果也存在争议[②]，本文不考虑化肥施用对土壤的温室气体排放效应。大部分研究在化肥碳排放系数选取时主要参考国外的相关研究[③]，有学者指出我国氮磷钾的温室气体排放系数普遍高于欧美国家，利用国外系数来估算我国的农业温室气体排放量将严重低估化肥施用的影响。陈舜等（2015）[④] 推算了符合中国情况的氮磷钾制造过程的温室气体排放系数，分别为 2.116kg CE/kg N、0.636kg CE/kg P_2O_5、和 0.180kg CE/kg K_2O。根据当前化肥使用中氮磷钾 0.5：0.3：0.2 的结构权重系数，综合得出我国化肥的碳排放系数为 1.2848kg CE/kg。

二、三大粮食作物化肥使用削减潜力

（一）小麦生产的化肥使用可削减量

中国小麦主产区分为 5 个大区，即东北春麦区、西北麦区、华北冬麦区、长江中下游冬麦区和西南麦区。小麦施肥分区细分为 7 个亚区，涵盖河南、山东、安徽等 15 个省份，这些省份小麦种植面积和产量分别占全国的 96.6% 和 98.6%，化肥施用情况基本可以代表全国。结合不同区域内小麦单产，整理出满足当前平均产量水平下的推荐配方施肥量（表 1）。由于省区范围和施肥分区范围不完全吻合，如江苏和安徽两省淮河以北和以南的地区分属华北雨养冬麦区和长江中下游冬麦区，本研究按照覆盖面

① West T O, Marland G. A Synthesis of Carbon Sequestration, Carbon Missions, and Net Carbon Flux in Agriculture: Comparing Tillage Practice in the United States [J]. *Agriculture Ecosystem and Environment*, 2002: 91 (1-3): 217-232.

② 胡小康、黄彬香、苏芳：《氮肥管理对夏玉米土壤 CH_4 和 N_2O 排放的影响》，《中国科学：化学》2011 年第 1 期。

③ 田云、张俊飚、李波：《中国农业碳排放研究：测算、时空比较及脱钩效应》，《资源科学》2012 年第 11 期。杨钧：《中国农业碳排放的地区差异和影响因素分析》，《河南农业大学学报》2012 年第 3 期。

④ 陈舜、逯非、王效科：《中国氮磷钾肥制造温室气体排放系数的估算》，《生态学报》2015 年第 19 期。

积最大的原则将一省划入一个施肥分区内进行统计。

表 1　　主要种植区域小麦施肥建议

大区	亚区	主要省份	产量水平（kg/亩）	建议配方施肥量（kg/亩）		
				N	P_2O_5	K_2O
东北春麦区	东北春麦区	黑龙江、内蒙古	<250	2.9—4.9	1.8—2.8	1.2—1.8
			250—350	4.9—7.0	2.8—4.0	1.8—2.6
			350—450	7.0—9.1	4.0—5.2	2.6—3.4
西北麦区	西北雨养旱作麦区	山西、陕西、宁夏	250—350	6.7—9.2	2.9—4.0	1.2—1.7
	西北灌溉麦区	新疆、甘肃	<300	5.4—8.3	2.3—3.4	1.3—1.9
			300—400	8.3—11.2	3.4—4.5	1.9—2.5
			400—550	11.2—15.2	4.5—6.3	2.5—3.5
华北冬麦区	华北灌溉冬麦区	山东、河北、河南	<400	7.3—9.6	3.6—4.8	2.2—2.9
			400—500	9.6—11.9	4.8—6.0	2.9—3.6
长江中下游冬麦区	长江中下游冬麦区	湖北、安徽、江苏	300—400	8.2—10.9	3.4—4.5	2.7—3.6
西南麦区	西南麦区	四川、云南	<250	3.6—6.2	1.5—2.5	1.1—1.8

全国小麦亩均化肥实际使用量为23.3kg，配方施肥量在计算过程中取上限和下限的均值。结果显示，主产省亩均化肥实际使用量均超过建议使用量，小麦生产化肥投入存在削减的空间（图1）。以测土配方推荐施肥量作为减肥目标，单位面积化肥削减量最高的是东北春麦区的内蒙古，亩均化肥削减量达19.4kg，削减量占实际施肥量的55.3%。亩均减肥量较大的地区还有西北雨养旱作麦区的陕西、山西和宁夏以及华北灌溉冬麦区的河南。陕西、山西、宁夏三省小麦亩均化肥投入量可削减12.2kg—13.3kg，削减比重达到48.7%—51.0%。河南省亩均可削减化肥11.7kg，

削减比重为 43.6% 。亩均化肥削减比重超过 30% 的省份还有甘肃、四川、江苏、安徽、河北、山东和黑龙江。

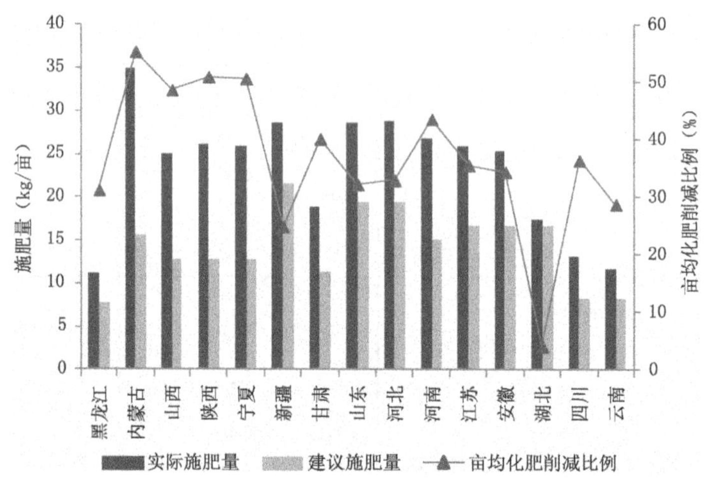

图 1　小麦亩均实际施肥量、建议施肥量与化肥削减比例

若按照测土配方进行施肥，15 个小麦生产大省可削减化肥使用量 328.6 万吨/a，占小麦化肥使用总量的 36.9% 。河南省化肥削减量最大，达 94.3 万吨/a，其次为山东、河北和安徽，削减量分别为 50.8 万吨/a、34.0 万吨/a 和 32.0 万吨/a，这四个省份化肥削减量占小麦生产化肥使用削减总量的 64.2% ，此外，江苏、陕西小麦生产化肥削减量超过 20 万吨，内蒙古、陕西和新疆削减量超过 10 万吨。

（二）玉米生产的化肥使用可削减量

中国玉米主产区为 4 个大区，即东北春玉米区、华北夏玉米区、西北春玉米区和西南玉米区。玉米施肥区细分为 12 个亚区，主要涉及黑龙江、吉林、内蒙古等 20 个省市，玉米面积和产量占全国的 96.5% 和 96.6% 。结合不同区域内玉米平均单产，整理出满足当前产量水平下的推荐配方施肥量（表 2）。

表 2　　主要种植区域玉米施肥建议

大区	区域	主要省份	产量水平（kg/亩）	建议配方施肥量（kg/亩）		
				N	P_2O_5	K_2O
东北春玉米区	东北冷凉春玉米区	黑龙江	<500	6.7—8.3	3.2—4.1	2.3—3.0
	东北半湿润春玉米区	吉林	<550	7.6—9.6	3.6—4.3	2.4—2.9
	东北温暖湿润春玉米区	辽宁	500—600	10.5—12.3	4.1—4.9	2.9—3.5
华北夏玉米区	华北中北部夏玉米区	山东、河北、河南	450—550	9.6—11.9	2.4—3.0	3.0—3.8
	华北南部夏玉米区	安徽、江苏	400—500	9.9—12.4	4.1—5.0	3.2—4.0
西北春玉米区	西北雨养旱作玉米区	山西、陕西、甘肃	450—600 600—700	9.0—11.9 11.9—14.0	4.6—6.0 6.0—7.0	2.3—3.0 3.0—3.5
	北方灌溉春玉米区	内蒙古、宁夏	500—650	9.4—11.8	5.7—7.5	2.6—3.4
	西北绿洲灌溉春玉米区	新疆	550—700	11.5—14.7	6.2—8.1	1.6—2.1
西南玉米区	四川盆地玉米区	四川	400—500	9.8—11.9	4.5—5.6	3.4—4.2
	西南山地丘陵玉米区	重庆、贵州、广西、湖北	400—500	9.4—12.0	3.6—4.5	2.4—3.0
			<400	7.3—9.4	2.7—3.6	1.8—2.4
	西南高原玉米区	云南	400—550	9.2—12.3	3.6—5.0	2.6—3.6

玉米种植亩均化肥实际施用量为 24.4kg，除四川外，其余省份玉米实际施肥量都超过建议施肥量，玉米化肥投入存在削减空间。若以测土配方推荐施肥量作为减肥目标，玉米亩均化肥削减量较大的地区主要分布在东北半湿润春玉米区、西南玉米区和华北中北部夏玉米区。吉林省亩均化肥削减量达到 13.1kg，削减比重为 46.3%，广西和湖北亩均化肥削减量超过 10kg，削减比重在 40% 以上。山东省亩均化肥削减为 10.5kg，削减比重达到 38.5%。此外，贵州、云南、宁夏和黑龙江亩均化肥削减比重在 30% 以上（图 2）。

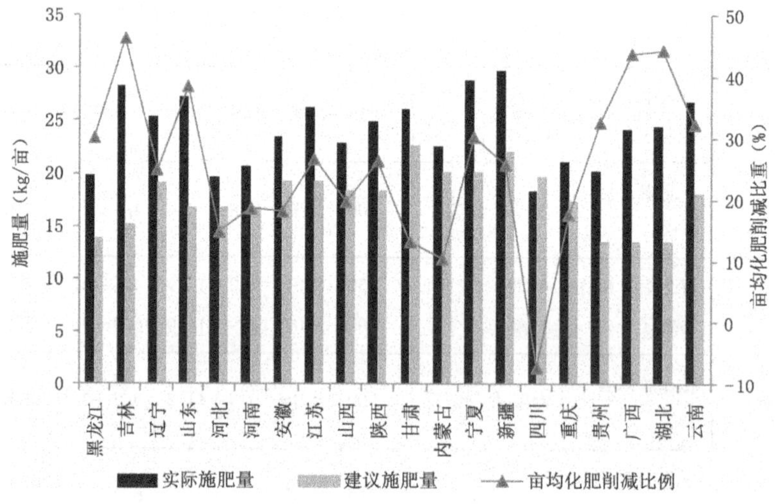

图 2　玉米亩均实际施肥量、建议施肥量与化肥削减比例

全国 20 个玉米主产省化肥削减总量为 349.9 万吨/a，占主产省玉米化肥使用量的 28.1%。“减肥”总量较大的省份为吉林、黑龙江、山东和辽宁，化肥削减量分别达到 68.7 万吨/a、48.7 万吨/a、48.2 万吨/a 和 30.1 万吨/a，这四个省化肥削减量占玉米生产化肥削减总量的 55.9%。江苏、安徽、河南、宁夏、陕西和新疆的化肥削减量在 10 万吨以上。

（三）水稻生产的化肥使用可削减量

中国水稻主产区分为 5 个大区，即东北单季稻区、长江流域单双季稻区、江南华南单双季稻区、西南高原山地单季稻区和其他稻区。水稻施肥分区可进一步细分为9个亚区，涵盖湖南、黑龙江、江西等18个省份，稻谷面积和产量分别占全国的97.7%和97.3%。根据不同区域单产水平，整理不同施肥分区的建议配方施肥量（表3）。

表3　主要种植区域水稻施肥建议

大区	亚区	主要省份	目标产量（kg/亩）	建议配方施肥量（kg/亩）		
				N	P_2O_5	K_2O
东北单季稻区	东北寒地单季稻区	黑龙江	450—500	4.6—7.6	3.4—4.4	2.3—3.0
	东北吉辽内蒙古单季稻区	吉林、辽宁、内蒙古	500—600	9.1—10.9	3.8—4.5	3.4—3.9
长江流域单双季稻区	长江上游单季稻区	四川、重庆	450—550	7.2—10.5	4.4—5.4	3.2—3.9
	长江中游单双季稻区早稻	江西	350—450	8.4—11.1	3.9—5.0	2.7—3.5
	长江中游单双季稻区中稻		450—550	9.1—11.5	4.5—5.5	3.7—4.5
	长江中游单双季稻区晚稻		400—500	9.4—11.5	3.6—4.5	3.6—4.5
	长江下游单季稻区	江苏、浙江	500—600	14.3—16.1	4.6—5.5	3.2—3.9
江南华南单双季稻区	江南丘陵山地单双季稻区早稻	福建	350—450	8.2—11.0	3.1—4.0	3.1—4.0

续表

大区	亚区	主要省份	目标产量（kg/亩）	建议配方施肥量（kg/亩）		
				N	P_2O_5	K_2O
江南华南单双季稻区	江南丘陵山地单双季稻区中稻	福建	450—550	9.4—11.3	3.9—4.8	3.9—4.8
	江南丘陵山地单双季稻区晚稻		350—450	8.2—11.0	3.1—4.0	3.1—4.0
	华南平原丘陵双季稻区早稻	广东、广西、海南	350—450	8.4—11.0	3.1—4.0	1.3—1.8
	华南平原丘陵双季稻区晚稻		350—450	8.4—11.0	3.1—4.0	1.3—1.8
			<350	8.0—10.2	2.3—3.1	1.6—1.9
西南高原山地单季稻区	西南高原山地单季稻区	云南、贵州	400—500	9.0—9.8	3.4—4.3	3.9—5.0
			500—600	11.1—11.5	4.3—5.1	5.0—5.9

水稻的亩均化肥实际使用量为22kg，通过对比水稻实际施肥量和测土配方建议施肥量，除贵州、重庆和浙江外，其余省份实际施肥量超过建议施肥量，化肥使用存在削减的空间。亩均化肥削减量较大的地区主要分布在东北单季稻区和江南华南单双季稻区。吉林、辽宁的粳稻亩均化肥削减量分别为8. 6kg和6. 3kg，削减比例达到32. 6%和26. 3%。广东和广西的早稻和晚稻亩均化肥削减量平均达到6. 7kg，削减比例在23%—30%之间。福建、安徽和江西的早稻和中晚稻亩均化肥削减量在4. 3kg—8. 3kg之间，削减比例介于18. 8%—32. 5%（图3）。

除贵州、重庆和浙江外，15个水稻种植省份化肥削减量为135. 5万吨/a，占水稻化肥使用量的16. 7%。广西和江西的水稻生产化肥使用量可削减23. 2万吨/a和21. 5万吨/a，其次为广东、江苏和黑龙江，可分别削减16. 5万吨/a、15. 3万吨/a和13. 4万吨/a，以上五省水稻生产化肥

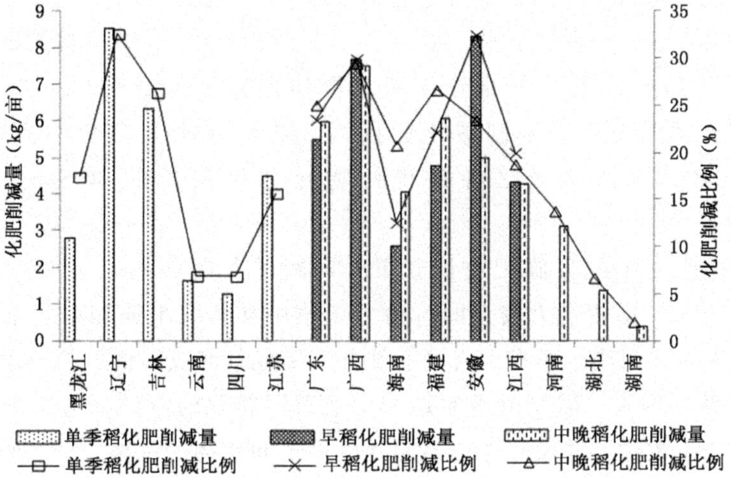

图 3　水稻亩均化肥削减量与削减比例

削减量占削减总量的 66.4% 。

三、化肥削减的碳减排效应

根据化肥使用的碳排放估算方法，在使用测土配方施肥条件下，三大粮食作物削减的化肥使用量可减少碳排放 1045.9 万吨/a，其中，小麦、玉米和水稻可分别减排碳 422.2 万吨/a、449.6 万吨/a 和 174.1 万吨/a。

从分省粮食生产化肥削减的碳减排量来看，减排潜力较大的区域主要集中在华北平原和东北平原的粮食生产大省。碳减排潜力最大的是河南省，减排量为 148.8 万吨/a，其次为山东省，碳减排潜力为 127.2 万吨/a，吉林和江苏的减排潜力分别为 97.1 万吨/a 和 88.0 万吨/a，黑龙江和安徽的减排潜力分别为 80.6 万吨/a 和 79.3 万吨/a，这六个省份碳减排量占减排总量的 59.4% 。

四、结论与政策启示

（一）研究结论

当前，粮食生产的化肥使用量普遍超过测土配方推荐施肥量，存在进一步削减的空间。以测土配方推荐施肥量为“减肥”目标，满足当前平均产量水平下，小麦、玉米、水稻三大粮食作物主产区化肥投入每年可削减 814.1 万吨/a，占主产区三大粮食作物化肥使用量的 27.6%。小麦、玉米和水稻种植可分别削减化肥投入 328.6 万吨/a、349.9 万吨/a 和 135.5 万吨/a，占主产区各粮食作物化肥使用量的 36.9%、28.1% 和 16.7%。

在按照测土配方施肥的情景下，削减的化肥使用量可减少碳排放 1045.9 万吨，减排潜力较大的省份主要集中在华北平原和东北平原的粮食生产大省，河南、山东、吉林、江苏、黑龙江和安徽的碳减排潜力占减排总量的 59.4%。需要说明的是，受到数据获取的限制，本文在选取化肥碳排放系数时，并没有考虑不同地区、不同作物的差异，会对研究结果产生一定的影响，也是研究需要进一步深化的地方。

（二）政策启示

1. 建立配方肥服务中心，着力解决测土配方施肥最后一公里问题

在减肥潜力较大的区域，建立小麦、玉米、水稻配方肥生产、加工、配送服务中心，实现大配方的批量生产和供应。在县、镇域范围内，推广小型智能配方肥机、配肥站，相关管理部门在测土、配方、数据库建设等方面加强指导，并在用地、税收等方面给以一定的优惠政策，真正让农户用得上，用得起配方肥。

2. 出台配方肥使用补贴，创新补贴方式和推广模式

落实农业“三项补贴”改革试点，耕地地力保护补贴向配方肥倾斜，粮食适度规模经营补贴中部分资金用于引导规模经营主体使用配方肥。支持和鼓励有优势的大中型肥料生产、经销企业等市场主体进入测土配方施肥领域，探索政府购买服务的有效方式，扶持社会化施肥服务组织，统一开展测土、配方、供肥、施肥、培训等服务，创新配方肥推广示范、宣传培训和农化服务新模式。

3. 建立全国测土配方施肥大数据平台，加强相关规划引导

在测土配方施肥项目基础上，系统收集不同施肥分区的气候、土壤、

作物类型、产量、施肥量等信息，建立作物施肥管理大数据平台。有条件的省份，建立科学施肥管理平台，系统测算不同区域内的化肥投入与削减指标，制定化肥减量路线图，为2020年实现化肥施用零增长提供有力支撑。

参考文献

[1] 王祖力、肖海峰：《化肥施用对粮食产量增长的作用分析》，《农业经济问题》2008年第8期。

[2] 张利庠、彭辉、靳兴初：《不同阶段化肥施用量对我国粮食产量的影响分析——基于1952—2006年30个省份的面板数据》，《农业技术经济》2008年第4期。

[3] 房丽萍、孟军：《化肥施用对中国粮食产量的贡献率分析——基于主成分回归C－D生产函数模型的实证研究》，《中国农学通报》2013年第17期。

[4] 张林秀、黄季焜、乔方彬等：《农民化肥使用水平的经济评价和分析》，载朱兆良等：《中国农业面源污染控制对策》，中国环境科学出版社2006年版。

[5] 马骥：《农户粮食作物化肥施用量及其影响因素分析》，《农业技术经济》2006年第6期。

[6] 林源、马骥：《农户粮食生产中化肥施用的经济水平测算——以华北平原小麦种植户为例》，《农业经济问题》2013年第1期。

[7] 赵志坚、胡小娟、彭翠婷等：《湖南省化肥投入与粮食产出变化对环境成本的影响分析》，《生态环境学报》2012年第12期。

[8] 张维理、吴淑霞、冀宏杰等：《中国农业面源污染形势估计及控制对策Ⅰ：21世纪初期中国农业面源污染的形势估计》，《中国农业科学》2004年第7期。

[9] 李波、张俊飚、李海鹏：《中国农业碳排放时空特征及影响因素分解》，《中国人口资源与环境》2011年第8期。

[10] Snyder C S, Bruulsema T W, Jensen T L, Fixen PE. Review of greenhouse gas emissions from crop production systems and fertilizer management effects. *Agriculture Ecosystems & Environment*, 2009, 133 (3 - 4): 247 - 266.

[11] 罗文兵、邓明君、向国成：《我国棉花种植化肥施用的碳排放时空演变及减排潜力》，《经济地理》2015 年第 9 期。

[12] 张福锁等：《测土配方施肥技术》，中国农业大学出版社 2011 年版。

[13] 韩长赋：《改革创新促发展　兴农富民稳供给——农村经济十年发展的辉煌成就（2002—2012)》，人民出版社 2012 年版。

[14] 潘丹：《中国化肥施用强度变动的因素分解分析》，《华南农业大学学报（社会科学版)》2014 年第 2 期。

[15] 田云、张俊飚、李波：《中国农业碳排放研究：测算、时空比较与脱钩效应》，《资源科学》2012 年第 11 期。

[16] West T O, Marland G. A Synthesis of Carbon Sequestration, Carbon Missions, and Net Carbon Flux in Agriculture: Comparing Tillage Practice in the United States [J]. *Agriculture Ecosystem and Environment*, 2002: 91 (1 - 3): 217 - 232.

[17] 胡小康、黄彬香苏芳：《氮肥管理对夏玉米土壤 CH_4 和 N_2O 排放的影响》，《中国科学：化学》2011 年第 1 期。

[18] 田云、张俊飚、李波：《中国农业碳排放研究：测算、时空比较及脱钩效应》，《资源科学》2012 年第 11 期。

[19] 杨钧：《中国农业碳排放的地区差异和影响因素分析》，《河南农业大学学报》2012 年第 3 期。

[20] 陈舜、逯非、王效科：《中国氮磷钾肥制造温室气体排放系数的估算》，《生态学报》2015 年第 19 期。

农业为本、文化为核

——我国乡村旅游发展的未来进路

刘　洋

内容提要：当前我国乡村旅游发展迅速，已经成为产业融合的新趋势、农民增收的新途径、农村建设的新动力和生态保护的新手段。鉴于乡村旅游需求旺盛且需求层次多样，投资主体增多以及政府开发扶持力度加大等因素，可以判断在当前和今后一个时期，我国乡村旅游将会有巨大的发展空间。根据乡村旅游需求动机理论的研究，立足我国国情和未来乡村旅游消费需求结构的变化，乡村旅游应当以农业生产经营为根本，充分挖掘农业资源潜力，在此基础上提升文化内涵，以乡村文化的体验为核心，实现我国乡村旅游的提质升级。

一、乡村旅游对我国三农事业发展的重要作用

乡村旅游是以乡村地区为活动场所，利用乡村独特的自然和人文资源，为城市游客提供观光、休闲等多种服务的旅游经营活动。有学者研究，乡村旅游最早出现于法国。1855 年法国参议员欧贝尔带领同伴到巴

黎郊外的农村地区休闲度假，在当地开展伐木种树养蜂等活动，体验农耕和采集生活，即为现代乡村旅游的雏形。20 世纪 60 年代，西班牙、美国、日本和波兰等国也兴起了乡村旅游。当前乡村旅游在欧美发达国家已具相当规模。我国在 20 世纪 80 年代末才开始出现采摘园和农家乐，发展至今已经有农家乐、田园农业、民俗风情、村落古镇、休闲度假、科普教育等多种旅游模式，休闲农业就是乡村旅游的重要表现形式。尽管起步较晚，但乡村旅游已经显示出其在三农事业发展中的重大作用。

一是产业融合的新趋势。乡村旅游不仅使农业发挥了食品保障和原料供给的传统功能，还实现了农业的观光休闲、文化教育、生态涵养等多元功能。通过多元功能拓展延长了农业产业链，带动了农产品加工业、服务业、交通运输、建筑、文化等相关产业的发展。2015 年“中央 1 号文件”提出要大力发展农业产业化、促进第一、第二、第三产业融合互动发展。可以预计，乡村旅游将成为产业融合的新趋势。

二是农民增收的新途径。乡村旅游通过农业产业链条的延伸和配套产业的带动，拓展了农民就业增收的空间。根据国家旅游局统计，2013 年全国乡村旅游经营户有 170 多万家，营业收入达 2800 多亿元，带动超过 3000 万农民受益。据中央农村工作领导小组副组长陈锡文透露，2014 年到乡村旅游的游客达 12 亿人次，占全部游客的 30%，给农民带来了 3200 亿元收入，带动了 3300 万农民致富。乡村旅游正成为促进农民就业增收的新途径。

三是农村建设的新动力。在开展乡村旅游的地区，道路、电网、卫生、给排水和田间道、水利灌溉等硬件基础设施得到了极大完善。农民主动或被动地学习掌握现代农业、经营管理、经济法律知识，在旅游活动的参与和组织过程中增强了民主管理意识和组织化程度，农村的软件建设也上了一个新的台阶。城镇居民下乡旅游，还促进了信息、资金和技术等资源向农村的流动。这些都给农村建设注入了新的活力。

四是生态保护的新手段。乡村旅游对村庄的环境卫生和整洁美观有着很高的要求，这大大带动了农村村容的改变和卫生条件的改善。旅客对于绿色田野和清新空气的需求，也推动了农业生产中化肥、农药施用量的减少，保护了绿水青山和农业生态环境，促进了农业生产方式的转变，同时村民的环境保护和生态意识也有了很大提高。

二、乡村旅游的巨大发展空间和面临的问题

当前我国乡村旅游有着巨大发展空间。从需求层面来讲：第一，乡村旅游需求总量较大。我国当前处于工业化的中后期，根据国外乡村旅游发展规律，在工业化中后期将有很多希望逃离工业环境的城市人口选择乡村游。我国同时又处于城市化的快速推进期，据国家统计局公布数字，2014年年末我国城镇常住人口已接近7.5亿人，随着国民经济的快速发展，这些城市人口将会表现出越来越多的休闲需求。当前及今后一个时期乡村旅游总的需求量很大。第二，乡村旅游需求层次和需求形式的多样化。社会学研究表明，我国社会当前正处于传统、现代、后现代叠加的空间和时代压缩时期，城市人口构成复杂，既有传统城市居民，也有新增城市人口，还有常住城市的农业转移人口。不同人群对乡村旅游的需求形式和需求层次都不相同，既有大量短途采摘、农家乐等活动的实际需求，也有对休闲度假身心放松的需求，还有对乡村传统文化的体验渴望。需求层次的多样化拓宽了乡村旅游发展的市场空间。

从供给层面来看，首先，政府高度重视乡村旅游的发展，开发扶持力度加大。当前，不论是出于发展高效生态农业、率先实现农业现代化考虑的经济发达地区，还是出于旅游扶贫、经济发展考虑的经济欠发达地区都很重视乡村休闲旅游产业，很多地方都把乡村旅游纳入了旅游产业发展的总体规划，还出台专门政策扶持乡村旅游发展。2015年“中央1号文件”要求“扶持建设一批具有历史、地域、民族特点的特色景观旅游村镇，打造形式多样、特色鲜明的乡村旅游休闲产品”，并且要“研究制定促进乡村旅游休闲发展的用地、财政、金融等扶持政策，落实税收优惠政策”。随着政府对乡村旅游的开发力度加大，乡村旅游的产品将会更加丰富。其次，社会资本对乡村旅游投资旺盛，多元化趋势明显。由于乡村旅游具有风险较小、投资较少，见效较快的特点，社会资本投资乡村旅游比较踊跃。乡村旅游在起始阶段以农户自发组织开展为主，而当前投资乡村

旅游的主体已经多元化，既有农户个体或合伙经营，例如各种农家乐、观光园，也有村集体、合作社、农业企业等主体投资，例如宜兴市白塔村成立了江苏省第一个具有法人地位的乡村旅游专业合作社，还有大型企业集团和资本市场资金进入，例如中青旅股份公司投资 40 亿元建成北京密云古北水镇。最后，我国乡村旅游资源丰富、开发潜力较大。在我国，丰富多彩的民族文化，形式多样的农业生产活动，风俗习惯上的地域差异，地理形态上的红壤绿洲、梯田平川都具有旅游开发的潜力。例如，农业部从 2012 年开始发掘出来的 39 个中国重要农业文化遗产就是很好的乡村旅游资源。

可见，由于我国乡村旅游的需求旺盛且需求层次多样，投资主体增多、政府对开发的扶持力度加大，在当前和今后一个时期，我国乡村旅游将会继续蓬勃发展。但这种巨大的发展空间同时也会带来“萝卜快了不洗泥”的问题，这在当前已经显现出来，例如很多专家学者指出的乡村旅游整体规划欠缺、旅游产品单一、开发深度不足、经营水平不高等问题。从长时段来看，随着我国逐步跨入知识经济社会，乡村旅游消费需求的结构层次也将会发生转变，人们对精神和文化的消费需求将会增多，这就提醒我们要在当前乡村旅游的繁荣情境中保持冷静、抓住时机、提升内涵，把握乡村旅游消费需求的变化趋势，据此设计我国乡村旅游的发展道路。而这首先需要了解城市居民乡村旅游消费需求动机的变化。

三、城市居民乡村旅游的需求动机

乡村旅游是以城市居民为服务对象的旅游活动，因此，把握未来乡村旅游消费需求的发展趋势，还需从乡村旅游者的需求动机着手。国内外相关研究表明，对乡村旅游需求的背后主要有三大动机。

（一）逃避主义动机

这一理论流派将乡村旅游视为一种对城市和现代生活的叛离，认为农村地区是城市人理想的避难之所。其代表人物丹恩（Dann）认为，乡村旅游是现代工业社会失范的必然。他认为“人们从事乡村旅游是源于现代工业社会的失范，也即无规范、无意义、孤独感等”。麦坎内尔（MacCannell）认为，乡村旅游是一种“现代的仪式”和“世俗的朝圣”。他认为“现代人的疏离促使他们去别处寻求真实的生活，他们追求真实的程度和深度取决于他们疏离的程度”。国内学者张凌云认为，“人类对于工业化、现代化是充满了矛盾和焦虑的，既无法拒绝，又别无选择，这是对人的异化。这触发了人们短暂地逃避现世（惯常环境）的心理动机”。

（二）怀旧主义动机

怀旧主义理论认为，乡村旅游是对传统和过去的一种留恋和怀旧，这一动机常常和“逃避”主义相伴随。其代表人物格雷本（Graburn）说，“人们去旅游的一个重要因素是怀旧，这是对过去的事情与情感的一种感伤的渴望。虽然我们不能回到过去，但是通过建筑物，通过对过去的重申与召唤，或是通过味觉、嗅觉与触觉，我们可以重新创造过去”。国内学者左晓斯认为，“在当代社会，特别是当代都市社会的人们，面临各种各样的巨大压力，面临经济的、社会的、环境和精神的四大危机，这些危机触发了人类灵魂深处的逃避主义本能，记忆中的田园牧歌开始产生魔力，这种怀旧情结成为今日乡村旅游发展的巨大推力，这在发达国家尤其明显”。熊剑峰则认为，怀旧和传统文化息息相关，“当旅游成为时尚，传统被再次认可推崇，便不难理解由怀旧引发的怀旧旅游其最终的指向即是传统文化与民族精神，其最终之目的即为对抗现代性对主体的异化，保持主体自身的本土感和本土性”。

（三）体验主义动机

这种理论流派认为乡村旅游就是一种体验活动，旅游者追求的是体验乡村文化，通过文化品味生命的意义和人生的自由。科恩（Cohen）最早从现象学的角度进行旅游体验的研究，他持多元的体验观，将旅游归结为“追求愉悦为目的和追求意义与真实性为目的的两种体验”。尤里（Urry）认为，旅游就是到不同的地方去体验不一样的经历。他认为，“旅游是体验一种异乎寻常”。国内学者谢彦君认为“旅游是利用余暇在异地获得的一次休闲体验”，他将旅游者的体验分为两大类型，“一种是通过超越性的旅游体验而获得的愉悦，可以统称之为旅游审美愉悦；另一种是通过回归性的旅游体验而获得的愉悦，可以统称之为旅游世俗愉悦”。彭兆荣则从人类学的角度进行解读，认为“‘乡村魅力’对于都市人群来说成了一种‘挡不住的诱惑’，其意义更多的或许并不是让游客换一个‘地方’，而是换一种体验的‘价值’”。

四、农业为本，文化为核：我国乡村旅游发展的未来进路

基于乡村旅游需求动机理论，针对国内乡村旅游发展状况，结合我国国情，我国乡村旅游的未来发展应当以“农业为本、文化为核”为主要进路。

（一）农业为本

农业是乡村旅游的根本，发展乡村旅游以农业经营和农业资源为基础才能长久。首先，从需求动机理论上来讲，乡村旅游基础在于农业。乡村旅游者“逃避”的是工业社会的失范，奔向的是农业的生活方式和休闲形式，这就是为什么游客总喜欢到农村操作一下传统农具的原因。“怀旧”怀念的是深层次记忆中的田园牧歌，在中国有“三代以上都是农民”的说法。费孝通认为，传统中国是乡土中国，和泥土是分不开的。即使“远在西伯利亚，中国人住下了，不管天气如何，还是要下些种子，试试看能不能种地。”怀旧的深层就是怀念昔日的这种“乡土性”，所欲“体验”的也是扎根于农业的“乡土”文化。其次，在实践中农业也是乡村旅游赖以依存的根基。乡村旅游中最常见的采摘园、农家乐和融入现代科技的农业嘉年华等形式本身就是纯粹的农业活动或农业劳动果实的欣赏，许多观光观赏的景色也是以农业活动为根基，例如江西婺源的油菜花、云南红河的元阳梯田等。另外很多村寨文化、民俗风情也都是以农业劳作为载体的，例如农产品加工技艺、农业传统生产技术以及基于祈祷农业生产顺利的各种舞蹈仪式（如哈尼族的田间舞）等。最后，我国耕地资源有限，传统农区发展乡村旅游还应以稳定农业生产、保障农产品供给为前

提，不能兴了旅游，荒了农业。随着更多开发主体的介入，乡村旅游市场竞争将会日益激烈，只有在农业现代化的基础上来开拓农业资源的旅游功能，才能最终不误农业，不误增收，这点特别适用于没有城郊地理位置优势的传统农区。

当前，在乡村旅游开发中存在忽视甚至脱离农业生产经营的问题。有的地方大兴土木建设，盲目修建亭台楼榭、人造景观，甚至大搞赛马场，高尔夫球场等，将农业旅游区变成城市休闲区，使乡村旅游蒙上了工业化的色彩和城市式的喧嚣，事实上这是一种舍本逐末的短见，既不符合城市居民“逃离”和“怀旧”的旅游需求的心理动机，也不能使旅游者有体验“乡土文化”的意义感，背离了乡村旅游的实质。还有些地方对乡村旅游开发中以农业经营和农业资源为基础的认识不足，不把功夫花在挖掘地方特色农业资源上，而是急功近利，将功夫花在了拉导游搞旅游卖门票上，结果不但经营惨淡，而且农业生产也没搞好。

发展乡村旅游应坚持以农业经营为本，在农业生产、加工和销售的基础上发展旅游业，充分找准并挖掘地方的特色农业资源，以农业养旅游、以旅游促农业，两者互相促进、协调发展。广西玉林有一种很好的做法，当地适合生产一种叫做“铁皮石斛”的中药材，国际药用植物界称其为“药界大熊猫”，民间称其为“救命仙草”，其叶可以做茶、茎可以磨粉，可以制作成现代高档的营养品。玉林专门开辟出一个林下观光经济园区，引进农户种植，在生产过程中统一种在笼子里、嫁接在树上和种植在地上，形成了三层景观：枝上笼子挂一层、树上嫁接种一层、地上用松木皮养一层。既是充满趣味的观赏景观，又能产生很好的经济效益，还能消耗掉松木皮等农业废料，一举多得。因此，未来的乡村旅游应当围绕农业想旅游，而不是挖空心思为了旅游生搬硬套农业景观，那样只能是缘木求鱼、得不偿失。

（二）文化为核

文化是乡村旅游发展的核心。我国的乡村文化是在长期农业生产经营基础上形成的物质和精神文明，既包括有形的农业地貌、农作器具、农作景观、乡村建筑、服饰、饮食等，又包括无形的节日节庆、民族语言、仪式信仰、风俗习惯、农事活动、民间歌舞、诗歌谚语故事等，我国民族众多、地域差异大，乡村文化也形式多样、丰富多彩。在充分挖掘农业资源的基础上，发展乡村旅游应着眼于提炼和提升乡村文化的内涵。首先，从需求动机理论来讲，文化需求的满足是乡村旅游的实质。人们要“逃避”的是工业文明的程式化、单向度和一体化的文化趋向，“怀旧”的最终指向也是乡村中蕴含的传统文化与民族精神。“体验”主义需求动机本质上就是对乡村文化的体验，以追求生命的意义和人生的自由。其次，从经济内涵讲，以文化为核心的乡村旅游形态适合未来消费市场结构转型。随着工业化的完成，我国将进入后工业化时代，这个时代倡导的是知识经济、绿色经济、体验经济，人们更倾向于个性化、自由化的体验性消费，多彩的乡土文化无疑将成为是最好的体验对象。即使在当前的乡村旅游市场，我们也可以发现，包含文化要素多的旅游产品，往往能够吸引旅游者多次消费，获得较高的经济效益。最后，我国的文化之根在乡村，乡村文化建设对于我们传承民族血脉，构建精神家园意义重大。以文化为核发展乡村旅游，可以增强当地人的文化自信和文化自觉，实现农村传统文化的保护和传承，直接增加农村文化服务总量，缩小城乡文化发展差距，从而促进我国文化整体大发展大繁荣。

当前我国乡村旅游文化含量不足，影响乡村旅游的长远发展。综合起来看，主要有两种倾向。第一种是满足于当前乡村旅游的初级需求，不注重发掘乡村文化内涵。由于现阶段我国乡村旅游市场需求旺盛且需求层次多样，粗放型发展模式的乡村旅游也能盈利，因此有些乡村旅游局限于观光、采摘、垂钓和农家乐等旅游项目，满足于“排排坐”、“吃果果”等服务形式。事实上随着消费结构的变化，这些缺乏传统文化支撑的旅游项目将不能满足知识经济社会人们求知、求体验，自由化的需求，缺乏可持续发展的根基。另一种倾向是在乡村文化开发中不以当地农业生产生活为基础，不从当地地域特性和历史特征出发，脱离当地实际“移植”甚至“伪造”文化，造成自身文化的扭曲和错位。例如有些乡村景区根据想象制造出“鬼巫”文化，修建鬼洞、鬼城、阴曹地府，有的甚至打着展示民族婚俗旅游的名义提供色情服务。这些在短期内能迎合少数人的低俗需求，长远来看却严重背离了传统乡土文化的内涵和时代意义。

由于当前市场需求的旺盛，要在乡村旅游中以乡村文化为核心提质升级不仅要发挥市场的优胜劣汰机制，更需要政府的总体引导和规划实施。南京江宁区以初级农产品加工为基础的文化旅游发展就是其中一个成功案例。江宁区郄坊村在古代有着传统的手工艺作坊，在现代乡村旅游中，当地政府组织发动农户重新发掘了七种古代手工艺：磨豆腐、制粉丝、做大酱、炒鲜茶、打米糕、榨油、炒米。这些古老的手工技艺搭配传统手工器具现场展示，详细阐释了中国传统农业工艺的历史文化内涵，游客还可以现场体验制作，既销售了产品又弘扬了文化。再如广西阳朔的“印象刘三姐”将渔舟劳作、历史传说、自然风光、民俗风情完美融合，结合丰富的自然资源打造出的复合化、差异化、文化多元的体验型旅游模式，当前已经被当成旅游文化产业成功的范本。未来的乡村旅游当以农业生产经营为基础，充分发掘乡村文化资源，走出一条可持续的乡村旅游发展道路。

参考文献

[1] MacCannell, D. (1973). *Staged authenticity: Arrangements of social space in tourist settings*. American Journal of Sociology, 79, 589 – 603.

[2] Dann G. (1977). *Anomie, Ego – enhancement and tourism*. Annals of Tourism Research, 4.

[3] Erik C. (1979). *A Phenomenology of Tourist Experiences*. Sociology, 13 (2) May.

[4] Urry J. (1990). *The Tourist Gaze: Leisure and Travel in Contemporary Societies*. London: Sage, 132.

[5] 纳尔逊·格雷本著，赵红梅译：《人类学与旅游时代》，广西师范大学出版社2009年版。

[6] 费孝通：《乡土中国生育制度》，北京大学出版社1998年版。

[7] 赵承华：《基于文化体验的乡村旅游开发研究》，《社会科学辑刊》2011 年第 2 期。

[8] 李金铮、吴建征：《中国乡村文化百年历程》，《人民政协报》，2014 年 4 月 28 日，第 10 版。

[9] 廖光萍：《简论乡村旅游开发中农耕文化的传承发展》，《农业经济》2014 年第 8 期。

[10] 张灿强等：《中国重要农业文化遗产可持续发展面临的挑战与应对——对 39 个中国重要农业文化遗产的分析》，《中国农村研究》2014 年第 58 期。

[11] 郭焕成、韩非：《中国乡村旅游发展综述》，《地理科学进展》2012 年第 12 期。

[12] 张凌云：《旅游学研究的新框架：对非惯常环境下消费者行为和现象的研究》，《旅游学刊》2008 年第 2 期。

[13] 熊剑峰等：《怀旧旅游解析》，《旅游科学》2012 年第 5 期。

[14] 谢彦君：《旅游的本质及其认识方法——从学科自觉的角度看》，《旅游学刊》2010 年第 1 期。

[15] 单新萍、魏小安：《乡村旅游发展的公共属性、政府责任与财政支持研究》，《经济与管理研究》2008 年第 2 期。

[16] 左晓斯：《可持续乡村旅游研究：基于社会建构论的视角》，社会科学文献出版社 2010 年版。

[17] 彭兆荣：《旅游人类学》，民族出版社 2005 年版。

[18] 林德荣、郭晓琳：《时空压缩与致敬传统：后现代旅游消费行为特征》，《旅游学刊》2014 年第 7 期。

维护妇女草场承包权益和获得草原生态保护补助奖励的实践

杨　丽

20 世纪 80 年代初，我国在草原牧区推行了以家庭承包制为核心的草原经营制度。草原承包经营制度是农业基本经营制度的重要组成，关系到草原地区经济发展，民族团结和边疆稳定以及生态文明建设。进入 21 世纪，在草原承包基础上，从 2011 年起我国在主要牧区省份全面建立草原生态保护补助奖励机制，用于草原禁牧补助、草畜平衡奖励、牧草良种补助和牧户生产性补助等。经过多年的草原承包实践以及近几年实施的草原生态奖补机制，各地积累了许多做法和经验，特别在妇女草场承包权益和获得草原生态保护奖补方面，发现和总结保护妇女权益的实践和做法尤为重要，因为妇女的土地承包及相关权益受损问题在社会上已引起较大反响，而妇女的草场及相关权益问题的解决不仅关系到草原牧区经济持续发展，也关系到男女平等、牧区社会的和谐稳定以及妇女本人的生存和发展。本文以内蒙古自治区阿拉善左旗为例，研究维护妇女权益的实践，分析实践的背景和起因，探讨具体的做法，并发现存在的问题，最后提出看法和建议。

一、妇女获得草场承包权益和草原生态奖补的实践产生的背景

（一）草场承包情况

改革开放初期，内蒙古自治区在全国率先实行了“草场共有、承包到户、牲畜作价、户有户养”的草畜双承包责任制，之后进一步落实了草原所有权、使用权和草畜双承包责任制，即“双权一制”。阿拉善左旗1984年开始第一轮承包，实行草畜双承包。1998年开始第二轮承包，草场承包期限为30年。第一轮以联户承包为主，三户、五户或更多的户联合在一起承包，第二轮承包是在联户承包的基础上，进一步承包到户，按每家每户的人口数量进行分配，一般只要户口在当地就能参加分配，草场多的地方每人最多分到3万亩，少的每人分到100亩。

（二）草原生态保护补助奖励机制的实施

在草原承包的基础上，从2011年开始国家在主要草原牧区实施草原生态保护补助奖励机制。为贯彻落实好草原补奖机制，进一步加强草原保护与建设，阿拉善左旗结合当地实际情况，按照保生态、保收入、保稳定、保供给、完善相关制度的总体要求，坚持以人为本、统筹规划、公平、公正、公开、补奖标准合理的原则，以嘎查为基本单位实施草原生态保护补助奖励机制，草原生态保护补助奖励资金以户为单位发放，采用“一卡通”直接发放到户，户内以人为单位计算，按年龄段分不同补奖标准，享受补奖人员每年都要审核，实行村级公示制，接受群众监督。正是因为实施了这样的草原生态奖补方法，所以产生了保护妇女草场权益和让妇女享受草原生态奖补的做法。

二、保护妇女权益的做法

阿拉善左旗在实行草场承包制的基础上，实施草原生态补奖机制，在确定享受草原生态补奖人员时规定，“以1998年二轮承包后，已落实草原承包工作，从事草原畜牧业生产的具有二轮草原承包经营权证或联户经营权证的牧民可以享受奖补；实施奖补机制前以婚姻关系婚入左旗农牧区的

人员，以及具有左旗农牧区户籍的计划内出生人员均可享受草原生态保护补奖政策”。从这些规定可以看出，左旗在实施草原生态奖补机制时，一方面以拥有草原承包经营权为基础；另一方面又考虑了当地人口的增减变化，而妇女的婚进婚出是人口变化的主要原因之一，这样的规定和做法为因婚姻变化而发生流动的妇女提供了机会，为保护妇女的草原承包权益和享受补奖创造了条件。因此，当地在实施草场承包和草原生态保护补助奖励机制方面，产生了种种保护妇女权益的好做法。

（一）对出嫁女权益的保护

1. 通过草原生态补奖机制，解决了出嫁女没有分到草场的问题

有些地方在实行草场二轮承包时，对嫁出去的姑娘都没有分草场，之后因为实行奖补政策，出嫁女为拿奖补回来要求分草场。对这些妇女反映的问题，政府有关部门协调解决，如果牧区妇女嫁到农区，在婆家分到土地的，主要指耕地，但户口还在出生地的妇女要求其迁出户口，防止妇女两头都占。本地姑娘，嫁给城市户口的丈夫，享受不到任何补贴，如果户口还在出生地，虽不给分草场，但可以享受补贴优惠政策。从当地牧区嫁到其他牧区的姑娘，一般都不愿迁出户口，在婆家也没有给她们分草场的情况下，先让这些妇女从政策上享受补贴。

【案例 1】

当地妇联工作的同志介绍，在工作中遇到一位嫁到甘肃 20 多年的妇女，回来哭着闹着要分草场，后来当地党委政府、妇联部门出面协调解决，先了解到她在婆家没有生产资料，然后当地派出所核查其户口是否在当地，还通过甘肃省公安厅进行了查对，掌握准确的信息后，又给嘎查村民代表做工作，因考虑这位妇女毕竟是故乡人，最后村民代表大会同意让这位妇女领取草原奖补金。

【案例 2】

通古淖尔嘎查书记介绍说，嘎查的妇女出嫁后，一般都选择人走户不走，也就是妇女离开了嘎查，但户口并没有迁走，特别是嫁到农区的妇女，户口都不迁走，只要户口在嘎查，出嫁妇女都能享受草原奖补。

2. 通过分户分卡，保护了出嫁女的草场承包权益和享受补奖权益

有的地方支持出嫁女单独立户，并从牧民一卡通中分出来，为出嫁妇女单独建卡，有力地保护了出嫁妇女的土地权益，以及享受奖补等权益，增强了她们对生活选择的权利，包括对户口所在地的选择，对生活居住地的选择等，减少了妇女对家庭的依赖，避免了妇女与家庭其他成员产生矛盾。

【案例 3】

巴彦朝格图嘎查，妇女出嫁后，户口都留在当地，因为户口在就有生产资料，有草场，并能享受奖补，如果嫁到城里这些好处都也没有。不仅户口留在当地，大多数出嫁女都提出申请和父母分户，只要提出申请，嘎查都支持出嫁女分户，出嫁女单独立户的好处之一是方便孩子上学，另外分户后妇女也从牧民一卡通分出来，单独建卡，更加方便独立领取属于自己的奖补资金。

【案例 4】

希尼套海嘎查，最近五六年，对于出嫁女，户口不愿迁走的，可以和娘家分户、分卡，出嫁女提出申请，就可以办理分户，和娘家分开单独立户，到现在大约有 10 户“女儿户”，出嫁女也可以从娘家分卡，由嘎查上报苏木乡镇，乡财所为其办理分卡，出嫁女可以单独领取奖补等资金。除奖补外，牧业户每年每户还有 800 元生产资料综合补贴，按照长年在农村居住、从事生产生活，每户还有 600 元取暖补贴等，出嫁女分户后都能单独领取。

3. 通过分配草场，解决出嫁女享受草原补奖的问题

有的地方规定，有草场的人员才能享受奖补。对二轮承包时没有分到草场的出嫁女，为使她们享受草原奖补，有的地方把嘎查的机动草场或新开垦草场分给她们；有的地方实行联户承包，确权不确地，给没有分到草场的人员象征性地分些草场。尽管这些没有草场的人分到的草场面积较小，也没有经营权证书，但她们有了享受奖补的依据，能顺利得到奖补。

【案例 5】

巴彦笋布尔嘎查长介绍说，二轮承包时的出嫁妇女，尽管户口没转

走，当时也没给分草场，嘎查针对 10 多位这样情况的出嫁女，召开村民大会，最后通过分机动草场，每人分给 45 亩，虽然草场面积小，也没有草原证，但这些妇女因为分到了草场，嘎查就可以支持这些出嫁女单独立户，享受奖补。

（二）对嫁入女权益的保护

1998 年以前结婚的妇女能分到草场，二轮承包后嫁入的妇女，如果有的地方有机动草场，嫁入妇女和新出生的孩子能再分点草场，如果没有机动地，嫁入女分不到草场。2011 年实行草原生态奖补机制后当地规定，嫁入女只要户口迁过来，结婚满三年就可以享受草原政策性奖补。每年每个嘎查根据当地人口变化情况，重新核定享受奖补人员名单，如去掉死亡和大学毕业后分配就业等人数，增加新出生人口，以及结婚满三年的妇女等。对嫁入女规定结婚年限是为防止假结婚，因现在牧区政策好，防止婚入妇女领到奖补后就离婚走人的情况，并根据嫁入妇女来自不同的地方，各地又有不同的规定。

【案例 6】

巴彦朝格图嘎查，对嫁入的妇女，结婚满三年后，并迁入户口，就能分到奖补。具体来说，如果城镇户口的妇女嫁入嘎查，户口必须迁进来，才能有奖补。如果农区妇女嫁进来，满足条件后能享受奖补，但不再分配草场，只要在牧区享受了奖补，原来在农区的耕地就被收回，妇女不能两头都占。如果婚入妇女嫁给再婚丈夫的，也就是说当地男性牧民第二次结婚，满足条件后只享受奖补，不再分草场，因为第一任妻子已经分配了草场。

（三）对离婚妇女的保护

1. 通过从牧民一卡通中分卡，保护离婚妇女享受草原奖补

实施禁牧政策后，草原生产活动减少，加快了当地牧民往外转移流动的速度，年轻人一般都转移出来，老年人留在村里。再加上苏木（镇）没有学校、卫生院、邮电所、幼儿园等公共服务设施，部分牧民离开牧

区，尤其牧区妇女，因为要陪孩子在城里读书，大部分时间要在城市生活，城市生活成本比牧区高，生活压力大，牧区妇女单纯，外面的诱惑也多，因此，牧区离婚现象比较普遍，由此带来的离婚妇女的草场问题也比较突出。当地政府部门重视离婚妇女遇到的问题，支持她们维护自身权益，在地方有关部门的支持下，现在牧区妇女持有离婚证基本可以分开办卡，领取属于妇女自己的奖补资金。离婚妇女获得奖补的权益得到了较为充分的保护。

【案例 7】

通古淖尔嘎查，有四五户离婚家庭，离婚后妇女离开了嘎查，但她们的户口没迁走，在这种情况下，嘎查出具证明，离婚妇女到乡（苏木）财所办理分卡，从原来的牧民一卡通中把卡分开，离婚妇女单独拥有自己的银行卡，就能直接拿到属于自己的奖补资金，她们的权利得到了较好的保护。

【案例 8】

巴彦笋布尔嘎查，有离婚家庭 10 多户，妇女离婚后户口没有迁走，人也在草原生活，对这些妇女的草场问题，通过召开村民大会，决定给离婚妇女分草场。因草场承包期 30 年不变，离婚妇女不能从原来家庭中分出草场后再办草原证，但可以从牧民一卡通中分开办卡，即在原来的草原承包合同编号基础上，同一个合同号下可以分几个卡，离婚妇女单独持卡，就可以领取草原奖补。

2. 通过为离婚妇女分户、分草场，较全面地保护妇女的权益

有的妇女离婚后，没有生活来源，经多次向有关政府部门反映后，当地政府出面，帮助离婚妇女从原来的家庭草场中重新划分出一部分，对划在妇女名下的草场，根据分草场的协议，当地政府为离婚妇女办理草场经营权证，并为妇女签订承包合同。有了承包合同，并单独办了卡，离婚妇女拿着自己的卡，可以直接领到草原奖补。这是当地政府针对离婚妇女采取的特事特办的方法，也是当地政府保护妇女草场权益的好做法。

【案例 9】

巴彦朝格图嘎查，全嘎查有十几户离婚家庭，妇女离婚后户口还在

嘎查，当地为了能让妇女领到奖补资金，在草原证没有分开之前，就先分一卡通。具体过程是，离婚妇女提出申请，嘎查同意后，妇女带着身份证、户口本和离婚证等证件，到乡财政所就能办理分卡。如果离婚妇女还提出要求分割草场，并单独发草原证，当地政府有关部门也给予支持。现在把离婚妇女的户口和草原证都分开了。其中有一位叫其其格的离婚妇女，因家庭阻力大，她办草场证的时间较长，通过各级领导干部协调、说服、做工作，最后为她划分了草场，并分开办了草原经营权证。具体过程如下：

敖特根其其格，37 岁，2000 年冬天结婚，娘家在伊盟额托克前旗。嫁入阿左旗时没有赶上草原第二轮承包。结婚第二年，丈夫因犯罪被判四年监禁，那时她怀孕在身。在丈夫服刑期间，婆家人因不喜欢她，让她离开婆家，为此，她曾两次自杀未遂。丈夫出狱后，她还帮丈夫还债，等她还完欠债后，丈夫提出了离婚。

2011 年离婚后，因当地草原奖补通过牧民一卡通发放，婆家不给她奖补的钱，后来通过嘎查和镇财政所帮忙，2012 年其其格从婆家分出了卡，并拿到了奖补，每年的奖补资金是成年人 1.3 万元，孩子 2000 元。

后来其其格提出分割草场，起初丈夫的父亲不同意，担心将来再娶媳妇没有草场。丈夫家原来有六个人的草场，共计 10800 亩，人均 1800 亩（阿左旗人均草场 1500 亩），婆家不同意分草场，也不愿把户口本给她，让她单独分户，更不愿意把草原证给她，让她分开办理草原证。后来经过嘎查领导做工作，镇司法所帮忙，把她的户口从原来的家庭中分了出来，并从婆家分割出部分草场，又从其他牧民联户承包的草场中也分出一部分草场，这样她和孩子每人分到了 1800 亩草场，共计 3600 亩草场，并在镇经管站和旗经管站的帮助下，2014 年为她办理了草场经营权证，并给她的草场打点确定了边界，现在她的草场已有坐标图纸。

（四）妇女利用和管理草场的经验

当地以项目带动的方式帮助和引导妇女利用和管理好草场。阿拉善地区十年九旱，禁牧后为恢复草原植被，当地政府和妇联部门鼓励牧民在草原上种植梭梭，妇女是种植梭梭的主要劳动力，种植梭梭既能享受林业政策中的公益林保护奖励，又能得到草原奖励补助。这种草三年见效，成活后根部长出松茸，松茸是一种名贵的药材，所以种植梭梭草既能保护草原生态，又能增加牧民妇女收入。但这种植物种植技术要求较高，当地妇联通过小额贷款，先对妇女进行栽培技术培训，种植后还要继续进行跟踪观察，成活率达到 80%—90%，才享受各种奖补政策。除种植梭梭外，还种植沙葱、锁阳等植物和中药材，目前这些做法是当地摸索和实践的以妇女为主的管理和利用草场的较好办法。

【案例 10】

通古淖尔嘎查，从林业部门申请了一个在草场上种植梭梭的项目。种植梭梭对环境来说能防风固沙，美化绿化草原，对人来说能增加收入。嘎查申请了 4000 亩草场种植梭梭，项目资金 30 多万元，项目期限三年，资金补助分三年给。从 2013 年开始，2015 年是第三年。种植梭梭以妇女为主，每亩补助 100 元，其中林业补助 90 元，农业补助 10 元。嘎查先垫资种植，如买苗子、浇水等，小苗一年浇两次水，天旱时要浇三到四次水。每年到年底落实种植面积，成活率达到 70% 才合格，才给补助。妇女作为种植梭梭的主要劳动力，不仅参与了草原的利用和管理，也增加了收入。当地妇女在春季主要种植锁阳，野生药材，夏季到沙漠湖里捞虫蛋卖，秋冬季打草籽，一年收入高达六七万元。

三、存在的问题

当地保护妇女草场及相关权益的做法是很独特的，特别是对离婚妇女，通过为她们分户分卡分草场，解决了妇女离婚后的生活来源问题，保障了妇女应有的权益，增强了妇女的独立性，提高了妇女的收入。对出嫁和嫁入妇女权益的保护，一定程度上实现了男女平等，减少了农村社会矛盾，促进了牧区生产和草原生态效益的提高。尽管当地的做法取得了较好效果，也在很大程度上保护了妇女的权益，但仍存在不少问题。

（一）离婚妇女分割草场困难

地方政府帮助离婚妇女分开办卡，离婚妇女虽然能享受草原奖补，但多数情况下妇女的草场很难分出来。首先，因为有的地方实行的是联户承包，每个小组是承包单位，虽然经营权证按户发放，每户也有具体的亩数，但是确权不确地，在这种情况下很难给离婚妇女分出草场。其次，部分妇女离婚后，男方家庭不同意分割草场，因为男方担心将来再娶老婆没有草场，这就为离婚妇女分割草场造成了很大的障碍。还有的地方户与户之间的草场边界不清，因为二轮承包时测量草地面积的手段有限，户与户之间的草场以水井、沟壑或山梁等为界，承包后草场边界纠纷较多，面积有争议。在这些情况下，为妇女分出草场较为困难。

（二）离婚妇女分割草场后难以利用的问题

即使离婚妇女分割出草场，也还存在难以利用的问题。从二轮承包到现在，十几年过去了，家庭人口发生了变化，孩子成家立业后，部分牧户由原来的一户变成了现在的三四户，草场在家庭内部也进行了划分，分了草场但办不下经营权证，也就是说草原证没有分开，几户家庭拥有一个草原证，还按一户对待。现行的做法是有草原证才准许养牲畜，一个草原证限制了养畜的数量，兄弟几家只能一户放牧，在这些情况下，妇女离婚后，当地政府出面，家庭草场重新划分到人，理论上为离婚妇女划出草场，实际上很难利用，而且随着男方的再婚和女方的再嫁或招婿，再加上上面提到的过去草场边界本来就模糊等原因，离婚妇女很难使用草场。

（三）出嫁女的集体经济组织成员资格问题

确切地说，是以户口是否在当地作为分配草场的条件带来的问题。这里以出嫁女的问题最为突出，实际上嫁入女和离婚妇女等各种婚姻形态的妇女也面临同样的问题。有的地方，因草场分配以户口为主，出嫁女户口在，草地就保留；娶来的媳妇户口进不来，只拿草原奖补，不分配草场；

离婚妇女也以户口为主，户口在就保留草地。这样的分配方式导致现在当地面临的突出问题之一是，妇女反映没有草场的问题。出嫁女户口不在当地，没有分到草场。在外地上学的女孩子，因户口转走，也没有草场。尽管当地干部认为这些问题主要是因为实施草原奖补政策引起的，但以户口作为分配草场的依据，的确损害了部分妇女的利益。

（四）传统观念对妇女获得草场权益造成的不利影响

妇女草场权益问题的解决受传统思想的影响比较大。“嫁出去的女儿，泼出去的水”，传统观念的影响增加了解决妇女问题的难度。二轮承包后结婚的妇女，草场一般都保留在娘家，实行草原奖补政策后，通过牧民一卡通发放草原奖补，部分出嫁妇女的草原奖补资金，娘家哥嫂不愿意给，政府有关部门出面调解，但判决容易，执行较难。对于离婚妇女，当地干部和群众普遍认为，如果是结婚多年的老媳妇，有儿有女的，离婚后应该把草场分给她；如果是嫁入时间不长的妇女，也没有子女，离婚后应该只分草原奖补，其他的福利如集体经济收入等不应该分配；如果离婚后又与外边男性结婚的，这样的离婚妇女不应该分草场；对于出嫁后又返回嘎查生活的妇女，当地认为，只应该保证外嫁女本人享受奖补，她带过来的孩子，不论户口是否迁来，孩子不应享受奖补。这些传统的思想观念对保护妇女权益造成了不同的影响，给解决妇女权益问题增加了难度和复杂性。

（五）现在的做法面临的问题

当地实施草原生态奖补的方法面临的问题是，自治区不认可现行的做法，并要求以后改成按草原面积实行奖补。当初在制定草原奖补方案时，当地根据自身的特殊情况，即不同地方人均草原面积差距较大，多的地方人均 3 万亩草场，少的地方人均只有 100 亩，如果按照面积实行奖补，不同地方人均分配到的奖补资金差异就太大。为让牧民利益均等化，最后考虑按人分配，在操作过程中，有草场的牧民享受奖补，没有草场的牧民也在考虑之内。如二轮承包后出生的孩子，娶来的媳妇，虽然没有草场，也考虑到给以奖补，并以2010年12月31日的人口确定享受奖补人数，奖补期限定为五年，五年中再根据牧区人口增减变化，每年重新核定享受奖补的人口数量，并做微小的调整。每年享受奖补的人员都要通过牧民代表大会三分之二代表同意才能通过，并且必须公示，这样的做法已经实行了好几年，但这种按人发放草原奖补资金的做法一直不符合自治区的要求，按照草原生态奖补的本意，是奖励对草原生态保护作出贡献的人，谁的贡献大，谁的奖补就多。自治区要求按照政策办事。迫于自治区的压力，从2016年开始，当地奖补资金的发放办法变动的可能性较大。如果不再根据人口变化发放奖补，带来的问题除了利益不均等的问题外，即草场面积大的牧民得到的奖补多，面积小的得到的少。另外一个重要问题就是对妇女的不利影响，婚出妇女没有草场也没有奖补，婚入妇女也很难获得奖补，特别是对从农区嫁入的妇女以及从城镇嫁入的妇女本人及其家庭的影响较大。

四、建议和看法

（一）在完善草原确权承包工作中保护妇女的土地和相关权益

借土地确权之机，采取多种方法保护妇女的相关权益。确权时不仅要明确嘎查之间、户与户之间的草场界限，更要保护家庭内部各成员的权利，土地证上不仅要登记夫妻双方和家庭成员的名字，更要明确各成员应该享有的与土地有关的各项收益的权利。通过确权确利的方法，解决婚入婚出妇女没有草场不能实现收益的问题。对离婚后没有生活来源的妇女，应在目前享受草原奖补的基础上，尽力为离婚妇女分出草场，实现妇女对草原的使用和收益等权利；对放弃使用草场的离婚妇女，应规定给予经济补偿。

（二）明确集体经济组织成员资格标准

出嫁或离婚等各种情况的妇女是否为农村集体经济组织成员，直接关系到农村妇女是否能够享有土地及其相关利益。目前，集体经济组织成员资格通常有几类标准：户籍、劳动贡献、长期生产生活等。实践中出嫁女、离婚妇女、户籍在农村却在城市生活居住的农民工、户籍在城市但仍在农村居住生活的非农户，以及因读书而迁出户口的女学生等人员的成员资格认定存在明显争议。建议进一步明确集体经济组织成员资格的认定标准，出台专门文件，界定“出嫁女”、“离婚妇女”等人员享受村民待遇的资格和条件，使各地在具体操作中有统一的法律依据，切实维护农村妇女的土地权益。

（三）增强男女平等意识，逐步消除传统观念对妇女土地权益的不利影响

广泛开展普法宣传活动，提高各族干部群众的法律素质，增强干部群众的法律意识和男女平等意识，逐渐改变“重男轻女”、“男尊女卑”等传统思想观念，改变以村规民约代替法律、法规的现象，同时进一步提升广大妇女依法维护自身权益的意识和能力。

（四）因地制宜选择草原生态保护奖补方法

创造宽松的政策环境，继续对牧区实行政策倾斜，延长实施草原生态奖补机制的时间，加大奖补力度，建立补助奖励标准增长机制、扩大补助奖励范围，并根据各地实际情况，选择适合当地的草原奖补的方法，不能一刀切，采用一种模式。应在追求牧区经济效益和生态效益的同时，兼顾社会公平与公正，实现男女平等，让女性与男性享有同等的待遇。

农 村 改 革

农地承包还是“永久不变”好

廖洪乐

2008年，党的十七届三中全会提出“现有土地承包关系要保持稳定并长久不变”的政策（简称“长久不变”）。不过，党中央至今没有明确“长久不变”究竟是多久？我在《农村动态反映》2014年第11期中提出“长久不变”就是“永久不变”主张。受篇幅限制，当时未能说明理由，本期补上倾向“永久不变”的理由。

一、“长久不变”究竟是多久？

“长久不变”究竟有没有期限？若没有期限，就是“永久不变”。若有期限，期限为多长或者以多长为宜？可以肯定，期限一定是30年以上。若还是30年，党的十七届三中全会就没必要提出“长久不变”政策。30年以上又是多少年或者以多少年为宜呢？回答这个问题，需要兼顾历史与现实。

首先，40年、50年和70年都不是“长久不变”。我国现行城市国有土地用于商业、旅游和娱乐用途的出让年限是40年，用于工业、仓储、科教文卫的出让年限是50年，用于居住（即商品房建设）用途的出让年限是70年；现行法律规定草地承包期限为30—50年，林地承包期限为

30—70 年。

其次，99 年也不是“长久不变”。19 世纪英国强行租借中国香港的租期是 99 年，到 1997 年中国政府如期收回香港。

再次，100 年也不是“长久不变”。20 世纪 80 年代，改革开放的总设计师邓小平同志曾提出党的“一个中心、两个基本点”的基本路线要 100 年不动摇，他也没有将这个 100 年表述为“长久不变”。

因此，用少于 100 年的任何一个期限定义“长久不变”，既有违历史，也与现实不符。“长久不变”有期限，一定超过 100 年。至于是 101 年、102 年、150 年、500 年，还是 1 万年，甚至更长，主要取决于个人偏好。以最短的 101 年为例，2010 年我国人口平均预期寿命 75 岁，北京和上海两地最高为 80 岁。也就是说，101 年以后，100 年前还是刚出生的婴儿也已经离世多年，早已物是人非。101 年以后再变一次，不仅没有实际意义，还会因期限过长、信息不清，引发混乱。因此，“长久不变”实质应该就是“永久不变”。

二、此“永久”非彼“永佃”和私有

首先，“永久不变”不是“国有永佃”。20 世纪 80 年代，我国学术界出现过“国有永佃”政策主张，即将集体土地收为国有，再由国家将土地使用权永久租佃给农民。据原中央农村政策研究室主任杜润生先生回忆，20 世纪 80 年代初搞家庭承包时他也曾想过搞“永佃制”。不过，由于当时多数人反对，只好暂时搁置，先将承包期定为 15 年，看看各方反应，以后再随机决策，递增延长承包期。直到 2002 年，杜润生先生还认为最好的治本之策是修改《中华人民共和国宪法》，改变土地集体所有制，实行土地国有后再由农民永久使用。应当说，20 世纪八九十年代提出集体土地国有化主张有其合理性。一是计划经济时期我国经历过将集体所有制改为全民所有制的阶段；二是当时农民对土地的资产属性基本没有认识，土地只是一种农业生产资料；三是农民放弃土地转为城镇居民后，可获得更好的工作和福利保障。进入 21 世纪，随着工业化和城镇化进程加快，土地价值急剧上升，农民视土地为重要财产，政策环境和农民认知已发生根本改变，我们失去了改土地集体所有为国有的最佳时机，现在再改土地集体所有为国有已经行不通。一方面，若将集体土地无偿或低价收为国有，必然损害农民利益，引发农民强烈不满和社会骚乱。现行征地制度饱受诟病，就是明显例证，很多农民因征地纠纷失去生命。另一方面，若按市场价格由国家将集体土地收为国有，财政承受不起。因此，“永久不变”还是建立在集体所有制基础上较为适宜。

其次，“永久不变”也不是私有。“永久不变”与土地私有的根本区别体现在两方面。第一，土地所有权仍属农民集体所有，不可买卖，这种制度设计可自动防止旧中国出现过的农地过分集中问题。第二，农户只有将土地用于农业用途时享有“永久不变”权利，若改为非农用途，“永久不变”权利自行中止，其拥有的权利按非农用途规定执行。

因此，“永久不变”不是国有永佃，不是私有，也不是集体所有短期承包，而是建立在土地集体所有制基础上的“永佃制”，即农地集体所有、永久租佃。

三、“永久不变”是家庭承包制度还是承包地块“永久不变”？

“永久不变”是家庭承包制度不变，还是承包地块和面积不变？同样的问题曾出现在“30 年不变”政策施行初期。20 世纪 90 年代实施第二轮延长承包“30 年不变”初期，有一种观点很有代表性，即“30 年不变”是指家庭承包制度“30 年不变”，其间可根据人口变化对承包地块和承包面积进行调整。按照这种观点，30 年承包期内可以调整承包地块和承包面积。为澄清当时社会各界对“30 年不变”政策存在的模糊认识。1997 年［中办发］16 号文件明确指出：土地承包期再延长 30 年，指的是家庭土地承包经营的期限（即承包期）；集体土地实行家庭承包经营制度，是一项长期不变的制度。不只是中办 16 号文明确规定 30 年承包期内不再调整土地，2003 年施行的《中华人民共和国农村土地承包法》也严格限制土地调整，2007 年施行的《中华人民共和国物权法》更是将土地承包经营权作为用益物权予以保护。

从各地实践看，30 年承包期内不调地的规定得到了较好落实。我们

2013 年年底对全国 11 个省、98 个县、107 个行政村和 1100 户农户的调查数据显示：有 60% 的样本县全县统一 30 年承包期内不调地，有 76% 的样本村全村统一 30 年承包期内不调地，有 63% 的农户也明确表示 30 年承包期内不调地。

同理，“永久不变”应当既是家庭承包制度“永久不变”，也是承包地块和承包面积“永久不变”。若将“永久不变”仅理解为家庭承包制度“永久不变”，而承包地块和承包面积可每隔一段时间调整一次，就必然面临“多长时间调整一次”合适这个难题，30 年？50 年？70 年？很难讲清楚。比较极端的情形是每隔 10 年或 20 年调整一次，这明显有违于 1997 年中办文件精神和现行法律规定，是一种典型的“倒退”。

若仅将“永久不变”理解为家庭承包制度永久不变，这种政策规定就没有实际意义。新中国成立后 30 年农业集体化失败的教训和改革开放 30 年家庭承包成功的经验告诉我们，家庭经营是最适合农业的一种经营方式，家庭承包制度理所当然要永久不变，再退回去搞集体化肯定行不通。

四、“永久不变”利弊分析

20 世纪 80—90 年代农地政策设计重点围绕解决农业自身问题，“15 年不变”和“30 年不变”政策意图非常清晰：即通过更长承包期限稳定农民预期，促使农民增加投入特别是中长期投入，为农业自身发展创造一个良好制度环境。

进入 21 世纪，我国经济社会环境正在发生根本改变。第一，社会主义市场经济体制会更加完善，政府在强化公共服务与社会管理职能的同时，逐步将经济管理职能交还给市场。第二，我国正处于城市化加速发展阶段。根据我们的推算这个阶段将持续至 2035 年，期间有大量农村人口迁移到城镇。第三，城乡一体化进程加速，凡妨碍城乡一体化进程的制度都将逐步退出历史舞台。第四，现代农业需要高智力支持和大量资金投入，新型农业经营主体需要宽松的制度环境和金融扶持。第五，农民维权意识增强，产权和人权保护越来越成为社会关注焦点。第六，中国国际地位进一步提高，需要借助良好制度治理实现“道路自信、理论自信和制度自信”目标。因此，21世纪农地制度长远设计除继续坚持服务农业外，还要更多地服务于社会主义市场经济体制建设，服务于城镇化和城乡一体化，服务于农民财产权利保护，服务于提高国际地位和影响力。

实行“永久不变”，除有利于稳定农民预期和促使农民增加投入外，还可实现如下多个目标：第一，有利于保护农民财产权益，促进农村人口流入城镇。我国目前出现了农民不愿转市民现象，根本原因就在于农民担心转为市民后会失去其农村土地和房屋财产权利。只要承包有期限，就无法消除期限到期要调地的顾虑和恐惧，进而动摇农民进城常居的决心。第二，有利于保护耕地和基本农田。农民获得永久承包权后，不会轻易改变农业用途，否则，他就会失去永久承包权。相反，还可能将其他非农地改为农业用地以获得永久承包权。第三，有利于促进农地流转和适度规模经营。农民获得永久承包权后，不用再担心失去土地权利，会更加放心转让其使用权和经营权。第四，有利于降低社会交易与管理成本。政府不再为定期调地和土地承包经营权重新确权登记颁证支付巨额费用，乡村干部不再在为定期调地花费大量时间和精力，农民不再为承包权受侵害上访告状。需要进一步指出的是，随着政府取消农业与非农业户口划分，今后因人口变动调地会变得非常困难，因为新增人口已没有农业与非农业户口之分。

当然，实行“永久不变”也会引发两个担心：一是担心人地矛盾恶化，重现旧中国土地占有严重不平等问题；二是担心农民就业和基本生活保障出问题。任何制度都有利有弊，我们的选择就是趋利避害。两害相权，取其轻，两利相权，取其重。相对于定期调地制度，永久不变制度引发的问题相对容易解决。人地矛盾恶化可通过设定承包地持有上限办法解决，限制土地持有上限是世界上许多国家的通行做法。建立土地承包经营权登记制度后，限制土地持有上限的办法会变得更加切实可行。至于永久承包可能引发就业与基本生活保障问题，这种担心在过去是可以理解的，今后就没有必要了。事实上，除农业外，农民还有大量非农就业机会，最低生活保障制度也已经为农民基本生活保障兜底。

五、“永久不变”并不排除农地承包制度多样性

受“渐进式”改革方式影响，改革开放30多年来我国农地制度呈现明显的统（同）一性与多样性并存特征。比如，全国绝大多数村组都实行家庭承包经营，也有诸如河南南街村等少数村庄仍然实行集体统一经营，或以统一经营为主；第一轮“15年不变”承包期间，多数地方实行“大稳定、小调整”办法，也有诸如贵州湄潭等少数地方实行“增人不增地、减人不减地”办法；第二轮“30年不变”期间，全国多数地方实行“增人不增地、减人不减地”，也有不少村庄还在调地。同样，出台“永久不变”政策，也不排除农地承包制度多样性，有些村庄还会坚持调整土地。对这些违规行为，政府只要遵循“民不举、官不究”原则即可。如果有农民主张永久承包权，政府应当坚决支持其主张，村组集体不得以少数服从多数为名剥夺其永久承包权。

六、建议

为使“30年不变”与“永久不变”政策实行更好衔接，降低“永久不变”可能带来的不利影响，特提出如下五点建议：

第一，适时出台政策，并修改相关法律、法规。建议党的十九届三中全会正式出台农地承包“永久不变”政策，并由党中央向全国人民代表大会提出修法建议，为2023年正式实施“永久不变”做好准备。

第二，坚持“稳定为主”原则。原则上，“30年不变”到期后顺延为“永久不变”，个别地方确实因人地矛盾过于突出，经村民会议同意和上级政府批准，可进行一次小调整。

第三，“30年不变”不到期的地方，应继续执行“30年不变”政策，个别条件成熟的地方，可探索提前实行“永久不变”。

第四，扎实做好土地承包经营权确权登记颁证工作。目前正在推

行的土地承包经营权确权登记颁证工作，要高度重视“30 年不变”与“永久不变”的有效衔接，避免出现“30 年不变”到期后再来一次的尴尬局面。为此，土地承包经营权确权登记颁证必须坚持进步服从质量。

第五，设定承包土地持有上限。政府对农民合法登记的承包土地设定上限限制，超过上限的农户，须将多余的土地退还给集体经济组织，或者征收承包土地持有费用。

关于当前土地承包经营权确权登记颁证工作的几点思考

高　强

内容提要：开展承包地确权登记颁证，是中央从深化农村改革全局出发作出的一项重大决策。目前全国试点工作稳步有序推进，取得了积极成效。但调查发现，各试点地区在政策和操作层面也暴露出一些普遍性、倾向性的问题。这些问题如果不予以重视并妥善解决，不仅会影响确权登记颁证成果质量，还有可能进一步侵害农民土地权益。在实际操作中，需要严把几个重要关口，妥善解决权属争议，探索创新解决问题的方式方法，确保确权登记颁证工作积极稳妥、扎实有序推进。

农村土地承包经营权确权登记颁证，是中央关于“三农”工作的重大部署，是保护农民土地权益、促进适度规模经营、推进现代农业发展的重要基础性工作，也是深化农村改革，增加农民财产性收入的有效途径。2013 年“中央 1 号文件”明确提出，用 5 年时间基本完成农村土地承包经营权确权登记颁证工作。2015 年以来，农业部等六部门下发了《关于认真做好农村土地承包经营权确权登记颁证的意见》（农经发〔2015〕2 号）（以下简称《意见》），各地按照中央的统一部署，不断加大工作力度，积极稳步推进试点工作。截至2015年3月底，全国29个省份（不含西藏、重庆）的2065个县（市、区）开展了农村土地承包经营权确权登记颁证工作，涉及1.5万个乡镇、24万个村、耕地面积2.9亿亩。总体上看，全国试点工作稳步有序推进，但随着试点工作的不断深入，各地在政策和操作层面也暴露出一些问题，需要在实践中加以认真研究和妥善解决。

一、土地调整问题

土地确权过程中如何应对农民的调地行为是一项突出问题。为切实稳定土地承包关系，《中华人民共和国农村土地承包法》第二十七条明确规定，“承包期内，发包方不得调整承包地。”2007年颁布实施的《中华人民共和国物权法》进一步明确了土地承包经营权的用益物权性质。《意见》提出，“开展土地承包经营权确权登记颁证，是对现有土地承包关系的进一步完善，不是推倒重来、打乱重分，不能借机调整或收回农户承包地。”同时，提出“对个别村部分群众要求调地的，按照法律法规和政策规定，慎重把握、妥善处理”。可以看出，中央对于土地调整的态度是明确而谨慎的。

然而，在调研中发现，农民自发调地行为“屡见不鲜”。如陕西省岐山县某村在土地确权过程中结合农田基本建设，鼓励农民以村组为单位自主决定是否进行土地调整，并要求农户互换并地之后，按互换并地后的地块登记。该村一共有11个村组，其中有8个村组在土地确权过程中进行了土地调整。土地调整既表现出多种形式，又存在多种原因。又如云南省一些地区的村规民约规定，如果农户违背计划生育将予以没收部分承包地。

我国农村实行以家庭承包经营为基础、统分结合的双层经营体制，符合我国基本国情。农村土地承包采取农村集体经济组织内部的家庭承包方式，以农户为单位进行，在集体统一组织承包的时点，本集体经济组织的农户平等地享有承包土地的权利。随着时间推移和家庭人口变化，会出现农户间人均承包地占有差异。但承包期内，作为本集体经济组织成员的农户家庭成员共同享有对承包地的占有、使用、收益权利，不存在新增成员无地问题。

人地关系紧张是土地调整的动力基础。人的流动性与地的不可移动性决定了人地矛盾将长期存在。土地调整可以暂时缓解人地矛盾，但引发的后果也亟需重视。一是进城人员为了防止土地被收回，在进城落户问题上犹豫不决，影响城镇化进程；二是农民不稳定的经营预期，影响土地投入决策；三是个别干部借调地之机谋取私利，侵害农民的土地权益。例如通过调研发现，有的村干部在确权过程中宣称，“确权是全国范围内的土地大变动。不同意调地的人要被告上法庭”。

可见在承包期内按照家庭成员变化调整承包地，既不符合国家农村土地承包法律政策，也不利于保持土地承包关系的稳定，影响土地经营者投入的积极性，不利于农业生产持续稳定健康发展。对于因人口增减产生的人地矛盾，应按照法律法规和政策规定，用集体经济组织依法预留的机动地、依法开垦等方式增加的土地、承包方自愿依法交回的土地等，按照公平合理的原则，慎重把握、妥善处理。对确因少地缺地导致生活贫困的，应当将该户农民纳入农村最低生活保障和贫困救助体系，并帮助其转移就业。对于一些人地矛盾特别突出的地方，可以在民主协商的基础上，进行村组范围内的“小调整”。在农民自愿前提下，引导其采取互换并地、积零归整等方式，解决承包地细碎化问题，但不得违背农民意愿或简单地以少数服从多数的名义，强迫农民进行土地调整，侵害农民土地权益。

二、进城落户农民承包地问题

随着城镇化发展，农民进城是必然趋势，国家鼓励符合条件的农民在城镇就业落户。对于农民进入小城镇后承包地的处置，《中华人民共和国农村土地承包法》明确规定，“承包期内，承包方全家迁入小城镇落户的，应当按照承包方的意愿，保留其土地承包经营权或者允许其依法进行土地承包经营权流转。承包期内，承包方全家迁入设区的市，转为非农业户口的，应当将承包的耕地和草地交回发包方。承包方不交回的，发包方可以收回承包的耕地和草地”。2011 年，《国务院办公厅关于积极稳妥推进户籍管理制度改革的通知》（国办发〔2011〕9号）明确提出："现阶段，农民工落户城镇，是否放弃宅基地和承包的耕地、林地、草地，必须完全尊重农民本人的意愿，不得强制或变相强制收回"。2014年《国务院关于进一步推进户籍制度改革的意见》（国发〔2014〕25号）进一步明确"现阶段，不得以退出土地承包经营权、宅基地使用权、集体收益分配权作为农民进城落户的条件。"2015年"中央1号文件"再次重申："现阶段，不得将农民进城落户与退出土地承包经营权、宅基地使用权、集体收益分配权相挂钩。"

随着城镇化加快推进，如何盘活进城落户农民的承包地成为一个不容忽视的问题。在当前我国社会保障水平总体较低的情况下，承包地仍是进城农民最重要的生活保障。因此，农民工进入城镇落户是否放弃承包地，应完全尊重其个人意愿，既不得强迫或变相强迫他们交回承包地，也不得在城镇就业、教育、住房和社会保障等方面采取歧视性措施，迫使他们放弃承包地。一方面，要建立有偿退出机制，发挥土地的财产功能，为农民进城落户提供资本支持；另一方面，要完善有序流转机制，实现土地生产要素功能，促进农地资源的合理利用和优化配置。

就确权工作而言，以国办发〔2011〕9号文件下发为界，文件下发以前，承包方全家迁入设区的市，退出承包土地并领取经济补偿的，不再列入土地承包经营权登记范围；文件下发后，承包方全家迁入设区的市的，是否退出承包地以及是否对其承包地进行确权登记颁证，应当尊重承包方的意愿。

三、确权确股不确地问题

按照中央文件精神，确权可分为确权确地到户和确权确股不确地到户两种形式。关于两种确权形式之间的关系，2014年"中央1号文件"提出"可以确权确地，也可以确权确股不确地"。2014年中办国办印发的《关于引导农村土地经营权有序流转发展农业适度规模经营的意见》明确指出，"原则上确权到户到地，在尊重农民意愿的前提下，也可以确权确股不确地。"2015年六部门《意见》进一步将"坚持以确权确地为主"，作为开展工作必须把握的政策原则，提出“总体上要确地到户，从严掌握确权确股不确地的范围”。可以看出，对待确权确股不确地这种形式，中央的态度是谨慎而又严格的。

从各地实践来看，地方对于明确这种形式的主体、条件以及操作程序又是有迫切需求的。目前，一些地区已经进行了探索，如山东淄博市出台了《关于实行农村土地承包经营权“确权确股不确地”工作的指导意见（试行）》。目前，全市有 92 个村采取这一方式开展了承包地确权工作。山东烟台采取“确权确地到户”、“确权确股不确地”与“确权确利不确地”相结合的方式，对 166 个村开展土地确权工作，解决“两田制”历史遗留问题。青岛市印发了《开展农村土地承包经营权“确权确股不确地”试点意见》，明确开展“确权确股不确地”只能在土地承包以来未落实到户、因土地征占用致使人均耕地较少、因城市功能区和产业园区建设无法“确权确地”以及人均承包地 0.3 亩以下等“四类村居”进行。广东佛山市和中山市正在制定本地区的确权确股不确地实施方案。江苏昆山市千灯镇和淀山湖镇开始试行确权确股不确地政策。广西崇左、北海等地开展了确权确份不确地和建立档案田亩制度的试点。

确实权就是要把农户的承包地块数量、面积搞清楚，权属边界弄准确。确权确股不确地虽然能体现农户对承包地的收益权，但农户享有的只是权利束中的收益权，不享有占有、使用权，已不是法律意义上的用益物权。如果处理不好，容易损害农民利益，需要严格限制适用范围、条件和程序。中央提出“在尊重农民意愿的前提下，也可以确权确股不确地”，主要是针对由于多种原因部分地区一直实行集体统一经营的方式，或者已经承包到户但流转打破了承包地地块地界、土地改变用途、人均面积过小以及其他特殊情况而提出的。开展确权确股不确地，基层部门要加强调查研究，针对本地实际提出操作性建议和具体方案，并报确权登记颁证领导机构批准。既要注意协调不同区域之间确股方案的差异，也要正确处理同一区域范围内确地与确股之间的关系，控制和化解各种风险。在实际操作中，必须注意把握以下几点：一是严格控制确股土地的范围，不得随意扩大；二是确股土地必须限定在农业生产范围之内；三是坚持农民自愿原则，实施方案要经全体村民协商同意，民主确定确股的实施条件、操作路径及股权管理方式。同时，确权确股不确地也要注意与成果验收相衔接。

四、土地实测后的多地和少地问题

现有的土地承包关系是在一轮承包基础上延包形成的，由于受历史原因和客观条件影响，原确认的土地承包状况与实际土地承包情况存在一定的偏差，突出表现为土地实测后的多地和少地问题。例如辽宁省农户承包合同面积为 5073.87 万亩，比国土“二调”公布耕地面积少 2076.92 万亩。黑龙江、浙江、山东等省份反映部分地区实测面积大于承包合同面积 20% 以上，有的地区甚至超过 1 倍以上。同时，一些地区由于农户违规建房或地方政府通过以租代征的方式非法征占地等原因，致使农户承包地实际耕种面积少于合同面积。

从调研情况看，该问题存在多方面原因。其中，二轮延包时“折产分地”、“账实不符”和延包后“四至漂移”[①] 是形成“面积不准”问题的历史原因，而此次确权登记采用的技术手段、基层干部的操作方法，是强化该问题的现实原因。为减少工作阻力，一些基层干部倾向于不公示实测面积，而是按二轮合同面积确权，而部分基层政府对此采取默许态度。按照基层同志的说法，同时公示两个面积，会把潜在的矛盾激化，引发纠纷，影响工作进展。因此，调研中许多基层干部提出，在登记簿中同时记载合同面积和实测面积，但只将二轮合同面积作为确权面积登记发证。农户仍按目前地块面积的经营权，面积差异暂不处理，以后如果发生征占补偿等，实测比二轮合同多出的面积收益归集体所有。可见，土地实测后多地和少地问题的处理，直接关系到能否“确实权”、“颁铁证”。

针对这一问题，六部门《意见》提出，“实际承包面积与原土地承包合同、权属证书记载面积不一致的，要根据本集体通过的土地承包经营权确权登记颁证方案进行确权。属于原承包地块四至范围内的，原则上应确

① 四至漂移指平原地区承包地四至没有明显界限，在自然、人为等因素作用下，相邻承包地之间、承包地与公共用地之间发生四至改变的情况。

权给原承包户。”同时，一些基层政府也进行了积极探索。吉林省梅河口市新合镇印发了《关于土地确权实测公示后多地和少地问题处理的指导性意见》，提出“通过土地实测，多数农户存在多地和少地问题，经公示确认，在严格遵守法律法规的前提下，建议由各村组召开全体村民大会和村民代表会议，民主决议处理。”

对于这一类问题，建议本着尊重历史、照顾现实和尊重民意的原则，区分不同的情况予以分类解决。在确权工作中应当注意以下几点：一是搞准耕地实际面积是工作底线。对于存在权属争议的，基层部门可以暂缓确权，但必须测量准确、登记清楚，不能从怕麻烦、图省事的考虑出发，对二轮合同面积简单登记。二是民主协商是基础。确权登记颁证，农民群众是主体，拥有知情权、选择权和决策权。因此，是按合同面积还是按实测面积确权，必须由本集体通过的村组方案决定，不能仅凭村干部决断。三是围绕“四至”分类确权。对于“四至”清楚且与二轮延包一致的，应当将“四至”范围内的新增耕地确权给原承包户，不得收回重分或留作集体机动地；对于“四至”发生变动，但属于侵占田间道路、沟渠等村集体公共土地的，应该按二轮延包时的原承包地块测量面积进行确权，多出的土地可允许农户继续耕种；对于农户承包地之间“四至”发生变动的，且原“四至”无从考据的，应当在民主协商的基础上，确定新的“四至”，并按新的“四至”进行确权。四是妥善处理违法征占地问题。对于农民在承包地上自发建房等违法用地等问题，建议地方政府在国土、行政等相关部门做出处罚之前，实测面积以农户实际耕种的土地面积填写，暂不确权，但应当注明被占用的土地面积及被占原因。要严格禁止和严肃查处通过以租代征方式非法占地行为，群众无异议的，可以考虑对所占承包地采取确权确股的方式进行确权。

五、土地承包经营权共有人问题

农村土地承包经营权共有人的确定，涉及农村集体经济组织成员资格认定。由于此次确权登记颁证工作是对二轮承包关系的完善，各地在试点过程中，结合承包方和发包方的意愿，原则上应当按照二轮承包时的人口登记。对于完成农村集体产权制度改革的村组，可以参照改制方案中关于本集体成员资格的标准确定共有人。

家庭承包的主体是承包农户，登记土地承包经营权共有人要与二轮承包时的情况相符，发生变化的要协商一致后填写。按现有户籍人口登记的，要以是否参与二轮承包为依据，并同时得到承包方和发包方的认可。二轮承包前，在校或待业大学生、现役军人或或户口迁居小城镇人员，按政策不再享有农村家庭承包经营权；参加了二轮承包，但本人未主动放弃承包经营权的，可以作为共有人登记，但是否继续列为家庭承包经营权共有人应由承包户家庭内部协商决定，经当事人和其他共有人签字认可，并报村委会备案。一些户口在本村组的空挂户、寄挂户、退休回乡人员不能作为共有人登记。

受传统和习俗的影响，在“从夫居”的婚姻模式下，一些地方不同程度地存在侵害妇女土地权益的问题。个别地方以村民代表大会或村规民约的方式，将外嫁女或离婚丧偶妇女的土地收回。当前，农村妇女已经成为农村劳动力的主体力量。例如，江苏省农村妇女已占农业劳动力的65%以上，而在订立承包合同或进行确权登记过程中，妇女作为共有人的身份往往被忽视。因此，在确权登记颁证工作中，要高度重视农村妇女的土地承包权益，依法落实农村妇女的土地承包经营权。

在技术层面，农村土地承包经营权登记簿上可以记载承包经营权共有人情况，并做适当的备注，作为确权的记录；农村土地承包经营权证书上可以填户主情况，也可以填写共有人的信息，农村妇女既可以作为承包方代表，也可以作为共有人进行登记。

六、土地权属纠纷问题

从全国范围来看，由于二轮延包政策不一、时点不同，历史跨度较长，土地权属纠纷具有复杂性、普遍性、多元性等特征。从调研的情况看，土地权属纠纷主要表现为两个层面。一个层面是土地所有权权属争议问题。土地所有权虽不在此次工作范畴之内，但其权属之间的争议给确权工作造成影响。国有土地与集体土地、集体建设用地与农业用地、耕地与林地、耕地与水面、集体经济组织之间，甚至相邻省份之前都存在权属纠纷。这些纠纷矛盾成因复杂，涉及面广，解决难度大。另一个层面是农户之间的承包经营权纠纷。受政策调整等历史遗留因素的影响，各地还存在多地少地、土地调整、卖房带地、承包权未落实、企业占地、参军转农、独生子女多分地等问题。例如山东省反映部分地方对“两田制”问题没有整改到位，对村里称为“专业承包”的菜园地、果树地等难以确权。安徽、陕西、云南等省反映一些山区地区二轮延包时是承包耕地，之后由于各种因素影响现在已经种上果树、茶树成了园地。内蒙古等地有些地区外出务工的农民举家进城弃耕、撂荒承包地，村集体为完成农业税费任务，将这部分土地发包给了其他在村的农民，现在外出务工的农民要求返还原来的承包地。这些问题时间跨度长、涉及广大农民切身利益。

开展农村土地承包经营权确权登记颁证，关键在权属调查。搞好确权登记颁证的主要目的之一，就是要明确承包地归属，定纷止争、化解矛盾。各地要坚持以农民群众为主体，充分发挥农民群众的主体作用，特别是老党员、老干部熟悉情况、调解纷争的积极作用，在不违背法律精神的前提下，民主协商处理矛盾。对于权属争议较大，认识不一致的，可以先深入调研、摸清情况，暂缓开展确权工作。

农村土地承包经营权确权登记颁证是一项全面深化农村改革的基础性工作。各地要坚持依法依规，在法律框架内和不违背政策底线的情况下，妥善解决权属争议。同时，在具体工作中，也要充分发挥农民群众的积极性和基层的创造性，鼓励各地从实际出发，探索创新解决问题的方式方法。农村土地确权，事关亿万农民的切身利益，只有实实在在给农民“确实权、颁铁证”，才能经得起历史和实践的检验。

土地股份合作机制与合作稳定性

——苏州合作农场与土地股份合作社的比较分析

何安华

内容提要：在介绍合作农场这一新型农业合作组织形式的基础上，本文结合苏州市的3个村庄案例，考察了在同一外部政策环境下农业合作组织的合作机制对组织与农户间合作稳定性的影响。农业合作组织和土地入股农户之间有内在的合作激励：通过合作，土地入股农户可以增加收入和公平分享土地收益；农业合作组织可以获得规模效益和政策奖补资金。比较合作农场和“内股外租”型土地股份合作社可以发现，合作农场和农户间的土地要素合作关系更加稳定。这种稳定的合作关系是多种因素合力作用的结果：合作农场选择了更为有效的自我积累机制、风险规避机制和技术投入机制去创造更多利益，采用了较为合理的风险分担机制和利益分配机制；长期和正式的土地要素契约、专用性资产投资强化了合作农场和农户间的合作锁定关系；狭小的土地流转市场空间造成交易对象搜寻成本较高，从而促成农户继续与合作农场合作。

一、问题的提出

早在20世纪80年代，中国广东南海等地就已试验土地股份合作制。2007年《农民专业合作社法》施行后，新型土地股份合作社大量涌现，国内再次出现土地入社入股浪潮。随着土地流转在中国农村日益变得普遍，土地股份合作逐渐成为流转土地经营的重要形式。

股份合作是股份制与合作制的融合（傅晨，2001），其最基本的特征是土地经营权入股（姜爱林、陈海秋，2007）。关于土地股份合作产生的原因，王小映（2003）将潜在的土地增值收益视作其主要诱因；钱忠好、曲福田（2006）认为，它是当事人“对外部利润的追逐以及由此形成的制度创新一致同意”；唐浩、曾福生（2008）认为，以土地农用收入为主要收益的社区型土地股份合作是为了规避自然风险和市场风险并节约交易成本，而农民自主进行土地股份合作是为了分散风险、提供激励和甄别企业家才能。不少学者肯定了土地股份合作的制度优势，认为实行土地股份合作优化了土地资源配置，有效地解决了农民兼业化和农业低效益的问题（黄祖辉、傅夏仙，2001），促进了农民增收（管敏文、蔡裕亮，2003；万宝瑞，2004）；实现了土地生产功能与社会保障功能的分离，并凸显了土地的社会保障功能（钱忠好、曲福田，2006），是农户参与分享土地市场化收益的有效途径（焦必方等，2010），与政府所追求的公平和效率相平衡的目标一致（郭忠兴、罗志文，2012）。甚至有学者认为，股份合作制是农村土地制度改革的最优选择（蒋励，1994）。但同时，学者们也指出，土地股份合作制的实施成本相对较高（王小映，2003），制度规则的不完善导致了效率损失（钱忠好、曲福田，2006；钱忠好，2007），社区型土地股份合作还容易滋生农民“食利者”阶层（傅晨，1999；朱守银、张照新，2002），容易陷入“集体行动的困境”并导致“内部人”控制等问题（刘愿，2008）。

现有研究对土地股份合作进行了有益的探索，但一个更值得深入研究的问题是：在当前的土地股份合作[①]中，哪种合作组织形式更具有合作稳定性？如果合作组织形式是弱稳定，那么，一旦农户要求退还土地，该种合作组织形式下的土地股份合作将走向失败。比较同一时期、同一地域内土地股份合作的不同组织形式的合作稳定性，探寻导致合作稳定性差异的内在机理，对于完善中国农村土地股份合作的制度设计和促进农村社会稳定显得尤为必要和重要。2010 年以来，江苏省苏州市大力扶持组建合作农场。从实践看，合作农场主要由村集体经济组织牵头成立并管理，绝大多数村民以土地承包经营权入股而成为合作农场的成员。可以说，合作农场是在土地股份合作的基础上改革土地制度的一次创新。那么，新出现的合作农场能否加强农业合作组织和土地入股农户之间的合作稳定性？如果能，其作用机理又是什么？本文通过比较自主经营型合作农场和“内股外租”型土地股份合作社的合作稳定性，分析这两类农业合作组织的合作机制，以期为中国土地股份合作的发展提供参考。

二、合作农场：概念和分析框架

（一）何谓“合作农场”

发展合作农场是江苏省苏州市在推进城乡一体化进程中改革农村经营体制的又一制度创新。所谓“合作农场”，主要是由村集体经济组织发起，本村农民既可用土地承包经营权入股，也可用劳动力、农业机械等生产资料或资金自愿入股，到工商行政管理部门办理登记手续并取得法人资格，领取农民专业合作社执照，从事农产品生产、加工、销售的农民合作组织。合作农场在内容上包括劳动合作、资产合作和农产品流通合作；在经营上坚持股份合作，实行企业化管理，自主经营，自负盈亏，利益共享，风险共担。合作农场当年产生的盈余归全体成员共有，在提取公共积累后，将可分配盈余对成员实行按交易额返还或按股分红。从苏州的具体实践看，农民以土地承包经营权入股合作农场，实际上是通过土地股权化把土地经营权让渡给合作农场，获得保底收益和年终盈余的二次分配收

---

① 确切地说，本文要研究的“土地股份合作”实际上指的是土地的股份合作。

益，即“保底租金＋二次分红”。合作农场为“入股”农民提供“保底”的土地租金，给农民承诺了最低预期收益，从而能激发他们的入股积极性，降低土地连片集中的阻力。从管理机构看，合作农场设有股东代表大会、理事会和监事会，其章程和管理机构设置仿效农民专业合作社。但是，合作农场更接近社区型综合合作组织，部分合作农场下设专业合作社。例如下设土地股份合作社，其职能是集中经营土地；下设劳务合作社，其职能是组织农民向合作农场或对外提供农业劳务服务；下设农机合作社，其职能是向合作农场或对外提供农机服务。

（二）分析框架

土地股份合作社和合作农场均属于农业合作组织的范畴。罗必良、王玉蓉（1999）和罗必良（2008）曾将 Jensen and Mecking（1979）的生产函数引入对经济组织制度的分析中，通过典型案例来论证组织形式对经济组织制度绩效的影响。黄丽萍（2009）的研究也表明，合作组织形式的选择是影响合作效率和合作稳定性的重要因素。组织形式的选择实质上是合作组织对合作机制的选择。由于对经济组织制度绩效的度量比较困难或成本高昂，本文考虑用合作稳定性来反映农业合作组织的制度绩效，试图构建出一个解释性分析框架（见图 1）来论证合作机制对农业合作组织与成员之间合作稳定性的影响。

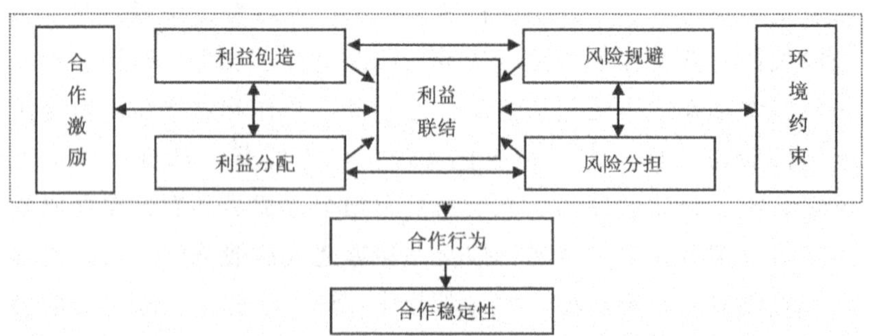

图 1 “合作激励—利益联结—环境约束—合作稳定性”分析框架

稳定长久的合作关系离不开利益和约束两个要素，即以利益促进合作，以约束维护合作。因而，合作机制可以通过利益机制和环境约束来体现。合作的内生激励是各方开展并维持合作关系的先决条件，利益联结是促进合作稳定性的内源动力，而环境约束则体现了维护合作稳定性的内部拉力和外部推力。很显然，不同的利益机制或不同的环境约束都会使合作各方表现出不同的合作行为倾向，并最终导致各方合作稳定性的差异。

1. 关于合作的内生激励

合作的内生激励是合作各方实现互利共赢的一种预期。这种预期出于两个考虑：一是合作双方合作的目的在于追求合作剩余最大化，合作产生的剩余必然要求大于双方不合作时各自的剩余之和，否则双方不会有合作，这意味着生产效率在合作后得到提高；二是合作剩余在双方之间的分配应使得一方得到的剩余至少不低于其不合作时的剩余，否则合作就不能持久，这反映了合作剩余分配的合理性。在农业合作组织和土地入股农户的合作关系中，农业合作组织通过集中经营土地获得规模效益，因响应当地政府推进土地流转的政策号召而获得政策奖补资金；土地入股农户以土地经营权置换土地要素收入，实现了无劳动力和资金投入下的土地财产权收益。

2. 关于利益机制

农业合作组织能否有效地稳定运行，受农户和农业合作组织间利益契合程度的影响（卢荣善，2006）。利益机制包括利益的创造和利益的分配。不同的农业合作组织所创造的利益大小存在差异，这一差异主要受其自我积累机制、风险规避机制和技术投入机制的影响。相关机制越有效，农业合作组织的利润空间可能越大，向土地入股农户支付更高土地要素收益的财力保障可能越强，进而与土地入股农户之间的合作越稳定。不同的农业合作组织和农户之间的利益分配机制也存在着差异，而利益分配机制是影响农业合作组织和农户之间能否长期合作以及合作是否稳定的关键因素（袁久和、祁春节，2013）。理论界常将“风险共担，利益共享”作为合作组织和农户之间利益分配的原则或标准，认为合作各方应根据各自承担风险的大小来分配盈余。但是，在实践中，很难准确度量出合作各方所承担风险的大小，并且农业合作组织和农户对待风险的态度在不同时期也会有所不同。因此，选择合适的利益分配机制和风险分担机制并适时调整，都有利于保持农业合作组织和农户之间合作的稳定性和长期性。

3. 关于环境约束

环境约束包括内部环境约束和外部环境约束。其中，内部环境约束至少包括土地要素契约的期限和约束力、专用性资产投资及其保护。已有研究表明，相比于短期契约，长期契约下农业合作组织和农户间的组织状态更加稳定（卢荣善，2006），正式契约比非正式契约更能保证契约方履约。当合作双方存在专用性资产投资时，由于这类资产很难在转作他用的情况下不发生贬值，投资方一旦进行专用性资产投资，就会出现被套牢现象，且资产专用性越强，投资力度越大，投资方就会越努力保护专用性资产，进而合作双方的套牢效应越强，最终合作稳定性也会越强。村庄土地流转市场环境决定了转出土地农户的机会选择集。同样是转出土地，买方垄断或买方寡头市场下农业合作组织与农户的合作关系会更稳定，因为农户缺少选择机会和租金“要挟空间”。

三、案例描述：苏州市土地股份合作实践

（一）苏州市土地股份合作概况和案例选择

为加快形成城乡一体化发展格局，苏州市着力推动土地承包经营权有序流转，走出了一条具有苏州特色的现代农业发展之路。1999 年，苏州市委市政府发布《关于加强农村集体承包土地流转管理的意见》，2001 年开始探索农村土地股份合作制改革，到 2001 年年底已组建 5 家土地股份合作社。到 2005 年，苏州市初步解决了土地股份合作社的工商登记问题，并在财政资金和税收方面给予政策扶持，当年年底共建成土地股份合作社 101 家。2007 年，苏州市将整村流转和组建土地股份合作社作为实施土地流转财政补贴政策的主要条件，所辖县（区、市）先后出台了以土地股份合作社为主要对象的奖励政策。到 2012 年，土地承包经营权入股已成为苏州市农村土地流转的主要形式，入股土地每年的奖励达到 300—400 元/亩。同时，苏州市鼓励土地股份合作社自主经营土地，大力发展村级合作农场。太仓市（苏州市下辖的县级市）于 2010 年率先探索发展合作

农场，随后，常熟市和昆山市也试点合作农场模式。据苏州市农办的统计，截至2012年年底，全市已组建土地股份合作社730家，入股土地面积120.7万亩，其中，土地股份合作社自主经营土地面积10.1万亩；组建合作农场137家，经营土地面积18.6万亩。

合作农场的出现体现了中国部分经济发达地区推进城乡一体化和农业现代化的现实需求。本文选取太仓市城厢镇东林村东林合作农场、璜泾镇荡茜村临江合作农场和常熟市支塘镇窑镇村土地股份合作社为研究对象①，比较同一时期、同一地域内土地股份合作的不同组织形式的合作稳定性。案例选择主要基于如下考虑：一是县域市场环境相近。太仓和常熟两市的土地流转市场发育情况大体相当，2011年，两市流转土地面积占农户承包土地总面积的比例均在70%以上，且土地经营权入股已成为土地流转的主要形式。二是政策环境一致。两市实施的土地流转财政补贴政策基本相同。三是村域范围内的土地流转市场差异，东林村为垄断市场，荡茜村为寡头市场，窑镇村近似于竞争市场。四是研究对象的组织形式存在差异。东林合作农场自组建以来就选择了自主经营的合作农场形式，临江合作农场由“内股外租”型土地股份合作社顺利转型而来，而窑镇村土地股份合作社仍为“内股外租”型土地股份合作社。

（二）合作农场和土地股份合作社的案例描述

1. 太仓市城厢镇东林村东林合作农场

东林村是太仓市最早组建合作农场的村庄。该村村域面积7平方公里，有42个村民小组，765户农户，2895人。2010年5月初，东林村全面完成了“三置换”②。全村农户置换出的承包土地和宅基地整理复垦出的新增耕地共计1400余亩。为了解决“谁来种地”的问题，并兼顾发展和壮大村级集体经济，促进农民持续增收，维护村庄社会稳定，并将土地

① 太仓市和常熟市均为苏州市下辖的县级市。

② “三置换”是指农户将集体资产所有权、土地承包经营权、宅基地及住房置换成股份合作社股权、城镇社保和城镇住房。

资源掌握在村集体经济组织手中，东林村“两委”、东林劳务合作社、东林农机合作社联合发起组建了东林合作农场。

东林合作农场进行了行政村层面的资源要素整合，具有“政社一体、多组织合一”的制度特性（王晓莉、胡勇，2014）。该合作农场采用了“大承包、小包干”的经营方式。“大承包”是指合作农场与 2 名分场长（即农业职业经理人）签订承包合同，分场长各自承包 600 亩粮田，他们包产、包肥、包农药、包用工，基本工资为 1200 元/月。“小包干”是指分场长雇佣 20 名农场专业管理人员进行农业生产，农场专业管理人员根据各自能力来认定包干面积，包干的管理费用核定为水稻每年 200 元/亩，小麦每年 150 元/亩。同时，该合作农场以“成本核算、绩效挂钩”为考核手段去调动分场长和农场专业管理人员的责任心和积极性。农场规定：粮田核定综合成本为 1150 元/亩（稻麦两熟制），把成本降低部分的 20% 奖励给分场长，成本超出部分的 20% 由分场长承担；核定产量为水稻 450 公斤/亩、小麦 275 公斤/亩，产量超出部分对分场长和农场专业管理人员各按超产金额（按国家收购价折算）的 20% 进行奖励，非因不可控因素导致减产的，分场长和农场专业管理人员须各承担减产部分 20% 的损失。合作农场将剩余的 200 多亩耕地用于建设蔬菜生产基地，由 2 个分场长共同管理。2010 年 7 月，东林合作农场种植了 900 亩富硒大米，2012 年，这一种植规模扩大至 1100 余亩，产品主要销往上海的联华、大润发、欧尚等大型超市。东林合作农场对村民入股土地采用“保底租金 + 二次分红”的分配方式。入股土地的保底租金为每年 600 元/亩，计入农场的经营成本，农场盈余部分的 40% 再作二次分红。此外，东林合作农场将 80 亩耕地分给成员种植自用蔬菜，同时将蔬菜基地生产的蔬菜以市场价格的 80% 供应给村便利店。

2. 太仓市璜泾镇荡茜村临江合作农场

荡茜村全村面积 2.8 平方公里，有 13 个村民小组，179 户农户，1427 亩耕地。荡茜村的土地流转经历了两个阶段：一是 2008—2010 年通过组建土地股份合作社对外出租土地，即“内股外租”式经营；二是 2010 年成立合作农场，由合作农场自营土地，年终按股分红。

2008年3月，荡茜村将农户自愿流转的土地集中起来，以一亩土地为一股，组建了“太仓市荡茜土地股份合作社”。到2008年11月，全村179户农户全部自愿加入土地股份合作社，入股土地面积达1105亩，占该村确权土地面积的77.8%①。荡茜土地股份合作社对土地经营实行公开招租②，当年共获租金76.94万元。该土地股份合作社对村民入股的土地采用“保底租金+二次分红”的盈余分配方式，约定首年保底租金为每股（亩）500元，逐年递增，年终盈余实行二次分红。2008年，该合作社支出土地保底租金55.25万元，二次分红总额为9.85万元，平均每亩土地的租金加分红合计为589.14元。2010年，太仓市委市政府出台《关于发展合作农场的意见》，明确指出对合作农场给予财政、信贷扶持。在这一背景下，荡茜村“两委”牵头组建了临江合作农场，对发包出去的土地，在租赁合同到期后逐渐收归合作农场经营。在股份设置上，临江合作农场设有土地股、资金股、人头股、集体股和农机具折价股。因全体村民均加入了合作农场③，人头股可确保合作农场的经营发展收益惠及全体村民，体现成员公平性。在合作农场的大框架内，荡茜村还组建了由合作农场统领的劳务合作社、农机合作社和种植合作社。

3. 常熟市支塘镇窑镇村土地股份合作社

窑镇村共有人口3283人，耕地6500亩。2006年10月，窑镇村村委会发起组建了窑镇村土地股份合作社。首批入股农户有120户，入股土地面积为406.07亩，其中，集体土地入股面积为208.38亩；到2011年8月底，入股农户增加至456户，入股土地面积增加到2021.59亩。窑镇村土地股份合作社的经营模式是“招租引进大户，收取租金”。例如，将1374.59亩水稻产业化区交由11个种植大户经营，土地年租金为550—650元/亩。为了保障“入股”农户的土地权益，该合作社要求土地承租

① 未入股土地占22.2%（322亩），留作农户的自种地。

② 公开招租时，荡茜土地股份合作社的社员代表全程监督，避免了暗箱操作，所签订的合同都张贴在村务公开栏内，便于村民了解。并且，在招租发包时，同等条件下优先考虑本村村民。

③ 文中所说的“村民”指的是户口在本村的农民。

人先交租金后使用土地，确保租金足额、及时到位。在 2009 年以前，窑镇村土地股份合作社对成员入股的土地采用“分红但不保底”的分配方式，将当年所收租金和县乡两级土地流转补助收入总额的 75% 分配给入股农户，将剩余的 25% 留作发展再生产基金。2009 年以后，该合作社确定了入股土地的分红保底数额为 500 元/亩。2007 年，该合作社入股土地的分红为 250 元/亩，2008 年提高到 300 元/亩，2010 年约为 700 元/亩。2009 年，该合作社拿出 78 亩土地探索合作社经营，主要种植小麦和水稻，当年经营这 78 亩土地的净利润为 4.6 万元。然而，自 2010 年秋熟以来，该合作社遇到了农户退社的困扰。来自浙江、安徽等省的种植大户涌入窑镇村，与窑镇村农户私下协议流转土地种植西瓜、蔬菜，土地租金被不断抬高。受外部高额土地租金的诱惑，越来越多的窑镇村农户不愿意把土地流转给窑镇村土地股份合作社，部分入股农户甚至强行要回土地并退出合作社。

四、案例分析：土地股份合作及其合作稳定性

苏州市的三个案例村庄都采用了“合作社 + 农户”的合作模式，尽管有着相同的外部政策环境，但不同组织形式因其合作机制的不同，各方合作稳定性存在差异。

（一）合作的内在激励

不管是合作农场还是土地股份合作社，都希望与土地入股农户保持稳定的合作关系，而合作关系要趋于稳定，其必要条件是合作双方能够实现双赢。

1. 土地入股农户：增加收入和公平分享土地收益

（1）土地入股农户可以增加收入。农户通过转出或转入土地而成为非农业户、兼业户和纯农业户，各类型农户能够通过熟能生巧积累更多专业化的技能和知识，提高生产效率，进而增加收入。以东林合作农场的职业农民为例：分场长是农业职业经理人，年收入为 8 万—10 万元；所雇佣的农场专业管理人员是技术工，年收入为 4 万—6 万元；长期雇佣的本村村民

大部分为一般工人，年收入为2.5万—3万元。大多数土地入股农户没有在合作农场里打工，但他们获得的土地入股收益仍然要高于自己经营的净利润。另外，地方政府一般会把土地流转奖补资金补贴给农业合作组织，而农户可以通过将土地入股农业合作组织来间接分享这类奖补资金。

（2）土地入股农户可以公平分享土地收益。一是农户参与分享土地市场化收益。农业合作组织采取“保底租金+二次分红”的分配方式后，农户除获得固定租金外，还能分享到农业经营收益和土地非农用增值收益。二是农业合作组织成员分享级差地租。级差地租Ⅰ是土地肥力差异和地理位置差异带来的。农户以土地入股时，只依据土地面积折算股权，地租分配只与股份数量直接相关，与具体地块无关，即地权换股权后，级差地租Ⅰ在全体成员中均分（潘光辉，2007）。此外，各级政府对农业合作组织开展土地整理、农业基础设施建设和高标准农田建设等项目提供财政支持，而农户可以间接分享到这些项目的收益。

2. 农业合作组织：获得规模效益和政策奖补资金

农户承包经营的土地规模一般不大。例如东林村有耕地1400余亩，农户765户，户均耕地仅为1.8亩，农户耕种这么小面积的土地显然是没法实现规模经营的。但是，农户把土地入股农业合作组织后，农业合作组织的土地经营规模可达上千亩。随着经营规模的增大，农业合作组织也会像企业一样容易形成规模经济。例如，东林合作农场的1200亩水稻田常年由20个人负责管理，取得了通过减少人工投入从而降低管理成本的效果。经测算，在水稻种植上，小农户的经营成本为1150—1200元/亩，而合作农场的经营成本为1000—1050元/亩，每亩经营成本下降了约150元。从土地流转的角度看，农户私下流转土地面临较高的交易对象搜寻成本，但农业合作组织作为农户的代理人后，先把农户的土地集中连片，再流转给种植大户或农业企业，这同样也能产生规模经济效应。在各地大力推动土地流转的背景下，农业合作组织成为地方政府创新农村经营体制、加快土地规范有序流转的重要载体。农业合作组织因响应当地政府号召，吸引农户开展土地要素合作，可以获得地方财政支持土地流转的专项奖补资金。太仓市对水稻种植面积为200亩以上、由本地户籍人员经营的合作农场给予专项财政扶持，每亩每年奖补 300 元（县财政补助 200 元，镇财政补助 100 元）；同时，还优先对合作农场购置农机具给予扶持，并积极为合作农场提供信贷支持。

（二）合作机制的差别

上述三个案例村庄的土地股份合作可区分为两种组织形式：自主经营型合作农场和“内股外租”型土地股份合作社。东林合作农场和临江合作农场均为自主经营型合作农场，都有明确的股权设置方案，采用“保底租金 + 二次分红”的分配方式。合作农场与土地入股农户签订了土地入股书面合约。土地经营风险主要由农场承担，但农户保留了土地发展收益的分配权利。而窑镇村土地股份合作社在 2006—2009 年是单一的“内股外租”型土地股份合作社，在 2009 年以后才尝试划出小部分土地进行自营。窑镇村土地股份合作社与土地入股农户主要通过口头契约来约定土地入股有关事项。该社在 2009 年以前采用“分红但不保底”的分配方式，土地经营风险几乎完全由入股农户承担（见表 1）。

表 1　　农业合作组织的合作机制与合作稳定性

		东林合作农场	临江合作农场	窑镇村土地股份合作社
成立时间		2010 年	2008—2010 年为荡茜土地股份合作社，2010 年转型为临江合作农场	2006 年
利益创造	自我积累	土地自营	土地招租（2008—2010 年） 土地自营（2010 年以后）	土地招租（2006—2009 年） 招租为主，探索自营（2009 年起）
	风险规避	农场和分场长分担生产风险；通过产品加工和品牌营销抵御市场风险	农场和分场长分担生产风险	先租后用

续表

		东林合作农场	临江合作农场	窑镇村土地股份合作社
利益创造	技术投入	具备生产和营销技术优势	具备生产和营销技术优势	招租引进种植大户和技术能人
风险分担和利益分配	风险分担	农场承担经营风险	农场承担经营风险	农户承担经营风险（2006—2009年） 合作社承担经营风险（2009年以后）
	利益分配	保底租金 + 二次分红	保底租金 + 二次分红	分红不保底（2006—2009年） 分红保底（2009年以后）
环境约束	土地要素契约期限	长	长	短
	契约约束力	强（书面契约）	强（书面契约）	中（口头契约为主，书面契约为辅）
	专用性资产投资	强	强	弱
	土地流转市场环境	垄断市场	寡头市场	近似竞争市场
合作稳定性		较稳定	较稳定	不稳定

（三）合作稳定性的差异

农业合作组织和土地入股农户之间的合作稳定性会受到合作环境改变的冲击。从合作关系发展情况看，东林合作农场和临江合作农场均未发生过土地入股农户退出合作农场的事件，且土地入股农户对他们与合作农场关系的评价是肯定和正面的。而窑镇村土地股份合作社则每年都发生农户退社现象，特别是近几年，随着规模种植农户大量涌进窑镇村租地，土地日益稀缺并推动租金持续上涨，土地入股农户对合作社承诺的租金有所不满，要么退出土地股份合作社，要么“要挟”土地股份合作社提高租金。因此，从农业合作组织和土地入股农户之间的合作稳定性来看，东林合作农场、临江合作农场显然要比窑镇村土地股份合作社更为稳定。

（四）对合作稳定性差异的解释

1. 农业合作组织内部运作：利益创造能力差异

农业合作组织的内部运作效率不仅决定了其提供保底租金的空间，也决定了其提供分红的空间。

（1）自我积累。合作农场采取的是分包体制，内部责权明晰，经济效益良好，具有明显的自我积累和低成本扩张功能。以东林合作农场为例，该农场经营土地 1400 余亩，采取“大承包、小包干”的基本经营方式，主要种植小麦和水稻，积极谋划“农超”对接，创建“金仓湖”品牌，2010 年实现净利润 450 万元。该农场计划投资 1500 万元用于农田基础设施建设，加大品种调整、科技攻关、品牌打造和营销网络拓展方面的资金投入。该农场不管是在为农户创收方面还是在自身积累方面都取得了骄人成绩，其发展模式多次得到国家和省政府相关部门的肯定，而这要归功于分包体制增强了合作社创收能力，继而形成了有经济实力支撑的自我积累机制。相反，窑镇村土地股份合作社的经营范围仅局限于土地转租服务，即使规定了将招租总收入的 25% 留作发展再生产基金，但因收入来源高度依赖于土地转租收入，而农业用地的土地租金又不会太高，这就决定了该土地股份合作社的自我积累能力非常有限。2010 年，窑镇村土地股份合作社招租总收入仅为 82 万元，加上县乡两级的补助收入 25 万元、国家种粮补贴 20 万元，2021.59 亩土地的总收入仅 127 万元。这些收入被用于支付入股农户土地的租金、合作社日常管理费用以及进行二次分配和自我积累等方面。由此可知，该土地股份合作社的自我积累能力远低于东林合作农场。另外，东林合作农场由东林村集体经济组织、劳务合作社和农机合作社联合组建，能有效整合农户的土地、劳动力和闲散资金等资源，实现农场的低成本扩张。特别地，该合作农场把设置资金股作为农场长期融资的一种手段，增强了资金积累能力。

（2）风险规避。东林合作农场通过统一提供种子、肥料和农药，统一管理，实行“大承包、小包干”，以“成本核算、绩效挂钩”为主要考核手段，将农业生产风险以 8：2 的比例分解给农场和分场长，提高了分场长和农场专业管理人员的风险意识，构造了风险共担机制。同时，该合作社通过统一加工和打造品牌来提高产品附加值，提高了农产品的市场竞争力，增强了农业抵御市场风险的能力。相反，窑镇村土地股份合作社几乎将全部土地都以招租的方式经营，且内部不存在风险分担机制，土地经营收益严重依赖于土地流转市场。该合作社控制土地经营风险的关键手段是先租后用，但这一方式只能保障租金足额、及时到位。一旦土地流转不畅，没能成功出租，土地股份合作社支付给土地入股农户的分红将失去财力保障。

（3）技术投入。农业合作组织对土地入股农户的吸引力在一定程度上通过其技术优势来表现。东林合作农场的技术优势体现在生产和营销两个方面。在生产方面，东林合作农场与中科院苏州硒谷研究院签订了富硒大米种植协议，引进根施无机硒技术，所种植的水稻含硒量是普通大米的 5—7 倍；与苏州农科院合作成立了农科院田园工作室，建设了万头生态养猪场，发展循环经济。可见，东林合作农场通过与科研机构合作，构建了强有力的生产技术支撑体系。在大米营销方面，东林合作农场打造“金仓湖”品牌，采取普通包装、精包装、礼品装三种包装方式，实行“农超对接”，并尝试通过“淘宝”、“阿里巴巴”等网站开展网上交易，有效提高了产品的市场竞争力。而窑镇村土地股份合作社自 2006 年创建以来，在入股土地规模从 406.07 亩扩展到 2021.59 亩后，土地经营方式仍在坚持公开招租，合作社的技术投入仅限于土地整理和种植区规划。该合作社只看到土地租赁市场，重视为承租土地的种植大户搭建技术培训平台，却未重视为村集体培养种植能手和由村集体从事农业生产。

2. 农业合作组织和农户的关系：风险分担及利益分配方式差异

（1）风险分担。东林合作农场和临江合作农场采用“保底租金 + 二次分红”的分配方式，农场几乎承担了土地转入以后的全部经营风险（包括生产风险和市场风险）；而窑镇村土地股份合作社在采用“分红保底”的分配方式之前（2009 年）仅根据当年的土地经营收益①向农户分配红利，土地经营风险实际上转移到土地入股农户身上，完全由农户承担。两者相比，窑镇村土地股份合作社的土地入股农户承担的风险更高。同时，窑镇村土地股份合作社是土地经营风险的控制主体，而普通入股农户又很少参与土地股份合作社的管理，这就造成了土地经营风险的控制主体与承担主体相分离，不利于维持土地股份合作社和土地入股农户之间的合作。

（2）利益分配。农户参与合作的典型激励条件是他们获得基本利益保障。东林合作农场、临江合作农场与土地入股农户签订的合同中规定，土地租金以一定数量的粮食按当年价格折算，或在规定一个基期土地租金的基础上，每年的租金按物价上涨幅度或事前商定的上涨比例进行调整，以确保入股农户有稳定的收入预期。这种形式的“保底”租金为入股农户提供了基本利益保障。同时这两个合作农场都建立了二次分配机制，对利益分配进行动态调整，进而构建了激励土地要素合作的情境，提升了农场和土地入股农户的合作稳定性。而窑镇村土地股份合作社在承诺“分红保底”之前，土地入股农户获得的红利与土地股份合作社所得的利润密切相关，入股土地不能顺利出租、租金不能及时到位、招租租金过低等因素都会影响土地入股农户的收益，这将导致对土地入股农户的合作激励不足。

3. 环境约束差异：内部约束和外部挤压

（1）土地要素契约期限和契约约束力。一般而言，长期契约要比短期契约更能维护合作的稳定性。在农村地区，农业合作组织和小农户之间

① 主要指土地招租收入与国家、地方政府的各项补贴之和减去土地整理及招租费用。

很容易出现契约软约束问题[1]，故而判断契约真实期限的长短应依据契约的约束力和履约环境。从契约形式看，东林合作农场和临江合作农场与土地入股农户都统一签订了非常正式的书面契约，而窑镇村土地股份合作社与土地入股农户之间则以口头契约为主，书面契约为辅。显然，前者的契约约束力要强于后者，前者更能保证契约方在期限内履约。从履约环境看，东林合作农场和临江合作农场都与村集体经济组织存在重叠，是“政社一体、多组织合一”，即便合作农场经营不善，也会有村委会和村集体经济组织“兜底”，这就降低了合作农场违约的风险。土地入股农户凭借社区成员权被天然地拉进了合作农场，参与集体资产权益的分享，进而逐渐对合作农场产生归属感，增进向合作农场入股土地的热情。人头股和土地股并行的制度设计强化了合作农场与农户间的合作“锁定”状态。反观窑镇村土地股份合作社，该社由少数村干部牵头成立，是一个独立的经济主体，一旦经营不善便容易破产解散；而农户和该合作社只有经济联系，缺少情感依赖，违约的心理负担小。当合作社经营不善或农户面临外部诱惑时，合作社和土地入股农户的合作关系更容易破裂。

（2）专用性资产投资及其保护。东林合作农场和临江合作农场对入股的土地进行自主经营时，它们的专用性资产投资不仅包括产前的地块平整、田间道路和沟渠等基础设施建设投资，还包括产中的良种、化肥、农药、农机、技术培训投资以及产后的加工厂建设和营销网络建设投资等。土地入股农户将家庭农机具折价入股投资给合作农场则可视为农户发生的专用性资产投资。这些专用性资产投资使得合作农场和土地入股农户相互套牢，避免了机会主义行为的发生，并最终提高了合作稳定性。窑镇村土地股份合作社对入股土地实行招租经营，其专用性资产投资主要是基础设施建设投资。但是，该合作社土地入股农户的农机具不能折价入股给合作社，即农户在与该合作社的合作中未发生专用性资产投资。由此，窑镇村土地股份合作社和土地入股农户之间的套牢关系要弱得多。

---

① 软约束是指在契约方违约或其他机会主义的情况下，即便第三方（例如法院、仲裁机构）介入也难以保证契约的实施，导致履约问题得不到解决。

（3）土地流转市场环境。东林村有耕地 1400 余亩，全部入股东林合作农场，东林合作农场成为东林村土地经营权的买方完全垄断者；荡茜村有耕地 1427 亩，其中 1105 亩入股临江合作农场，占荡茜村耕地的 77.8%，临江合作农场是荡茜村土地经营权的买方寡头。在东林村，几乎没有外来的种植大户能跟村民私下流转土地。即便在荡茜村，后进入的种植大户能跟村民私下流转土地，他们也会面临可供流转的土地规模小和交易费用高昂等问题。在土地流转市场空间狭小的情况下，土地租赁者蜂拥而至的现象不可能发生。鉴于较高的交易对象搜寻成本，农户也不愿意向合作农场要回土地来私下出租。可以认为，狭小的市场空间和高昂的交易成本反而促成了农户与合作农场之间的稳定合作关系。相比之下，窑镇村有耕地 6500 亩，2006 年，入股窑镇村土地股份合作社的耕地仅 406.07 亩，到 2011 年 8 月底虽增加至 2021.59 亩，但可供私下出租的土地尚有 4400 多亩，土地流转市场空间巨大。大量外来土地经营者进村直接向农户竞价租地。在这种情况下，农户无需支付多少交易对象搜寻成本就可以私自出租土地；而窑镇村土地股份合作社要求农户继续履行合约的成本又极高。因此，在短期利益最大化的驱动下，土地入股农户可能会要求合作社退还土地，导致双方合作无法持续。

五、结论与讨论

本文介绍了合作农场这一新型农业合作组织形式，并以苏州太仓市城厢镇东林合作农场、璜泾镇荡茜村临江合作农场和常熟市支塘镇窑镇村土地股份合作社为个案，考察了在同一外部政策环境下，农业合作组织的合作机制对农业合作组织与农户间合作稳定性的影响。研究表明：农业合作组织和土地入股农户之间存在内在的合作激励，表现为土地入股农户可以增加收入和公平分享土地收益；农业合作组织可以获得规模效益和政策奖补资金。比较合作农场和“内股外租”型土地股份合作社，可以发现，合作农场和农户间的土地股份合作关系更加稳定。这种稳定的合作关系是多种因素综合作用的结果：合作农场选择了更为有效的自我积累机制、风险规避机制和技术投入机制去创造更多利益，采用了较为合理的风险分担机制和利益分配机制；长期的土地要素契约、正式契约、专用性资产投资强化了合作农场和农户间的合作锁定关系；狭小的土地流转市场空间隐含了较高的交易对象搜寻成本，反而促成农户继续与合作农场合作。在中国土地股份合作制改革过程中，重视合作机制对合作稳定性的影响是非常必要的，并具有实践指导意义。

2015 年“中央 1 号文件”再次提出“引导土地经营权规范有序流转，创新土地流转和规模经营方式，积极发展多种形式适度规模经营”，“引导农民以土地经营权入股合作社和龙头企业”。在非农就业机会缺乏的地区，农户、合作社、公司等多类主体往往以产品和产业为纽带开展合作与联合；但在非农就业机会较多的地区（例如苏州市），除了以产品和产业为纽带开展合作与联合外，以要素为纽带开展联合与合作似乎更能适应当地的宏观环境。当前，中国正在探索制定工商资本租赁农村土地的准入和监管办法。在此背景下探索和引导发展村集体经济组织经营的合作农场，不仅能解决土地集中和规模经营问题，还能保障农民的土地权益，把集体的土地资源掌控在集体内部，让农民与村集体共享土地经营的剩余控制权。

参考文献

[1] 傅晨：《论农村社区型股份合作制制度变迁的起源》，《中国农村观察》1999 年第 2 期。

[2] 傅晨：《社区型农村股份合作制产权制度研究》，《改革》2001 年第 5 期。

[3] 管敏文、蔡裕亮：《温岭市社区土地股份合作制的实践与思考》，《农村经营管理》2003 年第 11 期。

[4] 郭忠兴、罗志文：《农地产权演进：完整化、完全化与个人化》，《中国人口·资源与环境》2012 年第 10 期。

[5] 黄丽萍：《林业专业合作经济组织内部契约选择初探——以福建尤溪“护林联防协会”为例》，《西北农林科技大学学报（社会科学版）》

2009 年第 3 期。

[6] 黄祖辉、傅夏仙：《农地股份合作制：土地使用权流转中的制度创新》，《浙江社会科学》2001 年第 5 期。

[7] 姜爱林、陈海秋：《农村土地股份合作制基本理论研究述评》，《华南农业大学学报（社会科学版）》2007 年第 2 期。

[8] 蒋励：《股份合作制：农村土地制度改革的最优选择》，《农业经济问题》1994 年第 12 期。

[9] 焦必方、孙彬彬、叶明：《农户参与分享土地市场化收益的研究——兼论农地股份合作》，《社会科学》2010 年第 6 期。

[10] 刘愿：《农民从土地股份制得到什么?》，《管理世界》2008 年第 1 期。

[11] 卢荣善：《走出传统：中国三农发展论》，经济科学出版社，2006 年。

[12] 罗必良、王玉蓉：《农业经济组织的制度结构与经济绩效——一个理论框架及其应用分析》，《农业经济问题》1999 年第 6 期。

[13] 罗必良：《合作机理、交易对象与制度绩效——温氏集团与长青水果场的比较研究》，载北京天则经济研究所（编）：《中国制度变迁的案例研究（第六集）》，中国财政经济出版社，2008 年。

[14] 潘光辉：《级差地租分享制度：生成、特点与出路》，《江汉论坛》2007 年第 8 期。

[15] 钱忠好、曲福田：《农地股份合作制的制度经济解析》，《管理世界》2006 年第 8 期。

[16] 钱忠好：《外部利润、效率损失与农地股份合作制度创新》，《江海学刊》2007 年第 1 期。

[17] 唐浩、曾福生：《农村土地股份合作制产生原因解析》，《中国土地科学》2008 年第 10 期。

[18] 万宝瑞：《我国农村经营体制的创新——辽粤湘豫农村土地实行股份合作的调查》，《求是》2004 年第 15 期。

[19] 王小映：《土地股份合作制的经济学分析》，《中国农村观察》

2003 年第 6 期。

[20] 王晓莉、胡勇：《合作农场：城乡一体化与土地经营主体创新——基于江苏省太仓市东林合作农场的案例分析》，《经济问题探索》2014 年第 8 期。

[21] 袁久和、祁春节：《异质性农民专业合作社成员合作关系及其稳定性研究》，《财贸研究》2013 年第 3 期。

[22] 朱守银、张照新：《南海市农村股份合作制改革试验研究》，《中国农村经济》2002 年第 6 期。

[23] Jensen, M. C. and Meckling, W. H.: Rights and Production Functions: An Application to Labor - managed Firms and Codetermination, *Journal of Business*, 152 (4): 469 - 506, 1979.

草原牧区妇女土地承包及相关权益状况

杨　丽

随着牧区草场承包经营制度的推行，草场流转速度的加快以及近年来草原生态补助奖励机制的实施，牧民的草场承包权益和土地流转问题逐年增多，特别是牧区妇女，由于受传统婚姻习俗的影响，面临的问题更加突出。同时，牧区妇女作为主要劳动力和重要管理者在牧业生产和草场管理中的作用又越来越大。在这种情况下，研究牧区妇女土地权益状况，妇女如何拥有、使用、流转草场，如何获取草场收益等问题，不仅关系到妇女的生活状况，以及妇女自身的进步和发展，而且也关系到牧区经济和社会的全面发展。

本文以内蒙古自治区为例，探讨草原牧区妇女土地承包权益状况，以期为决策部门和有关机构在制定政策法规过程中考虑性别差异、添加性别视角提供参考依据。文章主要采用访谈调查的方法，对当地妇联干部、嘎查领导、牧区妇女以及普通牧民进行深入访谈，了解牧区妇女对土地的需求和依赖，发现妇女草地承包权益存在的问题，并分析问题产生的原因，最后提出结论和建议。

一、牧区妇女土地承包及相关权益产生的背景

（一）内蒙古草原家庭承包及相关制度的实施

改革开放前，内蒙古和所有草原地区一样，草原以集体所有为主，草场和牲畜也都归集体所有。从20世纪80年代开始，内蒙古草原产权制度发生了较大变化。1984年《内蒙古自治区草原管理条例》颁布实施后，内蒙古牧区实行了草畜双承包，初步划定了草原界限。1989—1995年，进一步完善了草原承包责任制，草原承包到联户。1996—1998年第二轮承包，根据《内蒙古自治区进一步落实完善草原“双权一制”的规定》精神，全面落实了草原所有权、使用权和承包经营责任制，把草原的承包经营权彻底交给了牧民，并提出草场承包期限30年不变。

随着内蒙古草原“双权一制”的落实完善和牧区经济的不断发展，草原的流转也自下而上逐步显现出来。1999年自治区政府出台了《内蒙古自治区草牧场承包经营权流转办法》，规范和促进草原流转进一步发展。草场承包到户后，针对草原退化的严重情况，2000年内蒙古开始实行“草畜平衡”规定，2003年又启动了“退牧还草”工程，在草原利用方面开始实行禁牧、休牧和划区轮牧的“三牧”制度。并在明确草原权属，落实草原承包和利用制度的基础上，2011年国家全面建立和实施草原生态补助奖励机制。

（二）保护牧区妇女土地权益的规定

伴随着牧区草原家庭承包及相关制度的实行和推进，牧区妇女更容易失去草场承包权，因为承包期限30年不变的规定与牧区妇女“从夫居”婚姻习俗的冲突，即草原较长的承包期限与妇女的婚姻流动性之间的矛盾等，给妇女草场承包及相关权益带来了不利影响。

为此，2006年内蒙古自治区政府发布的《内蒙古自治区草原管理条例实施细则》第十条规定，“承包期内，妇女结婚，在新居住地未取得承包草原或者承包地的，发包方不得收回其原承包草原；妇女离婚或者丧

偶，仍在原居住地生活或者不在原居住地生活但在新居住地未取得承包草原或者承包地的，发包方不得收回其原承包草原”。

2009 年颁布的《内蒙古自治区实施〈中华人民共和国土地承包法〉办法》，也对妇女的土地承包权益做了相同的规定，并在第三十四条第四款提出，“剥夺、侵害妇女依法享有土地承包经营权的，由苏木乡镇人民政府或旗县级以上人民政府农牧业、林业等行政主管部门责令限期改正；给当事人造成经济损失的，依法承担赔偿责任”。

2012 年《内蒙古自治区妇女发展纲要（2011—2020 年）》提出，“确保农村妇女平等获得和拥有土地承包经营权”，并提出具体的办法，“保障农村牧区妇女土地承包经营的各项权益。落实并完善农村牧区妇女土地权益的相关政策，清理取消与法律相冲突的村规民约。建立健全土地资产承包租赁出让、承包租赁合同管理等制度。推动各地出台农村牧区集体经济组织内部的征地补偿费分配使用办法，确保妇女享有与男子平等的土地承包经营权、宅基地使用权和集体收益分配权。”

二、保护妇女草地承包权益取得的成效

（一）出嫁女能拿到保留在娘家的草原奖补资金

第二轮草原承包之后结婚的妇女，其承包的草场大部分都保留在娘家，妇女婚后随丈夫居住，在新的居住地，即丈夫所在的嘎查很难分到草场，虽然妇女的草地承包权益保留在娘家，但由于出嫁后生活居住在婆家，妇女一般很难使用保留在娘家的草场，这一点和农区妇女面临的问题相同。不同的是，从 2011 年开始国家在牧区实行草原生态保护补助奖励机制，对实行“草畜平衡”和完全禁止放牧的草场，国家都有奖补，并通过牧民“一卡通”，把奖补资金发给每户牧民。调查遇到的几位妇女都反映她们能拿到奖补资金，因为发到娘家的奖补资金，是可以按每个人分得的草原计算的，按照出嫁妇女分得的草原亩数，娘家一般都会把这笔钱给到妇女手里。这在一定程度上也实现了妇女拥有草场的收益权益，妇女这部分权益的获得尽管在家庭内部实现，但与国家和当地多次反复强调保护妇女土地权益的政策法规是分不开的。

【案例1】妇女斯琴花拉得到了保留在娘家的草原奖补资金

斯琴花拉，2003年结婚，婆家和娘家同属一个镇，她嫁过来后没有在婆家分到草场，但在娘家有草场，并且能拿到属于自己的草原奖补资金。她在娘家有1200亩草场，每亩奖补1.71元，共有2052元，牧区实行牧民一卡通，一户一卡，她哥哥是户主，把草原奖补的钱给了她。

【案例2】妇女旭仁其木格要回了她在娘家该得的草原奖补资金

旭仁其木格，2000年结婚，没有在婆家分到草场，但她在娘家有2100亩草场，按草原面积计算的草原奖补资金有3591元。2011年是开始实行奖补的第一年，因为没重视奖补，她也没和娘家哥哥要这笔钱，之后每年她都和哥哥要回属于自己的奖补资金，2014年是第三年了。她说草原奖补按户主发放，不是按妇女发放，如果嫂子不同意，她也得不到。

（二）部分出嫁妇女能得到保留在娘家的草场流转收益

随着草原承包制度的落实完善和牧区经济的不断发展，草原的流转也逐步发展起来。草原流转和农地流转一样，也是按照依法、自愿和有偿的原则进行。妇女对承包的草场同样有流转并获取收益的权益，特别是对保留在娘家的草场，妇女能够获得流转收益，在一定程度上也实现了妇女的草场承包权益。

【案例3】妇女赛汗其其格能够获得保留在娘家的草场流转费

赛汗其其格，初中毕业，2006年结婚，婆家和娘家在不同旗县。现任嘎查妇代会主任。娘家有她1500亩草场，每年每亩草原奖励1.71元，娘家哥哥主动提出给她草原奖补资金。她说，从明年开始，哥哥开始流转她的草场，流转用作打草场，流转收入归她。因此，除奖补外，她每年还能拿1万元的草场流转费。她本人前几年不想要补助，因为哥哥家里困难，现在哥哥过得可以了，给补助她也接受了。

（三）离婚妇女能分到牲畜和草原奖补金

国家有关政策法律和地方相关规定，都强调保护离婚妇女的草场承包权益。近些年，由于教育制度和草场利用制度的变化，妇女离开牧区到旗县陪孩子读书的情况比较多，长期在外导致离婚现象比较普遍。为维护离婚妇女的草场承包权益，当地政府有关部门支持离婚妇女先和丈夫家分开户口，然后再到旗里申请草场分割。离婚妇女一般都能分到牲畜，也能分到草原奖补资金，这些收益是农区离婚妇女所得不到的。

三、牧区妇女土地承包权益存在的问题

尽管在有关政策的鼓励和要求下，保护妇女的土地承包及相关权益取得了较多成效，但是，牧区妇女面临的草场权益问题也不容忽视。

（一）出嫁女的草场问题

1. 出嫁女没有分到草场

最近两年出嫁女反映没有分到草场的问题较多，但出嫁女想要回草场很难。原因是改革初期先分牲畜，二轮承包分草场时，牧区部分人员不在当地，尤其是出嫁女，嫁到外地，那时也没有通讯设备，当地很难和她们取得联系，因此，有的地方规定，对于不在当地的人员，即使户口没迁走，也不给分配草地。之后地方干部（嘎查长）每三年换届，下届不了解上届情况。多年都这样过去了，嫁到外面条件好的妇女也不回来要草场，最近几年实施草原生态奖补，出嫁女返回来要草场，但草场有限，且已分配完毕，很难再给出嫁女分配草场。

【案例4】 巴音图门嘎查草场承包情况和出嫁妇女的草场问题

2014 年，巴音图门嘎查有 149 户牧户，少数民族户数占 70%，实际在牧区居住的有 72 户，其余户全家外出，在旗里或外地生活，家里的草场出租。在牧区居住的全部是纯牧户。全嘎查总人口 498 人（包括外出人口），土地总面积 82 万亩，全部是草地。2013 年全嘎查人均纯收入 7000 多元。

巴音图门嘎查以前属于国营牧场，叫乌尼特国营牧场，该牧场共有 4 个嘎查。巴音图门嘎查属于该牧场的第三分场。改革开放后，对国营牧场进行承包制改革时，1983 年先分牲畜，当时 18 岁以上的牧场工人都能分

到牲畜。1997年才开始分草场，承包期到2026年。当时分草场的方法主要是在1983年分牲畜的基础上进行的，主要做法是：（1）1983年分到牲畜的，每人分4000亩草场，当时没有分到牲畜的，每人分750亩草场。（2）1983年到1997年期间有牲畜，但人已去世的，其子女可以分3800亩草场。（3）外嫁女不分草场。（4）户口在但人不在嘎查的不分草场。（5）1983年分到牲畜，但1997年分草场时已搬迁到外地的人员，尽管户口没迁走，也不分草场。

由于当时实行的分配方法，给现在带来的问题主要是部分人员反映没有分到草场。现在全嘎查有68人要求分草场，其中50位是妇女，有40位出嫁女反映，因为出嫁没有分到草地。另10位妇女和其他要求分配草场的男性都属于当时户口在但人不在的情况，都没有分到草场。

针对这些人员要求分草场的情况，嘎查两委会开过三次会议，讨论分草场的事情。嘎查有集体草场1万亩，出租给本嘎查牧民，主要用于打草，租金每年5万元，算作村集体收入。但这1万亩集体草场太少，60多人没法分。找不到其他办法，只能重新划分草场，随后召开牧民代表大会两次，牧民大会一次，但当地牧民不同意重新划分草场，现在嘎查解决不了，镇里和旗里也解决不了。

2. 出嫁女不能直接拿到草原奖补资金

除了部分出嫁女在娘家没有分到草场外，那些在娘家分到草场的出嫁妇女反映不能拿到草原奖补的问题，因为牧区实行牧民一卡通，一户一卡，草原奖补资金按户主发放，不是按妇女发放，如果发到娘家的草原奖补，娘家兄嫂不同意给，出嫁妇女也得不到应得的草原奖补资金。

3. 出嫁女的草场流转权益受限

部分妇女出嫁后，婆家生活很艰难，有的妇女想把保留在娘家的草场流转出去，增加些收入。当地流转草场的收益情况是，草场用于放牧，费用是每亩5元；流转出去用于打草，费用每亩10元以上。有的妇女算账，她在娘家有2000多亩草场，如果她的承包草场流转出去，她每年能多收入至少1万元，但现在娘家不同意流转草场，妇女也很无奈。

【案例 5】妇女旭仁其木格无法流转保留在娘家的草场

旭仁其木格，结婚后在婆家没有分到草场，婆家的生活状况很拮据。调查时她和丈夫家 8 个人一起生活，丈夫家哥三个，丈夫有一个姐姐和一个弟弟都离婚了，离婚后都带着孩子和她们一起居住。她现在旗里陪孩子上学，姐姐、弟弟的孩子都由她照顾，生活很辛苦。尽管在案例 2 中曾提到，旭仁其木格能拿到保留在娘家的草原奖补资金，但考虑到现在的生活状况，她很想把在娘家的草场流转出去，但娘家哥嫂不同意，她也没办法。

（二）嫁入女的草场问题

1. 妇女在嫁入地很难分到草场

从 1998 年二轮土地承包开始到现在，已经 10 多年时间，随着农村牧区新增人口日益增加，农牧区人地矛盾日益突出，因婚迁入的妇女大多在婆家未分地。早先结婚的妇女能从嘎查的机动草场分出一块，但后来机动草场也分完了。嫁入女只能利用丈夫和婆家的草地，如果丈夫家是纯男户家庭，几个儿子成家后，媳妇孩子都没有草场，只能在家庭内部划分草场，这样每家分得的草场面积越来越少，养的牲畜也少，收入就少，草原奖补资金也少，只能租别人的草场，冬季还要买草买料，草料涨价，支出增加，草场租金也上涨，成本上升。有的牧户不得不借高利贷，遇到市场波动，牧民就会陷入贫困境地。而人口减少的牧户，或家庭劳动力不足的牧户，草场较多可以往外出租，草原奖补资金也多，草场奖补加上租金，有的牧户每年收入高达 10 多万元。牧户之间的贫富差距越来越大。

【案例 6】当地妇联干部介绍嫁入妇女利用草场情况和畜产品市场行情

实行草场承包期 30 年不变政策后，嫁入女很难在婆家分到草场，她们只能使用和经营丈夫和婆家的草地。因草原是她们赖以生存和发展的主要资源，这些嫁入妇女十分关注草场利用和产品市场行情。禁牧和草畜平衡政策都限制养畜，以前当地规定，31 亩草场养一只羊，从 2014 年改为

36 亩草场养一只羊，因为当地养羊数量已经超标，草场有限，只好减少养羊数量。2014 年市场行情不好，牧民收入减少。2013 年每只羊收购价 700 元，2014 年降到只有 500 元。2013 年活羊每斤出售价 10—12 元，2014 年降到每斤 8 元。而且当地草原近几年长出一种狼针草，羊皮被扎破后，一张羊皮最多只卖 5 元，以往能卖 70—80 元。2014 年当地遭受的损失估计下一年也恢复不过来。

2. 没有分到草场的妇女在城镇创业较难

第二轮草场承包后，妇女在嫁入地很难分到草场，新出生的孩子也没有草场，家庭拥有的草场面积越来越小，再加上要陪孩子到城里读书，因此部分妇女离开牧区在城镇谋生，但城里房租较高，生活成本明显高于牧区，家庭负担加重。有的妇女也想创业创收，但缺少资金，也贷不到款。还有的少数民族妇女，由于文化程度低，语言障碍，很难在城市立足谋生。

【案例 7】 斯琴花拉在城镇谋生创业缺少资金

斯琴花拉曾在案例 1 中提到过，她嫁过来后没有在新居住地分到草场。她丈夫家共有 7200 亩草场，当时是 6 个人分的草场，家里老人去世后草场分给三个儿子，她一家 3 口的草场由她丈夫的哥哥管理，主要原因是她要出来陪孩子上学。

调查时她正在旗里陪读，旗里租房价高，她想做点事增加收入，但她说妇女创业优惠政策少，主要是资金短缺问题。虽然当地有妇女小额贴息贷款，属于妇女创业贷款，但需用店面或工资担保，最高贷给 8 万，她没有担保，所以贷不到款，她说如果能用草场和牲畜作抵押就好了。

（三）离婚妇女的草场权益问题

妇女离婚后很难利用分得的草场。牧区妇女离婚现象比较普遍，主要原因是实施限制养畜政策后，从事畜牧生产的活动减少，以及妇女为了孩子上学，离开牧区陪孩子到旗县读书的情况比较多，长期在外是导致离婚的主要原因。离婚妇女为维护自身草场权益，先要求从丈夫家分出户口，再到旗里申请分割草场，一般能分到牲畜和草原奖补资金，至于草场，即使从丈夫家分割出来，离婚后也很难利用分到的草场。

四、妇女草场承包权益问题产生的原因

（一）草地利益驱动加剧了矛盾冲突

随着草场税收的逐步取消以及一系列惠牧政策的实施，牧民对获得草场权益所承担的义务大大减轻，从而对拥有草地的愿望和行为愈加强烈，以及随着牧业现代化进程的稳步推进，传统的牧业生产方式发生了变化，以往草场承包经营权的内涵和价值不断得到拓展提升，由初期的单纯放牧使用权拓展到牧户拥有占有、收益分配和流转处置等权益，在草地增值后的可观利益驱动下，过去一些隐性的妇女草场权益问题逐渐显现出来，与此同时，广大牧民对占有和使用草地的欲望被空前调动起来，他们普遍会从自身利益出发，尽可能排斥出嫁女等弱势群体拥有土地和参与相关利益分配。

我们调查的巴音图门嘎查干部告诉我们，以前草场收税，大家都不要草场，近几年实行草场奖补政策，全嘎查没有禁牧草场，全部实行草畜平衡，养畜少的户有 100 只羊，多的有上千只羊。草原生态补助标准是 1.71 元/亩。此外，还有生产资料补贴，有草场经营证书的，每户 800 元。燃油补贴按人发放（不包括在校学生），每人 200 元。再加上近几年草场流转速度加快，全嘎查流转面积占 40%，涉及 30 多户。草场出租有一年一租的，主要作打草场，还有三年一租的，用于放牧，有外地人过来租草场放牧，以前每亩租金只有 1—2 元，从 2010 年开始，放牧草场租金涨到每亩 6 元，打草场涨到每亩 10 元以上。由于草原生态奖补等惠牧政策的实施，以及草场租金的上涨，草场价值升高，拥有草场的收益增多，出嫁女要求分草场的呼声越来越高。

（二）历史遗留问题给解决“出嫁女”草场问题增加了难度

大部分出嫁女反映的问题时间比较久远，处理难度较大，而且时间拖得越长，处理越被动。二轮承包时没有分到草场的妇女，十多年过去了，

最近几年返回来要求分草场，但当地草场已经分配完毕，要想拿出草场补偿给“出嫁女”，只能重新划分草场，但政策规定承包期 30 年不变，当地牧民不同意重新划分草场，地方政府对历史遗留的老问题处理起来相当棘手。

（三）政策法律的不完善对妇女土地权益的隐性侵害保护乏力

牧区和农村以户为单位分配土地，而户主大都是男性，这种土地分配制度本身在某种程度是就隐含着对妇女的歧视，而“增人不增地，减人不减地，承包期三十年不变”的国家土地政策看似性别中立，实质上对因婚姻流动的妇女权益产生了负面影响，新增人口，尤其是婚嫁妇女及新出生的儿童长期无地，造成人地矛盾突出。在实践中，各地的土地政策不统一，有的地方人地矛盾突出，政策允许实行“大稳定，小调整”，有的地方严格执行“三十年不变”的政策，这样就造成流动的婚嫁女、离婚妇女土地权益受到侵害。此外，有关保护妇女土地权益的法律规定太过原则，使妇女权益难以实现。如《中华人民共和国农村土地承包法》第三十条的规定，本意是保护妇女土地权益，但在实施过程中却存在偏见，当妇女在承包期内结婚时，其新居住地的发包方以该条规定为借口，认为只要不给妇女在新居住地分配土地，原居住地就不能收回其土地，因此拒绝在新居住地为其分配承包地，造成部分妇女嫁出后承包地仍在娘家村，人地分离，相关权益难以实现。再者，由于土地权利的边界不清晰，也影响了妇女对土地权利的享有和使用。

（四）传统习俗成为妇女土地权益受到漠视的思想基础

中国家庭几千年来沿袭的是男性处于主要地位，妇女处于从属地位的传统观念，目前在牧区和广大农村地区，男娶女嫁、“从夫居”还是男女结婚成家的主要形式。尤其是在土地资源紧缺、人地矛盾突出的地区，受传统观念的影响，大多数村民认为“嫁出去的姑娘，泼出去的水”，出嫁女、离婚妇女不属于本村的居民，不应与村民争利，甚至出嫁女的父母和兄弟往往会反对将其纳入土地权益分配。妇女一旦出嫁，就不再享有

“属于”娘家的土地权益，出嫁女只能依靠丈夫在夫家取得财产和继承权，这就使得妇女在草场权益的争取上永远只能处于依附地位。妇女要争取自己的土地权益，往往面对的是自己的娘家亲人，心理上承受了巨大的压力。结婚尚且如此，如果是遇到离婚、被配偶遗弃、配偶死亡等遭遇，农牧区妇女的土地承包权及其相关权益就更难以得到社会和村民的认可。

（五）集体经济组织成员资格界定不统一给解决妇女土地权益问题带来了困难

妇女土地权益问题涉及集体经济组织成员资格界定、户籍管理制度等问题。多年来大部分农村和牧区习惯以户口为依据确认村民和集体经济组织成员的资格，有的地方以“人户一致”确定成员资格和相关经济权益，还有的结合户口、土地和劳动义务等多项指标来确定成员资格和相关待遇。出嫁女自身情况比较复杂，有的妇女婚后户口挂在娘家，但本人不在当地居住；有的妇女户口在娘家，人也在娘家当地居住。究竟哪些出嫁女才有资格享受草场承包权益，如何界定，在实践中难以把握，我们调查的嘎查有的当时给人和户口都在当地的出嫁女分配了草场，但没有给户口在但人不在当地的出嫁女分配土地，这些出嫁女以户口在当地为由要求享有同等村民待遇，这部分妇女的草场问题至今难以解决。

五、结论和建议

草原是农牧民妇女赖以生存发展的最基本生产资料和生活基础，妇女失去草场，她们的生活状况、在家庭和社会中的地位以及相应的社会保障都会受到影响。维护牧民妇女的土地权益，特别需要法律、政策的制度性保护，需要各级政府及部门的积极介入。现根据实际情况，提出以下建议：

（一）健全和完善相关政策和法律法规

修订完善农村土地承包、草场承包、草原生态补偿机制、草场流转等法律法规，进一步强化保护牧区妇女土地承包权益的规定。如针对《中华人民共和国农村土地承包法》第三十条的规定，建议赋予农村牧区结婚或离婚或丧偶妇女选择权，允许其优先选择对其有利的娘家或婆家土地承包经营权利。积极推动各地出台有关牧区妇女土地权益保障的规范性文件，使农村牧区妇女不论结婚与否或婚姻状况有何改变都享有应有的户籍、居住地选择权及相应的土地和草场权益。

（二）积极探索将妇女个人的土地承包权从家庭中剥离出来，从婚姻中剥离出来的合理有效方式

如在为牧民办理“一卡通”的基础上，为结婚、离婚、丧偶等婚姻状况发生变化的妇女单独建卡，把妇女应得到的草原生态奖补资金，以及和草场承包有关的其他收益直接发放给妇女本人，更加有效地保护妇女的草场权益。另外，借草原确权之机，重新界定草原边界后，草原使用权证书上户主同时要有夫妻两人的名字，同时家庭成员也要登记注明。离婚妇女的草场边界也要进一步划分清楚，并为离婚妇女办理单独的草场使用权证书，确保离婚丧偶妇女能够使用分割给她的草场。在签订草场流转合同时，也要征得妇女的同意，如征得妻子和出嫁女的同意，同时要规定，出嫁女有权决定是否流转她们保留在娘家的草场，以保障妇女获得草场流转权和收益权。

（三）加大农村牧区普法工作力度，提高农牧民及村组干部的法律和性别意识

通过宣传“男女平等”基本国策，把法律意识逐步转化为广大人民群众的共识，弱化重男轻女的传统观念，树立男女平等意识，坚持依法办事，在农村牧区形成依法维护妇女合法权益的氛围。

（四）坚持因地制宜、分类推进的原则

牧区妇女土地问题成因较为复杂，涉及不同利益群体，受到体制、政策、观念以及历史遗留问题的制约，很难在短期内得到全面有效的解决，只有根据不同的成因拿出针对性的解决方案，从实际出发，针对不同情况

和各类问题的不同性质，分别采取具体有效的措施，才能解决好农牧民妇女土地权益问题。

（五）明确农村集体经济组织成员资格认定依据，畅通解决问题渠道

根据各地集体经济组织的特点，制定集体经济组织成员资格认定办法，防止妇女因其身份和户籍的不确定，失去集体经济组织成员资格，其土地承包和相关权益落空。有了成员资格认定标准，就为法院判决提供了依据，畅通了司法救济途径。同时，妇女土地权益问题，已经不单纯是妇女权益问题，它涉及农村户籍制度、集体经济组织成员资格、农民内部的利益分配等一系列深层次问题。维护农村妇女的土地权益，需要各部门密切配合、整体推进，政府、司法、法院、信访和妇联等多部门“多位一体”联合解决问题，部门协调联动维护农牧民妇女合法权益。

农业适度规模经营：多重目标与多元实现方式

宁 夏

土地家庭联产承包制度，使中国的农业经营模式重归到小农家庭经营，经营体制变革极大提高了农业生产效率。然而，随着改革红利被充分释放，农业产出增长速度逐渐放缓，小农经营的一些问题也逐渐显现，例如土地细碎化、与市场对接困难、生产规模过小难以采用先进技术装备等。从1984年“中央1号文件”发布起，一系列中央文件都提出要推动土地相对集中，鼓励发展适度规模经营，可见农业适度规模经营在中国农业农村经济政策中的重大意义和重要地位。

一、农业适度规模经营：作为一种政府政策

（一）理论依据

农业适度规模经营的理论依据来自新古典经济学的“规模经济”理论①，一是认为分工和生产专业化程度的提高能够提高生产效率，二是生产规模的扩大使单位产出分摊的固定生产成本更低。政策制定者认为，在

① 周诚：《对我国农业实行土地规模经营的几点看法》，《中国农村观察》1995年第1期。

农业领域也存在这样一种“规模经济”，可以通过扩大生产规模的方式带来生产绩效的提升[①]，并以此稳定和增加农业特别是粮食的产出水平。这种愿望在大量农村劳动力离土离农、耕地撂荒现象日益严重的形势下显得尤为迫切。

（二）政府目标

从已有研究文献来看，期望通过农业适度规模经营实现的目标主要包括：（1）粮食安全的目标，期望通过适度规模经营能够提高农业生产特别是粮食生产的水平，增加产量；（2）农民增收的目标，期望通过扩大农场经营规模的方式提高农业生产者的收入，从而稳定农业生产者队伍，扭转农民弃农和土地撂荒的趋势；（3）经济效益的目标，期望通过扩大农场经营规模能够提高农业劳动生产率[②]，降低生产成本，增强农业在国际市场的竞争力[③]；（4）提升生产力的目标：期望通过扩大农场经营规模能够提高农业技术装备的使用效率，从而可以应用需要大额投资的先进农业技术装备，实现农业生产力技术水平的提升[④]。

政府部门希望通过适度规模经营能够同时实现粮食安全和农民增收的双重目标，例如农业部就将提高土地生产率和劳动生产率同时作为适度规模经营的目标[⑤]。然而，这些不同目标之间以及目标和手段之间，都存在彼此的矛盾。许多实证研究认为，土地经营规模同土地生产率（单产水平）之间并不一定具有正相关性，甚至可能具有“反向关系”[⑥]，以单产

---

① 骆友生、张红宇：《家庭承包责任制后的农地制度创新》，《经济研究》1995 年第 1 期。

② 叶兴庆：《农业现代化核心是提高劳动生产率》，2015 年 8 月 20 日，http：//www.cssn.cn/jjx/jjx_gd/201507/t20150723_2091370.shtml。

③ 黄季焜、马恒运：《差在经营规模上——中国主要农产品生产成本国际比较》，《国际贸易》2000 年第 4 期。

④ 韩俊：《土地政策：从小规模均田制走向适度规模经营》，《调研世界》1998 年第 5 期。

⑤ 农业部经管司经管总站研究组：《构建新型农业经营体系　稳步推进适度规模经营——“中国农村经营体制机制改革创新问题”之一》，《毛泽东邓小平理论研究》2013 年第 6 期。

⑥ 所谓“反向关系”，指粮食生产中存在随着农场经营规模扩大其土地生产率却趋于下降的现象，这种“规模报酬递减”现象在国外和国内的许多研究中都被发现。

指标（土地生产率）衡量的所谓“规模经济”可能并不存在，或者至少在短期内难以实现。甚至，如果借助社会化服务的形式，技术效率也可以是规模无关的[①]。

因此，许庆等认为，中国推动农业适度规模经营所追求的目标究竟是稳定粮食生产、保障粮食安全，还是降低粮食生产平均成本、提高经济效益，目前依然是含混不清的[②]。

（三）实现条件

1. 大部分农村劳动力稳定转入第二、第三产业

韩俊认为，只有当大部分农业劳动力稳定地转入第二、第三产业（一些地区定位比例在60%—70%），才具备实现规模经营的初步条件。潘维认为，农村的未来在于大量农村人口转移到城市，但是这是一个长期的历史过程，要使农村人口降低到总人口10%以下需要不少于60年的时间[③]。

2. 一般认为，土地流转是推动农业规模经营的必由之路[④]

只有大量农村劳动力能够稳定地转入非农产业，或者能够获得充分的社会保障，从而将保障功能从土地上剥离出去，才能使农户愿意进行土地流转[⑤]，并且流转的规模要与农村劳动力转移的规模相适应[⑥]。

3. 村庄社会资本的支持

蒋培、冯燕对浙江中部X村案例分析认为，农业规模化经营离不开

---

① 李谷成、冯中朝、范丽霞：《小农户真的更加具有效率吗？来自湖北省的经验证据》，《经济学（季刊）》2010年第1期。

② 许庆、尹荣梁：《中国农地适度规模经营问题研究综述》，《中国土地科学》2010年第4期。

③ 潘维：《农地“流转集中”到谁手里?》，《天涯》2009年第1期。

④ 乐章：《农民土地流转意愿及解释——基于十省份千户农民调查数据的实证分析》，《农业经济问题》2010年第2期。

⑤ 郭亮：《不完全市场化：理解当前土地流转的一个视角——基于河南Y镇的实证调查》，《南京农业大学学报（社会科学版）》2010年第4期。

⑥ 蒋培、冯燕：《农业规模化经营的社会基础分析》，《西北农林科技大学学报（社会科学版）》2015年1期。

农村社会资本的支持，人情关系所发挥的主导作用甚至能超过经济利益关系。农地承包流转、日常生产与管理、农业技术支持，都需要经营者与当地农户建立起良好的人情关系，遵循农村社会关系网络的运行逻辑，从而降低交易成本①。

二、适度经营规模的测算

适度的经营规模并无统一的标准，而是一定的技术、经济、自然、人文等因素相互作用、均衡的结果②，随经营目标、经营技术条件、区域、时间、经营作物、经营主体的不同而不同。因此，不同研究者由于研究对象、研究目标不同、选取样本的差异，对适度经营规模的测算结果彼此间差异巨大，缺乏可比较性。即使对同一样本，选取不同的目标指标，也会测算出不同的适度经营规模，为了寻求能兼顾不同目标的合理交集，最终得出的适度经营规模有时会表现为一个合理区间③。

（一）评价标准与指标选取

对于农业规模经营效果的评价很大程度上取决于目标和评价标准的选择，而对农业规模经营的不同目标的追求决定了以何种评价标准来判断是否“适度”。已检索的实证研究文献对适度规模经营中“适度”的评价标准主要有以下六种：

1. 资源限制

将农业生产者在现有资源条件下所能经营的最大规模视为适度经营规模。这一标准主要考虑到农业生产规模扩张所受到的各种资源限制，既包

① 黄祖辉、陈欣欣：《农户粮田规模经营效率：实证分析与若干结论》，《农业经济问题》1998 年第 11 期。

② 陈秧分、孙炜琳、薛桂霞：《粮食适度经营规模的文献评述与理论思考》，《中国土地科学》2015 年第 5 期。

③ 李文明、罗丹、陈洁等：《农业适度规模经营：规模效益、产出水平与生产成本——基于 1552 个水稻种植户的调查数据》，《中国农村经济》2015 年第 3 期。

括土地、水等自然资源条件限制，也包括生产者劳动能力（劳动力资源）的限制。例如从土地资源约束条件出发，将现有未转移的农业劳动力的劳均耕地面积（耕地总面积/农业劳动力数量）作为适度规模[①]；从经营主体劳动能力出发，将现有劳动能力所能经营的最大规模（农业劳动力数量/单位面积土地所需劳动力数量）作为适度规模[②]。

2. 产量标准

将土地产出最大化或土地生产率（单产水平）最大化时（或者至少能够维持不下降时）的经营规模视为适度经营规模，选取的主要测算指标为土地生产率（单位面积产量）。这一标准主要考虑土地规模经营需要保证国家、社会的利益，诸如粮食安全[③]。

3. 经济效益

将生产者能够实现经济效益最大化时的经营规模作为适度经营规模，经济效益指标主要包括农业经营的总收入或人均收入、土地收益率、劳动生产率、投资收益率、成本利润率等[④]。

4. 技术效率

将农户采用先进技术装备能够实现最大可能产出的经营规模作为适度经营规模，测算的指标主要包括全要素生产率、技术效率等[⑤]。

5. 机会成本

用农业生产者从事农业的机会成本来确定适度经营规模。当经营规模达到适度水平时，生产者从农业经营获得的收入等于或高于从事非农业所获得的收入，从而使生产者愿意从事农业经营，否则生产者将会选择从事

① 张侠、葛向东、彭补拙：《土地经营适度规模的初步研究》，《经济地理》2002 年第 3 期。

② 朱启臻：《新型职业农民与家庭农场》，《中国农业大学学报（社会科学版）》《2013 年第 2 期。

③ 郑少锋：《土地规模经营适度的研究》，《农业经济问题》1998 年第 11 期。

④ 张忠根、史清华：《农地生产率变化及不同规模农户农地生产率比较研究——浙江省农村固定观察点农户农地经营状况分析》，《中国农村经济》2001 年第 1 期。

⑤ 李谷成、冯中朝、范丽霞：《小农户真的更加具有效率吗？来自湖北省的经验证据》，《经济学（季刊）》2010 年第 1 期。

非农业[1]。一般采用外出务工收入、城镇居民收入等作为从事农业生产的机会成本指标，再用机会成本指标除以土地利润率，所得土地面积即为农业生产者实现同外出务工或与城镇居民相当收入情况下的适度经营规模[2]。

6. 综合评价

综合评价指同时采用上述两种或两种以上的判定标准，目的是为寻找能够兼顾不同目标的适度经营规模。采取综合指标测算适度经营规模主要有两种方式，一是采用不同判定标准的指标分别测算出适度经营规模或合理区间，再寻找不同指标测算结果的合理交集[3]；二是将不同判定标准的指标通过一定计算方法（例如相乘求积）构成新的综合指标，然后用新的综合指标来测算适度经营规模，例如袁小慧等采用将土地生产率同土地收益率相乘获得的"综合效率"指标对江苏省水稻种植户适度经营规模进行测算[4]。

7. 制度、社会文化、公平

除了以上五种评价标准外，还有学者从制度环境、社会文化的角度来考察农场适度经营规模的确定，认为农场的适度经营规模不仅由各种经济因素、技术效率所决定，也是制度、社会结构和文化塑造的结果。他们主张从人多地少的基本国情、城镇化与非农就业水平、社会化服务体系、社会稳定等角度来考量农场的适度规模水平。陆文荣等通过对上海松江家庭农场的案例研究认为，家庭农场的适度经营规模水平并非一个客观存在的技术效率或规模效率，而是被政府、市场、村庄所共同建构，处于动态变

---

① 纪志耿、黄婧：《拥有什么条件才能成为家庭农场主——经营规模测算及自立能力分析》，《农村经济》2014 年第 6 期。

② 钱克明、彭廷军：《我国农户粮食生产适度规模的经济学分析》，《农业经济问题》2014 年第 3 期。辛岭、胡志全：《中国农业适度经营规模测算研究》，《中国农学通报》2015 年第 11 期。

③ 李文明、罗丹、陈洁等：《农业适度规模经营：规模效益、产出水平与生产成本——基于 1552 个水稻种植户的调查数据》，《中国农村经济》2015 年第 3 期。

④ 袁小慧、华彦玲、王凯：《江苏省农户水稻适度规模经营模式创新研究》，《江苏农业学报》2014 年第 3 期。

化之中。村庄历史传统（集体制传统）、社会结构（基于成员权的土地福利分配）、社区规范（农民的公平观）共同形塑了家庭农场经营规模的大小①。李宽，曹珍认为，（家庭农场）种植规模的确定不仅是一个经济问题，也是一个社会问题，要考虑村民的反应及在村庄范围内的意义。适度规模不仅仅有农户层面的适度规模，还有村庄层面的适度规模，使其他村民不会感到有失公平②。孙葆春、牟少岩认为，家庭农场的适度经营规模设计应当兼顾农场经营者与其他农户之间和与城市居民之间的公平③。

三、规模经营的实现方式

（一）土地流转

无论是在农业规模经营的实践还是研究中，土地流转都成为绝对热点。甚至，农业部课题组的研究文献将土地流转称为“推动适度规模经营的必由之路”④，可见其地位不同于其他规模经营实现方式。关于土地流转的研究很多，几可占到“农业适度规模经营”相关研究的半壁江山，在此不作赘述。

（二）土地整理

吕挺、纪月清对江苏金坛 282 户水稻种植户的研究发现存在地块的规模经济，意味着可以在农场内部通过地块调整合并来获得规模效益⑤。中国台湾地区农地重划制度的重要内容之一便是合并地块，减少地块数量，

---

① 陆文荣、段瑶、卢汉龙：《家庭农场：基于村庄内部的适度规模经营实践》，《中国农业大学学报（社会科学版）》2014 年第 3 期。

② 李宽、曹珍：《实践中的适度规模：基于村庄公平的视角——以上海松江区林村家庭农场为例》，《农村经济》2014 年第 2 期。

③ 孙葆春、牟少岩：《家庭农场适度规模发展公平视阈的内涵及特点》，《改革与战略》2015 年第 3 期。

④ 农业部经管司经管总站研究组：《构建新型农业经营体系　稳步推进适度规模经营——“中国农村经营体制机制改革创新问题”之一》，《毛泽东邓小平理论研究》2013 年第 6 期。

⑤ 吕挺、纪月清、易中懿：《水稻生产中的地块规模经济——基于江苏常州金坛的调研分析》，《农业技术经济》2014 年第 2 期。

增大地块面积，从而便于基础设施利用与机械化作业①。在大陆，这种土地调整可以通过土地平整改造和引导农户间土地互换来实现。

（三）生产环节社会化服务（土地托管）

生产环节社会化服务是实现规模经营的重要方式之一，建立在专业分工的基础上，令经营规模符合生产所需而非生产适应规模要求。通过生产环节外包实现生产环节规模经营，不改变家庭经营的基本性质，比通过流转集中土地实现规模经营更容易②。以农机服务为例，农机跨区作业使我国在小规模农业基础上实现了小麦收获的全程机械化，并且农机利用率与作业效率均超过了发达国家的水平③。现在，更多地区采取的是由农机专业户/专业合作社与其他农户之间结成生产合作组织的形式④。农机服务提升了小规模农场的生产力水平，同时也提高了农机的使用效率，实现双赢。

土地托管是生产环节社会化服务的一种形式。四川宜宾长宁县大林村以“大林农产品经销合作社”为依托开展土地托管服务，从稻田托管到林地、畜禽托管，既可以阶段托管也可以由合作社全程托管、“送谷上门”⑤。在上海也存在由农业科技人员、农机服务队等农业服务组织统一承包经营土地的类似“全程托管”模式。

农业社会化服务包括政府提供的公益性服务和经营主体提供的有偿服务，此外王建华、李俏还提出应将农民互助纳入到农业社会化服务体系

---

① 刘宪法：《台湾农地重划制度及其对中国大陆的启示》，《中国农村经济》2011 年第 11 期。

② 王志刚、申红芳、廖西元：《农业规模经营：从生产环节外包开始——以水稻为例》，《中国农村经济》2011 年第 9 期。

③ 薛亮：《从农业规模经营看中国特色农业现代化道路》，《农业经济问题》2008 年第 6 期。

④ 许锦英：《粮食产区规模经营路径创新研究》，《山东社会科学》2010 年第 1 期。

⑤ 张克俊、黄可心：《土地托管模式：农业经营方式的重要创新——基于宜宾长宁县的调查》，《农村经济》2013 年第 4 期。

当中[①]。

（四）基础设施建设

基础设施是农业生产力的基础，在建设和使用上具有不可分割性特征。基础设施建设投资规模大，一般需要借助政府力量来完成，而一旦建好后能够使众多生产者获益。中国台湾地区的农地重划制度，在农地规划调整基础上还要配套修建标准田间道路，完善沟渠和水利基础设施[②]。贺雪峰认为，对小农或“中农”的支持需要通过强化乡村组织的力量来建立与小农对接的机制，提供小农生产所需的农田基础设施、水利设施[③]。

（五）主产区化与产业聚集（农业园区）

通过在一定区域内形成某种产品的主产区，针对性地完善基础设施与社会化服务，从而节约生产成本[④]。在此基础上实现相关产业的聚集，使产业链条得以延伸拓展，从而创造新的附加值并能够提升产品原有价值。农业园区则是依靠园区内相关企业的示范带动作用，例如上海奉贤农业园区通过园区内农业加工企业带动农户规模经营。

（六）产业链延伸与纵向一体化

通过产业链延伸与纵向一体化组织起众多小生产，有时比亲自进行大规模生产更有效率。周立群、曹利群就认为，通过专用性投资和市场在确保履约方面的作用，龙头企业使用商品契约长期支配农户劳动力、土地的

---

① 王建华、李俏：《农业社会化服务视域下的农民互助研究》，《农村经济》2012 年第 12 期。

② 刘宪法：《台湾农地重划制度及其对中国大陆的启示》，《中国农村经济》2011 年第 11 期。

③ 贺雪峰：《论农地经营的规模——以安徽繁昌调研为基础的讨论》，《南京农业大学学报（社会科学版）》2011 年第 2 期。

④ 钱克明、彭廷军：《我国农户粮食生产适度规模的经济学分析》，《农业经济问题》2014 年第 3 期。

效果要优于要素契约（即土地流转）①。然而，作为生产者的农户也可以自下而上地延伸产业链，从而主导纵向一体化过程并获得增值收益②。例如，郭欣旺等就主张通过农民专业合作组织促进小农户加入现代农产品供应链③。纵向一体化的形式，可以是订单契约联结，也可以是合作社、综合农协/农会、农工商综合体等形式。

（七）合作社

合作社将众多小农户组织起来，将分散的小生产变为统一的大经营，因此是规模经营的一种重要组织形式。合作的类型可分为购销合作、生产合作和信用合作，合作社的类型也可分为同类产品生产者的专业合作社、土地股份合作社、综合合作社等。邓衡山、王文烂认为，合作社的本质规定是“所有者与惠顾者同一”，而中国绝大多数“合作社”不具有这一本质规定，其实质依旧是“公司加农户”类型的组织。造成这种合作社异化的原因，一是组成合作社的农户之间、农户与龙头企业之间，在经营规模、人力资本和资金实力上差距巨大；二是目前的政策法规缺乏对合作社的甄别筛选和规范机制④。冯小认为，合作社制度在当前农民高度分化、乡村治理发生转型和乡村经济发展的多重变化下发生了异化，表现为合作社被被包装成为下乡资本的牟利工具、政府招商引资的“政策优惠包”和乡村精英投机资本包装的载体⑤。

① 周立群、曹利群：《商品契约优于要素契约——以农业产业化经营中的契约选择为例》，《经济研究》2002 年第 1 期。

② A.恰亚诺夫：《农民经济组织》，萧正洪译，中央编译出版社 1996 年版。

③ 郭欣旺、李莹、周云凤：《小农户加入现代农产品供应链的思考》，《农村经济》2011 年第 2 期。

④ 邓衡山、王文烂：《合作社的本质规定与现实检视——中国到底有没有真正的农民合作社?》，《中国农村经济》2014 年第 7 期。

⑤ 冯小：《农民专业合作社制度异化的乡土逻辑——以“合作社包装下乡资本”为例》，《中国农村观察》2014 年第 2 期。

（八）家庭农场

家庭农场概念存在学术话语同政策话语之间的分歧。在学术话语中，凡是以家庭为单位、由家庭经营、依靠家庭成员劳动进行农业生产，以满足家庭需求为目标的农业经营主体均可称为家庭农场。例如朱启臻就以家庭劳动能力为判断依据，将经营数亩果园或十几亩菜地或依靠机械经营数百亩玉米地的农户都视为家庭农场。而在政策话语中，家庭农场被定义为必须经过土地流转而达到一定规模，具有一定的资本实力，并在工商部门进行注册登记额经营主体。谭林丽、孙新华认为，当下各地发展起来的所谓“家庭农场”实际上是政府推动产生的，是农业企业化路径失效后的替代产物，而政府为“家庭农场”设定的较高规模门槛实际上排斥了规模较小但占据主体、更具经济与社会合理性的“中坚农民”①。

（九）其他模式

除了以上列举的方式之外，一些地区根据当地实际情况，将不同的规模经营实现方式相结合，创造出了富有地方特色的规模经营模式，这里仅举三个案例作为说明。四川宜宾长宁县通过设立合作社，并由合作社为当地农户提供土地托管服务，农户支付一定托管费用后将土地的部分生产环节或全部生产过程交由合作社托管，合作社保证托管农田达到一定产量标准②。四川崇州创造出“合作社＋职业经理人＋社会化服务超市”的农业共营制模式，首先引导农户成立土地股份合作社，再聘请懂技术、会经营的种田能手担任职业经理人负责合作社的经营管理，同时引导建立适应规模化经营的专业社会化服务体系③。山东省齐河县一方面鼓励有能力的农

① 谭林丽、孙新华：《当前农业规模经营的三种路径》，《西南大学学报（社会科学版）》2014 年第 6 期。

② 张克俊、黄可心：《土地托管模式：农业经营方式的重要创新——基于宜宾长宁县的调查》，《农村经济》2013 年第 4 期。

③ 郭晓鸣、董欢：《西南地区粮食经营的现代化之路——基于崇州经验的现实观察》，《中国农村经济》2014 年第 7 期。谢琳、钟文晶、罗必良：《“农业共营制”：理论逻辑、实践价值与拓展空间——基于崇州实践的思考》，《农村经济》2014 年第 11 期。

户通过土地流转发展成为专业大户和家庭农场，另一方面对不愿放弃土地经营权又暂时不能做大做强的农户则鼓励引导其加入合作社，将农户土地转化为股权后由合作社统一经营，同时建立起由多元主体参与、多样化服务形式、公益性服务与经营性服务相结合的农业社会化服务体系①。

参考文献

［1］周诚：《对我国农业实行土地规模经营的几点看法》，《中国农村观察》1995 年第 1 期。

［2］骆友生、张红宇：《家庭承包责任制后的农地制度创新》，《经济研究》1995 年第 1 期。

［3］叶兴庆：《农业现代化核心是提高劳动生产率》，2015 年 8 月 20 日，http：//www. cssn. cn/jjx/jjx_gd/201507/t20150723_2091370. shtml。

［4］黄季焜、马恒运：《差在经营规模上——中国主要农产品生产成本国际比较》，《国际贸易》2000 年第 4 期。

［5］韩俊：《土地政策：从小规模均田制走向适度规模经营》，《调研世界》1998 年第 5 期。

［6］农业部经管司经管总站研究组：《构建新型农业经营体系　稳步推进适度规模经营——“中国农村经营体制机制改革创新问题”之一》，《毛泽东邓小平理论研究》2013 年第 6 期。

［7］李谷成、冯中朝、范丽霞：《小农户真的更加具有效率吗？来自湖北省的经验证据》，《经济学（季刊）》2010 年第 1 期。

［8］许庆、尹荣梁：《中国农地适度规模经营问题研究综述》，《中国土地科学》2010 年第 4 期。

［9］潘维：《农地“流转集中”到谁手里?》，《天涯》2009 年第 1 期。

① 关锐捷、周纳、董永：《破解“谁来种地”、“种地富民”发展窘境的模式——现代农业的“齐河模式”夯实国家粮食安全根基》，《毛泽东邓小平理论研究》2015 年第 2 期。

[10] 乐章：《农民土地流转意愿及解释——基于十省份千户农民调查数据的实证分析》，《农业经济问题》2010年第2期。

[11] 郭亮：《不完全市场化：理解当前土地流转的一个视角——基于河南Y镇的实证调查》，《南京农业大学学报（社会科学版）》2010年第4期。

[12] 蒋培、冯燕：《农业规模化经营的社会基础分析》，《西北农林科技大学学报（社会科学版）》2015年1期。

[13] 黄祖辉、陈欣欣：《农户粮田规模经营效率：实证分析与若干结论》，《农业经济问题》1998年第11期。

[14] 陈秧分、孙炜琳、薛桂霞：《粮食适度经营规模的文献评述与理论思考》，《中国土地科学》2015年第5期。

[15] 李文明、罗丹、陈洁等：《农业适度规模经营：规模效益、产出水平与生产成本——基于1552个水稻种植户的调查数据》，《中国农村经济》2015年第3期。

[16] 张侠、葛向东、彭补拙：《土地经营适度规模的初步研究》，《经济地理》2002年第3期。

[17] 朱启臻：《新型职业农民与家庭农场》，《中国农业大学学报（社会科学版）》《2013年第2期。

[18] 郑少锋：《土地规模经营适度的研究》，《农业经济问题》1998年第11期。

[19] 张忠根、史清华：《农地生产率变化及不同规模农户农地生产率比较研究——浙江省农村固定观察点农户农地经营状况分析》，《中国农村经济》2001年第1期。

[20] 纪志耿、黄婧：《拥有什么条件才能成为家庭农场主——经营规模测算及自立能力分析》，《农村经济》2014年第6期。

[21] 钱克明、彭廷军：《我国农户粮食生产适度规模的经济学分析》，《农业经济问题》2014年第3期。

[22] 辛岭、胡志全：《中国农业适度经营规模测算研究》，《中国农学通报》2015年第11期。

［23］袁小慧、华彦玲、王凯：《江苏省农户水稻适度规模经营模式创新研究》，《江苏农业学报》2014 年第 3 期。

［24］陆文荣、段瑶、卢汉龙：《家庭农场：基于村庄内部的适度规模经营实践》，《中国农业大学学报（社会科学版）》2014 年第 3 期。

［25］李宽、曹珍：《实践中的适度规模：基于村庄公平的视角——以上海松江区林村家庭农场为例》，《农村经济》2014 年第 2 期。

［26］孙葆春、牟少岩：《家庭农场适度规模发展公平视阈的内涵及特点》，《改革与战略，2015 年第 3 期。

［27］吕挺、纪月清、易中懿：《水稻生产中的地块规模经济——基于江苏常州金坛的调研分析》，《农业技术经济》2014 年第 2 期。

［28］刘宪法：《台湾农地重划制度及其对中国大陆的启示》，《中国农村经济》2011 年第 11 期。

［29］王志刚、申红芳、廖西元：《农业规模经营：从生产环节外包开始——以水稻为例》，《中国农村经济》2011 年第 9 期。

［30］薛亮：《从农业规模经营看中国特色农业现代化道路》，《农业经济问题》2008 年第 6 期。

［31］许锦英：《粮食产区规模经营路径创新研究》，《山东社会科学》2010 年第 1 期。

［32］张克俊、黄可心：《土地托管模式：农业经营方式的重要创新——基于宜宾长宁县的调查》，《农村经济》2013 年第 4 期。

［33］上海市农村经营管理站专题调研组：《关于农业规模经营的调研报告》，《上海农村经济》2006 年第 5 期。

［34］王建华、李俏：《农业社会化服务视域下的农民互助研究》，《农村经济》2012 年第 12 期。

［35］贺雪峰：《论农地经营的规模——以安徽繁昌调研为基础的讨论》，《南京农业大学学报（社会科学版）》2011 年第 2 期。

［36］周立群、曹利群：《商品契约优于要素契约——以农业产业化经营中的契约选择为例》，《经济研究》2002 年第 1 期。

［37］A. 洽亚诺夫：《农民经济组织》，萧正洪译，中央编译出版社

1996 年版。

[38] 郭欣旺、李莹、周云凤：《小农户加入现代农产品供应链的思考》，《农村经济》2011 年第 2 期。

[39] 邓衡山、王文烂：《合作社的本质规定与现实检视——中国到底有没有真正的农民合作社?》，《中国农村经济》2014 年第 7 期。

[40] 冯小：《农民专业合作社制度异化的乡土逻辑——以“合作社包装下乡资本”为例》，《中国农村观察》2014 年第 2 期。

[41] 谭林丽、孙新华：《当前农业规模经营的三种路径》，《西南大学学报（社会科学版）》2014 年第 6 期。

[42] 郭晓鸣、董欢：《西南地区粮食经营的现代化之路——基于崇州经验的现实观察》，《中国农村经济》2014 年第 7 期。

[43] 谢琳、钟文晶、罗必良：《“农业共营制”：理论逻辑、实践价值与拓展空间——基于崇州实践的思考》，《农村经济》2014 年第 11 期。

[44] 关锐捷、周纳、董永：《破解“谁来种地”、“种地富民”发展窘境的模式——现代农业的“齐河模式”夯实国家粮食安全根基》，《毛泽东邓小平理论研究》2015 年第 2 期。

贫困地区新型农业经营主体培育研究

王慧敏　龙文军

内容提要： 依托优势资源、发展特色产业、培育新型农业经营主体是带动贫困地区农牧民脱贫致富最便捷、最可行、最有效的路径。专业大户带动、发展合作经营、产业化带动和实用技术人才培养是贫困地区发展新型经营主体和带动脱贫致富的主要模式。新型农业经营主体发展中面临人员素质不高，资金需求难满足，政府扶持力度小等问题。可通过增加扶持项目、加强技术培训、拓宽融资渠道和完善地区联动加快贫困地区新型农业经营主体培育。

全面建成小康社会，最艰巨、最繁重的任务在贫困地区。党的十八大以来，国家实施精准扶贫战略，继续向贫困宣战。农牧业是贫困地区的基础产业，是惠及农牧民最直接的民生产业。加快培育贫困地区新型农业经营主体，推进贫困地区农牧业发展，成为带动贫困地区农牧民脱贫致富最便捷、最可行、最有效的路径。贫困地区新型农业经营主体有哪些发展形式？新型农业经营主体如何带动农户脱贫致富？新型农业经营主体发展过程中面临哪些问题？本文基于浙江丽水和湖北恩施的实地调研，对贫困地区新型农业经营主体培育进行了系统论述，立足贫困地区资源条件，考虑贫困地区经济发展水平，提出了促进贫困地区新型农业经营主体发展的政策建议。

一、加快贫困地区新型农业经营主体培育的现实需求

新型农业经营主体是相对于传统小规模家庭经营农户的概念，是农业生产分工分业不断深化的产物，主要包括专业大户、家庭农场、生产服务户、农民合作社和农业企业等类型。近年来，贫困地区按照中央要求，出台政策措施，加强指导服务，各类新型经营主体不断发育成长，发挥着越来越重要的作用。

（一）新型农业经营主体是推动贫困地区农业转型升级的重要力量

截至2013年年底，全国有11个连片特困地区，800余个贫困县片区县，12.9万个贫困村，8249万贫困人口，贫困人口规模大，贫困问题程度深。从地域上看，贫困地区大多地处边远山区，耕地资源稀缺，基础设施落后，农产品市场化水平低，农业生产效益不高。依托优势资源，调整农业结构，推动农业转型升级，是增强贫困地区内生发展动力的必然选择。新型农业经营主体拥有较好的物质装备和较高的生产技术水平，具备较强的经营管理和市场开拓能力，在发展特色产业，带动农业转型升级方面发挥着积极的作用。

（二）贫困地区具备培育新型农业经营主体的基础

近年来，贫困地区探索出台措施，引导新型农业经营主体不断发育成长。笔者在湖北省恩施州调研中了解到，在农业扶贫开发项目的支持下，种养大户、专业合作社、农业企业等新型经营主体在烟叶、茶叶、蔬菜、干鲜果、药材、畜牧六大支柱产业上实现了全覆盖。新型农业经营主体的带动能力不断增强，全州订单农业面积占特色产业基地总面积的50%，70%的专业合作社可以为农户提供生产、技术、信息、加工、销售一体化、综合性服务。

（三）培育新型农业经营主体是贫困地区扶贫开发的重要抓手

党的十八大以来，我国扶贫开发进入新的攻坚期。2014 年 1 月，中共中央办公厅、国务院办公厅联合下发《关于创新机制扎实推进农村扶贫开发工作的意见》，明确了将“特色产业增收”作为扶贫开发的重点工作，把产业扶贫作为由“输血型”扶贫向“造血型”扶贫转变的重要载体。《中国农村扶贫开发纲要（2011—2020 年）》提出，“通过扶贫龙头企业、农民专业合作社和互助资金组织，带动和帮助贫困农户发展生产”。因此，培育新型农业经营主体是落实国家扶贫开发政策，带动贫困地区脱贫致富的重要抓手。

二、贫困地区新型农业经营主体带动脱贫致富的模式

笔者通过对浙江省丽水市和湖北省恩施州的调研了解到，贫困地区新型农业经营主体的发育壮大和分散农户的脱贫致富是相辅相成的，新型农业经营主体带动农户脱贫致富主要有四种模式。

（一）以专业大户为中心，种养结合脱贫

专业大户是相对于兼业农户的概念，主要包括专业种植户和养殖户，他们从事的是面向市场的商品化、专业化和规模化的种植业或养殖业。专业大户一般具有较高的种养技术水平，通过专业大户的示范引领，带动周边小农户脱贫致富。调研中了解到，畜牧养殖是贫困山区农民收入的主要组成部分，但由于缺乏资金和技术，生猪养殖大多以散养为主。湖北省恩施州恩施市 2009 年开始推广生猪养殖“155”模式，即 1 个家庭建设 1 栋 120—130 平方米的标准化养殖圈，饲养 5 头能繁母猪，年出栏 50 头以上商品猪，主要饲喂地方品种恩施黑猪。在资金方面，恩施市对猪舍建设每户给予 1 万元资金补贴。在技术方面，由养殖大户向散养户提供种猪和养殖技术指导，村级防疫员协助进行防疫和技术培训。通过养殖大户带动，1 个家庭 2 个劳动力，可以 1 人种地、1 人养猪，既提高了家庭收入，也实现了劳动力的就地转移。

（二）发展特色产业，走合作脱贫道路

贫困山区土地资源稀缺，以调研地湖北省恩施州为例，基本是“八山半水分半田”的耕地状况。由于粮食种植产量低，农户多种植茶叶、中药材、高山果蔬等特色经济作物，但是由于种植规模小、销路窄、没有品牌等原因，种植收益低。发展专业合作社，通过合作经营，做强特色产业，提高农民收入，是行之有效的脱贫致富之路。调研中了解到，湖北省恩施州宣恩县黄金梨、来凤县凤头姜、利川市高山蔬菜等均通过合作经营方式不断发展。来凤县成立凤头姜产销专业合作社，发展团体社员1300余个，通过团体社员带动种植散户。合作社为社员提供统一生产品种、统一技术服务、统一质量标准、统一产品销售。对外销售统一使用“来凤凤头姜”地理标志品牌，提升产品价值，特色品种和资源优势有效转化成了经济效益。

（三）依托优势资源，发展产业化脱贫

农产品加工企业是进行专业分工协作，从事商业性农业生产的经营主体。农产品加工企业资金实力雄厚，技术水平较高，通过延伸产业链，进行精深加工，提高农产品附加值，带动农民脱贫致富。湖北省恩施州茶叶种植面积36万亩，富硒茶是当地特有品种，由于本地深加工落后，茶叶主要被湖北省外的知名茶企收购，压级压价问题突出。在促进新型农业经营主体培育的过程中，本地茶叶加工企业发展迅速，实力不断增强。企业通过多种产业化组织模式带动农户，有的企业通过流转农户土地，建设企业“自有基地”，雇佣农户进行茶叶种植，发展高端茶叶。有的企业通过“公司+专业合作社+农户”的模式与农户形成利益共同体，在茶叶种植、生产、加工环节开展标准化生产，为农户实现技术对接、信息共享，并提供资金互助，带动农民脱贫致富。湖北省恩施州利川县飞强茶叶公司地处利川县毛坝镇，通过合作社辐射带动整个毛坝镇的茶叶种植，鲜茶采收价格高于市场20%，带动了当地农民增收。

（四）培养专业技术人才，实现走出去致富

贫困山区人多地少矛盾突出，贫困人口依靠农业生产全部在本地脱贫致富较为困难。由于贫困地区农村劳动力整体素质不高，劳动力转移多从事重体力、低薪酬的工作，上升通道较窄。培养农村实用技术人才，实现外出转移和高质量稳定就业，成为加快贫困农民脱贫致富的有效途径。2004 年浙江省云和县创立具有地方特色的劳务品牌——云和师傅，通过系统培训，考试选拔，给具备 5 年以上丰富生产实践经验且具有云和户籍的农户颁发技师及以上职称，鼓励他们走出去进行异地开发，实现从“卖体力”到“卖技术”的转变。截至 2014 年 6 月，云和县已有近 300 名云和师傅带领全县 1 万余名农民到异地技术服务，主要从事食用菌、茶叶种植技术指导，年实现劳务收入近 5 亿元。

三、贫困地区新型农业经营主体培育的问题和困难

新型经营主体的优势和发展动力来源于资源相对集中所产生的规模效益以及专业化分工所带来的效率的提高。而规模化和专业化需要经营管理能力、金融保险制度以及公共政策的支撑，但贫困地区经济发展水平相对较低，农业基础设施条件落后，目前仍面临一系列问题。

（一）基础设施条件落后，生产辅助设施不足

基础设施条件落后是制约贫困地区新型农业经营主体发展的重要因素。在湖北省恩施州调研中了解到，水利设施不足老化问题突出，恩施属于典型的喀斯特地貌，地区性、季节性和工程性缺水问题严重。道路方面尤其是村级公路的建设落后，有近一半的村没有通水泥路。新型经营主体由于经营规模扩大，需要平整土地、挖掘水渠、兴修机耕道等。由于基础设施投入较大、回报周期长，有些具有公共物品的性质，因此普遍投入不足，制约了新型经营主体发展。调研中，许多合作社反映，由于申请不到建设用地，储藏茶叶、烟叶的仓库和储备农业生产资料的库房紧缺，生产辅助设施不足。

（二）经营主体人员素质不高，经营管理水平有限

尽管当前新型农业经营主体的经营者总体上是农村中综合素质相对较高的群体，但调研中了解到，务农人员整体学历偏低，年龄老化，经营管理水平有限，小富即安的观念普遍，创新发展动力不足，制约了经营主体的发展。尤其在合作社发展中，绝大多数合作社的理事长文化水平不高，缺乏对合作社壮大发展的驾驭能力。合作社社员间风险共担、利益共享较难实现。目前大部分合作社只能做到利益共享，如果发生风险，社员大多不愿承担损失，甚至要求退社。由于合作社社员多是附近乡邻，往往由合作社理事长和股东承担损失，较难实现持续发展。值得注意的是，有近70%的新型农业经营主体年龄在40岁以上，一旦他们从农业产业中退出，是否有数量充足的后继人才，情况并不乐观。

（三）金融保险供给不足，资金需求难满足

新型经营主体由于经营规模扩大，对资金的需求远远大于传统经营户，但涉农贷款困难。在湖北省恩施州调查中了解到，有47%的专业大户、59%的农民专业合作社和57%的农业企业碰到授信担保困难、申请手续繁复、隐性交易费用高等问题难以融资。调研的恩施州利川县楠木村奇景家庭农场主要种植苗木和茶叶，由于没有银行认可的抵押担保物，农场60万元借款全部来自民间借贷，利率在10%—15%。农产品加工企业原料季节性强、短期流动资金需求多，近40%的农产品加工企业贷款通过个人借款、企业间信用借款、社会性资金借贷和其他方式获得，较高的融资成本限制了新型农业经营主体的发展。保险方面，新型经营主体生产的专业化程度较高，相对于多种经营来说分散风险的能力更弱，更需要农业保险。但由于目前农业保险覆盖面窄、保障水平低、赔付水平低，鲜有针对于新型农业经营主体的政策性保险品种，远远满足不了新型经营主体发展的需要。

（四）贫困地区地方财政困难，政府扶持力度小

由于贫困地区地方财政主要依赖转移支付，政府没有能力对新型农业经营主体的培育给予相应的资金支持，只能通过部门扶贫帮扶资金给予微薄的支持。湖北省恩施州下辖 8 个县，全部为贫困县，其中 7 个县处在限制开发区域，产业基础差。恩施州政府每年财政支出需 220 亿元，其中 160 亿元来自转移支付，地方政府财政非常困难。加之部分政府部门对发展新型农业经营主体的认识不足，重视不够，也难有较大的支持力度。此外，新型农业经营主体扶持政策多通过部门下达，政策间缺乏整合性和衔接性，难以发挥政策合力。

四、加快贫困地区新型农业经营主体培育的政策建议

在贫困地区特殊的自然条件和经济发展水平下，贫困地区新型农业经营主体培育应考虑以下三方面重要问题：一是处理好农业生产和生态保护之间的关系。从生态区位条件看，贫困地区所处的地理环境通常有两类，一类是生态脆弱区，一类是重要生态功能区，农业开发规模应与当地的生态承载力相适应。二是处理好规模经营和小农生产之间的关系。避免以新型农业经营主体取代小规模农户的现象，以新型农业经营主体带动小规模农户发展。三是处理好政策扶持和市场机制之间的关系。按照产业发展特点和新型农业经营主体需求提供政府扶持，同时发挥新型农业经营主体的主动性，积极参与市场竞争，促进良性发展。

贫困地区新型农业经营主体是发展现代农业、实现精准扶贫、维护贫困地区稳定的重要力量，可通过增加扶持项目、加强技术培训、拓宽融资渠道和完善地区联动等措施加快贫困地区新型农业经营主体培育。

（一）加大项目支持力度，统筹使用扶贫资金

结合贫困地区生态条件、资源优势、种养传统安排扶持项目，例如山区特色果蔬产业、绿色茶叶种植、名贵中药材产业、地方品种养殖等。在此基础上，根据产业发展要求，对产业链不同环节的新型农业经营主体给

予支持，例如向农户提供种苗、饲养圈舍建设等生产资料补贴，让项目搭台，新型经营主体唱戏。通过技术改进、基础设施完善等补贴农产品加工企业，提升产品附加值，拓展销售市场。此外，项目支持要有连续性，根据产业发展特点，分阶段提供资金支持，促进产业稳步发展，带动农户真正脱贫致富。

（二）加强农业职业技术培训，培养农村适用人才

整合培训资源，拓宽培训渠道。以县为单位，将农业技术推广、共青团、妇联等机构的农民培训计划进行整合，统筹安排培训内容。在此基础上，根据不同类型新型经营主体的特点和需求安排培训课程，突出培训重点，例如面向种养大户、家庭农场经营者开展新型职业农民培训，面向农民合作社开展组织管理培训，面向农业企业开展品牌建设、产业链管理培训，提高培训效果。还应探索培训长效机制，实施新型农业经营主体人才支撑计划，建立终身学习，终身培训的制度。

（三）完善金融服务机制，提供金融支持

培育和引入各类新型农村金融机构，扶持发展村镇银行、农村资金互助社等农村小型金融机构，发展小额贷款组织。金融机构要创新信贷产品和服务方式，拓展抵质押担保物范围。可试点将各类农业经营主体纳入信用评定范围，建立信用档案。在此基础上，试点开发订单质押、农产品预期收入质押、大型农机设备抵押、畜禽圈舍抵押等。还应鼓励各地建立由财政出资的农业担保公司，加大中小企业信用担保体系建设，创新金融服务模式，积极开展联保、联贷等业务。

（四）加强城乡统筹和部门联动，促进贫困地区农业发展

加强城乡和地区联动，鼓励发达地区对贫困地区的资金支持、技术帮扶和产业带动。加强部门联动，探索合作机制，充分发挥相关政府部门的优势，鼓励其参与到贫困地区农业产业发展和新型农业经营主体培育中去。注重能人帮扶，鼓励返乡创业，通过项目支持，鼓励能人兴办家庭农

场和农民合作社。从财政支持、社会保障、土地流转等方面创新办法，吸引富有创新精神、专业知识较强的大中专毕业生以及在外略有成就的成功人士返乡创业，促进贫困地区农业发展。

参考文献

［1］张红宇：《新型农业经营主体发展趋势研究》，《经济与管论》2015 年第 1 期。

［2］孔祥智：《新型农业经营主体的地位和顶层设计》，《改革》2014 年第 5 期。

［3］钱克明、彭廷军：《关于现代农业经营主体的调研报告》，《农业经济问题》2013 年第 6 期。

［4］郭庆海：《新型农业经营主体功能定位及成长的制度供给》，《中国农村经济》2013 年第 4 期。

［5］姜长云：《支持新型农业经营主体思路要有新突破》，《农村工作通讯》2014 年第 21 期。

广西甘蔗产业新型经营主体培育及提升竞争力路径选择*

陈艳丽

广西糖业仅次于巴西和印度，在保证国家食糖有效供给和维护国家食糖安全方面起到了不可替代的作用，是世界上第三大食糖主产区。虽然广西甘蔗种植具有规模优势，但单产效率低下，主要由于土地贫瘠、地块分散、水利设施条件差、生产中的机械化水平低、良种推广能力落后所导致。要提升广西蔗糖业竞争力，应加大对农田水利设施的建设投入，一方面提高甘蔗单产和品质，另一方面控制成本，控制成本最重要的就是全方位高水平的机械化。通过土地确权颁证，确保农民的土地权益，推进土地流转，创新经营主体，基于现有的龙头企业带动的基础上，充分发挥龙头企业的资金与技术优势，围绕生产机械化，实现经营规模化、种植良种化、水利现代化，形成甘蔗种植的规模化效应，构建适宜的新型甘蔗产业体系。在东盟自贸区背景下，整合东盟地区劳动力、土地和气候资源，大力发展甘蔗种植，通过与东部发达地区技术研发合作，对甘蔗进行精细深加工，提高其附加值，形成品牌效应，提升广西甘蔗竞争力。

* 本报告为《东盟自贸区背景下的广西农业竞争力提升问题研究》课题的部分成果。

一、广西甘蔗发展的重要性

（一）提升广西甘蔗产业是保障国家食糖安全的重要举措

食糖是全国重点大宗、关系国计民生的战略性农产品，从长远看，我国食糖需求仍将呈刚性增长，总体供需长期偏紧，要实现国家确立的自给率达80%的目标，必须将糖料蔗产业作为农业工作的重中之重予以引导和保护。随着传统种蔗大省广东、福建劳动力、土地成本不断提高，甘蔗生产已通过“东蔗西移”、“东糖西移”，完成向广西、云南等西南优势区域的集中，受气候区域等条件的限制，我国已没有资源条件继续实行产业“西移”。广西是我国乃至全球最适宜种蔗的地区之一，是全国最大的蔗糖生产基地，已连续20余年保持蔗糖产量在全国的龙头地位，无论是种植面积还是产糖量均占全国60%左右，而且平均单产和含糖份居全国前列，已经达到或接近巴西、美国等先进国家的水平，在保证国家食糖有效供给和维护国家食糖安全方面起到了不可替代的作用。

“十二五”以来，广西全面实施糖料蔗优势区域布局、高产高糖可持续发展战略，形成了“重点发展崇左市、来宾市、南宁市和柳州市主要蔗区，因地制宜巩固发展百色市、河池市以及部分桂东南和沿海蔗区”的产业格局，重点建设兴宾、江州、扶绥等33个县（市、区）优质糖料蔗基地，已建立稳固的重点糖料蔗生产基地，2013年基地糖料蔗种植面积1349.35万亩，占全区种植面积的82%，总产量6510.95万吨，占全区糖料总生产能力的83%，产业优势区域集群化发展不断增强，规模生产效益突显，产业集中度高，成为我国糖业发展不可替代的核心基地。

（二）甘蔗是广西的优势产业和支柱产业

糖业是广西在全国最具影响力的食品产业，蔗糖生产是广西大部分市、县的优势产业和支柱产业，经过20多年努力发展，特别是“十五”以来，糖料蔗生产持续快速发展，对振兴广西经济，促进工农业发展，增加地方财政收入，带动农村农民脱贫致富促进农民增收起到了举足轻重的作用。据不完全统计，2013年广西109个县（市、区）中有93个种植糖料蔗，种蔗人口超过850万人，涉农人口面广，糖料蔗种植面积占主要农作物种植总面积的18%，总产量占主要经济作物总产的70%以上。近年来，广西糖料蔗种植面积基本保持稳定，持续占全国首位。虽然2014年种植面积有所下降，但产业规模仍保持基本稳定。2014年全区糖料蔗种植面积1518.17万亩，较2013年减少约66.19万亩，减幅近4.18%，与2010年种植面积基本持平；2013/2014年榨季广西糖料蔗种植面积1518.17万吨和产糖量857.56万吨分别占全国糖料面积2670.91万亩的56.84%和总产糖量1331.8万吨的64.39%；2013/2014年榨季受糖料蔗价格下调影响，农民种蔗总收入314.82亿元，比上榨季322.6亿元减少7.78亿元，下降2.41%；农村居民人均出售糖料蔗现金收入占全区农村居民人均家庭经营现金收入的20%，占农民纯收的15%，糖料蔗产值占全区农业总产值的18.67%。当年种当年收，种1年收3年，只管种不愁卖。尤其在广西的重点糖料蔗产区，如崇左，2014年全市销售甘蔗人均纯收入6000元，占蔗农全年收入的一半，2008/2008榨季更高，占70%。

广西蔗糖产业以股份制企业集团为龙头，实现资本多元化、企业集团化发展，并通过糖料蔗生产购销合同制的“订单农业”，与蔗农建立紧密联系，使糖料蔗生产发展与制糖生产规模和市场需求相适应，已构建起种植、加工、销售等配套较为完整的产业体系。据《广西统计年鉴》统计，2012年广西制糖业应交增值税31.59亿元，工业总产值605.87亿元（占全区轻工业总产值11.23%），各项经济技术指标居全国同行业先进水平。广西糖业上交的地方财政收入的税金占全区财政收入10%以上[①]。全广西有56个县（市、区）种植甘蔗，其中有不少县财政收入的70%以上来自甘蔗种植[②]。全区制糖业实现利税60亿元[③]，糖业综合效益再创历史最好水平。广西蔗糖业直接关系到占广西总人口的55%的2600万蔗农和10

① 卢星高：《对加快广西甘蔗生产发展的一些建议》，《安徽农学通报》2007年第16期。

② 《东盟自贸区背景下的广西农业竞争力提升问题研究》课题组报告《中国—东盟自贸区建设对广西农业的影响》。

③ 卢星高：《对加快广西甘蔗生产发展的一些建议》，《安徽农学通报》2007年第16期。

万制糖企业职工的切身利益①。

从产业经济效益看，尽管糖价波动较大，但甘蔗的经济效益远高于粮食种植的经济效益。将 2004 年以来的广西早籼稻、晚籼稻和甘蔗每亩净利润进行对比如表 1 所示。除了 2004 年和 2008 年甘蔗每亩净利润过低，从而低于稻谷或与稻谷持平外，其他年份均比稻谷种植有更高的收益。如果按每亩净利润的比值来看，2010 年甘蔗每亩净利润是早籼稻的 8.3 倍，2005 年、2006 年、2007 年及 2012 年甘蔗每亩净利润是早籼稻的 4 倍以上。2005 年甘蔗每亩净利润是晚籼稻的 8 倍，2010 年这一比值是 4.8 倍，2006 年、2007 年、2011 年和 2012 年这一比值分别是 3.7 倍、2.6 倍、3.3 倍和 3.9 倍。蔗糖业的综合效益能较好地兼顾了蔗农、企业和地方财政的利益，富民又富县，对保障少数民族地区经济发展和社会稳定起着重要的作用。

表 1　广西早籼稻、晚籼稻和甘蔗每亩净利润　单位：元

年份	2004	2005	2006	2007	2008	2009	2010	2011	2012
早籼稻	97.83	97.83	63.69	77.45	171.48	141.62	102.02	241.33	81.39
晚籼稻	94.52	50.88	82.12	170.77	174.8	—	175.28	194.05	94.7
甘蔗	46.23	414.54	304.11	352.62	168.38	361.49	847.98	644.01	375.08

数据来源：《中国农产品成本收益年鉴》。

二、培育甘蔗产业新型经营主体，实现规模化经营道路上存在的障碍

广西甘蔗的发展是以原料蔗为基础的，对原料蔗的数量和质量提出要求，要有足够的原料数量，从而提高糖厂的设备利用率，而质量好的原料，蔗糖糖分高，又有利于糖厂提高经济效益。近年来广西甘蔗发展取得了不少进步，但和美国、巴西等国无论从栽培技术、机械化程度、还是产

① 《东盟自贸区背景下的广西农业竞争力提升问题研究》课题组报告《中国—东盟自贸区建设对广西农业的影响》。

量等都存在一定差距，品种单一化严重，以传统种植经营方式为主，机械化程度低，科技含量低，加上基础设施落后，干旱及寒害等气候灾害的频繁发生，给广西甘蔗生产造成越来越严重的影响，糖料蔗单产及糖分并不稳定，生产综合效益低下。糖料蔗生产集约化程度低是制约糖业稳定发展的关键因素之一，组织化经营主体的问题不解决，将无法克服蔗价波动对糖料蔗生产的影响，无法确保蔗区的稳定和企业投入蔗区建设的积极性，先进生产技术及装备的推广应用将受到严重的阻碍，导致生产效率低，成本高。广西甘蔗产业一旦出现问题将严重危及国家的食糖安全。

（一）生产规模小，土地流转程度低，集约化程度低

1. 生产规模小，集约化程度低

广西甘蔗作物一直没有成大规模的发展，是以单家独户分散式种植为主，户均种植面积4.5亩左右，仅是泰国的1/10、巴西的1/15、美国的1/20①。巴西6.5亿亩的甘蔗面积，公司企业直接进行基地建设占60%以上。广西蔗区专业合作组织发展慢，蔗农土地分散经营和生产的随意性与糖业规模生产的矛盾十分突出。据不完全统计，2013年广西通过地土地流转种蔗面积为146万亩，占全区种蔗面积的8.8%，其中，企业租赁经营12万亩，专业户承包开发107万亩，乡镇、村流转的25万亩。全区种蔗面积50亩以上的专业户有1.7万户，经营面积158.6万亩，占全区种蔗面积的9.6%，其中，经营200亩以上的有1131户，面积34.9万亩，占22%，平均户种植面积308亩；经营500亩以上的有192户，面积17万亩，占10.72%，户均885亩。在广西最主要甘蔗种植区崇左市，共约30万户甘蔗种植户，平均15亩/户，500亩以上的40多户，200亩以上的2000多户，50亩以上的10000多户，大多数30—40亩。如崇左市江州区，107万亩土地约29万块，平均每块3亩多，小块并大块比例不高，107万亩中适合大型机的一类地29万亩，占27%，中小型机55万亩，占51%，不适合机械耕种的24万亩，占22%。调研得知，种植2万亩甘蔗

① 粟定成：《关于提升广西甘蔗产业的几点思考》，《大众科技》2011年第12期。

是最佳效益点。

2. 土地流转程度低，土地整合进度慢

由于广西地理位置等因素的限制，地形多为不利于水利设施、机械设施运作的山地和坡地，难以机械化作业，土地流转意义不大，这给土地整合造成了不小的困难。近几年广西各地蔗区也在尝试土地流转适度规模经营的路子，但由于管理手段跟不上，经营成功的典型不多。其中一个重要因素就是农村产权确权推进不协调，进度缓慢。以广西农村产权确权工作试点县田东县为例，一是确权经费紧张，一亩地确权费用需要 50 元，中央每亩补贴 10 元，2013 年田东县确权 100 万亩，总花费 5000 多万元，中央补贴 1000 多万元，资金缺口非常大；二是四部委文件规定的明确土地流转合同的期限不能超过二轮承包的期限 2030 年与现在宣传的土地经营承包权长久不变政策相矛盾，尤其南方很多地方都是种植经济作物，如果期限较短，则企业等经营主体不愿意几年一签也就不愿意投资；三是土地虽然确权到户，但在抵押贷款时银行不接受单家独户的土地经营权证；四是开荒地确权问题，田东县原来第二轮承包是 28 万亩，经过二调后全县 97 万亩，二轮承包实际承包出去的约在 40 万亩左右，剩下的 50 多万亩是有农民开荒而来，开荒地如何确权是一个很大的矛盾，如果搞不好可能是一个很大的社会问题。

（二）土地资源有限，立地条件差，水利灌溉设施薄弱

1. 土地资源有限，靠增加面积发展甘蔗生产潜力有限

广西是人多地少的少数民族地区，以山地和丘陵旱坡地为主，农业生产立地条件差，农户分得的土地零碎而分散。据统计，2012 年广西总人口为 5240 万人，耕地面积为 6646 万亩（其中旱地面积 3368 万亩），人均耕地面积 1.27 亩。目前，糖料蔗种植面积占全区耕地面积的 24.84%，占旱地面积的 49.60%。自 1988 年以来全区宜蔗荒地经过二十多年的开发，资源基本耗尽，进一步发展甘蔗生产的土地潜力极为有限，同时，也面临其他作物用地的竞争。从 2011 年到 2013 年，全区糖蔗种植面积只增加了 79 万亩，2014 年种蔗面积调减与 2010 年基本持

平，表明面积的增速明显放慢，靠增加面积来发展糖料蔗生产已成为不可能的现实。

2. 立地条件差，干旱制约，水利灌溉设施薄弱成为影响产量的重要因素之一

甘蔗作物虽然研究历史较久，但基础薄弱，加上气候、地理条件的制约，从整体上来说农业基础设施薄弱，抵御自然灾害能力弱。糖料蔗大部分种植在红、黄壤旱坡地等贫瘠土壤，80%集中在桂中旱片（汉中）、左江旱片（崇左）、桂西北旱片（河池、百色）等干旱贫瘠的坡地，干旱制约是蔗区难以克服的客观因素，地块分散，基础设施建设滞后，水利基础设施条件差，基本还是20世纪50年代水利设施，多数蔗区没有灌溉设施，甘蔗生产基本上“靠天吃饭”，全区有灌溉条件的蔗区仅占甘蔗种植面积6.78%，15度坡以上种蔗面积占总面积的45%，是世界上主要产糖国种植条件最差的蔗糖产区，这是造成广西甘蔗单产低的重要原因之一。连续遭受严重的冻害和旱灾，广西已连续近10个榨季进厂原料蔗平均亩产在4吨左右，多年减产，糖料蔗生产恢复慢。而美国的蔗区95%以上是可灌冲积土，主要是排涝问题而不是灌溉；澳大利亚可灌溉蔗地占60%—70%，泰国占30%—50%，印度占40%左右。由表2可见，在世界主要甘蔗生产国中，我国的甘蔗单产相对来说较低，2012年广西平均每公顷产量在69.4吨左右，与巴西、美国等产糖国家单产相比差距还较大。

表2　　2012年主要国家和地区甘蔗单产　　单位：吨/公顷

	巴西	美国	墨西哥	印度	中国	广西
甘蔗单产	74.3	80.1	69.3	70.9	68.6	69.4

数据来源：联合国粮农组织FAOSTAT，数据库。

（三）机械化作业程度低，生产成本高，种蔗效益波动大

1. 机械化作业程度低，生产成本高

随着劳动力成本快速上升，甘蔗生产收割环节机械化程度低、生产

成本高、效率低、技术落后，已成为制约广西糖业发展的主要瓶颈。根据成本构成，糖料蔗生产总成本主要分为种蔗成本和收割成本。种蔗成本主要包括蔗种、地租、机耕、肥料、农药、人工、地膜等项费用；收割成本主要包括砍蔗、从田间搬运到装车地点、装车等费用。由于人工、农药、机械租赁等费用逐年上涨，导致糖料蔗生产成本逐年增加，由 2010/2011 年榨季的 1576 元/亩上涨到 2012/2013 榨季的 1940 元/亩（详见表 3）。中国糖料作物种植规模小，约 6 亩/户，仅为国外产糖大国的 1/200—1/60，且平地少，广西地形为“八山一水一分田”，甘蔗主要种植在丘陵地带，坡高，倒伏性高，地块小，行距小。另外，机械成本一般 160 万/台，高的 320 万/台，即便有 40% 农机补贴，蔗农购买能力仍然有限，而且现在进口的机械收割设备主要是截断式收割，糖厂原有的榨糖工艺不适合截断式，作物种植和收获机械化水平低。当前，广西糖料蔗生产综合机械化水平约为 41%，主要集中在耕种环节，甘蔗收获机械化尚处于试验阶段，机械收获仅为 0.01%。糖料蔗砍收基本靠人力，人工收获成本每吨在 120—150 元，占蔗价的 1/3 以上。人工收割甘蔗 1 人 1 天能砍收 0.7—1 吨，而甘蔗收割机一天能收 300 多吨，相当于 300 人 1 天的工作量。成本上，人工每亩 400 元左右，机械收割不到 100 元，再加上运费以及不断攀升的化肥、农药价格，糖料生产成本比生产机械化水平超过 60% 的巴西和澳大利亚高出 1 倍。地租已经由过去的每亩 200 元左右升至 800 元左右，人工费也由过去的 65 元/天升至现在的 135 元/天。尽管根据《中国—东盟全面合作框架协议》的有关条款，食糖被我国列为高度敏感产品予以保护，但 2015 年后食糖关税将降低 50%。随着关税的降低，如果广西糖生产成本仍比泰国高，我国从泰国进口食糖的数量必然大幅增加，将直接对广西的蔗糖业发展造成较大冲击，影响广西食糖国内销售。

表 3　广西 2011/2012—2012/2013 年榨季糖料蔗生产成本　单位：元/亩

	2010/2011 年榨季	2011/2012 年榨季	2012/2013 年榨季
种子费	142	144	140

续表

	2010/2011 年榨季	2011/2012 年榨季	2012/2013 年榨季
化肥费	380	410	415
农药费	35	49	60
租赁机械费	80	107	115
人工成本	700	805	880
土地成本	145	174	195
其他	94	124	135
成本总计	1576	1813	1940

备注：数据来自自治区物价局成本分局。土地成本包括流转地租金和自营地折租综合测算。

种蔗效益波动大，难以稳定生产积极性。种蔗效益受市场糖价大幅波动直接影响，同时种植成本不断上升，蔗农收益波动大，比较效益下降。从生产成本和利润来说，广西糖业不具有较强竞争力。从生产成本来看（见表4），广西省1837.1元/亩，高于云南、海南，低于广东、四川，且高于全国平均水平。从净利润来看，广西375元/亩，低于全国平均水平，且与其他省份相比，仅仅比广东高些。2013/2014榨季糖料蔗平均每吨收购价格440元，每亩甘蔗生产成本升至1992.61元，亩蔗净利润351.40元，亩成本利润率为17.64%，折合每吨甘蔗成本上升到380.27元，吨蔗净利润下跌到67.06元，吨蔗纯收益下跌接近2000年的水平。近三个榨季从种植收益看（2011/2012—2013/2014），吨蔗成本增加了20.21%，纯收益平均减少20.77%（见表5），人工成本是生产成本上涨的重要因素。此外，种蔗收益远低于花生、柑橙、蔬菜、桑蚕等农产品，蔗农因收入不好而寻找别的生产项目，减少糖料蔗种植面积。

表 4　　全国主要省份蔗糖相关数据

	甘蔗播种面积（千公顷）		甘蔗产量（万吨）		甘蔗单产（吨/公顷）	甘蔗生产成本（元/亩）	甘蔗净利润（元/亩）
	数量	比例	数量	比例			
全国	1795.0	100.0	12311.4	100.0	68.6	1786.5	406.0
广西	1128.0	62.8	7829.7	63.6	69.4	1837.1	375.1
云南	331.5	18.5	2043.8	16.6	61.7	1479.6	563.6
广东	165.4	9.2	1469.2	11.9	88.8	1938.3	215.7
海南	62.4	3.5	415.9	3.4	66.6	1825.1	471.3
四川	14.8	0.8	61.3	0.5	41.4	2226.6	601.4
福建	9.3	0.5	56.5	0.5	60.7	—	—
其他	83.6	4.7	435.0	3.5	—	—	—

数据来源：《中国统计年鉴 2013》，中国统计出版社 2013 年版。

表 5　　广西甘蔗每亩净利润　　单位：元

年份	2004	2005	2006	2007	2008	2009	2010	2011	2012
甘蔗	46.23	414.54	304.11	352.62	168.38	361.49	847.98	644.01	375.08

数据来源：《中国农产品成本收益年鉴》。

（四）良种研发推广能力落后，品种单一化严重，产量和品质难以提高

1. 新品种选育滞后，品质单一化严重

中国糖料作物品种单一，良种使用率低，含糖率以及产糖量总体上比较低，平均含糖率为 12%—15%，而巴西、澳大利亚、南非等国甘蔗的平均含糖率达 14%—17%，这就意味着中国以更高成本收购同样数量的糖料作物，产出却比其他主要产糖国更少的食糖。由于育种跟不上，新品种选育严重滞后，良种推广力度难以突破，产量水平和品质都难以提高。

"十一五"后国家和自治区加大了对甘蔗育种的投入，加大了杂交育种力度，从国内外引进了一批新品种和种质资源，但由于甘蔗育种周期长（8—12 年）[①]，审定的甘蔗新品种多数属于"十一五"前入选的材料，虽在产量、糖分、抗逆性、宿根性等某些性状有所提高，但综合性状基本上没有突破新台糖 22 号。目前广西种植的糖料蔗品种大部分为台糖系列，2013/2014 榨季新台糖 16 号、22 号等台糖品种占种植面积的 85%，其中 22 号就占 70%，有些市、县（市、区）达到 90% 以上如崇左市[②]。长时间推广单一品种，导致品种种性退化日趋严重，已种植 10 多年的新台糖 22 号，生产上普遍表现出抗寒性差、宿根年限缩短、病虫为害加剧、产量下降等问题。即便是良种，5—8 年也要改良，如果企业经营，要亩产 6 吨才能保本。

2. 自育优良品种少，新品种及健康种苗推广进展缓慢

目前广西甘蔗良种补贴渠道单一，主要依靠制糖企业在原料蔗进厂时对属于加价品种给予 20 元/吨的补贴。甘蔗销售定价按量不按质，造成有的品种含糖量不低但推广困难。近年来制糖企业连续亏损，反哺蔗农的生产投入不足。作为国家糖料蔗生产基地，广西甘蔗仍未被列入国家良种补贴范围，自治区也未建立甘蔗良种补贴机制，良种补贴力度不够，严重制约新品种的推广与应用。近年来，广西甘蔗研究机构已选育出一批高糖、高产优良甘蔗新品种，如桂糖 21 号、26 号、28 号等，部分新品种（品系）在部分蔗区的综合表现优于新台糖 22 号，但国内品种还存在地域的适应性和品质性能问题，有些产量高，但脱叶难，有些抗旱但不耐寒。总体看，目前筛选、繁育的甘蔗新品种推广面积还十分有限，占广西甘蔗种植总面积的比重不足 10%。单产与糖分下降，从 2007/2008 年榨季的单产 5.56 吨、糖分 14.11% 下降至 2013/2014 年榨季的单产 4.67 吨/亩和 13.85% 的糖分水平，造成吨糖耗蔗量增加。

---

① 朱秋珍、何红等：《广西甘蔗新品种引进筛选区域试验初报》，《现代农业科技》2010 年第 18 期。

② 广西糖业年报 2013/2014，广西 2013/2014 榨季基本情况。

2010/2011—2012/2013 榨季含糖分连续三个榨季下降，吨糖耗蔗量从 2010/2011 榨季的 8.25 吨上升到 2012/2013 榨季的 8.49 吨，造成制糖生产成本上升，经济效益下滑。优良品种的更新换代步伐十分缓慢，面临种性退化、单产及糖分下降以及品种单一造成的生产安全风险等问题，已严重威胁广西甘蔗生产安全。

（五）现代化生产先进技术研究及推广应用严重滞后，管理粗放，创新能力不足

1. 推广经费投入不足

广西甘蔗良种推广经费主要来自自治区财政厅、农业厅、发展和改革委员会、工业和信息化委员会等单位，而其他推广经费主要依靠科技项目经费支持，试验示范经费不足，导致大部分新品种只能进行初级试验，无法进行适应性试验和示范。

2. 科技成果转化不足

通过高校、科研机构、企业等组织机构，以国家及自治区的资金扶持，促使科技成果的转化，目前建成了一批甘蔗良种繁育基地、农业科技示范基地、成果产业化转化基地等，国家在广西有 4 个甘蔗岗位专家，但近 10 年来，在品种改良、土壤肥料、栽培技术、植保等技术应用没有新的突破。

3. 栽培技术研究滞后，生产技术落后

技术因素涉及品种、良种良法配套、生产技术等问题，造成产量水平低的原因除了品种老化外，栽培管理粗放也是一个重要原因。由于甘蔗作物粗生易管，栽培管理粗放也有一定的产量，许多地区粗种粗管，不施肥或少施肥，影响了甘蔗作物产量潜力的发挥，因此在加强普及良种的同时，也应大力推广高产栽培技术，实现良种良法配套。

由于连年遭受极端气候影响以及生产基础设施薄弱，面对产业发展的未来，广西甘蔗产业同样充满着压力和担忧，目前广西糖业仍然是大而不强，主要表现在行业技术进步缓慢、增长方式粗放，产业扩张主要依赖于甘蔗种植面积和糖厂生产能力的持续扩大，行业的发展还停留在数量速度增长阶段。虽然从生产成本和利润来说，广西糖业不具有较强竞争力，但广西的位置优势、规模优势以及较高的单产都决定了广西在全国糖业中的地位不可替代。要降低制糖成本，首先要降低原料蔗的生产成本，若能解决当前生产存在的规模化、良种化、水利化、机械化等问题，广西糖料蔗单产及糖分仍有较大提高空间，可有效确保今后产业发展的原料供给。要提高广西糖业的国际竞争力，提升广西甘蔗产业发展，必须以机械化为龙头，围绕机械化构建规模化、良种化、水利化，加快甘蔗产业新型经营主体的培育，重视甘蔗产业的研究、开发和推广。因此，大力推动糖料蔗产业科技进步，促使糖业的增长方式由数量速度型向科技先导型和质量效益型转变，实现制糖产业的整体优化升级，是确保广西甘蔗产业可持续发展，保障国家食糖安全的重要举措。

三、培育甘蔗产业新型经营主体，提升广西甘蔗竞争力的路径选择

通过整合部门现有资金、新增财政预算、试点市县及自治区农垦局配套、建设主体投入等渠道筹措建设资金。以制糖企业、种植合作社等为龙头，以市场为导向，以科技为支撑，开展优质高产高糖糖料蔗示范基地建设试点，通过财政支持、政策鼓励等措施，充分调动建设主体的积极性，引导社会资本进入蔗区开展现代化改造，积极探索行之有效的项目建设模式，加快推进糖料蔗经营规模化、种植良种化、生产机械化、水利现代化，降低糖料蔗生产成本是关键，不断提高糖料蔗单产、糖分和生产效益，增强广西蔗糖业国际竞争力，促进广西蔗糖业可持续发展。

（一）积极争取国家政策支持，提高综合生产能力和抵御市场风险的能力

1. 争取国家支持蔗区水利和道路等基础设施建设

一是设立蔗区高效节水灌溉项目建设专项资金，实施蔗地节水灌溉，亩均产量可由天然条件下 4—5 吨增产 2—3 吨，在种植面积不增加的情况下，产量可以提高一倍，一亩节水成本不同地方平均为 2000—3000 元；

二是加大中央公共财政对广西蔗区水利建设的投入，将土地出让收益上缴中央的部分适当向广西蔗区水利倾斜；三是将糖料蔗基地建设项目纳入中央财政小型农田水利高效节水灌溉试点县项目建设，加大扶持力度，增加中央财政小型农田水利高效节水灌溉试点县项目蔗区水利建设资金；四是加大对广西蔗区道路交通设施建设的投入，将主要蔗区道路纳入国家和省级乡村公路和“村村通”公路的建、修、管、养范围。改革项目投资方式，建议对项目的投资建设主体进行改革，由经营实体承担建设项目，明确责任主体，加强对国家项目的投资监督。整合中央资金投入重点环节的建设（如蔗区水利、地土整合、机械化等），将改拨款方式为奖励支持，或贴息贷款，以发挥项目建设的可持续作用。

2. 对糖料蔗种植给予直接补贴

糖料蔗给予享受粮、棉、油中央财政补贴的同等待遇，参照中央财政近年对粮、棉、油等农作物实施补贴的标准和办法，在广西先行试点，对糖料蔗种植实施直接补贴，补贴资金由中央财政安排。

3. 提高制糖企业甘蔗收购增值税抵扣率

在制糖企业全面实行农产品增值税进项税额按 17% 扣除率核定扣除，以公平税负，并能减少虚开收购发票抵扣税款的行为，促进产业良性发展。

4. 设立广西糖业发展基金

借鉴世界主要产糖国的经验，在广西设立糖业发展基金，一方面用于调节糖价波动和自然灾害对糖料蔗种植的冲击，稳定糖料蔗种植面积和产业发展；另一方面作为储备糖的补充资金。

（二）开展土地整治，“小块并大块”，积极稳妥推进土地流转

按照“依法、自愿、有偿”的原则，积极稳妥地推进土地流转，为基地建设提供用地保障。开展“小块并大块”土地整治和耕地平整配套建设，降低糖料蔗种植区地面坡度，实现基地坡度在 13 度以下，提高耕地平整度和集中程度，为甘蔗产业的规模化、机械化、水利化提供基础平台，提高土地利用率、投入产出率。通过顶层设计，整合国土资源、水

利、农机和农业等部门，建立土地整理的持续机制，推进土地确权登记，以7年为一个周期来平整土地，节约下来的土地用来提供公共产品，把平整后的土地，以一定的折算系数按照大块土地重新分给农民，这样有助于推进土地流转和机械化操作。土地整治可分别对已实施土地整治但不符合优质高产高糖糖料蔗示范基地要求、需开展改造提升实施“小块并大块”的，企业或农户（种植大户）实施土地整治等建设主体以及对以土地整治项目方式申报、由国土资源厅审批等项目由自治区财政按不同标准给予补助，财政补助后不足部分由建设主体负责。并对市、县（市、区）开展集体土地承包经营权确权（包括航拍、测绘等）经费，给予补助，积极稳妥推进土地流转。

（三）加强蔗区基础设施建设，实现高效节水灌溉，提高水利化程度

整合国家和地方政府对糖料基地建设、农业综合开发、节水农业等项目扶持资金，集中资金资源，实行土地规模化、整治标准化，加强路、渠、涵管、排灌设施等田间基础设施建设，改善蔗区公路、灌溉设施和生产条件，提高抵御自然灾害的抗风险能力。开展重要水源工程建设和水库出险加固工程建设，加快建设控制性灌排骨干工程和水源工程等，解决蔗区干旱和抗旱水源问题。加快推进左江旱片、右江旱片、桂西北大石山区旱片中小型水源工程建设，加快中小型水库、引提水和连通工程建设。加快大中型灌区续建配套、灌排泵站更新改造和现代化灌区建设，在桂西北和右江等蔗区，因地制宜兴建“五小水利”设施，以加强灌区末级渠系、田间工程配套和小微型水源工程建设为重点，加快解决农田灌溉“最后一公里”问题，提高水有效利用系数，着力提高农业综合生产能力。结合小农水重点县和双高糖料蔗高效节水灌溉建设，加快糖料蔗基地县建设和500万亩高产高糖的规模化高效节水灌溉糖料蔗基地建设。在加大农业投入、改善生产条件的基础上，顺应自然规律，通过技术的合理运用，尽量提高自然资源的利用效率，同时还要注意保护资源，实现可持续发展。

（四）加强良种研发和推广，完善良种扩繁、普及高产栽培配套技术推广体系

1. 加强优良新品种选育、引进工作

依托现有的甘蔗科研机构，积极吸纳和利用国内外的科研力量和技术优势，稳定加大投入，加强甘蔗种质资源的引进创新和新品种选育，围绕高产、高糖、宿根性好、易脱叶、抗压、抗倒伏、抗逆性和适应性强等目标，选育、引进一批高产高糖、适应性广、抗逆性强、农艺性状好、早中晚合理搭配优良甘蔗新品种，加快试验试种和示范，逐步实现糖料蔗品种多元化。

2. 建立完善的甘蔗良种繁育推广体系

按照“科学规划，合理布局”的原则，进一步建设完善自治区级良种繁育基地和糖业企业甘蔗良种繁育基地，构建覆盖甘蔗主产区的二级甘蔗良种繁育推广体系，逐步实现新植蔗区甘蔗用种由专业良繁基地生产和供应。推进“科研＋企业＋基地＋农户”的繁种模式，加快自治区级甘蔗健康种苗繁殖中心和糖业企业甘蔗健康种苗繁殖基地建设。

3. 良种良法推广

大力推广现有高产、高糖、抗逆性强、宿根性好的糖料蔗新品种及脱毒健康种苗，开展适用技术试验示范与推广，如当前适用的新品种、农机具、甘蔗专用肥、植物生长调节剂等各项技术的试验筛选，并通过示范推广，以及农机农艺融合配套技术、深耕深松、地膜覆盖、水肥一体化等高产高糖高效先进综合栽培技术推广。建立糖料蔗病虫害监测预警体系，加强病虫害综合防治，实施绿色植保工程，推进病虫害统防统治、生物技术防治。

4. 增加科技投入

一是积极争取国家加大对广西糖料蔗良种研发中心和新品种选育基地建设的支持，加快提升糖料蔗良种的创新水平和育种效率。二是争取国家加大良种补贴和甘蔗生产农机具的补贴。三是整合科技、农业、糖业、财

政、发改等部门有关资源，在项目、资金、人才、技术上给予倾斜支持，区、市设立甘蔗新品种创新与良繁推广专项资金，用于甘蔗新品种选育、甘蔗良种繁育基地建设、新品种（品系）推广和奖励，加强科技培训，强化高效集成技术的推广力度。四是引导制糖企业加大甘蔗种业投入，加大技改及精深加工研发投入。对确实能解决产业重大问题的技术推广项目，应该尽量采取直接补贴农民的方式给予扶植，以避免资金使用流于形式，浪费国家资财。

（五）加快甘蔗产业机械化发展，提高生产机械化，引导标准化、规范化种植

一是加强收获机械研发。在政策和资金上扶持糖料蔗收获机械研发、试验及示范推广，支持研发单位引进技术、消化吸收与自主创新，改进和完善机具结构、性能，研发适应当地情况的价格低、适应性强的机械，提高机具作业质量和可靠性。二是农机和农艺相结合，建立糖料蔗生产机械化示范基地，引导农民标准化、规范化种植。三是出台机械化收割糖料蔗扶持政策。制定扣杂标准，机收糖料蔗优先入厂，对蔗农应用机械收获糖料蔗给予一定补贴，鼓励蔗农应用机械收获糖料蔗，推动糖料蔗收获机械推广应用。鼓励和引导成立农机专业服务组织，通过市场运作方式开展机械化社会服务，创新机制搞农机租赁，通过金融机制解决合作社、大户农机难题，重点推进大中型切段式糖料蔗联合收割机应用，大力推广普及机械一体化种植、中耕培土、收获、装载等技术，实现糖料蔗生产全程机械化。

（六）加快推动产业化经营步伐，走规模化、标准化、集约化道路

1. 制定相关优惠政策

引导甘蔗生产走上规模化、标准化、集约化的发展轨道，尤其在广西甘蔗主产地区如崇左、来宾、南宁、柳州、白色等地。按照“突出重点、兼顾全面，优势先行、示范带动”的原则，在自治区初步认定的糖料蔗生产核心基地县（市、区）片区范围内，选择水源充足、地势平缓、基础设施较好、条件较为成熟的区域，开展优质高产高糖糖料蔗示范基地建设试点工作。推动规模化经营步伐，培育种植大户、种植公司、新型农业合作组织，鼓励各种经营主体，特别是制糖企业参与糖料蔗种植生产，探索原料生产及制糖加工一体化经营新型模式。一是制糖企业直接经营。制糖企业租赁农民土地后自主种植糖料蔗，实现制糖与糖料蔗种植一体化发展。二是制糖企业与农户合作经营。制糖企业与蔗农协商合作，以制糖企业为龙头，农民通过集体土地承包经营权入股等方式参与基地建设，建立利益共同体。三是农业企业投资经营。按照依法、自愿、有偿的原则，农民以出租、转包、入股、互换等形式流转土地承包经营权，交由有资金、懂技术、会管理的农业企业集中种植糖料蔗。四是糖料蔗种植专业合作社经营。农民以集体土地承包经营权入股，建立糖料蔗生产专业合作社，共同经营、按股分红，实行“民办、民营、民管”的经营方式。五是种植大户（家庭农场）经营。农民将土地流转给种蔗能手、经营能人，发展规模化经营。各地可参照上述模式，因地制宜，探索切合本地实际的建设模式，取得成功经验的，在适宜地区推广。

2. 提高种植户与加工企业双方利益关联度

广西蔗糖业有完整的产业链，但是种植和加工环节还存在着割裂，要实现产前、产中、产后的密切链接，需建立和完善“糖厂 + 生产基地 + 中介服务体系 + 蔗农”的新型产业化经营模式，将甘蔗生产的各部门和机构紧紧地联系在一起，通过各机构之间的协调，来保障甘蔗生产的顺利进行。推行甘蔗生产契约化、订单化，由制糖企业从技术、资金、良种、机耕、肥料、灌溉、防治病虫害、蔗区道路维护等扶持蔗农、服务蔗农，通过订单、契约把糖厂与蔗农联结成为风险共担，利益共享的共同体，约束企业和农民的行为。

3. 建立有效的利益保障机制，进一步完善糖、蔗价格挂钩联动机制

近几年，由于食糖价格波动大，不完善的价格联动政策，在实行过程中难以应对市场变化的各种不可预见因素，陷入了蔗农和企业利益不可兼顾的“两难”境地，并在一定程度上保护了落后的生产力。因此，需要进一步完善和提高价格政策的调控效能。建议在实行我国食糖目标价格的

框架下，构建新型的蔗价与糖价联动机制，科学合理统筹工农利益的分配关系。利用经济杠杆，以市场需求为依据，制定合理的糖料收购价格政策，继续实行糖料收购政府指导价、良种蔗加价和蔗价与糖价联动二次结算的办法，进一步优化价格构成，并给予适当浮动按糖分高低区别定价，不简单按量不安质，使糖料价格既能体现蔗农利益的主体地位，又具有保护性和盈利性的统一。

（七）加快糖业立法进度，建立健全产业发展机制，实现完善农业风险保障机制

1. 建立健全产业发展机制

加强糖价监测预警体系建设，完善食糖储备制度。建立健全食糖信息收集和发布制度。完善或改革糖料收购价格形成机制。规范原料蔗收购和生产机制。制定糖料蔗与食糖生产、食糖储备与销售等地方性法规。

2. 完善金融支持政策

主要包括农业贷款、农业保险和贴息。因为在广西尤其是贫困地区，种其他作物销售到全国困难，只能种蔗，种蔗需要肥料、机械等，没有金融政策支持，没有足够信贷规模，又因资金短缺急于卖糖，华北地区持币观望，最后只能便宜卖蔗，形成恶性循环。

3. 完善农业风险保障机制

加快推进政策性农业保险，加大财政对甘蔗产业保险的补贴力度，引导和推动工商资本牵头开展农业保险，积极扩大农业保险的覆盖面。在推动农业灾害险的同时，探索设立产值险、产量险等，增强风险保障能力。积极规避市场价格波动，加快建立和完善覆盖全国的农产品供求、价格信息和预警信息发布系统。加强政府宏观调控，及时有效地指导工商资本调整生产经营，引导工商资本延长产业链，避免产品单一技术含量低易受冲击。

4. 实行食糖目标价格补贴机制或甘蔗价格指数保险

基础设施建好，生产能力提高，要想让农民种蔗还需要解决市场问题，如果市场没有风险，甘蔗收益风险平衡，农民种蔗就优于种蔬菜水果等其他。实行食糖目标价格管理的作用，有利于产区合理调整农业产业结构，增强种蔗信心，减少糖业生产的盲目性，有利于保护产区优势产业的健康发展及农民和制糖企业的合理利益，有利于平衡生产、保障供给和稳定市场，关系到广西甚至全国制糖业的生存和发展，有利于弱化进口糖对我国糖业的冲击，有利于提高国家财政资金使用效益，促进我国糖业的健康持续发展。实现甘蔗价格指数保险。可以分散风险，减轻中央压力，中央、地方、自治区市、县、农户各出一部分。因此，建议国家把建立食糖目标价格补贴机制作为糖业政策体系的核心内容。

我国棉花目标价格补贴试点政策追踪研究

——模式、效果及成本分析*

翟雪玲　李　冉　刘　锐

内容提要：本文追踪分析我国棉花目标价格补贴试点政策的操作模式、政策效果、政策成本及存在问题。研究显示，我国棉花目标价格补贴试点政策进展顺利，补贴模式符合新疆实际情况，市场主体对政策满意度较高，以供需为基础的棉花市场价格机制迅速形成，农民利益得到了保护，棉花产业整体竞争力增强。但财政成本偏大，财政压力较大，且面临“黄箱”补贴的限制，在供大于求的市场状况下未来政策实施难度较大。

一、引言及文献回顾

由于产业本身的弱质性及对国民经济的特殊作用，农业一直是各国保

* 本课题受农业部市场司和清华大学中国农村研究院研究课题（编号：CIRS2015—1—2）的资助。

护的重点。其中，尽管价格支持政策能够明显扭曲生产和市场，造成生产过剩，但是它却具有其他政策很难具备的调控市场和生产的直接性和快速见效性（李成贵，2004）。目标价格政策属于价格支持的一种。2014 年我国启动了大豆和棉花目标价格补贴试点政策。从现有文献看，对目标价格的研究主要集中在两个方面：一是对其他国家做法的介绍，包括彭超（2013）、刘中显（2014）等对美国、欧盟的目标价格政策进行了介绍。二是在我国实行目标价格补贴政策的做法、存在问题等进行了前瞻性的分析。如徐雪高、翟雪玲、沈贵银（2013）、冯海发（2014）、李光泗等（2014）、闫豫桂、孟丽、毛树春等。这些研究为我国开展目标价格政策提供了经验介绍和部分理论支撑。目前，目标价格政策实行已经一年多，实践中政策如何操作、效果如何、对市场的影响怎样等尚没有全面、详细的分析和研究。本文以棉花为例，深入分析目标价格政策的模式、效果及存在问题，全面客观评价目标价格政策影响，力图为完善我国棉花目标价格补贴试点政策和农产品价格形成机制提供借鉴。

二、棉花目标价格补贴试点政策的操作模式

棉花目标价格补贴试点政策需要确定几个关键点，包括目标价格的确定、市场价格的确定以及补贴方式。目标价格采取“生产成本 + 基本收益”的方法确定。2014 年新疆棉花目标价格为 19800 元/吨。该价格折算成农民出售的籽棉价格约 8.8—8.9 元/公斤[①]。市场价格基于有代表性的监测点在 9—11 月棉花收购期间采集的价格等数据[②]，计算一个全疆棉花的市场平均价格。补贴额按照目标价格与市场价格的差额计算，同个体农户实际销售价格无关。新疆在实际执行中采取了三种模式：完全按照棉花种植面积补贴，在新疆阿克苏地区的柯坪县实行；完全按照棉花交售量补贴，在新疆建设兵团和阿克苏地区的新和县实行；面积和产量结合的补贴

① 具体折算方法为：设定衣分率 2 为 0.4，棉籽 2.0—2.2 元/公斤，具体公式如下：皮棉折籽棉价格 =（皮棉价格 + 籽棉价格 - 加工费）×衣分率 - 棉籽价格。

② 采集数据包括籽棉价格、衣分、等级、长度、籽棉交售数量、折皮棉价格等信息。

方式，即60%按面积、40%按实际籽棉交售量补贴。除以上地区外，新疆其他地区均采用第三种方法。

（一）三种模式的操作流程

1. 完全按照面积补贴模式的操作流程

这种模式的操作步骤分为九步：村民自报面积——村级核实——张榜公布——乡镇核实——张榜公布——县市核查——自治区核查——发放种植证明——领取补贴。每亩补贴额根据目标价格与市场价格之差核算。农户补贴额=棉花种植面积×每亩补贴额，不考虑棉花的产量问题。但在实际执行中，为防止棉花外流，还进行了测产工作。

2. 完全按照产量补贴模式的操作流程

从理论上说，按照产量补贴只需要核实籽棉的交售数量，不需要对面积进行核实，但为保证交售量准确，实际工作中首先核实种植面积，然后进行测产。基本流程是：村民自报面积——村级核实——张榜公布——乡镇核实——张榜公布——田间测产——县市核查——自治区核查——发放种植证明——根据售棉发票领取补贴。按照测产数确定农户籽棉交售量的参考量。每户籽棉交售量不得超过棉花参考产量的20%。每斤籽棉的补贴额根据目标价格与市场价格之差核定。农户补贴额=籽棉交售量×核定的每斤籽棉的补贴额。

3. 按照60%面积、40%产量补贴模式的操作流程

这种模式分为两步：第一步首先核查面积，确定面积补贴额度；第二步是根据农户籽棉的交售量计算籽棉补贴额度。基本流程和完全按照面积补贴的流程相同。每亩补贴额根据目标价格与市场价格之差核定。面积补贴额等于核定的每亩补贴额的60%，产量补贴额根据核定的每亩补贴额的40%换算成每斤籽棉的补贴额。面积补贴额=棉花种植面积×每亩补贴额的60%；产量补贴额=籽棉交售量×每斤籽棉补贴额。农户根据籽棉销售发票领取产量补贴。

（二）三种模式优缺点的讨论

从实际操作看，不同模式表现出不同的优缺点。完全按照面积补贴模式相对直观，农户理解简单方便，操作程序简便，且有利于生产规模小、技术水平不高的农户。但难以有效激励棉农提高生产水平，且会促使农民在次棉区域或生态脆弱区开荒种植，不利于棉花种植的规模化和集约化，工作成本偏高。按照产量补贴模式有利于引导农户提高棉花生产水平，能够促进棉花生产规模化和组织化，鼓励农户合理调整种植结构。但其缺点也很明显，包括难以有效监督加工企业虚开发票现象，难以保障生产水平较低农户的利益，不利于社会公平，且行政成本同样高。面积 + 产量补贴模式兼顾了效率和公平，降低了市场主体作假的动力。但补贴程序繁琐，农户宣传工作任务较重，行政成本偏高。尽管每种模式优缺点不一，但总体来看，面积 + 产量补贴模式充分考虑了新疆南北疆差异较大的实际情况，具有较强的可操作性。

三、棉花目标价格补贴试点政策市场主体满意度分析

为深入分析市场主体对棉花目标价格补贴试点政策的看法和满意度，本文对棉花产业三大主体：棉农、轧花厂、纺织企业进行了问卷调查。

（一）棉农对目标价格政策的满意度分析

本研究共发放 1000 份农户问卷，调查地区分布在新疆所有种植棉花的 7 个地州 11 个县市。回收有效问卷 701 份，其中北疆地区 286 份，南疆地区 415 份。调研样本中，户均家庭人口 4.6 人，拥有劳动人口 2.4 人，户均植棉面积 54.2 亩。

本文首先通过描述性统计，分析棉农对政策不同环节的满意度。其次，采用因子分析法构建棉农目标价格政策满意度模型，对样本棉农满意度进行综合打分。

1. 样本描述性分析

本文根据棉花目标价格补贴试点政策的关键点选取十个指标，分别考

察棉农对政策各方面的满意度，包括目标价格水平、价格公布时间、政策细则公布时间、政策培训宣传、植棉面积核查工作、种植证明发放时间、棉花产量统计工作、预付资金拨付时间、按面积补贴资金拨付时间、按产量补贴补贴资金拨付时间（具体见表1）①。在对每个指标进行评判时，采用李克特5段量表法，即棉农对问题回答的选项依次有非常满意、较满意、一般、较不满意、很不满意，分别赋值为5分、4分、3分、2分、1分。

表1　　棉农目标价格政策满意度指标相关变量涵义

变量	考察内容	具体问题
X1	目标价格水平满意度	您对皮棉19800元/吨的目标价格水平满意吗？
X2	价格公布时间满意度	您对目标价格水平公布时间（4月10日）满意吗？
X3	政策细则公布时间满意度	您对政策实施细则公布时间（9月17日）满意吗？
X4	政策培训宣传满意度	您认为培训、宣传工作落实的怎么样？
X5	植棉面积核查工作满意度	您对种植面积核查结果满意吗？
X6	种植证明发放时间满意度	您对种植证明发放时间满意吗？
X7	棉花产量统计工作满意度	您对棉花产量统计结果满意吗？
X8	预付资金拨付时间满意度	您对预付补贴资金发放时间（12月底）及数额满意吗？
X9	补贴资金（按面积）拨付满意度	您对面积补贴资金发放时间（12月底）及数额满意吗？
X10	补贴资金（按产量）拨付满意度	您对产量补贴资金发放时间及数额满意吗？

① 由于问卷调查时，各地按照产量补贴的资金尚没有完全到位，为不影响客观评价，在分析过程中去掉“按产量补贴补贴资金拨付时间”这个指标。

从结果看，棉农对政策的综合满意度较高。棉农对九项满意度指标选择集中在“较满意”和“一般满意”项。其中，对政策培训、植棉面积核查、棉花产量统计三项指标满意度较高。这三个指标中选取“一般”、“较满意”和“非常满意”的棉农比例达 97.9%、96.7% 和 96.7%。对按照面积补贴资金发放和目标价格水平满意度不高。这两个指标中选取“较不满意”和“很不满意”的比例分别占 23.7% 和 21.4%（表 2）。

表 2　棉农对棉花目标价格政策各项内容满意度情况

内　容	很不满意（%）	较不满意（%）	一般（%）	较满意（%）	非常满意（%）
目标价格水平满意度	0.29	21.14	30.29	23.86	22.71
价格公布时间满意度	0.14	18.71	26.43	28.71	23.86
政策细则公布时间满意度	0.14	14.98	29.96	28.39	24.25
政策培训宣传满意度	0.38	2.88	30.38	37.12	26.35
植棉面积核查工作满意度	0.00	2.14	26.96	43.37	25.25
种植证明发放时间满意度	0.00	11.86	31.57	28.29	25.57
棉花产量统计工作满意度	0.00	3.28	32.24	35.95	26.96
预付资金拨付满意度	0.14	17.83	24.25	30.39	23.40
补贴资金（按面积）拨付满意度	0.29	21.83	21.68	29.96	20.26

2. 农户满意度实证分析

在做因子分析时，首先要做适应性检验，确定变量是否适合因子分析，然后提取公因子，最后再计算各因子的相应得分和满意度总值。

（1）适应性检验。本文用 SPSS19.0 进行 KMO 检验和巴特利球体（Bartlett）检验。结果显示，KMO 值为 0.903 >0.5，巴特利球体检验的 P =0.000 <0.001，满足做因子分析的条件（表 3）。

表 3　　KMO 和 Bartlett 的检验

取样足够度的 Kaiser - Meyer - Olkin 度量。		.900
Bartlett 的球形度检验	近似卡方	3930.186
	df	36
	Sig.	.000

（2）公因子提取。运用提取特征值 >1 的方法提取了 2 个公因子。但方差表发现，提取两个公因子时 X9 的方差为 0.42，表示公因子对该变量解释不足，且解释的累计方差为 70.43%，略偏低。为充分解释变量，提取了三个公因子。公共因子 1、2、3 的方差贡献率分别为 58.37%、12.06% 和 8.90%，累积贡献率为 79.32%，说明提取的公因子能够解释大部分信息。因此，选用这三个因子作为评价农户对棉花目标价格补贴试点政策满意度的指标（表 4）。

表 4　　解释的总方差

成分	初始特征值			提取平方和载入			旋转平方和载入		
	合计	方差的%	累积%	合计	方差的%	累积%	合计	方差的%	累积%
1	5.253	58.371	58.371	5.253	58.371	58.371	3.896	43.290	43.290
2	1.085	12.057	70.427	1.085	12.057	70.427	2.133	23.695	66.985
3	.801	8.896	79.324	.801	8.896	79.324	1.110	12.339	79.324
4	.481	5.349	84.673						
5	.388	4.307	88.980						
6	.301	3.349	92.329						
7	.286	3.182	95.511						
8	.214	2.374	97.885						
9	.190	2.115	100.000						

提取方法：主成分分析。

(3) 因子解释及命名

通过最大方值法得到旋转的成份矩阵，根据 0.5 原则综合分析，变量 X1、X2、X3、X5、X6、X7 可归于成份 1，概括为“棉农对棉花目标价格补贴试点政策执行过程满意度”；X4 可归于成份 3，可以解释为“棉农对目标价格补贴试点政策宣传培训满意度”；X8、X9 可归于成份 2，可以概括为“棉农对棉花目标价格补贴试点政策落实的满意度”（表 5）。

表 5　　旋转后的因子负载矩阵

公因子名称	变量		1	2	3
政策执行过程满意度	X1	目标价格水平满意度	0.691		
	X2	价格公布时间满意度	0.644		
	X3	政策细则公布时间满意度	0.732		
	X5	植棉面积核查工作满意度	0.848		
	X6	种植证明发放时间满意度	0.823		
	X7	棉花产量统计工作满意度	0.870		
政策落实满意度	X8	预付补贴资金满意度		0.700	
	X9	补贴资金（按面积）拨付满意度		0.893	
政策宣传培训满意度	X4	政策宣传培训满意度			0.962

(4) 满意度计算及分析。根据旋转后的因子负载矩阵，采用回归法计算因子得分系数，由此可以得到因子得分函数，根据此函数计算每个样本在三个主因子上的得分（表 6）。

表 6　　成分得分系数矩阵

成分得分系数矩阵			
	成　分		
	1	2	3
X1	.156	.040	.003
X2	.076	.206	-.186
X3	.144	.103	-.101
X4	-.060	.015	.884
X5	.345	-.275	.166
X6	.308	-.176	-.055
X7	.330	-.214	.045
X8	-.054	.392	-.158
X9	-.364	.747	.215

提取方法：主成分。

旋转法：具有 Kaiser 标准化的正交旋转法。

构成得分。

$$F_1 = 0.156X_1 + 0.076X_2 + 0.144X_3 - 0.060X_4 + 0.345X_5 + 0.308X_6 + 0.330X_7 - 0.054X_8 - 0.364X_9$$

$$F_2 = 0.0040X_1 + 0.206X_2 + 0.103X_3 + 0.015X_4 - 0.275X_5 - 0.176X_6 - 0.214X_7 + 0.392X_8 + 0.747X_9$$

$$F_3 = 0.003X_1 - 0.186X_2 - 0.101X_3 + 0.884X_4 + 0.166X_5 - 0.055X_6 + 0.045X_7 - 0.158X_8 + 0.215X_9$$

第 r 个样本棉农对目标价格政策满意度得分 Z_r 的计算公式如下：

$$Z_r = \frac{\sum_{i=1}^{n} a_i F_{ir}}{\sum_{i=1}^{n} a_i}$$

其中，n 代表提取的公因子个数，a_i 为公因子 i 的方差，F_{ir} 为第 r 个样本棉农的公因子 i 的得分 F_i，$\sum_{i=1}^{n} a_i$ 为提取的 n 个公因子的累计方差，由此可以计算每个棉农对棉花目标价格政策满意度得分。Z_r 得分越大，代表满意度越高。其数值有正有负，正值表示高于平均水平，负值表示低于平均水平。

分析方差表可以得到棉农对政策的满意度模型：

$$Z = 0.546F_1 + 0.299F_2 + 0.156F_3$$

经过计算，得到 701 个棉农样本的 Z、F_1、F_2、F_3 值，即政策综合满意度、政策执行过程满意度、政策宣传培训满意度、政策落实满意度。按照区域，根据其均值对各地区进行排序，结果如表 7 所示。

表 7　　新疆各地区棉农目标价格综合满意度 Z 的均值情况

综合排序	地区	综合满意度	执行过程满意度	政策落实满意度	宣传培训满意度
1	和田	3.17	1.13	1.11	0.93
2	喀什地区	3.09	1.04	1.08	0.97
3	巴州	-0.12	-0.21	-0.49	0.59
4	博州	-0.12	-0.23	-0.32	0.43
5	塔城地区	-0.54	-0.52	-0.34	0.31
6	阿克苏	-1.09	0.23	0.19	-1.51
7	昌吉州	-1.19	-0.83	-0.60	0.24
8	总体	2.57E-07	7.70E-07	-8.56E-08	-4.28E-07

可以看出，棉农对政策综合满意度得分 F 为正值，说明棉农对整个政策是较为满意的。分项来看，执行过程满意度为正值，说明农户对整个政策的执行情况较为满意，而政策落实和宣传培训满意度为负值，满意度较低。分地区看，新疆七个地州中，南疆和田和喀什地区的综合满意度最

高，其执行过程、宣传培训及落实满意度均大幅高于平均水平。巴州、博州和塔城地区属于第二类，其政策综合满意度略低于平均水平，三个地区对政策的宣传培训满意度高于平均水平，但对执行过程和落实的满意度低于平均水平。阿克苏和昌吉两个地州的政策综合满意度处于后位。阿克苏地区对政策执行过程和政策落实满意度高于平均水平，但对宣传培训满意度较低。昌吉州对宣传培训满意度高于平均水平，但对政策执行过程和政策落实满意度低于平均水平。

（二）轧花厂对目标价格补贴试点政策执行情况和满意度分析

本次调查轧花厂有效问卷 55 份。从企业所有权性质看，16.7% 为国有企业，71.7% 为民营企业，11.7% 属于其他。

1. 轧花厂对政策了解度较高

从问卷看，所有的轧花厂都对目标价格政策比较清楚。从信息来源看，政府发挥了重要作用。93.5% 的轧花厂表示对政策的了解主要来源于政府宣传材料，30.6% 的轧花厂表示曾经听过政府工作人员的讲解，往后依次是电视电台广播和亲朋好友传播，占比分别为 30.6% 和 17.7%（表 8）。

表 8　　轧花厂目标价格政策信息来源渠道情况

渠道	政府宣传材料	电视电台广播	政府工作人员讲解	听邻居/亲戚/朋友说
占比（%）	93.5	48.4	30.6	17.7

2. 轧花厂对籽棉质量要求提高，更加注重棉花库存管理

59% 的轧花厂表示实施目标价格政策后在收购中对籽棉的质量要求较前两年提高，81.0% 的轧花厂表示政策实施后更加注重籽棉及皮棉的库存管理（表 9）。

表 9　　轧花厂对棉花质量管理

	收购中是否对籽棉质量要求较前两年更高	是否更注重籽棉及皮棉库存管理
总计	59%	81%

3. 50% 以上的轧花厂认为在库公检能够提高棉花质量，认为目标价格政策的实施对产业发展有积极作用

54.1% 的轧花厂认为在库公检能够提高棉花质量，但南北疆差异比较大。北疆地区为 32%，南疆地区为 69.4%。41.9% 和 51.6% 的轧花厂主认为政策对轧花厂和棉花产业发展有积极作用（表 10、表 11）。

表 10　　轧花厂对在库公检对棉花质量提高的认知

	能够提高	不能提高
北疆	32.00%	68.00%
南疆	69.44%	30.56%
总计	54.10%	45.90%

表 11　　轧花厂对目标价格政策实施效果的认知

问　　题	好（%）	不好（%）	不知道（%）
您觉得“目标价格政策”对轧花厂的发展?	41.9	37.1	17.7
您觉得“目标价格政策”对棉花产业的发展?	51.6	29	17.7
您觉得“目标价格政策”比“临时收储政策”?	29.0	37.1	12.9

4. 轧花厂对棉花目标价格政策总体满意度不高

轧花厂对目标价格政策总体满意度指标中选择“非常满意”、“较满意”的仅占 22.0%。但对培训、宣传工作落实、对加工企业资格认定规定、对籽棉收购政策三项指标的满意度较高，选择“非常满意”、“较满

意”的分别占63.2%、77.3%和58.5%。对皮棉交专业监管仓库政策的满意度最低，选择“较不满意”和“很不满意”的占40%（表12）。

表12　　轧花厂对棉花目标价格政策各项内容满意度情况

内　　容	非常满意（%）	较满意（%）	一般（%）	较不满意（%）	很不满意（%）
对目标价格补贴政策总体满意度	2.0	20.0	34.0	30.0	14.0
对培训、宣传工作落实的满意度	16.3	46.9	32.7	4.1	0.0
对加工企业资格认定规定的满意度	22.6	54.7	20.8	1.9	0.0
对籽棉收购政策的满意度	17.0	41.5	22.6	18.9	0.0
对皮棉交专业监管仓库政策的满意度	9.1	25.5	25.5	30.9	9.1

（三）纺织企业对棉花目标价格补贴试点政策满意度分析

本次调查纺织企业16家，回收有效问卷10份。纺织企业主要分布在昌吉州、阿克苏地区、喀什地区和博州地区。

通过问卷调查及实地访谈发现，纺织厂总体对棉花目标价格政策满意度较临时收储政策更高。所有的纺织企业均表示，棉花目标价格政策理顺了棉花价格形成机制，兼顾了棉农利益，降低了皮棉成本，实现了皮棉国内外价格对接，有利于棉花产业整体健康发展，同时也给纺织企业带来了发展的希望。同时，纺织企业普遍反映在库公检制度对于规范我国棉花产业流通秩序、提高棉花质量方面起到了很大的作用，杜绝了到厂公检存在的棉花质量不稳定、整治难度较大、棉花行业乱象等多年存在的问题。

四、我国棉花目标价格补贴试点政策效果评价

实行目标价格一个最主要的目的就是让市场发挥基础性作用，同时农民利益得到一定的保护。由于我国具有完整的棉花产业链，是否增强整个

产业竞争力是衡量政策效果的另一主要方面。另外，从政策的角度看，政策成本也是评价政策优劣的标准之一。因此，本研究在评价目标价格补贴试点政策效果时将从四个方面展开：一是市场机制是否发挥；二是棉农利益是否得到保护；三是政策成本是否可控；四是是否有利于棉花整个产业的发展。

（一）棉花市场价格形成机制的实证分析

市场机制的本质是根据市场需求与供给的变动形成价格。相比国家定价，市场机制下，价格波动影响因素更多，价格波动幅度加大，波动频率加快。同时由于我国棉花产业呈现典型的“外向型”特征，市场机制下国内外棉花价格协同性较高。根据以上两点，本文分别通过分析不同阶段国内棉花价格波动特征和国内外棉花市场的协同性考察不同阶段棉花市场价格形成机制的特点。

1. 国内外棉花价格波动特征

棉花市场调控政策从临时收储政策转向目标价格补贴政策，国内棉花价格走势发生了重大变化（见图 1）。为详细分析不同政策下国内外棉花价格波动特点，本研究采用价格收益率描述。价格收益率具体表示为 $R_t = LNp^t - LNp^{(t-1)}$，其中 p^t 和 $p^{(t-1)}$ 分别表示第 t 日和第 t－1 日的价格。从政策节点看，临时收储政策实施阶段从 2011 年 9 月 1 日至 2014 年 3 月 31 日，目标价格补贴政策实施阶段从 2014 年 4 月 1 日开始（数据采集到 2015 年 3 月 31 日）。国内棉花价格数据采用 3128B 级棉花，国际价格采用国际棉花咨询委员会的 Cotlook A 指数[①]，采取日度价格数据。数据来源于中国棉花信息网。价格收益率的描述性统计量见表 13。

① 该指数为国际陆地棉贸易中选择 15 个国家中 5 个最低的北欧现货到岸价的平均值，其基准质量标准是 M 级 1－3/32 英寸，相当于中国的 3128B 级棉花。

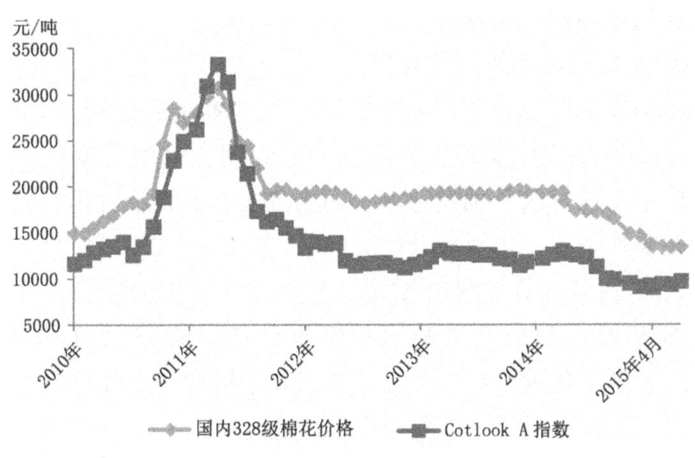

图 1 2011—2015 年 4 月国内外价格走势

数据来源：中国棉花信息网。其中，Cotlook A 指数根据上月星期三汇率折算为人民币价格。

表 13　　国内外棉花价格收益率分阶段统计量

	国内棉花价格（CC）		国际棉花价格（CA）	
	临时收储阶段	目标价格阶段	临时收储阶段	目标价格阶段
样本数	641	248	632	229
价格均值	19201.14	15705.42	92.36	76.61
收益率均值	0.000008	-0.00147	-0.000253	-0.001483
收益率标准差	0.001123	0.003127	0.012063	0.011592

数据来源：根据中国棉花信息网 3128B 级棉花销售价格指数和 Cotlook A 指数计算。

结果显示，临时收储政策阶段，国内棉花平均销售价格从临时收储政策阶段的每吨 19201 元下降到 15705 元。从收益率均值和标准差看，目标价格阶段国内棉花价格波动明显加大，其价格收益率均值绝对值和收益率标准差分别是临时收储阶段的数倍，说明临时收储阶段棉花价格较为平稳，目标价格阶段价格波动幅度加大。从国内外棉花价格对比看，国内棉花价格波动幅度均小于国际。

2. 国内外棉花市场协同性分析

根据两个政策阶段棉花价格的波动特征，本研究运用 VAR 模型、格兰杰（Granger）因果检验以及方差分解等方法，采用日度价格数据，分别对两个政策阶段国内外棉花市场协同性进一步分析。国内外棉花价格数据选取和来源同上。

（1）ADF 检验。首先利用 ADF 分别对不同政策阶段国内外棉花价格进行平稳性检验。检验结果显示，原始变量 $LnCC_1$、$LnCA_1$ 和 $LnCC_2$、$LnCA_2$ 均为非平稳序列，而一阶差分序列是平稳的（表 14）。

表 14　　ADF 单元根检验结果

变　量	ADF 统计量	1% 临界值	5% 临界值	P 值
$LnCC_1$	-0.574	-3.430	-2.860	0.8767
d_LnCC_1	-8.592	-3.450	-2.875	0.0000
$LnCA_1$	-0.416	-3.442	-2.871	0.9074
d_LnCA_1	-8.857	-3.452	-2.876	0.0000
$LnCC_2$	-2.538	-3.478	-2.884	0.1066
d_LnCC_2	-5.467	-3.345	-2.887	0.0000
$LnCA_2$	-2.148	-3.487	-2.885	0.2255
d_LnCA_2	-8.153	-3.505	-2.889	0.0000

数据来源：根据 STATA 统计结果整理。

（2）建立 VAR 模型。由于国内外棉花价格均为一阶差分平稳序列，可以推断国内外价格间可能存在协整关系，因而可以通过建立 VAR 模型来验证两个数列之间的关系。根据 STATA 软件计算，临时收储时期国内外棉花价格 VAR 模型的最优滞后阶数为 2 阶，且 VAR 模型平稳；目标价格时期 VAR 模型的最优滞后阶数为 1 阶，且 VAR 模型平稳。因此，得到的具体估计方程如下：

棉花临时收储阶段：

$$LnCC_{1t} = 0.0289 + 1.6700 \times LnCC_{1t-1} - 0.6730 \times LnCC_{1t-2} + 0.0095 \times LnCA_{1t-1} - 0.0094 \times LnCA_{1t-2}$$

$$LnCA_{1t} = -0.3659 + 0.1608 \times LnCC_{1t-1} - 0.1166 \times LnCC_{1t-2} + 1.1253 \times LnCA_{1t-1} - 0.1408 \times LnCA_{1t-2}$$

目标价格补贴阶段：

$$LnCC_{2t} = 0.0721 + 0.9898 LnCC_{2t-1} + 0.0057 LnCA_{2t-1}$$

$$LnCA_{2t} = 0.1494 - 0.0138 LnCC_{2t-1} + 0.9959 LnCA_{2t-1}$$

（3）格兰杰因果关系检验。根据 VAR 模型进行格兰杰因果关系检验，检验结果如表 15 所示。

表 15　　格兰杰因果检验结果

时期	原假设	Wald 值	P 值	结论
棉花临时收储阶段	国际棉价不是国内棉价的 Granger 原因	7.859	0.020	拒绝
	国内棉价不是国际棉价的 Granger 原因	1.132	0.519	接受
棉花目标价格补贴阶段	国际棉价不是国内棉价的 Granger 原因	2.415	0.120	接受
	国内棉价不是国际棉价的 Granger 原因	0.741	0.389	接受

注：P 值大于 0.05 就可接受原假设。

结果显示，在棉花临时收储阶段，国内棉花价格波动受到国际棉价的影响，而国内棉花价格变动不会影响国际棉花价格变动。而在目标价格补贴政策阶段，国内棉价与国际棉价没有互为 Granger 因果关系。从国内棉价对国际棉价的影响看，已有的研究也多次证明，国内棉价并不是国际棉价变动的原因，这也是我国缺乏棉花定价权的表现之一。但这并不能说明国内外棉花市场没有影响，还需要通过方差分解进一步分析。

（4）方差分解。方差分解则是如何将一个变量的响应分解到模型中的内生变量。方差分解显示，临时收储时期国内和国际棉价方差变动部分主要来自于自身市场。国内棉价方差变动，当滞后 1 期时，全部来自于国内市场，随着滞后期增加来自于国内市场部分尽管略有下降，但仍占98%左右，来自于国际市场影响的部分仅占 2%左右。国际棉花价格的扰动也主要来自于国际市场，来自于国内市场方差变动的影响由滞后 1 期的0.38%上升至滞后 5 期的 1.72%（表 16）。

表 16　　　　临时收储时期国内外棉花价格方差分解

滞后期	国内棉花价格		国际棉花价格	
	国内棉花价格	国际棉花价格	国内棉花价格	国际棉花价格
1	100	0	0.38	99.62
2	97.54	2.46	0.57	99.42
3	98.03	1.96	1.40	98.59
4	97.98	2.01	1.50	98.50
5	98.08	1.91	1.72	98.28

从目标价格时期棉花价格方差分解看，国内外棉花价格受彼此影响逐渐加深，影响程度大于临时收储时期。国内棉花价格扰动在滞后 1 期时全部来自国内市场，当滞后 5 期时，国内市场对国内棉价扰动降低至84.14%，而来自国际棉花价格的方差变动由 0 增加至 15.85%。国际棉花价格主要受自身方差变动影响，但影响程度随着滞后期增加而降低，国内价格对国际棉花价格方差变动的影响不断增强，由滞后 1 期的 0.07 增加至滞后 5 期的 8.07（表 17）。

表 17　　目标价格时期国内外棉花价格方差分解

滞后期	国内棉花价格		国际棉花价格	
	国内棉花价格	国际棉花价格	国内棉花价格	国际棉花价格
1	100	0.00	0.07	99.92
2	99.85	0.15	7.35	92.65
3	90.36	9.64	7.73	92.27
4	86.82	13.18	7.71	92.28
5	84.14	15.85	8.07	91.93

3. 结论

从以上分析看，国内外棉花价格存在较为稳定的均衡关系，不论是临时收储阶段还是目标价格补贴阶段国内外棉价存在较强的关联性。Granger 因果检验表明在目标价格阶段两者并不存在显著的因果关系。但方差分解发现，国内棉花市场调控政策变化后，国内外价格之间影响程度不断加深。

（二）棉农成本收益情况

根据新疆棉花目标价格改革试点工作领导小组统计的数据，2014 年新疆自治区亩均产值合计 1862.63 元，亩均种植成本 2143.22 元，亩均净利润 -280.59 元。棉花目标价格补贴后，全疆（地方）棉农平均每亩的补贴总额 444.39 元。棉农获得补贴后的净利润为 164.39 元。国家补贴较好的弥补了棉农的市场收益损失。如果计算基本农户的现金收入，即除去家庭用工费用、土地流转费用和自营地折租，2014 年新疆地方基本农户亩均植棉现金收益为 976.82 元（表 18）。

表 18　　2011—2014 年新疆地方植棉成本收益表

年份	单位	2011 年	2012 年	2013 年	2014 年
亩均成本	元/亩	1625.06	1787.61	1926.58	2143.22
1. 生产成本	元/亩	1338.13	1451.04	1560.13	1747.83
（1）物质与服务费用	元/亩	760.59	760.04	792.79	768.56
化肥费	元/亩	202.67	213.76	198.19	219.08
农药费	元/亩	54.49	48.96	57.35	62.87
种子费	元/亩	55.6	51.56	53.63	57.33
（2）人工成本	元/亩	558.35	691.00	767.34	979.27
家庭用工折价	元/亩	259.24	371.02	389.85	417.04
雇工费用	元/亩	299.11	319.98	377.49	562.23
2. 土地成本	元/亩	286.93	336.57	366.45	395.39
流转地租金	元/亩	95.16	83.02	86.11	43.81
自营地折租	元/亩	191.77	253.55	280.34	351.58
亩均产值	元/亩				1862.63
净利润	元/亩				-280.59
亩均补贴	元/亩				444.39
获得补贴后的利润	元/亩				164.39
基本农户现金收入	元/亩				976.82

（三）政策成本分析

在衡量政策成本方面，不仅要考虑国家的财政补贴，还要计算执行成本。

1. 补贴总额

2014 年新疆自治区核定的植棉面积和产量分别为 3998 万亩和 479 万吨，但国家核定的面积和产量为 3632 万亩和 451 万吨。另外，由于国家在核定中发现，新疆棉花部分种植在非农业用地上，但补贴不针对非农业用地，仅仅对农业用地补贴。最终，新疆地方农业用地棉花种植面积 1955 万亩，产量 214 万吨；兵团农业用地棉花种植面积 975 万亩，产量 154 万吨。从采价结果看，3128B 级棉花 9—11 月份的棉花市场均价每吨 13537 元。按照国家核定的农业用地面积和总产数据计算（包含 0.3 亿元工作经费和 10 亿元的不可预见费），2014 年国家财政拨付给新疆地方的棉花补贴款项共 139.3 亿元，拨付给新疆兵团的棉花补贴款项 101.29 亿元，共 240.59 亿元。

同时，为保护内地棉农利益，国家根据每吨皮棉补贴 2000 元的标准对内地棉农进行补贴，共补贴 46.76 亿元。

2014 年全国棉花目标价格改革补贴总额共 287.35 亿元。

新疆地方（不包括兵团）根据实际统计面积、实际籽棉产量和国家拨付的资金总额进行了补贴。其中，60% 面积每亩补贴 267.63 元，40% 产量陆地棉补贴 0.688 元/公斤，特种棉补贴 0.893 元/公斤。全疆（地方）棉农平均每亩补贴总额 444.39 元。

2. 行政成本

目标价格政策的行政成本主要包括种植面积的实地核查费用，即村干部、县乡工作组、地州工作组的勘测、核查费用，各级干部的交通住宿费用、勘查工具（GPS 等）购买费用、宣传费用、种植证明等各种材料的印刷费用、信息录入费用、测产费用等。本文的思路是，通过典型调研，获取调研地区实际的棉花目标价格补贴试点政策的行政成本，然后根据新疆棉花总面积和产量推算全部的行政成本。由于南北疆差异较大，各地投入的财力、物力也有所不同，为准确起见，分别选取南疆喀什地区岳普湖县、疏附县和北疆昌吉州玛纳斯县、昌吉州呼图壁县四个地方的行政成本，计算平均数后再进行估算（表 19）。

表 19　玛纳斯县和岳普湖县 2014 年棉花面积核实经费明细表　单位：万元

	玛纳斯县	岳普湖县
调查人数	512 人	245 人
调查天数	2816 天	1260 天
工作差旅费	42.24	14.1
车辆使用费	25.515	19
设备购置费（GPS 仪器及其他测量费）	17.85	18
宣传培训费用（电视、报刊、培训等）	14.45	19
档案资料印刷费	6.15	29
信息化管理费	13.7	23
发放补贴费（人员午餐费、培训场地、会议场地费）		28
不可预见费用	3.1	
总费用	123.005	155.1
2014 年棉花种植面积（万亩）	71.7431	62.25
2014 年棉花总产（籽棉，万吨）	25.54	7.54

根据两个县的调查数据，平均每亩的行政成本 2 元。按照新疆自治区地方 2014 年 2967 万亩的种植面积计算，2014 年棉花目标价格补贴试点政策的行政成本达到 6158 万元。如果不计算工作人员的差旅费用，喀什地区疏附县和昌吉州呼图壁县每亩的行政成本平均分别为 1.4 元和 1.0 元。按照每亩 1.2 元计算，如果不计算工作人员差旅费用，2014 年新疆地方棉花目标价格补贴试点政策的行政成本达到 3560.4 万元。

（四）对增强整个产业链竞争力分析

目标价格补贴政策改革，理顺了棉花产业三大主体之间的利益分配格局，整个产业竞争力增强。

一是国内外棉花价格差距缩小，国产棉竞争力增强。2014 年 3 月—2015 年 5 月，国内 3128B 级棉花与 1% 关税下 M 级进口棉花到岸税后价价差每吨从 4018 元缩小到 2042 元，滑准税下价差从 3120 元缩小到 -334 元。棉花进口大幅下降。截至 3 月份，2014 年度（2014 年 9 月—2015 年 3 月）我国累计进口棉花 100.9 万吨，同比减 46.5%。

二是国内棉花质量好转。目标价格改革后，加工企业资格认定、专业仓储在库公检严格执行，加工企业直接面对市场，逼迫企业加强棉花质量管控。2014 年新疆全区白棉三级以上比重超过 90%，棉花平均长度值为 28.74 毫米，较上年提高 0.33 毫米，马克隆 A 级、B 级所占比例为 87.59%，较上年提高 5.02 个百分点，平均断裂比强度为 28 厘米每特克斯，较上年提高 0.78 个百分点。从调研看，纺织企业也普遍反映，2014 年新棉质量明显好转。

三是纺织企业竞争力增强。用棉成本是纺织企业生产成本的主要组成部分，占比约 70% 左右。棉花目标价格补贴试点政策改革后，价格由市场供需形成，棉花价格大幅降低，目前已经和进口棉到岸税后价基本持平，企业用棉成本大概下降了 30% 左右，纺织企业竞争力增强。

五、试点政策暴露出的主要问题

从棉花目标价格补贴试点政策整体看进展顺利，效果较好，但仍然暴漏出了很多问题。

（一）财政成本较高，财政压力偏大

2014 年整个棉花目标价格补贴达到约 280 亿元，行政成本达 6000 万元，远高于世界贸易组织规定的 8.5% 的特定产品“黄箱”补贴水平。根据国际棉花咨询委员会（ICAC）的预测，2015/2016 年度全球棉花期初库存将达到 2182 万吨的最高水平。这就意味着未来几年内棉花价格都会受到高库存的影响而在低位徘徊，国内市场尤其如此。但由于棉花生产成本不断上涨，按照“成本 + 基本收益”的方法确定的目标价格水平也会

不断上涨，这将会对中央财政形成巨大的压力和考验，届时政府的财政负担将会极为沉重，并面临着较高的财政风险。

（二）政策设计中缺乏对“转圈棉”的有效监管

为防止“转圈棉”，试点政策在设计中采取了多种措施，比如核定交售量、对加工企业进行资格认定、在库公检等。但从调研看，仍然存在“转圈棉”的可能。首先，对于籽棉交售量的核查和监管基本上是缺失的。目标价格补贴中的 40% 是按照农户的实际交售量确定的，依据是有资质的轧花厂出具的籽棉收购发票。但对于加工企业发票开具是没有部门监管的，加工企业完全可以通过降低籽棉衣分率等手段来达到虚开发票的目的。在调研中发现，农民只对籽棉的价格关心，至于发票上写多少衣分他们是不关心的。此外，本次的入库公检制度也不能有效控制转圈棉。因为没有机构监控加工企业收购的籽棉与入库的皮棉之间的匹配关系。

（三）农户补贴没有完全到位

2014 年国家认定的新疆棉花补贴面积和新疆自治区统计的棉花种植面积存在较大差距，国家拨付的资金少于实际播种面积计算的资金，新疆最终只能摊薄补贴，导致农户拿到的补贴少于应该拿到的补贴。按照国家公布的每吨 19800 元，补贴后的籽棉单价应该在 8 元/公斤，每亩补贴 600 元左右。但新疆最终每亩的平均补贴额度只有 444 元，折合为籽棉每斤约 7 元。农户对此有较多意见。

另外，在政策执行方面还存在很多不到位现象。包括相关政策出台较晚，影响工作有序推进；政策宣传仍然存在不到位；补贴多次发放，增加基层工作量；另外，在面积核实、测产过程中容易产生矛盾，影响干群关系。

六、结论及政策含义

总体看，棉花目标价格补贴试点政策进展顺利，市场主体对政策满意度较高，以供需为基础的棉花市场价格机制迅速形成，农民利益得到了保护，棉花产业整体竞争力增强。但财政成本偏大，财政压力较大，且面临“黄箱”补贴的限制，在供大于求的市场状况下未来政策实施难度加大。未来可以尝试将现有“挂钩”补贴转向“脱钩”补贴，采取财政转移支付的方式，给地方政府较大的自主权。同时，综合运用收入补贴、保险等方式，构筑产业全方位、多层次的立体安全网防护。如果继续实行目标价格补贴政策，首先加强制度设计，防止“转圈棉”。其次，加大宣传力度，优化补贴资金拨付方式。建议采取预拨 + 结算的方式，分两次拨付补贴资金。再次，引入信息化手段，降低政策行政成本。推进信息共享化平台建设，降低工作成本。

参考文献

[1] 李光泗、郑毓盛：《粮食价格调控、制度成本与社会福利变化——基于两种价格政策的分析》，《农业经济问题》2014 年第 8 期。

[2] 程国强、朱满德：《中国粮食宏观调控的现实状态与政策框架》，《改革》2013 年第 1 期。

[3] 钟甫宁：《粮食储备和价格控制能否稳定粮食市场？——世界粮食危机的若干启示》，《南京农业大学学报（社会科学版）》2011 年第 2 期。

[4] 郑毓盛、曾澍基、陈文鸿：《中国农业生产在双轨制下的价格反应》，《经济研究》1993 年第 1 期。

[5] 白田田、林远：《弊端渐显粮食托市收购改革声起》，《经济参考报》，2013 年 8 月 22 日。

[6] 冯海发：《对建立我国粮食目标价格制度的思考》，《农业经济问题》2014 年第 8 期。

[7] 徐雪高、沈贵银、翟雪玲：《我国大豆目标价格补贴研究》，《价格理论与实践》2013 年第 3 期。

[8] 阎豫桂：《实施农产品目标价格政策的国际经验及对我国的启示》，《价格理论与实践》2014 年第 9 期。

[9] 农业部课题组:《2014 年美国农业法案的主要内容及其对我国的启示》,《农产品市场周刊》2014 年第 19 期。

[10] 彭超:《美国农业目标价格补贴:操作方式及其中国的借鉴》,《世界农业》2013 年第 11 期。

[11] 翟雪玲、沈贵银、张雯丽:《关于开展棉花目标价格若干问题的认识及思考》,《中国农村研究》2014 年第 23 期。

[12] 孟丽:《关于我国实行大豆目标价格政策的探讨》,《中国畜牧杂志》2014 年第 10 期。

[13] 毛树春:《关于新疆棉花目标价格补贴的问题、意见和建议》,《中国棉麻流通经济》2014 年第 3 期。

[14] 蒋奕:《影响评估与以证据为基础的预算绩效管理》,《财政研究》2013 年第 4 期。

[15] 郑小青:《福建省农机购置补贴政策农户满意度研究》,硕士学位论文,2013 年。

[16] 刘中显:《国际农产品价格调控的新动向及其启示》,《价格理论与实践》2013 年第 4 期。

[17] 刘鹏凌:《主要农业补贴政策及其效果研究》,安徽农业大学,2005 年 6 月。

[18] Haskins R. and J. Baron. Building the Connection between Policy and Evidence: The Obama Evidenced——Based Initiatives. paper commissioned by UK NESTA, September 2011.

[19] White H. Theory - based impact evaluation: Principles and practice [J]. *Journal of Development Effectiveness*, 2009, 1 (3): 271 - 284.

新一轮农村产权制度改革及其对农村金融市场的影响

——鄂、苏、吉三省之比较分析

刘俊杰　张龙耀　吴　比

内容提要： 新一轮农村产权制度改革的核心议题是对农村土地承包经营权等产权确权、登记和颁证以及赋予农民承包地流转和承包经营权抵押、担保权能。本文选取鄂、苏、吉三省部分先行开展农村产权制度改革试点的市县进行调查，阐述其改革试点的具体做法，评价改革的农村金融市场效应，并比较不同资源禀赋、经营模式和改革模式地区改革效应的差异。研究发现，试点地区农村产权制度改革已对农村金融市场产生一定影响，主要表现为农村金融机构供给增加、农业经营主体信贷获取能力提高以及融资成本降低。但是这种效应在不同地区存在明显差异。此外，改革试点中还面临诸如土地流转市场不健全、农民利益保障机制不完善以及风险补偿机制存在缺陷等问题，仍有待进一步完善。

一、问题的提出

当前我国正处在农业劳动力进一步转移、农业经营适度规模化以及城镇化进程快速推进阶段，这些新的特征和趋势都对我国现行的农村土地产权制度提出进一步改革的要求。实际上，中央和地方政府也一直在尝试改革和调整我国的农村产权制度：2008 年党的十七届三中全会提出，“赋予农民更加充分而有保障的土地承包经营权”，并“允许农民以转包、出租、互换、转让、股份合作等形式流转土地承包经营权”；2013 年“中央1 号文件”提出“健全农村土地承包经营权登记制度，用 5 年时间基本完成农村土地承包经营权确权登记颁证工作”；2013 年党的十八届三中全会首次明确提出，“赋予农民对承包地占有、使用、收益、流转及承包经营权抵押、担保权能”、“慎重稳妥推进农民住房财产权抵押、担保、转让”等改革措施；2014 年“中央 1 号文件”提出，“允许承包土地的经营权向金融机构抵押融资”、“稳步推进土地经营权抵押、担保试点，研究制定统一规范的实施办法，探索建立抵押资产处置机制”；2015 年“中央 1 号文件”进一步提出“抓紧抓实土地承包经营权确权登记颁证工作”、“引导农村产权流转交易市场健康发展”。在中央文件的布署下，一些省市根据当地农业发展、劳动力转移和经济发展阶段等现实情况，开展了多种形式的农村产权制度改革试点和探索，包括农村资产确权登记和颁证、建立农村产权交易市场、建立农村资产评估体系、开展农村产权抵押贷款试点等，标志着新一轮农村产权制度改革逐步启动[①]。

一直以来，我国农业和农村贷款难的问题比较突出。中国银监会2008 年的统计数据显示，中国获得贷款的农户仅占有贷款需求农户的33.2%。随着农业经营规模的逐步扩大，农业和农村贷款难的问题进一步凸显。一些学者认为农业和农村贷款难与农民缺乏抵押物有关，占农民资产较大比例的农村土地产权、住房等不能成为有效抵押物[②]。在实践中，部分地区已探索农村产权制度改革，那么农村产权制度和抵押制度改革后，抵押约束放松将对农村金融市场供求主体行为产生怎样的影响？存在

---

① 周其仁等：《农村产权制度新一轮改革：理论与实践》，北京大学经济发展研究中心工作论文，2011 年。

② 文贯中：《解决三农问题不能回避农地私有化》，《前沿视野》2006 年第 11 期。阮小莉、杨恩：《农村土地的金融制度创新及其角色担当》，《改革》2011 年第 2 期。

哪些风险？能否缓解农村地区贷款难的问题？进一步地，如果产生影响，这种影响在不同地区是否存在差异？未来农村产权和抵押制度改革如何依据不同地区实际情况稳妥推进？本文通过对鄂、苏、吉三省部分开展农村产权制度改革试点的市县进行调查，对不同资源禀赋、经营模式和改革模式地区的具体做法进行比较，初步评价改革带来的金融市场效应和可能的地区差异，揭示当前改革面临的主要问题，为下一步全面推进新一轮农村产权制度改革提供政策建议。

二、文献综述

从世界范围不同国家的实践和学术界的研究来看，农村产权制度改革产生的金融市场效应似乎并不具有普遍性和一致性。

首先，针对该问题，国外研究文献中并未得到一致的答案。一方面，如 Feder 利用泰国三个省份的农场调查数据研究发现，赋予产权资格显著改善信贷市场的运作绩效，信贷供给亦显著增加①。Lopez 基于洪都拉斯的经验研究得出同样的结论②。然而，另一方面，Boucher et al. 对洪都拉斯和尼加拉瓜 20 世纪 90 年代的农地产权制度改革影响信贷可得性实证研究却发现，大多数农户的信贷获取能力并没有得到显著改善③。与之类似的还有，在印度，Pender & Kerr 发现正规的土地产权证书对信贷供给影响很小，既因为小生产者获取信贷受其他因素影响很大，也因为银行取消抵押品（土地）回赎权不能实施④。进一步地，还有研究认为赋予土地产权在信贷获取上的好处可能因财富不同而异，或仅对富有的农户有利，并

① Feder G. Land Ownership Security and Farm Productivity: Evidence from Thailand, *Journal of Development Studies*, 1987, 24 (1): pp. 16 – 30.

② Lopez R. Land Titles and Farm Productivity in Honduras, Washington D. C.: World Bank, 1997.

③ Boucher S., Barham B. L., Carter M. R. The impact of 'market – friendly' reforms on credit and land markets in Honduras and Nicaragua. *World Development*, 2005, 33 (1): pp. 107 – 128.

④ Pender J. L., Keer J. M. The Effect of Land Sales Restrictions: Evidence from South India, Agricultural Economics, 1999, 21 (3): pp. 279 – 294.

且与所处金融市场的竞争程度密切相关①。

其次，从国内学者的相关研究来看，同样存在较大的争论。部分学者认为，我国农村产权不完整、农地抵押受到法律限制，农民难以获得正规信贷，因此应改革现有的农村产权制度，提高地权稳定性，以提高银行接受农地充当抵押物的意愿，改善农村信贷市场的运作绩效，同时赋予农户以其土地资产作为抵押从银行获得信贷的权利，为农村经济发展提供金融支持②。然而，与上述观点相左的是，一些研究认为，即使通过农村产权制度改革使农地可以抵押，农村金融市场也不会得到太大改善，出于以下原因，银行不愿接受农地作为抵押物发放贷款：目前农地规模小、价值低、承担较强的生存保障功能，取消贷款抵押物赎回权和处置土地的成本较高③。张迎春等发现成都农村产权制度改革没有实质缓解农村融资难题，农村产权不独立和残缺以及交易费用高降低了资金供给者的供给意愿，而农村产权抵押贷款手续繁琐引致的交易费用也使得需求者的需求意愿不足④。还有学者认为农村产权制度改革并不是解决农村融资难的良策，农村地区应当更多地依赖于农民有效信用进行贷款⑤。

基于对现有文献的梳理，国际范围内对这一问题的研究争论较大，这

---

① Carter M. R., Olinto P. Getting institutions "Right" for Whom? Credit Constraints and the Impact of Property Rights on the Quantity and Composition of Investment, *American Journal of Agricultural Economics*, 2003, 85 (1): pp. 173 - 186. Besley T. J., Burchardi K. B. Ghatak M. Incentives and the de Soto Effect. *The Quarterly Journal of Economics*, 2012, 127 (1): pp. 237 - 282.

② 叶剑平、蒋妍、罗伊·普罗斯特曼、朱可亮、丰雷、李平：《2005 年中国农村土地使用权调查研究——17 省调查结果及政策建议》，《管理世界》2006 年第 7 期。陆文聪、余新平：《农村土地还权赋能的必要性及可行性》，《改革》2014 年第 3 期。

③ 王兴稳、纪月清：《农地产权、农地价值与农地抵押融——基于农村信贷员的调查研究》，《南京农业大学学报（社会科学版）》2007 第 7 期。钟甫宁、纪月清：《土地产权、非农就业机会与农户农业生产投资》，《经济研究》2009 年第 12 期。张龙耀、褚保金：《农村资产抵押化的前提与绩效：宁波样本》，《改革》2010 年第 11 期。黄惠春、李静：《农村抵押贷款创新产品的供给意愿：江苏例证》，《改革》2013 年第 9 期。

④ 张迎春、吕厚磊、肖小明：《农村产权确权颁证后融资困境解决了吗——以成都市为例》，《农村经济》2012 年第 5 期。

⑤ 陈锡文：《农村土地制度改革　底线不能突破》，《人民日报》，2013 年 12 月。李剑阁：《城市化的重点是发展大型城市》，《财经》2013 年第 30 期。

可能与各国农村产权制度、改革模式以及改革所处阶段的差异有关，也与研究选取的样本有关。因此，有必要选取代表性的改革试点地区开展案例研究，跟踪农村产权制度改革的最新进展，分析改革的农村金融市场效应及面临的问题，从而弥补现有研究不足。

三、改革进展及其初步效应：鄂、苏、吉三省比较分析

本文根据农业资源禀赋、经济发展阶段以及农村产权制度和抵押制度改革情况等因素，选取先行开展农村产权制度改革试点的市县进行调查，分析具体改革方案，评价改革的农村金融市场效应。

（一）案例地区资源禀赋和经济发展情况

本文根据人地比例、农地流转比例、城镇化率、农业经营模式以及改革模式这五个因素，兼顾农民收入、农业 GDP 占比等指标，选定湖北省武汉市、江苏省东海县和吉林省梨树县作为农村产权制度改革的典型案例地区。从共同点来看，三个案例地区均位于我国粮食主产区内。

表 1 展示了案例地区不同维度经济指标的定量比较。首先，从人地比例来看，武汉市人均耕地面积仅为 1. 12 亩，梨树县人均耕地面积最多，达到 6. 81 亩，后者是前者的 6 倍多。黄宗智认为，历史上长江三角洲和英格兰在人均农业土地和农场规模等方面的差异，不仅对农业，而且对农村手工业以及收入和消费各方面的内卷与发展，都起着至为关键的作用①。对于当前中国农业所处发展阶段而言，不同地区人地比例的悬殊带来的是农地流转比例、劳动力转移甚至农业经营模式等方面的巨大差异。为实现农业规模经营和提高收入，人地关系较为紧张的地区（如武汉市），通常农地流转比例和劳动力转移比例也较高，有利于形成由农业企业、合作社等占主导的产业化经营模式。其次，从经济发展水平和阶段来看，武汉市农业 GDP 占比仅为 3. 71%，达到发达工业化国家的水平，而东海和梨树这两个农业县的农业 GDP 占比均较高，分别为 18. 14% 和

① 黄宗智：《中国的隐性农业革命》，法律出版社 2010 年版。

26.71%，高出我国平均水平（10.01%）。农业 GDP 占比的不同意味着农村劳动力转移、农地流转和规模农业的发展以及非农产业发展处于不同的阶段。对表 1 中以上几个指标的比较可以看出，农业 GDP 占比越低的地区，城镇化水平越高，同时农地流转比例也越高，农业 GDP 占比不到 4% 的武汉市超过一半的农地已流转，农业占重要地位的梨树县农地流转比例仅 14%。

表 1　　案例地区相关经济指标和模式比较（2013 年）

	湖北省武汉市	江苏省东海县	吉林省梨树县
户籍人口（万人）	822.05	120.20	69.70
农业人口（万人）	266.18	76.72	56.70
耕地面积（万亩）	299.16	183.72	386
人均耕地面积（亩/人）	1.12	2.39	6.81
地区生产总值（亿元）	9051.27	320.17	351.90
农业 GDP（亿元）	335.40	58.09	94.00
农业 GDP 占比（%）	3.71	18.14	26.71
人均 GDP（万元）	8.90	3.36	4.65
农民人均纯收入（元）	12713	11118	9689
农地流转比例（%）	52.97	55.00	14.00
城镇化率（%）	59.10	46.70	20.23
主导农业经营模式	“公司 + 农户”	“合作社 + 农户”	家庭规模经营

资料来源：《武汉统计年鉴 2014》、《江苏统计年鉴 2014》、梨树县 2013 年国民经济和社会发展统计公报。其中，人均耕地面积是依据农业人口计算。农地流转比例数据来自各地政府部门发布的报告。

从各地主导农业经营模式来看，本文选取的三个案例地区农业经营模式涵盖了当前我国农业经营的主要模式，分别是“公司 + 农户”、“合作社 + 农户”和家庭规模经营。武汉市主导的农业经营模式是“公司 + 农户”，其主要运作形式是由于较为发达的非农产业吸纳了近郊大量的农村劳动力，农村基层政府或土地股份合作社集中农民闲置的土地流转给农业企业，农业企业一方面向农民支付租金，同时以直接租种、转租或者契约订单等形式雇佣部分农民。截至 2013 年年底，武汉市农业产业化农户覆盖率已达到 67.00%。东海县农业经营则以“合作社 + 农户”模式为主，截至 2013 年 8 月，东海县农民专业合作社已达到 1010 个，入社农户总数 22.2 万户，占全县农户总数的 93.20%。梨树县是我国东北地区规模农业的代表，基于当地人少地多的禀赋特征，主要发展以家庭经营为主的专业大户、家庭农场等经营主体，实现农业的适度规模经营。主导农业经营模式的差异有利于我们比较农村产权制度和抵押制度改革在不同地区产生的差别化效应。

农业部农村经济研究中心联合江苏农村金融发展研究中心课题组于 2013 年 7—8 月分别对三个案例地区进行了实地调查，与相关政府部门和金融机构进行座谈并搜集相关资料，了解当地农村产权制度和抵押制度改革的方案、进展和成效等情况。

（二）改革方案与措施

1. 武汉市改革方案与措施

武汉市最早于 2006 年开始农村土地承包经营权和集体林权的确权工作，2009 年继成都之后成立全国第二家农村综合产权交易所，2011 年以来加快推进农村产权制度改革的进程，并于 2012 年 4 月出台农村产权制度试验实施方案。其主要改革试验内容包括：①农村产权确权、登记和颁证，明晰农村产权关系；②建立农村产权交易体系，活跃并规范农村产权交易；③建立农村产权评估体系；④创新农村产权资本化实现形式，如农村产权抵押融资；⑤创新农业和农村经营模式和培育新型农业经营主体；⑥健全农村产权制度改革保障体系。其中，改革试验的重点是：农村产权确权、登记和颁证以及农村产权抵押融资。武汉市目前农村土地承包经营权确权面积达到 259.88 万亩，确权率已达到 99.50%，计划于 2015 年之前完成农村“十权”确权、登记和颁证工作[①]。农村产权确权为开展农村产权抵押贷款等一系列改革奠定制度基础。

武汉市自2009年9月依托农村综合产权交易所（简称“农交所”）开展农村产权抵押贷款试点。目前武汉市农村土地经营权抵押贷款流程如图1所示。其主要流程是：①根据已达成的流转协议，农户土地经营权经农交所流转给农业企业；②农业企业支付农户土地租金；③农交所向农业企业出具产权流转交易鉴证书；④村集体出具同意土地用作贷款抵押和再流转的证明文件；⑤评估机构对拟抵押土地经营权的价值进行评估；⑥农业企业向金融机构申请农村土地经营权抵押贷款；⑦金融机构对贷款申请进行审批；⑧若贷款获批，贷款人至农交所办理抵押登记。总结来看，上述贷款流程可概括为以“交易—鉴证—抵押”为核心的农村产权抵押贷款模式。在以上流程中，农交所的功能主要是提供交易平台和融资登记，并为抵押流转提供鉴证，使得土地经营业主能够使用其通过流转获得的经营权进行抵押。理论而言，农交所的作用类似于德索托提出的“正规产权制度使得资产能够互换并能够保护交易”[②]，因此，政府建立产权表达机制是农村资产价值发现和有效配置的基础，也是农村资产抵押化重要的外部推动力量。在几年改革试点的基础上，武汉市农业局和中国人民银行武汉分行营业部于2012年11月联合发布《武汉市农村土地经营权抵押贷款操作指引》，对农村土地经营权抵押贷款作进一步规范。

2. 东海县改革方案与措施

东海县农村产权制度改革始于2010年7月东海县政府与当地金融机构开展“一权一房”抵（质）押贷款试点，其中，“一权”代表农村土地承包经营权，“一房”则代表农村住房。2012年5月，东海县被确定为中央农村工作领导小组办公室农村改革试验联系点和江苏省农村改革试验

① “十权”包括农村土地承包经营权、农村集体经济组织养殖水面使用权、农村集体经济股权、农业生产设施所有权、农村集体林地使用权和林木所有权、农村房屋和生产用房所有权、农村集体经济组织水权及农田水利设施所有权等。

② De Soto H. The Mystery of Capital: Why Capitalism Succeeds in the West and Fails Everywhere Else, *Basic Books*, 2000.

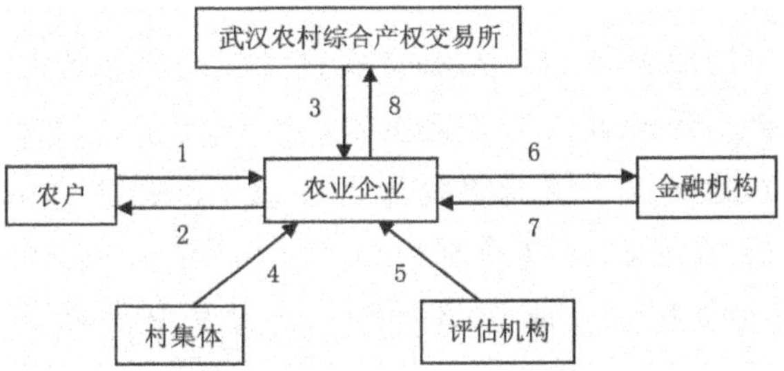

图 1　武汉市农村土地经营权抵押贷款流程

区，同时成立东海县农村产权交易所，作为农村产权制度改革的突破口，促进农村产权交易的市场化和规范化。因此，从时间上来看，东海县农村产权改革经历了两个不同的阶段。

第一阶段，2010 年 11 月，东海县政府与中国人民银行东海县支行共同制定《关于开展农村“一权一房”抵（质）押贷款的试行意见》以及农村土地承包经营权质押登记管理和质押贷款办法、住房抵押贷款办法、集体土地住房抵押流转处置办法等 4 个配套管理办法，尝试为“一权一房”抵（质）押贷款提供制度保障。由于改革试点初期大范围的农地、住房等资产确权工作滞后和产权交易平台缺失，东海县组织乡镇规划、国土、农经站、房管等多个部门共同参与“一权一房”抵（质）押贷款试点，对申请“一权一房”抵（质）押贷款的村级集体经济组织和农户审核确权后，完善土地承包租赁合同，颁发土地使用权证、宅基地证和房屋所有权证。其中，农经站负责土地承包经营权价值评估和质押登记；房管部门负责办理农村住房抵押登记办理（代替他项权证登记）和监管管理工作。此外，对于申请“一权一房”抵（质）押贷款的农户，还需由村委会对借款农户家庭经济状况、经营项目、个人信用等情况进行审核，交镇农经站复审，报金融机构备案后办理贷款申请手续。这样做的目的是利用村委会信息优势，执行审核职能，避免金融机构和潜在借款人之间的信息不对称，从而尽量降低潜在的贷款违约风险。因此，这一阶段东海农村产权抵押贷款机制可以概括为“确权—颁证—审核—抵押”。但由于该方案涉及多个部门，对于申请贷款农户而言，手续过于复杂，交易成本较高。

第二阶段，2012 年 5 月，东海县农村产权交易所成立，并出台《东海县农村产权交易管理办法》来规范农村产权交易，加快推进产权制度改革。同时，农地确权、颁证的覆盖面也在不断扩大。截至 2012 年 12 月，东海县土地承包经营权确权发证 3.39 万户，占全县农户总数的 13.97%；宅基地使用权发证 23.8 万户，占全县农户总数的 98%。在农村产权确权、颁证以及农村产权交易平台等制度基础构建完成之后，东海县借鉴武汉农村产权抵押贷款“交易—鉴证—抵押”的模式，农村产权转入方可凭借农村产权交易所出具交易鉴证书向银行申请贷款。

3. 梨树县改革方案与措施

梨树县是吉林省首个农村产权抵押贷款试点县，于 2012 年 8 月启动改革。梨树县的改革围绕土地收益保证贷款展开，其改革的主要目的是通过允许农户使用土地收益进行抵押，缓解其融资难的问题。梨树农村土地收益权保证贷款同样建立在土地承包经营权确权、登记和颁证的基础上，但是，由于梨树与武汉、东海的资源禀赋和农业经营模式存在较大的差异，梨树县的土地收益保证贷款对象主要限定为那些取得土地承包经营权证并正在从事土地耕种的农户，而非通过流转获得经营权的农业企业等经营主体。同时，其抵押标的物是农户土地的未来现金流（收益权），而不是土地承包经营权，因而其在本质上属于动产融资。梨树县改革试点的基本思路是农户将其承包的三分之二的土地（剩余三分之一的土地留作口粮田）在未来一定期限内的收益权转让给物权融资公司，再由物权融资公司为农户贷款进行保证，从而解决因抵押不足引起的融资难的问题。

梨树农村土地收益保证贷款的具体流程如图 2 所示，主要环节包括：①申请贷款的农户（转让人）与受让人（物权融资公司）签订土地经营权流转合同；②农户和物权融资公司同时到乡镇农经站申请土地承包经营权变更登记；③乡镇农经站向物权公司出具转让证明书；④物权融资公司向金融机构出具承诺函，承诺为借款农户承担保证责任，在违约时与农户共同偿还本息，农户向金融机构申请贷款；⑤金融机构向农户发放贷款；⑥当农户按时偿还金融机构贷款，物权融资公司与农户达成的土地流转合同自动解除；当农民没有按时偿还金融机构贷款，物权融资公司将获得的农民土地经营权另行发包，将发包获得的款项归还金融机构，待新的承包人承包期限届满后，土地承包经营权再退还给原土地承包人。显然，在梨树农村土地收益保证贷款模式中，物权融资公司（梨树县政府成立并由县金融办主管）承担重要的作用，既起到土地流转的契约化作用，还对农户的贷款进行担保，此外还能保证农户依然是土地承包人和经营人，有效规避实践中可能面临的相关法律风险。

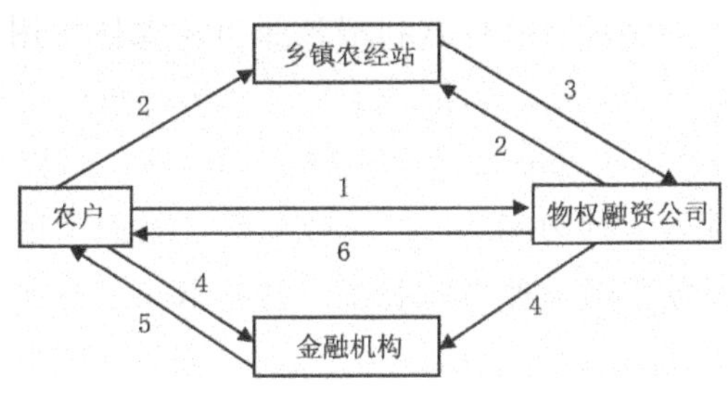

图 2　梨树县农村土地收益保证贷款流程

（三）改革的农村金融市场效应

表 2 展示了上述三个案例地区自改革试点以来农村产权抵押贷款市场发展情况的面上统计数据（仅包括农村土地产权抵押贷款）。基于表 2 的初步比较分析可发现以下几个现象和特征：（1）从贷款规模来看，武汉和梨树两地贷款交易较活跃，贷款规模增长迅速，其中，武汉土地经营权抵押贷款规模最大，累计贷款金额 9.68 亿元，梨树土地收益保证贷款笔数累计达到 4467 笔，贷款规模 1.67 亿元；相比之下，东海农村土地承包经营权质押贷款规模较小，交易不活跃，仅有 5 笔土地承包经营权质押贷款，累计贷款金额 32 万元。（2）从平均单笔贷款规模来看，武汉市农村土地经营权抵押贷款平均单笔贷款额度达到 722.18 万元，东海和梨树平均单笔贷款规模均低于 10 万元，可见地区间差异非常大，武汉市单笔贷款最高金额甚至高达 5500 万元。（3）从各地土地经营权（收益权）的抵押价值来看，武汉和东海平均土地年租金（分别为 550 元/亩和 400 元/

亩）低于梨树县（1000 元/亩），但是由于武汉土地流转期限较长，因此武汉每亩土地抵押价值高达 5290 元，东海土地流转以短期（1—3 年）为主，土地抵押价值最低，仅为 520 元①。（4）关于贷款利率，武汉农村商业银行的农村产权抵押贷款利率实行基准利率上浮 10% 左右，平均贷款利率为 8%（低于信用贷款利率），同时武汉市政府规定，在农村综合产权交易所办理农村产权（土地经营权等）抵押贷款的农业企业、农民专业合作社、家庭农场和种养大户享受政府的最高 50 万元的利率补贴②；东海农村土地承包经营权质押贷款利率参照当地农村信用社房地产抵押贷款执行，年利率为 10.77%，低于一般农户贷款利率；梨树农村土地收益保证贷款利率约为 7.8%（基准利率上浮约 30%），同样低于当地农村金融机构平均贷款利率（约为 12%）。综合来看，案例地区政府均通过财政补贴等方式降低农村产权抵押贷款利率，使其低于农村金融市场平均贷款利率③。

表 2　　案例地区农村产权抵押贷款市场发展情况

指　　标	湖北省武汉市	江苏省东海县	吉林省梨树县
累计贷款笔数	134	5	4467
累计贷款金额（万元）	96772	32	16726
平均单笔贷款金额（万元）	722.18	6.40	3.74
单笔贷款最高金额（万元）	5500	10	200
抵押土地面积（万亩）	24.48	0.06	20.07
平均每笔贷款抵押面积（亩）	1826.91	16.80	44.93

① 案例地区金融机构的贷款金额计算方法类似，抵押贷款金额 = 土地经营权价值（土地收益）× 抵押面积 × 剩余承包年限 × 抵押率，抵押率在 50%—70% 之间。

② 其中，农业企业贴息比例不超过贴息范围内实际发生利息额度的 50%，农民专业合作社不超过 80%，家庭农场和种养大户贴息额度最高为 100%。

③ 当然，各地农村产权抵押贷款在实际操作中还会有部分交易鉴证服务费、保证费等间接费用。

续表

指　　标	湖北省武汉市	江苏省东海县	吉林省梨树县
每亩抵押价值（元/亩）	3953	520	1190
2013 年土地平均年租金/收益（元/亩）	550	400	1000
平均贷款利率（%）	8	10.77	7.8
抵（质）押产权类型	土地经营权	土地承包经营权	土地收益权

资料来源：数据来自于案例地区农业管理部门和相关金融机构。其中，武汉市、东海县和梨树县指标统计截止日期分别是到 2013 年 6 月、4 月和 8 月。

对于以上现象和特征，本文基从贷款规模和利率两个方面作出解释：

（1）不同改革试点地区农村产权抵押贷款规模的差异与地区农业发展阶段和农业经营模式的不同密切相关，农业经营规模化①和产业化程度越高的地区，农地产权的抵押价值较高，产权制度改革带来的信贷市场供给效应越显著。以武汉市为例，武汉市自改革试点以来累积贷款笔数为 134 笔，平均单笔贷款金额为 722.18 万元，贷款主体中农业企业占较大比重，农业企业以其流转获得的规模化土地经营权作为抵押物（平均每笔贷款抵押土地面积为 1826.91 亩），对于金融机构而言，随着单笔抵押土地规模增加，其接受土地经营权的意愿逐步增强，因为规模化的农地经营权在提高自身抵押价值的同时，也有利于降低金融机构的交易成本。武汉土地经营权抵押价值较高与其非农产业发展水平较高、土地流转的期限较长等因素亦有关。相比之下，尽管梨树县土地流转并不活跃，但是人地关系较为宽松，家庭经营规模较大，同时当地耕地收益较高，因而其抵押价值也较高。与武汉“数量较少、单笔规模较大”相反的是，梨树土地收益保证贷款“数量较多、单笔规模较小”，因而累积贷款规模也达到 1.67 亿元。但是，对于金融机构而言，土地收益保证贷款由物权融资公司进行担保，标准化程度较高，尽管较为分散且单笔规模较小，实际交易

① 农业经营规模化可能由当地资源禀赋决定，也可能是通过农地流转而实现。

成本却并不高。而人地关系较为紧张且以家庭小规模经营为主的东海县，农村产权抵押贷款市场处于停滞发展阶段，仅有 5 笔贷款交易，其中主要原因之一是其家庭经营土地规模较小，流转市场不活跃，导致土地抵押价值较小，金融机构的供给意愿不足。

（2）现有产权改革试点能否有效解决或者规避相关法律风险，也直接影响到金融机构的农村产权抵押贷款供给意愿。根据现行《中华人民共和国担保法》规定，耕地、宅基地等集体所有的土地使用权不得抵押；《中华人民共和国物权法》则规定，除买卖、公开协商等方式承包的“四荒地”等农村土地可以抵押外，其他方式承包的农村土地是不允许抵押的。因此，在我国现行的农地制度法律框架下，农村土地承包权作为物权依然不允许抵押①。对于产权制度改革试点地区的金融机构而言，即使地方政府制定相关法规或指导意见允许以土地承包经营权为抵押，金融机构也不愿意接受，因为一旦发生违约和纠纷，地方政府出台的法规或指导意见是不能对抗《中华人民共和国物权法》的，因而收回并变卖违约农户土地的威胁不可置信。从本文案例地区抵（质）押产权类型来看，武汉市是以农业企业通过流转获得的土地经营权作为抵押，梨树县是以农户自身土地预期收益权作为担保，而实际对土地进行占有并使用收益的都是原土地承包人。因此，武汉与梨树的改革试点方案能够在一定程度上解决或规避可能面临的法律风险，因而金融机构的产权抵押贷款供给意愿较强，短短几年的试点分别实现贷款规模 9.68 亿元和 1.67 亿元。相比之下，东海直接试点以农户土地承包经营权作为贷款质押，由于缺乏明确的法律保障，在试点中，金融机构贷款供给意愿明显较低。

（3）关于农村产权抵押贷款利率，理论而言，金融机构通过提供（低利率、高抵押物）和（高利率、低抵押物）的贷款组合合同，可以将低风险和高风险借款人进行分离，这是银行利用抵押物来克服信息不对称

① 党的十八届三中全会通过的决定中仅将“经营权从承包经营权中单独分离出来，允许抵押担保，而承包权作为物权依然不许抵押”。

和降低信贷风险的理论机制[①]。如上所述，案例地区农村产权抵押贷款利率均低于当地农村金融市场平均利率，这似乎与理论预期是一致的，即银行通过提供（低利率、高抵押物）的贷款合同，甄别出低风险借款人，因此，农村产权抵押贷款的作用体现为既提高了金融机构贷款合同的灵活性，也降低了农业企业和农户的贷款利率。当然，从实际情况来看，这种低利率并不完全是金融机构的市场行为，而是受到地方政府部分干预或者补贴，其主要目的一方面是提高农业企业和农户参与改革的需求；另一方面，通过对农业企业和农户等农业经营主体的利率补贴，提高其预期收益，降低其利率成本和风险，有利于鼓励金融机构参与，同时也类似于一种收入补贴。我们认为，长期而言，这样的利率补贴可能存在市场扭曲和降低资金配置效率，未来政府可将补贴资金用于充实风险补偿基金或者建立相应的担保机制，降低农村产权抵押贷款的风险。

基于上述分析可得到几点初步结论：首先，案例地区农村产权制度改革对农村金融市场已产生一定的影响，主要体现在农村金融机构信贷供给增加，对提升农业经营主体信贷获取能力和缓解其融资约束亦有正向影响。其次，短期来看，各类农业经营主体贷款成本有一定程度降低，但是未来能否持续降低则取决于地方政府补贴方式、农村流转和规模化经营水平等因素。因此，我们认为，案例地区农村产权制度改革对农村金融市场的影响表现为增加农村信贷供给和降低贷款利率，且这种效应在不同地区仍有差异，与农业发展阶段、农业经营模式以及改革模式等因素密切相关。但是由于现阶段能够搜集到的以面上统计数据为主，金融市场效应的确切大小仍有待更多微观调查数据的检验，因此对于以上结论，我们持一定的谨慎态度。此外，在调研中我们也了解到，金融机构发放农村产权抵押贷款可能并不仅仅是基于可抵押的农地经营权（或收益权），可能仍需要贷款主体提供其他形式的担保或者抵押来控制风险，因此，农地经营权（或收益权）究竟能起多大的作用也有待进一步的研究检验。

---

① Bester H. Screening vs. Rationing in Credit Markets with Imperfect Information, *The American Economic Review*, 1985, 75 (4): pp. 850 - 855.

四、改革面临的主要问题

由于案例地区处于改革试点阶段，仍面临着一些问题，这些问题还具有一定的普遍性，可能会影响改革进程的推进和改革成效的发挥。具体而言，主要包括以下几个方面：

（一）农地确权进程缓慢和农地流转市场不健全

明晰产权是新一轮农村产权制度改革的核心内容，也是产权交易和抵押的前提。在改革过程中，农地确权既要面临大量的历史遗留和现实问题，例如不少地区历经多轮土地承包经营权变化更迭引起的承包经营权属混乱的问题，也要面临新型城镇化和工业化过程中地方政府农地确权的顾虑和动力不足的问题，因此部分地区农地确权进程较为缓慢。同时，对于现阶段改革较为重要的是能够明确界定土地集体所有权、承包权和经营权这三种不同产权的主体。一些地区为排除法律风险，通过在制度上探索和创新，尝试构建所有权、承包权和经营权“三权”分离的新型农地制度。但是大多数地区仍未真正做到将“三权”进行分离，尤其是土地承包权和经营权的分离（尚未通过政策法规正式确认），缺乏对经营权及其法律地位的界定，使得农村产权抵押融资面临较大的法律和政策风险。

在农地流转方面，由于资源禀赋以及经济发展阶段的差异，不同地区农地流转市场发育程度差异也较大。包宗顺等基于江苏的调查显示，经济发达的苏南地区农地流转面积比例高出欠发达的苏北地区近 3 倍[①]。农地流转市场不健全一方面影响农地抵押价值的实现；另一方面，更为重要的是在现行农地制度下，即使抵押农户发生违约，金融机构也无法收回集体所有的抵押农地，而在村集体范围内二次流转违约农户抵押土地也将面临处置难题。原因是村集体内部农户难以接受邻居被没收的土地，而外来人流转违约农民抵押土地也难以被村集体内部成员接纳。而当“不归还贷

① 包宗顺、徐志明、高珊、周春芳：《农村土地流转的区域差异与影响因素——以江苏省为例》，《中国农村经济》2009 年第 4 期。

款，就收回并变卖土地”的威胁不可置信，农户则可能采用策略性行为故意不归还贷款[①]，这反过来会影响到金融机构对农地抵押价值的评估。实际上，这与越南等国家农地确权和抵押改革面临的情况类似，尽管越南农户已经获得政府颁发的土地证并允许用于抵押，但是如果贷款农户发生违约而无法赎回其农地权利，金融机构也难以真正没收其土地，更多的是依靠传统的社会制裁机制，譬如违约者将遭受社会排斥、名誉损失或家庭婚姻市场竞争力降低等方式对违约者进行惩罚[②]。对于农业企业、合作社等新型经营主体而言，若以其通过流转获得的农地经营权作为抵押物，发生违约之后，其经营权二次流转同样将面临较高的处置成本，尤其是在农地流转市场不健全的地区，因而也会影响农地的抵押价值。对于该问题，武汉的做法是建立抵押物场内二次流转机制，当贷款到期无法偿还时，依托农交所将抵押的土地经营权进行公开再流转变现，或许可在一定程度上降低处置成本。

（二）农户参与积极性不高及其利益保障机制不完善

一些研究发现，低收入和缺乏完善社会保障机制的地区，农地通常被用作社会保障网，取消那些违约农户抵押土地的回赎权将会剥夺其基本的谋生手段，在这种情况下，银行不可能向农户发放农地抵押贷款，同时农户也会通过风险配给的方式主动退出信贷市场[③]。因此，对于现阶段的中国而言，农村社会保障体系仍不完善，在很多地区，土地产权抵押贷款直接触及农户最重要的资产，若农户无法承受失地风险必然主动放弃申请农村产权抵押贷款。在调查中我们也了解到，部分农户参与土地流转抵押的积极性不高，不愿放弃土地承包经营权，即使将土地进行抛荒等粗放经营也不愿用于流转抵押。

---

① 罗剑朝、聂强、张颖慧：《博弈与均衡：农地金融制度绩效分析——贵州省湄潭县农地金融制度个案研究与一般政策结论》，《中国农村观察》2003 年第 3 期。

② 李剑阁：《城市化的重点是发展大型城市》，《财经》2013 年第 30 期。

③ Deininger K. *Land Policies for Growth and Poverty Reduction*, Washington D. C. : The World Bank, 2003.

此外，现行改革对农户利益保障机制也不尽完善。譬如，农业企业参与农业经营比例较高的地区主要是采取“企业 + 农户”或者“企业 + 村委会 + 农户”，即由企业和农户直接签订流转协议或者经由村委会将农户的分散土地“整体打包”之后与农业企业签订流转协议，随后由农业企业负责土地的具体经营。当农业企业以其流转获得的土地经营权作为抵押申请贷款或流转土地的租金逐年上涨，若农户不知情，在发生风险时农户利益有可能受到损害。为了保障农民利益，武汉市在先行试点地区采取“农业企业 + 土地股份合作社 + 农户”的模式农业企业与土地股份合作社签订土地流转协议，由农交所进行鉴证，农业企业以农业基础设施、农机具等资产入股并负责土地的具体经营，村集体和农户以土地折算入股，两者股份占 51% 以上，部分社员还可以进入企业打工。在利益分配方面，农业企业和土地股份合作社约定，提取企业一定比例的经营性收入，采取“保底租金 + 年终分红”的形式按股分红，同时规定土地不纳入清算范围。土地股份合作社的主要作用是一方面保障农户对相关权属的合法权益，规范产权流转交易，提高农户谈判能力；另一方面，经由产权交易市场流转以及采取“保底租金 + 年终分红”的分红形式有助于实现农村产权的合理交易价格，有效保障农民利益并提高其参与土地流转的积极性。

（三）风险防范和风险补偿机制存在缺陷，影响金融机构的参与意愿

为降低农村产权抵押贷款改革可能面临的风险（包括自然风险、信用风险以及法律和政策风险等），各案例地区均尝试建立相关的风险防范和补偿机制，不过大多存在一定的问题。

武汉的主要做法是：一是政府设立农村产权抵押融资风险补偿资金，对金融机构农村产权抵押贷款损失给予适当补偿。但是，目前武汉市风险补偿资金规模仅为 3000 万元，相比于其 9.68 亿元的贷款规模而言，风险补偿资金的作用可能非常有限。二是政府鼓励担保公司和保险公司参与农村产权抵押贷款，建立农村信贷与农业担保、农业保险相结合的银保互动机制，还指定专业保险机构对农村产权贷款抵押物进行强制保险。由于银保互动机制涉及担保和保险机构的参与意愿，其具体成效仍有待检验。东

海县目前应对农村产权质押贷款违约的主要措施是由县农村产权交易中心组织对质押的土地承包经营权进行拍卖，拍卖所得优先偿还信用社贷款本息，余款退还权利人，但由于该措施在法律上的依据并不充分，其可行性仍存疑。梨树县的做法首先是内嵌风险控制机制，农户仅可以其承包的三分之二土地的收益权用于贷款保证，即使农户土地因违约而被二次流转，仍有三分之一的土地作为口粮田保障其基本生活，农地的保障网功能依然发挥作用；其次是政府建立惠农保障基金，通过物权融资公司发挥风险补偿的作用，农户违约后先由物权融资公司惠农保障基金代偿给金融机构，再将农户土地二次流转所得补充惠农保障基金。可能存在的问题是土地收益权能否顺利及时二次流转，如果土地二次流转存在一定时滞，政府出资的惠农保障基金需承担大量的代偿责任，过度集中的风险可能超出惠农保障基金的覆盖能力。因此政府需不断扩大惠农保障基金的规模或者建立起物权融资公司和金融机构的风险共担机制。

因此，案例地区的风险防范和风险补偿机制均存在一定的缺陷。由于农业自然风险较大，大量的农村产权通过抵押进入流转市场，若出现区域性自然风险，将会给金融机构带来较大损失以及较高的抵押物处置成本，影响金融机构的参与意愿，这也是目前农村产权抵押贷款主要是地方性金融机构参与的一个重要原因。

五、主要结论和对下一步改革的建议

基于现有文献和一些国家的改革情况来看，农村产权制度改革的金融市场效应并不具有普遍性。本文基于当前我国农村产权制度改革的特殊阶段，对鄂、苏、吉三省先行开展农村产权制度和抵押制度改革试点的地区进行调查，初步评价改革及其农村金融市场效应。研究结果表明：第一，案例地区农村产权制度改革对农村金融市场有一定的影响，主要体现在信贷供给增加、农业经营主体信贷获取能力提高以及贷款成本降低。但是对于以上结论，我们仍持谨慎态度，金融市场效应具体大小仍有待更多微观数据的检验。第二，农村产权制度改革的金融市场效应存在明显的地区差异。农业经营规模化和产业化程度越高、农地流转市场越活跃的地区，改革的农村金融市场效应越显著。同时，不同的改革模式（包括允许抵押产权类型、贷款人利益保障机制以及风险防范和补偿机制等）及其潜在风险大小（包括自然风险、信用风险以及法律和政策风险）对金融机构供给意愿有重要影响。

基于以上结论以及当前改革试点面临的主要问题，本文对下一步改革的建议如下：

第一，加快农地确权进程，规范农地流转市场，推动农地制度创新。农地确权是交易流转和抵押的前提，当前全国范围内农村集体土地所有权确权工作已基本完成，下一步政府计划在 5 年内基本完成农村土地承包经营权确权、登记和颁证等基础性工作。对于农地流转，各级政府应建立相关农村产权交易市场和平台，在公开交易的基础上，建立农村产权交易的价格发现机制，规范农村产权交易，提高产权交易的效率。规范而活跃的农地流转市场对于提高农地抵押价值和促进农地金融发展至关重要。此外还需推动农地制度创新，应探索农地所有权、承包权和经营权“三权”分离的农地制度以及“三权”各自所属主体和法律地位，赋予农民稳定的承包权和灵活的经营权，为农地规范流转和农地金融发展排除法律障碍。

第二，政府应在完善包括农民利益保障机制、风险防范和风险补偿机制等配套制度的基础上，逐步推广农村产权抵押贷款试点范围。首先，需逐步建立地方政府、村集体、土地流转经营者和农户合理分担的失地农民保障制度，以及农地承包经营权退出和补偿机制，降低土地的社会保障功能，提高农户参与改革的意愿；其次，在农村产权抵押贷款试点初期，尤其是在农地二次流转市场不活跃的情况下，政府应设立财政出资的风险补偿基金或成立农业担保公司，防范可能的风险，提高金融机构参与改革的意愿。应当坚持政府对风险的补偿能力与金融机构放贷规模相匹配的原则。随着改革试点日趋成熟，政府应逐步退出，减少对利率、风险控制等方面的干预，集中于完善相应的社会保障体系。另外，政府的改革应尽可能规避相关的法律风险，承包权作为物权在法律上依然不允许抵押，即使金融机构想取消农户承包权的回赎权也无法实施，因此应将金融创新集中在农地经营权（或者收益权）上，实现既能缓解农村融资难，也不威胁农户承包权。

第三，从案例地区试点成效的比较来看，应谨慎选择和扩大农村产权和抵押制度改革试点范围，需综合考虑试点地区的资源禀赋、经济发展阶段以及农业规模化和产业化水平等因素。现阶段在一些以家庭小规模分散经营为主、非农产业不发达的地区推进农村产权抵押贷款试点可能难以取得相应的效果。此外，应重视先行改革试点地区的经验和制度创新，成熟之后可加以推广，譬如，武汉土地股份合作社在保障农户利益、提高农户谈判能力以及降低交易成本等方面的作用，吉林土地收益保证贷款模式中内嵌的风险控制机制等。

参考文献

[1] 周其仁等：《农村产权制度新一轮改革：理论与实践》，北京大学经济发展研究中心工作论文，2011 年。

[2] 文贯中：《解决三农问题不能回避农地私有化》，《前沿视野》2006 年第 11 期。

[3] 阮小莉、杨恩：《农村土地的金融制度创新及其角色担当》，《改革》2011 年第 2 期。

[4] Feder G. Land Ownership Security and Farm Productivity: Evidence from Thailand, *Journal of Development Studies*, 1987, 24 (1): pp. 16 - 30.

[5] Lopez R. Land Titles and Farm Productivity in Honduras, Washington D. C.: World Bank, 1997.

[6] Boucher S., Barham B. L., Carter M. R. The impact of 'market - friendly' reforms on credit and land markets in Honduras and Nicaragua. *World Development*, 2005, 33 (1): pp. 107 - 128.

[7] Pender J. L., Keer J. M. The Effect of Land Sales Restrictions: Evidence from South India, Agricultural Economics, 1999, 21 (3): pp. 279 - 294.

[8] Carter M. R., Olinto P. Getting institutions "Right" for Whom? Credit Constraints and the Impact of Property Rights on the Quantity and Composition of Investment, *American Journal of Agricultural Economics*, 2003, 85 (1): pp. 173-186.

[9] Besley T. J., Burchardi K. B. Ghatak M. Incentives and the de Soto Effect. *The Quarterly Journal of Economics*, 2012, 127 (1): pp. 237-282.

[10] 叶剑平、蒋妍、罗伊·普罗斯特曼、朱可亮、丰雷、李平：《2005 年中国农村土地使用权调查研究——17 省调查结果及政策建议》,《管理世界》2006 年第 7 期。

[11] 陆文聪、余新平：《农村土地还权赋能的必要性及可行性》,《改革》2014 年第 3 期。

[12] 王兴稳、纪月清：《农地产权、农地价值与农地抵押融——基于农村信贷员的调查研究》,《南京农业大学学报（社会科学版)》2007 年第 7 期。

[13] 钟甫宁、纪月清：《土地产权、非农就业机会与农户农业生产投资》,《经济研究》2009 年第 12 期。

[14] 张龙耀、褚保金：《农村资产抵押化的前提与绩效：宁波样本》,《改革》2010 年第 11 期。

[15] 黄惠春、李静：《农村抵押贷款创新产品的供给意愿：江苏例证》,《改革》2013 年第 9 期。

[16] 张迎春、吕厚磊、肖小明：《农村产权确权颁证后融资困境解决了吗——以成都市为例》,《农村经济》2012 年第 5 期。

[17] 陈锡文：《农村土地制度改革　底线不能突破》,《人民日报》, 2013 年 12 月。

[18] 李剑阁：《城市化的重点是发展大型城市》,《财经》2013 年第 30 期。

[19] 黄宗智：《中国的隐性农业革命》, 法律出版社 2010 年版。

[20] De Soto H. The Mystery of Capital: Why Capitalism Succeeds in the West and Fails Everywhere Else, *Basic Books*, 2000.

[21] Bester H. Screening vs. Rationing in Credit Markets with Imperfect Information, *The American Economic Review*, 1985, 75 (4): pp. 850-855.

[22] 包宗顺、徐志明、高珊、周春芳：《农村土地流转的区域差异与影响因素——以江苏省为例》，《中国农村经济》2009 年第 4 期。

[23] 罗剑朝、聂强、张颖慧：《博弈与均衡：农地金融制度绩效分析——贵州省湄潭县农地金融制度个案研究与一般政策结论》，《中国农村观察》2003 年第 3 期。

[24] Deininger K. *Land Policies for Growth and Poverty Reduction*, Washington D. C.: The World Bank, 2003.

农业保险与其他

农村土地流转与农业保险发展关系

龙文军　夏　云

内容提要：推动农村土地流转、发展农业适度规模经营，是实现我国农业现代化的必由之路。在农村土地流转加速与农业适度规模经营不断发展的新常态下，我国现有的农业保险与现代农业的需要以及新型农业生产经营主体多样化的需求相比还有较大的差距。农村土地流转与农业保险之间相互促进，一方面农业保险的生产稳定功能加速了土地进一步流转；另一方面土地流转为农业保险提供了新的增长点。农业保险必须适应农业发展方式转变和土地流转的要求，加快完善与创新。

推动农村土地流转、发展农业适度规模经营，是解决土地细碎化问题，破解“三农”难题的关键，是实现我国传统农业向现代农业转变的必由之路。进入21世纪以来我国农村土地流转进入速度不断加快。2008年，中共十七届三中全会通过《中共中央关于推进农村改革发展若干重大问题的决定》，指出允许农民按依法自愿有偿原则，以转包、出租、互换、转让、股份合作等形式流转土地承包经营权，发展多种形式的适度规模经营。2013年、2014年“中央1号文件”均鼓励有条件的农户流转承包土地的经营权。在国家政策的持续支持和鼓励下，我国农村土地流转规模不断加大、流转主体日益多元化。为了适应新形势和实践发展要求，2014 年 11 月，中共中央办公厅、国务院办公厅印发的《关于引导农村土地经营权有序流转发展农业适度规模经营的意见》明确要求，在坚持土地集体所有的前提下，实现所有权、承包权、经营权三权分置，形成土地经营权流转的格局，大力培育和扶持多元化新型农业经营主体，发展农业适度规模经营，走出一条有中国特色的农业现代化道路。与传统的分散经营相比，土地流转后的规模经营在应对农业生产自然风险的同时，还要适应市场以及农业生产经营体制机制环境等转变，面临的风险更为复杂，亟需一种现代农业风险管理机制为其保驾护航。农业保险作为一种市场机制参与的制度化的事前农业风险管理手段，对于强化我国农业基础地位、增强农业抵御自然风险能力、切实保障农民利益具有十分重要的意义。现阶段我国“广覆盖、低保障”的农业保险与现代农业规模化、产业化生产的需要相比、与新型农业生产经营主体多样化的需求相比还有较大的差距。在农村土地流转加速与农业适度规模经营不断发展的新常态下，农业保险必须加快完善与创新。

一、当前我国农村土地流转的特点

（一）流转速度明显加快

改革开放以来，我国农村土地流转大体经历了活跃（1997—2004 年）、放缓（2005—2007 年）和快速发展（2008 年以后）三个阶段。1997 年以前，受粮价持续走低、农民税费负担重的影响，农地撂荒严重，农村劳动力大量外流，农地流转开始活跃起来。1990 年全国农村土地流转率为 0.44%，到 1999 年为 2.53%。2004 年以后粮价不断上涨，惠农政策不断出台，种粮收益开始提升，农地流转速度有所放缓。到 2007 年，全国农村土地流转率为 5.2%，比 2006 年上涨了不到一个百分点。2008 年以后，在国家惠农政策的支持下，土地流转加快。全国承包耕地流转面积从 2008 年的 1.06 亿亩，增长到 2013 年的 3.41 亿亩，增长了 2.2 倍，流转比例由 8.7% 增长到 22.5%，提高 17.1 个百分点（表 1）。

表 1　　2006—2013 年全国家庭承包耕地流转总面积及流转率情况

年份	家庭承包耕地流转总面积（亿亩）	占家庭承包经营耕地面积的比重（%）
2006	0.555	4.57
2007	0.6372	5.2
2008	1.06	8.7
2009	1.5	12
2010	1.867	14.7
2011	2.28	17.8
2012	2.78	21.2
2013	3.41	26

数据来源：农业部农村经营管理情况统计年报。

（二）规模经营农户数量持续增加

我国 2.6 亿农户，户均经营面积约 7.5 亩，这种散、小的状况对农民收入支撑能力弱，也制约了科技应用水平、质量安全水平和国际竞争力的提高，成为中国特色现代农业建设必须解决的问题。推进土地流转，发展适度规模经营是解决土地细碎化问题，破解“三农”难题的关键。目前，小规模分散经营仍是农业经营方式的主体，但规模经营农户数量呈持续增加趋势。2013 年，全国耕地经营规模在 30 亩以下的农户达 2.54 亿户，占总农户数比重的 96.2%。经营规模 50 亩以上的农户数达到 317.5 万户，占总农户数的 1.3%，比 2012 年增加了 30 万户，增长 10.4%。其中，经营规模 50—100 亩、100—200 亩、200 亩以上的农户数分别占 50 亩以上农户数的 70.0%、20.5%、9.5%①。

① 《2013 年农村家庭承包耕地流转情况》，《农村经营管理》2014 年第 5 期。

（三）流转向新型农业经营主体集中

随着我国农业农村经济的不断发展，农业产业分工逐渐走向多元化，以农业专业大户、家庭农场、农民专业合作社和农业企业为代表的新型农业经营主体日益彰显出其发展的生机与活力，打破了改革初期由相对同质性的家庭经营农户占主导的状况，多类型经营主体并存的格局逐渐形成。新型农业经营主体已成为中国现代农业发展的核心主体。从农村土地流转的终端来看，流转入农户的比例有所下降，流转入新型农业经营主体的比重较快提升。2013 年，流转出承包耕地的农户达 5261 多万户，占家庭承包农户数的 22.9%，比 2012 年上升 3.6 个百分点。在全部流转耕地中，流转入农户的占 60.3%，比 2012 年降低 4.4 个百分点；流转入农民专业合作社、企业等新型农业经营主体占 20.4% 和 9.4%，比 2012 年分别上升了 4.6 个百分点和 0.2 个百分点（表 2）。

表 2　2012—2013 年流转入各农业经营主体的比重

流转入的主体	各农业经营主体占比（%）	
	2012 年	2013 年
农户	64.7	60.3
农民专业合作社	15.8	20.4
企业	9.2	9.4
其他	10.3	9.9
合计	100	100

数据来源：《农村经营管理》，2014 年第 5 期。

二、我国农业保险发展主要特征

改革开放以来，我国农业保险大体经历了恢复（1982—1992 年）、萎缩（1993—2003 年）、试点（2004—2007 年）和快速发展（2007 年以后）四个阶段。自2007年实施中央财政农业保险补贴政策以来，我国逐步建立政府扶持引导、保险机构运作、农民自愿参加、部门协同推进的农业保险发展模式，农业保险快速发展，取得了积极成效。覆盖面稳步扩大，产品与服务不断创新。同时，由于保障水平有限，新型经营主体的多样化的需求没有得到有效的满足。

（一）覆盖面稳步扩大，成为全球最重要的农业保险市场之一

农业保险覆盖地区从2007年试点的内蒙、吉林等6个省区稳步扩大至全国，保险品种覆盖了农、林、牧、渔业的各个方面。2007—2013年，农业保险承保主要农作物从2.3亿亩增加到11.1亿亩，占播种面积的45%；承保主要粮食作物从1.7亿亩增加到9.35亿亩，占播种面积的56%；保费收入从51.8亿元增长到306.7亿元，年均增速34.5%，参保农户达2.14亿户次。目前，目前我国已成为“全球第二、亚洲第一”的农业保险市场。

（二）财政补贴不断增加，杠杆撬动作用凸显

自2007年以来，国家实施了中央财政农业保险保费补贴政策，中央财政将关系国计民生和粮食安全的农产品纳入补贴目录。到2013年，补贴品种已经扩大3大类15个品种，覆盖了水稻、小麦、玉米等主要粮食作物以及棉花、糖料作物、油料作物、畜产品等。各级财政对保费补贴达到75%以上，其中，中央财政承担35%—50%，个别地方甚至由财政全额负担。其中，2013年补贴126.88亿元，为“三农”提供风险保障1.39万亿元，放大效应近100倍。

（三）农险供给形式多样，产品与服务不断创新

在国家政策支持下，各地积极探索农业保险的实现形式。目前，全国有23家保险公司经营农业保险，除上海外，每个省市都有多家保险公司经办农业保险业务，适度竞争的农业保险市场逐步形成。例如江苏省实施了政府与商业保险公司联办共保模式；浙江坚持以政府推动为主，共保体

统一经营形式；中国渔业互保协会通过创新互助共济的体制与机制，探索了互助农业保险模式。陕西、湖北也在局部开展了农机互助保险。与此同时，在全面推进农作物生产成本保险、满足农民基本需求基础上，各地还创新开展了蔬菜和生猪价格指数保险、天气指数保险、小额信贷保证保险、制种保险以及淡水养殖保险等试点，取得一定成效。

（四）保障水平有限，新型农业经营主体的需求难满足

目前大部分省农业保险的保额都是参照 2007 年的直接物化成本确定的，远远低于农民的实际成本支出。例如，黑龙江省大豆保险每亩保险金额 120 元，小麦 125 元，玉米 145 元，水稻 200 元，不足物化成本的 1/3。很多省份农业保险设定了高达 30% 左右的免赔率，导致农业风险没有得到充分有效的补偿。新型农业经营主体的种植面积大，生产成本中还要加上每亩几百元的土地流转费，资金投入量很大，他们迫切需要更高水平的保险保障。在上海，水稻的保险金额虽然已提至每亩 1000 元，但是新型经营主体仍感觉保障不够。

三、农村土地流转与农业保险发展关系

农村土地流转在促进农业规模化土地经营的同时，也带来了比分散经营更为巨大的自然风险、市场风险、技术风险等农业风险。农业规模经营对于农业保险有更高的要求。发展农业保险的生产稳定功能，有助于增强新型农业经营主体恢复农业生产的信心、提高持续投资的能力和农业投资热情，进而促进土地流转。农村土地流转为农业保险的产品创新提供了更好的平台，奠定了进一步深化发展的基础。

（一）农业保险促进土地稳步流转

风险补偿和稳定生产是农业保险基本功能。近年来，我国农业保险已经在基本功能上逐步拓展衍生出防灾减损、信贷支持等多种功能。通过充分发挥农业保险的生产稳定功能可以有效转移和分散风险，保障农业生产过程的持续稳定，促进农业生产经营活动健康发展，有利于增强农业生产

经营主体进行规模生产的意愿和信心，促进土地流转。

1. 风险补偿和稳定生产功能

农业保险在补偿损失、帮助农民恢复生产、保障农民收入稳定等方面起到了“稳定器”的作用。2013 年黑龙江省遭受了历史罕见的洪涝灾害，阳光农业相互保险公司共为 46.8 万受灾农户支付赔款 21.04 亿元。2014 年辽宁省的特大旱灾，农业保险赔付金额达 9.7 亿元。2014 年有史以来最强台风“威马逊”（17 级）登陆海南，全省农业保险估损 2.2 亿元，已赔付 3745.64 万元。在这些灾害中，农业保险为农业灾后恢复再生产提供了有力地支持。

2. 防灾减损功能

农业保险将政府临时性的被动救灾救济行为，转化为一种市场机制参与的制度化的主动灾害应对，平滑年度间财政支出水平，提高财政资金使用效率。目前，农业保险经营机构采取了必要的防灾防损措施，在有效控制风险的基础上，提高了自身的经济效益，从客观上起到防灾减损的效果。黑龙江阳光农业相互保险公司构建了由 357 门高炮、135 部火箭发射装置、8 部气象雷达、36 台气象卫星云图接收机和 1200 多名作业指挥人员组成的独具特色的防灾减灾体系，及时开展人工增雨防雹，已累计为农户减少损失 14 亿多元。安信农业保险股份公司在 2012 年海葵台风来袭前夕，设立 2500 万元奖励资金，鼓励投保大棚设施的农民主动割膜，既为农民保住了大棚设施，也为公司避免近 2 亿元预期赔付损失。人保财险江苏分公司针对 2014 年小麦赤霉病高发态势，在农户实施“一喷三防”基础上，出资 159 万元购置农药对丹阳市 48.5 万亩小麦进行统一防治，遏制了小麦赤霉病的大规模爆发，既减少了农民损失，也大大减轻了灾后赔付压力。

3. 信贷担保增信功能

与分散经营相比，土地流转后的规模化经营需要金融业提供长期、稳定、可持续的服务，特别是信贷资金方面的需求。农业是高风险行业，银行等金融机构一般会减少对于农业的信贷额度并严格信贷流程，发挥农业保险的信贷担保增信功能，能够充分发挥金融业对于土地流转的驱动作用。农业保险经营机构通过信用保证保险为农业经营主体增加信用，探索和创新农业保险与信贷结合的机制，解决了困扰新型农业生产经营主体的“贷款难”、“贷款贵”问题。在上海市“银保联合”项目支持下，安信农业保险股份公司从2008年开始开展支农贷款保证保险，农民专业合作社最高可获得200万元贷款，家庭农场可获得不超过50万元贷款，截至2014年10月底已累计为农民专业合作社等新型农业经营主体提供无抵押、无担保、实行基准利率的贷款2247笔，贷款额达到14.4亿元。中国人保江苏省分公司也于2014年9月在徐州、镇江、宿迁等三市开展小额贷款保证保险，帮助15家新型农业经营主体获得无需担保和抵押的贷款资金近400万元。

（二）土地流转促进农业保险发展

1. 提升了农业保险发展需求基础

农业保险需求主体保险意识的增强，有利于提高农业保险保障水平，促进农业保险深入发展。在传统农业生产方式下，农业生产主体为分散的农户，生产规模小、投入总量下、受灾损失下等特点，加上农户本身缺乏农业风险分散的意识，导致其对农业风险保障的需求相对较小。农村土地的加速流转、农业适度规模和专业化经营导致农业增长方式由粗放型向集约型转变，风险更为集中，加上新型农业生产经营主体大多采取市场化方式决策，固定资产投入多、生产规模大、市场风险被放大，承担的风险水平更高，因而对农业保险的需求更高。而目前的“保成本”式的农业保险不能满足农户对于风险分散的需求，势必寻求更高的保障水平，这有利于推进农业保险进一步发展。

2. 改善了农业保险发展的环境

一是农村土地流转促进农业规模化土地经营，有效降低了农业保险的经营成本。随着农村土地经营权的流转，农村土地逐步向少数种粮大户、农村合作社、家庭农场等集中，农业生产经营主体数量减少，单位承保规模提升，保险机构在展业、查勘、理赔、承保宣传等业务中的投入减少，降低了农业保险的经营成本。二是提升农业生产经营主体的主动风险管理意识，降低农业保险公司的经营风险。土地流转集中后形成的规模化、集约化和专业化的产业经营模式，客观需要农业生产经营主体在提高投入的同时，积极采取防灾防损措施，改善农业生产的基础设施，采用先进的生产技术提高抗风险能力。农业生产经营主体在每个生产环节所表现出的这种注重风险防范、高效收益的理性行为，能够有效降低农业保险的经营风险。三是农业保险需求主体的转变，抑制了道德风险和逆向选择，有效提高农业保险市场的效率。在传统的农业保险市场上，存在交易的外部性和信息不对称，道德风险和逆向选择问题严重。随着土地流转的逐步展开以及土地规模化生产经营主体的增加，农业保险的需求主体由个体向专业大户、家庭农场、农民合作社、农业产业化龙头企业等新型农业经营主体转变。对于这些新型农业经营主体而言，其投保的意愿更加明确，风险管理的意识和交易的约束力更强，在一定程度上抑制了道德风险和逆向选择问题，有效提高了农业保险市场的交易效率。

四、农村土地流转形势下改革完善农业保险建议

（一）提高产品多元化水平，满足新型农业经营主体多层次需求

针对农业保险需求主体的转变，开发符合新型农业经营主体多层次需求的保险产品。鼓励保险机构根据新型农业经营主体的市场需求开发产量保险、价格保险、信贷保证保险等新型保险产品，可按保物化成本、保完全成本、保基本收益等设计多档次多样化保险保单，各级财政应给予适当补贴。

（二）发挥农业保险的金融增信作用，建立银保互动机制

一要大力推动农业保险和农村金融的深入合作，建立银保互动机制。探讨农业保险和农村金融的多种合作形式，鼓励银保互动机制和模式创新，促进农业保险和农村金融的深度融合。二要鼓励开发银保合作产品，推广“生产保险＋信贷保证保险＋农村信贷”的合作模式。合理设计政府、银行和保险公司在银保合作中的权责分配和制约机制，政府对保证保险提供保费补贴，保险公司对被保险人提供贷款担保，银行对符合条件的

新型农业主体提供低利率、无抵押、无担保的贷款。

（三）加快农业风险区划，合理厘定保险费率和保险金额

根据全国主体功能区规划和全国现代农业发展规划，科学推进农业风险区划工作，以县市区为单位，根据气象水文、基础设施、历史产量等要素，划分为不同的保险责任区，确定保险责任，厘定保险费率和保险金额，探索划定不适宜保险区域。

参考文献

[1] 刘卫柏、陈柳钦、李中：《农村土地流转问题新思索》，《理论探索》2012 年第 2 期。

[2] 龙文军：《中国特色的农业保险经营模式研究》，载庹国柱：《中国农业保险研究集 2014》，中国农业出版社 2014 年版。

[3] 李小汇、黄琳、李建国：《农发行开展农村土地承保经营权流转信贷业务的法律支持模式研究》，《研究调查》2014 年第 9 期。

天气指数农业保险的研究与实践

龙文军　王慧敏　崔　帅

内容提要：本文总结了天气指数农业保险在印度、马拉维等国的实践，在此基础上，结合人保财险、人寿财险、国元农险、瑞士再保险等在中国各地的实践情况，分析了我国实施天气指数农业保险存在的问题，提出了促进天气指数农业保险发展的政策建议。

历经10余年的发展，我国传统农业保险在保障农民收入提高、促进农业生产发展、维护农村社会稳定等方面成效显著。为进一步提高保障水平、降低交易成本，探索新的农业生产风险管理工具、创新保险产品逐渐被重视起来。

一、天气指数农业保险的引入

天气指数农业保险为农业天气风险管理和转移提供了全新的思路和途径，它利用一个或几个对动植物生长具有主要影响的气象要素，包括降水、光照、温度等，将这些气象要素对动植物产量和效益损失程度指数化，并依据不同指数等级对灾害损失进行保险赔付。2002年墨西哥成为第一个试点天气指数保险的发展中国家。2003 年，在世界银行的帮助下，印度依托本地的保险机构也进行了试点。

（一）天气指数农业保险的特征

天气指数农业保险有如下几个方面的特征：

1. 地域性

不同地区的自然条件不同，可能出现“十里不同天”的现象。天气指数农业保险需要充分考虑到当地的气候特征，具有明显的地域特征。

2. 季节性

农业生产活动在不同的季节需要应对不同的气象灾害。天气指数农业保险要掌握保险标的在不同季节面临的主要气象风险灾害。

3. 连续性

天气指数农业保险要综合考虑一个生命周期内动植物生长过程中面临的主要天气风险。

4. 公开性

天气指数农业保险的核心是根据天气条件确定保险赔付，公众可以通过网络等渠道了解到天气变化情况。

5. 指数化

天气指数农业保险依靠模型将天气因素影响进行指数化测算，免去了现场的查勘定损，降低了运营成本。

（二）天气指数农业保险的定价

天气指数农业保险的定价是其推广的重点和难点，定价方法有三种：

1. 经验定价法

它通过收集天气影响造成的若干年损失经验，这种方法通过历史数据来计算触发条件下保险公司的盈利情况，以损失均值作为天气指数农业保险的价格，但是存在着数据的不足和没有考虑气候条件趋势性变动的问题。

2. 分布拟合法

这种方法将收集的经验损失数据通过拟合分布曲线，以统计均值作为天气指数农业保险的纯保费价格，据此测算均值的置信区间，以此确定保费的风险附加大小。但这种方法也难以克服历史经验数据的缺陷和没有将气候条件的趋势变动考虑其中的问题。

3. 动态建模法

通过直接对原始气候数据进行动态建模并预测未来的气温变化，进而用于天气指数农业保险定价。对于趋势成分，采用最小二乘法拟合带趋势项和周期项的趋势方程，而对于随机项，则采用时间序列技术对相邻时期内的气温相关性建模。这种方法充分利用了历史的气温数据信息，考虑到了气候条件的趋势性变动，可以较好地预测未来。但是，该方法对数据质量的要求较高，而建模过程的复杂性和参数的不确定性可能会影响其实用性。

二、国外开展天气指数农业保险的做法和启示

（一）印度天气指数保险

印度是农业大国，农业生产在印度国民经济中有着重要的地位和作用，但印度季风气候显著，一年之中的旱季和雨季分明，农业生产面临着较高的天气风险。2003 年，微型金融服务机构 BASIX 集团联合 ICICI 伦巴德保险公司，推出了发展中国家第一款天气指数保险（Bryla & Sryoka，2007），用来保障印度 Mahabubnagar 地区花生和蓖麻农户在雨季时发生旱灾带来的损失。当地银行 KBS 和 ICICI 伦巴德保险公司向 Mahabubnagar 地区四个村庄进行了推广。推广初期，BASIX 的贷款人是保险推广的主要目标，因为同其他消费者相比他们具有更高的保险产品购买意愿。开展第一年，公司共承保了 230 户农户，其中 154 户花生种植户，76 户蓖麻种植户，这些农户大都是土地面积小于 2.5 英亩的小农生产者①。

2003 年推广的天气指数保险受到了消费者的好评，之后连续两年的试点给 BASIX 和 ICICI 伦巴德公司更好地设计保险产品积累了经验。而农

① 1 英亩 =6.07 亩。

户对于合理的天气指数保险也表现出较为浓厚的关注。2007 年开始，印度政府开始推广天气指数保险计划（Weather Based Crop Insurance，WB-CIS），并且规定推行天气指数保险计划（WBCIS）的地区不能再推行国家农业保险计划（NAIS）。农户为小麦和其他粮食作物等（包括谷物、黍、豆类、油籽）投保的天气指数保险，需要分别缴纳 1.5% 和 2% 的保费，政府为投保的作物也提供保费补贴。政府根据不同的商业保费率提供不同比例的补贴，在费率为 2%—8% 的区间提供 25% 的保费补贴；费率超过 8%，政府提供的 50% 的保费补贴。

印度天气指数保险的主体包括 BASIX 集团、ICICI 伦巴德保险公司、瑞士再保、印度政府和农户等。在运行过程中，ICICI 伦巴德保险公司为保险承保人，销售主要通过 BASIX 集团的客户资源并利用本地银行进行推广。瑞士再保等机构为印度天气指数保险提供再保险，世界银行等国际组织为印度天气指数保险开展初期的部署提供其他一些必要的援助，印度政府提供部分保费补贴。

（二）马拉维干旱指数保险

1. 马拉维干旱指数保险实施情况

马拉维是非洲最贫穷的农业国家之一，全国约有 55% 的人口生活在贫穷线下。马拉维地处非洲东南部，差不多整个国家都处于高山之上，因此其气候呈现出热带干湿气候区高地气候的特征。马拉维的雨季从 11 月持续到次年 5 月，降雨量的不规律使得干旱时有发生。农业在马拉维经济中占据着支配地位，极端的天气风险对马维拉农业生产的影响很大。而风险管理工具的缺乏更加抑制了农户在农业生产中投入生产资料的积极性，这进一步限制了马拉维农业生产效率的提升和贫困局面的改善。

马拉维干旱指数保险由世界银行于 2005 年发起并提供技术支持，马拉维政府积极配合干旱指数保险的推广并提供保险地区相关气象数据。马拉维农民协会是保险的另一个重要的参与者。协会在整个保险的运作中承担农户的种子供应、产品收购、农业推广服务和贷款担保等工作。花生是马拉维干旱指数保险的第一个试点品种，随着试点的推广，在 2006—

2007年度的保险中，马拉维的粮食作物——玉米也被纳入了保险中。但玉米保险合同的销售是同花生绑定在一起的，这是因为玉米的价格波动较大且分布区域分散，马拉维地方微型金融机构并不愿意单独为玉米提供生产贷款。2007—2008年度的保险试点中，花生被经济价值更高的烟草取代。试点的保障对象也由保障农民个人贷款组合向烟草加工企业和贸易企业的贷款组合提供风险保障上转变。

2. 马拉维干旱指数保险运行模式

同印度干旱指数保险类似，马拉维干旱指数保险同样作为贷款的捆绑品进行销售。采取这种方式既提高了农户投入生产资料发展农业生产的积极性又降低了微型金融机构的债务违约风险。但同印度的运作模式相比，农民协会在马拉维干旱指数保险中的作用巨大，同时保险并没有直接销售给农户而是销售给了银行等微型金融机构。

这里以花生品种的干旱指数保险试点来说明保险的运作。首先，银行会向花生种植户提供生产贷款以帮助种植户购买种子、化肥等生产资料，农户在获得个人贷款后就可以组织生产。其次，由于保险主要面向农民协会中的会员提供，获得银行贷款的花生种植户会和农民协会签订购销合同，承诺在产品收获后以预定的价格销售给农民协会而农民协会向农户提供技术推广等服务。农户的产品收获后，协会将销售价款中的贷款扣除后交给银行，并扣除替农户缴纳的一部分保费，剩下的收益返还给农户。复次，银行向保险公司为贷款组合购买保险，保费的大部分或全部由银行和协会或合同企业承担。再次，气象站向保险机构提供气象站20公里范围内的气象数据作为保险赔付的标准数据。最后，如果发生干旱造成损失，保险公司为银行和农民协会或订单企业支付赔付，同时农户也会获得贷款压力减轻的好处（图1）。

（三）对我国的启示

1. 天气指数农业保险在发展中国家具有一定的适用性

这些国家的实践表明，天气指数农业保险的开展具有可行性。尤其是在农业占国民经济中比重较高，农业的风险抵御能力不强，农民收入较低

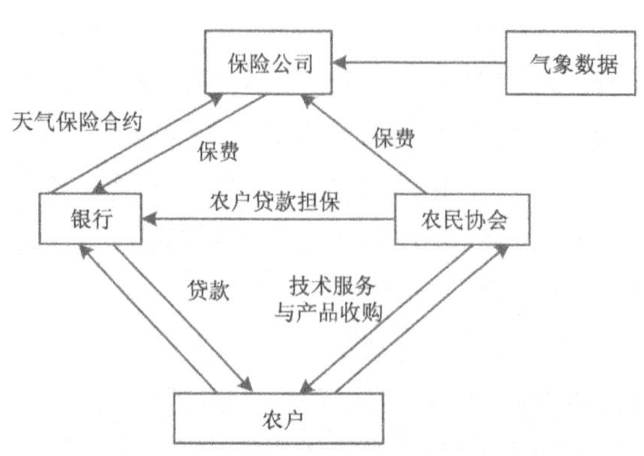

图 1　马拉维干旱指数保险运行模式

资料来源：世界银行，2011 年；作者根据材料整理。

且财政收入水平不高的发展中国家，天气指数农业保险能够在较大范围内发挥抵御农业生产风险、完善风险管理工具、促进保险市场发展的作用。

2. 发挥政府在天气指数农业保险发展中的引导作用

天气指数农业保险具有的公益性需要政府发挥引导作用。印度推行了国家农业保险计划和天气指数保险计划，根据不同的保费率进行保费补贴，最高补贴比例为 50%，农户自缴比例低于 10%。政府还通过政策引导、巨灾救助等方式参与天气指数的运作。

3. “银保互动”是天气指数农业保险运作的创新

印度天气指数保险的主要特色是将贷款和保险捆绑在了一起，向微型金融机构（MFI）贷款的农户被引导购买保险。在天气指数保险计划的推动下，在平滑农户收入、管理天气风险、降低微型金融机构债务违约率方面发挥了重要的作用。印度的“银保互动”模式在提升金融支持农业发展作用的同时为农户提供气象风险的保障，实现了双赢。

三、天气指数农业保险的优势

（一）扩大赔付面和提高保障水平

农业保险保障水平的高低直接关系农民恢复灾害生产的进程快慢和农民投保的积极性。我国多数地区农业保险的保障水平只是保基本物化成本的一部分，多数地区的种植业保险保障水平为200元/亩左右，能繁母猪为1000元/头，难以涵盖农民投入的各项成本。由于天气灾害造成损失后往往涉及范围广，呈块状分布，在一些没有开展天气指数农业保险的地区开展此项业务，可以让更多的农民享受到及时有效的赔付；在一些已经开展的此项业务的地区，将天气指数保险产品作为传统农业保险的附加险，可以有效提高保险保障水平，切实发挥保险的防灾减灾作用，帮助农民及时恢复生产。

（二）降低交易成本

我国农业生产高度分散，农业保险需要面对千家万户，由此带来了保费收取成本、销售成本、查勘定损成本、管理成本等都较高。一些保险经营机构在基层乡镇没有设置经营服务网点，从宣传、收取保费、多次查勘定损都需要大量的投入。天气指数农业保险合约设计简单明了、较为标准，不需要根据单个投保人的情况调整合约内容，减少了销售程序，节约了销售成本。在查勘定损上，由于天气指数保险的触发条件是客观的指数，发生实际赔付时不需要针对单个投保户的实际损失进行现场查勘定损，只要根据相关的指数条件便可实现赔付，简化了赔付程序。

（三）客观收集数据

天气指数农业保险能够对气象站20公里范围内的地区实现风险保障，在数量模型的建立上无需收集单个农户的产量数据，只需要获得地区产量数据即可。天气指数保险的赔付依据的是经过审核的气象站数据，气象站的监测数据一般会通过终端气象监测系统定时向公众查询平台发布。农户可以根据个人需要，随时获取，极大增强了信息的透明度。

（四）增强再保险能力

再保险制度是保险人在原保险合同的基础上，通过签订分保合同，将其所承保的部分风险和责任向其他保险人进行再次保险的行为。农业的高风险决定了风险发生后保险机构难以完全通过自身的力量来化解，需要通过分保实行再保险来降低风险。然而，传统农业保险合约的标准化程度较低，进入再保险的难度较大。根据客观的指数形成的标准化保险合约更容易再保险，这种标准化的合约可以较为方便地进入到资本市场中，吸引更多的社会资金投入到保险中，进一步降低保险成本。

（五）抑制逆向选择和降低道德风险

农户投保标的风险大小具有差异，风险越高的农户越倾向于购买保险，然而保险公司往往难以准确衡量不同投保户之间的风险大小而差异化保费。如果保险公司简单地提高保费以弥补较高赔付支出带来的亏损，则会使那些风险小的投保户逐步退出保险市场，因为天气指数保险合约是标准化的，对农户的赔付基于平均赔付率，能够较大限度地降低信息不对称的问题，从而抑制逆向选择的出现。天气指数农业保险的赔付依据客观计量的天气指数数据，不受农户主观行为的左右，从而降低农户的道德风险。

四、天气指数农业保险在我国的实践

（一）已开展的天气指数农业保险项目

近年来，我国天气指数农业保险试点不断增多，覆盖的范围也逐渐扩大。截至 2014 年 5 月，全国已经实施的天气指数农业保险品种有 8 种，涵盖了水产养殖业和种植业（表 1）。

表 1　　我国开展的天气指数农业保险品种概况

（截至 2014 年 5 月）

名　　称	开展公司	年份	运行状态
西甜瓜梅雨强度指数保险	安信公司	2007	在上海地区推广开展
小麦种植天气指数保险	国元公司	2010	安徽宿州市埇桥区、长丰县
水稻高温热害天气指数保险	国元公司	2011	2012 年重新修订。在安徽南陵县、无为县等开展

续表

名　　称	开展公司	年份	运行状态
蜜桔树气象指数保险	人保财险	2011	在江西省南丰县试点
海珍品风力指数保险	人保财险	2012	大连长海、山东长岛、山东荣成等养殖海域开展
烟叶冻灾和水灾指数保险	人寿财险	2011	福建省长汀县三个乡镇开展
海南橡胶风灾指数	人保财险	2013	开发论证阶段
大豆及玉米种植保险	阳光农业相互保险公司	2014	在鸡西地区、黑河地区试点推广
蜂业保险	人保财险	2014	在北京等地区开展

资料来源：吕开宇等（2014）及作者根据公开报道整理。

1. 安徽小麦和水稻的天气指数保险

安徽省是较早开展天气指数农业保险试点的地区之一。早在 2009 年，联合国粮食计划署、国际农业发展基金、农业部、中国农业科学院、安徽气象局和国元农业保险公司等单位就在安徽省长丰县颜湖村试点设计了累计降雨量指数和累计高温指数。2010 年和 2011 年国元公司在总结国际项目经验的基础上设计开发了小麦种植天气指数保险和超级杂交水稻高温热害指数保险，并在合肥市长丰县、宿州市埇桥区、芜湖市南陵县进行了试点。2013 年安徽省水稻和小麦天气指数保险的基本经营情况，合计收取保费 404 万元，赔付 566 万元，承保面积 34 万亩，承保 1.5 万户，综合赔付率为 139%。

开展天气指数农业保险涉及多个部门。从安徽省试点的实际情况来看，天气指数农业保险产品没有被纳入中央政策性保险的补贴范围，保费补贴主要由市县两级财政负担。受地方财力所限，财政部门根据财政承担能力来限定可参保的作物面积，由各乡镇进行分配，实际参保农户主要是种粮大户。

天气指数农业保险在稳定农业生产、保障农户收入上发挥了重要作用。2013 年，就水稻高温热害而言，农户在投保时仅支出了 2.6 元/亩，而保险公司向投保的受灾农户支付了 39.6 元/亩的赔付。由于根据客观的气象指数来进行赔付，减少了农户与保险公司之间的纠纷，极大地推动了农业保险工作。

2. 江西南丰蜜桔天气指数保险

2011 年，人保财险江西省分公司联合江西省气象局、美国加州大学伯克利分校根据江西省南丰县 48 年的气象数据和 31 年的蜜桔产量数据建立了作物产量模型，开发出了江西南丰蜜桔天气指数保险。蜜桔天气指数保险以南丰县生长一年以上的蜜桔树为标的，当保险果树所在行政乡的气象站经审核的最低气温达到保险约定的起赔温度标准后，则启动赔付。为了符合特定品种的特征，保险机构依据树龄设计了不同种类的保险金额。树龄一年以上四年以下的，每株保险金额设置 10 元、20 元、30 元三档。树龄四年以上的，每株保险金额设置 40 元、50 元、80 元三档。同时，根据农户需求，不同起赔温度设置不同的费率。

江西南丰蜜桔天气指数保险自开展以来，在满足果农保险差异化需求、保障农民收入稳定方面发挥了重要作用。运行三年来，保费收入累计 1068.79 万元，简单赔付率在 80% 左右。江西南丰蜜桔天气指数保险由地方政府给予保费补贴，补贴比例为省级 10%、市级 10%、县级 20%、农户自缴 60%。

3. 大连獐子岛风力指数保险

2012 年，人保财险大连分公司和大连市海洋渔业局、东北财经大学合作组成课题组将天气指数保险引入到海水养殖保险领域。课题组根据大连长海县 2002 年至 2011 年的风力气象数据设计出了风力指数模型。大连獐子岛风力指数保险的保险标的是大连獐子岛集团下属的大连长海、山东长岛、荣成等海域以底播、浮伐形式养殖的虾夷扇贝、鲍鱼、刺参、海胆等海珍品。保险金额按照三个不同养殖海域的平均年产值确定为大连长海 3 亿元、山东荣成 7000 万元、长岛 3000 万元，保险费率均是 5%。保险约定当所在海域遭遇的风级超过起赔风级 10 级时，启动赔付。在具体的赔付方案的设计上，采用了浮动赔付区间与最高赔付区间相结合的模式，浮动区间为超过 19.5m/s 的 8 级大风至 15 级大风，每一个风级的赔付水平根据历史记录的分布特征利用信息扩散技术及弹性分析技术逐个获得。自 2013 年 8 月至 2014 年 2 月，大连风力指数保险保费收入 2000 万元，赔款 2317.5 万元，简单赔付率 115.88%。

4. 福建烟叶种植天气指数保险

烟叶种植天气指数保险是人寿财险的一款指数型保险产品，自 2011 年开办以来，良好地保障了烟农利益。在试点地区选择阶段，人寿财险利用国家气象局相关数据，充分考虑自身实际，结合指数保险产品特点、地区气候特征，将福建省龙岩市长汀县的河田、三洲、濯田确定为试点地区。在产品研发阶段，人寿财险首先针对试点地区的 413 户烟农进行了入户调查，结合调查数据将主要的灾害风险确定为 3 月份的低温以及 5、6 月份的降雨。对洪水、雨涝以及低温等气象要素同损失数据之间做相关性分析，确定了指数赔付触发点。在保险成型阶段，人寿财险根据保险条款、保险单、投保单、分户清单、费率表等要素，拟定完成了开展天气指数保险的指导性材料。2011 年年底，天气指数保险合约设计正式完成，经过中国保监会备案，正式进入了试点销售阶段。2011 年年底，人寿财险龙岩中支公司共承保烟叶种植冻害责任 2.1 万亩，保费 42 万元，2012 年 3 月承保水灾责任面积 2.1662 万亩，保费 64.99 万元。2012 年 4 月，龙岩地区遭受了连续的冰雹和暴风雨袭击。根据受损情况及参考同业赔付标准，绝收的每亩赔付 540 元，损失严重的每亩赔付 324 元，中度的每亩赔付 189 元，轻度的每亩赔付 108 元，共赔付 451.44 万元。

（二）我国天气指数农业保险实施的效果

1. 节约了理赔成本，加快了理赔速度

实施天气指数农业保险后，保险的赔付只需要根据客观发布的气象数据来确定，减少了现场查勘和二次定损，节约了理赔成本，明显加快了理赔速度。

2. 推动了投保户积极采取减灾措施

天气指数农业保险的赔付标准在同一地区一致，农户不用担心自己的赔付率高低，这些赔付是固定的。出险后，投保户能够采取积极措施降低损失从而获得更大的收益空间，加快了农业再生产的恢复能力。

3. 发挥了保险的风险保障作用

天气指数农业保险赔付依据客观的可观测的气象数据并据此计算指数值，减少了人为干预，从而真正发挥保险的风险保障作用。

4. 易于保险再保，增强了抗风险能力

天气指数农业保险是一种通过计量气象数据和农作物产量和效益关系的标准化合约产品。在国际再保险市场上，标准化的保险合约产品能够更容易被再保，从而将保险风险分散到国际市场上，大大提高了保险机构的抗风险能力。

（三）天气指数农业保险实施中面临的挑战

1. 相关参与主体的理解程度不高

天气指数农业保险在我国是新生事物，加之本身较复杂，使得农户对其理解程度有限，直接影响销售。如何将其先进发展理念宣传推广，使之被广为接受，是推广天气指数保险必须解决的问题。

2. 气象和损失数据收集难

天气指数保险产品的设计需要长时间稳定的历史数据，目前有些地区气象设备还没有延伸到相应的农业生产地区。在产量数据收集方面，农调队能提供大范围数据，但天气指数农业保险需要小范围的产量数据，且没有历史积累，会对保险产品的设计造成较大的影响。

3. 存在基差风险的困扰

基差风险（Basis Risk）是天气指数保险固有的不足。基差风险的潜在来源有以下两个：第一，造成保险标的损失的因素可能是天气因素以外的其他因素，例如病虫害、疾病等因素，这是因为数据精算模型在气象事件和产量损失之间的相关性上没有能够做出准确的计量，从而造成农户实际上未发生损失而保险公司却需要赔付；第二，不同农户之间都具有相同的赔付标准，可能产生损失和赔付不一致的现象。一般来说，在气象站20公里范围内进行气象预报都是有效的，但是不排除区域小气候或者不同田块风险不同的现象。例如遭遇风灾时，同一片区域内，迎风坡和背风坡的损失可能完全不一样，但赔付率相同。一般来说，基差风险可以通过更精确的指标设计、以及更密集的气象站数据来降低。

五、进一步推进天气指数农业保险的政策建议

天气指数农业保险的实现形式主要有两种，即一是作为传统农业保险的补充。在政策性农业保险发展较为深入的地区，天气指数农业保险以“附加险”的形式来提高保障水平，从而成为传统农业保险的补充。二是作为农业保险的创新产品。针对政策性农业保险发展不够充分地区和没有被中央财政纳入到保费补贴体系中的各地特色经济作物，天气指数农业保险可以成为一种新的主要险种，例如制种天气指数保险、柑橘天气指数保险、蜂业指数保险等。为进一步推进天气指数保险发展，特提出如下建议：

（一）选择合适的区域开展天气指数农业保险试点

天气指数农业保险试点最好在传统农业保险发展较为薄弱且风险可保、风险受人为因素干预小的地区试点。在传统政策农业保险开展相对薄弱甚至是空白的地区可以创新试点实施天气指数农业保险，充实风险管理工具、完善保险市场，降低推广和改革成本。

（二）选择合适的品种开展天气指数农业保险试点

天气指数农业保险可以立足特色经济作物品种风险的保障，实现长远发展。农作物制种的生产易受自然风险影响，干旱等极端气象灾害的影响较大。同时，制种初始投资较大，农户从银行等微型金融机构贷款也可能因为天气风险影响而产生违约。在传统农业保险保障不足的经济作物中试点推广天气指数农业保险，实现对天气风险的管理，既能平滑农户收入又能促进农村金融服务的发展。

（三）加大财政支持力度

建议财政在以下方面支持天气指数农业保险的发展：第一，中央财政给予保费补贴支持。天气指数保险具有很强的公益性，单靠地方有限的财力支持，保险的推广难度和保险金额的提升难度大，中央财政的保费补贴必不可少。第二，支持气象监测基础设施改善。气象监测基础设施是气象数据获得的硬件条件，应当加大基础设施的建设密度和仪器精度，发挥其在天气指数保险中发展的基础性作用。

（四）加大宣传提升农户风险意识和产品认知

农户的风险意识不强和对保险产品认知水平低是造成农户有效需求不足的根本因素。保险公司在加强发放宣传册、增加墙体广告的同时，还可以在赔付时设立现场咨询点，引导农户参与天气指数农业保险，以增强实际感知度。

参考文献

[1] Alan P K, Barry K G. Nonparametric estimation of crop insurance rates revisited. *American Journal of Agricultural Economics*, 2000, 82 (2): 463 – 478.

[2] Bokusheva, R. , Breustedt, G. , & Heidelbach, O. (2007) . Ex – ante evaluation of weather – based index insurance and area – yield insurance for reducing crop yield risk. Paper presented at the European Association of Agricultural Economists 101st Seminar, July 5 – 6, 2007, Berlin, Germany.

[3] Breustedt, G. , Bokusheva, R. , & Heidelbach, O. (2008) . Evaluating the potential of index insurance schemes to reduce crop yield risk in an arid region. *Journal of Agricultural Economics*, 59 (2), 312 – 328.

[4] Bryla, E. , & Sryoka, J. (2007) . *Developing Indexed – Based Insurance for Agriculture in Developing Countries.*

[5] Chantarat, S. , Mude, A. G. , & Barrett, C. B. (2009) . Willingness to pay for index based livestock insurance: Results from a field experiment in northern Kenya.

[6] Chantarat, S. , Mude, A. G. , Barrett, C. B. , & Turvey, C. G. (2009) . The performance of index based livestock insurance: ex ante assessment in the presence of a poverty trap.

[7] Maize Index, M. (2011) . Weather Index Insurance for Agriculture.

[8] Miranda, M. J. (1991) . Area – yield crop insurance reconsidered. American *Journal of Agricultural Economics*, 73 (2), 233 – 242.

[9] Miranda, M. J. , & Farrin, K. (2012) . Index insurance for developing countries. *Applied Economic Perspectives and Policy*, 34 (3), 391 – 427.

[10] Mahul, O. , Belete, N. , & Goodland, A. (2009) . *Index – based livestock insurance in Mongolia*: *International Food Policy Research Institute* (*IFPRI*) .

[11] Patt, A. , Peterson, N. , Carter, M. , Velez, M. , Hess, U. , & Suarez, P. (2009) . Making index insurance attractive to farmers. *Mitigation and Adaptation Strategies for Global Change*, 14 (8), 737 – 753.

[12] Skees, J. , Hazell, P. , & Miranda, M. (1999) . New Approaches to Public/Private Crop – Yield Insurance: EPTD Discussion Paper.

[13] Skees, J. R. (2008) . Innovations in index insurance for the poor in lower income countries. *Agricultural and Resource Economics Review*, 37 (1), 1.

[14] Turvey, C. G. (2001) . Weather derivatives for specific event risks in agriculture. *Review of Agricultural Economics*, 23 (2), 333 – 351.

[15] Zeng, L. (2000) . Weather derivatives and weather insurance: concept, application, and analysis. *Bulletin of the American Meteorological.*

[16] 陈权：《天气指数保险费率厘定与修正方法研究》，西南财经大学，2013 年。

[17] 程静、陶建平：《干旱指数保险支付意愿研究——基于湖北省孝感市的实证分析》，《技术经济与管理研究》2011 年第 8 期。

[18] 娄伟平、吴利红、姚益平：《水稻暴雨灾害保险气象理赔指数设计》，《中国农业科学》2010 年第 3 期。

[19] 孙朋：《农业气象指数保险产品设计研究》，山东农业大学，2012 年。

[20] 王建国：《气象指数型水产养殖保险研究》，《保险研究》2014 年第 3 期。

[21] 王文芳：《我国洪水指数保险的指数设计研究》，湖南大学，2012 年。

[22] 吴利红、娄伟平、姚益平等：《水稻农业气象指数保险产品设计——以浙江省为例》，《中国农业科学》2010 年第 23 期。

[23] 杨太明、刘布春、孙喜波等：《安徽省冬小麦种植保险天气指数设计与应用》，《中国农业气象》2013 年第 2 期。

[24] 尹宜舟、Marco GEMMER、苏布达等：《台风灾害气象指数保险相关技术方法初探》，《自然灾害学报》2012 年第 3 期。

[25] 于宁宁、陈盛伟：《天气指数保险国内外研究综述》，《山东农业大学学报（社会科学版）》2009 年第 4 期。

[26] 姚丹、郑苏晋：《农业天气指数保险的保障与融资功能发挥——从保险标的的可保性角度分析》，《金融发展研究》2013 年第 5 期。

[27] 朱俊生：《中国天气指数保险试点的运行及其评估——以安徽省水稻干旱和高温热害指数保险为例》，《保险研究》2011 年第 3 期。

[28] 赵建军：《基于气候变化的水稻旱灾风险及其保险研究》，四川农业大学，2011 年。

加快推进农业 PPP 投资

郭永田　龙文军

内容提要： 运用 PPP 模式引导社会资本投入农业和农村是提高农业投资总量的重要手段，PPP 模式应用于农业投资已经初现端倪，农业 PPP 投资前景广阔，加快推进农业 PPP 投资需要加强顶层设计和规范引导，深化农业投资管理体制改革，强化社会资本的准入的资格审查，加强项目评估和管理。

我国正处于形成“工业反哺农业、城市支持农村发展”的关键时期。尽管国家的综合经济实力和产业结构特征已经具备了“工业反哺农业”和“以城带乡”的能力，但是社会主义初级阶段的基本国情决定了大规模依靠政府投资来反哺农业和支持农村是不现实的。积极运用 PPP 模式引导社会资本投入到农业和农村，是现阶段“反哺农业、支持农村发展”的重要手段之一。

一、PPP 投资模式

PPP 模式，又称为公私合营模式，即 Public—Private—Partnership，起源于英国的“公共私营合作”的融资机制，是指政府与私人组织为了合作建设基础设施项目，或是为了提供某种公共物品和服务，以特许权协议为基础，彼此之间形成一种伙伴式的合作关系，并通过签署合同来明确双方的权利和义务，最终使合作各方达到比单独行动更为有利的结果。PPP 模式兴起以后，形成了 BOT、BT 等不同的表现形式，在各国基础设施等项目的建设中发挥了重要作用。PPP 在本质上是一种互惠互利、共赢的关系。在国家经济稳增长的背景下，从中央到地方正进行着一场 PPP 投资总动员。从 2014 年（又被称为“PPP 元年”）开始，国务院、国家发展和改革委员会、财政部出台了一系列关于“政府和社会资本合作模式（PPP）”的指导性文件，随着《国务院关于加强地方政府性债务管理的意见》、《国家发改委关于开展政府和社会资本合作的指导意见》以及财政部的《政府和社会资本合作模式操作指南（试行)》的出台，PPP 作为政府融资的法定模式正式登场亮相，开展 PPP 已经上升为国家战略。国家发展和改革委员会下发的实施意见规定，PPP 模式主要适用于政府负有提供责任又适宜市场化运作的公共服务、基础设施类项目，包括经营性项目、准经营性项目和非经营性项目（即公益类项目)；财政部在操作指南中提出“投资规模较大、需求长期稳定、价格调整机制灵活、市场化程度较高的基础设施及公共服务类项目，适宜采用 PPP 模式。简言之，就是国家规定经营性和准经营性项目适宜采取 PPP 模式。

二、农业 PPP 投资现状

近年来，随着国家现代农业体系建设的深化和中央对农业扶持力度的加大，农业成为投资的热点领域，农业的 PPP 投资已经初现端倪。

（一）出台政策支持农业 PPP

为深入贯彻落实“中央 1 号文件”、《国务院办公厅关于加快转变农业发展方式的意见》（国办发〔2015〕59 号)、《国务院办公厅关于进一步促进旅游投资和消费的若干意见》（国办发〔2015〕62 号）等文件精神，进一步优化政策措施，开发农业多种功能，大力促进休闲农业发展，着力推进农村第一、第二、第三产业融合，农业部出台了《关于积极开发农业多种功能大力促进休闲农业发展的通知》，指出要探索新型融资模式，鼓励利用 PPP 模式、众筹模式、“互联网 +”模式、发行私募债券等方式，加大对休闲农业的金融支持。各地也先后出台了引导社会资本投入农业的意见，例如浙江省 2014 年就已经出台了《关于鼓励投资发展现代农业的意见》，其中明确了财政、税收、用地等五项具体的“政策红包”，引导社会资本投入现代农业。

（二）PPP 投资农业已有一些实践

近几年，社会资本加快“进军”农业，投资规模逐年增长，虽然有的规模不大，不能称得上是真正的 PPP 模式，但是已经有的 PPP 模式的运营雏形，越来越多的社会资本选择以市场为导向、专业化分工、标准化生产、社会化协作的经营策略投入农业，将基地开发、产品加工、市场拓展有机融合。社会资本投资农业的主体呈现多元化态势，既有本地的能人投资，又有外地的资本，甚至还有一些外国资本；既有来自第二产业工业、建筑业的，也有来自第三产业的。例如中信集团成立农业板块，联想集团早期就已经介入农业领域。从区域发展来看，社会资本投资农业存在明显的区域差异，东部沿海地区农业生产基础和投资环境优越，投资农业起步较早，投资规模大，效益明显，而社会资本在中西部地尚处于起步阶段，可选择的经营范围与盈利空间相对有限。

（三）PPP 投资农业的问题仍然突出

我国农业 PPP 投资起于 20 世纪 90 年代，虽然有一定的发展，但是由于缺乏国家相关政策的支持，农业 PPP 投资的规模和范围都十分有限，存在一些突出问题，主要表现在：

1. 合作持续性较差

一些政府与社会资本的合作并不是规范意义上的合作。政府投资以后，有的接管或经营主体积极性不高，经营出现年年投资，项目年年难见效，缺乏可持续性，归根到底就是政府投资没有与社会资本形成稳定的合作机制。

2. 项目吸引力不大

一些农业项目本身的吸引力不大，没有获得暴利的可能性。一方面农业生产周期长影响投资回报周期，社会资本必须要有足够的耐心和承受力等待未来的资金回报；另一方面农业基础设施薄弱。农业基础设施建设投入较大，这就把一部分社会资本挡在了外面，即使部分资本勉强进入，也容易导致采取“短期行为”。

3. 投资环境不配套

一是用地资源相对紧缺。随着国家土地政策的调整，用地难矛盾十分突出，特别是农业设施用地紧张，制约了设施农业或其他需要较大规模设施用地的农业项目的发展。二是劳动力成本上升，人才与科技服务跟进不力。随着农村青壮年劳动力的大量转移，社会资本投入农村劳动密集型产业后面临的高素质劳动者不足和“用工难”的问题十分突出，日益上涨的劳动力成本也影响到社会资本的利润空间。三是农业金融服务滞后。社会资本投资农业，缺少抵押物或者抵押物不符合金融机构的要求，难以通过贷款审批；农业保险的品种少、覆盖面窄，社会资本经营风险较大。

三、农业 PPP 投资的应用前景

农业 PPP 投资是我国经济发展阶段转变、农业向现代化转型、农村生产要素关系变化的必然结果，也是市场利润、政策红利等共同引致的现象。在国家 PPP 新政的支持下，农业 PPP 投资将迎来新的机遇。

（一）从农业项目本身看，具备 PPP 项目的特征

从 PPP 模式自身的性质来看，PPP 项目具有投资额度大、周期长、项目风险高的特点，成功的 PPP 项目要求参与方有承担这三大特性所要求的能力。一些农业 PPP 项目具备如下特征：一是准公益性。农业领域里一些项目的效用不可分割，成本和效益有外部性，其社会效益高于直接经济效益。需要因而政府部门与社会资本以特许权协议为基础进行全程合

作，双方对整个项目周期负责。二是有持续的收入。农业项目一般有比较稳定的效益，但不会有暴利，项目收益一般是通过10年、20年甚至更长时间的合作来获得。三是资金投入量大。社会资本投资现代农业项目有一定的技术含量，需要的资金投入量非常大，政府投入一部分，社会资本融资一部分，共同注资开展经营。

（二）从农业行业需求来看，迫切需要PPP来增加投资

政策、科技、投入历来是我国支持农业发展的三大要素，我国农业依然是国民经济发展的薄弱环节，投入不足、基础脆弱的状况并没有改变。在我国，如何稳定和逐步增加对农业发展所必需的各项投资，是巩固农业基础的重要一环，仅仅靠加大政府的财政投入远远不够，迫切需要通过多种渠道来增加投资。像农业这种投资数额很大，而回收周期长、见效又比较慢的行业，要想成功吸引社会资本是比较困难的。PPP就是引导社会资本增加农业投入的重要手段之一。

（三）从转变投资方式来看，迫切需要PPP来创新发展

政府对农业的投资领域和形式很多，有的看得见，有的看不见：有对农口部门的经费投入；有水利项目、农村基础设施项目、农业综合开发项目、现代农业项目、美丽乡村、生态林建设等；有抗旱、防汛资金；对农民的各项补贴，如粮食直补、良种补贴、能繁母猪补贴等等。一些基础项目政府要真正实现从微观向宏观、从审批向监管、从项目安排向制度供给的转变，要真正做到政府投入与社会资本的有机结合，利用PPP来创新农业投资模式，真正提高投资的效率。PPP并不是免费的午餐，不可能完全替代债券等融资方式。

四、推进农业PPP投资的思路

（一）总体思路

根据国家有关文件要求，以增强农业领域公共产品（服务）供给能力、提高供给效率为目标，加强顶层设计和规范引导，深化农业投资管理

体制改革，通过特许经营、委托经营、投资补助、政府购买服务、股权合作等多种方式，鼓励和引导社会资本投入农业重点基础性、公益性领域，与社会资本建立利益共享、风险共担的长期合作伙伴关系，建立健全制度化、规范化、程序化的监控机制，为农业现代化和工业化、信息化、城镇化同步发展打下坚实基础。

（二）基本原则

1. 坚持顶层设计

出台更加明晰、可操作的 PPP 投资农业项目政策体系。按照全国主体功能区划和农业优势产业布局，把社会资本投入农业同农业产业发展规划和各类现代农业园区建设结合起来，以便社会资本在进入农业领域时找准产业定位，避免投资的盲目性和趋同性。

2. 坚持试点示范

要首先选择一些条件成熟、基础较好且有过探索实践的地区，作为社会资本投资农业试验区（示范区），探索总结具体做法和经验后再推广，有序推进。

3. 坚持严格准入

建立社会资本投资农业准入制度，对社会资本从事农业生产要求具备的生产经营能力和履约能力进行审核，把好“准入关”；建立健全制度化、规范化、程序化的监控机制，避免弄虚作假或在中途变更经营范围。

4. 坚持多方共赢

在确保政府的资金起到杠杆作用的同时，要让社会资本有利可图。建立企业与农民之间紧密的利益联结机制，使农民能够分享企业发展壮大的“红利”，增加农民收入。

（三）主要领域

鼓励农业 PPP 投资的主要领域有：

1. 农业园区类项目

这类项目需要动用政府力量来征地，需要财政资金的前期投入。一旦建成以后，需要有专门的单位来持续经营，在一个农业园区或试验区范围内，完全可以采取 PPP 模式。

2. 农村批发市场

大型农村批发市场需要动用政府力量来征地，财政资金前期投入一部分，一旦建成以后，政府特许专门的单位来持续经营，完全可以采取 PPP 模式。

3. 农村沼气工程

农村沼气的前期投入和宣传动员工作需要政府相关部门推进，而沼气池的维护、相关设备的维修、保养等都需要有专门特许经营单位来完成，可以采用 PPP 模式。

4. 渔港码头

渔港、渔船码头的建设需要政府的投入，但是运行和管理需要有专门的单位来执行，可以采取 PPP 模式，以利于渔港经济的发展。

5. 基层动物防疫体系

乡村动物防疫站的建设、国家规定的动物疫苗都可以通过国家投入来完成，但是持续经营需要有专门的单位完成，这个专门机构管理广大村级防疫员来完成。

另外，养殖小区、良种繁育工程、西部地区的设施农业等都可以实施 PPP 模式。

（四）运营机制

由农业主管部门确定农业 PPP 投资项目，制定农业 PPP 投资项目的年度和中期开发计划，然后通过招标方式引入社会资本，社会资本与农业部门或其授权机构签订 PPP 合作协议，独自承担或合作共建新的项目公司承担 PPP 建设项目的设计、建设、运营和维护的大部分工作，通过使用者付费和必要的政府投资获得合理投资回报，同时，农业部门负责做好公共产品和服务的价格和质量监督。

五、加快推进农业 PPP 投资的政策建议

（一）制定农业 PPP 投资的实施方案

要根据国务院相关文件要求，尽快制定农业 PPP 投资实施方案，对农业 PPP 投资的政策需求、鼓励投资的领域、工作安排等作出具体说明，让社会资本了解到投资农业的具体流程，明确社会资本的利益保障机制、投资回报实现途径，以资本收益为吸引力，调动社会资本投资农业项目的热情。

（二）强化社会资本准入资格审查

因地制宜、科学规划、因势利导，避免由于社会资本进入农业的盲目性而导致资本流失，甚至失去再投入的信心。重视并加强社会资本进入农业的资本审查，尤其是对社会资本流转农户土地发展现代农业前，要对其投资动机、资金情况、项目前景和经营能力等方面进行评估和论证，对社会资本投资农业的实施情况进行全程监控，跟踪投资进度，真正做到优胜劣汰。

（三）设立 PPP 项目担保基金

由于农业项目的周期长、投资回收慢，引进中长期资本需要有充分保障以满足 PPP 项目的资金回收和偿付需求。为更好地调动银行发放项目贷款的积极性，建议加快设立 PPP 农业项目担保基金，对因地方政府的失信行为而给银行造成的不良贷款带来的投资损失，可由基金给予相应的补偿。

（四）加强投资项目的评估和管理

要通过计划转发分解、项目建设进度、资金使用拨付等重点关键环节开展监督管理，全面掌握涉农领域资金分布和使用情况，依托各方面力量构建投资综合监管体系，坚决查处涉农资金领域存在的突出问题，查风纠偏、堵塞漏洞，提出问效追责的具体意见，推动形成投资监管与投资安排

紧密衔接的激励制约机制。

（五）加强农业 PPP 投资相关问题的研究

农业 PPP 投资是一个新事物，需要加强相关研究。要对国家的 PPP 相关政策作系统梳理，对其他行业开展 PPP 的实践有所分析和了解，对国外开展农业 PPP 投资的经验进行总结，对国内投资实践跟踪研究、明确农业 PPP 项目的分类标准，及时提出农业 PPP 投资的政策需求。

农垦农业“走出去”的主要类型及风险防范机制分析*

翟雪玲　徐雪高　张　振

农业“走出去”是新形势下构建开放型经济体系的重要组成部分。目前我国已经进入农业“走出去”的快速发展阶段，农垦“走出去”是我国农业“走出去”中的一支重要力量，在我国整个农业“走出去”中发挥着“排头兵”和“先遣队”的作用。经过多年发展，我国农垦企业在“走出去”方面摸索出了不同的模式，在风险防控机制构建方面创出了不同的做法。及时总结梳理这些模式、做法、经验对于指导我国农业企业“走出去”具有重要作用。

本文选择了我国在“走出去”中规模较大、开展时间较长、成效较好的上海、黑龙江、广东、广西、云南、安徽六大垦区，重点对其农业“走出去”的模式、做法及风险防范机制进行剖析。

* 本课题是农业部农垦局2014年资助课题“农垦企业‘走出去’模式及风险防范机制”研究的部分研究成果。

一、农垦企业“走出去”模式与做法

（一）“加工 + 生产 + 销售”模式

主要以广东农垦为典型代表。广东农垦“走出去”模式是以“加工”为切入点，逐步向前、向后延长产业链条，最终形成了“种苗繁育 + 种植管理 + 加工生产 + 销售融资”为一体的境外天然橡胶全产业链模式。主要做法：一是先建天然橡胶加工厂。自 2004 年起，广东农垦就在泰国、马来西亚、印度尼西亚等国家开始了天然橡胶加工企业布局，先后启动了 9 家橡胶加工厂的建设工作。二是向前拓展种植基地。为从源头上扩大自有天然橡胶种植资源控制量、占据原料成本优势、抵御市场风险，广东农垦逐渐进入海外天然橡胶种植领域。同时配套开展了畜禽养殖、生物有机肥生产、生物发电等多个项目的建设工作。三是向后组建营销中心。为提升企业经营效益，广东垦区在新加坡成立了广垦橡胶国际贸易公司，并以此为平台开展原材料采购、产品营销和国际融资等业务，打通国内外的资源市场和需求市场，有效提升了广东农垦天然橡胶全产业链经营国际化水平。

（二）“产业园区”模式

以广西农垦为代表。这种模式是以建“产业园区”为切入点，通过“产业园区 + 招商引资 + 物业服务”的运作方式，实现“走出去”企业社会和经济效益可持续发展。目前，广西农垦已在印度尼西亚建立了“中国·印尼经贸合作区”、在俄罗斯建立了“诺夫哥罗德农产品加工及物流中心”两个园区。主要做法是：首先广西农垦投资完成园区基础设施建设，然后开展招商引资工作，产业园区为入驻企业提供物业服务。目前“中国·印尼经贸合作区”已与 24 家中外企业签订入园投资开发《土地买卖协议》。2013 年“中国·印尼经贸合作区”通过出售土地、出租厂房，提供物业服务，合作区项目投资建设现已取得了初步经济和社会效益，实现了收支平衡，同时为当地提供了 1000 多个就业岗位、缴纳税金达 2000 多万美元。

（三）"替代种植"模式

以云南农垦为主要代表。这种模式是以"替代种植"为切入点，通过"基地建设+产品回运"模式，实现了替代种植任务和资源性产品返销双收获。主要做法：一是以替代种植项目为依托完成基地建设。云南农垦所属农场分别承担了我国在老挝、缅甸建设天然橡胶、甘蔗等替代种植基地的任务。通过替代种植项目，完成基地建设。二是投资兴建加工厂。为增强效益，垦区投资兴建了天然橡胶加工厂，既加工垦区本身生产的，也收购当地农民的原料，以此加强对境外原料产品的控制。三是产品回运满足国内需求。云南农垦在境外收购和自主加工的橡胶、甘蔗产品全部回运国内，2013年共返销干胶5700吨、鲜蔗19.35万吨，加工制成白糖2.42万吨，在调节国内市场缺口方面发挥了一定的作用。

（四）以种植为切入点逐步向加工、物流、贸易拓展的发展模式

以黑龙江农垦为代表。经过多年发展，黑龙江农垦立足自身优势，形成了以种植为切入点逐步向加工、物流、贸易拓展的多种发展模式。主要有以下三种具体表现形式：

一是境外租地种植模式。该模式表现为"境外种地+产品外销或回运"。主要的特点是企业在境外承包土地种植开发，产品大部分直接在海外销售，部分产品根据国内产业状况回运国内加工销售。如宝泉岭管理局的远东农业开发有限公司，北安管理局的经色边疆农场、逊克农场、尾山农场等在俄罗斯都是这种模式。

二是代耕代种模式。该模式主要表现为"代种土地+约定产量+固定回报"。主要做法是国内相关企业与"走出去"目标国签订协议、承包租赁土地，然后与黑龙江相关农场合作，由农场负责种植开发，收获的产品归企业，农场赚取劳务收入。如曙光农场与中信电子有限责任公司的合作，双鸭山农场与湖北万宝粮油有限公司的合作等都是这种模式。

三是贸易带动加工物流模式。该模式主要特点为"贸易现行，带动投资、加工和物流"。主要以九三油脂、北大荒商贸集团、北大荒马铃薯

集团等大型企业为代表。主要做法是首先成立海外公司，通过海外公司开展贸易和融资活动，同时收集相关行业信息，再伺机向加工、物流领域发展。如九三油脂，先后在巴西、中国香港、美国和马来西亚设立4家海外公司，通过这些海外平台与国际粮商进行农产品贸易和融资。在贸易活动中逐渐将投资重点向港口码头等领域转移。北大荒商贸集团做法与九三类似。首先在中国香港成立了北大荒香港国际等3个公司，通过海外公司进行贸易和融资活动。然后再在香港建立物流配送体系，将产品（杂粮、油）直接配送到终端消费者。

（五）“抱团出海”模式

以安徽农垦为代表。2013年，在安徽省政府的支持下，安徽农垦积极实施抱团“走出去”战略，牵头成立了“皖企赴津巴布韦合作开发联盟”。联盟制定了《联盟章程》、《赴津投资企业管理办法》等制度文件，统一规划“走出去”项目。如果企业加入“皖企赴津巴布韦合作开发联盟”，可以利用皖津项目平台为皖企“走出去”赴津投资提供一站式服务。服务内容包括：一是加盟企业能够有效避免津巴布韦本土化法的限制（津巴布韦法律规定，外国公司在津投资控股不能超过49%。而皖津公司在成立初期，经过艰难谈判最终突破了津国本土化法的限制，合资公司股权比例争取到了50%）。二是皖津公司能够为加盟企业提供津方的相关法律、信息等服务，并能代表加盟企业同津方谈判。三是能够帮助加盟企业办理赴津的各种手续。而加盟企业需要向皖津公司交纳管理费。从运行效果看，“皖企赴津巴布韦合作开发联盟”实现了“走出去”企业之间“信息共享、资源共享、服务共享”，还有效避免了国内企业在津巴布韦投资的盲目性和恶性竞争，对津巴布韦投资形成了合理有序的格局，最大程度的保证了国内企业的整体利益。

（六）资本并购模式

以上海农垦为代表。这种模式主要的做法是通过资本运作，直接到海外并购公司，快速融入国际市场，同时充分利用国内市场发展潜力，提高企业竞争力。2011 年至今，光明食品集团已成功并购了新西兰的新莱特公司、英国的维多麦公司、澳大利亚的玛纳森公司和法国 DIVA 波尔多高端红酒经销商。从并购后企业的运营情况看，整体运营良好，销售规模、利润增长较快。2013 年 7 月，新莱特乳业在新西兰主板市场成功上市，成为了中国海外收购业务中第一个成功推动被收购实体企业在海外资本市场挂牌上市的项目。2013 年，上海农垦并购的海外四家公司总的销售收入达到 105 亿元、利润 7.6 亿元，利润率约 7%，高于同期国内企业利润率 3 个百分点。

当前我国农业"走出去"战略不断深入，农垦企业"走出去"规模扩大，领域拓展，模式多样，诸如资本并购、海外控股等多种模式纷纷出现。但是随着投资规模的扩大和投资模式的多样，各种风险也随之增加，包括企业经营风险、融资风险、汇率风险、政治风险、文化风险等。对于企业而言，构建一个完善的风险防范机制是保证海外经营获得成功的必要条件。从近些年各大农垦企业的实践看，不同垦区根据不同国家、不同产业、不同模式也纷纷总结出了不同的风险防范机制。认真梳理和分析这些垦区的做法能够给其他"走出去"企业提供较好的经验借鉴。

二、农垦企业"走出去"风险运营机制

（一）充分做好调研工作，明确发展思路和规划，规避发展风险

企业"走出去"必须对目标国经济情况、产业政策、法律法规、文化背景有全面深入的了解。几大农垦企业在投资前不仅对拟投资区域的相关情况进行了深入学习和分析，同时对国内相关情况也进行了重点研究。根据国内外发展需要制定了科学、严谨、可行的海外投资规划。广东农垦早在 2004 年就着手制定了海外橡胶发展规划，并根据国内橡胶需求和国际橡胶资源开发情况，确立了"以东盟国家"为重点、"合作共赢、资源共享"的发展原则，制定了"低调进入、务实推进、早见成效""先主要产胶国后次要产胶国，先投入加工业后发展种植业，先控有现存资源后开发未来资源"的发展策略，重点在泰国、马来西亚、印度尼西亚、柬埔寨、越南等国发展天然橡胶产业。广西垦区抢抓中国—东盟自由贸易区建

设机遇，按照“立足东盟、走向世界、投资贸易并举、积极稳妥”的发展思路，依托自身产业和技术资源比较优势，科学论证，制定了一套适合自身发展的海外板块总体规划。安徽农垦在安徽省政府和津巴布韦签署的《津巴布韦共和国国防部与中华人民共和国安徽省商务厅经贸合作谅解备忘录》的基础上，详细制定了《农业合作意向书》。并根据双方意向，制定了切实可行的2010—2017年发展战略和发展规划，明确了未来的发展思路、发展重点、存在风险和发展步骤，切实做好顶层设计。

（二）选择适宜的投资模式，规避政治风险

农垦企业进行海外投资不仅遇到信息不畅带来的决策失误风险，也会遇到国企身份带来的政治风险，因此，选择合适的模式对于企业发展至关重要。九三粮油工业集团为了避免由于信息不对称导致的投资决策失误，采取了先成立海外机构，后开展投资活动的模式。通过设立海外子公司的方式了解当地环境，收集行业信息，积累经营经验和储备人才，为投资活动做准备。另外，为规避社会主义国家国企的政治风险和海外投资中的不利身份，很多企业都选择在中国香港成立境外机构，以港企的身份进入目标投资国。北大荒种业集团通过合资合作的模式进入菲律宾，与国际水稻所和菲律宾国家水稻所开展技术合作、技术示范、技术推广的手段全面实施农业产业化发展模式，实现了从种子—稻谷—大米全程参与和控制，为农业“走出去”持续发展奠定了基础。

（三）严格选择合作伙伴，充分揭示项目风险，降低进入后的运行成本

良好的合作伙伴不仅能够降低海外项目运行风险，还能在和这些企业合作中学到先进的技术和管理经验。上海农垦在开展海外并购中一条重要的原则就是选择优质企业。要求被并购企业拥有良好的运营业绩，拥有充足的现金流，具备一定的行业话语权和知名度，同时，还要有足够的发展空间和发展潜力。在决定投资前，对被投资项目进行充分的论证，揭示项目存在的实际风险。上海农垦光明食品集团在海外并购中都聘请国际知名

评估机构、当地评估机构对投资区域的商业环境、产业基础、行业特点、竞争格局、对被并购企业进行严格评估，充分揭示并购可能存在的风险，并事先制定出合适的解决风险的方法。安徽农垦在津巴布韦开展农业项目，选择津巴布韦的国防部作为合作对象。尽管津巴布韦也有农业部，但农业部职能和权限有限，无法保证项目启动后的各种风险，而国防部在津国职能广泛，权力较大，能够协调各部门。北大荒马铃薯集团在泰国投资，选择的泉兴和联兴公司都是泰国木薯行业内的领军企业。北大荒商贸集团和九三粮油工业集团在对外投资活动中，也都优先选择与业内具有实力和经验的跨国企业开展合作，在合作中学习经验，分散风险。

（四）建立内部风险防范机制，防止企业内部风险

为适应国际化经营需要，各企业都逐步建立起一整套海外企业管理制度，以此规范集团和海外企业运作。如广东农垦集团建立了“七项制度”，强化境外企业运行管理。包括建立统一采购制度、统一的销售制度、严格的成本控制制度、资金调配制度、汇率研判与调度制度、人才培养制度、审计制度等。一系列制度的建立有效规范了企业运行，促进了企业可持续发展。云南农垦通过集团公司控制境外公司内部风险决策的权限。一方面对境外投资决策行为严格把关，避免境外公司权限过大，投资失控；另一方面对低于 10 万元的投资或支出规定不必报请公司总部审批，简化境外企业手续。安徽农垦先后制定了对津投资项目财务资产管理办法、信息沟通管理办法、外派人员管理办法、经营者经营业绩考核暂行办法、物资采购操作细则等制度文件并严格实施。管理制度的建立，使项目运营更加规范化，各项工作的推进更加有条不紊。

（五）坚持本土化策略，加强沟通和履行社会责任，规避社会风险

九三粮油工业集团在南美“走出去”过程中，首先成立合资企业保持合资企业品牌的本地化，充分发挥当地合作伙伴的作用，强化对合作企业生产、经营、运输、分销等领域的辐射和渗透，对经营活动进行整合，提升在其他领域的影响力和控制力。安徽农垦在津巴布韦投资中，在雇工方面，坚持本土化的员工战略，为当地就业及经济社会发展做出贡献。同时，通过援助小学、承办中国政府援外医疗活动等积极履行企业社会责任，获得当地政府、社区和民众的认可和支持。广垦橡胶将项目建设纳入当地发展规划，充分利用企业在天然橡胶种植、加工、科研、人才等方面的优势，带动和提升当地橡胶产业发展水平。广垦橡胶每个海外分公司都设立了公益基金和教育基金，积极赞助当地社会文化活动，资助当地居民子女上学，安排职工到附近学校讲授汉语。云南农垦多年来为老挝、缅甸农户免费提供大量的优质橡胶苗，为累计 2 万多人次提供种植、胶园抚管、病虫害防治、割胶等方面专业技术培训，大幅度提高了老挝、缅甸农户的橡胶生产管理水平。同时云南农垦在老挝、缅甸替代种植项目实施区先后投资上千万元，加强了当地交通道路、桥梁、学校、卫生室等基础设施建设，大力度改善了当地村寨之间的生活、生产及物质运输条件，极大方便了当地村民出行。这些工作赢得当地人民的好感和尊重，树立了中国企业良好的企业形象。

“一带一路”背景下垦区农业“走出去”大有可为

——基于黑龙江农垦牡丹江管理局农业“走出去”调研

张　莹　龙文军

内容提要：“一带一路”是我国深化改革开放和推进周边外交的重大战略构想，在这一重大战略部署的影响下，垦区农业“走出去”将大有可为。本文在分析开展农业综合开发支持农业“走出去”必要性的基础上，对黑龙江省农垦牡丹江管理局农业“走出去”的主要做法进行分析，总结经验启示，并就加快垦区支持农业“走出去”提出了几点建议。

农业“走出去”是关系我国经济社会发展全局和未来前途的重大战略，特别是在“一带一路”战略部署影响下，中国农业“走出去”迎来重大发展机遇期。农垦系统依托自身优势成为实施农业“走出去”的排头兵，特别是农业综合开发项目试点实施以来，成效显著。笔者在对黑龙江农垦牡丹江管理局（以下简称“牡丹江管局”）农业“走出去”的调研中发现，当地支持农业“走出去”稳步推进，已经取得了可喜成绩，农业“走出去”将大有可为。

一、开展农业综合开发支持农业“走出去”的必要性

（一）境外农业综合开发生产性质和特点的需要

境外农业开发生产周期一般较长，受自然条件、生产物资供应、农产品价格波动等因素影响大，自我发展能力较弱。同时，还受投资国政治局势变动、经济政策变化等特殊风险因素的影响。这就决定了农业“走出去”会面临更为复杂的国际环境和更多的风险障碍。此外，境外新开发的农场土地大多是荒地，没有任何农田基础配套设施，抗灾能力极弱。农田水利、晒场烘干、田间道路都需要投入，相对增加了生产成本。因此需要加以扶持。

（二）我国农业发展的需要

我国人均占有资源短缺，人均耕地资源和水资源只有世界平均水平的1/3—1/4。随着城镇化和农村人口市民化进程加快，我国资源供需矛盾特别是粮食供需矛盾会越来越突出。因此，必须统筹利用好国际国内两个市场、两种资源，在全球范围内优化农业资源配置，有效利用国际资源和市场进行农业开发，为我国农业发展开辟广阔空间。因此，垦区支持农业“走出去”，既是保障国家粮食和战略物资安全的需要，也是打造垦区国际大粮商形象的需要，更是提升我国在国际粮食贸易中的定价权和话语权的需要。

（三）服务“一带一路”重大战略部署的需要

“一带一路”战略是应对全球形势深刻变化、统筹国内外两个大局、实现中国梦的重大战略部署，而农业“走出去”又是“一带一路”战略的重要组成部分。“一带一路”涉及中亚、西亚、东欧等38个国家和地区，人口将近30亿人，农业领域合作潜力巨大。垦区应当响应“一带一路”重大战略部署，通过对农业“走出去”的支持，以农业领域国际间合作为抓手，在解决国内粮食供给安全的同时，提高“一带一路”沿线

国家的农业生产技术水平和农业产业化水平，实现农业合作互利共赢，增强国与国之间的友好信任。

二、黑龙江农垦牡丹江管局农业“走出去”的主要做法和经验

1954 年，前苏联援建了我国国营友谊农场，不仅提供了建场所需的全部机械设备，而且还派出了农业专家提供技术指导和服务。作为对前苏联援建国营友谊农场的回馈，2011 年，牡丹江管局赴俄罗斯滨海边疆区进行农业开发，组建了“新友谊农场”，将国内先进的农业机械、种植技术以及经营理念输出到俄罗斯，传承了两国友谊。目前，黑龙江农垦“走出去”的任务主要由牡丹江管局承担。截至 2015 年，该局境外累计投资 3.7 亿元，购置机械 1300 余台（套），每年往境外派出作业员工 300 余人，聘用俄罗斯人员 200 余人，累计生产粮食 40 万吨。该局农业“走出去”的主要做法如下：

（一）政府扶持，垦区经营

新友谊农场的发展得到了黑龙江省委省政府、农垦总局和国家的大力支持。2013 年列入《黑龙江和内蒙古东北部地区沿边开发开放规划》；同年，争取到国家农业综合开发项目资金 1.8 亿元，用于购置机械 708 台套；2014 年获得农业综合开发试点项目资金 4.16 亿元，主要用于购置农机 1534 台套，配套建设农业附属设施（晒场、粮仓、烘干塔等）11 处。在政府扶持、垦区经营下，新友谊农场仅用了 4 年时间就发展成为俄罗斯滨海边疆区最大的农业开发企业。

（二）统一规划，整体布局

牡丹江管局充分利用毗邻俄罗斯的地缘优势，由管理局统一组织规划、局属各农场全力参与组建成立新友谊农场，科学布局“六大区域”：沿俄罗斯滨海边疆区远东大铁路和 M60 公路按照功能区划为旱田（基洛夫、哈罗里、葛城）、水田、牧草生产、物流贸易 6 个大区，区域跨度 600 余公里。与环绕于兴凯湖北岸管理局的 13 个农场，形成现代农业经

济发展圈。同时，新友谊农场可辐射俄罗斯扎鲁比诺港、符拉迪沃斯托克（海参崴）、乌苏里斯克（双城子）和哈巴罗夫斯克（伯力），在“一带一路”部署中可发挥重要的战略节点作用。

（三）科学管理，灵活经营

新友谊农场构建了一套科学的管理制度，由牡丹江管理局规划整体发展方向，新友谊农场和关联农场双重管理18个分场；分场组织家庭农场自主经营，形成了大农场套小农场、统分结合、多种经营主体并存的管理方式。同时，新友谊农场还创建了合作经营、自主经营和技术服务经营等多种经营模式并存的新型生产经营模式，大力发展自主经营、稳定合作经营、完善技术经营。合作经营伙伴为东宁华信集团，合作方式是由新友谊农场提供耕种收全过程服务，华信集团提供产前、产中、产后保障；自主经营由新友谊农场自行租购土地从事生产经营。2015年，合作经营全部采用租赁方式，合作经营与自主经营融为一体。

（四）多方合作，互利共赢

新友谊农场按照“先代耕再开发、先做强再做大、先种植再加工、先市场再流通”的发展路径，分别在种植、粮食销售、物流、融资、土地购置等多方面，先后与正大桑田（上海）农业有限公司、哈银租赁、俄罗斯阿尔玛达公司（东宁华信集团）、柴琳娜公司、维多利亚、扎鲁比诺港等积极合作。由于采取“先代耕再开发”的发展路径，规避了初入俄罗斯对其资源环境、社会文化等不了解、不熟悉而产生的各种风险，使得新友谊农场能够较快进入发展的快车道。目前，新友谊农场正在推进与中国米高集团、俄罗斯欧化集团、中节能集团、江苏嘉泰农业集团的合作。

（五）“两头”在外，拓展市场

新友谊农场积极组织玉米和大豆回运，并与北京康港公司合作，成立新友谊食品加工有限公司，以大豆为生产原料加工豆珍面、意大利面，主要出口欧洲市场。通过打造原料国外种植、产品国内加工、制成品国外订单销售的“两头”在外企业，不仅拓展了市场，有效解决了境外农场粮食销售瓶颈，提高了大豆、玉米等农产品附加值，而且促进了新友谊农场的产业结构调整，为农业“走出去”产业化体系建设奠定了基础。

（六）以农为主，兼顾社会

新友谊农场坚持“以农为主，兼顾社会”的境外农业开发理念，在农业开发上积极与俄罗斯政府、公司开展合作，每年聘用俄方经理和员工200余名，同时热心社会公益事业，积极支持当地公共基础设施建设，开展文化交流活动，为当地学校捐款、赠送书包，为村民义务修缮道路、为敬老院赠送礼品等。

三、几点启示

牡丹江管局农业“走出去”虽然起步较晚，但发展较快，目前已经成为黑龙江农垦“走出去”的一支重要力量。从牡丹江管局的实践中可以得到如下启示：

（一）要做好统筹规划

实施农业“走出去”是一项长期复杂的系统工程，牡丹江管局通过统一规划、整体布局，构筑了环兴凯湖现代农业经济发展圈，既有利于各分场规模扩张，也有利于形成资源共享、产业分工协作、一体化发展、合作共赢的新格局。

（二）要完善制度体系

新友谊农场科学的管理制度体系兼顾了管理局、新友谊农场、各分场以及家庭农场四方的利益，能够有效调动各方积极性，形成合力，加快推动农业“走出去”。此外，合作经营与自主经营相结合的生产经营模式，有利于落实“一盘棋”、一体化等措施，实现境内外联动发展格局。

（三）要争取政策扶持

农业“走出去”离不开政府的支持。黑龙江农垦牡丹江管局积极争取国家政策支持，依托农业综合开发项目资金购置农机装备、建设农业附属设施，不仅完善了出境农机装备，而且提高境外农业抗灾能力和标准化作业水平，有利于提高粮食产量，促进农业增效农户增收。

（四）要发挥软实力作用

“两国相交，贵在民相亲”。新友谊农场通过聘用俄罗斯人员，增加了就业岗位，带动了当地经济发展。此外，新友谊农场的公益善举，加深了两国人民的友谊。两国友谊的加深，不仅有利于夯实进一步经贸合作的基础，也有利于营造和谐友好的外部开发环境。

四、加快实施垦区支持农业“走出去”的几点建议

当前我国农业“走出去”战略不断深入，农垦企业“走出去”规模扩大，领域拓展，模式多样。但是随着投资规模的扩大和投资模式的多样，企业经营风险、融资风险、汇率风险、政治风险、文化风险等各种风险也随之增加，同时还存在国内政策支持、国外投资环境以及“走出去”主体自身等方面的突出障碍。为进一步防范风险，尽快消除障碍，加快实施垦区支持农业“走出去”，在此提出如下几点建议：

（一）加深认识，制定系统规划

农垦系统要得到更大发展、要为国民经济作出更大贡献，必须实施农业“走出去”，积极参与国际合作竞争。面对日益增加的“走出去”风险和障碍，各垦区首先应加深对农业“走出去”重要性的认识，在投资前充分做好调研工作，加深对投资目标国的经济情况、产业政策、法律法规、文化背景等相关情况的了解，然后根据国内外发展需要，并结合自身优势和特点，制订科学、严谨、可行的农业“走出去”中长期规划和阶段性行动计划。

（二）推进管理体制改革，促进经营机制创新

目前，部分农垦企业的管理体制和经营机制还不能很好地适应农业“走出去”的需要，资本结构、法人治理结构需进一步优化，约束与监管职能需进一步到位，投资和经营风险依然较大。因此，要加快推进垦区管理体制改革，减少管理层次，提高管理效率和管理质量，鼓励和促进企业经营机制创新。按照建立现代企业制度要求，加快构建农垦企业经济型治理结构，明晰产权关系，优化法人治理结结构，特别要加强对农垦境外企业的财务管理、投资管理和决策管理，最大限度地减少决策失误，防止国有资产流失，为垦区农业“走出去”提供体制和机制保障。

（三）加强人才培训，加快培养国际化经营人才

市场竞争很大程度上是人才的竞争。农垦推进农业“走出去”的过程中，必须拥有一支优秀的企业家和管理者队伍。针对目前农垦系统缺乏理论与实践经验兼备型经营管理人才的现状，建议尽快建立起激励人才奋发向上和监管得当相结合的用人机制，同时加大对人力资源开发的投入。政府相关部门应联合有关行业组织，通过采取请进来和送出去、专门培训和综合培训等多样化措施，尽快培养一批既掌握东道国政治、经济和文化传统，又懂得国际规则、国际贸易和经营管理的高素质复合型人才，为农业“走出去”提供人力资源保障。

（四）加大扶持力度，完善政策配套机制

为促进农业“走出去”规模化发展，建议加大政府扶持力度，尽快形成财政、金融、外汇、税收在内的一整套政策保障体系。

首先应把解决资金投入问题作为支持农业“走出去”的关键。探索农业综合开发支持农业“走出去”项目，明确重点支持领域，研究贷款贴息、“以奖代补”等扶持方式；可设立农业“走出去”专项资金，对农垦企业购买耕地使用权及农机装备、农产品仓储、农田水利工程、农畜产品深加工及其流通等方面给予资金扶持。

其次，加大金融政策支持。对农业“走出去”企业海外项目的国内外银行贷款，给予贷款贴息，并适当延长贴息年限；放宽融资条件，支持并培育“走出去”企业海外上市融资；建立农业“走出去”企业信用体系，对在海外从事农业资源开发的“走出去”企业增加授信总量，赋予信贷规模，探索免资产抵押与担保政策。

再次，加大保险政策支持，建立和完善相关保险体系。鼓励保险公司设立境外农业投资专项险种，支持农业“走出去”企业国内投保来抵御境外农业投资风险，同时为境外劳动者办理人身和财产意外保险，提高“走出去”企业员工境外劳务的积极性。

最后，研究几项对境外农业开发在进出口、关税、外汇管理问题上可享受的优惠政策，如对利用海外优质资源环境生产的农产品，根据海外企业生产规模，增加进口配额指标，对农业“走出去”项目所需国内机械设备提供通关便利并减免出口税费，对紧缺资源性农产品给予减免回运关税、增值税的优惠等。

（五）强化服务，促进农业“走出去”贸易便利化

首先要强化国家外交作用，建立与东道国的协商对话机制，针对农业“走出去”目前存在的双重征税、劳务人员限制、入境生产资料关税过高、粮食回运征税过高等问题通过多层次协商谈判来解决；其次建立类似海外安全管理协会或提供保险保障服务的机构组织，为企业“走出去”在风险评估、安保咨询、安保策划、保险保障等方面提供服务；最后加强驻外使领馆等机构对“走出去”项目的信息服务和协调功能，为企业“走出去”创造便利的贸易环境。

参考文献

[1] 安培：《关于我国农业“走出去”的思考与研究》，对外经济贸易大学，2010年。

[2] 黑龙江省农垦牡丹江管理局：《奏响中俄邦交“新友谊”谱写

“丝绸之路”新篇章——黑龙江省农垦牡丹江管理局关于“一带一路”建设的发展思路》，《农场经济管理》2014 年第 3 期。

[3] 胡中禄：《论新友谊农场对俄农业开发的模式创新》，《中国农垦》2014 年第 11 期。

[4] 单立岩、黄清：《黑龙江省实施农业“走出去”战略探讨》，《农业经济》2009 年第 3 期。

[5] 宋洪远、张红奎：《我国企业对外农业投资的特征、障碍和对策》，《农业经济问题》2014 年第 9 期。

[6] 张宝生、张蔷：《黑龙江垦区农业“走出去”调研报告》，《农场经济管理》2012 年第 10 期。

[7] 张洁、杨易：《强大实力助推农垦企业“走出去”——以黑龙江农垦情况为例》，《世界农业》2014 年第 11 期。

[8] 张晶、周海川、张利庠：《农业“走出去”的经验分析、机遇和挑战》，《农业经济》2012 年第 11 期。

[9] 赵广民等：《新友谊农场境外农业开发研究》，《农场经济管理》2014 年第 7 期。

走出一条中国特色农业机械化之路

陈　洁　高韵哲

内容提要： 在坚持农户承包制度的基础上提高农业机械化水平，是我国农业现代化过程中必须解决的关键问题。通过市场和政府有机协同形成服务规模效应、通过流转耕地经营权形成生产规模效应、通过健全公共服务网络改善作业条件，我国农业机械化水平迅速提高，初步走出了一条适应国情农情的农业机械化之路。但总体来看，我国农业机械化发展不完整、农业经营主体直接需求不足、农机产业大而不强、公共服务体系不够完善。走出一条具有鲜明特色的农业机械化道路，需要持续提高农业机械化的整体水平、加快转变农机产业发展方式、促进农业机械化与农业现代化协调推进、有序创新农业组织体系、加强和改善政府支持。

一、我国农业机械化进入了一个新的发展阶段

农业机械化是农业现代化的重要标志，是改善农业生产条件、提高农业劳动生产率、增加农民收入的重要途径。现代化建设开始后，农业机械化得到迅速发展。进入 21 世纪以来，我国农业机械化水平迅速提高，再

次掀起了农业机械化新高潮。

（一）建立了完整的产业体系

目前，我国已经建立了比较完整、健全的农机生产制造和管理、科研、鉴定、认证、技术推广、教育培训、安全监理、维修及社会化服务等农业机械化体系。

我国已经成为最大的农机制造大国。2013 年，全国有农机企业近万家，规模以上农机企业 1800 家，能够生产 3200 多种产品。2000 年，农机经销企业为 10213 家，由于市场激烈竞争、管理更为严格，2003 年减少至 5558 家。此后，由于农村市场快速扩大、农机补贴政策实施等原因，农机经销企业开始增加，2013 年达到 11375 家。当年农机经销点位 85342 个，平均每个企业 7.50 个。近年来，农机行业销售收入年增长率保持在 20% 以上，2013 年实现销售收入达到 3470 亿元（表 1）。

表 1　“十五”以来全国农机经营机构合计（个）

年份	农机经销企业	农机经销点	农机供油站（点）
2000	10213	65535	36815
2005	7061	74486	32290
2010	8969	84903	19122
2013	11375	85342	17914

2001—2013 年，我国农机化经营总收入从 2033.64 亿元增加到 5107.98 亿元，年均增长 7.98%。其中农机化作业收入从 1731.42 亿元增加到 4467.63 亿元，年均增长 8.22%；农机修理收入从 86.17 亿元增加到 197.0 亿元，年均增长 7.13%。同期成本与费用从 1315.06 亿元增加到 3094.36 亿元，年均增长 7.39%。利润总额从 714.05 亿元增加到 2013.62 亿元，年均增长 9.02%。尽管农机化经营效益具有阶段性波动特征，但总体效益是非常好的，农机化经营的成本利润率长期在 60% 左右，2013 年达到 65.07%（表 2）。

表 2　“十五”以来农机化经营效益情况　单位：亿元

年份	总收入	农机化作业收入	农机修理收入	成本与费用	利润总额
2001	2033.64	1731.42	86.17	1315.06	714.05
2005	2606.08	2272.55	112.93	1580.83	1025.19
2010	4167.32	3665.35	163.72	2555.89	1616.84
2013	5107.98	4467.63	197.00	3094.36	2013.62

（二）装备条件快速改善

新中国成立以来，我国农机总动力呈现直线增加态势。1952 年，农机总动力仅为 18.4 万千瓦，到 1977 年突破 1 亿千瓦。改革开放以后，农机总动力继续较快增加，1992 年突破 3 亿千瓦。此后，农机总动力呈现加快增长态势，2000 年突破 5 亿千瓦。进入新世纪以来，增加速度进一步加快，2012 年突破 10 亿千瓦。2013 年，农机总动力为 103906.75 万千瓦，农作物播种面积亩均动力为 0.42 千瓦（图 1）。

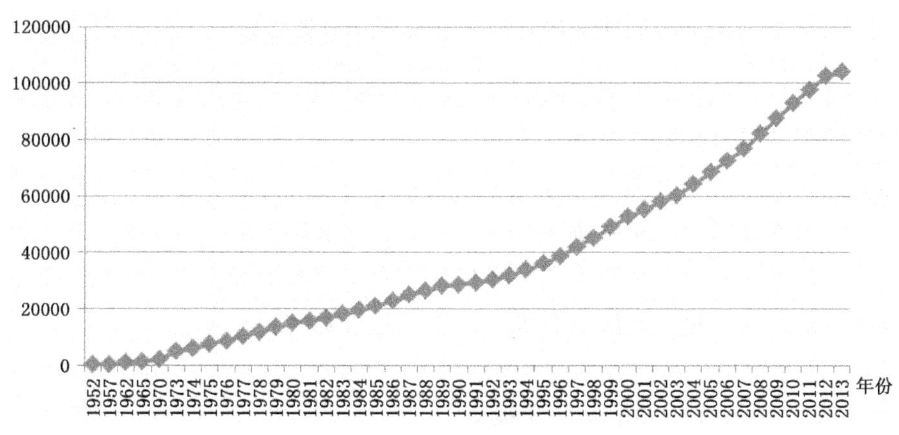

图 1　全国农机总动力变化情况（万千瓦）

拖拉机是农业最为重要的装备类型之一，动力占农机总动力的比例目前为1/3左右。1997年，我国的拖拉机保有量为1116.51万台。到2008年首次突破2000万台。在经历了长期总体数量增长以后，近年拖拉机保有量出现了大中型拖拉机迅速增加、小型拖拉机数量开始波动甚至减少的新现象。2013年，全国拖拉机保有量2279.28万台，比上年还略有减少；大型拖拉机527.02万台，比1996年增长6.85倍，占保有量的23.12%；小型拖拉机1752.28万台，近年数量比较稳定。2013年，我国大中型拖拉机配套机具保有量826.62万台，比2005年增长2.65倍；小型拖拉机配套机具保有量3049.21万台，比2005年增长20.1%（图2）。

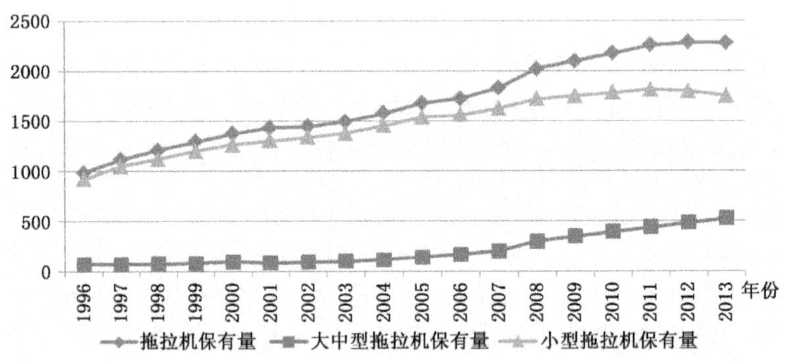

图2　1996—2013年全国拖拉机保有量（万台）

近年来，我国农机领域的创新能力迅速提升。机械化谷物收获、水稻机插秧技术和机具基本成熟；玉米、马铃薯、油菜联合收获等关键技术和相关机具的研究步伐加快，200马力以上大型拖拉机研发获得成功；花生、甘蔗等大宗经济作物机械化收获技术研发实现突破；保护性耕作、秸秆还田与综合利用、高效植保、牧草生产和草场改良等资源节约型、环境友好型农业机械化技术研发成果已经成熟并有效转化。

（三）机械化作业水平快速提高

1. 耕整地

2001—2013年，我国机耕面积从61652.76千公顷提高到113757.83千公顷，机耕水平从39.59%提高到69.10%。机械深耕深松面积从22794.63千公顷增加到39976.03千公顷，增加75.37%。机械化秸秆还田面积从14633.22千公顷增加到36998.3千公顷，增加1.53倍（表3）。

表3　　“十五”以来耕整地环节机械化作业面积（千公顷）

年份	机耕水平	机耕面积	机械深耕深松面积	机械化秸秆还田面积
2001	39.59%	61652.76	22794.63	14633.22
2005	41.94%	65217.29	22927.23	19340.99
2010	62.61%	100603.91	27435.29	28516.95
2013	69.10%	113757.83	39976.03	36998.3

2. 机械化种植和灌溉

2001—2013年，我国机播面积从40582.86千公顷增加到80309.56千公顷，增加97.89%，年均增长5.85%。与之相应，机播面积占总播种面积的比重从26.06%提高到48.78%。期间水稻机插面积增长最快，从988.18千公顷增加到10262.85千公顷，增加9.39倍，年均增长21.54%。玉米机播面积增加也较快，从11031.01千公顷增加到30535.08千公顷，增加1.77倍，年均增加8.86%。小麦机播面积稳步增加，从17980.38千公顷增加到20906.96千公顷，增加16.27%，年均增加1.26%（表4）。

表4　　“十五”以来种植环节机械化作业面积（千公顷、%）

年份	机播面积	机播面积比例	机播水稻	机插水稻	机浅栽水稻	机播小麦	机播玉米
2001	40582.86	26.06	388.25	988.18	242.4	17980.38	11031.01
2005	47049.5	30.26	405.66	1353.24	301.71	18130.03	13887
2010	69160.92	43.04	447.08	5427.6	210.44	20696	24855.83
2013	80309.56	48.78	494.55	10262.85	58.47	20906.96	30535.08

3. 机械收获

2001—2013 年，机收面积从 26536.63 千公顷增加到 77415.01 千公顷，增加 1.92 倍，年均增长 9.33%。与之相应，机收面积占总播种面积的比重从 16.12% 提高到 47.02%。期间玉米机收面积增长最快，从 395.92 千公顷增加到 18293.23 千公顷，增加 45.20 倍，年均增长 37.63%。水稻机收面积增加也非常快，从 5193.43 千公顷增加到 23952.21 千公顷，增加 5.61 倍，年均增加 13.59%。大豆机收面积增加较快，从 1927.84 千公顷增加到 3709.33 千公顷，增加 92.41 倍，年均增加 5.61%。小麦机收面积稳步增加，从 17196.45 千公顷增加到 22099.29 千公顷，增加 28.52%，年均增加 2.11%（表 5）。

表 5　　　　收获环节机械化作业面积（千公顷）

年份	机械收获面积	机收小麦	机收水稻	机收玉米	机收大豆
2001	26536.63	17196.45	5193.43	395.92	1927.84
2005	34141.16	17353.08	9663.18	821.79	3458.72
2010	59846.69	21456.04	19266.76	8379.53	6440.06
2013	77415.01	22099.29	23952.21	18293.23	3709.33

脱粒、烘干、初加工等环节的机械化水平也在较快发展。机械脱粒粮食数量稳定增加，从 2001 年的 37654.74 万吨增加到 2013 年的 51190.81 万吨，年均增长 2.59%。机械烘干粮食数量迅速增加，从 2001 年的 1210.16 万吨增加到 2013 年的 7529.3 万吨，年均增长率达到 16.46%。

二、我国农业机械化发展的基本经验

在人民公社体制下，国家、集体组织动员能力强，经营面积较大，农业机械化水平提高较快。实行家庭承包经营制度以后，农业机械化发展明显减缓。在改革开放初期家庭经营面积小、农业劳动力较多、通过手工作业也能完成生产、资金极为有限的情况下，承包农户一般也不具备购买农业机械的积极性和能力。机械化利于减少劳动负荷、提高劳动效率、降低生产成本，客观需求是存在的。之所以出现这一阶段性现象，关键在于原有的机械化组织方式与新的经营方式不相适应。如何适应国民经济社会发展大环境变化、农村经济社会变迁阶段性特征、农户自身需求，找到与农村基本经营制度相衔接的发展方式，成为农业机械化发展的基本命题。

（一）通过市场和政府有机协同形成服务规模效应，使得专业化、社会化服务得到迅速发展

农业机械化新的发展机遇出现在20世纪90年代初期。党的十四大以后，经济发达地区、城市的经济发展速度明显加快，国民经济发展活力快速增强，对农村劳动力的需求迅速增加，农村经济社会结构也进入加快变革的阶段，由此产生了对农机作业的强烈需求。在经历了较长时间的积累以后，农村经济主体在机械方面的投入能力也明显增强。适应这一趋势，在国家的指导、组织和支持下，农机作业集团承包、股份合作、农机大户、联户经营、农机专业服务公司等多种类型的农机服务主体快速发展，形成了以县为中心、乡村为基点的多层次、多形式的基层农机服务网络。截至2013年年底，拥有农机原值50万元以上的农机大户、农机服务组织达到8.8万个。以开展农机社会化服务为主的农机专业户、农机合作社发展迅速，分别达到520万个和4.1万个。

实践表明，家庭承包经营并不妨碍农业机械化发展，农业机械化和现代化也并不以经营方式为前提。尤其是农机跨区作业的成功实践说明，小规模经营并不必然对农业现代化构成制约。中国的最大特色就在于，充分发挥乡村组织严密、政府动员能力强、集中统一行动快的制度和体制方面的优势，在广袤的农村地域为农机购买主体与农机服务需求主体建立起庞大的有效对接平台，扩大了作业面积、延长了作业时间、增加服务收入，形成了农机服务产业化发展的独特局面。近十几年来，农业机械跨区迅速发展，为提高我国农业机械化效率、提高农机产业发展水平起到了重要作用。2013年，跨区作业面积36719.21千公顷，其中跨区机耕面积6767.09千公顷、跨区机播面积3084.71千公顷、跨区机收面积26005.40

千公顷。2000—2013 年，小麦跨区机收从 5372 千公顷增加到 14425.66 千公顷，增加 1.75 倍，年均增长 8.80%；水稻跨区机收从 626.02 千公顷增加到 7695.69 千公顷，增加 6.33 倍，年均增长 18.05%；玉米跨区机收从 90.97 千公顷增加到 3250.78 千公顷，增加 67.15 倍，年均增长 42.16%（表 6）。

表 6　“十五”以来收获机械跨区作业面积（千公顷）

年份	跨区机收小麦	跨区机收水稻	机收玉米
2000	5372	626.02	90.97
2005	11501.91	3646.12	187.74
2010	13556	6179.95	1374.01
2013	14425.66	7695.69	3250.78

（二）通过流转耕地经营权形成生产规模效应，使得新型农业经营主体成为购买和使用农机的活跃主体

在不动摇农村基本经营制度的前提下实现规模效益，是走出一条具有中国特色农业现代化道路的基本要求。在提高农业效益这一基本内在动力的推动下，通过转入土地经营权扩大经营规模的新型农业经营主体近年来快速增加。与传统小规模分散种地的农户不同，新型经营主体为提高作业效率，对农业机械的需求较为迫切，投入能力也相对较强，购买农机的动机较为强烈。截至 2014 年年底，全国土地承包经营权流转总面积达到 4.03 亿亩，占承包耕地总面积的 30.3%。规模化种粮主体主要有两类：

1. 规模化经营农户

2014 年，经营耕地面积为 30—50 亩、50—100 亩、100—200 亩、200 亩以上的农户数已经分别达到 691.4 万户、235.4 万户、74.8 万户、31.1 万户。对 551 个转入耕地经营权种粮户的调查表明，新型农业经营主体已经成为购买和拥有农机的活跃主体。他们在机械方面的投入为 1928.0 万元，户均达到 32972.9 元。有 154 户、171 户、165 户购买了大中型拖拉

机、小型拖拉机、农用三轮车。有 104 户购买了收获机械。购买农用排灌机械、耕整地机械、播种机械的样本也较多，分别为 91 户、86 户、78 户。购买大中型拖拉机、小型拖拉机、农用三轮车的投入总量分别为 547.3 万元、193.4 万元、176.7 万元，户均投入分别为 35539.66 元、11310.03 元、10909.32 元，合计为 57759.01 元。购买收获机械、耕整地机械、农用排灌机械、收获后处理机械投入总量分别为 555.6 万元、133.3 万元、120.4 万元、90.8 万元，户均投入分别为 53418.46 元、15497.09 元、13234.95 元、17453.85 元（表 7）。

表 7　551 个耕地经营权转入户购买机械情况

	购置户数量（户）	户均购置农机支出（元）
大中型拖拉机（台）	154	35539.66
小型拖拉机（台）	171	11310.03
农用三轮车（台）	162	10909.32
耕整地机械（台）	86	15497.09
播种机（台套）	78	8369.36
水稻种植机械（台套）	35	7070.29
农用排灌机械（台套）	91	13234.95
船（只）	31	6611.29
收获机械（台套）	104	53418.46
收获后处理机械（台套）	52	17453.85

样本户购置的机械目前多数较新。小型拖拉机、农用三轮车、农用排灌机械这三类机械购置得早一些，平均已经购置 6.03 年、5.51 年、4.71 年，已经接近一半的使用寿命。而大型拖拉机、耕整地机械、播种机、种植机械、收获机械、收获后处理机械购置的时间较短，一般不到 1/3 的使用寿命。

2. 合作与联合组织

单个农户购置的农机成本较高、功率较小、功能单一，很难实现大规模作业、深土作业、一体化作业，也很难实现农机作业规模经济。而共同采取行动，可以明显降低经营成本、实现规模化作业、实施深土作业、更好建设配套条件。近年来，采取集体行动实现农业机械化的现象也迅速增加。集体行动主要沿着两条相互联系的路径展开。第一条主要路径是采取组建专业合作社、股份合作、联耕联种等方式，形成规模化经营主体，统一购置农机或者购买农机服务。截至 2014 年年底，全国种植业合作社已经达到 60.97 万家，其中粮食生产专业合作社达到 21.33 万家。第二条主要途径是组建农机合作社。2014 年底我国农机合作社已经发展到 5.78 万家。例如，上海市要求每个家庭农场至少掌握一门农业机械操作技术，家庭农场一般会购置一种机械，多个家庭农场就可以通过联合与合作完成各个环节的机械化。

（三）通过健全公共服务网络改善作业条件，使得农机应用大范围顺利推进

在经济活动中，政府的职能和市场的调节都不可少，政府的职能范围一般在“市场失灵”的领域。至于政府和市场如何分工以及如何在各级政府之间进行分工，则要根据政治经济体制、服务性质、发展阶段、涉及范围等情况而定。在实现市场配置资源和政府充分合理有效服务发挥作用方面，农机服务的产业化发展堪称典范。尤其是在农机跨区作业的过程中，政府在供需对接、统筹作业、维修、安全、交通、气象等方面起到了不可替代的作用。没有健全的公共服务体系，就没有特色的农业机械化。

全国县以上行政区域基本设立了农机管理、教育培训、科研、试验鉴定、技术推广和监理机构。2013 年，全国有省级农机管理机构 32 个，地级农机管理机构 341 个，县级农机管理机构 2844 个，乡镇农机管理机构 29415 个（其中单设机构 5048 个）。农机化管理机构人员为 10.72 万人，其中科技人员占 50.89%。全国有农机化教育、培训机构

1754个，其中农机化大中专院校41个，农机化学校1713个。农机化教育、培训机构人员为1.97万人，其中科技人员占66.32%。全国有农机化科研机构80个，其中省级、地市级分别为24个、56个。科研机构人员为3051人，其中科技人员占66.54%。全国有农机试验鉴定机构65个，其中省级、地市级分别为31个、34个。试验鉴定机构人员为1322人，其中科技人员占74.58%。全国有县以上农机技术推广机构2573个，其中省级、地市级、县级分别为34个、284个、2255个。技术推广机构人员为22335个，其中科技人员占62.27%。全国有农机安全监理机构2851个，其中省级、地市级、县级分别为31个、331个、2489个。监理人员为32067人，其中科技人员占48.74%。这一体系的建成，为农业机械的社会化作业、农机人员培养、技术推广、安全监理提供了有效保障。

三、面临的突出问题

受发展阶段、经营体制、地区差异、研发能力等方面的制约，我国农业机械化需要解决的问题还很多，突出地体现在以下几个方面：

（一）农业机械化发展不完整

我国农业机械化起点比较低，基础比较薄弱。在耕种收这几个关键环节，仍然有近40%的面积靠手工作业。尽管我国农机总动力水平与发达国家几乎相当，但机械化程度系数平均为0.3左右，农机具数量、质量、种类、性能等硬件指标差距也较大，整体水平相当于美国20世纪50年代后期水平①。

在主要粮食品种中，小麦的机械化水平是最高的，基本实现全程机械化。但其他品种的机械化水平还明显偏低，机械化不完整、不均衡的特征非常明显。玉米机收打开了新局面，但2014年仍只有56%；水稻的机械种植水平仍只有38%，机插机收的效果也亟需改进。从各个作业环节来

① 亓芳丽：《透过国际展看中国农机化发展》，《农机质量与监督》2014年第11期。

看，除了耕种收外，粮食生产还有大量的田间管理、收获后处理等作业，这些环节目前的机械化水平更低一些。在耕种收中，耕地环节的机械化水平较高，而机播、植保、机收的机械化水平则要低得多。全国土地资源中，丘陵山地面积所占比例为 60.97%，各省（区、市）中该比例大于 50% 的有 19 个省。作为我国粮食的重要来源区域，丘陵山区地理、气候、作物具有多样性，发展水平差异也很大①，而当前适应丘陵、山区地形特征的机械严重不足，对粮食生产（尤其是水稻、玉米）的机械化形成了制约。

（二）农业经营主体直接需求不足

家庭承包经营本身并不构成农业机械化的直接制约，但要实现家庭承包经营制度与农业机械化发展的衔接，需要通过土地流转、联合耕作等途径将经营规模扩大到适宜水平，通过土地连片整理、打破地块界限为统一作业提供基础，需要通过改善田间条件、建设机耕道途径为机械化作业提供条件。总体来看，目前我国土地流转比例虽然快速提高，但家庭承包经营耕地流转比率毕竟才刚过 30%，规模化经营主体发育水平还不是很高。近年来，各地通过高标准农田建设，统一建设千亩甚至万亩“示范方”的进展较快，但除了个别省份外，面上处于典型示范阶段，标准化大地块面积仍较少。我国有大量耕地属于较陡的坡耕地、边角地、深淤地等，这些耕地手工可以作业但并不适合机械作业。

（三）农机产业大而不强

国外农机产业经历长期竞争以后，呈现出发展规模大、集中程度高、产品更新快的特征。少数巨头依托雄厚的资金实力、国家的支持保护和产业发展的长期基础，通过适应市场、增加投入、加强研发、科学管理，在信息化、自动化、智能化、新材料等技术、市场营销和管理能力、资金投

① 刘宪：《丘陵山区农业机械化问题》，《农机科技推广》2014 年第 5 期。

入等方面具有突出优势，在产业链中占据了骨干地位。相关企业围绕这些企业巨头进行分工定位，形成既有差别、紧密合作又有适度竞争的比较稳定的发展格局。

在计划经济体制时期，我国推进农业机械化发展的氛围浓厚，各地发展农机产业的积极性相当高，基本上形成了以县为主发展农机产业的格局。在生产发展计划指令制定、纷纷大干快上、缺乏有效竞争的格局下，虽然农机产业规模很容易做大，但企业规模过小、生产结构雷同、内在发展动力不足。迄今为止，我国农机装备行业极少有企业具备自主创新和设计能力，农机研发设计能力与国际先进水平的差距在20年以上。尽管我国农机制造企业达到8000多家，但有研发部门的不到200家。从国际市场来看，竞争力强的产品的设备新度系数一般为0.6—0.7，我国目前骨干企业的这一系数仅为0.3—0.4。大功率、多功能、一体化、信息化、智能化机械的生产能力还非常薄弱，处于主要依赖于从国外进口的局面。200马力以上拖拉机，200—300马力以上的玉米直收联合收割机已经全部被国外品牌占领①。国产农机产品处于“也能用、容易坏、经常修”的状态，自走式联合收割机平均无故障工作时间仅为19小时，仅相当于世界平均水平的1/4；拖拉机使用寿命一般为2000—4000小时，不到发达国家5000—10000小时的一半。基层农机技术推广和维修网络不健全，也是当前农机应用中面临的突出难题。

（四）公共服务体系不够完善

就规模而言，我国的农机公共服务网络是最大的，并在支撑农机产业发展方面起到了不可替代的作用。但长期受计划经济体制的影响，我国农机服务网络的不足也很明显：

1. 与产业发展脱节

与产业发展需要、农机服务需求紧密对接是农机科研、教育培训、技术推广事业发展的生命线。尽管我国农机市场发展较快，但公共服务机构

---

① 柴喜男、高元恩：《“新常态”下农机工业的机遇与挑战》，《南方农机》2015年第3期。

与市场和产业仍然明显脱节。评价机制重职称级别轻实际能力、重理论轻实践、重论文数量轻创新价值的特征非常明显，科研选题、科研项目执行、研究结果评价与产业发展需求关系并不紧密，对农机产业发展的支撑作用明显不够。

2. 教育、科研、推广体制分割

在计划经济体制下，参照前苏联模式，我国建立了教育、科研、推广机构三套各自独立的体系，目前这一体系已经体现出与市场经济明显不相适应的问题，力量很难整合起来，相互支撑的作用不够理想。

3. 发展活力不足

长期以来，受行政化的影响，农机公共服务机构缺乏有效激励与约束机制，使科技人员的绩效与生产活动难以直接联系，容易形成干与不干一个样、干好干坏一个样的局面。农机推广人员缺乏足够的深入生产第一线的积极性，不仅很容易忽视产业主体生产经营的需求，解决生产实际问题的能力也容易削弱。

4. 人员结构不合理

在多次的撤并乡镇机构后，已经很少有乡镇设置农机站。乡镇农业服务中心农机人员专业水平不高、经常被抽调借用的情况普遍存在。2013 年，我国农机管理人员、教育培训机构人员、科研机构、试验鉴定机构、技术推广机构、安全监理机构人员合计达到 18.57 万人，其中科技人员的数量为 12.55 万人，所占比重为 66.86%。在公共服务体系中，仍然存在大量的非科技人员，农机服务机构养人负担沉重。在科技人员中，科研人员仅有 2030 人，所占比重仅为 1.62%。从实际情况来看，还有大量人员虽然列为了科技人员，但并不具备从事技术工作的能力。

四、走出一条具有中国特色的农业机械化道路

世界现代农业可以分为依托丰富的土地资源、资本主导发展起来的新大陆农业和依托传统经验、要素密集投入发展起来的农业两个基本类型。这两类农业有着不同的发展路径，机械化的模式也明显不同。前者的农业

机械化以大功率大机械为主，后者的农业机械化则以轻便型小机械为主。但这两类机械化路径有一个共同的特征，就是机械的配置以经营主体自身经营耕种面积为基础，机械作业以经营主体内部作业为主。而在经历了改革开放以来的长期探索后，我国探索出了以市场为取向、以政府管理服务为支撑的农机服务产业化发展模式，相当部分区域在坚持家庭承包经营前提下实现了大机械普遍应用、高效率低成本作业，打开了农业机械化发展的新局面。沿着这条路子走下去，我国完全可望走出一条具有鲜明特色的农业机械化道路。

（一）持续提高农业机械化的整体水平

农业机械化是发展方向，但在农业机械化的过程中，我国曾经走过不少弯路，在人民公社体制下曾提出过不切合实际的发展目标，自 20 世纪 80 年代以来在一个较长的时期被都没有找到合适的路径。近十几年来，我国农业机械化水平快速提高的实践清楚地说明，我国并不是不需要机械化，而是要适应发展阶段特征，抓住发展机遇，走出一条合适的机械化道路。目前，我国已经进入工业化中后期，传统农业区的农村人口结构出现显著变化，务农劳动力的年龄已经明显偏高。再过十几年，我国务农劳动力平均年龄可能超过 60 岁。

从现实国情来看，我国各地经济发展水平、城镇化水平、农业发展结构、地形地貌特征明显不同，具体的机械化模式也明显不同，要因地制宜选择农业机械化模式。要综合考量区域特征、作物品种、生产环节等多方面因素，分阶段、分重点地加以推进。

（二）加快转变农机产业发展方式

目前，我国已经越过了仅靠扩大生产就可以维持农机产业快速发展的阶段。2004 年，农机工业销售收入增长率已经降至 10% 以下。2014 年，农机行业的利润下降，比上年减少 3%。与之同时，我国农机已经进入大规模更新换代的阶段，国内市场对高效、智能、节能、环保的高端农机产品的需求量很大，如动力换挡拖拉机、CVT 拖拉机、大型通用的收割机、大型自走式植保式机械、青贮机械等。如果能加快转变农机产业发展方式，农机产业可望登上新的台阶。

创新是农机产业的战略支撑，必须将其摆在产业发展的核心位置。要强化基础研究、前沿技术研究，打造原始创新能力。要构建以企业为主体、市场为导向、产学研相结合的创新体系，切实解决研发的针对性、竞争性、积极性问题。在提高产品创新能力的同时，要抓紧推进工艺创新、管理创新、检测手段创新，形成整体创新能力。农机产业的国际贸易合作，既要适度进口机械产品，更要注重技术方面的合作，通过主动积极开展技术贸易提升自身竞争力。

从国外的情况来看，农机工业生产线标准化程度高，不仅实现了标准件的标准化生产，非标准件生产的标准化水平也已经非常高①。我国的农机工业生产线发展较晚，总体标准化生产线不足 3%。要引导企业加强生产线全标准化、自动化、全智能化建设，形成涵盖加工制造、部件线、装配线、检测技术与自动化装置、试品、成品定型、售后、故障诊断与容错的生产线。

（三）促进农业机械化与农业现代化协调推进

生产工具与生产对象、水土条件、地形地貌的相互适应才能促进农业生产力的提高。农机农艺融合不够，是当前农业机械化过程中的突出问题。只有能够标准化的作业，机械才能够应用。也只有开发出与生产对象、生产环境相适应的机械，劳动效率才能得到提高。协调推进，是实现农业现代化过程中必须坚持的一个准则。

在坚持农村基本经营制度不变的前提下，根据生产对象、种植模式、生产技术、地域特征、地形地貌、立地条件、自然气候等对机械性能的要求，明确需要解决的问题清单，形成统一、详细的需求显示机制。充分发挥企业在产业发展需求和研发方向对接中的作用，构建跨行业、学科、地

---

① 尚书旗、鹿光耀、王东伟、高雪梅：《农机工业生产线发展现状及展望》，《农业工程》2015 年第 2 期。

域、国界的创新团队，促进机械化与良种化、水利化、标准化、产业化等相互融合，建立机械制造、农艺、政策、经营管理、设计及相关专业人员共同配合的协作机制，这是改变单一创新、应用效果有限、推广应用困难局面和提高创新能力和创新效率的必经之路。

（四）有序创新农业组织体系

从农业机械化的发展路径来看，大致可以分为两大类型：一类是从经营主体着手，用规模化经营主体替代原来分散规模经营主体；另一类是从服务主体着手，通过规模化服务来弥补分散规模经营主体的不足。从已经实现农业机械化国家的情况来看，不论是新大陆国家还是传统国家，均以第一类方式为主，第二类方式也得到了一定程度的发展并对第一种方式起到了重要补充作用。

我国近十几年的探索和实践表明，这两条基本路径不仅都有其适应性，而且相互支撑、相互交织。要根据作物品种、自然地理特征、服务市场规模、政府与市场关系、经济社会发展水平等方面的情况，视具体条件差异创新产业组织体系，选择不同的机械化方式。以下几个方面需要同时着手：一是通过土地流转培育规模适度扩大的经营主体；二是发展联合与合作组织；三是发展社会化农机服务。

（五）加强和改善政府支持

在市场充分发挥作用的前提下，更有效发挥政府的作用，是农机产业发展的重要前提。一是完善农机补贴政策。到 2014 年，这一资金达到 200 多亿元，覆盖全国所有农牧业县（场）。今后，要进一步考虑各地的农业生产结构、标准化生产趋势、提升农机产业竞争力等方面，拓展农机补贴范围、改进支持方式、提高支持效率。二是加大对研发、教育、技术人员培训和科技推广的支持力度。要大力发展产业技术创新战略联盟，加大国家项目对农机科技企业在资金、税收、金融等方面的支持力度。提高高等教育发展质量，加快培养我国紧缺的高层次农机人才。加快建立专业教学就业一体化的教育体制，使得农机人员能够及时获得职业教育和培训。推进基层农技推广体制改革，强化县级农机推广组织的建设。三是加强基础设施条件建设。加快建设高标准农田，加强机耕道、田间电网建设。将农机存放仓库所需用地视同农业用地，解决农业机械存放的用地问题。四是加强安全监理。继续加强对农机的登记、证照管理，深入开展“创建平安农机”工作，使得农机监理业务得到规范。

比较与借鉴

发达国家农业补贴政策调整及其经验借鉴

——基于欧盟、美国、日本的考察

徐　雪　夏海龙

内容提要： 以欧盟、美国、日本为例，分析了发达国家和地区农业补贴政策调整的社会经济动因，政策调整的主要内容以及政策调整机制与主要影响、效果。中国应当借鉴其经验，加大对农业补贴的投入，用足可使用的补贴空间；转变补贴方式，由生产补贴向收入补贴转型；建立生态保护型的补贴制度，促进农业发展、农民增收与环境保护协调发展，进而提升政策执行的效果，提高农业竞争力，有效应对国外农业政策调整产生的影响。

当前学术界对农业补贴作用的观点并不一致，国内大致有两类观点：一类认为当前的农业补贴方式对增加农民收入有作用，但对农业发展尤其是粮食生产和农业投资影响有限①；另一类认为农业补贴能对粮食生产发展有显著的正向影响，对贫困地区的农业投资有更明显的正向影响②。无论定性分析还是定量研究均表明，农业补贴对促进农业生产和增加农民收入具有一定作用，有必要对农业补贴的支持和操作方式进行改革③。

进入 21 世纪以来，受制于世界贸易组织规则和财政压力，西方发达国家和地区相继对农业补贴政策进行了调整与完善。笔者现以欧盟、美国、日本为例，总结发达国家和地区农业补贴政策调整的经验，以期对中国调整和完善农业补贴、提升政策执行效果、合理应对国外农业补贴政策调整对中国农产品贸易的影响提供借鉴。

一、农业补贴政策调整的社会经济动因

进入 21 世纪以来，欧盟面临一些新的问题，不得不进行农业补贴政策的调整。一是成员增加，财政负担过重。2004 年，欧盟增加了 10 个新成员国，扩大后的农业就业人数成倍增加，若按原先的共同农业政策，欧盟农业补贴的支出将大幅增加。为降低财政负担压力，不得不调整农业补贴政策。二是长期以来，欧盟农业补贴政策引起了以美国为代表的国外政府的反对，认为这种高补贴不仅会影响国际农产品价格，而且会对国际农产品市场造成严重伤害。为在新一轮的世界贸易组织谈判中争取主动，欧盟不得不考虑来自外部贸易谈判中的压力，顺应贸易自由化的要求，与美国等西方盟友相互妥协，对农业补贴政策进行相应调整。

美国自 1933 年制定第一部《农业调整法》到 2014 年的《食物、农场与就业法案》，一共出台过 17 个农业方面的法案，其间对农业法案进

① 张红宇、赵长保：《中国农业政策的基本框架》，中国财政经济出版社 2009 年版。黄季焜、王晓兵、智华勇：《粮食直补和农资综合补贴对农业生产的影响》，《农业技术经济》2011 年第 1 期。

② 王欧、杨进：《农业补贴对中国农户粮食生产的影响》，《中国农村经济》2014 年第 5 期。

③ 程国强、朱满德：《中国工业化中期阶段的农业补贴制度与政策选择》，《管理世界》2012 年第 1 期。蒋和平、辛岭：《改善我国农业补贴的政策建议》，《政策解读》2008 年第 8 期。

行了37次调整①。农业法案的调整主要是对农业补贴政策的调整。不过，无论农业补贴政策如何调整，其“保障农业生产、增加农民收入”的政策目标基本不变，变动的主要是政策工具，即具体方式和涵盖内容。美国农业补贴政策工具主要有以下类型，即直接支付、目标价格和目标收入补贴、农业灾害保险保费补贴及援助、反循环支付补贴、资源保护补贴②。

美国进入21世纪以来的农业补贴政策调整源于两大动因。一是美国政府财政预算紧张，对农业法案虽然两党争论不休，但是对农业补贴的预算进行削减比较一致。二是2008年制定的《美国食物、资源保护及能源法案》一反市场化的走向，无视世界贸易组织关于成员国必须削减对贸易造成扭曲作用的国内补贴，加强了对本国农业补贴尤其是属于“黄箱”的补贴支持力度，引起了世界范围的反对和诉讼，并遭到部分成员国的报复。

1999年日本政府颁布《粮食、农业、农村基本法》，将粮食稳定供给、发挥农业多功能性、实现农业可持续发展与农村振兴作为农业发展的重要功能定位，同时将基本法理念与政策目标具体化为“粮食、农业、农村基本计划”，该计划每五年调整一次，以此为基础构建开放条件下的日本农业政策框架体系。在日本农业财政预算当中，农业补贴占比非常高，1999年超过70%。日本农业补贴主要针对农业生产者，也有部分用于提高农业生产率、改善流通等方面。农业补贴中购买农机和农业设施的投资较高，一般占到总补贴额的一半以上。除此之外，还有基础设施补贴、农贷利息补贴、灾害补贴、农业保险补贴。日本农业补贴对稳定农民收入和促进农业生产均起到重要支持作用③。

日本农业补贴政策调整主要基于以下原因：一是农业人口老龄化问题。随着日本老龄化社会的到来，如何保证足够数量的农业经营体，是日

① 黄季焜：《增加收入、市场化：美国农业补贴政策的历史演变》，《中国社会科学报》，2009年8月13日，第10版。彭超：《美国2014年农业法案的市场化改革趋势》，《世界农业》2014年第5期。

② 彭超：《美国2014年农业法案的市场化改革趋势》，《世界农业》2014年第5期。

③ 黄波、李欣：《日本型直接补贴政策的构建及启示》，《世界农业》2014年第1期。

本政府必须面对的现实问题。2011 年，日本农业劳动力平均年龄为 65.8 岁，65 岁以上的超过 62%，其老龄化问题非常严重。二是耕地有效利用问题。2012 年，日本耕地弃耕面积超过 40 万公顷，占到总耕地面积的近 10%。如何实现有限耕地的充分利用，抑制弃耕现象的发生，是农业补贴政策调整所要解决的问题。三是农业规模化经营问题。日本属于传统的东亚农业经营模式，是典型的小农经济。促进农业的规模化集约经营是提升农业生产力、增加农业产出的重要手段，也是农业补贴政策进行调整的重要目标。

二、农业补贴政策调整的主要内容

欧盟共同农业政策是欧盟实现经济一体化的重要支柱。欧盟农业补贴政策主要包括价格政策和结构政策（表 1）。

表 1　欧盟农业补贴政策的主要内容

政策项目	政策目标	政策工具
价格政策	价格制定和价格波动管理	上限价格 下限价格 进口控制价格
结构政策	调整农业产业结构 提高农业生产效率	针对各国的普遍性结构政策； 针对特定区域特定产业的专门性结构政策

资料来源：作者整理。

价格政策适用于价格制定和价格波动管理的农产品价格调控。具体包含三个系列：第一是上限价格，如目标价格、基准价格、标准价格，主要发挥安排生产、基准价格、保证消费者利益的作用。第二是下限价格，由购入价格、干预价格、代表性价格和参考价格等构成，前两者主要是为保障生产者收入水平所设定的补贴价格；后两者则是进行干预的警戒价格。第三是进口控制价格，包括门槛价格和闸门价格等，前者指最低进口价格，后者是世界主要生产国成本的平均价格。欧盟农业结构政策的目标是调整农业产业结构和提高农业生产效率。主要包括两方面：一是针对各国的普遍性结构政策；二是针对特定区域特定产业的专门性结构政策。具体措施包括促进农场现代化、对农民进行指导培训、促进贫困地区的农业发展、促进农产品的加工和销售、改善生产结构等。共同农业政策的实施，在改善生产效率、提高农民收入、扩大出口、稳定农产品价格等方面成效显著，但也带来了财政压力巨大、补贴过度、资源配置扭曲等诸多问题。进入21世纪以来，农业的可持续发展问题日益凸显，为共同农业政策带来了新命题①。

（一）欧盟新一轮农业补贴政策

主要思路是减少直接补贴、补贴方式脱钩、建立环境保护型补贴制度和促进区域均衡发展。

1. 减少价格支持补贴力度

欧盟财政负担和农产品过剩状况不断加重，来自外部的贸易谈判压力也逐渐加强，促使欧盟启动旨在调低价格支持的改革。在2003年对油菜籽、谷物和蛋白类作物降低价格支持的基础上，2008年欧盟降低了谷类、奶制品、糖类的价格支持。欧盟对农产品的价格干预大幅减少，1991—2009年间，对硬质小麦和大米的价格干预分别下降了75%和71%。2012年价格支持支出在农业总支出的比重从1990年超过90%降为21%②。

2. 转变农业直接补贴方式

对农业直接补贴的计算方式进行改革，推出了“单一农场补贴”（Single Farm Payment），由以当年作物种类和种植面积为基础的补贴计算方式，转为以2000—2002年间的作物种类和面积为基础加以确定。同时，农民如果想要获得补贴，还需要在环境保护、动物福利等方面达到一定标

① 戴蓬军：《欧盟共同农业政策的新改革》，《农业经济问题》2001年第10期。陈彬：《欧盟共同农业政策对环境保护问题的关注》，《德国研究》2008年第2期。蒋姝：《欧盟共同农业政策改革的环境气候因素》，《世界农业》2013年第7期。

② 蒋姝：《欧盟共同农业政策改革的环境气候因素》，《世界农业》2013年第7期。

准。新的补贴政策减少了对生产的扭曲，把挂钩的直接补贴改为脱钩的直接补贴，实现了由“黄箱”向“绿箱”政策的转变。

3. 密切关注环境问题

欧盟委员会非常重视维护农业生产与生态环境两者之间的平衡关系，强调两者有机结合、协同发展，因此在农业政策调整时采取了许多举措来应对环境挑战、实现绿色发展。欧盟共同农业政策要求农户在从事农业生产活动时必须遵守相关的环境保护规定，并签署相应的条款，同时将大约30%的直接支付与农户的履行情况挂钩。此外，还通过制定环境标准、鼓励轮种、提倡休耕的方式来减少农业生产对环境的负面影响。

4. 加大农村发展支持方面的补贴力度

近年来，为应对农民老龄化、农业经济萎缩等挑战，欧盟农业政策做出适时调整。削减了对大农场主的直接支付，将结余下来的资金用于农村发展项目。增加对青年农民和小农户的扶持力度，规定对青年农民的补贴在最初5年给付标准的基础上再额外增加25%，对小农户计划中的农民每年都给予一定的补贴支持。

（二）美国补贴政策调整主要的内容

1. 取消直接支付补贴

2008年农业法案规定，2008—2013作物年度，美国政府以固定比例对农场生产者基础面积内的涵盖商品（小麦、玉米、高粱、大麦、燕麦、陆地棉、大米、大豆和其他油籽）提供直接支付补贴。支付比例是固定的，不依赖市场价格。支付总额 = 直接支付比率 × 基础面积的85% × 直接支付产量，其中2009—2011作物年度支付面积为基础面积的83.3%。

2. 取消反循环支付补贴

在2008—2013作物年度，美国政府同样向涵盖商品提供反循环支付补贴。支付比率是法律规定的目标价格与全国市场平均价格（或贷款利率，取较高者）之间的差额，减去直接支付比率。

3. 取消平均收入选择计划

在2008—2013作物年度，平均收入选择计划是用来作为反循环支付补贴的一种替代。这种以收入为基础的补贴适用于两种情况：一是农产品的实际州收入低于保障州收入水平；二是农场实际收入低于平均收入选择计划的基准收入水平。补贴总额等于平均收入选择计划保障收入水平 - 实际州收入与25% 平均收入选择计划保障收入水平二者之间的较少者 × 83.3%（针对 2009—2011 作物年度）或 85%（针对 2012—2013 作物年度）的涵盖商品种植面积（不超过涵盖商品的基础面积）×5 年奥林匹克农场平均产量（除去产量最高和最低年份）。对于参加平均收入选择计划的生产者，其营销援助贷款计划的贷款利率减少 30%，直接支付减少 20%①。

4. 出台价格损失覆盖计划和农业风险覆盖计划

2014 年美国农业法案规定，价格损失覆盖计划覆盖的商品主要有小麦、饲用谷物、水稻、油籽、花生以及豆类，主要程序是首先设定参考价格，在市场价格低于参考价格时向农户提供补贴。农业风险覆盖计划是指当种植作物的收入低于近 5 年平均水平 14% 以上，农户将获得超过近 5 年作物收入平均水平 10% 的补贴。

5. 新增针对棉花的重叠收入保护计划，扩大作物保险所覆盖的产品范围，增加水果、蔬菜等园艺作物

2014 年美国农业法案新增对棉花的累计收入保险计划和对其他作物的补充保险计划，分别为棉花和其他作物种植者提供更多的补贴②。

6. 调整资源保护补贴

2014 年农业法案保留了用于农业资源保护项目的补贴，但数量有所下降，休耕的面积也将下降。根据国会预算局的调查，在 2014—2018 年间，用于美国农业生产保护项目的固定资金将减少 2 亿美元，不到 280 亿

① 黄季焜：《增加收入、市场化：美国农业补贴政策的历史演变》，《中国社会科学报》，2009 年 8 月 13 日，第 10 版。彭超：《美国 2014 年农业法案的市场化改革趋势》，《世界农业》2014 年第 5 期。彭超、潘苏文、段志煌：《美国农业补贴政策改革的趋势：2012 年美国农业法案动向、诱因及其影响》，《农业经济问题》2012 年第 11 期。

② 蔡海龙、韩一军、倪洪兴：《美国 2012 年农业法案的主要变化及特点》，《世界农业》2013 年第 2 期。

美元的百分之一，2017 年休耕储备项目面积限制减少到 2400 万英亩。

2012 年日本提出构建“日本型直接补贴政策”的农业补贴改革思路。其补贴政策调整的主要内容是综合现有补贴内容，扩大补贴范围，加大对国内农业生产和农民收入提升的力度。将对以稻米种植户为对象的收入直接补贴，扩展到对于保持水土、保护农业文化遗产和拓展农业多功能性更大范围。

2012 年日本通过《农业多功能性法》，对水田、旱地等农地作为农地有效利用的行为进行直接补贴，以构建日本型直接补贴政策的法制化框架。2013 年农业补贴政策的设计着眼于农地有效利用，推出了丘陵山区等直接补贴政策、农地水环境保护管理直接补贴和环境友好型农业直接补贴[①]。

三、农业补贴政策的调整机制与重要影响

依据欧盟法规，欧盟共同农业政策由欧盟委员会负责制定。委员会要想触及农业的核心问题、制定新的农业政策时，须做出政策提议，并交由理事会加以裁定。理事会内部设有 25 个农业工作小组、农业部长理事会和农业特别委员会等相关的部门组织。为了同其他政策领域一致，农业工作小组在收到委员会的政策提议之后，不是将其提交给常设代表委员会，而是提交给特设的农业特别委员会，后者又将其提交给农业部长理事会，最后进行讨论、批准。

欧盟农业补贴政策调整的影响主要有：第一，减少了对市场的干预，保障了农民收入。过度的价格支持会导致财政负担加重和农产品过剩，进而扭曲市场。欧盟共同农业政策改革通过降低价格支持水平，转而直接给农户支付补贴，既成功削减了财政预算，降低了对市场的干预，也一定程度上保障了农民收入。第二，在世界贸易组织谈判中赢得了主动。补贴政策的改革引导了新成员国调整农业结构，降低农业就业人口，扩大市场开放。在世界贸易谈判中，欧盟通过变通方法对农业进行补贴，在不违背世

① 黄波、李欣：《日本型直接补贴政策的构建及启示》，《世界农业》2014 年第 1 期。

界贸易组织规则的情况下，有效保护了农业。

美国农业补贴政策的调整主要是通过农业法案中的补贴政策调整来实现的。从整体上看，美国农业补贴政策通过对收入保险和作物保险对农户进行直接支持符合世界贸易组织政策，虽然仅仅是形式上有所改变，但对农业的支持保护并没有降低。美国新农业补贴政策对中国补贴政策和正在出台的目标价格政策无疑会产生冲击。美国新农业补贴政策大幅度削减了属于“黄箱”政策的农业补贴。在新一轮的世界贸易组织谈判中，美国已经争取到了主动权，可以借此批判欧盟等发达国家和包括中国在内的发展中国家的补贴政策，并对中国正在试点的目标价格补贴政策进行攻击。

日本农业政策补贴政策有明确的执行机制。《粮食农业农村基本计划》规定，“基本计划各项措施的执行，在明确执行顺序、时间安排、政策手段与政策目的的同时，对各项措施的执行情况进行必要管理”。作为基本计划规定的措施执行管理环节，日本农林水产省每年都需要对主要政策措施的落实情况与最新进展进行总结并公开发布，对相关预算的执行进行必要说明，总结当前主要措施的效果与存在的问题。从日本农业政策措施上看，日本型直接补贴政策的构建基础应该是收入经营稳定政策（原户别直接补贴政策）、丘陵山区等直接补贴政策、农地水环境保护管理直接补贴和环境友好型农业直接补贴。目前日本型直接补贴政策虽然还没有具体的实施方案，但与价格脱钩、以农业多功能性保护为基础，将农地面积作为补贴依据、考虑各地差异应该是其基本特征①。

在日本农业预算中，补贴费用所占的比例非常高，可以说日本的农业政策就是补贴型农业政策。1999 年农业补贴占农业预算比例超过 70%，同期通商产业所占比例只有 50% 左右。为了农业公共利益的需要，预算中的补贴并非全部在农业生产中用来保护生产者的利益，其中相当部分投到提高农业生产率、改善流通和促进公共财物供给等方面。对于农产品的补贴形式也是多种多样。例如农民联合购买插秧机等大型设备以及某些灌溉、施肥设施等都可以得到政府的补贴，一般可占到全部费用的 50% 左

① 黄波、李欣：《日本型直接补贴政策的构建及启示》，《世界农业》2014 年第 1 期。

右。另外还有基础设施补贴、农贷利息补贴、灾害补贴、农业保险补贴，这些补贴对促进农业生产和稳定农民收入起到了重要支持作用。

四、发达国家农业补贴政策调整经验的借鉴

欧盟、美国和日本等发达国家和农业政策调整的主要方向是加大农业支持力度、创新补贴方式、发展绿色生产。欧盟农业政策改革一方面加大了农业财政支持投入，提高资金使用效率；另一方面继续加强对农民补贴和农村支持，切实发挥农业政策的收入分配职能，并强调农业发展、农民增收与环境保护的协调发展，具有明显的生态化指向。美国新的农业法案虽然大幅削减了农业直接补贴额度，但仍然通过农业保险补贴等途径加强了对农业的支持与保护，对农业补贴力度不但没有削弱反而还有一定程度加强。日本的直接补贴从收入补贴扩大到发挥农业多功能性等更广的补贴范围。其对农民直接进行收入补贴，是在国际农产品市场开放的条件下，为顺应世界贸易规则而在传统价格补贴基础上的创新，而将农业多功能性保护等作为直接补贴政策，为保护农业发展、在国际谈判中争取主动提供了理据。

主要发达国家和地区的农业补贴政策调整经验值得中国学习和借鉴，未来中国农业补贴政策的调整需遵循国际农业发展趋势，从以下方面对现行农业补贴政策进行完善。

一是加大对农业补贴的投入，用足可使用的补贴空间。随着中国持续对农业生产的支持和补贴加强，棉花等产品在世界贸易组织规则中关于“黄箱”补贴占农业产值 8.5% 的空间已经不多，但是中国还有很多的重要农产品的补贴，如大豆、糖料等还在允许的范围，补贴空间依然存在，应该充分用好、用足，进一步加强对重要农产品的支持和补贴力度①。二是转变补贴方式，由生产补贴向收入补贴转型。加强对农民补贴和农村支持力度，充分发挥农业补贴在提高农民收入分配环节的作用。推动补贴目

---

① 宋洪远、张红奎、武志刚：《中国村庄经济社会发展的特征与趋势》，《湖南农业大学学报（社会科学版）》2015 年第 2 期。

标向收入支持方向转变，将“黄箱”补贴向“绿箱”补贴转变，在确定补贴额度时，要综合考虑历史单产、播种面积、收入水平等多种因素，实现补贴数量不与当前生产的面积和产品挂钩。三是建立生态保护性的补贴制度，促进农业发展、农民增收与环境保护协调发展。通过建立生态保护性补贴制度，利用激励机制引导农户加强对耕地资源和生态环境的保护。

参考文献

[1] 张红宇、赵长保：《中国农业政策的基本框架》，中国财政经济出版社2009年版。

[2] 黄季焜、王晓兵、智华勇：《粮食直补和农资综合补贴对农业生产的影响》，《农业技术经济》2011年第1期。

[3] 王欧、杨进：《农业补贴对中国农户粮食生产的影响》，《中国农村经济》2014年第5期。

[4] 程国强、朱满德：《中国工业化中期阶段的农业补贴制度与政策选择》，《管理世界》2012年第1期。

[5] 蒋和平、辛岭：《改善我国农业补贴的政策建议》，《政策解读》2008年第8期。

[6] 黄季焜：《增加收入、市场化：美国农业补贴政策的历史演变》，《中国社会科学报》，2009年8月13日，第10版。

[7] 彭超：《美国2014年农业法案的市场化改革趋势》，《世界农业》2014年第5期。

[8] 黄波、李欣：《日本型直接补贴政策的构建及启示》，《世界农业》2014年第1期。

[9] 戴蓬军：《欧盟共同农业政策的新改革》，《农业经济问题》2001年第10期。

[10] 陈彬：《欧盟共同农业政策对环境保护问题的关注》，《德国研究》2008年第2期。

[11] 蒋姝：《欧盟共同农业政策改革的环境气候因素》，《世界农业》

2013 年第 7 期。

[12] 彭超、潘苏文、段志煌：《美国农业补贴政策改革的趋势：2012 年美国农业法案动向、诱因及其影响》,《农业经济问题》2012 年第 11 期。

[13] 蔡海龙、韩一军、倪洪兴：《美国 2012 年农业法案的主要变化及特点》,《世界农业》2013 年第 2 期。

[14] 宋洪远、张红奎、武志刚：《中国村庄经济社会发展的特征与趋势》,《湖南农业大学学报（社会科学版）》2015 年第 2 期。

世界养殖淡水鱼产业发展趋势

张静宜

内容提要：随着全球经济技术的发展和人们生活水平的提高，世界养殖淡水鱼产业出现新的发展趋势。我国是世界主要的淡水鱼生产国和消费国，世界养殖淡水鱼产业的发展趋势需要我们认真研究和把握。本文从产业地位、品种结构、消费趋向和贸易格局的角度，考察了世界养殖淡水鱼产业发展的趋势，为我国淡水鱼产业的科学发展提供参考。

在养殖淡水鱼产业蓬勃发展、发展环境不断变化的今天，总结产业的发展趋势，对于我国养殖淡水鱼的科学发展有重要的参考意义。本文从产业地位、品种结构、消费趋向和贸易格局的角度，总结世界养殖淡水鱼产业的发展趋势，展望产业的发展前景。

一、养殖淡水鱼产量达历史新高，产量增长趋于稳定

近半个世纪以来，世界养殖淡水鱼产量显著增长，在促进经济社会发展、保障食物安全、改善膳食结构、调整农业产业结构等方面作用显著，淡水鱼产业的重要性日益增强。

2014 年联合国粮农组织（FAO）世界渔业和水产养殖状况报告称，

水产养殖业是全球食品生产领域增长最快的产业。淡水鱼养殖在世界水产养殖中占有重要地位。根据 FAO 数据，2012 年世界淡水鱼养殖产量 3741.76 万吨，达到了历史新高。养殖淡水鱼产量占世界水产养殖总量份额持续扩大，由 1950 年的 34.06% 增至 2012 年的 41.38%，养殖淡水鱼在世界水产的地位进一步巩固。

进入 21 世纪以来，淡水鱼养殖产量逐渐由快速增长转为稳定增长，增长趋势趋于稳定。表 1 显示，世界渔业和水产养殖整体的增产速度趋缓，养殖淡水鱼也经历了高速增长向稳定增长的转变。养殖淡水鱼产量在 20 世纪 80 年代的年均增长率高达 14.93%，90 年代为 10.10%，而 2000—2012 年的年均增产速度为 6.49%。有迹象显示全球水产养殖的增速可能已达顶峰，尽管一些区域和种类可能继续高速增长①。

表 1　　世界渔业和水产养殖各时期的产量增速

类　型	1950—1979 年	1980—1989 年	1990—1999 年	2000—2012 年
渔业总和	4.50%	5.43%	2.88%	2.48%
水产养殖总和	8.70%	9.66%	9.97%	6.65%
捕捞淡水鱼	3.71%	2.84%	2.48%	3.37%
养殖淡水鱼	7.80%	14.93%	10.10%	6.49%

近年来，中国、印度等淡水鱼养殖大国的产量增速趋于稳定，印度尼西亚、越南等国养殖淡水鱼产量增长迅速。表 2 显示，在养殖淡水鱼的十大主产国中，中国占绝对主导地位。20 世纪 80 年代中国养殖淡水鱼产量的年均增速高达 18.35%，90 年代为 11.91%，进入 21 世纪后增速趋缓，年均增产速度为 5.13%；印度、孟加拉国、埃及、缅甸、巴西、泰国的养殖淡水鱼产量增长趋势与中国类似。与前者不同，进入 21 世纪后印度尼西亚、越南的养殖淡水鱼产量增速加快，分别高达 14.78% 和 15.65%，

① FAO Fisheries and Aquaculture Department. The State of World Fisheries and Aquaculture 2006 [R]. Rome: 2006.

进入增长最快的阶段；菲律宾在2000—2012年的养殖淡水鱼增产速度也快于20世纪90年代。

表2　养殖淡水鱼主产国产量和增产速度　单位：万吨

国　家	2012年产量	1950—1979年	1980—1989年	1990—1999年	2000—2012年
中国	2300.55	9.05%	18.35%	11.91%	5.13%
印度	381.24	10.51%	11.67%	8.52%	6.32%
印度尼西亚	211.74	4.81%	8.91%	4.56%	14.78%
越南	209.00	7.74%	3.34%	12.09%	15.65%
孟加拉	152.57	2.72%	7.37%	13.18%	8.64%
埃及	84.94	7.66%	12.54%	13.72%	11.08%
缅甸	82.42	—	10.67%	32.00%	19.84%
巴西	60.76	—	19.21%	22.53%	13.60%
泰国	38.10	8.04%	9.31%	11.51%	3.24%
菲律宾	28.31	—	23.48%	2.03%	8.56%

二、大宗淡水鱼占主导但份额下降，名优品种快速崛起

养殖淡水鱼的品种结构中，青、草、鲢、鲤、鲫、鳙、武昌鱼七个大宗淡水鱼品种占主导地位。2012年，大宗淡水鱼产量1956.17万吨，在淡水鱼总产量中的份额为52.28%。在淡水鱼品种中，草鱼、鲢鱼、鲤鱼的产量位列前三，分别为502.87万吨、418.96万吨、379.19万吨，占世界淡水鱼产量比例为13.44%、11.20%、10.13%。

近年来，大宗淡水鱼品种的产量份额下降，产量增速也有所放缓。20世纪50年代至90年代，大宗淡水鱼产量份额的变化趋势以波动为主，在50年代经历了快速增长，由1950年的52.86%增至1959年的78.29%；到80年代，产量份额开始降低，1980年大宗淡水鱼产量份额为56.71%；

90 年代大宗淡水鱼产量份额回升，1999 年为 66.77%；而新世纪以来，大宗淡水鱼份额持续走低，由 2001 年的 68.06% 降至 2012 年的 52.28%。增产速度方面，大宗淡水鱼产量由 1950 年的 10.52 万吨增至 2012 年的 1956.17 万吨，年均增长 8.79%。2000—2012 年，大宗淡水鱼的年均增速为 4.42%，不及淡水鱼总体 6.49% 的增速。表 3 显示，鲢鱼的年均增产速度仅为 2.72%，鲤鱼年均增产 3.85%，武昌鱼年均增产 3.9%，增速较低；草鱼、鳙鱼、鲫鱼、青鱼的增产速度较高，年均增产速度分别为 4.47%、6.08%、6.12%、10.52%。

表 3　　世界养殖淡水鱼主要品种产量和增产速度　　单位：万吨

序号	品种	2012年产量	1980—1989 年	1990—1999 年	2000—2009 年	2000—2012 年
1	草鱼	502.87	22.55%	11.91%	3.86%	4.47%
2	鲢鱼	418.96	14.89%	7.84%	3.40%	2.72%
3	鲤鱼	379.19	16.96%	8.42%	3.30%	3.85%
4	尼罗罗非鱼	319.73	19.35%	15.04%	9.74%	10.44%
5	鳙鱼	289.88	14.15%	8.54%	6.26%	6.08%
6	喀拉鲃	276.10	11.66%	11.13%	16.81%	13.53%
7	鲫鱼	245.18	23.51%	19.75%	6.15%	6.12%
8	南亚野鲮	155.55	11.69%	12.72%	6.21%	6.46%
9	武昌鱼	70.58	13.80%	11.16%	3.84%	3.90%
10	青鱼	49.51	4.14%	16.83%	11.22%	10.52%
11	乌鳢	48.09	21.42%	-3.72%	127.94%	90.09%
12	鲶鱼	41.34	—	56.15%	59.08%	44.33%
13	麦瑞加拉鲮鱼	39.65	14.66%	14.55%	-1.14%	-2.72%
14	斑点叉尾鮰	39.42	20.22%	5.81%	5.78%	3.16%
15	蓝尼罗罗非鱼	38.81	—	—	—	—

续表

序号	品种	2012年产量	1980—1989 年	1990—1999 年	2000—2009 年	2000—2012 年
16	黄鳝	32.10	—	—	—	—
17	泥鳅	29.45	—	14.96%	80.23%	62.29%
18	蓝鲨	28.51	3.57%	-1.77%	23.82%	29.16%
19	鳜鱼	28.15	—	—	11.82%	10.37%
20	黄颡鱼	25.67	—	—	—	—

喀拉鲃、南亚野鲮和麦瑞加拉鲮鱼的产量也位于淡水鱼前列，它们是印度的3个主要鲤鱼品种，在整个南亚次大陆中均有养殖，如孟加拉国、巴基斯坦、缅甸、老挝、越南和尼泊尔等。斑点叉尾鮰是北美洲最重要的养殖淡水鱼品种，同时也在拉丁美洲及亚洲养殖，主产国为中国、美国、巴西、古巴、墨西哥等。

名优品种快速崛起，发展引人注目。罗非鱼、乌鳢、鲶鱼、黄鳝、泥鳅等名优品种增产迅速，2000—2012 年的年均增速远远超过大宗淡水鱼，显示如表3。名优品种因营养、口感、处理等方面更为优越，越来越受到消费者的青睐，市场份额不断扩大，经济效益也更为理想。在世界淡水鱼产量增速由快转稳的情况下，名优品种蕴藏新的发展机会，根据市场需求调整淡水鱼养殖品种结构将会带来突破性发展。

这些品种中，鲶鱼和罗非鱼表现尤为出众。鲶鱼是较为优质的白肉鱼类，生长速度快、加工鱼片的出肉率高，是世界上发展迅速的养殖淡水鱼品种，产量增长势头强劲。越南是主要的鲶鱼生产国，以其低廉的价格和成功的营销打开欧美市场。此外，中国、泰国和印度的鲶鱼养殖和出口也快速发展。罗非鱼被誉为未来动物性蛋白质的主要来源之一，产量增速令人瞩目。中国、埃及、印度尼西亚、菲律宾等主产国的罗非鱼生产发展迅速，积极实施促进产量增长的计划，罗非鱼的产量与出口持续增长；同时，需求也不断扩大，美国是罗非鱼的主要进口国家，近年来市场需求增长，进口量屡创新高；拉丁美洲的进口量也有所增长。快速的增产和旺盛的需求使得罗非鱼类发展前景看好。

三、淡水鱼消费快速增长，市场空间不断扩大

随着人们生活水平的提高和膳食结构的升级，世界淡水鱼消费进入快速增长阶段。世界淡水鱼供应在过去 50 年中出现了大幅增加[①]。根据 FAO 数据，世界人均淡水鱼供应量已从 1961 年的 1.5 千克增加到 2011 年的 6.8 千克，年均增长 3.07%，增速位于动物性食物的前列，超过了同期世界人口 1.6% 的增长率[②]。人口增加、收入增长、城镇化、新兴经济体和发展中国家膳食结构的改变都会促进淡水鱼消费进一步增加。

社会经济发展推动淡水鱼消费增长。首先，随着收入增长和人们生活水平的提高，消费者增加的收入将主要用于改善食物质量，膳食结构将从以主食和谷物消费为主转向消费更多的高蛋白食物[③]，淡水鱼消费量增加是食物消费进入结构转型期的重要表现。其次，人口增长将促进市场容量与需求的扩大，人口老龄化趋势和人均寿命增加，会使人们更关注食物在健康、营养、益寿、防病等方面的作用，许多淡水鱼具有营养丰富、补身防病的功效，淡水鱼消费有较大的增长潜力。最后，城镇化发展将促使人口地域结构发生改变，城市人口迅速增长，特别是向大中城市聚集，使口粮消费进一步减少，肉蛋奶、水产品的消费不断增长，产生更多的淡水鱼消费需求。同时，人们更加重视健康和安全，追求品种丰富和多样化，淡水鱼消费结构加快转型。

进入 21 世纪以来，世界淡水鱼消费增速有扩大之势。表 4 显示，1961—2011 年，世界淡水鱼消费以年均 3.07% 的速度增长，2000—2011 年消费年均增速升至 4.25%。从地域上看，亚洲作为传统的淡水鱼消费区域仍然是消费集中区域和主要增长来源。1961—2011 年淡水鱼消费年

---

① 刘景景、陈洁：《世界水产品及大宗淡水鱼流通、贸易与消费情况》，《中国渔业报》，2014 年 4 月 14 日。

② FAO Fisheries and Aquaculture Department. The State of World Fisheries and Aquaculture 2014 [R]. Rome: 2014.

③ OECD - FAO Agricultural Outlook 2013 - 2022 [R]. Rome: 2013.

均增长率为3.65%，进入21世纪以来的增速为4.41%。柬埔寨、缅甸、孟加拉、老挝、中国、越南、印度尼西亚等国的淡水鱼消费在世界前列。欧洲人均淡水鱼供应量4.1千克，东欧和北欧的淡水鱼消费较多，芬兰、瑞典、俄罗斯是传统的淡水鱼消费国家。近年来，欧洲的淡水鱼消费增速加快，2000—2011年的增速达到5.4%，速度超过亚洲。非洲的淡水鱼消费也有较快增长，新世纪以来消费的增速加快，埃及和乌干达的淡水鱼消费在世界前列。南北美洲的消费也有所增长，美国是主要的消费国家。与其他大洲不同，近年来，大洋洲的淡水鱼消费增速呈下降趋势。

表4　各大洲淡水鱼消费和增长情况　单位：千克/人/年

地　区	1961年	2000年	2011年	1961—2011年	2000—2011年
世界	1.5	4.3	6.8	3.07%	4.25%
非洲	1.7	2.6	3.6	1.51%	3.00%
南北美洲	1.1	2	2.9	1.96%	3.44%
亚洲	1.5	5.6	9	3.65%	4.41%
欧洲	1.8	2.3	4.1	1.66%	5.40%
大洋洲	0.6	1.6	1.9	2.33%	1.57%

在发展中国家，淡水鱼是重要的蛋白质来源，随着这些国家经济社会的发展，人们对淡水鱼类的需求量也增长。一些淡水鱼主产国采取政策措施鼓励人们食用淡水鱼，促进了本国淡水鱼消费量的增长。发展中国家对淡水鱼的需求快速增长的同时，发达国家对淡水鱼的接受度也在增强。一些非传统的淡水鱼消费国，如美国、欧盟等地淡水鱼消费市场有所扩大。欧美市场对罗非鱼和鲶鱼的接受度提升，罗非鱼和鲶鱼鱼片产品以较好的性状和价格优势满足了市场需求，成为传统消费鱼类如鳕鱼的较好替代品，消费量增加。OECD和FAO发表的《农业展望2013—2022》报告预测，鱼类产品的消费将在接下来的十年强劲增长，且发展中国家消费增速快于发达国家增速，将成为世界鱼类消费的主要来源。

四、淡水鱼在水产品国际贸易中地位增强，主产国贸易竞争强化

随着世界淡水鱼生产和消费的扩大，淡水鱼的国际贸易也经历了较快增长，根据 FAO 数据，1976—2011 年，淡水鱼的进出口总量从 9.79 万吨增至 220.70 万吨，年均增长 9.31%，进出口总额从 1976 年的 1.91 亿美元增至 2011 年的 90.07 亿美元，年均增长 11.64%。

淡水鱼在水产品国际贸易中的地位有所提高。淡水鱼出口量占水产品出口总量的份额较低，但是增长较快，增速位于水产品前列。世界淡水鱼类出口量由 1976 年的 2.8 万吨增至 2011 年的 126.52 万吨，在水产品出口总量的份额由 0.38% 增至 3.59%；海水鱼类是水产品出口的主导，但是份额呈下降趋势，由 83.45% 降至 67.88%；洄游鱼类的份额由 1.77% 增至 8.15%。淡水鱼类和洄游鱼类在国际贸易上的重要性增强。在增速上，淡水鱼类出口量年均增长 11.51%，仅次于水生植物 13.52% 的增长率，淡水鱼出口的增速位于水产品前列（表 5）。

表 5　世界各类水产品出口和增长情况　　单位：万吨

水产品	1976 年		2011 年		增长率
	出口量	份额	出口量	份额	
水生植物	0.51	0.07%	42.99	1.22%	13.52%
甲壳类动物	52.51	7.10%	355.51	10.09%	5.62%
洄游鱼类	13.09	1.77%	287.28	8.15%	9.23%
淡水鱼类	2.80	0.38%	126.52	3.59%	11.51%
海水鱼类	616.98	83.45%	2392.57	67.88%	3.95%
其他水生动物产品	6.28	0.85%	12.59	0.36%	2.01%
其他水生动物	0.51	0.07%	7.60	0.22%	8.00%
软体动物	42.62	5.76%	299.52	8.50%	5.73%
鲸鱼，海豹，哺乳动物	4.08	0.55%	0.20	0.01%	-8.30%
总计	739.38	100.00%	3524.78	100.00%	4.56%

淡水鱼贸易格局中最重要的变化就是发展中国家的出口份额不断增长，而发达国家份额相应下降。从出口量看，发展中国家出口份额由1976年的8.85%增至2011年的80.82%，而发达国家则由81.85%降至14.64%。在很多国家，淡水鱼是重要的出口创汇来源，特别是亚洲发展中国家如越南、泰国，近年来产量的增长主要通过出口供应他国。淡水鱼生产与国际贸易的联系愈来愈紧密，国际贸易的扩大成为淡水鱼产业发展的重要表现和强劲动力（表6）。

表6　　主要淡水鱼出口国家出口量和增长率　　单位：万吨

国　家	2003年	2011年	2003—2011年
越南	1.40	50.50	56.55%
中国	6.38	33.92	23.22%
泰国	0.64	5.01	29.26%
荷兰	2.67	4.40	6.45%
中国台湾	4.12	3.21	-3.09%
坦桑尼亚	3.89	2.37	-6.01%
印度尼西亚	2.74	1.71	-5.69%
哈萨克斯坦	2.71	1.70	-5.66%
阿根廷	0.14	1.70	36.71%
德国	0.49	1.68	16.79%

淡水鱼的出口国以亚洲发展中国家为主。其中，越南通过大力的市场营销及鲶鱼养殖的扩展，成为淡水鱼出口的第一大国，2011年出口淡水鱼50.50万吨，2003年以来，年均增长56.55%，增长速度最为引人注目，越南的淡水鱼出口集中在冷冻鲶鱼片和鱼排；其次是中国，2011年出口淡水鱼33.57万吨，年均增长24.29%，中国出口的淡水鱼按数量由多到少是冷冻罗非鱼片、冷冻罗非鱼、制作或保藏的罗非鱼、冷冻鲶鱼片

和活鲤鱼等。其他亚洲出口国主要出口冷冻其他淡水鱼和鱼片、冷冻罗非鱼、冷冻鲶鱼片。荷兰主要出口冰鲜尼罗河鲈鱼片和冷冻鲶鱼片，德国主要出口冷冻鲶鱼片。阿根廷主要出口冷冻其他淡水鱼。

进口方面，美国是世界最大的淡水鱼进口国，主要进口冷冻罗非鱼片和冷冻鲶鱼片，2004—2011 年以每年 10.99% 的速度增长。欧盟淡水鱼进口稳定增长，西班牙是欧盟市场最大的淡水鱼进口国，主要进口产品为冷冻鲶鱼片，德国、荷兰、意大利、波兰也是以进口冷冻鲶鱼片为主，英国和法国主要进口冷冻其他淡水鱼和冷冻鲶鱼片。沙特阿拉伯主要进口冰鲜其他淡水鱼和冷冻罗非鱼。俄罗斯则是进口冷冻其他淡水鱼、冷冻其他淡水鱼片以及活鲤鱼。在增长率上，主要进口国家的进口量增长较为迅速（法国例外），波兰进口量的年均增速高达 26.63%，西班牙为 18.29%，俄罗斯为 13.23%（表 7）。

表 7　　主要淡水鱼进口国家进口量和增长率　　单位：万吨

国　家	2004 年	2011 年	2004—2011 年
美国	14.75	30.59	10.99%
西班牙	1.89	6.13	18.29%
德国	2.49	5.53	12.05%
俄罗斯	1.98	4.72	13.23%
沙特阿拉伯	3.27	4.69	5.28%
荷兰	2.61	4.67	8.67%
意大利	1.42	3.11	11.85%
英国	1.61	3.04	9.50%
波兰	0.58	3.01	26.63%
法国	2.86	2.84	-0.14%

中国、印度、泰国、越南等淡水鱼主产国，不仅生产的淡水鱼品种集

中，贸易结构相似，而且目标市场也有所重合，出口同构竞争的趋势扩大，国际市场上竞争日益激烈，巩固已有市场和开辟新市场的压力增加。如亚洲发展中国家的鲶鱼和罗非鱼产量都在增加，并且以欧盟和美国为主要目标市场，出口面临的竞争将不断升级并将常态化，给各主产国带来较大的成本压力。

淡水鱼出口遭遇的技术性贸易壁垒和反倾销措施有所增加。发达国家为保证进口水产品的质量安全，保护本国产业和产品，实施了一系列的贸易壁垒措施，导致主产国出口成本和风险上升，加大了国际贸易上的竞争压力。美国的技术性贸易壁垒有水产品生产加工企业备案制度、严格的抽样检测制度、原产地标签制度；欧盟有欧盟水产品法令；日本对进口水产品外国厂商实施卫生注册制度、水产品质量检验标准和水产品标签制度[①]。近年来，欧盟、美国、日本、韩国和加拿大等纷纷加强了对来自中国水产品的检验检疫，使中国的水产品出口遭遇了前所未有的贸易壁垒[②]。越南遭遇的贸易壁垒也较为严重，美国针对鲶鱼产品征收的反倾销关税和严格的技术性贸易壁垒对越南鲶鱼出口影响较大。贸易壁垒加强了发达国家对水产品贸易的控制，增加了各国水产品开拓国际市场的难度，倒逼各主产国提高产品的质量水平并强化市场营销手段。

① 林海蓉、关丽丽：《国际水产品贸易中的技术性贸易壁垒研究》，《现代商业》2008年第30期。

② 居占杰、刘兰芬：《国外技术性贸易壁垒对中国水海产品出口的影响及应对策略》，《世界农业》2009年第10期。

产出率视角下的农业化肥利用效率国际比较

周　芳　金书秦

内容提要：农业化肥减量增效迫在眉睫，有利于改善生态环境和实现农业可持续发展。客观评价化肥的利用效率，有助于更好地认识和解决化肥不当使用带来的问题。本文全面比较了我国与其他国家在化肥使用量、强度和吸收率等方面的差异，重点利用基于实物量的产出投入比，分析了我国与美国、日本在水稻、小麦、玉米、大豆、棉花5种作物的化肥产出率差异，探究了我国与其他国家化肥产出率存在差异的主要原因。研究发现，国内外化肥产出率的差异低于化肥使用强度的差异，玉米应作为农业化肥减量增效的重点对象。

一、对化肥利用效率的评价

我国是世界最大的化肥生产和消费国，化肥生产和消费量均占世界 1/3 左右。化肥是重要的农业生产资料，是粮食的“粮食”。化肥对促进农作物增产增收、确保国家粮食安全起到了重要作用，但化肥使用量大、强度高、利用效率低的问题日益凸显，造成基础地力下降、生产成本增加、农业面源污染加剧，直接威胁农业可持续发展。肥越用越多、地越种越馋是我国粮食“十一连增”背后的尴尬现实。农业化肥减量增效迫在眉睫，有利于改善生态环境和实现农业可持续发展。

现有关于化肥使用效率的研究主要从农学角度测算化肥吸收率，或者从经济学角度计算化肥利用效率。一些学者通过田间试验来计算农作物的化肥吸收率。朱兆良指出主要粮食作物氮肥利用率为30%—35%，磷肥利用率为15%—20%，钾肥利用率为35%—50%①。Olk 等计算了越南、马来西亚、印度尼西亚、泰国和印度这5个水稻生产国的水稻氮肥的吸收率，发现不同土壤类型对氮肥的吸收率不同，但吸收率的总体水平都较低②。张福锁等对我国粮食主产区的水稻、小麦、玉米氮肥吸收率进行测算，发现三种作物的利用率分别为28.3%、28.2%和26.1%，远低于发达国家40%—60%的水平③。一些学者利用统计数据和经济模型测算化肥利用效率。李静等从经济角度使用随机前沿生产函数测算了我国主要粮食主产区2006—2009年小麦、玉米和水稻三种粮食作物的化肥利用效率，结果表明三种粮食作物的化肥利用效率普遍偏低④。潘丹对我国化肥施使用强度变化的驱动效应进行了测度和分解，结果表明农业生产结构调整和化肥利用效率变动共同推动了化肥施用强度的增加，并且化肥利用效率贡献率高于结构调整贡献率⑤。杨增旭等采用随机生产函数测算了我国小麦

① 李庆逵、朱兆良、于天仁：《中国农业持续发展中的肥料问题》，江苏科学技术出版社1998年版。

② Olk D C, Cassman K G, Simbahan G, et al. Interpreting fertilizer - use efficiency in relation to soil nutrient - supplying capacity, factor Productivity, and agronomic efficiency [J]. *Nutrient Cycling in Agroecosystems*, 1999, 53 (1).

③ 张福锁、王激清、张卫峰等：《中国主要粮食作物肥料利用率现状与提高途径》，《土壤学报》2008年第5期。

④ 李静、李晶瑜：《中国粮食生产的化肥利用效率及决定因素研究》，《农业现代化研究》2011年第9期。

⑤ 潘丹：《中国化肥施用强度变动的因素分解分析》，《华南农业大学学报（社会科学版）》2014年第2期。潘丹：《中国化肥消费强度变化驱动效应时空差异与影响因素解析》，《经济地理》2014年第3期。

和玉米化肥施用的技术效率，研究表明这两种作物化肥施用技术效率低下①。

从农学或经济的角度测量化肥的利用状况并进而判断是否过度使用具有一定的科学性和合理性。然而，这两个维度都具有一定的缺陷。农学效率（吸收率）主要基于科学试验或田间监测，代表了科学上的准确，但对仪器、方法和代表性有较高的要求，要准确反映全国情况，需要做大范围的试验或监测，并且最好能够做连续试验或监测，因此获得结果的成本和操作要求都很高。在很长一段时间，我国化肥吸收率都是引用朱兆良院士 1998 年测算的 30%—35%。直到 2013 年，农业部发布的《中国三大粮食作物肥料利用率研究报告》对我国化肥吸收率再一次给出了较权威的数据 33%。经济效率评价则受价格的影响很大，尤其是近年来农资价格持续上涨，而农产品价格较为平稳，甚至有些农产品价格下降，必然导致经济效率持续下降。此外，在国际比较中，还受到汇率变动的影响。因此，仅用货币化的手段衡量化肥乃至整个农业的效率显然具有更大的欠缺。此外，衡量化肥利用情况还经常用到单位耕地面积的化肥施用量，该指标可以反映化肥的施用强度，进而反映化肥施用对环境带来的污染负荷。我国人多地少，耕地复种程度较高，例如在某些蔬菜种植地区，一年最多要种 6—7 季蔬菜，这必然使得施肥强度极高。

本文提出使用化肥产出率来衡量化肥的使用效率。化肥产出率也就是每单位化肥投入所对应的农产品产量，在计算上等于作物单产除以化肥施用强度。一方面，化肥产出率不需要养分吸收量测定，具有简单明了、易于理解掌握的特点，且单产和化肥施用强度的连续数据在统计上可得；另一方面，基于实物量的化肥产出率，排除了价格、汇率、复种等因素的影响，便于做国际比较。本文主要利用基于实物量的化肥产出率，比较分析我国与其他国家主要作物化肥使用效率的差异，为决策和研究者判断化肥

① 杨增旭、韩洪云：《化肥施用技术效率及影响因素——基于小麦和玉米的实证分析》，《中国农业大学学报》2011 年第 1 期。

使用情况提供另一种视角。

二、化肥使用总量和强度视角下的国际比较

我国化肥使用总量从 2000 年的 4146 万吨增加到 2013 年的 5912 万吨，年均增长 2.8%，是美国年均增长率（0.3%）的 9 倍多。我国化肥使用总量相当于美国和印度的用量之和①。与我国化肥使用量总体呈现增加态势不同，2002—2012 年，美国、德国、法国、英国等发达国家的化肥使用量基本稳定（表 1）。其中，美国的化肥使用量保持在 1700 万—2000 万吨之间，年均增长率为 0.3%；德国、法国、英国的化肥使用量出现了负增长，年均增长率分别为 -0.8%、-3.2% 和 -1.9%。

表 1　2002—2013 年各国化肥使用量　单位：万吨

年份	中国	美国	德国	法国	英国
2002	4388.64	1946.26	259.49	388.16	184.60
2003	4273.65	2052.07	259.84	409.98	177.80
2004	3999.46	2049.29	255.96	389.60	167.20
2005	4789.89	1958.26	248.50	353.70	156.30
2006	5083.32	2024.70	230.70	349.14	154.90
2007	5196.02	1995.48	263.52	382.80	154.60
2008	5766.68	1819.22	190.42	278.50	125.00
2009	6321.62	1717.19	216.70	272.00	145.10
2010	6062.65	1925.70	250.66	275.50	150.40
2011	5642.98	1999.18	227.39	257.55	144.70

① 苏贺、钱克明：《我国年化肥使用量相当于美国印度总和》，中国青年网，2015 年 3 月 9 日。网址：http://news.youth.cn/gn/201503/t20150309_6514882.htm。

续表

年份	中国	美国	德国	法国	英国
2012	6859.61	2033.63	235.40	250.42	145.60
2013	5911.90*	NA	NA	NA	NA

数据来源：FAO。其中 2002 年至 2012 年数据为 FAO 数据库中的数据，2013 年数据来源于《2014 年中国农村统计年鉴》。《中国农村统计年鉴》中的中国化肥消费量与 FAO 数据库中的中国化肥消费量存在一定差异，但是差距在 5% 以内。

我国平均单位耕地面积化肥使用量从 2000 年的 17.7 千克/亩增加到 2013 年的 23.8 千克/亩，年均增长 2.5%，均超过国际公认的 15 千克/亩的施肥上限。我国化肥使用强度普遍高于其他主要国家。联合国粮农组织（FAO）数据显示，2002—2011 年，我国年均化肥使用强度为 30.2 千克/亩，是世界平均强度（7.9 千克/亩）的 3.8 倍。与亚洲相比，我国亩均化肥使用量比日本高 9.6 千克，比印度高 20.8 千克；与欧洲相比，我国亩均化肥使用量比英国高 12.6 千克，比德国高 16.7 千克；与美洲相比，我国亩均化肥使用量比巴西高 20.8 千克，比美国高 22.3 千克（图 1）。

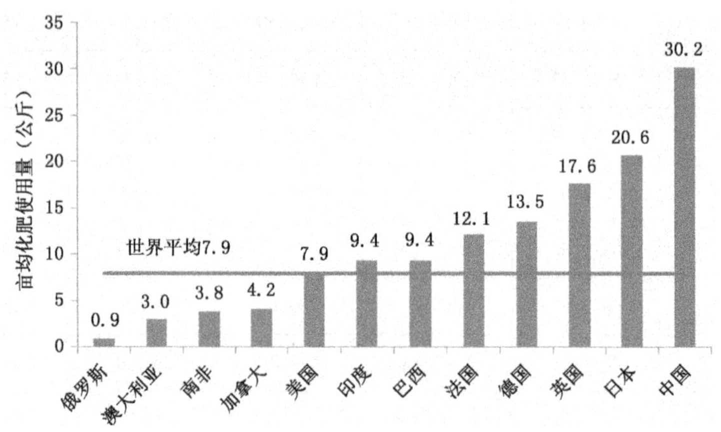

图 1　2002—2011 年世界主要国家年均化肥使用强度

数据来源：FAO。

三、化肥产出率的国际比较

（一）我国化肥产出率总体情况

总体上，我国粮食作物的化肥产出率不断提高。1998 年每使用 1 千克化肥可以分别生产 20.9 千克水稻、12.9 千克小麦、和 19.4 千克玉米，到 2013 年分别增加到 21.9 千克水稻、14.7 千克小麦和 20.9 千克玉米。油料作物中，油菜的化肥产出率不断提高，从 1998 年的 7.2 千克增加到 2013 年的 9.2 千克，而大豆、花生的化肥产出率却呈现下降趋势，分别从 1998 年的 23.1 千克和 16.5 千克下降到 2013 年的 16.1 千克和 13.2 千克。果蔬等经济作物中，苹果和蔬菜的化肥产出率有所下降，分别从 1998 年的 38.4 千克和 91.5 千克下降到 2013 年的 30.6 千克和 88.6 千克，其余则较为稳定（图 2）。

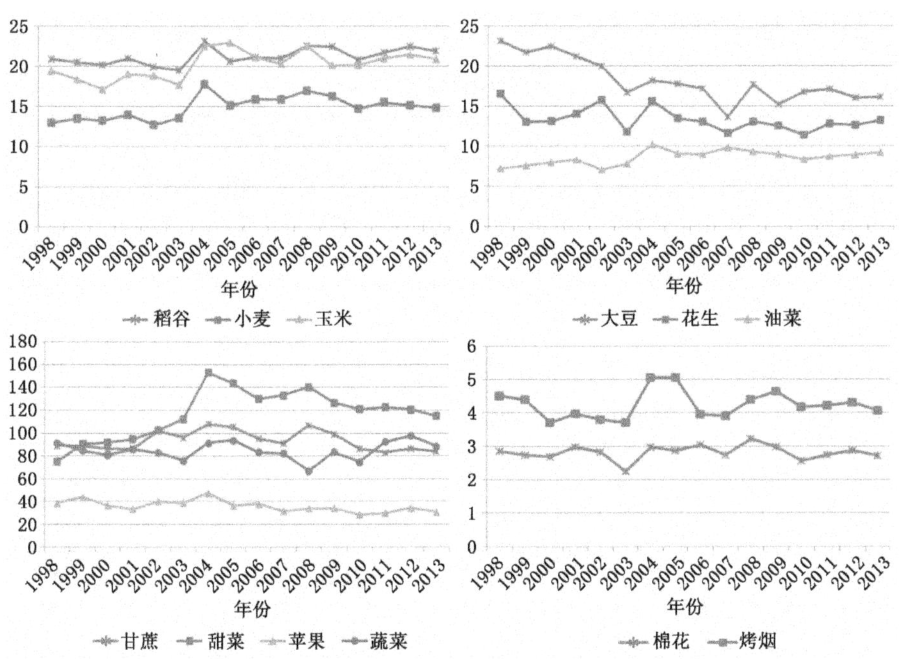

图 2　1998—2013 年我国不同作物的化肥产出率（千克/千克）

数据来源：历年《全国农产品成本收益年鉴》。

考虑到数据的可得性，本部分主要比较分析我国与美国、日本的化肥产出率差异，选取的作物为水稻、小麦、玉米、大豆、棉花。

（二）中国与日本水稻化肥产出率比较

我国水稻化肥产出率明显低于日本（表 2）。1998—2013 年，我国水稻化肥产出率基本稳定，由 1998 年的 20.9 千克/千克增加到 2013 年的 21.9 千克/千克，年均增长 0.5%。除 2002 年、2003 年低于 20 千克/千克之外，其他年份均保持在 20 千克/千克以上。同期，日本水稻化肥产出率波动提高，由 1998 年的 24.2 千克/千克增加到 2013 年的 31.6 千克/千克，年均增长 2%。我国水稻化肥产出率年均值为 21.2 千克/千克，比日本低 6.7 千克/千克。值得注意的是，我国与日本的水稻化肥产出率差距呈现扩大趋势，由 1998 年的 3.3 千克/千克增加到 2013 年的 9.7 千克/千克，年均增长 12.3%。

表 2　　中日水稻化肥产出率

年份	中国			日本		
	单位面积产量（千克/亩）	单位面积化肥投入（千克/亩）	化肥产出率（千克/千克）	单位面积产量（千克/亩）	单位面积化肥投入（千克/亩）	化肥产出率（千克/千克）
1998	421.9	20.2	20.9	331.7	13.7	24.2
1999	420.6	20.6	20.5	342.1	13.8	24.9
2000	415.1	20.6	20.2	357.5	13.3	26.8
2001	427.2	20.4	20.9	353.9	12.9	27.4
2002	420.4	21.1	19.9	351.1	12.7	27.6
2003	408.8	21.0	19.5	312.0	13.0	24.0
2004	450.9	19.5	23.1	342.1	12.8	26.8
2005	431.0	20.9	20.6	354.6	12.9	27.5
2006	436.3	20.6	21.2	337.9	13.2	25.6

续表

年份	中国			日本		
	单位面积产量（千克/亩）	单位面积化肥投入（千克/亩）	化肥产出率（千克/千克）	单位面积产量（千克/亩）	单位面积化肥投入（千克/亩）	化肥产出率（千克/千克）
2007	450.2	21.5	20.9	347.3	13.0	26.8
2008	464.2	20.6	22.5	361.5	12.4	29.1
2009	462.5	20.6	22.4	347.9	10.9	31.9
2010	447.8	21.5	20.8	347.4	11.5	30.3
2011	464.5	21.4	21.7	355.4	11.7	30.4
2012	478.8	21.3	22.5	359.4	11.2	32.2
2013	471.7	21.6	21.9	358.8	11.4	31.6
均值	442.0	20.8	21.2	347.5	12.5	27.9

数据来源：历年《全国农产品成本收益年鉴》和《日本农林水产省作物统计资料》。

我国水稻化肥产出率低于日本主要由化肥使用强度较高引致。尽管我国水稻的单产高于日本（年均比日本高 94.5 千克/亩），但由于化肥使用强度较高（年均比日本高 8.3 千克/亩），使我国水稻化肥产出率低于日本。此外，我国与日本水稻单位产品施肥比小于单位面积施肥比，也即化肥产出率的差异小于化肥使用强度的差异（图 3）。

（三）中国与美国小麦化肥产出率比较

由表 3 可见，我国小麦化肥产出率总体低于美国，除了 2004 年、2005 年高于美国外，其他年份的小麦化肥产出率均低于美国。1998—2013 年，我国小麦化肥产出率平稳变动，由 1998 年的 12.9 千克/千克增加到 2013 年的 14.7 千克/千克，年均增长 1.7%。同期，美国小麦化肥产出率波动提高，由 1999 年的 18.2 千克/千克增加到 2012 年的 21.8 千克/千克，年均增长 2.9%。我国小麦化肥产出率年均值为 14.8 千克/千克，

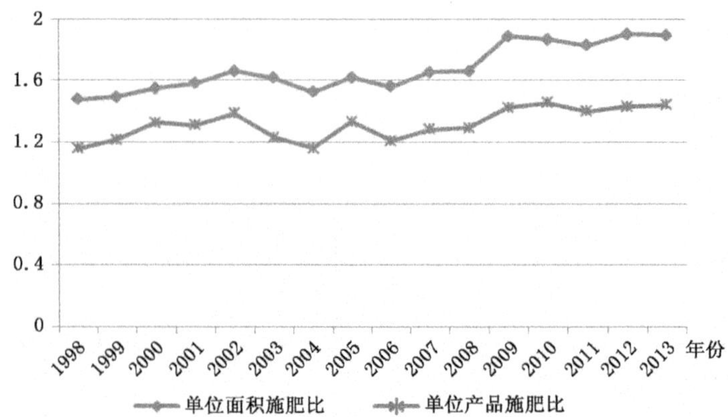

图 3　中日水稻单位面积施肥比与单位产品施肥比

数据来源：历年《全国农产品成本收益年鉴》和《日本农林水产省作物统计资料》。

比美国低 4.1 千克/千克。

表 3　中美小麦化肥产出率

年份	中国			美国		
	单位面积产量（千克/亩）	单位面积化肥投入（千克/亩）	化肥产出率（千克/千克）	单位面积产量（千克/亩）	单位面积化肥投入（千克/亩）	化肥产出率（千克/千克）
1998	245.9	19.0	12.9	NA	NA	NA
1999	261.3	19.5	13.4	191.3	10.5	18.2
2000	289.8	22.0	13.2	188.1	10.5	18.0
2001	261.4	18.8	13.9	180.0	10.6	16.9
2002	261.9	20.6	12.7	157.0	10.9	14.5
2003	255.2	18.9	13.5	197.9	10.4	19.0
2004	339.8	19.1	17.8	193.4	12.4	15.6
2005	325.8	21.6	15.1	188.1	15.0	12.6
2006	351.8	22.2	15.8	173.1	9.3	18.5

续表

年份	中国			美国		
	单位面积产量（千克/亩）	单位面积化肥投入（千克/亩）	化肥产出率（千克/千克）	单位面积产量（千克/亩）	单位面积化肥投入（千克/亩）	化肥产出率（千克/千克）
2007	359.9	22.7	15.8	180.2	9.1	19.7
2008	388.3	22.9	16.9	200.8	8.9	22.5
2009	378.1	23.2	16.3	198.6	8.7	22.7
2010	370.0	25.2	14.7	206.7	9.0	23.0
2011	389.2	25.2	15.5	195.4	9.2	21.2
2012	382.8	25.4	15.1	206.9	9.5	21.8
2013	374.3	25.4	14.7	NA	NA	NA
均值	327.2	22.0	14.8	189.8	10.3	18.9

数据来源：历年《全国农产品成本收益年鉴》和《美国农业部统计资料》。

我国小麦化肥产出率总体低于美国的主要原因是化肥使用强度较高。尽管我国小麦的单产明显高于美国（年均比美国高 137.4 千克/亩），但由于化肥使用强度较高（年均比美国高 11.7 千克/亩），并且化肥使用强度贡献率较大（除 2004 年和 2005 年），最终使得我国小麦化肥产出率低于美国。此外，我国与美国小麦单位产品施肥比小于单位面积施肥比，也即小麦化肥产出率的差异低于化肥使用强度的差异，并且两者差距呈现明显增加趋势，这在一定程度说明小麦化肥使用强度对化肥产出率的贡献下降，单产对化肥产出率的贡献增加（图 4）。

（四）中国与美国玉米化肥产出率比较

我国玉米化肥产出率低于美国（表 4）。1998—2013 年，我国玉米化肥产出率基本稳定，由 1998 年的 19.4 千克/千克增加到 2013 年的 20.9 千克/千克，年均增长 0.9%。2007—2012 年，美国玉米化肥产出率波动

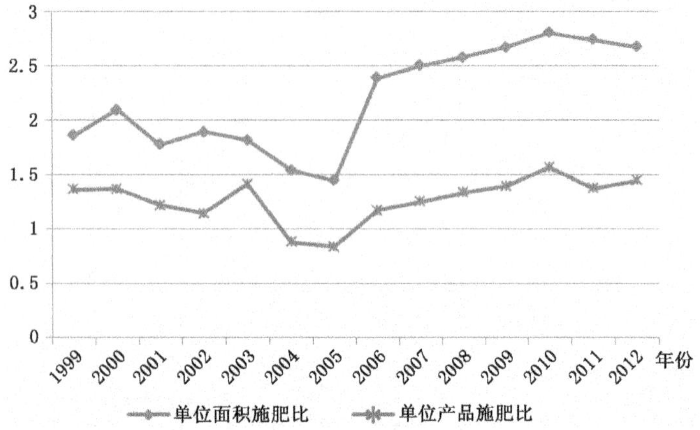

图 4　中美小麦单位面积施肥比与单位产品施肥比

数据来源：历年《全国农产品成本收益年鉴》和《美国农业部统计资料》。

降低，由 2007 年的 30.2 千克/千克下降到 2012 年的 24.7 千克/千克，年均下降 0.5%，主要原因在于玉米单产降低。我国玉米化肥产出率年均值为 20.2 千克/千克，比美国低 9.5 千克/千克。值得注意的是，我国与美国的玉米化肥利产出率差距呈现缩小趋势，由 2007 年的 9.9 千克/千克减小到 2012 年的 3.2 千克/千克，年均下降 12.1%。

表 4　　中美玉米化肥产出率

年份	中国			美国		
	单位面积产量（千克/亩）	单位面积化肥投入（千克/亩）	化肥产出率（千克/千克）	单位面积产量（千克/亩）	单位面积化肥投入（千克/亩）	化肥产出率（千克/千克）
1998	383.9	19.8	19.4	NA	NA	NA
1999	363.2	19.8	18.3	NA	20.0	NA
2000	350.5	20.5	17.1	NA	20.3	NA
2001	379.4	20.0	19.0	NA	19.9	NA

续表

年份	中国			美国		
	单位面积产量（千克/亩）	单位面积化肥投入（千克/亩）	化肥产出率（千克/千克）	单位面积产量（千克/亩）	单位面积化肥投入（千克/亩）	化肥产出率（千克/千克）
2002	392.6	20.9	18.8	NA	21.0	NA
2003	368.5	20.9	17.6	NA	20.9	NA
2004	423.6	18.8	22.5	NA	20.9	NA
2005	422.6	18.4	23.0	NA	20.9	NA
2006	423.5	20.1	21.1	NA	20.8	NA
2007	422.4	20.8	20.3	629.9	20.8	30.2
2008	457.2	20.3	22.5	640.7	20.8	30.7
2009	429.9	21.4	20.1	687.1	20.8	32.9
2010	452.7	22.5	20.1	637.8	20.8	30.6
2011	472.2	22.5	21.0	613.6	20.8	29.4
2012	492.6	22.9	21.5	514.5	20.8	24.7
2013	488.0	23.4	20.9	NA	NA	NA
均值	420.2	20.8	20.2	620.6	20.7	29.7

数据来源：历年《全国农产品成本收益年鉴》和《美国农业部统计资料》。

与水稻和小麦不同的是，我国玉米化肥产出率较低的主要原因在于单产较低而非化肥使用强度较高。2007—2012 年，我国玉米化肥使用强度与美国相差不大（年均比美国高 0.9 千克/亩），但由于我国玉米单产明显低于美国（年均比美国低 200.4 千克/亩），使得我国玉米化肥产出率低于美国。此外，我国与美国玉米单位产品施肥比大于单位面积施肥比，也即玉米化肥产出率的差异高于化肥使用强度的差异，并且两者差距呈现缩小趋势，这在一定程度说明玉米单产对化肥利用效率的贡献下降，中美两国玉米单产差异减小（图 5）。

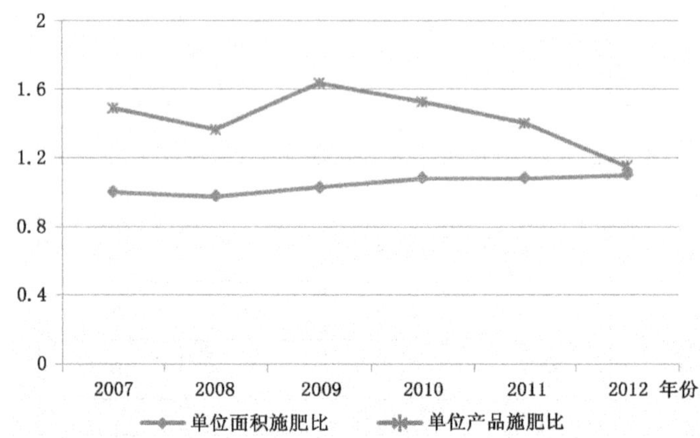

图 5　中美玉米单位面积施肥比与单位产品施肥比

数据来源：历年《全国农产品成本收益年鉴》和《美国农业部统计资料》。

（五）中国与美国大豆化肥产出率比较

由表 5 可见，我国大豆化肥产出率总体高于美国。除 2006 年、2007 年、2009 年、2010 年和 2012 年外，我国其他年份的大豆化肥产出率均高于美国。1998—2013 年，我国大豆化肥产出率呈降低趋势，由 1998 年的 23.1 千克/千克降低到 2013 年的 16.1 千克/千克，年均下降 1.7%，主要原因在于大豆化肥使用强度增加。同期，美国大豆化肥产出率呈稳定增加趋势，由 1999 年的 15.2 千克/千克增加到 2012 年的 16.5 千克/千克，年均增长 1.4%。我国大豆化肥产出率年均值为 18.2 千克/千克，比美国高 2.9 千克/千克。值得注意的是，我国与美国的大豆化肥产出率差距不断缩小，由 1999 年高于美国 6.5 千克/千克变为 2012 年低于美国 0.5 千克/千克。

表 5　　中美大豆化肥产出率

年份	中国			美国		
	单位面积产量（千克/亩）	单位面积化肥投入（千克/亩）	化肥产出率（千克/千克）	单位面积产量（千克/亩）	单位面积化肥投入（千克/亩）	化肥产出率（千克/千克）
1998	129.0	5.6	23.1	NA	NA	NA
1999	121.7	5.6	21.7	164.1	10.8	15.2
2000	121.2	5.4	22.4	170.6	11.1	15.4
2001	118.6	5.6	21.2	177.5	11.7	15.1
2002	133.6	6.7	19.9	170.3	11.9	14.3
2003	119.9	7.2	16.7	151.7	14.1	10.8
2004	130.2	7.2	18.2	189.2	16.3	11.6
2005	132.2	7.5	17.7	192.9	13.4	14.4
2006	128.4	7.5	17.1	192.0	10.6	18.1
2007	110.1	8.1	13.6	187.0	11.0	17.0
2008	139.7	7.9	17.7	178.0	11.4	15.6
2009	128.8	8.5	15.2	197.0	11.7	16.8
2010	148.0	8.8	16.8	194.7	11.5	17.0
2011	146.3	8.6	17.1	187.9	11.1	16.9
2012	146.7	9.2	16.0	178.4	10.8	16.5
2013	138.0	8.6	16.1	NA	NA	NA
均值	130.8	7.4	18.2	180.8	12.0	15.3

数据来源：历年《全国农产品成本收益年鉴》和《美国农业部统计资料》。

我国大豆化肥产出率高于美国的主要原因在于化肥使用强度较低。尽管我国大豆单产低于美国（年均比美国低 50 千克/亩），但由于化肥使用强度较低（年均比美国低 4.6 千克/亩），并且化肥使用强度贡献率较大，使得我国大豆化肥利用效率总体高于美国。此外，我国与美国大豆单位产品施肥比大于单位面积施肥比，也即大豆化肥产出率的差异高于化肥使用强度的差异（图 6）。

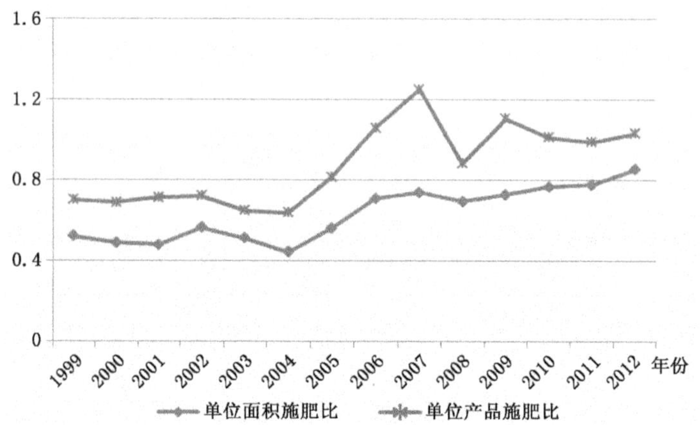

图 6　中美大豆单位面积施肥比与单位产品施肥比

数据来源：历年《全国农产品成本收益年鉴》和《美国农业部统计资料》。

（六）中国与美国棉花化肥产出率比较

我国棉花化肥产出率略低于美国（表 6）。1998—2013 年，我国棉花化肥产出率基本稳定，由 1998 年的 2.9 千克/千克下降到 2013 年的 2.7 千克/千克，年均增长 0.4%。同期，美国棉花化肥产出率波动提高，由 1999 年的 2.8 千克/千克增加到 2011 年的 4.3 千克/千克，年均增长 3.9%。我国棉花化肥产出率年均值为 2.8 千克/千克，比美国低 0.9 千克/千克。

表 6　　中美棉花化肥产出率

年份	中国			美国		
	单位面积产量（千克/亩）	单位面积化肥投入（千克/亩）	化肥产出率（千克/千克）	单位面积产量（千克/亩）	单位面积化肥投入（千克/亩）	化肥产出率（千克/千克）
1998	68.3	23.9	2.9	NA	NA	NA
1999	66.9	24.4	2.7	45.3	16.0	2.8
2000	71.3	26.5	2.7	47.2	15.5	3.0
2001	77.9	26.1	3.0	52.6	14.9	3.5
2002	81.9	29.0	2.8	49.7	15.8	3.2
2003	68.2	30.4	2.2	54.5	16.6	3.3
2004	76.3	25.5	3.0	63.8	16.2	3.9
2005	74.8	26.0	2.9	62.0	15.9	3.9
2006	85.1	27.9	3.1	60.8	15.6	3.9
2007	82.2	30.0	2.7	65.6	15.2	4.3
2008	83.3	25.9	3.2	60.7	14.7	4.1
2009	84.2	28.3	3.0	58.0	14.2	4.1
2010	77.4	30.2	2.6	60.6	13.7	4.4
2011	84.0	30.7	2.7	59.3	13.7	4.3
2012	91.5	31.9	2.9	NA	NA	NA
2013	88.2	32.4	2.7	NA	NA	NA
均值	78.8	28.1	2.8	56.9	15.2	3.7

数据来源：历年《全国农产品成本收益年鉴》和《美国农业部统计资料》。

我国棉花化肥产出率低于美国主要原因在于化肥使用强度较高。尽管我国棉花单产高于美国（年均比美国高 21.9 千克/亩），但由于化肥使用强度较高（年均比美国高 12.8 千克/亩），使得我国棉花化肥产出率低于美国。此外，我国棉花单位产品施肥比小于单位面积施肥比，也即化肥产出率的差异低于化肥使用强度的差异（图 7）。

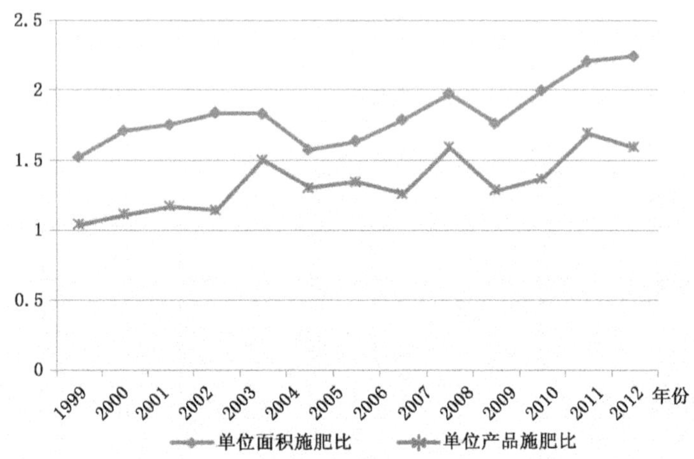

图 7　中美棉花单位面积施肥比与单位产品施肥比

数据来源：历年《全国农产品成本收益年鉴》和《美国农业部统计资料》。

由图 7 可见，除大豆外，我国三大粮食作物和棉花的化肥产出率均低于日本或美国。除玉米外，我国水稻、小麦、大豆和棉花的化肥产出率与日本或美国存在差异的主要贡献者是化肥使用强度。除玉米和大豆外，我国其他作物的单位产品施肥比小于单位面积施肥比。

四、结论和讨论

本文主要从产出率的角度比较了我国几大作物与其他国家化肥利用效率的差异。相对于其他类似指标，产出率计算简便、数据可得性强，并且可以排除价格、汇率、复种的影响，故而更加具有比较意义。

从总体上看，我国与其他国家相比，单位产品用肥的差异小于单位面积用肥的差异，也即化肥产出率的差异低于化肥使用强度的差异。这在一定程度上反映了我国土地复种指数高于其他国家，也体现出单产优势。一方面，我国农产品需求刚性增长，土地复种指数高，南方地区一年多熟、黄淮海地区一年两熟。而欧洲、美国等农业大国多为一年一熟，还实行休耕和轮作，用养结合，土壤肥力较好。同等耕地面积下，复种指数高，单位面积用肥量自然就多。另一方面，受资源约束和供求压力，我国只能靠增加投入来提高单产。我国水稻单产比印度高近 1 倍，比日本高 27%。我国小麦单产比美国、加拿大分别高 73%、80%。

从品种来看，我国玉米化肥使用强度高，又没有单产优势，导致玉米化肥产出率明显低于美国。因此，玉米应该是农业化肥减量增效的重点对象，这与其他研究的结论一致①。大豆的化肥产出率总体高于美国，化肥使用强度低于美国，这说明我国大豆的化肥使用效率已经相对较高。

我国主要作物化肥产出率总体低于其他国家的原因，主要表现为“两个差异”。一是施肥技术的差异。美国、日本等发达国家粮食作物以测土配方施肥和化肥深施为主，水果和蔬菜种植以水肥一体化为主。而我国的化肥使用技术仍以粗放的撒施、表施为主，直接影响化肥利用效率，在一定程度上造成化肥过量、低效使用。此外，美国、日本等发达国家依法严控畜禽粪污排放，倡导种养结合，有机肥规模化生产和机械化施用技术成熟，有机肥养分还田率较高。而我国有机肥商品化开发和养分还田仍然处于起始阶段。二是化肥管理制度的差异。美国、日本等发达国家建立了完善的法律法规等化肥管理政策体系，规定了生产、销售化肥的登记、许可制度，明确了化肥的包装、储存等设施和技术规范，引导农民自主控制农业污染，科学施肥，改善环境质量。而我国减量用肥、科学用肥的制度体系并未形成，并没有专门法律法规规范化肥的使用。同时对化肥企业给予“补贴 + 限价”的政策以及对农户使用化肥进行补贴，在一定程度上是化肥过量使用的政策性根源。因此，我国应一方面加强经济有效、操作简易、环境友好的化肥减量增效技术的研究和推广，另一方面进行化肥减量增效的政策创设，完善化肥管理制度。

---

① 金书秦、周芳、沈贵银：《农业发展与面源污染治理双重目标下的化肥减量路径研究》，《环境保护》2015 年第 8 期。

参考文献

[1] 李庆逵、朱兆良、于天仁：《中国农业持续发展中的肥料问题》，江苏科学技术出版社 1998 年版。

[2] Olk D C, Cassman K G, Simbahan G, et al. Interpreting fertilizer - use efficiency in relation to soil nutrient - supplying capacity, factor Productivity, and agronomic efficiency [J]. *Nutrient Cycling in Agroecosystems*, 1999, 53 (1).

[3] 张福锁、王激清、张卫峰等：《中国主要粮食作物肥料利用率现状与提高途径》，《土壤学报》2008 年第 5 期。

[4] 李静、李晶瑜：《中国粮食生产的化肥利用效率及决定因素研究》，《农业现代化研究》2011 年第 9 期。

[5] 潘丹：《中国化肥施用强度变动的因素分解分析》，《华南农业大学学报（社会科学版）》2014 年第 2 期。

[6] 潘丹：《中国化肥消费强度变化驱动效应时空差异与影响因素解析》，《经济地理》2014 年第 3 期。

[7] 杨增旭、韩洪云：《化肥施用技术效率及影响因素——基于小麦和玉米的实证分析》，《中国农业大学学报》2011 年第 1 期。

[8] 苏贺、钱克明：《我国年化肥使用量相当于美国印度总和》，中国青年网，2015 年 3 月 9 日。网址：http：//news. youth. cn/gn/201503/t20150309_6514882. htm。

[9] 金书秦、周芳、沈贵银：《农业发展与面源污染治理双重目标下的化肥减量路径研究》，《环境保护》2015 年第 8 期。

美国农业法案与其对外双边投资谈判文本的融合机制研究

彭　超

内容提要：第六轮中美战略与经济对话将双边投资协定（BIT）作为重要内容。在有关双边投资谈判过程中，国内农业政策调整是谈判中无法绕开的领域。对美国与其他国家签订的BIT文本进行梳理，可以发现，美国投资协定谈判标准文本细节充分考虑了国内农业政策，尤其是与美国农业法案实现了有机衔接，形成了互为补充、互相协调的机制。

一、美国农业法案的基本内容

美国的农业政策以其农业法案（Farm Bill）为制定、执行及调整的主线。从1933年第一个美国农业法案——《农业调整法案》出台，到2014年美国农业法案——《食物、农场及就业法案》通过，至今已80余年，其间美国《农业法案》共有17个次重要调整，每5—8年修订一次，美国农业政策基本框架已经比较成熟。总体而言，收入补贴政策、价格支持、对生产与销售的控制、剩余农产品收储、农业保险、灾害援助、信贷保障、农业基础设施与装备、农业技术研发与推广、食物援助项目、对外贸易与扩大出口、资源保护、生物能源等政策共同构成了美国农业政策法律的基本框架。

美国农业法案最近的一次调整工作始于 2012 年，实际上相关讨论早在 2010 年就开始了。经过数年的讨价还价，美国国会终于在 2014 年 1 月 27 日农业法案就新的农业法案草案达成一致，将其命名为《食物、农场及就业法案》（Food, Farm and Job Act）。众议院和参议院分别于 1 月 29 日和 2 月 4 日批准了该草案。2 月 7 日，美国总统签署了该草案，最终完成了 2014 年新的美国农业法案的出台。

新法案的主要调整包括：改革收入补贴，加强农业风险保障，调整资源保护项目，扩充营养项目，促进农村发展，强化研究、推广及相关项目，继续发展可再生能源并提高能源效率，发展特种作物和有机农产品，帮扶新生代农场主和牧场主，使林业政策常态化，促进农产品国际贸易，提升本地和区域食物系统。

二、美国农业法案与双边投资谈判的衔接

（一）中央与地方在农业事权上的地位

美国联邦政府对外进行双边投资协定谈判，最终达成的协议在美国具有联邦法律或条约的权限。虽然美国是一个联邦制的国家，但是双边投资协定一经达成，在美国境内的效力高于州法律。新的美国农业法案讨论过程中，曾经有众议员直接提出取消州一级政府和立法机构在农地、水域、森林以及营养健康方面实施安全措施的权利，该修正案甚至被写入众议院版本的农业法案。由于受到的阻力过大，在最终出台的 2014 年农业法案中，该修正案被取消。因此，在双边投资协定达成后，美国的州一级立法机构还可以行使部分保护本州农业安全的权力。例如，美国爱荷华、密苏里、俄克拉荷马等州限制外国投资者购买土地。

（二）安全审查机制

为了保护国家安全，美国设立外国投资委员会对来自国外的投资进行

投资安全审查。这一审查机制主要集中在保护国防工业和美国技术领先地位方面，但实际上美国国会更加倾向于在更广泛、更灵活的情况下，对“国家安全”的概念进行解读。早在 1985 年，当时美国农业法案就被命名为粮食安全法案，此后，“安全”一直是农业法案考虑的主要内容。实际上，投资安全审查机制也构成了美国对外国投资者的歧视性限制措施，可以游离于 BIT 协定之外。

（三）享受惠农政策的资格

美国农业法案明确规定：外国人不具备获得收入补贴和风险保障补贴的资格。实际上，美国对外国土地购买者实施资格审查，不允许外国投资获取收入补贴，就算以各种方式间接获得了，一经查实，原渠道退回。因此，美国 BIT 谈判文本中明确规定，外国投资者在补贴、保险等优惠政策方面不享受国民待遇，这实现了与农业法案的相互衔接，自然而然地形成了对外国投资的限制。

（四）资源环境保护保护

美国农业法案中有专门针对资源环境保护的内容。甚至在农业法案中，为野生动物栖息地保护专门预留了经费。而美国 BIT 谈判标准文本中一般都设立“投资与环境”条款，对缔约方领土范围内的环境进行保护。而且，美国农业法案在资源保护方面设立了很多技术性措施，实际上形成了对国外投资者的进入壁垒。

（五）政府购买的范围

在美国农业法案的营养援助和研究、推广及相关项目中，很多采购项目属于政府采购范畴。美国 BIT 谈判标准文本明确规定，国民待遇、最惠国待遇等不适用于政府采购。这实际上对外国投资者构成了隐性的歧视性措施。

三、应对措施

（一）做好对美国法律法规的研究和应对工作

对美国农业政策法律进行系统研究，积极做好双边投资协定签订后的应对工作。在投资受到安全审查机制限制后，要做好法律措施的应对工作。充分发挥行业协会在信息收集、整理、上报方面的作用，必要时可以代替政府出面，对美国的参众两院议员进行游说。

（二）应对美国的投资安全审查

在国家层面上制定对投美国农业投资的长期战略，先期支持企业试探性地在非敏感行业收购商量企业股权。在充分考虑成本收益的情况下，支持企业进行绿地投资。同时，增进中美农业企业交流，提高企业信息透明度。

（三）对我国强农惠农政策做出明确规定

明确我国的农业补贴、价格支持强农惠农富农政策不适用于外国投资者。用足“黄箱”补贴，争取我国强农惠农政策列入“绿箱”补贴。在农业谈判中，在强农惠农政策方面，，划清底线，争取主动。

（四）支持农业生产者开展资源环境保护实践

在谈判中，争取美方对我国投资者在资源环境保护方面的一些技术援助。同时，积极支持农业生产者开展资源环境保护，积累必要的技术、管理经验等。

（五）用好政府采购项目

在谈判中，将政府采购问题做整体排除。进一步扩大强农惠农富农政策中政府采购的范围，将良种补贴、农机购置补贴等纳入政府采购范围，理顺政府购买农业社会化服务的实现机制。

（六）应对好美国地方农业政策法律的限制

在 BIT 谈判要价中，做好充分的证据准备工作。对美国主要农业州的地方法律进行充分的调查研究，尤其是中西部对外国土地购买有严格限制的州，做好信息收集工作。

附：

美国农业法案的演变

美国农业政策演进基本上可以分为三个大的阶段。

（一）20 世纪 30 年代到 70 年代初：高价支持、限产增收阶段

20 世纪 30 年代爆发的世界性经济大萧条和农业危机，促使美国农业政策发生了根本性调整。以这次大危机为契机，以罗斯福新政为标志，美国农业政策由传统的以促进农业生产力发展为目标转向以促进农民增收和农产品价格支持为中心的高价支持、限产增收的时期。这一时期从 1933 年罗斯福总统新政开始，经历第二次世界大战，并一直持续到 20 世纪 70 年代初。

（二）20 世纪 70 年代初到 90 年代末：减少价格支持、提升营销能力阶段

20 世纪 70 年代初期，出现了世界性粮食减产。与此同时，以“石油危机”为导火索西方经济开始衰退。美国在继续对农业采取支持保护的基础上，注重保护消费者的利益。为了应对土壤破坏、水土流失、水资源污染等一系列资源环境问题，美国农业政策法律试图从更高的层面解决水土资源保护和农村环境污染的问题。总体上，这一阶段，美国农业政策法律演变是向着市场化方向努力的。

（三）21 世纪初至今：补贴“脱钩”、“安全网”形成阶段

1996 年农业法案刚刚到期，2002 年农业法案中，美国政府关于农业的政策就发生了逆转，几乎重拾自 20 世纪 80 年代中期以前的农业生产控制，提高农业补贴标准，扩大农业补贴范围，构筑美国农民收入安全网。2014 年农业法案中，这一反市场化的趋势有所扭转，美国农业政策法律演进再度回到市场化的轨道上。总体而言，这一阶段，美国农业政策法律致力于农民收入安全网、资源环境安全网、消费者食物供给安全网等一系列安全网来制定。

日本农业经营体系构建及对我国的启示

高 强 赵 海

内容提要： 近年来，日本农业经营主体呈现多元化趋势，家庭经营体不断减少、组织经营体比重增加、农业法人经营初具规模、农业生产联合组织加快组建。在此基础之上，日本初步构建了一个结构明确、功能互补、动态调整的农业经营体系。这些经验对于我国培养新型职业农民、培育新型经营主体、创新农业经营组织模式以及加快构建新型农业经营体系具有重要借鉴意义。

世界各国经验表明，农业现代化的过程也是农业经营规模扩大、主体分化以及体系重塑的过程。进入 21 世纪以来，随着我国工业化、城镇化进程加快，农村劳动力大量向城镇和非农产业转移，谁来种地、怎么种地问题凸显，培育壮大规模化、专业化、集约化、市场化相结合的农业经营组织、创新农业经营体制机制的要求日益迫切。党的十八大报告明确提出，发展多种形式规模经营，构建集约化、专业化、组织化、社会化相结合的新型农业经营体系。党的十八届三中全会提出，坚持家庭经营在农业中的基础性地位，推进家庭经营、集体经营、合作经营、企业经营等共同发展的农业经营方式创新。可以说，发展各种类型的新型农业经营主体和推进规模经营，已成为我国加快现代农业建设，推进工业化、信息化、城镇化和农业现代化同步发展的战略性选择。日本与中国同属东亚小农社会，在文化背景、资源禀赋、生产条件具有较高的相似性。因此，对日本农业经营的主体构成、模式转换进行探讨，深入分析农业经营体系构建的特征，对于促进中国新型农业经营主体建设具有重要借鉴意义。

一、日本农业经营体系发展现状

（一）日本农业经营体系的演变历程

随着日本农业人口高龄化、少子化程度不断加深，日本出现了农地撂荒、农民人口锐减、农业生产停滞与农村衰退的困境。为了拯救农业与农村，日本政府通过修订法律、制度改革，实施了一系列促进农地流转与规模经营等政策措施。近年来，日本政府主要致力于通过土地流转，扩大农户的经营规模，并将财政资金向销售农户和家庭经营体等主体倾斜。

2003 年，为了应对农业劳动力不足与耕地撂荒激增现象，在地方公共团体的强烈要求下，日本政府制定了《构造改革特别区域法》，首次为包括公司在内的“农业生产法人之外的法人”，参与农业经营开辟了道路。同年，日本为了应对撂荒耕地激增现象，进一步推动集落营农组织高效稳定地开展农业经营，设立了特定农业团体制度，扩充实施了游休农地对策，并通过对相关法律进行修改，放宽了农业生产法人的成立条件。2005 年，日本颁布了《食品、农业与农村基本计划》，加快培育骨干农户和推进集落营农组织法人化进程。2009 年，《农地法》被进一步修改，对于企业通过土地租赁，参与农业生产的行为，实行“原则自由化”[①]。在上述制度改革的带动与政策激励下，日本法人经营与集落营农经营快速发展，在农业生产服务与农地高效利用等方面，发挥了重要作用。经过多年的发展，日本初步形成了以家庭经营为主体、法人经营和集落营农经营相

① 高强、孔祥智：《日本农地制度改革背景、进程及手段的述评》，《现代日本经济》2013 年第 2 期。

互补充的农业经营体系。

（二）日本农业经营体系主要构成

家庭经营、法人经营与集落营农经营是日本三大农业经营形式（见图1）。以销售农户和家庭经营体为主要形式的家庭经营，是日本农业生产与农产品销售的核心力量，承担着维持粮食生产与保障重要农产品供给的重任。以公司和农事组合法人为主要形式的法人经营是日本农业生产中的新型力量。公司等主体拥有先进的生产技术、完善的管理方法与丰富的市场信息，多围绕农作物种植之外的领域，从事产加销一体化经营。近年来，日本政府一方面鼓励农协等农业团体出资，另一方面放开外部资本进入农业的限制，支持法人农业的发展。

集落营农组织作为区域性农业生产联合组织，在农业生产服务、土地流转与规模经营等方面发挥着重要作用。由于农业比较收益低，非主业销售农户和自给农户在日本农户中占有很高的比重。为了改善这一局面，日本一方面通过设立认定农业者制度，采用组织化、法人化等措施，促进这些农户向法人经营和集落营农经营转化；另一方面加大骨干农业支持力度，积极培育新型家庭经营体[①]。

另外，100多万拥有土地的非农户是日本农业经营主体的“潜在力量”。日本一方面通过开展农地租赁信托事业，促进土地流转与集中；另一方面加大这部分群体非农就业转移的支持力度，使其依靠非农收入可以自立。另外，为了防止撂荒耕地面积的扩大，日本还通过宣传教育，提倡土地的生态与文化价值，鼓励这部分群体开展“生态・文化农业”。通过以上措施，日本初步构建了一个结构明确、功能互补、动态调整的农业经营体系。

① 农林水产省：《農業の担い手をめぐる現状と農業経営体の育成・強化の方向について》，http：//www.maff.go.jp/。

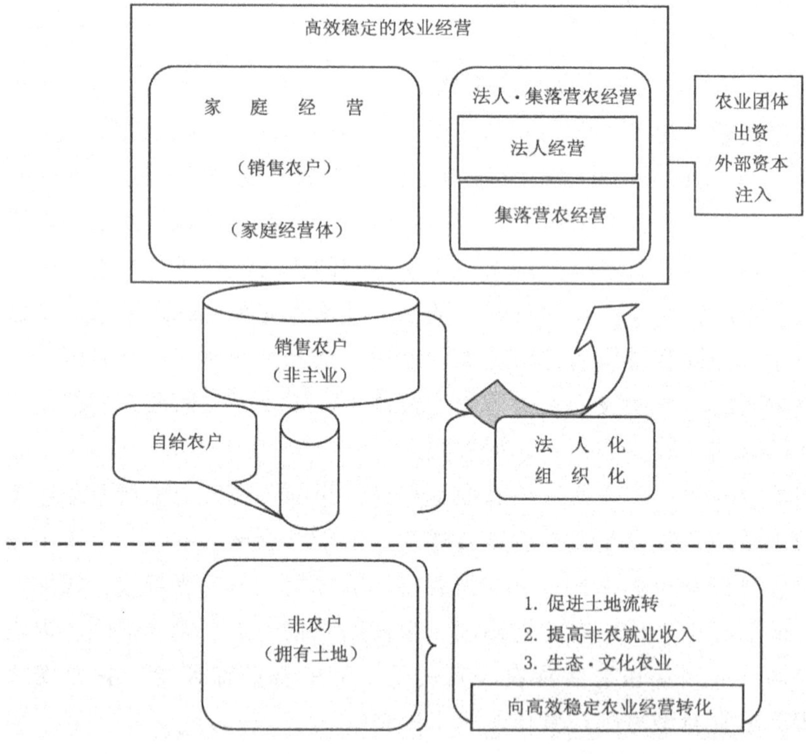

高效稳定的农业经营
家 庭 经 营
（销售农户）
（家庭经营体）
法人·集落营农经营
法人经营
集落营农经营
农业团体
出资
外部资本
注入
销售农户
（非主业）
自给农户
法 人 化
组 织 化
非农户
（拥有土地）
1. 促进土地流转
2. 提高非农就业收入
3. 生态·文化农业
向高效稳定农业经营转化

图 1 日本农业经营体系

资料来源：農業の担い手をめぐる現状と農業経営体の 育成·強化の方向について，农林水产省，平成 21 年 7 月公布。

二、日本农业经营主体的发展现状及特点

（一）家庭经营内部构成出现变化，数量不断减少

在日本，销售农户与农业经营体是日本农业生产的主体力量。销售农户是指经营耕地面积 0.3 公顷以上或者过去一年间农产品销售额 50 万日元以上的农户。除此之外，还有“自给农户”和“拥有土地的非农户”。1999 年，日本废除了旧的《农业基本法》，颁布了《食品、农业、农村基

本法》，首次提出了“农业经营体”[①] 这一概念。家庭经营体指农业经营体中以家庭劳动力为主要劳动力，并且家庭控制经营权的经营体[②]。近些年，销售农户和家庭经营体数量都发生了数量减少、规模扩大等不同程度的变化。

1. 销售农户数量不断减少，副业化程度加深

为了更好地掌握农业劳动力的老龄化进展情况，日本开始将劳动力的年龄因素纳入到农户分类评价体系中。方法上，日本从农户收入和农户家庭劳动力年龄两个方面对农户进行评价，构建了“主业农户—准主业农户—副业农户”分类标准。新的分类评价体系中，主业农户指以农业收入为主（农户收入的50%以上来自于农业），并且至少拥有一名65岁以下家庭成员在过去1年间直接从事农业生产活动60天以上；准主业农户指非农业收入为主（农户收入的50%以下来自于农业），并且至少拥有一名65岁以下家庭成员在过去1年间直接从事农业生产活动60天以上；副业农户指家庭中不含过去1年间直接从事农业生产活动60天以上的65岁以下家庭成员的农户。

表1　　日本销售农户构成情况（万户）

年份	主业农户	准主业农户	副业农户	总计
2011	35.60	36.26	84.26	156.11
2012	34.37	34.37	81.65	150.39

① 农业经营体的经营规模至少应满足以下三个条件之中的一个：（1）经营耕地面积0.3公顷以上。（2）下列条件之一：蔬菜栽培面积0.15公顷以上；大棚蔬菜栽培面积350m² 以上；果树栽培面积0.1公顷以上；花卉栽培面积0.1公顷以上；大棚花卉栽培面积250m² 以上；饲养奶牛或育肥牛1头以上；饲养生猪15头以上；饲养蛋鸡150只以上；年间肉鸡出栏数1000只以上；年间农产品销售额达到50万日元以上。（3）从事农业托管服务。

② 销售农户和农业经营体都属于“规模经营主体”。两者的区别与联系在于：所有的销售农户都属于农业经营体，绝大部分销售农户是家庭经营体；然而，与农业经营体相比，销售农户侧重于农业生产环节，主要指从事大田农作物种植的农户，不包括农产品加工或经营林牧副业农户。由于销售农户和农业经营体在日本农业经营体系中处于主体地位，日本政府每年都会对这两个主体的经营情况展开调查。

续表

年份	主业农户	准主业农户	副业农户	总计
2013	32.45	33.27	79.77	145.50
2014	30.40	30.98	79.79	141.16

注：表中数值均为四舍五入之后的近似值，因此各小项数值相加不一定和合计数值完全相等。资料来源：《平成 26 年農業構造動態調查》，2015 年 3 月 5 日公布；《平成 25 年農業構造動態調查》，日本农林水产省，2014 年 2 月 18 日公布；《平成 24 年農業構造動態調查》，日本农林水产省，2013 年 4 月 15 日公布；《平成 23 年農業構造動態調查》，日本农林水产省，2013 年 2 月 5 日公布。

如表 1 所示，从 2011 年到 2014 年，日本销售农户从 156.11 万户减少到 141.16 万户，减少了 9.6%。2014 年日本销售农户中，主业农户有 30.4 万户，准主业农户有 30.98 万户，副业农户有 79.79 万户，分别占总体的比重为 21.5%、22% 和 56.5%。与 2011 年相比，副业农户数量虽然减少了 4.47 万户，但其占总体的比重却增加了 2.5 个百分点。这说明，销售农户的副业化程度不断加深。这反映出日本农业对于年轻人而言依旧没有吸引力。同时说明，日本农户兼业化程度严重，即便是具有一定经营规模的销售农户，其中一半以上的农户收入也主要来自于非农业。

2. 家庭经营体比重不断下降，组织经营体法人化趋势增强

2014 年日本农业经营体数量为 147.12 万个，比 2011 年减少 14.64 万个，减少了 9%。其中家庭经营体 143.91 万个，比 2011 年减少了 14.7 万个，而组织经营体基本保持增加态势。这说明，农业经营体的构成出现变化。与农户数量减少趋势相一致，家庭经营体规模在扩大的同时，数量也在缓慢减少，而组织经营体数量在增加，并且法人化趋势增强。

表 2　　农业经营体数　　单位：万个

年份	农业经营体 ①+②	家族经营体 ①	组织经营体				
			小计 ②	从事农业生产的经营体		只从事托管服务的经营体	
					法人经营体		法人经营体
2011	161.76	158.61	3.15	2.20	1.37	0.95	0.40
2012	156.39	153.27	3.12	2.23	1.41	0.89	0.37
2013	151.41	148.24	3.17	2.31	1.46	0.85	0.36
2014	147.12	143.91	3.21	2.38	1.53	0.83	0.35

注：1. 组织经营体中的“从事农业生产的经营体”一项，不仅包括只农事农业生产的经营体，还包括既从事农业生产又同时从事托管服务的经营体。2. 表中数值均为四舍五入之后的近似值，因此各小项数值相加不一定和合计数值完全相等。

资料来源：《平成26年農業構造動態調査》，2015年3月5日公布；《平成25年農業構造動態調査》，日本农林水产省，2014年2月18日公布；《平成24年農業構造動態調査》，日本农林水产省，2013年4月15日公布；《平成23年農業構造動態調査》，日本农林水产省，2013年2月5日公布。

（二）农业法人经营初具规模

在日本政府的支持下，组织经营体取得了快速发展。近年来，随着政府不断解除对公司等法人组织从事农业的限制，组织经营体中单纯从事托管服务的经营体快速减少，而从事农业生产的经营体不断增加。如表2所示，2014年从经营形式上看，直接从事农业生产的组织经营体2.38万个，比2011年增加了8%；只从事农业托管服务的组织经营体0.83万个，比2012年减少了12.6%。

表 3　　日本农业经营体经营耕地面积情况

	年份	有耕地的经营体数（万个）	经营耕地面积（万公顷）	流转面积（万公顷）	平均每个经营体耕地面积(公顷)
农业经营体	2011	159.87	363.52	113.03	2.27
	2012	154.76	359.56	113.76	2.32
	2013	149.88	358.51	117.87	2.39
	2014	145.64	357.48	120.87	2.45
组织经营体	2011	1.91	47.85	33.98	25.12
	2012	1.94	48.46	33.67	24.95
	2013	2.04	50.28	35.45	24.65
	2014	2.11	51.98	36.84	24.63

注：表中数值均为四舍五入之后的近似值，因此各小项数值相加不一定和合计数值完全相等。

资料来源：《平成 26 年農業構造動態調査》，2015 年 3 月 5 日公布；《平成 25 年農業構造動態調査》，日本农林水产省，2014 年 2 月 18 日公布；《平成 24 年農業構造動態調査》，日本农林水产省，2013 年 4 月 15 日公布；《平成 23 年農業構造動態調査》，日本农林水产省，2013 年 2 月 5 日公布。

1. 土地流转加速，耕地开始向组织经营体集中

从经营耕地规模来看，2014 年农业经营体的经营耕地总面积为 357.48 万公顷，比 2011 年减少 6.04 万公顷。经营耕地中的流转面积 120.87 万公顷，比 2011 年多流入耕地 7.84 万公顷，增加了 6.9%。平均而言，2014 年每个农业经营体的经营面积为 2.45 公顷，比 2011 年增加了 0.18 公顷。

另外，2014 年组织经营体的经营耕地面积为 51.98 万公顷，比 2011 年增加了 4.13 万公顷。2014 年，组织经营体流转耕地 36.84 万公顷，比 2011 年增加了 2.86 万公顷。从土地流转的角度来看，2014 年组织经营体流转耕地面积占经营总面积的 70.9%，远远高于农业经营体 33.8% 的水

平。每个组织经营体的平均经营面积为24.63公顷，同样远远高于农业经营体的平均水平。这说明，农业经营体经营规模逐渐扩大，土地流转成为重要手段。这其中，组织经营体规模集中趋势尤为明显，并逐渐成为土地流转的主力。

2. 农事组合法人和公司数量快速增长

农业法人指以法人形态经营农业、依法享有民事权利并承担相应义务的各类组织。为了提高农业产业化、留住人才与促进地域农业振兴，近年来日本政府多次对《农地法》、《农协法》和《公司法》等法律进行修改，农业法人数量快速增长，逐渐成为日本农业经营体系中一支重要力量。

从组织形态上看，农业法人主要有三种：第一种是公司法人，主要以盈利为目的，依据《公司法》成立。公司法人又可进一步分为合伙公司、合资公司、合同公司、股份公司四类。第二种是农事组合法人，主要是依据《农协法》设立的具有合作社性质的农业法人。农事组合法人指农民或其他组织为了促进农业生产、提高共同利益，依据《农业协同组合法》（昭和22年法律第132号）成立的法人组织。农事组合法人有两种：第一种是利用共同农业机械设施，为农业生产提供服务的法人组织，称之为1号法人；第二种是开展农业经营的法人组织，也被称为2号法人。1号法人与农协相似，而2号法人的组织性格更接近于公司。第三种是农业生产法人①，主要依据《农地法》成立，是农业法人中利用土地进行农业经营的法人，是农业法人的一种特殊形式。

① 根据日本《农地法》，利用农地或草地进行农业经营，并满足一定条件的农业法人称之为农业生产法人。因此，利用大棚进行蔬菜花卉种植、畜禽规模养殖等非土地利用法人或者土地面积小于一定的规模等要件不足的土地利用法人都不属于农业生产法人。

表 4　　近三年组织经营体的构成情况　　单位：万个

年份	合计	有法人资格的经营体					无法人资格的经营体
		小计	农事组合法人	公司	各种团体	其他法人	
2011	3.15	1.78	0.39	0.90	0.42	0.07	1.38
2012	3.12	1.78	0.42	0.92	0.38	0.06	1.34
2013	3.17	1.82	0.45	0.94	0.37	0.06	1.34
2014	3.21	1.89	0.49	0.96	0.36	0.07	1.32

注：1. "各种团体"一项，包括农协及其联合组织、农业保险组合、森林组合等组织。"其他法人"，包括一般社团法人、一般财团法人、医疗法人、宗教法人等组织。2. 表中数值均为四舍五入之后的近似值，因此各小项数值相加不一定和合计数值完全相等。

资料来源：《平成 26 年農業構造動態調查》，2015 年 3 月 5 日公布；《平成 25 年農業構造動態調查》，日本农林水产省，2014 年 2 月 18 日公布；《平成 24 年農業構造動態調查》，日本农林水产省，2013 年 4 月 15 日公布；《平成 23 年農業構造動態調查》，日本农林水产省，2013 年 2 月 5 日公布。

如表 4 所示，从 2011 年到 2014 年，日本组织经营体的数量产生了先减后增的变化。从内部构成来看，有法人资格的经营体数量增加与无法人资格的经营体减少同步进行，提高了法人经营的比例。尤为突出的是，农事组合法人和公司的数量有了持续增长。从 2011 年到 2014 年，农事组合法人数量增加了 1000 家。2009 年 12 月，日本修改了《农地法》，对于公司通过土地租赁，参与农业等行为，实行"原则自由化"。根据日本农林水产省资料显示，从 2009 年 12 月到 2010 年 6 月底，近 7 个月的时间里共有 144 家企业参与农业，经营土地总面积 504 公顷[①]。到了 2011 年，经营体农业的公司达到 9000 家。从 2011 年到 2014 年，公司数量每年以 200 家的速度递增。这说明，近年来日本农业经营法人化趋势明显，而法人化

① 高强、孔祥智：《日本农地制度改革背景、进程及手段的述评》，《现代日本经济》2013 年第 2 期。

农业经营的扩张主要依靠公司和农事组合法人数量的增加。

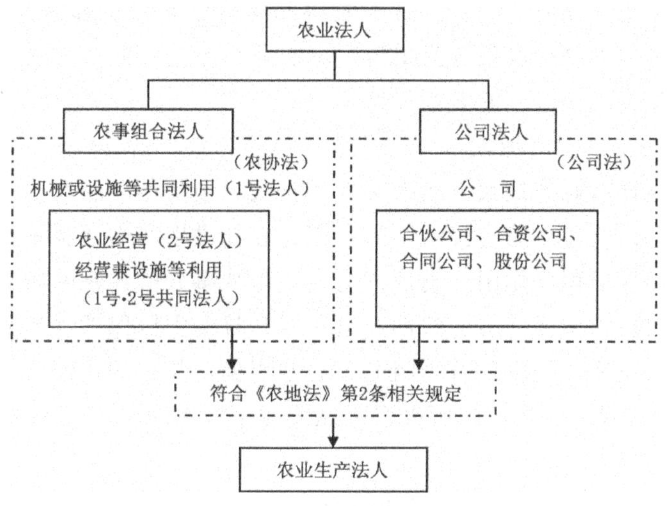

图 2　日本农业法人种类及体系

农业经营法人化的意义在于，促使生计与经营分离、便于税收统计及享受优惠政策、促进劳动条件合法化以及提高对外信用等方面。此外，与传统农户或非法人组织相比，农业法人更有利于吸引农村青年就业、农民培训以及部分农业政策的执行。由图 2 可以看出，依据不同法律，日本成立了不同类型的法人组织。这些法人组织享有不同程度的权利，履行各不相同的义务。例如，农事组合法人中的 2 号法人与公司的业务相似，都是从事农业经营，但是在成员资格、出资额度等方面与公司存在不同之处。根据《农协法》，农事组合法人的成员可以是农民、协会、农地组织或供应商等主体，但是供应商等主体的数量，不能超过总成员数的三分之一。同时，农事组合法人可以为非成员提供农业生产服务，但是对外服务的营业额不能超过总营业额的五分之一。另外，公司法人与农事组合法人以及农业生产法人之间，在税收减免、组织变更等方面也存在显著差异。

（三）集落营农经营快速发展

农业生产联合组织主要指多个农户或农业法人，就农业生产过程中的某个或多个环节开展共同合作而结成的生产集团，或有组织地从事农业经营或农作业托管服务的组织。日本农协和集落营农组织都是典型的代表。集落营农组织主要指以集落为单位，就农业生产过程的某个或全部环节开展共同服务、统一作业的农业经营组织。

1. 农协改革力度加大

农协是日本规模最大、实力最强并且农户参与最多的农业生产联合组织。历史上，农协作为农民的合作组织，在提供生产生活服务，带动农民增收方面发挥了积极作用。与此同时，大量从事分散经营的兼业农户也构成了日本农协的组织基础。然而，近年来，日本农协保护下的兼业农户越来越与市场脱节，一定程度上阻碍了农地规模化与集约化经营，甚至减弱了农业发展活力①。在国际国内多重压力之下，日本农协不得不开启了新一轮改革。

这场被称之为“60 年一遇的改革”，主要包括废除农协中央会制度、JA 全农公司化改制、单位综合农协专业化、业务转型等内容。截至 2013 年 3 月底，日本共有综合农协 738 个，社员 983 万人，其中正社员 467 万人，准社员 517 万人②。

2. 集落营农组织服务功能突出

在对农协加大改革力度的同时，日本政府也加大了其他类型的农业生产联合组织的支持力度。近年来，集落营农组织发展迅速，逐渐成为农业生产联合组织的主流形式。截至 2014 年 2 月 1 日，日本共有集落营农组织 14717 个，其中 3255 个拥有法人资格，占全体的 22.1%。日本共有村落 13.9 万个，其中有 2.9 万个村落组建或参加了集落营农组织。集落营农组织中，由单个村落组建的集落营农组织占全体的 74.4%，由 5 个以上村落组建的仅占 7.2%。平均而言，每个集落营农组织为两个村落提供农业生产服务。从经营面积来看，有 52.1% 的集落营农组织经营耕地面

① 李勤昌、石雪：《日本强化农业保护的经济与政治原因》，《现代日本经济》2014 年第 2 期。

② 高强、彭超：《日本农协改革的最新趋势及展望》，《农民日报》，2015 年 1 月 24 日，第 3 版。

积（包括托管服务面积）在20公顷以上。就经营内容而言，有79.5%的集落营农组织拥有机械或提供农机服务，有73.3%的集落营农组织提供农产品生产销售服务，有58.2%的集落营农组织提供耕地集中或土地整治服务①。这说明，集落营农组织在地域农业支持，尤其是为中小农户服务等方面，发挥着积极作用。

三、日本农业经营体系发展对我国的启示

（一）扶持专业农户发展，加快培养新型职业农民

随着工业化、城镇化深入推进，我国农村青壮年劳动力大量转移，农业劳动力结构发生重大变化。一方面，自给自足的传统农户越来越少，兼业农户大量增加，另一方面一批专注农业生产、以农业收入为主要来源的专业农户或主业农户日益兴起。根据农经统计显示，截至2012年年底，经营规模在30亩以上的农户达到891万户，其中50—200亩的有261.8万户，200亩以上的有25.7万户。相比兼业农户或副业农户，这些专业农户或主业农户在土地、资金和技术等要素使用上规模化和集约化水平更高，在采取先进技术、使用优质种质资源、实施市场化经营等方面都具备明显优势②。

职业农民是将农业作为产业进行经营，并充分利用市场机制和规则来获取报酬，以期实现利润最大化的理性经济人，是各类农业经营主体的基础。日本为了缓解农业劳动力兼业化、老龄化趋势，鼓励农地向“骨干农户”集中，设立了认定农业者制度。在该项制度推动下，土地迅速向认定农业者集中，加快了农地有效集约利用③。借鉴日本经验，安徽宿州探索建立了职业农民认证注册制度，明确了职业农民认定标准，提出了职

---

① 数据来源：集落营农实态调查结果，http://www.maff.go.jp/j/tokei/sokuhou/syuraku2014/index.html，日本农林水产省，2014年3月28日。

② 张照新、赵海：《新型农业经营主体的困境摆脱及其体制机制创新》，《改革》2013年第2期。

③ 木村伸吾：《日本の農政改革—競争力向上のための課題とは何か》，〔日〕明石書店2010年版。

业农民培训和资格鉴定程序，取得了积极效果。四川崇州公开竞聘职业经理，构建了以农民职业经理人（农民 CEO）为生产管理核心的“理事会+农业职业经理人+监事会”的运行机制[①]。这为我国新型职业农民培养积累了一定的经验。

借鉴日本设立“青年农务学堂”、“骨干农户补贴”等经验，我国要在扶持专业农户发展的同时，更加注重青年职业农民的培养，从国家层面制定中长期新型农民培养规划，并在新增农业补贴、土地流转、奖励补助、扶持培训等方面给予新型职业农民倾斜性政策，让一部分年富力强、有文化、懂技术、会经营的农村劳动力能主要靠提高劳动生产率，获得与其各类要素投入相对称的合理的报酬，使他们能安心在农业中发展和致富[②]。

（二）培育新型经营主体，促进农业经营法人化

农业生产经营组织创新是推进现代农业建设的核心和基础。培育和壮大新型农业生产经营组织，是尊重和保障农户生产经营主体地位的有效手段，也是充分激发农村生产要素潜能的重要载体。在我国，新型农业经营主体主要包括专业大户、家庭农场、合作社和涉农企业。其中，家庭农场、合作社与企业都属于市场法人。与传统农户相比，农业经营法人化，一方面可以促使生计与经营分离，使农民变为自主经营自负盈亏的商品生产者和经营者，提高专业化、集约化水平；另一方面，有利于农业经营者根据商品经济的客观要求，打破地区部门和所有制的界限，发展各种形式的横向经济联合，在平等自愿互利的基础上组建新的经济实体，提高规模化、组织化水平。

日本政府通过不断修订和完善法律，明确了各类农业法人的性质与内涵。近年来，在政府的支持下，日本各种类型的农业法人均有所增长，农

---

① 罗必良、李玉勤：《农业经营制度：制度底线、性质辨识与创新空间》，《农业经济问题》2014 年第 1 期。

② 张晓山：《当前和未来农村经济和社会发展中的突出问题和对策》，《内部研究报告（未出版稿）》，2014 年。

业法人经营初具规模。当前，我国新型农业经营主体还面临规模小、运行不规范、发育不足等问题。借鉴日本经验，我国应当尽快明确界定专业大户、家庭农场、农民合作社、龙头企业等新型经营主体的规范标准、认定方法和登记办法，抓紧制定支持新型农业经营主体的政策措施，促进法人农业健康有序发展。

（三）创新农业经营组织模式，鼓励发展农业生产联合组织

当前，由于我国各类农业经营主体具有成员相似性、服务趋同性、对象一致性等特点，各主体之间的联系也越来越紧密。专业大户、家庭农场、合作社与龙头企业之间融合度增强，一些诸如“龙头企业＋合作社＋农户”、“龙头企业＋家庭农场＋农户”、“合作社＋家庭农场＋农户”等组织模式不断涌现。安徽宿州在承担创新现代农业经营组织体系试验任务过程中，开始探索建立以农业企业为龙头、家庭农场为基础、农民专业合作社为纽带，基于专业化分工和利益联结的现代农业产业联合体，走在了全国的前列。然而，与日本相比，这些经营主体之间的合作还比较松散，深层次的利益联结机制仍不完善，基本上没有形成固定而约束力的行动规范。

在日本政府的支持下，各类农业经营体之间的联合与合作不断深化，形成了共同利用组织、集体栽培组织及托管服务组织多种类型的农业生产联合组织。这些农业生产联合组织拥有明确的行动计划和发展规划，对内可以相互调剂余缺、发挥信息优势，激活各个经营主体的活力；对外可以联合开发、发挥信息优势，提高市场竞争力。这些生产组织还具有灵活性强、适应性广等特征，可以满足兼业农户、副业农户的生产需求。借鉴日本经验，我国应当积极鼓励各类农业经营主体之间的联合与合作，探索培育多种类型的农业生产联合组织。

（四）推进农业社会化服务新机制，加快新型农业经营体系建设

改革开放以来，我国农业社会化服务体系建设取得了快速发展，但同时也存在着制度供给不足、体系不健全、供需结构不合理、“全要素”服

务滞后等问题与挑战。日本农业的最大特色在于“官民结合”的农业社会化服务体系。政府主导的普及指导体系与农协主导的营农指导体系，为日本农业从生产到销售的各个环节以及农村生活中的各个方面提供农业科技服务，有效地促进了日本农业与农村发展①。此外，日本政府通过修订法律、制度改革，实施了一系列促进农地流转与规模经营等政策措施，推进家庭经营、法人经营和集落营农经营共同发展，初步构建了一个结构明确、功能互补、动态调整的农业经营体系。

借鉴日本经验，我国应当在加强公益性服务组织建设的同时，加快培育经营性服务机构，探索创新社会化服务模式，形成公共性服务、合作型服务、市场化服务有机结合、整体协调、全面发展的农业社会化服务体系②。同时，坚持和完善农村基本经营制度，推进家庭经营、集体经营、合作经营、企业经营等共同发展，构建集约化、专业化、组织化、社会化相结合的新型农业经营体系。

参考文献

[1] 高强、孔祥智：《日本农地制度改革背景、进程及手段的述评》，《现代日本经济》2013 年第 2 期。

[2] 农林水产省：《農業の担い手をめぐる現状と農業経営体の育成・強化の方向について》，http：//www. maff. go. jp/。

[3] 李勤昌、石雪：《日本强化农业保护的经济与政治原因》，《现代日本经济》2014 年第 2 期。

[4] 高强、彭超：《日本农协改革的最新趋势及展望》，《农民日报》，2015 年 1 月 24 日，第 3 版。

[5] 张照新、赵海：《新型农业经营主体的困境摆脱及其体制机制创

① 高强、孔祥智：《农业科技创新与技术推广体系研究：日本经验及对中国的启示》，《世界农业》2012 年第 8 期。

② 高强、孔祥智：《我国农业社会化服务体系演进轨迹与政策匹配：1978—2013 年》，《改革》2013 年第 4 期。

新》,《改革》2013 年第 2 期。

[6] 木村伸吾:《日本の農政改革—競争力向上のための課題とは何か》,〔日〕明石書店 2010 年版。

[7] 罗必良、李玉勤:《农业经营制度:制度底线、性质辨识与创新空间》,《农业经济问题》2014 年第 1 期。

[8] 张晓山:《当前和未来农村经济和社会发展中的突出问题和对策》,《内部研究报告(未出版稿)》,2014 年。

[9] 高强、孔祥智:《农业科技创新与技术推广体系研究:日本经验及对中国的启示》,《世界农业》2012 年第 8 期。

[10] 高强、孔祥智:《我国农业社会化服务体系演进轨迹与政策匹配:1978—2013 年》,《改革》2013 年第 4 期。

关于当前日本农协改革现状的分析与思考

高 强　彭 超

内容提要：历经一百多年的调整与完善，日本农协形成了三级体系架构，在提高农民组织化，促进日本农业现代化等发挥了积极作用。然而，2014 年以来，在国际国内多重压力之下，日本政府正针对农协推行称之为“60 年一遇的改革”，主要包括废除农协中央会制度、全国农业协同组合联合会公司化改制、单位综合农协专业化、业务转型等内容。这些改革措施及争论不仅对于我国农民合作社的规范化发展具有一定的借鉴意义，还对于我国转变农业发展方式、推进农业现代化具有一定的参考价值。

一、日本农协的基本现状

日本农业协同组合简称“农协”。19 世纪 70 年代，随着商品经济迅速发展，日本小规模农户越来越难以适应市场的变化。在部分发达地区，农民和手工业者自发成立“同业者组合”，成为日本农协的萌芽和先驱。20 世纪初，日本农协发展已经初具规模，但是仍然多数以“自治村落”为组织范围。1947 年 11 月日本颁布《农业协同组合法》，这部法律是根据罗虚戴尔公平先锋社原则制定的，奠定了日本现代化转型的制度基础。20世纪50年代中期日本市町村大量合并，农协为配合行政三级制也开始进行了大范围的合并。1961年，日本制定《农业基本法》的同时也制定了《农协合并补贴法》，1962年又修订了《农地法》和《农业协同组合法》，在政府支持和改革促进下，农协加快了合并进程。20世纪60—80年代，随着工业化、城镇化深入发展，农户兼业化成为日本农业经营的趋势，农协也将迎来自身的变革。截至2014年12月，日本共有各种全国性联合会18个，都道府县联合会207个，基层综合农协708个，各类专门农协2011个。有90%以上的农户是农协的会员，共有社员969万人，其中正式社员472万人，准社员497万人①。

历经一百多年的调整与完善，日本农协形成了三级体系架构，以农村社区为基础，向社员提供销售、供应、金融、保险、生产经营指导、仓储运输、福利文化等综合性服务。2012年，日本全国农协系统的总经营收入为42262亿日元，各类产品销售额为24735亿日元。截至2014年7月，农协系统的存款额达到931744亿日元。

二、日本农协改革的背景及诱因

历史上，农协作为农民的合作组织，在提供生产生活服务，带动农民增收方面发挥了积极作用。与此同时，大量从事分散经营的兼业农户也构成了日本农协的组织基础。然而，近年来，日本农协保护下的兼业农户越来越与市场脱节，一定程度上阻碍了农地规模化与集约化经营，甚至减弱了农业发展活力。在国际国内多重压力之下，日本农协不得不开启了新一轮改革。

（一）国际环境变化带来新挑战

在经济全球化背景下，日本对国际市场的高度依赖，尤其是对发达国

① 参见日本农林水产省：《農林水産基本データ集》，http://www.maff.go.jp/j/tokei/sihyo/index.html。基层农协数为2013年1月数据。社员数据为2012年末的统计数据。

家工业市场的依赖，要求其必须进一步开放国内市场。早在 20 世纪末 21 世纪初，日本政府废除农产品价格支持政策，导致农协农产品销售业务利润减少。近年来，日本融入跨太平洋伙伴关系协议（TPP）的进程不断加快，与澳大利亚之间的经济合作协定（EPA）也在顺利推进。随着国内市场的进一步开放，日本农业亟需提高竞争力以满足国际市场竞争的需要。为此，2013 年年底，日本政府推行了包括调整大米生产结构、促进农地有效集约利用在内的多项强农政策。农业生产结构和经营制度的调整，必然对农协的生产运营造成压力。在这一背景下，农协机构必须做出适应性变革。

（二）国内农业危机亟需新变革

日本作为世界经济大国，面临着农业萎缩的困境。首先，农业“小部门化”态势明显。2012 年日本农业总产值 4.8 万亿日元，占国内生产总值的比重仅为 1.02%①。其次，农业发展面临土地和劳动力双重结构性压力。20 世纪 90 年代以来，日本耕地利用率不断降低，农村土地撂荒现象突出，人口老龄化导致农业劳动力短缺问题凸显。再次，日本粮食自给率大幅度下降，对外依存度不断攀高。在这一背景下，日本政府希望通过实施“新农政”，以增强农业发展活力。然而，作为农协指导机关的全国农业协同组合中央会②（以下简称 JA 全中）通过行使指导权和监督权，干预基层农协的经营自主性，妨碍了地域农业的转型升级，也影响了政府的农业政策。

（三）农协自身发展面临新困境

农业与农村发展的新形势也给农协的运营带来了严峻挑战。首先，社会资本大规模进入农业。随着日本农产品流通和加工业的转型升级，大型

① 農林水産省：《農林水産基本データ集》，http：//www.maff.go.jp/j/tokei/sihyo/index.html，2012－12－28。

② JA 全中主要任务是对下一级农协的组织、业务及经营进行指导，协调各联合会之间的联系和调解纠纷，就农协和农业政策问题向政府有关部门提出建议。

综合商社和零售企业进入农产品流通、加工以及农业生产资料购销领域，对农协经营性业务直接形成了冲击，农协在组织农业生产经营和农产品流通中的地位不断降低。其次，农协金融化、大型化趋势明显。随着信用、保险业务迅速发展，农协逐步按照金融市场规则经营业务，出现了明显的银行化趋势。同时，随着金融化程度加深，农协还出现了大型化趋势。以前，每个町村基本上都有一个基层农协。目前这种与当地农民具有天然联系的基层农协正在不断消失，取而代之的是大型农协的分支机构。在这种情况下，农协和本地农民的关系趋于冷漠。再次，农协成员构成出现了异化。一方面，农民数量的减少导致了社员数量的减少；另一方面，城乡之间的频繁交流，使得农村地区非农户迅速增加。在正反两方面的作用下，农协社员身份“非农化”趋势越来越明显。2009 年以后，准社员的数量超过正社员，其后果是准社员成为农协住房贷款、保险等业务的主要利用者。因此，农协作为农业发展促进者和农民利益代言人的身份受到社会各界质疑。这也是日本政府下决心推行农协改革的重要原因。

三、日本农协改革方案

日本政府在 2014 年 5 月 14 日召开的规制改革会议上发表了《关于农业改革的意见》，提出加快推进农协、农业生产法人、农业委员会改革。其中，针对农协的改革方案尤为引人注目，JA 全中作为日本农协的综合性指导机关，成为改革的焦点。

（一）日本政府的农协改革路线图

政府提出的改革目标是：打造新体制，使各个农协单独或者通过联合自主确定发展战略，确保改革取得实效；通过降低风险和减轻负担，强化农协的经济业务。

围绕改革目标，日本政府提出了六大举措，主要有：第一，废除以 JA 全中为最高机构的中央会制度，将其改组为农业振兴方面的智囊团或社团法人，以恢复基层农协的经营自主性；第二，进行全国农业协同组合联合会（JA 全农）公司化改制，以适应国际化竞争的需要。成立后的公司继续从事全国农协农产品的统一销售等业务，同时强化与制造业和零售业的交流协作，提高资金融通效率，加大农产品出口力度；第三，实现单位农协的专业化、健全化，逐步将基层农协的信用、保险业务剥离，分别交由农林中央金库和全国共济农业协同组合联合会管理，基层农协只作为上述业务的代理窗口；第四，改善理事会治理结构，允许外界人士加盟，但应保证认定农业者以及地域内外有丰富经营经验者过半数；第五，推进农协组织形式多样化，通过单位农协以及联合会的分割重组，探索向公司、生活协同组合、社会医疗法人、社团法人转变的可行路径；第六，调整社员关系，准社员利用农协各种业务设施的总额不得超过正社员利用总额；第七，提高与其他团体竞争条件的公平性。

日本政府提出农协改革方案后，在自民党、JA 全中、农林水产省之间引起了广泛争论，尤其是遭到 JA 全中和部分自民党农林派议员的强烈反对。同时，由于中央会制度的废除、JA 全农的公司化改制等改革内容牵扯面过广，日本政府被迫做出部分让步。6 月 24 日，日本政府通过了《规制改革实施计划》，要求农协自身于 2014 年年底提出具体的改革方案。另外，为配合农协改革，日本政府表示将未来 5 年作为农协改革推进期，并于 2015 年向国会提出修订《农业协同组合法》。10 月，安倍晋三在日本众议院预算委员会上再次表示，加快修订《农业协同组合法》，废除现行的农协中央会制度。

表 1　　2014 年日本政府推进农协改革的进程

日期	主要活动	主体
5 月 14 日	在规制改革会议上提出《关于农业改革的意见》	日本政府
6 月 9 日	发布《关于推进农协、农业委员会改革的意见》	自民党
6 月 13 日	在规制改革会议上就农协改革进行第二次答辩	日本政府
6 月 16 日	在产业竞争力会议上提出《日本再振兴战略》（修订版）	日本政府
6 月 24 日	通过《规制改革实施计划》，决定 2015 年向国会提交相关法律的修订意见	日本政府

（二）农协自身的改革方案

农协强调自身作为一个属于全体社员的自治性组织，改革目标和方向应当由全体社员作主。针对政府的改革方案，农协主要提出了三条反对理由：第一，JA全中作为全国农协系统的代表机构，依法开展有关基层农协及联合会的指导监督、教育培训、信息交流、调查研究以及向政府建言献策等活动。这些活动都有法律依据，其实是一种政府行政职能的代行或补充，不属于“超范围”行为。因此，如果要废除中央会制度的话，需要先消除政府对于农协的“指导权限”和“监督权限”。第二，JA全农公司化改制后，将成为日本《反垄断法》的适用对象，不仅会影响到农协的正常运营，也违反了合作社的基本原则。第三，针对准社员利用农协设施服务的限制，会降低农协基础设施建设及综合服务功能的发挥，最终影响农村地区的发展。

2014年11月6日，日本农协提出了《自身改革案》，决定将未来5年作为自我改革期，以实现事业、组织、机能的彻底革新。针对废除中央会制度等焦点问题，农协提出将JA全中改为自律性组织，将基层农协及联合会加入JA全中由强制改为自愿。同时，在保持JA全中继续作为特殊法人的基础上，废除针对基层农协的一切经营指导权，改为提供经营咨询服务，但保留对于基层农协的财务审计权和业务监督权。然而，政府认为，基于法律授权的监督权是日本农协“权力的源泉”。监督权的保留被认为是不彻底的改革，对于基层农协仍具有很强的影响力，无助于农协系统自身机能的改善。

四、关于日本农协改革趋势的展望

2014年12月14日，日本众议院选举中，执政党大胜，安倍政府将继续执政。这也预示着以农协改革为中心的农业政策改革将加快推进。

（一）农协体制变革即将展开

尽管日本农协改革面临层层阻力，但是本轮改革过程中，日本政府显出了坚定的改革决心，将其称之为“60 年一遇的改革”，并准备于 2015 年提出修改《农业协同组合法》。同时，农协的《自身改革案》也就 JA 全中经营指导权的废除、理事会成员的改组、社员制度改善、业务范围转型等作出妥协。可以预计，这次改革必将对日本农协长期形成的僵化体制带来冲击，将促使农协体制变革加快启动。

（二）贸易自由化谈判进程有望提速

自从日本政府宣布加入 TPP 谈判以来，农协一直持反对意见。为了对日本政府加入跨太平洋伙伴关系协议（TPP）的谈判施压，农协中央会每年从基层农协提取将近 80 亿日元的资金，并将其用于开展一系列诸如反对 TPP 等政治活动。因此，日本政府推进农协改革的直接目的在于，为日本加入 TPP 扫清障碍。同时，日本政府要求农协调整生产结构，积极开拓海外农产品市场。农协的《自身改革案》也作出每年农产品出口额 10 倍增长的承诺。这预示着，未来日本将以更加积极的姿态参与国际农产品市场的竞争。

（三）农业配套改革将加快推进

除农协改革之外，日本政府在规制改革会议上发表的《关于农业改革的意见》，还包括关于农业生产法人、农业委员会的改革。该方案提出，要放宽农业生产法人的资格条件，将企业出资的比例由现行的 25% 以下提高到 50% 以下，以期改善农业生产条件。同时，针对拥有农地买卖审批权的农业委员会，提出废除强调地域“自主性”与“主体性”的都道府县农业会议制度和全国农业会议所制度，废除农业团体组织的推荐制度，提倡扩大市町村长的选举范围，为扩大农地经营规模开辟道路。可见，旨在增强农业发展活力的“新农政”将加快推进。

我国台湾“小地主大佃农”政策解析及探讨

赵　海

内容提要：本文介绍了我国台湾“小地主大佃农”政策的内涵、措施和成效，探讨了该政策对当前我们培育新型农业经营主体、发展多种形式规模经营的借鉴与启示。本文认为，在发展规模经营的过程中，政府应发挥先导作用并建立机制以降低交易成本，市场应成为流转规模、地租价格、经营品种的决定性因素。

2009年我国台湾地区推行了旨在扩大农业经营规模、提升农业竞争力的“小地主大佃农”政策，且取得了不错的效果。大陆与台湾农情类似，同样都存在规模小、老龄化、成本高、竞争力弱的问题，且不断受到国际市场的冲击。与台湾“小地主大佃农”政策类似，当前大陆方面也在着力培育新型农业经营主体、发展多种形式的规模经营，实际上是一种“小承包大经营”的制度安排，与台湾推行的“小地主大佃农”政策在主旨和目标上可谓异曲同工。关照台湾地区的做法与经验，有助于我们开阔视野，并可能得到一些启发。

一、我国台湾农地制度变迁及小地主大佃农政策背景

考察小地主大佃农政策，须将其置于特定的历史背景下去看待。台湾地区的农地制度变迁及其背后的经济社会发展环境变化，是理清各项农地政策的主线。大体来看，自 1945 年台湾脱离日本殖民统治以来，其农地制度改革经历了三个阶段。

（一）以创设自耕农为核心的第一阶段农地改革

台湾光复以后，经济还比较落后，80% 的劳动力都从事农业生产，其中又有半数为没有土地所有权的佃耕农，“富者田连阡陌，贫者无立锥之地”，佃农受到地主的剥削，农村社会呈现浓重的封建性租佃关系。1949 年国民党退守台湾以后，汲取在大陆的失败教训，为争取民心，相继推行了以“耕地三七五减租”、“公地放领”和实施“耕者有其田”为核心内容的土地改革。通过这轮改革，自耕农数量大幅上升，据统计，1961 年台湾自耕农的比重占了全部农户的 65%，比 1951 年增加了 27 个百分点。以创设自耕农、实现耕者有其田为目标的土地制度改革，被称为第一阶段农地制度改革。

（二）以扩大农场经营规模为核心的第二阶段农地改革

到了 20 世纪 80 年代初，经历了经济起飞阶段的台湾，工商业快速发展，而农业却相对衰落，农产品价格长期低迷，农村劳动力大量流出，农业经营规模狭小，农业的兼业化、副业化相对严重，很多土地出现了抛荒。为应对这一局面，台湾当局启动了新一轮的土地制度改革，当时改革的主要目标是扩大农场经营规模、改善农业生产结构、提高农地利用效率，改革的举措包括提供扩大农场经营规模之购地贷款、推行共同委托及合作经营、加速办理农地重划、加强推行农业机械化。此即为台湾第二阶段农地制度改革。总的来看，这一阶段的农地制度改革取得了一定的成效，土地经营规模有所扩大，从 20 世纪 50 年代的人均 0.6 公顷增加到 90 年代的人均 1.1 公顷。这一阶段对农地的管理采取“农地农有农用”的

方针，并采取措施推动农民购地扩大规模。

（三）以放松“农地农有”为特点的第三阶段农地改革

虽然第二阶段的农地改革达到了地权重新分配的效果，但受制于均子继承制度、三七五减租等的制约，从20世纪90年代以来，我国台湾农场经营规模一直没有得到扩大，始终维持在户均1.1公顷左右，且农民老龄化严重，平均约62岁。因规模狭小、年龄老化、经营缺乏效率，以致农业竞争力不足，不仅无法与岛内非农业部门竞争，更无法因应进口农产品的冲击，这些因素直接推动了2000年《农业发展条例》的大幅度修正。修正后的农业发展条例，将农地政策从“农地农有农用”调整为“放宽农地农有，落实农地农用”；同时将困扰多年的“耕地三七五减租”冻结，回归民法由租佃双方合意的自由租佃制度。可以说，农业发展条例的修正，为小地主大佃农政策扫除了制度障碍。到了2008年，随着国际金融危机的蔓延，台湾面临经贸全球化、自由化、市场化的冲击，扩大经营规模、提高竞争力的要求更趋紧迫，台湾当局顺势推出了小地主大佃农政策。

二、政策内涵及准入条件

所谓小地主大佃农政策，是指当局引导无力耕种之老农或无意耕作之农民，将自有土地长期出租给有意扩大农场经营规模的农业经营者，促进农业劳动结构年轻化，并使老农安心享受离农或退休生活。同时，协助有意承租农地扩大农业经营者（包括专业农民、产销班①、农会②、合作社

① 农业产销班是台湾生产同类农产品的农民自愿组织起来的最基层的农民合作组织，可提供如下服务：资材共同采购；共同作业；设备共同利用；共同运销；共同研究；共享信息等，促使各农户建立协调合作的制度，实现其利润目标与社会责任目标。

② 台湾农会是农业者的公会，以专业农民为主要会员，兼具农业行政、农业事业运营、农民教育推广三大功能。在农政方面，重点在于指导农民生产技术，促进农业发展：农会接受政府委托，作粮食代理、土地划分、代发老农津贴；在农事方面，不仅从事农业金融、信贷、保险、供销等经济业务，还在农民养老、健康、文化等方面推荐社会事业；在农推方面，既承担农业技术推广教育，又承担妇女和农村青少年教育。

或农企业公司等大佃农），顺利承租农地长期耕作，改善农业经营环境，降低生产成本，提高农业经营效益及竞争力，以期能达到“建立老农退休机制，调整农民劳动力结构”及“促进农业经营企业化，改善农业经营结构”的政策目标。简言之，即希望通过实施“小地主大佃农”政策，让种不了、种不好、不愿种地的农民将土地出租给愿意种地、愿意多种地、会种地的农户、合作社或农会，以实现农业经营的年轻化、规模化、集中化、效率化和安全化。

小地主大佃农政策从四个方面提出了该政策的准入条件。

（一）身份认定

根据政策的有关规定，小地主是指持有农地之所有权人，且为自然人；大佃农是指符合台湾当局政策辅导资格条件且承租农地扩大经营规模之自然人或农民组织，包括专业农民、组织型大佃农、产销班、农会、合作社或农企业公司等。可以看出，大佃农的身份限制扩展到了农民以外，除了专业农民，还包括产销班、合作社、农会和农业企业，可以说是对既往“农地农有”政策的重大突破。各类大佃农应符合身份条件如表 1 所示。

表 1　　大佃农身份条件

身份类别	大佃农（经营者）身份条件
专业农民	年龄在 18 岁以上 55 岁以下，且符合下列条件之一： 1. 农业学校或农业有关科系毕业者。 2. 实际从事农业生产满 2 年以上者，或依“农业产销班设立暨辅导办法”参加产销班达 2 年以上之班员。 3. 依“农场登记规则”登记在案的农场主。 4. 参加园丁或漂鸟计划取得证书之学员，且教育训练时数累计达 40 小时以上者。 5. 最近 5 年参加由政府机关、学术机构或农、渔会举办之农业教育训练累计达 40 小时以上者。
产销班	依“农业产销班设立暨辅导办法”设立之产销班

续表

身份类别	大佃农（经营者）身份条件
合作社	依“合作社法”设立之农业合作社
农会	依“农会法”设立之农民团体
农企业	合法登记之农企业公司

资料来源：根据 2009 年 5 月台湾“农委会”编：《推动小地主大佃农政策执行方案》整理。

2. 经营规模

根据“农委会”设定的目标，要在 2009—2012 年，引导大佃农承租农地扩大经营面积至少达 1 万公顷。基于此，该政策对大佃农的经营规模下限作了规定。对专业农民来讲，经营规模达到 0.5 公顷的基本门槛就可以申请该项政策，最终经营规模要达到 2—5 公顷以上。对产销班、合作社、农会和农企业法人，基本门槛是 10 公顷，最终经营规模要达到 15—30 公顷以上。各类作物经营规模的条件见表 2。

表 2　　大佃农不同作物经营规模条件

作物及规模		专业农民	产销班、合作社、农会、农企业
基本门槛		从事农业经营之自然人，于同一乡镇或毗邻乡镇，既有从事农业经营之农地（含自有及既有承租之农地）面积达 0.5 公顷以上者。从事设施经营不再放宽。	登记有案之产销班、合法登记之合作社、农会或农企业法人，于同一乡镇或毗邻乡镇既有从事农业经营之农地（含自有及既有承租之农地）面积，露天经营达 10 公顷以上或从事设施经营达 5 公顷以上者。
经营规模之最低限度	稻米	5 公顷	30 公顷
	饲料及刍料作物	5 公顷	30 公顷
	果树	2 公顷	15 公顷
	杂粮		

续表

作物及规模		专业农民	产销班、合作社、农会、农企业
经营规模之最低限度	蔬菜	2 公顷	15 公顷
	花卉		
	特作		
	有机作物		

资料来源：根据 2009 年 5 月台湾“农委会”编：《推动小地主大佃农政策执行方案》整理。

3. 租赁期限

为促进农业经营的稳定性，小地主大佃农政策坚持长期租赁的原则，规定租期要达到 3 年以上。同时考虑到作物轮作的需求，提出不排除短期租约，但承租面积至少 1/2 以上符合长期租赁的原则。

4. 经营范围

考虑到台湾农业的比较优势和发展战略，小地主大佃农政策提出，以辅导大佃农从事扩大农地规模、经营企业化及提高竞争力之农粮、畜牧或农牧综合经营为主，大佃农应优先考虑种植“进口替代”或“出口扩张”等适销对路的农作物。

三、政府的配套措施及成效

为实现政策目标，台湾当局出台了一系列的措施，涵盖了从小地主释出土地和社会保障到大佃农培育和发展的多个方面。

（一）建立老农退休机制

建立老农退休机制，主要是为了引导老农将土地租赁出去，改善农业经营者的年龄结构，扩大农业经营规模。老农退休机制包括两个方面的内容。一是维护老年农民现有福利。对于参加农保且年满 65 岁且年资累计达 15 年以上者，将所有农地全部委由指定单位协助办理移转或出租，致未继续实际从事农业工作，老农每月可以继续领取 6000 元（新台币，下同）的津贴[①]。二是提高老农退休生活品质。当局提供离农退休农民理财规划咨询服务，提升老农退休生活品质，协助退休老农人力再运用，提供农业技术与经验传承。

（二）提供休耕农地[②]出租与承租奖励及补助

1. 农民、产销班及农民团体承租休耕农地，若租赁契约成立，给付出租人每季每公顷 4.5 万元（当局给付 3.5 万元及承租人支付 1 万元）。租赁双方约定之租约期间达 3 年以上的，给付出租人每季每公顷 5 万元（当局给付 4 万元及承租人支付 1 万元）。

2. 承租人种植水稻、饲料玉米、牧草或青割玉米、有机作物，可以得到承租奖励。其中，种植稻米可以享受保护价收购；饲料玉米每季每公顷奖励 2 万元；牧草或青割玉米每季每公顷奖励 5 千元；种植有机作物每季每公顷奖励 1.5 万元。

（三）提供大佃农优惠贷款

主要包括大佃农长期承租土地租金无息贷款及经营低利贷款等融资优惠措施。

1. 农地租金无息贷款。承租农地租期为 3 年以上的大佃农，可以向农会或全国农业金库申请租金贷款，利率为 0，以承租金额贷放。

2. 经营低利贷款。承租农地扩大经营规模者，可以向农会或全国农业金库申请经营贷款，利率 1.0%。其中，专业农民最高贷款额度为 1000 万元，农业产销班、农业合作社、农会及农业企业机构部分，每一借款户单一贷款案件最高贷款额度为 5000 万元。

（四）提供大佃农企业化经营辅导和补助

大佃农可以通过农会和县市政府，向农委会申请辅导与补助。

---

① 台湾专业农户的年收入为 19.5 万新台币，每月约 1.6 万新台币。退休老农的养老金占农民人均收入的 38% 左右。另，6000 元新台币约合 1200 元人民币。

② 台湾在 2006 年和 2007 年对办理休耕的土地实施了一些补助政策。

1. 基础环境改善补助。对承租休耕农地有复耕需求或者因为土地劣化，亟需改善土壤条件及周边环境，每公顷补助比例最高不超过 1/2，且补助金额不超过 2 万元/公顷。

2. 产、制、储、销设施补助。对产销班、合作社及农会等组织型大佃农，补助产、制、储、销等共同使用设施设备购置费用，补助比例以不超过 1/2 为原则。

3. 企业化经营辅导与咨询。提供大佃农专业训练及咨询服务，包括农业专业技术培训、企业化经营管理培训、以及经营管理顾问专家咨询服务，提高大佃农的生产水平、经营水平与持续发展能力。

4. 健康安全农产品认证辅导与补助。辅导大佃农申请生产吉园圃蔬果、有机农业及产销履历等健康安全农产品认证，奖励大佃农生产吉园圃蔬果，鼓励大佃农发展有机农业并由当局补助认证费用，提供大佃农生产产销履历农产品验证费用补助。

（五）强化农地银行服务管理功能

农地银行政策始于 2007 年，是依托基层农会建立的买卖、租赁农地的信息和服务平台。在小地主大佃农政策中，更进一步强化了农地银行的作用。一是协助乡镇农会全面性设置农地银行服务中心，并建置小地主大佃农资讯服务专区，扩大农地租赁媒合平台。二是提供农地租赁及休耕农地资讯，强化农地租赁媒合服务。三是协助签订农地租赁契约，保障农地租赁安全及双方权益。四是配合当局办理小地主大佃农政策推广、宣传与后续农地租赁监管事宜。

自 2009 年 5 月实施“小地主大佃农”政策以来，总体来看还是取得了不错的成绩，基本实现了政策预期目标。据台湾“农粮署”的数据显示，截至 2012 年 5 月底，已有 16435 位地主加入小地主行列，共培育大佃农 1146 人，总体经营规模达 9470 公顷，每位大佃农平均经营面积 8 公顷，平均年龄 42 岁，有效促进台湾农业劳动结构年轻化，并扩大农业经营规模。[①] 小地主大佃农政策顺利推进主要得益于政策的大力支持。据"农粮署"东区分署表示，由于老农可以安心退休，佃农也能降低成本、企业化经营，因此东部农友热烈响应这项双赢政策。据东南网报道，小地主大佃农之所以引发农民热情响应，主要是释出土地的老农，不受三七五减租条例限制，只要签约 3 年以上，每季每公顷可以实领 5 万元，等于 1 年 2 季就有 10 万元进账，又不须施作绿肥及负担土地管理费用，至于承租的大佃农也是好处多多，每公顷当局补贴 4 万元，实际支付的租金只要 1 万元。[②]

四、进一步的探讨

通过对台湾在培育规模主体上的相关政策及实施情况进行探讨，有助于我们深化对相关问题的认识，以期发现规律并提供启示和借鉴。

（一）政府的作用

考察台湾的"小地主大佃农"政策，会发现政府在整个过程中发挥了重要的作用，甚至可以说是主导作用，其表现在三个方面。首先，政府是政策实施的主体。从政策执行责任主体看，包括企划处、辅导处、农业金融局、农粮署、畜牧处、各区试验改良场所、县市政府、乡镇公所、农会，除了农会是半官方的机构，其余都是政府机构。其次，政府承担政策实施的成本，主要表现在对退休老农的津贴投入、对小地主和大佃农的各项奖励和补助等，都是由政府财政买单的。最后，政府提供跟踪式的服务，从承租土地、技术培训、经营诊断、质量认证等多方面对大佃农给予指导。对于政府的作用，本文认为，在规模主体形成阶段，政府的介入是必要的，通过政策的导入引致市场环境的变化，改变原有的均衡状态并推

① 台湾新闻网，网址 http://www.5ch.com.tw/news/news_detail.asp?bclass=0010&num=0005065；三星地区农会，http://www.sunshin.org.tw/p2.php?model=news_a_1&nid=515N1339746997。

② 岛内"小地主大佃农"政策创双赢　民众热烈响应，http://www.fjsen.com/b/2012-08/21/content_9149514_2.htm。

动市场格局重构。但在新的市场均衡形成之后，政策应及时调整，转向提升经营主体的核心竞争力上，从输血机制向造血机制转变，而不是一味地通过补贴等手段，让规模主体“拄着拐杖”维持竞争力。

（二）市场的作用

小地主大佃农政策之所以推进比较快，本文认为有一个重要因素，就是纳入该项政策的土地租赁不受三七五减租条例的限制，而是由租佃双方商讨合意的租约，即通过市场的办法发现地租价格并商定租期，这就打消了很多小地主对租率过低、退租条件苛刻的顾虑，提高了租佃双方的积极性。当前，在大陆随着规模经营的兴起，土地租赁费用也水涨船高，每年的租金普遍都在 800 元/亩以上，在一些城市周边每亩一年的租金达到了 1500 元以上①，一些学者认为租金高企会制约流转并据此提出限制土地租赁价格的办法。② 本文认为，限定土地流转的最高价格，不仅不会促进土地流转，反而会适得其反，台湾自 20 世纪 60 年代以来农业深陷“三七五减租”僵化条款的制约③，给我们提供了很好的例证。

（三）中介的作用

台湾基层农会作为政府与农民间的连结中枢，在小地主大佃农政策中除了担任大佃农事业主体的角色外，还承担了农地政策执行者的角色。在政府的辅导下，基层农会提供农地利用法令、农业产销经营和项目农业融资贷款等的咨询服务，审查“小地主大佃农”资格以及老农农保资格，其下设的农地银行还提供农地中介媒合服务，协助大佃农长期承租农地扩大经营规模。大陆没有像台湾地区那样的农会组织，近些年政府虽大力推

---

① 笔者 2013 年在北京通州调研，土地流转费为 1800 元/亩/年；2014 年在成都双流区调研，土地租金为 800 斤麦子和 800 斤黄谷，市价达到了 2000 多元。

② 笔者于 2014 年 3 月参加中国农村金融论坛举办的一次会议，会上有多位专家都表示流转费上升导致规模经营难以发展，并引致非粮化、非农化经营。

③ 《為何農民不簽約？纏繞半世紀的三七五減租陰影》，http：//www. newsmarket. com. tw/blog/64128/。

进了县乡村三级土地流转服务体系建设，但农民的认知度还比较有限，土地流转多是通过口头协议和私下流转，县乡村土地流转服务体系主要从事信息发布、合同指导、纠纷调解等业务，功能还比较单一，与其他部门的职能缺乏有效的整合。下一步，依托乡镇政府和村委会，建置集宣传、教育、培训、金融、中介、咨询等功能于一体的综合性土地流转与规模主体培育平台，应是一项比较重要的工作。

（四）金融的支持

在台湾“小地主大佃农”政策中，金融政策是比较有力的，对土地租金贷款实行零利率，企业化经营融资实行1%利率，且融资额度在1000万—5000万元不等，可以说把金融活水引入了农业和农村。大陆方面也非常重视金融支持农业和新型经营主体，“中央1号文件”多次强调这项工作，国务院还专门针对农村金融出台了差异化的措施①。中国人民银行、中国银监会、农业部等部门也下发了专门的文件。但笔者在调研中发现，贷款难和贷款贵仍是农户和规模主体面临的突出问题。表面看来，我国农村金融体系比较完善，但商业银行普遍存在“脱农”趋势并形成农村资金的“抽水机”，使农村金融体系的整体功能受到削弱，形成了供给约束型的金融抑制，金融供给严重不足（薛桂霞、孙炜林，2013）。本文认为，解决这一问题，不能局限于“头痛医头，脚痛医脚”，要从农村金融立法和体系重构入手，在这方面，台湾的《农业金融法》以及农会、全国农业金库等专门面向农民的公益性金融机构给了我们有益的启示。

（五）老龄化的问题

如前所述，进入21世纪以来台湾务农劳动力的平均年龄就达到62岁，老龄化和后继无人的问题非常突出。当前大陆农业也面临同样的问题，据一项典型调查显示，农业劳动力平均年龄达57岁，最大84岁（朱

① 国务院办公厅：《关于金融服务“三农”发展的若干意见》，国办发〔2014〕17号。

启臻，2010）。国内有一些学者宣言老人农业，认为其有效率且对老人农业充满信心[①]，笔者认为不妥。从调研的情况看，除了在平原地区种植大田作物尚能维持经营以外，伴随老人农业的往往是粗种薄收、经营退化、抛荒和半抛荒[②]。老人农业只能成为农业的桎梏，而绝不是农业的出路。要解决农业老龄化的问题，可以参考台湾的老农退休机制，对 65 岁以上老农提高津贴，并通过村集体将老农土地流转出去。笔者粗略计算，农村 65 岁以上老人有 7000 万左右，以每人每月 200 元退休津贴计算，并将此纳入新农保的盘子，财政须每年再额外增加 1100 亿元。这笔资金由中央财政和地方财政共同负担，是完全有能力做到的。

（六）管理还是限制

在我国台湾 2000 年修改《农业发展条例》时，放松了农地农有的限制，实际上是期望借助有效的管理替代对土地所有权人资格限制，以激发各个主体的务农积极性。当前在大陆，学界和政策制定者对城市居民或工商企业流转农民土地也有一定的担忧，主要是针对非农化、非粮化的问题。有学者提出要建立准入门槛，“中央 1 号文件”也提出建立严格的监管制度。本文认为，建立准入制度固然重要，但不宜过于苛刻，这样会挫伤其他主体的积极性并增加市场交易成本。当前的重点应放在事后管理上而不是事前限制上，因为非农化本身就是违法行为，而非粮化则是市场行为，应尊重经营主体的自主选择权。

① 贺雪峰：《老人农业有效率》，http：//www. snzg. cn/article/2012/0703/article_29418. html。

② 王磊光博士在《老人农业有效率吗》一文给出了家乡的一个实际案例，“家乡 50 多户人家，许多田都荒了，或者改种劳动强度稍小一点的棉花和花生、大豆一类的杂粮”，http：//www. cul - studies. com/index. php？ m = content&c = index&a = show&catid = 6&id = 518。笔者 2014 年在陕北榆林清涧县调研，全县抛荒土地达 40%，原上的地几乎没有人种了，条件好一些的川地也有一部分抛荒。

参考文献

[1] 邓大才：《“小承包大经营”的“中农化”政策研究》，《学术研究》2011 年第 10 期。

[2] 薛桂霞、孙炜林：《对农民专业合作社开展信用合作的思考》，《农业经济问题》2013 年第 4 期。

[3] 庄玉雯：《台湾之农地政策》，土地改革纪念馆编，2010 年 9 月。

[4] 殷章甫：《台湾之土地改革》，土地改革纪念馆编，2010 年 9 月。

[5] 台湾“农委会”编：《推动“小地主大佃农”政策执行方案》，2009 年 5 月。

[6] 蔡秀婉：《台湾“小地主大佃农”政策之推动与展望》，载《开拓海峡两岸农业合作新视野论文集》，中国农业出版社 2009 年版。

[7] 张清勇：《台湾地区的农地银行政策及其启示》，《中国土地科学》2012 年第 12 期。

附录一

农业部农村经济研究中心简介

农业部农村经济研究中心（以下简称“农研中心”）于 1990 年 7 月成立，是农业部直属的政策研究咨询机构，其前身是国务院农村发展研究中心。在建制上，农村固定观察点办公室与农研中心实行统一管理，共同接受农业部和中央有关部门的直接领导。农研中心的主要任务是为国家制定农村经济政策、农村经济发展战略和深化农村经济体制改革提供决策咨询和对策建议。

农研中心现有职工 84 人，具有高级职称的研究人员 36 人，具有硕士以上学位的研究人员 55 人。农研中心还聘请了有关部门和省市领导为顾问、一批知名专家学者为特邀研究员，参与农研中心和农村固定观察点的有关调研与咨询工作。农研中心还与诸多国内外研究机构和国际组织建立了长期的交流与合作关系。

农研中心内设宏观经济研究室、经济体制研究室、市场与贸易研究室、产业与技术研究室、可持续发展研究室、区域发展研究室、社会文化研究室、改革试验研究室、当代农史研究室等处室。主要研究领域包括：农村经济与国民经济发展的关系，农业经营体制和农村经济制度，农产品市场流通与贸易，农业产业与要素投入，资源环境与农业可持续发展，区域农村经济社会发展战略和政策，农村社会建设与农村文化发展，农村改革理论和政策，当代农业和农村经济社会发展史等。

农村固定观察点办公室，负责全国农村固定观察点调查系统的管理和调查数据的开发利用工作。目前调查系统覆盖了全国 31 个省的 300 多个村、2 万多个农户，积累了自 1985 年以来的村级、企业和农户的调查数据，为开展学术研究和政策制定提供了大量详实的第一手资料。

农研中心拥有自20世纪50年代以来的农村工作文献档案近30万件，是目前收集较为系统完整的档案资料，具有较高的研究参考价值。农研中心拥有较好的资料交换、信息通讯等研究支持系统。与中央农村工作有关机构和地方有关政府部门保持较为密切的关系。研究成果的输出渠道既包括面向上级部门的内部调研报告，也包括面向全社会的公开出版物。

附录二

2015 年农业部农村经济研究中心承担的主要课题和项目

主持人	课题名称	委托单位
彭　超	主食加工业聚集与老字号发展研究	农业部农产品加工局
彭　超	农机购置补贴政策效果与年度评估	农业部机械化司
彭　超	农产品市场预警监测分析——稻米	农业部市场司
彭　超	农作物秸秆全量化利用扶持政策研究	农业部科教司
徐雪高	我国国内外农产品价格差异与贸易成本变动研究	农业部国合司
徐雪高	大豆市场监测与预警	农业部市场司
张　振	农业防灾减灾稳产增产关键技术补贴政策执行情况日常调度、检查和调研	农业部种植业管理司
沈贵银	农产品热点问题研究	农业部市场司
金书秦	农业清洁生产技术	农业部科教司
金书秦	农业清洁生产技术及面源污染防治研究	农业部计划司
曹　慧	农产品加工业监测	农业部农产品加工局
曹　慧	小麦预警监测	农业部市场司
刘景景	水产品监测	农业部市场司
姜　楠	全球及我国牛羊肉供需贸易及竞争力跟踪	农业部国合司
王　欧	饲料和饲料添加剂	农业部畜牧业司
王　欧	西藏农户调查	农业部农机化司

续表

主持人	课题名称	委托单位
王　欧	农机大户、农机合作社作业效率	农业部农机化司
周　芳	农业面源污染防治相关政策研究	农业部办公厅
刘媛媛	劳动力成本变动对生产的影响研究	农业部办公厅
翟雪玲	农垦企业“走出去”政策需求调研	农业部农垦局
翟雪玲	棉花市场预警监测	农业部市场司
翟雪玲	“十三五”热作产业发展政策研究	农业部农垦局
翟雪玲	“十三五”农垦企业“走出去”发展规划	农业部国合司
原瑞玲	美国农业保险动态跟踪	农业部农业贸易促进中心
陈　洁	传统牧区转变畜牧业发展方式研究	农业部计划司
陈　洁	新常态下我国粮食供给保障问题研究	农业部种植业管理司
陈　洁	国家大宗淡水鱼产业技术体系产业经济研究	农业部、财政部现代农业产业技术体系专项
陈　洁	我国农产品加工业扶持政策体系研究	农业部农产品加工局
何安华	主要畜牧业国家饲草料生产贸易及政策跟踪	农业部国合司
郭永田	农户收入与农村劳动力转移监测	农业部产业政策与法规司
郭永田	主要农产品农户出售价格监测	农业部市场与经济信息司
赵　海	工商资本进入农业发展农业产业化经营研究	农业部农业产业化办公室
刘　洋	家庭农场适度规模经营研究	农业部农村合作经济经营管理总站
王慧敏	我国种业保险发展研究	农业部种子管理局
张雯丽	油料市场监测预警分析	农业部市场司
杜　珉	纺织企业产业转移	农业部国合司
杜　珉	国家棉花产业技术体系产业经济研究	农业部科教司
杜　珉	全国棉花生产监测培训	农业部种植业司

续表

主持人	课题名称	委托单位
张雯丽	农产品质检体系建设管理研究	农业部质监局
徐　雪	糖料市场预警监测	农业部市场司
闫　辉	农村改革试验区实验项目监测与评估	农业部政法司
沈贵银 王　莉	肉牛肉羊“牧繁农育”养殖模式研究	农业部畜牧业司
沈贵银 刘　锐	乳品质量安全监管制度建设研究	农业部奶业办公室
王　莉 李　冉	生鲜乳定价机制研究	农业部奶业办公室
王　莉	热作产品进出口信息监测和政策分析	农业部农垦局
王慧敏	人口结构变化对粮食需求影响研究——基于人口年龄结构和城乡结构的视角	农业部软科学
金书秦	面源污染治理与粮食安全双重约束下化肥零增长实现路径和对策研究	农业部软科学
刘媛媛	农业废弃物资源化利用问题研究	农业部软科学
彭　超	我国农业补贴制度改革的关键环节和重点领域研究	农业部软科学
沈贵银	我国主要谷物价格支持政策研究	农业部软科学
徐雪高	大豆目标价格制度执行与评价研究	农业部软科学
陈良彪	新型城镇化进程中农村财产权利退出机制研究	农业部软科学
沈贵银	我国主要谷物价格支持政策研究	农业部软科学
刘俊杰 高　强	农民合作社内部资金互助试点跟踪研究	农业部软科学
宋洪远	“十二五”时期农业和农村政策回顾与评价	农业部软科学

续表

主持人	课题名称	委托单位
刁银生	谷物生产与贸易政策问题研究	农业部计划司
刁银生	玉米产业链研究	农业部市场司
刁银生	中长期玉米供求形势研究	农业部种植业司
彭　超	粮食价格形成机制	农业部计划司
彭　超	我国农业补贴重点领域与关键环节	农业部计划司
宋洪远	2015 白皮书	农业部产业政策与法规司
宋洪远	休闲农业监测	农业部农产品加工局
龙文军	2015 农资市场预警	农业部市场司
龙文军	2015 社会文化研究室重大课题	农研中心
龙文军	农业保险制度和生猪目标价格保险研究	农业部财务司
徐雪高	农业产业化龙头企业社会责任案例集	香港乐施会
张灿强	安徽寿县芍陂及灌区农业文化遗产保护研究	中国科学院地理科学与资源研究所
夏海龙	北京市食品产业发展战略研究	北京农学院
廖洪乐	草原确权承包试点工作	农业部草原监理中心
张灿强	“湖南新化紫鹊界梯田”起源与演变、社会经济问题与农业产业发展研究	中科院地理科学与资源研究所
陈良彪	北美地区农业贸易及投资潜力研究	国务院发展研究中心农村经济研究部
宋洪远	中国近代以来农村变迁史研究	清华大学中国农村研究院
张雯丽	中国苹果市场景气指数研究	农业部对外经济合作中心
高　强	土地股份合作与社区资源管理问题研究	日本亚洲经济研究所
张恒春	政府购买公益性服务机制创新试点监测分析	农业部经管总站

续表

主持人	课题名称	委托单位
赵　海	农村土地承包经营纠纷调解仲裁综治考评与分析	农业部经管总站
翟雪玲	农产品目标价格改革追踪研究——以棉花为例	清华大学中国农村研究院
廖洪乐	农地确权实践中的难点与应对	中国经济改革研究基金会
高　强	珠三角地区“确权确股不缺地”理论与政策研究	广东省农业厅
曹　慧	国内外环境变化对我国农产品加工业发展影响的研究	农科院农产品加工研究所
曹　慧	现代生态养殖产业转型升级相关产业技术体系可行性研究咨询	中合生态农业科技有限公司
张照新 曹　慧	促进东北地区农产品加工业健康发展对策研究	国家发改委
刘景景	“互联网＋”背景下的水产品批发市场转型研究	水产学会
龙文军	粮食产业损害补偿机制研究	农业部贸促中心
姜　楠	“一带一路”国家农业发展	中国农业科学院农业信息研究所
龙文军	农业综合开发支持走出去研究	全国农业综合开发办公室
郭永田	动物标识及动物产品可追溯体系运行机制研究	中国动物疾病预防控制中心
张雯丽	“十三五”期间保持粮食主产区生产能力的政策体系构建	农业部信息中心
徐雪高	农产品目标价格改革追踪研究——以大豆为例	清华大学中国农村研究院
翟雪玲	农产品目标价格改革追踪研究——以棉花为例	清华大学中国农村研究院
宋洪远	加快农业现代化建设与“三农”问题研究	国家社科基金
宋洪远	榆林试验区跟踪研究	广西榆林农村改革试验区办公室
武志刚	农村土地承包经营权确权登记颁证技术标准执行情况	农业部工程规划院

续表

主持人	课题名称	委托单位
武志刚	中国农业与农村发展转型研究的数据采集与服务	华南农业大学
马永良	我国农业规模经营的实现方式及政策需求	农业部农村经济研究中心
王　欧	新时期农民合作经济组织发展问题研究	农业部农村经济研究中心
武志刚	我国玉米产后损失问题研究	农业部农村经济研究中心
闫　辉	农村承包地宅基地退出试点研究	农业部农村经济研究中心
王　莉	农业“减肥减药”的技术与政策研究	农业部农村经济研究中心
翟雪玲	“一带一路”背景下我国农业扩大对外开放问题研究	农业部农村经济研究中心
徐　雪	日韩新农村建设及经验启示	农业部农村经济研究中心
曹　慧	新型农业经营体系构建——新型农业经营主体融合发展机制研究	农业部农村经济研究中心
陈　洁	我国北方地区种养结构调整问题研究	农业部农村经济研究中心
习银生	农村土地确权问题研究	农业部农村经济研究中心
原瑞玲	粮食目标价格保险研究	农业部农村经济研究中心
马　凯	京津冀地区城镇化与生态环境耦合协调关系评价	农业部农村经济研究中心
高　强	确权确股不确地法律与政策研究	农业部农村经济研究中心
张静怡	如何提升农民在农村第一、第二、第三产业融合发展的获得感？——农村第一、第二、第三产业融合带动农民增收的政策研究	农业部农村经济研究中心
孙　昊	农户种粮适度规模问题研究——基于不同规模样本比较分析	农业部农村经济研究中心
张灿强	农业文化遗产保护的农户参与：行为特征与机制设计	农业部农村经济研究中心
吴　比	农村商业银行与农民资金互助组织全面联接机制研究	农业部农村经济研究中心

附录三

2015 年农业部农村经济研究中心编著的主要书籍

编著者	书目	出版者
宋洪远、郭永田主编	农村固定观察点视觉下的农业与农村发展	中国农业出版社
宋洪远、郭永田主编	农村观察 30 年	中国农业出版社
宋洪远、赵海著	中国新型农业经营主体发展研究	中国金融出版社
郭永田、张蕙杰著	中国食用豆产业发展研究	中国农业科学技术出版社
王欧著	生态优先与牧区可持续发展：宏观分析与微观观察	中国农业出版社
魏珣、金书秦著	农药包装废弃物回收管理：理论、模式与实践	化学工业出版社